損害保険の法務と実務

東京海上日動火災保険株式会社
［編著］

第2版

一般社団法人 金融財政事情研究会

第2版はしがき

　本書の初版が刊行されてから6年あまりが経過した。その間、保険募集チャネルの多様化や保険代理店の大型化が進展する等、保険業界を取り巻く環境は大きく変化している。こうした環境変化を受け、2012年4月の金融審議会総会では、金融担当大臣より「必要な情報が簡潔で分かりやすく提供されるための保険募集・販売の在り方等について検討すべき」旨の諮問が行われ、同審議会に「保険商品・サービスの提供等の在り方に関するワーキング・グループ」（座長：洲崎博史・京都大学大学院法学研究科教授）が設置された。ワーキング・グループでは合計16回にのぼる論議が行われ、2013年6月に報告書が公表された。そして2014年5月、報告書の内容をふまえた改正保険業法が成立した。

　本書では、保険募集時の情報提供義務や意向把握義務等に関する「保険募集の基本的ルール創設」、保険代理店における従業員の教育・管理・指導等に関する「保険募集人に対する規制の整備（体制整備義務）」を柱とする改正保険業法の内容を中心に、実務家の視点からわかりやすい解説を試みたつもりである。広く損害保険に携わる方々に、損害保険実務を理解いただくうえでの一助となれば幸いである。なお、多くの実務担当者が分担して執筆していることから、記述には一部重複する部分や統一感に欠ける部分もあるが何卒ご寛容賜りたい。

　最後に、本書の刊行にあたっては、一般社団法人金融財政事情研究会出版部の髙野雄樹氏に大変温かいご支援をいただいた。この場を借りて謝意を記したい。

2016年4月

　　　　　　　　　　　　　　東京海上日動火災保険株式会社

執筆者一覧 (50音順)

相原　啓之	井上　浩幸	猪俣　健司
上園　智大	大友　直人	奥村　周永
生地　弘和	笠原　秀介	笠原　　淳
河合　　晃	川口まなみ	川尻　博之
國影　　円	小泉　智広	小林　雅幸
小森　純子	﨑田　有吾	櫻井　健吉
釈囲　秀明	住本　　崇	関　　康人
髙野　浩司	高橋　正光	高谷　　敦
瀧井　弥平	田中　慎吾	中原　浩史
平野信一朗	福田　裕一	船越　靖策
村上　雅之	守谷　一成	矢島　順一
柳原　英之	山崎　直哉	吉田　拡人
吉村　栄祐	鷲澤　幸子	渡辺　朋憲

〈本書をご覧いただくにあたってのご注意点〉

1　略　　語

本書では「一般社団法人日本損害保険協会」を「損保協会」と略して記載しております。

2　委任事項

本書では、保険業法の本文で『「内閣総理大臣」が行う』となっているものも、より実務に沿って記載するため、同法313条の「権限の委任」に基づいて実際に委任を受けている「金融庁長官」等と記載しております。

3　引用文献の省略

以下の文献については、引用文献記載の際に省略して記載しております。
大森　忠夫『保険法〔補訂版〕』法律学全集31（有斐閣、1985年）
　→大森・保険法
萩本修編著『一問一答　保険法』（商事法務、2009年）
　→萩本・一問一答
山下　友信『保険法』（有斐閣、初版、2005年）
　→山下・保険法
東京海上火災保険編『損害保険実務講座』1巻～8巻（有斐閣、1983～1992年）
　→東京海上・実務講座

また、「第3編　損害保険契約法・傷害疾病定額保険契約法」では、冒頭（195頁）に同編で引用した文献をまとめております。

目 次

第1編 はじめに

第1章 損害保険の社会的意義と特徴 ……………………………………… 2
 第1節 損害保険の社会的意義 ……………………………………… 2
 第2節 損害保険の特徴 ……………………………………………… 2
第2章 損害保険分野の公保険 ……………………………………………… 10
第3章 損害保険に関係する法令 …………………………………………… 11

第2編 損害保険の商品

第1章 損害保険会社が販売する保険商品の概要 ………………………… 18
 第1節 損害保険商品の分類 ………………………………………… 18
 第2節 家計向け保険商品 …………………………………………… 24
 第3節 事業者向け保険商品 ………………………………………… 27
第2章 主要商品の解説 ……………………………………………………… 32
 第1節 自動車保険 …………………………………………………… 32
 第2節 自賠責保険 …………………………………………………… 52
 第3節 家計向け火災保険 …………………………………………… 59
 第4節 家計向け地震保険 …………………………………………… 74
 第5節 家計向け賠償責任保険 ……………………………………… 85
 第6節 第三分野の保険 ……………………………………………… 86
 第7節 事業者向け火災保険 ………………………………………… 113
 第8節 事業者向け賠償責任保険 …………………………………… 148
 第9節 船舶保険・貨物保険 ………………………………………… 177
 第10節 信用保険、保証保険、保証 ………………………………… 185

第3編 損害保険契約法・傷害疾病定額保険契約法

第1章 保険契約法総論 ……………………………………………………… 198

第1節　保険と保険契約 …………………………………………… 198
　第2節　保険契約法の法源 ………………………………………… 203
　第3節　保　険　法 ………………………………………………… 207
　第4節　保険約款 …………………………………………………… 227
第2章　保険契約の内容 ………………………………………………… 236
　第1節　保険であることから導かれる保険契約の内容 ………… 236
　第2節　遡及保険 …………………………………………………… 237
　第3節　他人のためにする保険契約 ……………………………… 241
　第4節　被保険利益と利得禁止原則 ……………………………… 247
　第5節　保険価額と保険金額 ……………………………………… 252
第3章　保険契約の成立等 ……………………………………………… 259
　第1節　引受審査と告知義務 ……………………………………… 259
　第2節　保険契約の成立 …………………………………………… 277
　第3節　被保険者同意 ……………………………………………… 284
　第4節　保険証券（契約締結時の書面）………………………… 288
　第5節　保険契約の更新 …………………………………………… 290
第4章　保険契約の変動と変更 ………………………………………… 295
　第1節　保険契約の変動と変更 …………………………………… 295
　第2節　保険の対象に関する変動 ………………………………… 296
　第3節　契約当事者等に関する変動 ……………………………… 301
　第4節　「危険」の増加 …………………………………………… 306
　第5節　「危険」の減少 …………………………………………… 318
第5章　保険給付 ………………………………………………………… 322
　第1節　損害保険会社の保険給付義務 …………………………… 322
　第2節　保険事故発生時の契約者・被保険者の義務 …………… 327
　第3節　損害保険会社の各種調査 ………………………………… 330
　第4節　損害額・保険金の算出 …………………………………… 336
　第5節　保険金の支払 ……………………………………………… 352
　第6節　重複保険における全額主義と損害保険会社に対する求償 ……… 359
　第7節　請求権代位と残存物代位 ………………………………… 363

| 第8節 | 備金管理 | 366 |

第6章　保険契約の終了 … 368
第1節	保険契約の終了事由	368
第2節	保険契約者の任意解約	378
第3節	被保険者の離脱	380
第4節	重大事由解除	382
第5節	保険料の返還	392

第4編　損害保険の募集

第1章　損害保険の募集の定義 … 401
| 第1節 | 損害保険の募集ができる者 | 401 |
| 第2節 | 保険募集の定義 | 405 |

第2章　損害保険代理店を取り巻く規制と実務 … 410
第1節	代理店委託契約	410
第2節	登録・届出制度	414
第3節	保険会社による代理店・募集人教育	418
第4節	自己・特定契約規制	421
第5節	代理店に対する体制整備義務	422

第3章　損害保険募集を取り巻く規制と実務 … 426
第1節	損害保険の募集スタイル	427
第2節	募集人の権限等に関する説明	430
第3節	意向把握、情報提供（比較説明・推奨販売、重要事項説明等）	432
第4節	保険契約の締結（意向確認）	449
第5節	契約事務手続	452
第6節	保険募集時の留意事項等	458

第4章　その他の法令に基づく保険募集規制 … 466
第1節	個人情報等の保護	466
第2節	犯罪収益移転防止法	478
第3節	金融商品取引法と保険デリバティブ	482
第4節	損害保険と独占禁止法	495

第5編　損害保険会社の運営主体

第1章　損害保険業の主体 ……………………………………………………… 506
- 第1節　損害保険会社、外国損害保険会社等、少額短期保険業者 ……… 506
- 第2節　保険業法の適用除外者 ……………………………………………… 509

第2章　内部管理態勢 …………………………………………………………… 512
- 第1節　会　社　法 …………………………………………………………… 512
- 第2節　金融商品取引法 ……………………………………………………… 517
- 第3節　保険業法等 …………………………………………………………… 519

第3章　コンプライアンス態勢 ………………………………………………… 534
- 第1節　コンプライアンスとは ……………………………………………… 534
- 第2節　金融行政とコンプライアンス ……………………………………… 537
- 第3節　コンプライアンス態勢 ……………………………………………… 539
- 第4節　保険会社における不祥事件とは …………………………………… 546
- 第5節　ホットライン（内部通報制度） …………………………………… 553
- 第6節　コンプライアンスとお客様の声 …………………………………… 556
- 第7節　反社会的勢力への対応 ……………………………………………… 558

第4章　保険会社の業務 ………………………………………………………… 561
- 第1節　総　　説 ……………………………………………………………… 561
- 第2節　固有業務 ……………………………………………………………… 561
- 第3節　付随業務 ……………………………………………………………… 563
- 第4節　法定他業 ……………………………………………………………… 568
- 第5節　他業の制限 …………………………………………………………… 570

第5章　損害保険会社の会計 …………………………………………………… 571
- 第1節　企業会計 ……………………………………………………………… 571
- 第2節　損害保険会計の特色 ………………………………………………… 572
- 第3節　損害保険会社の貸借対照表・損益計算書・勘定科目 ………… 574
- 第4節　責任準備金と支払備金 ……………………………………………… 593
- 第5節　保険会社の決算 ……………………………………………………… 600

第6章　損害保険会社における資産運用 ……………………………………… 606

第1節 損害保険会社における資産運用の位置づけ	606
第2節 損害保険会社における資産運用の状況	606
第3節 資産運用に係る制限	608

第7章 関連会社 … 622

第1節 定　　義	622
第2節 子会社の範囲	623
第3節 主たる規制	624
第4節 海外支店・関連会社に対する規制	625
第5節 現　　状	626

第8章 破綻法制 … 628

第1節 保険契約者保護の意義	628
第2節 損害保険契約者保護機構	628
第3節 過去の破綻事例と破綻処理	635
第4節 更生特例法	637

■ 事項索引 … 638

第1編

はじめに

第1章 損害保険の社会的意義と特徴

第1節 損害保険の社会的意義

　国民の経済生活はさまざまな経済的不利益を被るリスクにさらされている。火災による住居の焼失、自動車事故による損害賠償義務の負担、病気やケガによる医療費の支出などである。また企業活動、すなわち物の生産・流通・販売、新たな産業や技術の開発などには常にリスクを伴う。万が一のリスクに備える損害保険があればこそ、国民は安心して生活を送ることができ、企業もまたリスクにひるむことなく経済活動を展開できる。いまや、損害保険は、国民の生活および企業の経済活動にとってなくてはならない存在となっている。逆にいえば、国民の生活や企業の経済活動は損害保険により支えられているといっても過言ではないであろう。この意味において、損害保険は大きな社会的意義を有している[1]。

第2節 損害保険の特徴

1 損害保険と定額保険

　保険は、保険事故発生に際して支払われる保険金の額の定め方によって、「損害保険」と「定額保険」とに分かれる[2]。「損害保険」とは、保険事故の発生に際して、保険者が支払うべき保険金の額が当初から一定ではなく、保険事故発生によって生じた実際の損害額に応じて支払う保険金の額が定まる保険である。これに対して「定額保険」とは、保険事故の発生に際して、損

1　出口正義編著『保険業法』6頁（損害保険事業総合研究所、2008年版）。
2　大森・保険法11頁。

2　第1編　はじめに

害の発生の有無や損害の額にかかわらず、契約で定めた一定の金額を保険金として支払う保険をいう。

2　損害保険制度の基本原則

　損害保険契約は「保険者が一定の偶然の事故によって生ずることのある損害をてん補することを約するもの」（保険法2条6号）と定義される。個人の自由な活動が保証されている現代社会においては、自己の活動のために必要な資力は自らの責任で調達することが基本となる。しかしながら、家計も企業も、どちらの経済主体もさまざまなリスクにさらされており、こうしたリスクに対してもっぱら貯蓄などの制度しかないとなると、発生時期やリスクの大きさを予想できない以上は、必要な貯蓄を行うための計画も立てられず、また発生するかどうかもわからないリスクのために、すべての経済主体が自ら資金を蓄えることは合理的ではない。

　こうした、不安定で正確な予測のできない偶然な事故による損害に対する備えを、あらかじめ確定した費用に転嫁する機能を有するのが損害保険である。リスクを、確定した費用に転嫁するには、いくつかの要素が必要となる。

(1)　大数の法則

　個々の経済主体でみれば偶然の事柄であっても、これを多数の経済主体について観察すると、一定の期間内に多数の経済主体において現実に発生する割合はほぼ一定の確率に近づく（大数の法則）。この法則を応用して、ある特定のリスクに関しての事故の発生率や必要な金額を予想して、リスクにさらされている多数の経済主体に合理的に費用を分担させることが可能となる。

(2)　収支相等の原則

　各経済主体の負担すべき費用は、大数の法則により合理的に算出され、その総額（保険料総額）について、費用を拠出する経済主体全体のリスクをまかなうのに必要な合計金額（総保険金支払額）と等しくなるように設定される必要がある（収支相等の原則）。

(3)　給付・反対給付の原則

　収支相等の原則のもとでは、各個別経済主体が拠出する場合の額は、個々

の主体の偶然の事実の発生確率に応じて公平に設定されることが求められる。個々にみたとき、保険料はその人のリスクに見合ったものでなければならないことを示している。

3　保険料率の特徴と分類

(1)　損害保険料率の特色と要件

一般的な商品の価格を設定する際に重要な要素は、商品の原価である。この原価は、商品が市場で販売される以前に確定している。損害保険が一般的な商品と異なるのは、この原価の中心を占めている危険保険料部分が、実際に事故が発生したとき、損害保険会社の支払う保険金であるため、この部分は保険商品を販売する時点では確定していない（＝原価の事後確定性を有している）という点である。

したがって、この損害保険会社が支払う保険金の部分については、過去の保険データをもとに、科学的・工学的手法を用いて、将来の事故の支払額を計算することによって求めることになる。

たとえば、「損害保険料率算出団体に関する法律」では、参考純率および基準料率は、「合理的かつ妥当なものでなければならず、また、不当に差別的なものであってはならない」（同法 8 条）と規定しており、また、保険会社向けの総合的な監督指針では、保険料および責任準備金の算出方法書の審査上の留意点のなかで、「保険料の算出方法については、十分性や公平性等を考慮して、合理的かつ妥当なものとなっているか」と規定している。

① 「合理的」

保険料の算出に用いる保険統計その他の基礎データが、客観的であり、また信頼性の高い十分な量のものであるとともに、算出方法が保険数理に基づく科学的・工学的なものであることをいう。

② 「妥当」

一般的には、将来の保険金の支払に充てられることが見込まれる額として、過不足が生じないと認められる程度のものであるということをいう。なお、基準料率では、保険契約を申し込もうとする者にとって保険を入手することが可能な水準（available）であるとともに、基準料率を使用する損害保

険会社の業務の健全性を維持する水準であることをいう。

③ 「不当に差別的でない」

一般的には、保険料率のリスク区分や水準が、リスクの実態に基づき適切に設定されているということをいう。なお、基準料率においては、リスク区分や水準が、リスクの実態ならびに見込まれる費用の較差に基づいて適切に設定されていることをいう。

(2) 保険料率の分類

損害保険の場合、大別すると「損害保険料率算出機構」が提供する料率と、各損害保険会社で独自に算定する料率に分けられる。

① 損害保険料率算出機構から提供される料率

「損害保険料率算出団体に関する法律」に基づき、火災保険、傷害保険、自動車保険、介護費用保険については、損害保険料率算出機構が算出した「参考純率」を同機構の会員会社が利用することができる。また、社会政策的な観点から、自動車損害賠償責任保険（自動車損害賠償保障法）、地震保険（地震保険法）については、「基準料率」を使用している。

 a 参考純率

損害保険料率算出機構の各会員損害保険会社は、自社の保険料率を算出する際の基礎として、純保険料率部分について、同機構が算出し会員各社に提供する参考純率を利用することができる。なお、同機構の会員各社には、参考純率を使用する義務はなく、自社の統計に基づき純保険料率を算出することはもちろん可能である。

付加保険料率については、会員各社が人件費、物件費、代理店手数料、利潤などを自社で独自に算出する。

こうして、自社の保険料率を算出した会員各社は、その保険料率を金融庁長官に認可申請（または届出）することになる。なお、付加保険料率については、認可申請において、合理的かつ妥当なもので自社の事業費をまかなう水準である旨の定性的記載をすることで足りる。

 b 基準料率

会員各社は、自社の保険料率を算出する際、損害保険料率算出機構が算出し会員各社に提供する基準料率を使用することができる。

会員各社は、同機構の基準料率を使用する旨を金融庁長官に届け出ることにより、保険業法に基づく認可を取得したものとみなされ、当該料率を使用することができる。

② ①以外の保険料率

 a 一定料率

保険の目的やリスク区分ごとに料率が特定されるもの。従来は長期総合保険（積立型の火災保険）などで用いられてきたが、現在ではほとんどなくなっている。

 b 幅料率

保険の目的やリスク区分ごとに一定の範囲で最高と最低の料率を定め、その範囲内においてリスク実態により適用料率を定めるもの。

 c 標準料率

標準の料率を定め、保険契約のつど、リスクの実態により適宜調整できるもの。従来は機械保険、新種保険などで採用されていたが、現在は自由料率に移行している。

 d 自由料率

信頼できる統計データ等をもとにして、保険契約者と損害保険会社との間で自由に取り決められるもの。

4　リスクの選択と分散

(1)　アンダーライティング（リスクの選択）

損害保険会社は、収支相等の原則にあうようにリスクの実態に基づく保険集団の形成を図る必要がある。健全な保険集団を形成できなければ、損害保険事業が不安定になることが容易に想定される。したがって、リスクの選択、つまり申込みに対して引き受けるべきか否か、また、いかなる条件で引き受けるべきかということは、損害保険事業を運営していくうえで大変重要な事項であり、これを「アンダーライティング」という。

一般的に、個人分野の保険は、画一的な引受けとなるので、アンダーライティングはモラル・リスクの契約者や事故多発者、反社会的勢力の契約者などの「リスクの選択」にとどまる。

一方、企業分野の保険では、リスクが一般的に特殊であったり、多様性があったりするので、アンダーライティングは「リスクの選択」に加え、てん補限度額、免責金額などのような「担保条件」「料率の設定」まで行うことになる。保険料率が自由化されているので、適正なアンダーライティングノウハウを有するかどうかは損害保険事業を営むうえでは重要な要素となる。

　リスクの選択の基本原則は、その料率を適用する保険集団の標準的なリスク実態と同質で、料率の前提と実態との差がないリスクを確実に選択することである。

(2) リスクの分散

　元受損害保険会社が巨大なリスクを引き受ける場合には、大きく分けると再保険、再保険プール、保険以外の方法での分散という3つの方法をとる。

① 再 保 険

　元受保険の損害保険会社が、引き受けた保険の内容に基づいて保険給付をしたことにより被る損失をてん補するために締結するのが再保険である。再保険は、元受損害保険会社が当該保険引受けの損失リスクを移転するための損害保険である。再保険は、国際的な市場で取引が行われることが多く、専門性の高い取引であり、契約内容についても元受保険とは異なる点が多いので、諸外国の保険契約法でも再保険は適用除外とされており、保険法でも片面的強行規定の適用除外となっている（保険法36条4号）。

　なお、再保険と類似のもので共同保険があるが、複数の損害保険会社が共同して1つの保険契約を引き受けるもので、再保険とは別のものとなる（図表1－1－1）。

　一般的に共同保険は、保険契約者の意思によって共同保険となる。たとえば、損害保険会社との取引の関係で保険契約者が1つの保険契約について、いくつかの損害保険会社に分散して契約する場合や、損害保険会社が倒産した場合のリスクを分散させるために、1つの保険契約についていくつかの損害保険会社に分散して契約する場合があげられる。手続としては、ある損害保険会社を幹事会社として定め、契約手続などはすべて幹事会社と保険契約者との間で行われる。実務としては、保険事故があった場合は、幹事会社が分担会社分もまとめて保険給付し、分担損害保険会社から分担分の保険金を

図表１－１－１　再保険と共同保険

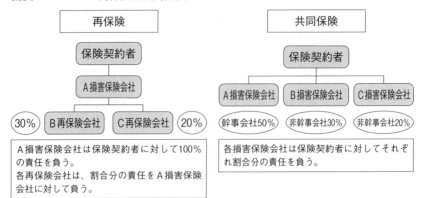

回収することになる。ただし、分担損害保険会社が倒産していた場合は、その責任分は減額して幹事会社が保険給付する。

② 再保険プール

特定の保険種目について、複数の損害保険会社により結成されるもので、当該プール加盟会社は、元受けで引き受けた保険契約の全部または一部をプールに出し、あらかじめ定められた割合でプールから再保険を受けるものである。保険給付があった場合は、当該プール加盟会社が、いったん全額保険給付した後にプールに請求して自己の責任分を超える部分についてプールから給付を受けるものである。たとえば自動車損害賠償責任保険では、プールを利用することで、損害保険会社がどの会社も同一の損害率になるため、アンダーライティング政策による引受拒否が起きないなどのメリットがある。

③ リスク証券化

たとえば、自然災害（風水災害、地震）の集積リスクについて、国際的な再保険市場ではその引受けのキャパシティーが足りない、あるいは世界の災害の状況によっては再保険料率が乱高下するといった問題から、再保険ではなく、社債などの証券化された債券を発行することにより投資リスクとして投資家にリスクヘッジするものである。

具体的には、損害保険会社がリスク負担見合いの金額を通常の金額に上乗

せした社債を発行し、一定の期間に事故がなければそのまま償還し、事故があれば元本の全部または一部を没収して保険金に充当することにより、再保険とほぼ同等の機能をもたせている。

第2章 損害保険分野の公保険

　公保険とは、国や地方公共団体が、公的な政策の実現として運営する保険であり、社会政策実現のための社会保険と経済政策実現のための産業保険をいう。損害保険分野（傷害疾病損害保険を含む）の公保険のおもなものは図表1－2－1のとおり。

　公保険は、国または地方公共団体が自ら保険者となって直接引き受ける公営保険となることが多いが、法人や組合などを通じて保険を引き受けて、国や地方公共団体がその再保険を引き受けることもある。

図表1－2－1　損害保険分野のおもな公保険

社会保険	①　医療保険の分野 　健康保険（健康保険法　大正11年法律第70号） 　国民健康保険（国民健康保険法　昭和33年法律第192号） 　船員保険（船員保険法　昭和14年法律第73号） 　介護保険（介護保険法　平成9年法律第123号） ②　災害補償保険の分野 　労働者災害補償保険（労働者災害補償保険法　昭和22年法律第50号） 上記のほか年金保険、雇用保険などがある。
産業保険	農業保険（農業災害補償法　昭和22年法律第185号） 漁業保険（漁業災害補償法　昭和39年法律第158号） 漁船保険（漁船損害等補償法　昭和27年法律第28号） 森林保険（森林国営保険法　昭和12年法律第25号） 貿易保険（貿易保険法　昭和25年法律第67号） 上記のほか中小企業信用保険などがある。

第3章 損害保険に関係する法令

　日本における民間の保険事業を経営形態で大別すると、株式会社と相互会社に分かれる。損害保険会社の場合、2016年1月時点では株式会社形態のみ存在している[3]。民間損害保険会社以外には、国営保険として「貿易保険」のように国が保険の元受けを行うものと、「地震保険」のように民間損害保険会社が保険の元受けを行い、国がその再保険のみを行うものとがある。

　また、保険事業以外には、個別法に基づいて実施される共済（農業協同組合法、消費生活協同組合法、中小企業等協同組合法など）事業がある。

　損害保険に関する法律は、契約の各種効力に関して規律する「保険法」（民法の特別法）と、保険事業の規制に関する「保険業法」（保険行政の監督法）とが最も根幹をなすものである。また、このほかに、損害保険商品の販売に関係する法令や、特別の保険に関する法令が存在する。さらに賠償責任保険の分野では、各種の法令が関係してくることになる。以下、会社に関する規定を定めた会社法・商法、市場における基本ルールを定めた私的独占の禁止及び公正取引の確保に関する法律以外の損害保険事業にかかわってくるおもな法律についてのみ簡単に解説する。

1　損害保険契約に関係する法令

(1) **保険法**（詳細は第3編第1章第3節参照）

　保険法は、保険に係る契約の成立、効力、履行および終了について、他の法令に定めるもののほか、保険法で定めるところによるものとしている。つまり、保険法は保険契約に関する一般的な規律を定めているもので、保険法

---

[3] 損害保険事業では、以前第一火災保険相互会社が存在したが2000年に経営破綻し、また共栄火災社が2003年に株式会社に組織変更したことにより、現在は相互会社形態の会社は存在しない（2016年1月現在）。なお、第一火災社の契約は、その後損害保険契約者保護機構においてランオフ事業として管理が行われている。

で定めていない事項は、一般法である民法などの規定が適用されることになる。

また共済契約についても、一般的には一定の範囲の者が掛け金を拠出し、それを原資に契約上支払の対象となる共済事故があった場合補償するといったように、保険契約と同じ機能をもつことから、共済契約のうち保険契約と同様の実質を有するものについては、保険法の適用の対象としている。

なお、商法815条1項の定める海上保険契約については、保険法の特別法として商法（第3編海商第6章保険）の規定が適用される。これらの規定は海上保険法とも呼ばれ、2016年2月に法制審議会が商法の他の分野とあわせて現代化に向けた改正要綱を法務大臣に答申しており、近い将来、改正が予定されている[4]。

(2) 民　　法

保険契約に関して、保険法に定めのない事項については私人間の関係を規律する一般法である民法が適用される。たとえば、分割保険料が不払いになった場合の解除については債務不履行の規定を背景に約款が作成されることや、保険契約当事者が民法の一般原則である信義則に従って行動するといったことなどがあげられる。

(3) 消費者契約法

消費者契約法は、消費者と事業者の情報力・交渉力の格差を前提とし、消費者の利益擁護を図ることを目的として、消費者と事業者が結んだ保険契約を含む契約すべてに関して、契約を勧誘されているときに事業者に不適切な行為があった場合、契約を取り消すことができることや、適格消費者団体が事業者の不当な行為に対して差止請求することができることなどが定められている。保険約款についても、他の法律の規定の適用による場合に比べて、消費者の権利を制限する条項で、民法の信義則に反して消費者の利益を一方的に害するものは、無効となるため、損害保険会社の約款作成者は、約款を作成する際に必ず留意しなければならない法律である。

---

[4] 本書は損害保険契約の一般法としての保険法の規定をもとに記述しており、特に必要な場合を除き、海上保険契約にかかわる商法の規定は考慮していない。

2 損害保険事業に関する法令

(1) 保険業法（詳細は第4編、第5編参照）

　保険業法は、保険事業の公共性にかんがみ、保険事業に関する規律を定めている。もともと現在の保険業法になるまでは、日本の保険事業者に関する「保険業法」、外国保険事業者が日本で保険事業を営む場合の規律である「外国保険事業者に関する法律」（昭和24年法律第184号）、保険の募集に関する行為規制を中心とした「保険募集の取締に関する法律」（昭和23年法律第171号）が別個の法律として独立して存在していた。現在の保険業法はこれらを1つにまとめて「保険業法」として規律している。

　保険業法では、保険業の参入規制、業務範囲の規制、商品開発に関する規制、経理面の規制、監督、経営の健全性の維持に関する規制、損害保険会社が破綻した場合の対応、保険募集に関する規制などが定められている。前半部では、相互会社に固有の規律が多いが、損害保険会社の場合は現在株式会社形態によるもののみであることからこれらの規律は適用されない一方で、保険持株会社の特例などの規律については、損害保険会社に特徴的に当てはまる。

　保険業法は監督法であり、市場動向への的確な対応や消費者保護のため、臨機応変に規律を改正することが求められる。したがって、政令（保険業法施行令）、内閣府令（保険業法施行規則）に委任されている事項が多い。このほか、命令（「保険業法第132条第2項に規程する区分等を定める命令」および「保険契約者等の保護のための特別の措置等に関する命令」）や告示にも定めがある。また、損害保険会社の業務の健全性確保や保険契約者保護のため、損害保険会社の監督事務に関しての基本的な考え方、監督上の評価項目、事務処理上の留意点について細部にわたって整理した「保険会社向けの総合的な監督指針」や、金融庁の検査官が損害保険会社を検査する際の手引書として位置づけられる「保険検査マニュアル（保険会社に係る検査マニュアル）」で求められる事項を遵守して、損害保険会社は業務を運営することが必要となる。

(2) **金融機関等の更生手続の特例等に関する法律**（詳細は第5編第8章第4節参照）

実際に損害保険会社が破綻した場合には、会社更生法の手続がとられることとなる。破産は早期処理が可能な清算型の処理手続であり、損害保険会社の場合には、金額が確定していない保険金請求権や保険料返還請求権などが膨大な件数にのぼるため、債権の認否や確定が困難でこの処理になじまない。また、債権者および債権額の大半は保険契約に係るものであり、清算型の処理では契約者の保護に欠けることになるため、破産手続が使われるのはきわめて例外的な場合である。このため、会社更生の手続によることとなるが、金融機関の破綻処理に適切に対応できるように会社更生法の特例が定められている。

(3) **損害保険料率算出団体に関する法律**

「損害保険料率算出団体に関する法律」は、損害保険に関する特別な存在で、損害保険料率の特質にかんがみ、「私的独占の禁止及び公正取引の確保に関する法律」の例外として定められている。この法律は、公正な保険料率の形成と保険契約者保護を図るため必要な規制を設けているものである。この法律に基づいて設立された損害保険料率算出機構は、

① 自動車保険や火災保険など法令に定められた範囲での保険に関する参考純率と、自動車損害賠償責任保険および地震保険の基準料率の算出・提供
② 自動車損害賠償責任保険の損害調査
③ データバンク機能

をおもな役割として担っている。

(4) **金融商品取引法**（詳細は第4編第4章第3節、第5編第2章参照）

保険デリバティブ（天候デリバティブなど）に関する取引の規制としては、金融商品取引法に基づく規制がある。また、同法は上場企業の開示充実なども目的としており、決算の四半期開示、株式の大量保有報告、財務報告に係る内部統制の面などについては、この法律の規定に基づいて実施することが必要となる。

3　保険販売（契約者保護）に関する法令

(1)　**金融商品の販売等に関する法律**（詳細は第4編第3章第2節参照）

幅広い金融商品（有価証券、預貯金、信託、保険など）を対象に、損害保険代理店を含む金融商品販売業者に対して、金融商品のもっているリスク（元本割れのおそれなど）などの重要事項についての顧客に対する説明義務を規定し、金融商品販売業者が説明義務を怠り、そのために顧客が損害を被った場合の損害賠償責任や、金融商品の勧誘に際しての適正性の確保や勧誘方針の公表などについて定めている。

(2)　**個人情報の保護に関する法律**（詳細は第4編第4章第1節参照）

個人情報を個人情報データベース等として保有し、事業に用いている事業者を個人情報取扱事業者とし、個人情報取扱事業者が個人情報を適切に取り扱うための各種義務や、主務大臣への報告、主務大臣による勧告や命令などの規定を定めている。

損害保険会社では、多数の保険契約を扱っているため、膨大な量の個人情報を保有しており、顧客情報の取得に際しては利用目的を明示したり、利用に際しては利用目的の範囲内で行うことはもちろんのこと、個人情報の安全管理には取扱記録を残したり、施錠等により厳重に管理し社内でのモニタリングなども行い万全を期している。

4　特別の保険に関する法令

(1)　**自動車損害賠償保障法**（詳細は第2編第2章第2節参照）

自動車による人身損害を補償するため民法の特別法として、①損害賠償に関する挙証責任を被害者側から加害者側が自ら無過失の証明をすることへと転換する、②自賠責保険（共済）制度を設け強制保険とすることで加害者の賠償資力を確保し交通事故被害者を救済する、③ひき逃げ事故など自賠責保険（共済）でも救済できない交通事故被害者を救済するための政府の自動車損害賠償保障事業の制度を設ける、といったことが柱となっている。

(2)　**地震保険に関する法律**（詳細は第2編第2章第4節参照）

住宅および家財について、一定限度以下の地震保険契約について、政府が

超過損害額再保険方式（1事故による支払保険金総額が一定額を超える場合に再保険の給付が行われる）による再保険を行うものとした。地震保険は、大数の法則が適用しづらいことや、巨大地震の場合1回の損害額が巨額になることが予想されること、損害保険会社の健全性の確保、政府の負担のあり方などの観点からむずかしい問題を残している。

第 2 編

損害保険の商品

第1章 損害保険会社が販売する保険商品の概要

第1節 損害保険商品の分類

　一般に、「損害保険商品」という場合（これは法律用語ではない）、損害保険会社が販売している保険商品のことを指している[1]。損害保険会社が販売する保険商品は、民営保険のうち、ほぼ、生命保険（生存定額保険および死亡定額保険）以外の保険（非生命保険。non-life insurance. アメリカでは property and casualty insurance ともいう）であるといえる。

　本節では、この損害保険商品をいくつかの方法で分類する。具体的には、保険監督規制に基づく分類（後述1参照）、保険の対象による分類（財産保険と人保険。後述2参照）、顧客層と顧客ニーズに基づく分類（後述3参照）である。

1　保険監督規制に基づく保険の分類

　日本の損害保険会社の大半が、いわゆるフルライン[2]で営業しているが、その場合には、損害保険商品とは、すなわち、損害保険業免許の対象となる保険とほぼ同じこととなる。

(1)　損害保険業免許

　損害保険業を営むには内閣総理大臣の免許が必要であるが（保険業法3条1項、2項）、この免許は、保険業法3条5項1号に掲げる保険の引受けを

---

[1]　損害保険会社が販売している保険商品は、保険契約法を規律する保険法における「損害保険契約」（同法2条6号）のみではない。
[2]　「フルライン」(full-line) とは、おもに保険会社について、免許を受けられる範囲で保険業免許を受けて全種目での保険販売を行うことである。これに対して、特定の保険種目についてのみ保険販売を行う保険会社もあり、特に単種目の場合には「モノライン」(mono-line) の保険会社と呼ばれている。

行い（なお、保証証券業務は1号保険とみなされている。同法3条6項）、または、1号の保険引受けにあわせて2号もしくは3号に掲げる保険の引受けを行う事業に係る免許であるとされている（同法3条5項）。

ここで、1号〜3号の保険とは次のとおりである。

① 1号保険

いわゆる「第二分野」の保険のことであり、損害てん補方式の財産保険を指す。正確には、「一定の偶然の事故によって生ずることのある損害をてん補することを約し、保険料を収受する保険」（2号保険を除く）と定義されている（保険業法3条5項1号）[3]。

また、保証証券業務も、1号保険とみなされている。保証証券業務とは、「契約上の債務又は法令上の義務の履行を保証することを約し、その対価を受ける業務のうち、保険数理に基づき、当該対価を決定し、準備金を積み立て、再保険による危険の分散を行うことその他保険に固有の方法を用いて行うもの」（保険業法3条6項）と定義されている。

② 2号保険

いわゆる「第三分野」の保険のことであり、傷害死亡に関する人保険、および、人の生存・死亡以外の人保険を指す（定額給付方式か損害てん補方式かを問わない）。正確には、「次（イ〜ホ）に掲げる事由に関し、一定額の保険金を支払うこと又はこれらによって生ずることのある当該人の損害をてん補することを約し、保険料を収受する保険」と定義されている（保険業法3条4項2号）。

なお、この「第三分野」の保険は、生命保険会社も損害保険会社も保険引受けが可能である。

イ 疾病罹患

ロ 傷害・疾病を原因とする人の状態

ハ 傷害を直接の原因とする人の死亡[4]

ニ イまたはロに掲げるものに類するものとして内閣府令で定めるもの（人

---

[3] なお、保険法との関連では、保険業法における「第二分野」の保険は、保険法における「損害保険契約」（保険法2条6号）から「傷害疾病損害保険契約」（同法2条7号）を除いたものとほぼ同一である。

の死亡を除く)[5]

ホ　イ、ロまたはニに掲げるものに関し、治療（治療に類する行為として内閣府令で定めるものを含む）を受けたこと

③　3号保険

　第一分野の保険（保険業法3条4項1号。生存保険および死亡保険）は生命保険会社が営むものとされているが、海外旅行期間中の死亡や海外旅行期間中に罹患した疾病による死亡については、疾病リスクも損害保険会社が引き受けることができる（海外旅行保険で引き受けている）。正確には、第一分野の保険のうち、「海外旅行期間（人が外国への旅行のために住居を出発した後、住居に帰着するまでの間）における当該人の死亡又は人が海外旅行期間中にかかった疾病を直接の原因とする当該人の死亡に関する保険」と定義されている（保険業法3条5項3号）。

(2)　免許に基づく保険商品の分類

　保険監督規制に基づいて、損害保険業免許（前述(1)参照）や生命保険業免許で営むことができる保険商品を分類すると図表2-1-1のようになる。

2　財産保険と人保険

(1)　財産保険と人保険

　財産保険と人保険を分類するのが一般的である。財産保険とは、保険の対象を財産とする保険のことであり、人保険とは保険の対象が人間である保険のことである。

　財産保険と人保険とを分類するのは、1つには、保険免許が分かれているという実際上の理由があるからである（前述1参照）。すなわち、生命保険業

---

[4]　保険業法上は、疾病死亡に関する定額保険は「第三分野」の保険ではなく、「第一分野」の保険（保険業法3条4項1号）に当たることになる。この点において、特定の疾病（たとえば、がん）に基づく死亡を給付事由とする定額保険契約を「傷害疾病定額保険契約」（保険法2条9号）に分類する保険法とは異なる。

[5]　具体的には、出産およびこれを原因とする人の状態、老衰を直接の原因とする常時の介護を要する身体の状態、骨髄の提供およびこれを原因とする人の状態が規定されている（保険業法施行規則4条）。
　　2016年4月に同施行規則の改正がなされ、保険会社による不妊治療に係る保険の引受けが可能となるよう「不妊治療を要する身体の状態」が追加された。

図表２－１－１　損害保険業免許・生命保険業免許で営むことができる保険の分類

			保険給付方法	
			損害てん補給付	定額給付
財産保険（＝人保険以外）	元受保険		損害保険業【３Ⅴ①】	—
	再保険	第一分野や第三分野に関するもの	損害保険業【３Ⅴ①】 生命保険業【３Ⅳ③】	—
		上記以外	損害保険業【３Ⅴ①】	—
人保険	生存		損害保険業【３Ⅴ①】	生命保険業【３Ⅳ①】
	死亡	傷害死亡	生命保険業【ハ】 損害保険業【ハ】	生命保険業【３Ⅳ①】 損害保険業【ハ】
		疾病死亡　海外旅行中の死亡または罹患	損害保険業【３Ⅴ①】	生命保険業【３Ⅳ①】 損害保険業【３Ⅴ③】
		疾病死亡　上記以外	損害保険業【３Ⅴ①】	生命保険業【３Ⅳ①】
		その他（老衰等）	損害保険業【３Ⅴ①】	生命保険業【３Ⅳ①】
	傷害・疾病等		生命保険業【イロニホ】 損害保険業【イロニホ】	生命保険業【イロニホ】 損害保険業【イロニホ】

(注)　【　】内の数字は保険業法の条文番号を示す（条数はアラビア数字、項数はローマ数字、号数は丸数字）。また、【　】内のカタカナは、保険業法３条４項２号（同法３条５項２号によって参照される場合を含む）の各符号を示す。

免許と損害保険業免許とが分かれていて、かつ、両者を兼営することができないため（保険業法３条３項）、保険契約者は人保険のうちの生命保険（第一分野の保険）と、財産保険のうちの損害保険（第二分野の保険）とを同一の保険会社から購入できない。すなわち、生命保険は生命保険会社から、財産保険の損害保険は損害保険会社からしか購入できない（なお、人保険のうちの第三分野の保険については、いずれの保険会社からも購入できる）という実際上の影響がある[6]。

　もう１つには、財産保険では被保険利益や利得禁止原則が求められる（あ

るいは、強く求められる）が、人保険では求められない（あるいは、緩やかにしか求められない）という相違があるためである。この点は保険契約法に大きな影響を与えることになる（詳細は第3編参照）。

(2) 財産保険の分類

保険免許上の分類（前述1(2)参照）では、財産保険は、損害てん補給付方式のものしかなく、しかも、元受保険は全体で1つに分類されている。しかしながら、財産保険は多様なものからなるため（人保険よりもはるかに保険の種類は多い）、財産保険をさらに分類するのが一般的である。

大別すると、積極財産の毀損による損害をてん補するタイプの保険と、消極財産すなわち負担の増大という損害をてん補するタイプの保険とに分けることができる。前者の代表的な保険として物保険と保証保険・信用保険・保証証券について述べ、後者の代表的な保険として責任保険について述べる。なお、これらの保険を代表例として取り上げるのは、保険法上も特殊な取扱いがなされることがあるからである。

① 物 保 険

保険の起源は海上保険であるといわれているが、この起源となった海上保険とはまさに物保険であった。物保険は、財物を保険の対象（物保険における保険の対象のことを「保険の目的物」という。保険法6条1項7号）として、当該財物の損壊・滅失等による損害をてん補する保険である。

たとえば、海上保険である船舶保険や貨物保険、火災保険や動産総合保険、自動車保険における車両保険などがあり（保険の目的物は、それぞれ、船舶、貨物、建物・家財・什器備品等、動産全般、自動車である）、広く利用されている。

物保険については、保険契約法上も特有の規整があるため（詳細は第3編

---

6 ただし、保険募集人は、所定の登録を受ければ（保険業法275条）、両者を取り扱うことも可能であるので、生命保険会社と損害保険会社がタイアップすれば、生損保一体型の保険商品（ただし、法的には、生命保険会社が引き受ける生命保険契約と損害保険会社が引き受ける損害保険契約とからなる）を顧客に提供することは可能である（たとえば、東京海上日動火災保険と東京海上日動あんしん生命保険がタイアップして、「超保険」（正式商品名は新総合保険）という生損保一体型保険商品を販売している）。
　また、少額短期保険業者は、保険商品に制約はあるものの、両者の引受けを行うことができる（保険業法272条の11、2条17項）。

参照。たとえば、「保険価額」（保険法9条）の概念は物保険特有である）、法律上も物保険を財産保険全般（保険法上は損害保険契約）のなかからくくりだす意義がある。

② 保証保険・信用保険・保証証券

　保証保険や信用保険は、おもに契約債務に関する債務不履行による損害をてん補する保険である。保証保険でも信用保険でも被保険者は債権者であるが、保険契約者が両者で異なる。すなわち、債務者を保険契約者とするのが保証保険、債権者を保険契約者とするのが信用保険である。

　保証保険の典型例としては、履行保証保険がある。この保険の典型的な対象である請負契約を例にとれば、この保険は、請負者の債務不履行によって発注者が被る損害をてん補するものである。また、信用保険の典型例としては、取引信用保険がある。これは、売買契約等において代金債権が回収不能となることによって債権者が被る損害をてん補するものである。

　なお、保証保険や信用保険においては、保険給付後に、保険者は債務者に対して、保険代位（請求権代位）や被保険者から保険者への債権譲渡に基づく求償を行う。ただし、代位対象債権自体は、保険事故によって発生するものではなく、保険事故発生前から存在している。この点において、通常の損害保険とは異なる（通常の損害保険における請求権代位では、代位対象債権は保険事故の発生によって生じる）。保険法25条（請求権代位）の1項柱書カッコ書はその趣旨である。

　一方、保証証券は、一般的には保証保険と同様に保証料を債務者が負担するものであるが、法的には保険契約ではなくて、民法上の保証である。この保証証券業務は、銀行や保証会社等と並んで、歴史的に損害保険会社も営んでいる。そのため、保険業法上も、保証証券業務については、いわゆる第二分野の保険とみなされており、損害保険会社が固有業務として営むことができる（前述1(1)①参照）。なお、保証証券においても、保証人である保険会社は債務者に対して求償を行うが、これは保険代位ではない。

③ 責任保険

　責任保険は、一定の法的責任や契約責任を負担することによって被保険者が被る損害をてん補する保険である。責任保険は、法律上の損害賠償責任に

基づく損害をてん補するものが多いが（こうした責任保険を賠償責任保険という）、そうでないものもある。なお、一般に責任保険というと、前者の賠償責任保険を指すことが多い。

賠償責任保険の典型例としては、自動車保険のうちの対人賠償責任保険や対物賠償責任保険、自賠責保険、いわゆるPL保険（生産物賠償責任保険）、施設賠償責任保険、請負業者賠償責任保険などがある。他方、賠償責任保険でない責任保険としては、瑕疵保証責任保険がある。これは、財物について被保険者が瑕疵保証責任を負担することによって被る損害をてん補するものである。

なお、保険法で規定されている「責任保険契約」（同法17条2項）に関する特則（同法17条2項、22条）は、責任保険全般ではなく、賠償責任保険のことを指しているものと考えられる。責任保険全般に当てはまる規整内容ではないからである。

3 顧客層と顧客ニーズに基づく保険の分類

保険免許に基づく分類は上記1のとおりであるが、実際に顧客に販売する保険商品は、顧客層と顧客の保険ニーズ（すなわち、保険で担保することとなるリスク）に基づいて分類されることが多い。

まずは、顧客層は家計と事業者に分類できる。前者向けの保険が家計向け保険商品であり、後者向けの保険が事業者向け保険商品である。次に、当該顧客層に保険ニーズが発生する場面・状況等ごとに、おおまかな分類を行うことができる。この点については、以下、節を改めて述べる（後述第2節、第3節参照）。

第2節　家計向け保険商品

損害保険会社が販売している家計向けの保険商品（正確には、損害保険会社が引き受けている家計向け保険商品）は、死亡保険・生存保険以外の保険全般である。

ここでは、保険ニーズが発生する場面・状況等を、自動車、住宅、人に分

けて、家計向け保険商品の概要について述べる。

1　自動車に関する保険商品

　自動車は家計に普及している。

　そして、自動車は、場合によっては他人に対する多額の損害賠償責任を発生させることのある危険性をもつ。また、損害賠償責任を負う場合には、被保険者は被害者との示談交渉を行わなければならないが、一般にそうした交通事故に関する紛争解決には不慣れである。逆に、自身が被害者となった場合には、加害者との賠償交渉が必要となるが、やはり不慣れである。さらに、自動車自体は資産としての一定の価値をもつが、それが損壊したり盗難されたりすることもある。

　こうした自動車に関連するリスクを包括的に担保するのが自動車保険である（なお、対人賠償に関しては、強制保険である自賠責保険の上乗せ保険となる）。そして、自動車保険は、自動車単位で加入するのが一般的である（当該自動車保険契約が対象とする自動車のことを被保険自動車という）。

　この自動車保険は、大別すると次の3種の担保リスクをカバーしている。

① 　被害者に対する賠償責任リスク

　被保険自動車の所有・使用・管理に起因して生じた偶然な事故によって、他人の生命・身体を害したり、他人の財物を損壊したりして、法律上の損害賠償責任を負担することがある。その場合の損害をてん補するものであり、対人賠償責任保険と対物賠償責任保険からなる。

　また、こうした賠償事故が発生すると、被保険者は被害者と示談交渉を行わなければならないが、自動車保険では示談代行を損害保険会社が約款上の義務として行うこととなっているので[7]、賠償交渉を損害保険会社に委ねることができる。

　さらに、弁護士を起用しなければならないこともありうるが（典型的には、被害者からの損害賠償請求訴訟）、その場合の弁護士費用も費用保険金としててん補される。

7　なお、事業者向け自動車保険のなかには、保険者に示談代行義務のない保険商品もある。

② 被保険者自身の人身傷害リスク

自動車事故に関して（あるいは、被保険自動車の自動車事故に関して）、被保険者自身に人身傷害が発生することがある。こうした人身傷害に備えるため、傷害疾病損害保険と傷害疾病定額保険がともに用意されている。前者は人身傷害保険や無保険車傷害保険であり、後者は搭乗者傷害保険や自損事故傷害保険である。

③ 被保険自動車の損壊・盗難等リスク

被保険自動車を保険の目的物とする物保険である。

担保リスクを一定のものに限定するタイプの車両保険と、さらに担保リスクを拡大したタイプの車両保険とがある。

2　住宅に関する保険商品

家計には、必ず家財という資産がある。また、持家を保有していることも多く、相当な資産となる。こうした資産価値を守るための物保険の主体となるのが火災保険と地震保険である。

従前は、火災の担保リスクは火災や落雷等に限定されていたが、順次、担保リスクが拡大されて総合保険となり、さらに破損等の損害まで補償するタイプの保険が主流となりつつある（詳細は後述第2章第3節参照）。

なお、地震リスク、すなわち、地震、噴火、地震や噴火による津波を、直接または間接の原因とする火災、損壊、埋没、流出によって保険の目的物に生じた損害については、火災保険では免責とされている。そのかわり、地震保険という別の保険を手配することによって、こうした損害の補償を受けることが可能となる（詳細は後述第2章第4節参照）。

3　人に関する保険商品

家計は、家族という人間から構成されるものであり、人間という人的資産価値や将来の出費等を補償するのが人保険である。

財産保険とは異なり、人保険では、損害てん補型の保険給付方式（損害てん補保険）のみならず、定額給付型の保険給付方式（定額保険）も可能である。ただし、損害保険会社は死亡定額保険や生存定額保険の引受けはできな

い（詳細は前述第1節1参照）。

(1) 人損害てん補保険

人の傷害・疾病・死亡等による損害を補償するのが人損害てん補保険である。たとえば、自動車保険のうちの人身傷害保険や無保険車傷害保険（前述1参照）、所得補償保険、海外旅行保険のうちの治療・救援費用保険がある。

(2) 人定額保険

人の傷害・疾病について定額で金銭給付するのが人定額保険である。たとえば、傷害リスクのみを担保する傷害保険、疾病リスクのみを担保するがん保険、傷害・疾病リスクとも担保する医療保険がある。

4　特定の活動に関する保険商品

日常生活よりも高い危険を伴う、特定の活動に関する保険商品がある。日常生活リスクについては家計自身が準備・対応できるとしても、特に危険が高い活動については保険需要が存在するからである。

たとえば、旅行は日常生活よりも高い危険を伴うものであり（特に海外旅行）、旅行向けの保険商品が用意されている（たとえば、海外旅行保険）。また、スポーツ等のレジャー活動も同様であり、特定のレジャー向けの保険商品が用意されている（たとえば、ゴルファー保険）。

第3節　事業者向け保険商品

損害保険会社は、事業者向けに、財産保険全般にわたる保険商品を販売している。

1　事業者向け保険商品の特徴

(1) 事業者の保険ニーズの多様性

家計の活動に比べて、事業活動は、多種多様であり、事業者の保険ニーズには、無限のバリエーションがある。そのなかから典型的な事業内容やリスクを想定して汎用商品を設計しているものの、定型的な商品だけでは事業者の多種多様なニーズに十分応えられない。

この点を勘案して、監督規制においても、保険法においても、家計分野とは異なる扱いが認められている。

(2) 多様なニーズへの対応の手段

① 特約自由方式

多くの事業者向け商品について、事業方法書に「特約自由方式」を定めてあり、金融庁長官への届出を行うことなく、普通保険約款に付帯する特約を新設し、または変更することが認められている（後述第3編第1章第4節3(3)参照）。

損害保険会社は、「特約自由方式」を活用して、個別の事業者と交渉しながら個々の需要を勘案し、オーダーメードで契約内容をアレンジして、汎用商品とは異なる条件の引受けを機動的に行っている。なお、「特約自由方式」は、事業方法書に定めた条件の範囲で認められているものであるから、事業者のあらゆるニーズに応えられるとは限らない。

② 保険法の片面的強行規定の適用除外

事業者向け商品に係る契約には、保険法36条4号の「事業活動に伴って生ずることのある損害をてん補する損害保険契約」に該当するものがある。同条各号に該当する保険契約については、告知義務、危険増加の通知義務、超過保険の取消権、保険給付の履行期などの片面的強行規定が任意規定と位置づけられている。合理的な理由のもとに、これらの規定よりも保険契約者または被保険者に不利な合意を当事者間で行うことも可能である。

損害保険会社と事業者の間の保険契約情報に関する格差または契約交渉力に関する格差は、大きくない場合がある。また、リスクが巨大または特殊であり、リスク情報の事業者側への偏在が著しい場合がある。このような場合には、たとえ形式的に保険契約者または被保険者に不利であっても、多様な補償内容や価格（＝保険料）の保険商品を事業者に提供する必要に応じて[8]、あえて保険法の規定とは異なる約定をすることがある（後述第3編第1章第3節3(2)参照）。

---

[8] 萩本・一問一答145頁、146頁注1参照。

2　事業者向け特有の保険商品

　財産保険は、積極財産の毀損による損害をてん補するタイプの保険と消極財産の増大という損害をてん補するタイプの保険に大別される（前述第1節2(2)）。前者の事業者向けの保険として、前述の物保険および保証保険・信用保険のほかに、利益保険があり、後者の事業者向けの保険として、前述の責任保険のほかに、費用保険がある。利益保険と費用保険がセットになった保険商品も多い。

　ここでは、事業活動において事業者が保有する財物の毀損に関する物保険、他人の債務不履行に関する保証保険・信用保険、他人に対して負担する責任に関する責任保険、利益喪失・費用支出に関する利益保険・費用保険に分けて、事業者向け保険商品の概要について述べる。

(1)　物　保　険

　事業活動において、事業者は、各種の財物を保有する。この財物の損壊・滅失等による損害をてん補する物保険には、火災保険（後述本編第2章第7節参照）、船舶保険・貨物保険（後述第2章第9節参照）のほかに、工事の目的物を対象とする工事保険や機械を対象とする機械保険などがある。

①　工事保険

　工事保険は、建物、機械設備、産業用プラント、道路、橋梁、上下水道等の建築工事、組立工事または土木工事の過程において発生した不測かつ突発的な事故によって、工事の目的物または工事用仮設物等に生じた物的損害をてん補するオール・リスク型の保険である。工事の種類に応じて、建設工事保険、組立保険および土木工事保険の3種類がある。

②　機械保険

　機械保険は、不測かつ突発的な事故（火災、火災・化学反応による爆発・破裂、盗難、水害など、火災保険によって担保される事故を除く）のほか、機械の誤操作、機械自体の設計や材質の欠陥などの機械特有の事故による損害をてん補する保険である。

(2)　保証保険・信用保険

　事業者は、事業活動において種々の契約を締結するため、常に契約の相手

方による債務不履行危険にさらされている。この危険を担保するのがこれらの保険である（前述第1節2(2)②および後述第2章第10節参照）。

　(3) 責任保険

　事業者は、事業活動の遂行上の過失によって、または事業活動の結果に起因して、法律上の損害賠償責任を負担することがある。また、契約に基づき責任を負担することがある。それらの責任を負担することによる損害をてん補するのが責任保険である。

① 　賠償責任保険（法律上の損害賠償責任に関する保険商品）

　前述第1節2(2)③および後述第2章第8節参照。

② 　賠償責任保険以外の責任保険（契約上の責任に関する保険商品）

　契約に基づき責任を負担することによって生じる損害をてん補する事業者向けの保険の例として、次のものがある。

　　a　瑕疵保証責任保険

　瑕疵保証責任保険は、メーカーが製造し、または販売業者が販売する生産物に不具合や欠陥等があった場合に、保証書等で定めた無料修理や代替品支給等の保証責任を負担することによってメーカーや販売業者が被る損害をてん補する保険である。

　　b　労働災害総合保険

　労働災害総合保険は、賠償責任保険である使用者賠償責任条項と、賠償責任保険以外の責任保険である法定外補償条項をセットにした保険である。労働災害が発生し、政府労災保険が労働者に給付される場合において、使用者が法律上の損害賠償責任を負担するときは使用者賠償責任条項により、政府労災上乗せ補償制度に基づく補償責任を負担するときは法定外補償条項により、使用者の損害をてん補する。

　(4) 利益保険・費用保険

　特定の事由が発生したことによる利益の喪失または費用の支出もしくは負担による損害をてん補する保険の例として、次のものがある。

① 　店舗休業保険

　店舗休業保険は、火災保険で担保する事故によって店舗建物等が損害を受けた結果、店舗営業が休止し、または阻害されたために生じた粗利益の喪失

の損害をてん補する保険である（後述第2章第7節参照）。

② 操業開始遅延保険

操業開始遅延保険は、プラント等の工事現場において工事の目的物が不測かつ突発的な事故により損害を受けた結果、工事の発注者等の営業開始が遅延したために生じた利益の喪失および営業収益減少防止費用の支出の損害をてん補する保険である。

③ 興行中止保険

興行中止保険は、コンサート、スポーツ大会などの各種のイベントが悪天候、出演者の受傷、交通機関の運休などの不測かつ突発的な事由により中止や延期を余儀なくされた場合に、主催者の費用の支出もしくは負担または収益の喪失の損害をてん補する保険である。

④ リコール保険（生産物回収費用保険）

リコール保険は、生産物によって対人もしくは対物事故が発生し、または発生するおそれがある場合に、事故の拡大または発生の防止の目的で生産物のリコール（回収、検査、廃棄等の措置）を実施することによる事業者の費用の負担の損害をてん補する保険である。

第2章 主要商品の解説

　本章では、損害保険会社が販売する保険商品のうちの主要商品について解説する。具体的に取り上げるのは、自動車保険（第1節）、自賠責保険（第2節）、家計向け火災保険（第3節）、家計向け地震保険（第4節）、家計向け賠償責任保険（第5節）、第三分野の保険（第6節）、事業者向け火災保険（第7節）、事業者向け賠償責任保険（第8節）、船舶保険・貨物保険（第9節）、信用保険、保証保険、保証（第10節）である。

第1節　自動車保険

1　自賠責保険と自動車保険

　わが国の自動車に関する保険制度は、法律により自動車に付保が強制されている自動車損害賠償責任保険（以下「自賠責保険」という。付保が強制されているので、強制保険とも呼ばれている。詳細は次節参照）と、その上乗せとして加入者が任意で付保することができる自動車保険（付保が任意なので任意保険とも呼ばれている）とに大別される。

　上記の関係は、図表2－2－1のとおり表すことができる。なお、保険契約の対象とする自動車（以下「被保険自動車」という）を保険証券（自賠責保険の場合は、自賠責保険証明書）にて特定し、原則として、自賠責保険と自動車保険を、自動車1台につき1契約ずつ締結する（自賠責保険については自動車損害賠償保障法12条による）。

　自動車保険とは、自動車事故に起因して発生する損害（ただし、自賠責保険では補償されない部分）や傷害に対して保険給付を行うさまざまな保険契約（保険法上は、損害保険契約と傷害疾病定額保険契約）を組み合わせた損害保険商品である。

図表２－２－１　自動車事故における自賠責保険と自動車保険の関係

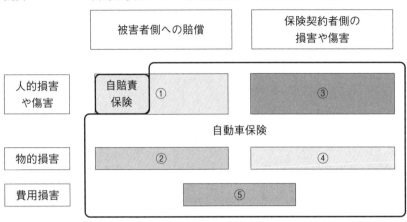

　自動車事故に起因して発生する損害や傷害には、①他人の生命や身体を害する対人加害事故による損害賠償責任を負担することによって被る損害、②他人の財物を損壊する対物加害事故による損害賠償責任を負担することによって被る損害、③保険契約者側に生じた死亡や傷害、④保険契約者側の自動車に生じた損害、⑤その他、間接的または付随的に発生する費用損害、がある。自動車保険はこれらの一部または全部に対して保険給付を行う損害保険商品であり、賠償責任保険、傷害保険、物保険、費用保険の複合体である。

2　自動車保険の歴史

　自動車保険はおおまかには以下のような経緯を経ている[9]。

(1)　黎明期

　わが国の自動車保険（任意保険）は、1914年に東京海上（現：東京海上日動）がアメリカからの自動車保険の受再保険を主目的に営業認可を受けたのが始まりとされる。当時の国内の保有台数はわずか1,000台程度にすぎない舶来の高級品であり、自動車保険は物保険としての色彩がきわめて強いもの

---

[9]　東京海上『新損害保険実務講座第８巻特種保険(上)』17～18頁（有斐閣、1964年）、東京海上・実務講座６巻16～38頁参照。

であった。

　1923（大正12）年の関東大震災による鉄道の甚大な被害を契機に、代替輸送機関としての自動車需要が急増、その後の自動車の国産化もあり、1938年には戦前最高の約22万台まで保有台数が伸びた。こうしたなか、営業認可を得て新規参入する会社とともに、自動車保険の普及率も漸増するが、自動車台数の絶対数が少ないなかで各社間での料率の協定もなく、また再保険の手当も不十分であったため適正な料率を維持できずに損害率は悪化した。このため積極的な販売は行われず、自動車保険は火災保険・海上保険の得意先へのサービス的な商品として、全種目保険料に対する構成比も2％程度（1934～1936年度の平均値）にとどまっていた。その後、第二次大戦の開戦による外車輸入禁止、乗用車の製造禁止、軍の徴用等もあり、終戦時の保有台数は約14万台まで減少、自動車保険の需要も著しく減退することになった。

(2) 再生期

　戦後の自動車産業の目覚ましい復興により、1955年の保有台数[10]は終戦時の10倍以上となる約150万台にまで増加した。

　一方、戦前の自動車保険は各社個別の普通保険約款と料率によって契約を締結していたが、1947年に約款と料率の統一が図られた。翌1948年公布の「損害保険料率算出団体に関する法律」（昭和23年法律第193号。以下「料団法」という）に基づき、同年に設立された損害保険料率算定会において、自動車保険の料率は算出されることになった。

　また、1955年に「自動車損害賠償保障法」（昭和30年法律第97号。以下「自賠法」という）が制定され、これを受けて翌年より自賠責保険の強制付保が実施されると、任意保険は、自賠責保険の上乗せ保険としての性格を得ることになったが、自賠責保険制度の実施によって対人賠償責任保険の普及率は伸び悩んだ。

---

[10] 国土交通省自動車交通局監修・自動車検査登録情報協会編『平成21年版　わが国の自動車保有動向』（自動車検査登録情報協会、2009年）、運輸省地域交通局監修『昭和63年版　数字でみる自動車』（日本自動車会議所、1988年）による。なお、保有台数は、各年度末現在の台数である。

(3) 成長期

　自動車保有台数は、高度経済成長に伴うモータリゼーションにより、1960年に約340万台、1970年には約1,892万台、1980年には約3,899万台、と増加の一途をたどり、一般家庭への拡がりをみせる。自動車保険料の高騰や交通事故の激増を受け、より迅速かつ適正な料率算定を行うこと等を目的に1964年に自動車保険料率算定会（のち、2002年に損害保険料率算定会と統合された。現在の損害保険料率算出機構である）が設立された。

　また、これと並行して、補償・サービス面での拡充も進行した。1965年の約款の刷新や、1967年には保険料の月払制度・団体扱制度も開始されたこともあり、賠償責任保険の普及が促進され、1970年代後半には、対人賠償・対物賠償ともに普及率は50％を上回った。

　そして、1976年には、自損事故保険および無保険車傷害保険を組み込んだPAP（自家用自動車保険。のち、1991年に自動車総合保険に改称）を新設した。さらに1982年には、車両保険までセット化し、自動車を所有、使用または管理することに伴う危険を総合的に補償する商品として、SAP（自家用自動車総合保険）を新設し、10％前後で推移していた車両保険の普及率を底上げする効果をもたらした。

　このようにして任意保険は、全種目の元受正味保険料の約半分を占める基幹種目にまで成長した。

(4) 保険自由化

　1994年の日米包括経済協議の保険分野における日米両国政府の合意に始まり、その後の日米双方による保険協議によって、1998年にはそれまでの損害保険料率算出団体の算出する保険料率の使用義務がなくなった。このいわゆる「保険自由化」以降、損害保険会社各社は、商品開発をさらに進めることとなる。補償内容や料率設定等をめぐり、人身傷害保険やいわゆる「リスク細分型自動車保険」など、保険契約者のニーズに即した新商品を相次いで設計・販売するとともに、外国保険会社などの通販社も相次いでマーケットに参入し、各損害保険会社がしのぎを削ることとなった。

　なお、近年ではテレマティクス技術を活用したサービスを伴う商品が登場している。具体的には、スマートフォンやドライブレコーダー等を用いた安

全運転診断から、車載通信端末を用いた事故発生時の保険会社向け自動発報サービス、車線逸脱時、急ブレーキ時の注意喚起等による事故防止支援まで、多様なサービスが展開されている。

また、欧米においては、車載機から走行距離や運転速度、急ブレーキ等の運転情報を取得し、保険料算定に活用する動きも広まっている。わが国においても、今後も新しい技術を取り入れたサービスや保険商品の開発は継続していくものと考えられる。

(5) 将来に向けて

自動車交通を取り巻く環境としては、国内の保有台数は2014年12月現在で約8,100万台にのぼり、交通事故発生件数は2004年の約95万件をピークに緩やかに減少基調にある[11]。

こうしたなか、各社の商品開発は現在も続いているが、一方で近時世界的な進展をみせつつあるテレマティクス[12]や先進安全自動車（ASV）・自動運転自動車に代表される自動車の技術革新、他方で少子高齢化の進行、車齢（自動車の平均使用年数）の長期化、モーダルシフトの進展による自動車マーケットの縮小といった環境変化等が生じつつある。こうした環境変化が自動車保険の枠組みに与える影響を見極めながら、保険制度や保険商品の見直しを行っていくことが求められている。

3　自動車保険の概要

自動車保険は、さまざまな補償をパッケージ化して販売されている。通例、そのリスク内容に応じた個々の補償等のことを「担保種目」と称する。

なお、伝統的に、自動車保険の担保種目とは、SAP（自家用自動車総合保険）普通保険約款を構成する対人賠償、対物賠償、自損傷害、無保険車傷害、搭乗者傷害および車両の6種を指していた。しかしながら、「保険自由化」以降は、損害保険会社各社の商品開発や販売施策によりパッケージ内容

---

[11] 交通事故総合分析センター『交通事故統計年報　平成26年版』（交通事故総合分析センター、2015年）による。
[12] 自動車などへ双方向の通信システムを利用してサービスを提供することの総称であり、テレコミュニケーション（通信）とインフォマティクス（情報工学）からつくられた造語。

が一様ではなくなっており、普通保険約款を構成する各条項による補償等のことを担保種目と称する場合が多い。

以下、代表的な担保種目について概説する。

(1) 対人賠償責任保険

対人賠償責任保険とは、下記①の「対人事故」により、法律上の損害賠償責任を負担することで被保険者が被る損害をてん補する賠償責任保険である。自賠責保険との重複を回避するため、自賠責保険の支払額を超過する部分に対して支払責任が生じる「上乗せ保険」という構成となっている。

賠償概念の定着と賠償水準の上昇もあり、保有台数に対する対人賠償責任保険の普及率は85％を上回る[13]（共済加入分を含む。2014年3月末実績）とともに、被害者1名当りの保険金額は通常は「無制限（支払額の上限なし）」として締結されている。

① 「対人事故」

対人賠償責任保険における対人事故とは、被保険自動車の「所有、使用または管理」に起因して生じた偶然な事故で他人の生命または身体を害することである。したがって、民法上の不法行為責任は発生するものの、自賠法上の「運行」には該当せず自賠責保険の支払対象とはならない事故（たとえば、ガレージ内に保管中の車両の火災、爆発等により、他人が死傷するなど）についても、補償対象となる。

② 被保険者

自賠責保険の被保険者（自賠法における「保有者」および「運転者」。後述本章第2節3(1)参照）とは異なり、契約締結時に保険証券に氏名または名称を記載して特定した「記名被保険者」を中心に、その者と一定の関係を有する者が自動車保険の被保険者となる。具体的には次のとおりである。

a 記名被保険者
b 被保険自動車を使用中または管理中の、次の者
・記名被保険者の配偶者
・記名被保険者またはその配偶者の同居の親族

---

[13] 損害保険料率算出機構『自動車保険の概況　平成26年度（平成25年度データ）』(2015年)。

・記名被保険者またはその配偶者の別居の未婚の子
・その他、記名被保険者の承諾を得た者（自動車取扱業者を除く）
　　c　記名被保険者の使用者（記名被保険者が被保険自動車をその使用者の業務に使用している場合のみ）

③　免責事由

　被害者救済の徹底を目的に、保険者免責を悪意と重複契約に限定した自賠責保険（後述第2節3(2)参照）とは異なり、対人賠償責任保険では、故意、地震などの異常危険、親族間事故等についても保険者免責となっている。

④　支払われる保険金

　対人賠償責任保険では、対人事故に関する法律上の損害賠償責任の額につき、示談交渉等を経て確定した額が支払われる（賠償保険金）。

　このほか、争訟費用や損害防止費用等についても、被保険者に発生した損害として保険金支払の対象となる（費用保険金）。

⑤　損害サービス

　a　示談交渉サービス

　自動車事故を起こした被保険者は、損害賠償について十分な知識や経験に乏しく、被害者側との交渉を経て損害賠償額を確定させるには、時間的にも精神的にも多大な労力を要する場合が多い。こうした負担を軽減するために1974年に導入されたのが、このサービスである。損害保険会社は被保険者の同意を得て、被害者側との交渉の当事者として損害賠償責任の有無およびその額の確定を行う。

　なお、本サービスの創設に際しては、日本弁護士連合会より、かかる交渉が弁護士法72条に抵触する「非弁行為」に当たる疑いがある旨の問題提起がなされた経緯がある。これをふまえ、日本弁護士連合会と調整を図り、また、約款上に被害者からの直接請求権を規定する等、損害保険会社の当事者性を高めることで、その行為の合法性を確保している。

　b　一括払制度

　対人賠償に係る補償は、自賠責保険と対人賠償責任保険の「二本建て構造」となっているが、保険金支払の請求があった場合には、対人賠償責任保険の引受保険会社が、自賠責保険部分も含めて支払を行う「一括払い」が実

務的に行われている（対人賠償責任保険の引受保険会社は、一括払い後に、自賠責部分について自賠責保険の引受保険会社に求償する）。これにより、被保険者による保険金請求の手間の軽減を図っている。

(2) 対物賠償責任保険

対物賠償責任保険とは、下記①の「対物事故」により、法律上の損害賠償責任を負担することで被保険者が被る損害を、1事故当りの保険金額を限度にてん補する賠償責任保険である。約款構成上は、前述の対人賠償責任保険とともに、普通保険約款賠償責任条項を構成することが多く、また、普及率も対人賠償責任保険と同水準である。

① 「対物事故」

対物賠償責任保険における対物事故とは、被保険自動車の「所有、使用または管理」に起因して生じた偶然な事故で他人の財物を損壊することであり、人身損害と物的損害の差異はあるものの、基本的には対人賠償責任保険と同様である。

なお、「他人の財物の損壊」を要件としていることから、たとえば、財物の損壊を伴わず踏切内で立ち往生したために電車の運休が生じたような間接損害は、支払対象とならない。

② 被保険者

対物賠償責任保険の被保険者は、対人賠償責任保険に同じである。

③ 免責事由

免責事由は、親族間事故について一部異なる点を除き、対人賠償責任保険に同じである。

④ 支払われる保険金

対物賠償責任保険では、対物事故に関する法律上の損害賠償責任の額につき、示談交渉等を経て確定した額が支払われる（賠償保険金）。

このほか、争訟費用や損害防止費用等についても、被保険者に発生した損害として保険金支払の対象となる（費用保険金）。

⑤ 示談交渉サービス

対物賠償責任保険の示談交渉サービスは、1982年のSAP発売時に導入されたものである。対人賠償責任保険と同様、損害保険会社は被保険者の同意

を得て、被害者側との交渉の当事者として損害賠償責任の有無およびその額の確定を行う。

なお、本サービスの創設に際しても、「非弁行為」性をめぐって、日本弁護士連合会との調整が行われた。

(3) 傷害保険

自動車保険の担保種目としての傷害保険は、定額給付型の傷害疾病定額保険契約（搭乗者傷害保険、自損事故保険）と、損害てん補型の傷害疾病損害保険契約（無保険車傷害保険、人身傷害保険）とからなる。ただし、近年では、人身傷害保険（後述④参照）の誕生および普及率の向上などもあり、その他の傷害保険（後述①〜③参照）の役割は縮小しているといえる。こうしたなか、損害保険会社各社とも、重複した補償の見直しや商品の簡素化を目的として、人身傷害保険を軸に商品体系の再構成を図っており、一部の損害保険会社の商品においては、以下の記載とは異なる内容となっているものもある。

また、各担保種目とも、被保険者を特定して引き受けるわけではなく、「被保険自動車に搭乗中の者」などと不特定者を被保険者とする点で、単独商品として販売されている傷害保険とは異なっている。

なお、担保種目によって差異はあるが、代表的な免責事由としては、故意または重過失、無免許運転、酒酔い運転、違法薬物影響下での運転、地震等の異常危険などが規定されている。

① 搭乗者傷害保険

搭乗者傷害保険は、被保険自動車に搭乗中の者すべてを被保険者とする傷害疾病定額保険契約である。

　a　保険給付要件

搭乗者傷害保険は、被保険者が、次のいずれかの急激かつ偶然な外来の事故により死傷した場合に支払われる。

(a)　被保険自動車の運行に起因する事故

(b)　被保険自動車の運行中の、飛来中もしくは落下中の他物との衝突、火災、爆発または被保険自動車の落下

　b　被保険者

搭乗者傷害保険の被保険者は、被保険自動車の正規の乗車装置に搭乗中の

者である。

　　c　支払われる保険金

　搭乗者傷害保険で支払われる保険金は、大別すると次の4種類である。なお、同一の事故につき、加害者側が付保した自賠責保険や自動車保険（対人賠償責任保険）などの他の保険や担保種目からの支払や、労災等のほかの制度からの支払の有無にかかわらず、約款所定の額の保険金が支払われる。

　　(a)　死亡保険金

　被保険者が死亡した場合に、保険証券記載の保険金額の満額が支払われる。

　　(b)　後遺障害保険金

　被保険者に後遺障害が生じた場合に、後遺障害の程度に応じた所定の割合を保険証券記載の保険金額に乗じた金額が支払われる。

　　(c)　医療保険金

　被保険者に生じた傷害の治療費等に対して、所定の額が支払われる。

　従前は、「入院1日につき1万5,000円、通院1日につき1万円」のように、治療日数に応じて支払保険金の額を算出する方式であった（「日数払方式」と称される）。しかしながら、この方式では、治癒（または、限度日である保険事故日から180日目の到来）まで支払保険金の額が確定せず、また、支払対象期間の制約条件である業務支障期間の判断をめぐり、損害保険会社と被保険者との間での見解の不一致が生じることもあった。そこで、医師の診断書の記載に基づき、傷害を被った部位や症状に応じて定められた約款所定の額を、治癒（または、180日の経過）を待たずして、一時金的に支払う方式が2000年頃に開発され（「部位・症状別払方式」や「一時金払方式」等と称される）、現在ではこの方式が主流となっている。

　　(d)　そ の 他

　損害保険会社各社の商品により異なるが、その他の保険金として、重度後遺障害特別保険金、重度後遺障害介護費用保険金などがある。

② 自損事故保険

　自損事故保険は、文字どおり、おもに被保険自動車の「自損事故」に起因する死傷に関して保険給付を行う傷害疾病定額保険契約である。

a　自損事故保険の歴史と特徴

「自損事故」には、相手方のいない単独事故（たとえば、電柱への激突、崖から転落など）のほか、相手方はいるものの、相手方が自賠法3条の免責3要件（第2節1(1)参照）を立証できる事故（たとえば、居眠り運転や無理な追い越しにより、センターラインをオーバーしての対向車との正面衝突など）等が含まれる。

1960～1970年代にモータリゼーションが進む一方、当時は前述の搭乗者傷害保険の普及率や保険金額の設定額も低い実情にあり、自賠責保険の給付対象とならないこのような自損事故被害者の救済が社会的に脚光を浴びた。かかる被害者救済制度を任意保険の改善項目の1つとして、1975年6月に保険審議会答申において指摘があり、翌1976年1月より導入された経緯にある。

現在、自損事故保険は多くの損害保険会社で人身傷害保険に組み込まれており、人身傷害保険を付していない場合には対人賠償責任保険に自動セットされることが多い。なお、保険金額は、自賠責保険の支払限度額と重過失減額の適用割合を勘案して定められている。

　　b　保険給付要件

自損事故保険は、次のいずれも充足した場合に支払われる。

(a)　被保険者が次のいずれかの急激かつ偶然な外来の事故により死傷すること

　(イ)　被保険自動車の運行に起因する事故

　(ロ)　被保険自動車の運行中の、飛来中もしくは落下中の他物との衝突、火災、爆発または被保険自動車の落下

(b)　上記(a)によって生じた損害について自賠法3条に基づく損害賠償請求権が発生しないこと

　　c　被保険者

自損事故保険の被保険者は次の者である。

(a)　被保険自動車の保有者・運転者（＝自賠責保険の被保険者）

(b)　上記(a)以外の、被保険自動車の正規の乗車装置に搭乗中の者

　　d　支払われる保険金

自損事故保険で支払われる保険金は次の4種類である（カッコ内の金額は

2015年10月時点の代表的な商品による)。

　(a)　死亡保険金

　被保険者が死亡した場合に、保険証券記載の保険金額の満額（1,500万円）が支払われる。

　(b)　後遺障害保険金

　被保険者に後遺障害が生じた場合に、後遺障害の程度に応じた所定の金額（50万円～最高2,000万円）が支払われる。

　(c)　介護費用保険金

　被保険者に生じた後遺障害が介護を要する所定の後遺障害であった場合に、定額（200万円）が支払われる。

　(d)　医療保険金

　被保険者が傷害を被り、医師の治療を要した場合に、治療日数に対して所定の額（100万円限度。入院1日につき6,000円、通院1日につき4,000円）が支払われる。

③　無保険車傷害保険

　無保険車傷害保険は、被害事故によって被保険者[14]に死亡または後遺障害が発生した場合に、被保険者やその父母・配偶者・子が加害者（以下「賠償義務者」という）に対して有する損害賠償請求可能額（賠償義務者側の自賠責保険や対人賠償責任保険などでてん補される部分を除く）をてん補する傷害疾病損害保険契約である[15]。

　a　無保険車傷害保険の歴史と特徴

　人身事故により被保険者が被った被害については、①賠償義務者に賠償資力がない場合（つまり、対人賠償責任保険を付保していない場合、または、付保しているが十分な保険金額を設定していない場合）のほか、②賠償義務者が不明の場合には、（十分な）損害賠償を得られない可能性がある（①②における賠償義務者の自動車を「無保険車」という）。このような事態に備えて1976年に

14　無保険車傷害保険の約款における「被保険者」とは、保険法上の損害保険契約における「被保険者」とは異なり、保険の対象となる人物を指す。
15　被保険者の父母・配偶者・子が被る損害をてん補する部分は、傷害疾病損害保険契約ではない損害保険契約である。

導入されたのがこの無保険車傷害保険である。この担保種目は、対人賠償責任保険に自動セットされることが多い。

　この保険の最大の特徴は、賠償義務者が損害賠償義務を（十分に）履行できない場合に、被害者側の自動車保険を引き受けている損害保険会社が、賠償義務者に代わって保険給付を行う点にある。つまり、賠償義務者の法律上の損害賠償責任の額のうち、賠償義務者の自賠責保険や対人賠償責任保険等により回収可能な部分を控除した額に対して保険給付を行う、損害てん補型の傷害疾病損害保険契約であるとともに一種の「超過額保険」であるともいえる。

　b　保険給付要件
　無保険車傷害保険は、次のいずれも充足した場合に支払われる。
　（a）無保険車の所有、使用または管理に起因して、被保険者が死亡または後遺障害を被ること
　（b）上記(a)によって生じた損害について、被保険者またはその父母、配偶者もしくは子に対する法律上の損害賠償責任を負担する者がいること

　c　被保険者
　家計向けの自動車保険における無保険車傷害保険のおもな被保険者は次のとおりである。
　（a）記名被保険者
　（b）上記(a)の配偶者
　（c）上記(a)または(b)の同居の親族
　（d）上記(a)または(b)の別居の未婚の子
　（e）上記(a)～(d)のほか、被保険自動車に搭乗中の者

　なお、事業者向け自動車保険においては、被保険者を被保険自動車に搭乗中の者に限定していることもある（後述4(1)参照）。

　d　支払われる保険金
　賠償義務者が法律上の損害賠償責任を負うと認められる損害の額のほか、損害防止費用や損害賠償請求権の保全や行使に必要な費用に対しても保険給付がなされる。

e　請求権代位

　保険給付を行った損害保険会社は、その支払った額について、被保険者の賠償義務者に対する損害賠償請求権等の債権を代位取得することになる。

④　人身傷害保険

　人身傷害保険とは、交通事故によって被保険者[16]が傷害を被った場合に、被保険者やその父母・配偶者・子に発生する損害をてん補する傷害疾病損害保険契約である[17]。

　a　人身傷害保険の歴史と特徴

　自動車事故による人身損害に関して、従前の自動車保険は、賠償義務者側が、第三者である被害者（に対する損害賠償責任）のために対人賠償責任保険を付保する、という「サード・パーティー」型の構成をとっていた。この構成では、「被害者側の過失」により賠償義務者側の法律上の損害賠償責任が相殺される部分については、当然ながら賠償義務者側の自動車保険では支払がなされず、被害者側の自己負担となる。かかる自己負担部分については、搭乗者傷害保険や自損事故保険や無保険車傷害保険（前述①～③参照）の保険カバーでは必ずしも十分ではないことがある。また、被害者に発生した損害額や被害者側の過失割合をめぐって争いになることもあり、これが賠償義務者側との示談交渉等の長期化の一因にもなっていた。

　こうした問題点を解決するため、被害者側が、自身が被った損害のために傷害保険を付保する、という「ファースト・パーティー」型の傷害保険が登場した。1998年10月に東京海上（現：東京海上日動）が開発した人身傷害保険である。

　この保険は、損害てん補型の約款構成をとっており、自己過失の有無を問わず（煩わしい示談交渉等の決着を待たず）、被害者側に生じた「総損害額」について自身の付保した損害保険会社から保険給付を受けることができる点が最大の特長である。

16　人身傷害保険の約款における「被保険者」とは、保険法上の損害保険契約における「被保険者」とは異なり、保険の対象となる人物を指す。
17　被保険者の父母・配偶者・子が被る損害をてん補する部分は、傷害疾病損害保険契約ではない損害保険契約である。

なお、人身傷害保険では、賠償義務者がいない事故についても、被保険者に発生した人身損害がてん補される。
　b　保険給付要件
人身傷害保険は、次のいずれも充足した場合に支払われる。
　　(a)　被保険者が次のいずれかの急激かつ偶然な外来の事故により死傷すること
　　　(イ)　自動車の運行に起因する事故
　　　(ロ)　自動車の運行中の、飛来中もしくは落下中の他物との衝突、火災、爆発または自動車の落下
　　(b)　上記(a)によって、被保険者またはその父母、配偶者もしくは子に損害が生じること
　c　被保険者
家計向け自動車保険における人身傷害保険のおもな被保険者は次のとおりである。
　　(a)　記名被保険者
　　(b)　上記(a)の配偶者
　　(c)　上記(a)または(b)の同居の親族
　　(d)　上記(a)または(b)の別居の未婚の子
　　(e)　上記(a)〜(d)のほか、被保険自動車に搭乗中の者
なお、被保険者を被保険自動車に搭乗中の者に限定し、特約により車外の者へ範囲を拡大することもある。
　d　支払われる保険金
人身傷害保険では、被保険者またはその父母、配偶者もしくは子に生じた損害について、約款（損害額基準）に基づき算定した額のほか、損害防止費用や損害賠償請求権の保全や行使に必要な費用に対しても保険給付がなされる。

被保険者側に生じた「総損害額」は、約款に約定される「損害額基準」に基づき、積極損害、休業損害、逸失利益、将来の介護料、慰謝料、その他実費について、傷害、後遺障害、死亡の発生事由別に積算して決定され、保険証券記載の保険金額を限度に、その実額が支払われる[18]。

e　請求権代位

　保険給付を行った損害保険会社は、その支払った額について、賠償義務者に対する損害賠償請求権等の債権を代位取得することになる[18]。

　なお、自己過失分のみ人身傷害保険から支払を受け、賠償義務者に対して、被保険者が自ら損害賠償請求することが可能な会社もある。この場合には、損害保険会社は損害賠償請求権を代位取得しないこととなる。

(4)　車両保険

　車両保険は、偶然な事故によって被保険自動車（その付属品を含む）に生じた損害をてん補する物保険である。

① 車両保険の歴史と普及率

　車両保険は、自動車保険を構成する担保種目のなかでは歴史の古いものである（前述2⑴参照）。

　モータリゼーション以降、担保危険を限定して保険料負担を軽減する特約（たとえば、自動車相互間の接触・衝突に限定する特約、走行リスクを不担保とし、火災・爆発・盗難・落書等に限定する特約、盗難を不担保とする特約など）が登場し、車両保険の普及率の向上が図られた結果、昭和50年代初頭には10％前後であった普及率は、現在では50％程度にまで向上している。

② てん補対象となる保険事故

　車両保険のてん補対象となる保険事故である「偶然な事故」とは、約款に例示列挙される衝突・接触・墜落・転覆・物の飛来・物の落下・火災・爆発・台風・洪水・高潮、盗難に限られるものではなく、すべての偶然な事故

---

[18]　人身傷害保険に係る請求権代位については、保険者が代位取得する債権の範囲について、人傷基準差額説（人身傷害保険の約款で規定されている損害額算定基準をもとに、代位に関する差額説を適用するもの）と裁判基準差額説（裁判基準による損害額をもとに、代位に関する差額説を適用するもの）が存在するが、最判平24.2.20民集66巻2号742頁で、被害者に過失がある場合、保険金を支払った保険会社は、支払保険金の額と過失相殺後の損害賠償請求権の額との合計額が裁判基準額を上回る額の範囲で損害賠償請求権を代位取得する旨が判示されたことにより、裁判基準差額説が通説となった。なお、裁判基準差額説は人身傷害保険の保険金支払が先行した場合と、損害賠償金の支払が先行した場合とで、被保険者の回収が異なるという課題があったが、この点については、損害保険会社各社の約款で、判決または訴訟上和解により被保険者の損害額が確定した場合は、その額をもとに支払保険金を計算する旨規定することで、解決が図られている。

を意味する。

一方で、地震・噴火またはこれらによる津波によって生じた損害に対しては車両保険の保険金は支払われない。2011年3月11日の東日本大震災発生後には、被災地での移動手段の確保を目的として、簡易な支払要件により一時金方式で保険金を支払う商品が開発された。特約で定める「全損」状態となった場合に、被保険自動車の車両保険金額にかかわらず定額（50万円程度）で保険金を支払う特約であり、大震災発生時にも迅速に保険金を支払うことができるのが特長である。

③ 被保険者

車両保険の被保険者は、被保険利益（所有利益）の主体である「被保険自動車の所有者」と約款で規定されている。

④ 保険金額の設定

使用による損耗が激しく、また、市場人気の変動の影響を受けやすい自動車は、時間経過に伴ってその時価が大きく変動するので、「契約締結時の市場販売価格相当額に基づき設定した保険金額」と「事故発生時の市場販売価格相当額」には乖離が生じることが多く、超過保険や一部保険の状態に陥りやすい。

このため、こうした自動車のもつ特性上、保険金額の設定について工夫が施されている。すなわち、契約締結時に協定した保険価額を保険金額とし、保険年度を通じて常に保険価額と保険金額を一致させることにより、超過保険や一部保険となることを回避する「評価済保険」方式の導入である。この「評価済保険」方式は、「車両価額協定保険特約」というかたちで、車両保険に自動セットされている会社もある。

⑤ 支払われる保険金

被保険自動車が全損（経済全損を含む）となった場合には、車両価額協定保険特約が付帯されている場合には、保険金額が保険金として支払われる（保険事故発生時の被保険自動車の時価が限度となるわけではない）。他方、分損である場合には、修理費が保険金として支払われる。また、牽引費用や盗難車引取費用に対しても保険金が支払われるほか、現物給付がなされうることも約款で規定されている。

ただし、被保険自動車自体に生じた損害をてん補する物保険であることから、休車損害や代車借入費用等の間接損害は対象とならない。

⑥ 代位求償

車両保険における保険代位は、物保険であることから、残存物代位と請求権代位の両方が生じうる。

a 残存物代位

分損事故においては残存物（たとえば、破損したために交換した破損部品）の経済価値は僅少であるが、全損事故においては、残存物が一定の経済価値を有することが多い。

特に、盗難事故においては、被保険自動車に大きな損害が生じていないことも多く、盗難車両が発見されれば、損害保険会社は代位取得した当該車両を売却するのが一般的である。

b 請求権代位

賠償義務者のある事故で被保険自動車が損壊し、保険者が車両保険で被保険自動車の損害をてん補した場合には、被保険者の賠償義務者に対する損害賠償請求権が損害保険会社に移転する。損害保険会社はこの損害賠償請求権を行使して賠償義務者に求償を行うことになる。

(5) 費用保険

間接損害や付随的な損害に対する補償として、新商品の開発が著しい分野である。代表的なものとしては、事故解決を弁護士に委託する場合の費用負担を補償するもの、事故車の修理中などにおける代車借入費用を補償するもの、遠隔地での事故発生時に代替交通費や車両引取費用等を補償するもの、対物賠償責任保険や車両保険で支払われる上限額を超えて生じる車両の修理費について給付を行うもの等、がある。

4 商品類型

(1) 家計向け自動車保険と事業者向け自動車保険

自動車保険の需要は、家計の自動車（いわゆるマイカー）のユーザーにとどまらず、家計に比して賠償資力に富む事業者においても、使用者責任や社有車の修理費等への備えとして、高いニーズがあることは論をまたない。

また、保険法上は片面的強行規定性の有無が分かれる規整があるため、家計向け自動車保険と事業者向け自動車保険の差異は重要である。
　しかしながら、自動車保険で保険給付の対象となる損害や傷害の根幹が自動車事故に起因して生じる人的損害・物的損害である点においては、家計向け自動車保険と事業者向け自動車保険といった分類は、あまり意味のあるものではない。各損害保険会社が、「家計向け（家庭用）」「事業者向け（事業用）」と称して複数の商品ラインナップで自動車保険を販売しているのは、おもに、その補償内容の細かな差異（たとえば、法人が付保する場合は、車外での被害事故に関する人身傷害保険による補償を行わない）や、保険販売政策や、後述する料率制度の相違に起因している。

(2) ドライバー保険

　このほか、自動車を保有していない運転免許所持者（いわゆるペーパードライバー）向けの自動車保険として「ドライバー保険」が用意されている。この保険は、一般的な自動車保険と異なり、被保険自動車を特定することなく、所定の車種の借用自動車を運転中に記名被保険者が起こした賠償事故を中心に補償するものである。
　なお、借用自動車への自賠責保険の付保は当該自動車の保有者の責であるため（つまり、ドライバー保険の記名被保険者の責ではない）、自賠責保険が付保されていない場合であっても、保険金支払にあたって自賠責保険相当部分の控除は行われない。
　また、近年では、携帯電話等から1日単位で加入できるドライバー保険も登場している。帰省先や友人から自動車を借りる場合等に、あらかじめ借用自動車を特定して携帯電話等から加入申込みを行うと、当該自動車に付されている自動車保険に優先して保険金が支払われる。

5　料率制度

(1) 基本料率

　保険制度の健全な運営には、適正な料率の算定と適用が不可欠であることはいうまでもない。特に自動車事故については、自動車の種類や運転者の属性等のファクターにより、その危険度は大きく異なる。そのため自動車保険

では、あらかじめ「危険度が同質なグループ」ごとに契約者集団を区分し、グループごとに、そのリスク実態に応じた「担保種目別料率」を算定・適用する方法がとられている。おもな区分方法は次のとおりである。

① 用途・車種

被保険自動車の用途（自家用／営業用の別、乗用／貨物の別）や、大きさ・構造（普通／小型／軽の別、四輪／二輪の別、貨物積載量の別など）によっては、車体強度、運行実態、事故の相手方に与えるダメージが異なる。そのため、道路運送車両法による分類をベースに、約30種のグループに区分した料率となっている。

② 料率クラス

自家用普通乗用車と自家用小型乗用車については、同一用途・車種にかかわらず、その保険成績には自動車の型式ごとにも大きな較差がみられることから、各型式の保険成績に応じて、担保種目別の「料率クラス」を設け、用途・車種区分を細分化した料率となっている。

③ フリート契約とノンフリート契約

被保険自動車に係る危険測定の方法としては、過去の保険成績（損害率）による方法と、事故実績（件数）による方法が考えられる。当該保険契約の危険度を把握するには前者が適しているといえるが、そのためには、ある程度の契約量が必要とされる。

そこで、自ら所有・使用する自動車の総付保台数が10台以上の契約者を「フリート契約者」と呼び、他方、自ら所有・使用する自動車の総付保台数が10台に満たない契約者を「ノンフリート契約者」と呼び、契約量の大きさである「総付保台数」により料率区分を二分している。

④ 運転者年齢条件

運転する者の年齢によって、リスク実態には大きな較差が認められる。若年層の運転によるリスクを対象外とする条件を特約で設定するなど、その補償条件に応じて料率区分を行っている。

⑤ 記名被保険者年齢

④に加え、若年運転者や高齢運転者のリスクが高いことから、記名被保険者が個人の場合で、年齢条件26歳以上補償については、記名被保険者の年齢

別にさらに細分化した料率区分を設けている。

⑥ リスク細分化

近時では、上記のような伝統的な料率区分に加え、さらなる危険要因（記名被保険者の性別、運転歴、被保険自動車の使用目的、安全装置の有無、使用地域など、保険業法施行規則12条3号イに定めのあるもの）を軸に細分化を行った、いわゆる「リスク細分型自動車保険」が登場し、価格競争が激化している。

(2) メリット・デメリット料率

上記(1)のような料率区分に基づき、自動車1台当りの保険期間1年の料率を担保種目ごとに定めた「基本料率」に対して、個別の契約ごとの危険度を反映させる「メリット・デメリット料率」を乗じて、契約者別の適用保険料が決定される。

この「メリット・デメリット料率」は、契約者間の保険料負担の公平性の観点から、その契約の過去の保険成績や事故実績そのものを勘案して決定されている。すなわち、フリート契約者に対しては、保険成績（損害率）に応じた割増引が適用される。他方、ノンフリート契約者に対しては、被保険自動車1台ごとの前保険契約における事故件数に応じた等級が適用される。また、同じ等級であっても、前契約で「事故がなかった契約者」よりも「事故があった契約者」のリスク実態が高いため、保険料負担の公平性を確保するため、「無事故」と「事故有」の料率区分を設けている。

第2節　自賠責保険

自賠責保険は、自動車事故により死傷した被害者側の救済を目的として、加害者側の損害賠償資力を最低限確保するために、自賠法により、すべての自動車に付保を強制している対人事故に関する賠償責任保険である。

1　自動車損害賠償保障法

自賠法の特色は以下の3点があげられる。

(1) 実質的な無過失責任主義の採用

戦後の経済成長に伴う自動車保有台数の急増は、自動車事故の多発、被害者の増加につながり、被害者保護法制の導入は急務であった。なぜなら、不法行為である自動車事故について「過失責任原則（民法709条など）」をそのまま適用した場合、被害者側は「自分の被った損害」の立証が可能であっても、「加害者側の故意または過失の有無」の立証は著しく困難であり、損害賠償を受けることができないからである。

また、直接の加害者である運転者に賠償資力がないなどの場合は、その使用者に対し、民法715条に基づき使用者責任を追及する方法もあるが、同条但書は使用者責任の発生要件を制限しており、民法による被害者救済は不十分であった。

そこで、自賠法は3条において、従前の損害賠償法原理を大幅に修正（自賠法は、民法の特別法と位置づけられる）し、「自己のために自動車を運行の用に供する者」（以下「運行供用者」という）側に無過失の挙証責任を課す（挙証責任の転換）ことで、実質的な無過失責任主義を規定している。

これにより、被害者側は「自動車の運行により損害を被った事実」を立証することで損害賠償請求を行うことができ、一方、加害者側は、①自己（運行供用者）および運転者が自動車の運行に関し注意を怠らなかったこと、②被害者または運転者以外の第三者に故意または過失があったこと、③自動車に構造上の欠陥または機能の障害がなかったこと、の3要件（以下「免責3要件」という）をすべて自ら立証しない限り、対人加害事故による賠償責任を免れない。

(2) 強制保険制度の導入

自賠法5条において、自賠責保険または自賠責共済の契約が締結されている自動車でなければ運行の用に供してはならない、と規定しており、これに違反した者については、罰則（自賠法86条の3第1号。1年以下の懲役または50万円以下の罰金）も用意されている。

また、わが国では、いわゆる車検（自動車検査）に際して、その有効期間を満たす自賠責保険証明書の提示が要件の1つとされており（自賠法9条）、この車検制度が強制付保の実効性を確保している。

(3) 政府保障事業制度の創設

　上記(1)(2)にかかわらず、ひき逃げや無保険車両による事故の被害者は、自賠責保険による救済を得られないため、その救済を目的として、自賠責保険と同額を限度に、政府（国土交通省）がその損害のてん補を行う制度が、政府の自動車損害賠償保障事業である（自賠法71条以下。以下「政府保障事業」という）。

　この政府保障事業の運営原資は、自賠法の精神に照らして自動車運行の利益を享受する自動車保有者全体で負担するのが妥当であるとの考え方から、自賠責保険料に含まれている自動車損害賠償保障事業賦課金でまかなわれている。

　なお、政府保障事業で損害のてん補を行った場合、政府（国土交通省）は、その支払った額について、加害者に対する損害賠償請求権等の債権を代位取得する（自賠法76条）。

2　自賠責保険制度の特徴

　自賠責保険制度には、その社会保障的性格から、自動車保険と対比してさまざまな特徴がある。

(1) 損害保険会社による引受義務

　「政令（＝自賠法施行令11条）で定める正当な理由がある場合」を除き、損害保険会社は、アンダーライティングによる保険引受拒絶が自賠法24条1項により禁止されている。

(2) ノーロス・ノープロフィット（no loss, no profit）の原則

　自賠責保険の保険料率は、料団法9条の3に基づき、損害保険料率算出機構が算出して金融庁長官に届出を行い、後述する自賠責保険審議会への諮問および国土交通大臣の同意を経て決定される「基準料率」である。

　自賠責保険料率は「能率的な経営の下における適正な原価を償う範囲内でできる限り低いものでなければならない」と規定されており（自賠法25条）、その付加保険料部分に予定利潤を織り込むことを禁ずる（＝ no profit）とともに、上記(1)のとおり引受義務を課された民間の事業者（損害保険会社および協同組合）の収支に赤字を生じさせる水準であってはならない（＝ no loss)、とされている。

　なお、かかる料率設定にかかわらず、事業決算において結果的に利潤または欠損が生じることがあるが、毎年の収支の検証をもとに、損害保険料率算出機構が将来的な引下げや引上げに織り込んで調整を行う。

(3)　共同プール事務

　引受義務の存在は、各事業者間での収支の不均衡を惹起するが、このような各事業者間のリスクを平準化するために、所定の割合で持ち寄り、再配分する制度が設けられており（自賠法28条の4）、引受成績の安定性を担保している。

　なお、過去にはこの共同プール事務のほか、保険責任の6割を政府が負担する政府再保険制度が存在していたが、その後の損害保険会社等による引受実績の蓄積や担保力の増強等を受け、2002年の自賠法改正時に廃止された。

(4)　自賠責保険審議会

　自賠責保険の事業運営の適切性や合理的な行政の処分に資するため、自賠法31条に基づき金融庁に設置されている、民間の13名から構成される機関である。料率・制度の変更など所定の処分にあたっては、内閣総理大臣による本審議会への諮問が必要とされている（自賠法33条）。

3　自賠責保険の概要

自賠責保険の概要は以下のとおりである。

(1)　被保険者

　自賠責保険の被保険者は、被保険自動車の「保有者」（自賠法2条3項）および「運転者」（同法2条4項）である。

　自賠法3条の免責3要件をすべて自ら立証しない限り対人加害事故による賠償責任を免れない主体は「運行供用者」であるのに対し、自賠責保険の被保険者は「被保険自動車の保有者・運転者」である。両者の関係を図示すると図表2－2－2のとおりとなる。

　無断運転等を行う者は、運行供用者責任の主体ではあるものの、自賠責保険の被保険者ではない。したがって、この場合の対人事故被害者は、当該加害者の賠償資力に期待できない場合は、「保有者」の運行供用者責任を問う

図表2-2-2 「運行供用者」と自賠責保険の被保険者の関係

```
┌─ 運行供用者（自賠法3条）─────────────┐
│                ┌──────────────┐  │  ┌──────────────┐
│                │ 「保有者」      │  │  │ 「運転者」      │
│ ┌──────┐   │    （自賠法2条3項）│  │  │    （自賠法2条4項）│
│ │泥棒運転者│  │                │  │  │                │
│ │無断運転者│  │ 例：自家用車の所有者│  │  │ 例：バス・タクシーの運転手│
│ │ など   │  │   バス・タクシー会社│  │  │   いわゆる、お抱え運転手│
│ └──────┘   │   トラック運送会社 │  │  │                │
│                │   レンタカー利用客 │  │  │                │
│                │   受託中の自動車修理業者│  │  │                │
│                └──────────────┘  │  └──────────────┘
└─────────────────────────────┘
                              └─ 自賠責保険の被保険者 ─┘
```

か、「保有者」に運行供用者責任が認められなければ政府保障事業による救済を受けることになる。

一方、「運転者」については、運行供用者責任が課されてはいないものの、直接の加害者として不法行為責任を負う（民法709条）ため、自賠責保険の被保険者とされている。

なお、「運転者（被用者）」による事故については、「保有者」である雇用主（使用者）は、運行供用者責任のほか、使用者責任（民法715条）も負うことがある。使用者責任に基づき損害賠償を行った雇用主（使用者）は「運転者（被用者）」に求償することができるが（民法715条3項）、自賠責保険は「保有者」の責任だけでなく「運転者」の責任もてん補するものであるから（自賠法11条）、自賠責保険から保険金が支払われた場合には、保険者から「運転者」への代位求償は行われない。

(2) 支払責任

保険者の支払責任の発生要件は、被保険自動車の「運行」によって他人を死傷させることにより、被保険者が法律上の損害賠償責任を負担することによって被る損害が生じることである。

ここで「運行」とは、「人または物を運送するとしないとにかかわらず、自動車を当該装置の用い方に従い用いること」（自賠法2条2項）をいう。

また、被害者救済の徹底を目的とする自賠責保険では、対人賠償責任保険

と異なり、免責事由が「故意（保険契約者または被保険者の悪意）」（自賠法14条）と「重複保険の場合」（同法82条の3）の2つに限定されている。そのため、親族間事故についても有責となる。

(3) 保険金額および支払保険金

① 保険金額

保険金額は、被害者が死亡した場合、傷害・後遺障害を被った場合ごとに定められており（自賠法施行令2条）、保険契約者と損害保険会社間で任意に定めることはできない。制度発足以降、数次にわたり保険金額の引上げが行われており、2016年1月現在では、死亡：3,000万円、傷害：120万円、後遺障害：介護の要否や程度に応じて75万～4,000万円となっている。

なお、保険金額は被害者1名についてのもの（1事故についての制限はない）であり、かつ、保険期間中の複数の事故にかかわらず、自動復元する。

② 支払保険金

自賠責保険金は、上記保険金額を限度として「自動車損害賠償責任保険の保険金等及び自動車損害賠償責任共済の共済金等の支払基準（平成13年金融庁、国土交通省告示第1号）」（以下「支払基準」という）に従い、「死亡による損害」「傷害による損害」「後遺障害による損害」の別に、それぞれ「積極的財産的損害（治療費・葬儀費等）」「消極的財産的損害（休業損害・逸失利益）」「精神的損害（慰謝料）」を積算して支払われる（自賠法16条の3）。

被害者に生じた損害額が保険金額を超える場合には、超える部分については、加害者の自己負担または対人賠償責任保険での補償となるか、あるいは、被害者の自己負担となる（過失相殺部分）。

なお、自賠責保険については、被害者救済のための最低限の補償を確保するため、一般の民事責任において適用される「過失相殺」（民法722条2項）が適用されない。ただし、被害者に重大な過失（7割以上の過失割合）がある場合には、「傷害による損害」については20％、その他についてはその過失の程度に応じて、20％、30％、50％の「減額」がなされる。

また、死因や後遺障害発生原因と事故による外傷についての因果関係の立証が困難な場合は、死亡・後遺障害による損害額について50％の「減額」がなされる。

(4) 保険金請求

自賠責保険は、加害者（被保険者）が被害者側への賠償金を支払ったことによる損害をてん補する賠償責任保険であることから、保険金請求権は、賠償金を支払った額を限度として（先履行義務あり）、被保険者に生じる（自賠法15条。いわゆる「加害者請求」）。

また、自賠責保険契約の当事者ではない被害者側からも、損害保険会社に対して直接に損害賠償額の支払を請求できる（いわゆる「被害者請求」）。この被害者請求の権利は、法定の直接請求権（自賠法16条1項）である。

さらに、当面の支出に充当する目的として、賠償責任の有無や損害賠償額の確定を待たず「仮渡金」の請求を被害者側に認めている（自賠法17条1項のいわゆる「仮渡金請求」）。

被害者請求や仮渡金制度はいずれも、示談交渉が円滑に進まない等の事情により不安定な立場に陥ることのないよう、被害者保護を目的に導入された制度といえる。

(5) 保険料と保険期間

自賠責保険の保険料は、車種、保険期間、使用の本拠の所在地（本土・離島・沖縄本島・沖縄離島別）により決定され、自動車保険のような運転実績や車の性能等に基づく割増引制度は存在しない。

なお、強制保険という性格上、無保険車発生の防止のために解約事由は厳しく制限をされており（自賠法20条の2）、いわゆる「廃車」を行う場合や、適用除外自動車（同法10条）になった場合、終期のより遅い重複契約がある場合、告知義務違反の場合等に限られる。このような場合には、所定の解約保険料の返還を受けることができる。

また、保険期間については、車検期間を満たす付保が要求されることから、他の損害保険商品とは異なり、原則として、月数単位（例：25カ月、37カ月など）で締結される点が特徴的である。このほか、自賠責保険の保険期間は、末日の午前12時に終了する点でも他の損害保険商品とは異なる。

4 自賠責保険の損害調査

自賠責保険の損害調査は、その保障制度的色彩や、年間100万件を超える

請求事案の迅速かつ公平な処理の必要性から、中立的な第三者機関である損害保険料率算出機構の「自賠責損害調査事務所」にて行われる。具体的には、請求者（加害者または被害者）から損害保険会社等に提出された保険金請求書類をもとに、事実確認や追加的調査を行い、調査結果を損害保険会社等に連絡するというフローになっている。

このうち、高度な専門知識を要求され判断が困難な事案や調査結果への不服から異議申立てがあった事案（「特定事案」と総称される）については、審査の公平性・客観性を確保するため、弁護士・専門医・交通法学者等の専門家で構成される「自賠責保険（共済）審査会」において審査が行われる。

また、特定事案を除く、自賠責損害調査事務所では判断が困難な事案（たとえば、無責または減額の可能性がある事案、後遺障害の等級認定がむずかしい事案）については、その上部機関である「自賠責損害調査センター」の地区本部や本部にて審査が行われる。

第3節　家計向け火災保険

1　火災保険の歴史

(1) わが国での火災保険の始まり

火災保険制度は、ロンドン大火（1666年）を契機にイギリスで始まった。日本では、ペリー来航（1853年）を契機に外国との通商が始まり、1859年には横浜、長崎、函館が開港されたが、その頃、通関事務を扱う運上所には保管場所がなかったため、外国貿易商人たちは輸入品を外航船から陸揚げすると直ちに収容可能な広い倉庫をもつ必要があり、火災保険に対するニーズが強くなった。やがて、香港や東南アジアに本拠をもつ外国保険会社が日本に進出してきたのを機にわが国の火災保険が始まることになる[19]。

そして、1879年の東京海上が海上保険を開始した9年後の1888年に東京火災（旧安田火災、現：損保ジャパン日本興亜の前身）がわが国で初めての火災

---

[19] 木村栄一監修『損害保険の軌跡』56～58頁（日本損害保険協会、1995年）を参考にした。

保険会社として開業し、次いで1891年に明治火災が開業した。

その後、民間の火災保険事業は順調な発展を続け、日清戦争（1894〜1895年）後の戦勝景気で事業熱が高まると火災保険会社も相次いで新設された。しかし、当時の保険会社は準備金の積立を行わないまま株式配当を行ったことから、高収益をあげる結構な商売にみられた。これが保険会社の乱設を生み、その結果、保険料率の引下げ競争が起こり、経営不振を招く要因となった。

(2) **損害保険料率算定会の設立**

その後、明治後半から大正、昭和へと過ぎるなかで、火災保険事業においては火災保険料率の引下げ競争と協定の歴史を繰り返してきたが、1948年の「損害保険料率算定会」の設立によって安定した発展期を迎えることになる。

これに先立ち前年には、独占禁止法の制定により保険業法による保険料率の協定も禁止とされた。自由化による過当競争を避け、保険料率の協定を維持したい損保業界と大蔵省（財務省）は、GHQに対して保険事業の特殊性からこれを自由競争にすると弊害が生じることを主張し、保険会社とは切り離した料率算出団体をつくることで決着をみることができた。

この結果、1948年に「損害保険料率算出団体に関する法律」が制定され、保険料率が独占禁止法の適用除外になるとともに、同年、この法律に基づいて「損害保険料率算定会」が設立された[20]。

(3) **総合保険からオール・リスク補償へ**

昭和30年代に入ると、生活の近代化によってそれまで存在しえなかった新しい危険が身の回りに多く生まれるようになった。このような家庭生活を取り巻くさまざまな危険を1つの保険でカバーしようと1961年に住宅総合保険が発売された。翌年には、住宅総合保険の改定が行われて、火災、落雷、破裂・爆発のほか、車両の衝突・接触、航空機の墜落・落下物、騒じょう・労働争議に伴う暴行、盗難に加え、臨時費用保険金、傷害費用保険金、風水雪害保険金が支払われる内容になり、その後も総合保険化は進んだ。

そして、さらに、破損等の損害をも広く補償するオール・リスク補償タイ

---

[20] 損害保険料率算定会は、2002年に自動車保険料率算定会と統合して損害保険料率算出機構となり、現在に至っている。

プの火災保険が売り出されるようになった[21]。いまやオール・リスク補償は家計向け火災保険において普遍的なものとなっている。

(4) 時価額基準から再取得価額基準へ

近年の傾向として特筆すべきなのは、保険金額の設定および損害保険金の支払における時価ベースから再取得価額ベースへのシフトである。

従来の火災保険は原則として損害にあった財物を時価額基準で補償するため、罹災の際に受け取る保険金だけでは復旧費用をまかなえない事態が生じていた。また、保険金額が保険価額に不足する場合は、不足する割合に応じて保険金が削減される「比例払い」（比例てん補）の適用があり、お客様の理解が得られにくいのが実状であった。

この問題を解決するために1975年に価額協定保険特約が登場し、再取得価額・実損払いが実現した。現在では家計向け火災保険の保険金額は再取得価額とする引受方法が損害保険業界では一般的となっており、家計向け火災保険のいっそうの質的向上が図られている。

2　物件種別と保険の目的物

(1) 物件種別

火災保険は、建物の用途により火災に対する危険度が異なるため、住宅物件・一般物件・工場物件・倉庫物件の4つに分類されている。

家計向け火災保険では、住宅物件と一般物件のうちの併用住宅を引き受けている。以下では、住宅物件に関する火災保険の中心商品だった住宅総合保険（約款としては、損害保険料率算出機構が策定する標準約款を参照した）[22]を中心に解説する。

(2) 保険の目的物

火災保険契約は、おもに火災によって保険の目的物[23]について生じた損害

---

21 損害保険料率算出機構が1999年に算出した「破損・汚損損害等担保特約」を契機とする。
22 従前は住宅総合保険が住宅物件の主力保険商品だったが、いまや各保険会社が独自商品を開発しており、もはや住宅総合保険は各社の主力商品ではなくなっている。
23 保険の目的物（保険法6条1項7号）のことを、約款では「保険の対象」と呼ぶこともある（住宅総合保険標準約款2条1項）。

に対して保険金を支払う契約であり、契約を締結する際には、保険の目的物を明確にする必要がある。

住宅総合保険が保険の目的物とするのは、住宅とそれに収容される家財[24]であり、保険証券に保険の目的物として記載される（具体的には、まずは保険契約申込書に記載する）ことが必要である（住宅総合保険標準約款3条1項）。住宅のみを付保することも、家財のみを付保することも、両者ともに付保することも可能である。

建物には、付属建物（物置、車庫等）および門・塀・垣が含まれる（住宅総合保険標準約款4条4項4号）[25]。

家財のうち、価値の評価が困難なものや著しくリスクが高い財物については（貴金属、宝石、美術品、設計書・帳簿等）[26]、罹災時のトラブルを避けるため、保険契約締結に際して個別に保険契約申込書に明記して明記物件として引受けを行うことになっており、明記されていなければ保険の目的物には含まれない（住宅総合保険標準約款4条3項）。しかしながら、保険契約締結時に明記を忘れ、保険事故発生時に損害が補償されないという事態等が発生することもあったことから、損害保険会社によっては住宅総合保険と異なる取扱いをする保険商品を販売している[27]。

3　建物の構造級別

住宅物件の火災保険料率は、保険の目的物の所在地と建物がどのような構

---

[24] 例外的に、保険証券記載の建物から一時的に持ち出された家財（持ち出し家財という）に生じた一定の損害も補償する（住宅総合保険標準約款2条6項）。
[25] なお、東京海上日動の「住まいの保険」においては、住宅火災保険や住宅総合保険では担保されなかった、敷地内にある付属屋外設備・装置も保険の対象に含まれる。
[26] 通貨、有価証券、預貯金証書等は、そもそも保険の対象には含まれない（例外的に、盗難損害のみてん補される。住宅総合保険標準約款4条2項2号、4条7項）。
[27] たとえば、保険契約締結時に明記を失念したような場合には、認定損害額を30万円とする保険会社がある。またたとえば、東京海上日動の「住まいの保険」では、そもそも明記物件による引受方式を廃止し、1個または1組の価額が30万円超の貴金属・宝玉・宝石・美術品（「高額貴金属等」）についても（なお、30万円以下の場合には住宅総合保険でも明記不要である）、保険契約締結時に明記しなくとも、1事故合計で100万円を限度に自動的に補償することにした。また、100万円の限度額を引き上げることも可能である。

図表2−2−3　住宅物件の構造級別一覧

柱	耐火基準	共同住宅	一戸建て
コンクリート造[28]		M構造	T構造
鉄骨造	耐火建築物	M構造	T構造
	耐火建築物以外	T構造	T構造
コンクリート造でも鉄骨造でもない	耐火建築物	M構造	T構造
	準耐火建築物、省令準耐火建築物	T構造	T構造
	耐火建築物、準耐火建築物、省令準耐火建築物以外	H構造	H構造

造かによって区分されている。

　建物の構造級別は耐火性によって区分され、保険の目的物が家財など動産の場合でも、収容建物の構造級別に従って火災保険料率を適用する。

　住宅物件の構造級別は3区分で、建物の「柱」と「耐火基準」によって判定される（図表2−2−3参照）。従来、構造級別の判定は、建物の主要構造部のうち、外壁・柱・小屋組・はり・床および屋根の建築材料から判断し、5区分で判定していた。しかし、建築材料が多様化していくに従い構造級別判定が煩雑となり、適正な運営がむずかしくなったことを受け、2010年1月より構造級別の簡素化が行われ現在の3区分へと変更となった。

4　評価と保険金額の設定

(1)　評　　価

　保険の目的物の価額（金銭的価値）である保険価額を定めることを「評価」という。

　火災保険を付保する目的は、保険の目的物である建物や家財に損害が生じた場合に、それらを損害発生前の状態に復旧させることにある。保険の目的物の評価は、保険金額の設定基準となるとともに、損害額算定の基礎となる

28　コンクリート造には、鉄筋コンクリート造、鉄骨コンクリート造、コンクリートブロック造、れんが造、石造を含む。

ものであり（住宅総合保険標準約款5条1項）、適切な評価に基づく保険金額が設定されていなければ保険事故の際に被保険者が十分な補償を受けられなくなるおそれがある。したがって、契約にあたっては適切な評価を行うことが重要となる。

建物については「新築費単価法」や「年次別指数法」等の評価方法を用いて、評価額を算出する。

家財については、世帯主年齢および家族構成から家財簡易評価表を用いて評価額を算出する[29]。ただ、評価が煩雑で保険契約者の理解を得にくいこともある。そのため、損害保険会社によっては、保険金額が保険価額に満たなくても比例てん補を行わない実損てん補方式の保険商品を販売している。

(2) 評価の基準

評価額を算出する基準は、「再取得価額」と「時価」の2種類がある。

① 再取得価額[30]

保険の目的物を修理、再築・再取得するために必要な金額を基準とした評価額である。保険金支払が再取得価額ベースで算定されるため、同等の新築建物等を再築・再取得したり、修理したりするのに十分な保険金の支払を受けることができる[31]。

② 時　価

再取得価額による評価額から、使用による減耗分を差し引いた額を基準とした評価額である。支払保険金も時価額ベースで算定されるため、支払保険金だけでは、同等の新築建築物等を再築・再取得したり、修理したりするために実際に必要となる費用が、経年減価分だけ不足するおそれがある。

(3) 保険金額

保険金額は、保険事故発生の場合に支払う損害保険金の限度額になり（住宅総合保険標準約款5条3項、4項）、また、比例てん補を行う際には比例てん補割合算出の基準額となるので（同約款5条4項）、評価額に基づいて適切

---

[29] 東京海上日動では、建物の所有形態（所有・賃貸の別）と占有面積から、家財簡易評価表を用いて評価の目安となる金額を算出することとしている。
[30] 住宅総合保険標準約款の価額協定保険特約では「再調達価額」と呼ばれている。
[31] ただし、保険期間中に建設物価が上昇した場合には、同等の新築建物等を再取得することはできない。

に設定する必要がある。超過保険や一部保険とならないよう、評価額と保険金額・保険金の関係を顧客に十分説明する必要がある。また、長期の保険契約では保険期間の途中で定期的な保険金額の見直しが必要となる。

5 補償範囲と補償内容

補償範囲は、担保危険(次述(1)参照)と免責危険(後述(2)参照)とで決まる。また、補償内容は、損害保険金(次述(1)参照)と費用保険金(後述(3)参照)からなる。

(1) 担保危険と損害保険金

火災保険にて補償の対象となる保険事故や損害は保険商品や補償パターンによって異なるが、以下のようなリスクについて住宅総合保険では損害保険金が支払われる[32]。

① 火災リスク

火災保険では、火災のほか、落雷や破裂・爆発の事故は基本的な担保危険である(住宅総合保険標準約款2条1項1号~3号)。

　a　火　　災

「火災」とは、世間一般でいうところの「火事」のことを指す。焦げただけの状態では、「火災」に該当しないが、燃え出して火の勢いが増すなどの状態になった場合に「火災」となる。したがって、たばこによる焦げ損、ストーブ熱による焦げ損等は火災に含まれない。

火災の態様としては、失火による火災のほか、他所からの延焼、放火による火災等がある。

また、消防・消火のために行った注水による水濡れ損害、延焼防止のための破壊活動、消防避難のための保険の目的物の搬出によって生じた破損、汚損等も火災による損害に含まれる(住宅総合保険標準約款1条「損害」に関す

---

[32] 保険会社の住宅向け火災保険によっては(たとえば、東京海上日動の「住まいの保険」)、本文記載のリスクのほかに、偶然な破損等のリスクも担保していることがある。これは、火災、落雷、破裂・爆発、風水災、給排水設備事故に伴う水濡れ、物体の衝突等、盗難のいずれにも該当しない、不測かつ突発的な事故による損害を広範に補償対象とするものである。この広範な担保リスクこそ、オール・リスク補償たるゆえんである。

る用語の定義)[33]。

　　b　落雷や破裂・爆発

　落雷や破裂・爆発が生じたことに伴って火災が発生したり、火災が発生したことにより爆発物に引火して爆発が生じて損害が拡大したりすることがあるため、落雷や破裂・爆発による損害は、火災損害に近接する損害ということができ、火災保険の基本的な補償の範囲に含まれている（なお、落雷や破裂・爆発による損害であればてん補対象となるので、それによって火災が生じる必要はなく、また、火災によって破裂・爆発が生じる必要もない）。

　「破裂・爆発」とは、「気体または蒸気の急激な膨張を伴う破壊またはその現象」を指す（住宅総合保険標準約款1条「破裂または爆発」に関する用語の定義）。よって、凍結による水道管の破裂は、火災保険における破裂・爆発には該当しない。

② 自然災害リスク

　自然災害リスクは、「風災・ひょう災（雹災）・雪災」と「水災」の2つを指し、地震等（地震、噴火、地震や噴火による津波）によるものは含まれない（地震リスクは地震保険で引き受ける。ただし、地震等による火災で保険の目的物が罹災した場合には、一定の条件に該当すれば地震火災費用保険金が支払われる。後述5(3)④参照）。火災保険における風水災の補償は保険の種類により異なるが、東京海上日動の「住まいの保険」は風水災の補償を実損払いとする点が特徴である。

　　a　風災・ひょう災（雹災）・雪災

　風災とは、台風、せん風（旋風）、竜巻、暴風等の異常気象による損害（洪水、高潮等を除く）を指す。ひょう災（雹災）とは、ひょう・あられにより生じた損害を指す。雪災とは、豪雪の場合におけるその雪の重み、落下等による事故または雪崩（なだれ）等により生じた損害を指す（ただし、融雪水の漏入もしくは凍結、融雪洪水または除雪作業による事故を除く。融雪洪水は雪災ではなく、「水災」として補償される）。

　閉め忘れた窓や戸からの、風、ひょう、雪の「吹込み」によって生じる損

---

[33] 保険法16条を約款に取り込んでいるものである。

害については、補償の対象とならない。ただし、建物の外側の部分（外壁、屋根、開口部等）が風災・ひょう災（雹災）・雪災の事故によって破損し、その破損部分から建物の内部に吹き込むことによって生じた損害に限り、補償の対象となる（以上、住宅総合保険標準約款2条2項）。

なお、いわゆる「20万円フランチャイズ」が適用されるため、損害額が20万円を超えないと保険てん補の対象とはならない（損害額が20万円を超えると、20万円を控除せずに損害保険金が支払われる。住宅総合保険標準約款2条2項）[34]。

 b 水 災

水災とは、台風、暴風雨、豪雨等による洪水・融雪洪水・高潮・土砂崩れ・落石等による損害をいい、異常気象に伴う水災に限定される[35]（ただし、地震もしくは噴火、またはこれらによる津波による水災は除く）。

こうした水災により、保険の目的物が30％以上の損害を被ったり、または、床上浸水で保険の目的物が損害を被ったりした場合にのみ、保険てん補の対象となる（住宅総合保険標準約款2条7項）。したがって、床下浸水かつ損害割合が30％未満の場合には、住宅総合保険のてん補の対象にはならない。また、保険てん補内容も、実損てん補ではなく、縮小てん補だったり定額支払だったりする（同約款8条）[36]。

③ 日常災害リスク

 a 給排水設備事故に伴う水濡れ

給排水設備に生じた事故に伴う漏水、放水、いっ水（溢水）によって保険の目的物に生じた水濡れ損害を補償する（給排水設備にはスプリンクラー設備・装置を含む。住宅総合保険標準約款2条3項2号）。共同住宅等で他人の占有する戸室で生じた事故に伴う漏水、放水、いっ水（溢水）による水濡れ損害も補償の対象となる。ただし、単なる蛇口の閉め忘れによる自室の水濡れ損害は補償の対象とならず（給排水設備に生じた事故に伴うものではないた

---

[34] 保険会社によっては、この20万円フランチャイズを設定しない保険商品を販売している。
[35] したがって、異常気象によらない水害（たとえば、平時における不適切なダムの放流による水害）はてん補されない。
[36] 保険会社によっては、補償条件が完全実損型である保険商品を販売している。

め）、風水災による水漏れもここには含まれない（自然災害リスクとして担保する）。

なお、ここで補償するのはあくまでも水漏れによる損害であり、破裂等により給排水設備自体に生じた損害をてん補するものではない。

　b　建物の外部からの物体の飛来等および車両の衝突等

航空機の墜落、車両の飛び込み、クレーンの倒壊、第三者の非行による投石など、物体の外部からの飛来・衝突等によって保険の目的物に生じた損害を補償する。雨や雪崩（なだれ）、土砂崩れ等も厳密にいえば、建物外部からの他物の落下・飛来等であるが、ここにおいて念頭に置いているのは人為的な事故による損害であり、自然災害による損害は除かれる。また、車両に関しては、建物の内部での衝突・接触による損害（たとえば、住宅内の車庫において車両が壁面に衝突した事故）も補償の範囲に含まれる（住宅総合保険標準約款2条3項1号）。

　c　騒じょう等や労働争議に伴う暴力行為・破壊行為

「騒じょうおよびこれに類似の集団行動」に伴う暴力行為・破壊行為や、労働争議に伴う暴力行為・破壊行為によって、保険の目的物に生じた損害を補償する（住宅総合保険標準約款2条3項3号）。

ここで「騒じょうおよびこれに類似の集団行動」とは、「群集または多数の者の集団の行動によって数世帯以上またはこれに順ずる規模にわたり平穏が害される状態または被害を生ずる状態であって、暴動に至らないもの」を指す（同約款同号。ただし、暴動は免責危険である。同約款3条2項1号）。規模が限定されており、これに至らない小規模な蛮行・いたずら等によるものは「騒じょうおよびこれに類似の集団行動」に含まれない。

　d　盗　　　難

保険の目的物の盗取はもとより、それに伴う損傷や汚損（侵入される際に鍵や窓を壊されたり、室内を土足で歩き回られたりすることによるもの等）によって保険の目的物に生じた損害も補償する（住宅総合保険標準約款2条4項）。ただし、建物のみを保険の目的物とする保険契約では、家財の盗難による損害は支払われず、また家財のみを保険の目的物とする保険契約では、盗難による建物の損傷や汚損の損害は支払われない。

なお、家財が保険の目的物となっている場合は、保険証券記載の建物内における通貨や預貯金証書の盗難による損害も補償する（住宅総合保険標準約款2条5項、4条2項2号、4条7項）。

盗取されたものをその後に回収できた場合、回収のために支出した必要な経費も損害額に含まれる（住宅総合保険標準約款5条2項）。

(2) 免責事由

担保危険によって保険の目的物に損害が発生した場合であっても、損害保険会社が保険給付義務を免れる場合がある。ここでは、代表的な免責事由について述べる。

① 故意・重過失・法令違反免責

次の者の故意もしくは重大な過失または法令違反によって生じた損害は免責となる（住宅総合保険標準約款3条1項1号、2号）。

　a　保険契約者
　b　被保険者
　c　上記aの代理人や上記bの代理人（上記aやbが法人の場合には、その理事、取締役、または法人の業務を執行するその他の機関）
　d　上記a～c以外の者が保険金の全部または一部を受け取るべき場合においては、その者またはその者の代理人

故意も重過失も法令違反も、保険の目的物に発生した損害との間に因果関係がある場合に免責となる。したがって、たとえ法令違反の事実があったとしても、損害との間に因果関係がなければ免責とはならない。

② 保険事故時の紛失・盗難免責

保険事故の際における保険の目的物の紛失または盗難（いわゆる火事場泥棒）は免責である（住宅総合保険標準約款3条1項4号）。罹災時という一種特殊な混乱状況下では、損害が生じなかった財物に対する管理も及びにくく、そのような際に生じた紛失・盗難は、保険事故と相当因果関係を有するか否かを判断するのが非常に困難である。また、道徳的危険も懸念されるため、一律に免責としているものである。

③ 異常危険免責

次のような事由によって生じた損害は免責である（住宅総合保険標準約款

3条2項)。

 a 戦争、外国の武力行使、革命、政権奪取、内乱、武装反乱その他これら類似の事変または暴動

 b 地震もしくは噴火またはこれらによる津波

 c 核燃料物質もしくは核燃料物質によって汚染された物の放射性、爆発性その他有害な特性の作用またはこれらに起因する事故またはこれらの特性による事故

損害保険会社は、通常の社会状態および自然環境のもとにおける事故による損害をてん補することを意図しており、保険料もこれを前提として算定しているので、異常危険に基づく事故による損害については、損害保険会社はてん補責任を負わないこととしている。

④ **自然の消耗等免責**

次のような事由によって生じた損害は免責である(住宅総合保険標準約款3条3項)。

 a 保険の対象の欠陥。ただし、保険契約者、被保険者またはこれらの者に代わって保険の対象を管理する者が、相当の注意をもってしても発見し得なかった欠陥を除く。

 b 保険の対象の自然の消耗もしくは劣化または性質による変色、変質、さび、かび、腐敗、腐食、浸食、ひび割れ、剥がれ、肌落ち、発酵もしくは自然発熱の損害その他類似の損害

 c ねずみ食い、虫食い等

上記の事由は、偶然性という保険事故の要件は全く満たさないわけではないとしても、偶然性の程度が低いため保険という危険分散制度は適切ではないために免責事由としているものである[37]。

(3) **費用保険金**

保険事故が発生すると、保険の目的物に物的損害が発生するほか(保険の目的物に発生した物的損害は損害保険金でてん補される)、種々の費用損害も被保険者に発生する。そのため、火災保険では、損害保険金が支払われる場合

---

37 山下・保険法361〜365頁を参考にした。

に、各種の費用について費用保険金が支払われることがある。費用保険金は、普通保険約款にて補償されるものもあれば、特約にて補償されるものもある。

こうした費用保険金は、これまで保険金の種類が増加し、また、補償の範囲が拡大されてきた。しかし、保険金支払もれ等の問題が発生したことから、損害保険会社の商品戦略において、費用保険金を簡素化する流れが生じつつある。

以下は、住宅総合保険のおもな費用保険金である。

① 臨時費用保険金

保険の目的物に損害が生じた際に、臨時に支出するさまざまな費用（宿泊費、交通費等）に充てるものとして、損害保険金の一定割合（住宅総合保険では損害保険金の30％。ただし、1回の事故につき1敷地内ごとに100万円限度）が支払われる（住宅総合保険標準約款2条8項、9条）。罹災時に何のための費用がどれだけ必要になるかは、損害の状況、被保険者の状況等により千差万別であるが、いずれにせよなんらかの用途である程度の出費は必要になると考えられるため、実際の出費の額にかかわらず、一定額が支払われることになっている。

② 残存物取片づけ費用保険金

損害を受けた保険の目的物について、その残存物の取片づけに必要な費用をてん補するため、この費用保険金が支払われる。支払われる費用保険金の額は、損害保険金の10％相当額を限度に、実際に発生した費用損害額である（住宅総合保険標準約款2条9項、10条）。

③ 失火見舞費用保険金

保険の目的物、または、保険の目的物を収容する建物から発生した火災、破裂・爆発により、第三者の所有物を滅失、損傷または汚損させた場合に（ただし、煙損害や臭気付着損害を除く）、それによって被保険者に生ずる見舞金等の費用等に充てるものとして、この費用保険金が支払われる。支払われる費用保険金の額は、保険金額の20％を限度として、「被災世帯数×20万円」の定額となる（住宅総合保険標準約款2条10項、11条）。

④　地震火災費用保険金

　地震・噴火・津波を原因とする火災によって保険の目的物である建物や家財が下記のような損害を被った場合に、諸費用に充てるため、この費用保険金が支払われる。支払われる費用保険金の額は、保険金額の5％に相当する額である（ただし、1回の事故につき1敷地内ごとに300万円限度。住宅総合保険標準約款2条11項、12条）。

　　建物：半焼以上の損害が生じた場合
　　家財：家財に全焼の損害が生じた場合、もしくは、収容建物に半焼以上の
　　　　　損害が生じた場合

6　新たなサービスの拡充

(1)　付帯サービスの内容

　家計向け火災保険は、総合保険化が進み、オール・リスク補償にまで行き着いてしまったため、損害保険会社はさらに新しいサービスを付帯することで商品性の向上を図りつつある。

　たとえば、火災保険には次のような付帯サービスがある。

① 　個人賠償責任補償における示談交渉サービスの導入

　個人賠償責任の補償を火災保険に付帯する場合において、国内に限り、被保険者にかわって、被害者との示談交渉を損害保険会社が行うことがある（これは約款上の義務である）。これによって、被保険者のロードや精神的負担は大幅に軽減される。

② 　その他の付帯サービス

　種々の付帯サービスが、それぞれの損害保険会社の創意工夫で保険商品に付帯されており、また、ますます充実・拡充されつつある。

　たとえば、次のような付帯サービスが家計向け火災保険に付帯されていることがある。

　　a　鍵の紛失・盗難時における専門業者による緊急解錠
　　b　水回りのトラブル（給排水管やトイレの詰まりなど）時における専門業
　　　 者による応急処置・応急修理
　　c　健康相談・医療相談、医療機関や人間ドックの案内、転院や患者移送

の手配
　d　育児相談、冠婚葬祭の相談
　なお、これらの付帯サービスには有償のものと無償のものとがある。有償の場合には、特定の特約を付帯することでサービスの利用が可能となる。
(2)　**付帯サービス拡充の意義**
　付帯サービスの拡充には次のような意義がある。
① 　火災保険のドメインの拡大
　こうした付帯サービスの導入により、従来の火災保険の枠を超えた新たな付加価値が顧客に提供されることになる。つまり、従来の火災保険は、保険の目的物について、日常用語としての「事故」（たとえば、火災）が発生した場合に利用される保険商品だった。それが、そうした「事故」に限定せず、住居を中心とする日常生活全般に関する不時の事態に幅広く対処するための保険商品に衣替えしつつある。
② 　現物給付
　付帯サービスは、保険商品のいわば「おまけ」として無償で提供されることが多かったが、最近は有償で（すなわち、対価として当該付帯サービス部分の保険料を保険契約者が負担しつつ、約款上の保険給付義務の履行として保険者が一定の役務に要する費用をてん補する）方式もふえてきている。後者の場合、すなわち、付帯サービスが有償で提供される場合には、保険の現物給付としての性格をもつこととなる（約款上は金銭給付方式である場合であっても、業者の手配を損害保険会社が行い、保険金の支払先も業者であるので、事実上の現物給付といえる）。損害保険契約においては現物給付も可能であるものの[38]、これまでは金銭給付がほとんどであった。しかしここへ来て、現物給付や事実上の現物給付が活用されつつあるのである。

---

[38] 典型契約である生命保険契約や傷害疾病定額保険契約では現物給付は認められていない。

第4節　家計向け地震保険

1　地震保険の必要性と創設の経緯

(1)　地震保険の創設

　地震保険は住宅（居住用建物）と家財（生活用動産）を保険の目的物として、火災保険で補償されない「地震もしくは噴火またはこれらによる津波を直接または間接の原因とする火災、損壊、埋没または流出によって保険の目的物に生じた損害」を補償する商品である。

　そもそも、火災保険では、次のような理由から地震による損害を免責とし、補償の対象から外している。

① 　建物や生活用の動産に損害が発生するような大規模な地震の発生の頻度が低く不規則であること、また同じ規模の地震であっても地震による損害は、場所や季節、時間などにより大きく異なる可能性があることから、保険料の基礎となる保険料率の算出が困難であること。

② 　地震災害は1回の地震により巨額の損害が発生する可能性があり、民間の損害保険会社だけでは保険金を支払うことが困難であること。

　上記の理由により、長年の間、地震保険制度の実現は困難であると考えられてきたため、地震保険制度が創設される以前に発生した1923（大正12）年9月1日の関東大震災や1964（昭和39）年6月16日の新潟地震で生じた損害については、火災保険で保険金を支払うことはできなかった。もともと日本は世界有数の地震国であるにもかかわらず、地震保険制度がないのは問題であること、また、1964年に発生した新潟地震によりさらに地震保険の創設の要望が高まったことから、販売実現に向けて政府と損害保険業界で検討を行った。その結果、官民一体の制度を構築し1966年に地震保険制度が創設されるとともに、この地震保険制度を安定して運用するためには国のバックアップが不可欠であるため、「地震保険に関する法律」（以下「地震保険法」という）も同時に制定された。

(2) 地震保険に関する法律

　地震保険法は、巨大地震等が発生した場合には、一時期に多額の保険金支払が発生する可能性があり、民間の損害保険会社だけでは、保険金支払能力に限度があることから、民間の損害保険会社が引き受けた地震保険による支払責任の再保険を政府が引き受けることを可能とするための法律で、地震等による被災者の生活の安定に寄与することを目的としている（地震保険法1条）。

　そして、地震保険法、同施行令および同施行規則では、地震保険で補償する損害の範囲、補償する額、保険の目的物とその範囲、加入金額や政府の再保険などを定めている。

(3) 再保険制度について

　先に記載のとおり、地震保険は巨大地震等が発生した場合、多額の保険金支払が予想されるが、民間の損害保険会社の担保力には限度があることから、民間の損害保険会社が負う地震保険責任の一部を政府が再保険で引き受けている（地震保険法3条、同法施行令3条、同法施行規則1条の3）。すなわち、再保険料の受入れ、管理・運用のほか、民間のみでは対応できない巨大地震発生の際には、政府が保険責任を分担するという官民一体の制度となっている。再保険とは、損害保険会社が保険契約に基づく保険金の支払責任の一部をほかに転嫁する仕組みをいうが、家計地震保険においては、各損害保険会社が引き受けた地震保険契約の全責任を日本地震再保険株式会社で再保険により引き受けることによって全損害保険会社の保険責任を均一化したうえで、その一部を各損害保険会社と政府に対してさらに再々保険で出再している。

2　地震保険の引受方法

(1) 契約方法

　地震保険は、住宅火災保険、普通火災保険、店舗総合保険、住宅総合保険、団地保険、「住まいの保険」等の家計向け火災保険（以下「主契約」という）とセットで引受けを行い、地震保険単独での引受けはできない（地震保険法2条2項3号）。

また、保険契約者からこの契約を付帯しない旨の申出があった場合は、保険契約申込書において地震保険を付帯しない旨の確認印または署名などをとるとともに、保険証券にそのことを明示している。

(2) 地震保険における保険の対象

地震保険は被災者の生活の安定に寄与することを目的とした保険であるため、保険の目的物となるのは、居住の用に供する建物または生活用動産のみに限定している（地震保険法2条2項1号、地震保険標準約款4条1項、1条「建物」に関する用語の定義）。加えて、主契約の保険の目的物に含まれていれば、門・塀・垣または物置・車庫その他の付属建物も保険の目的物となる（地震保険標準約款4条2項）。

ただし、通貨・預貯金証書等、自動車、貴金属・宝石等で1個または1組の価額が30万円を超えるもの等は、主契約で保険の目的物に含まれる場合であっても、地震保険では保険の目的物に含まれない（地震保険法施行規則1条1項、地震保険標準約款4条4項）。

(3) 保険金額の設定

保険金額は、主契約の保険金額の30〜50％に相当する額の範囲内で（地震保険法2条2項4号）、かつ、図表2-2-4に定める限度額の範囲内で設定する（下表の限度額は、同一敷地内、同一被保険者に対して適用される。地震保険法2条2項4号カッコ書、同法施行令2条、地震保険標準約款5条2項）。なお、保険の目的物となる建物または家財（生活用動産）に他の保険契約が付帯されている場合は、他の地震保険契約の保険金額と合算して図表2-2-4の限度額を超えないように保険金額の設定を行う（地震保険法施行令2条但書、地震保険標準約款5条3項）。

図表2-2-4　地震保険の限度額

保険の対象	適用単位	限度額
建物	同一敷地内に所在し、かつ、同一被保険者の所有に属する建物について	5,000万円
家財（生活用動産）	同一敷地内に所在し、かつ、同一被保険者の世帯に属する家財について	1,000万円

3 地震保険の補償内容

(1) てん補要件

地震保険は、地震もしくは噴火またはこれらによる津波を直接または間接の原因とする火災、損壊、埋没または流出によって、保険の目的物について生じた損害が、全損、半損または一部損に該当する場合に保険金を支払う（地震保険法2条2項2号、同法施行令1条、地震保険標準約款2条1項）。全損、半損、一部損の定義は建物または家財（生活用動産）についてそれぞれ図表2－2－5のとおり定められている（地震保険法施行令1条、地震保険標準約款1条「全損」「半損」「一部損」に関する用語の定義）。

なお、地震もしくは噴火またはこれらによる津波を直接または間接の原因とする損害としては、次のようなものが考えられる。

図表2－2－5　地震保険の補償内容

	建　物	家財（生活用動産）
全　損	建物の主要構造部の損害の額がその建物の保険価額の50％以上である損害または建物の焼失もしくは流出した部分の床面積の当該建物の延床面積に対する割合が70％以上である損害	生活用動産の損害の額がその生活用動産の保険価額の80％以上である損害
半　損[39]	建物の主要構造部の損害の額がその建物の保険価額の20％以上50％未満である損害または建物の焼失もしくは流出した部分の床面積の当該建物の延床面積に対する割合が20％以上70％未満である損害	生活用動産の損害の額がその生活用動産の保険価額の30％以上80％未満である損害
一部損	建物の主要構造部の損害の額がその建物の保険価額の3％以上20％未満である損害	生活用動産の損害の額がその生活用動産の保険価額の10％以上30％未満である損害

---

[39] 2017年1月から「半損」を「小半損」と「大半損」の2つに分ける。建物の主要構造部の損害額に基づき損害認定を行う場合、建物の保険価額の20％以上40％未満である損害を「小半損」、40％以上50％未満である損害を「大半損」と定める。

① 地震のショックによって生じた倒壊、破損等の損害
② 地震に起因する火災によって生じた焼損
③ 津波によって生じた流失、倒壊、埋没の損害
④ 地震や噴火によって生じた山津波による流失、埋没の損害
⑤ 地震によって河川やダムの堤防が決壊し、洪水となったために生じた流失、埋没の損害
⑥ 噴火に伴う噴出物（溶岩流、噴石、火山灰砂）や爆風によって生じた倒壊、破損、埋没の損害
⑦ 噴火によって生じた焼損

また、保険の対象が建物である場合において、その建物の所在地に山崩れなどによる現実かつ急迫の危険が生じ、それがために建物としての機能を全面的に喪失し、状況上の回復の見込みがない場合は、全損とみなす（地震保険法施行令1条4項、地震保険標準約款2条2項）。

なお、地震もしくは噴火またはこれらによる津波が発生した日から10日以上経ってからの損害は、地震等に起因した損害であるかどうかの判定が困難であることから保険金支払の対象とはならない（地震保険標準約款3条2項）。

(2) **支払われる保険金の額**

支払われる保険金の額は、建物と家財のそれぞれの損害の程度により図表2-2-6のとおり支払われる（地震保険法施行令1条1項、地震保険標準約款5条1項）。

なお、1回の地震により支払われる保険金の総支払限度額は全損害保険会

図表2-2-6 支払われる保険金の額

	支払われる保険金の額
全　損	地震保険金額の全額（ただし、保険価額が限度）
半　損[40]	地震保険金額の50％（ただし、保険価額の50％が限度）
一部損	地震保険金額の5％（ただし、保険価額の5％が限度）

---

[40] 2017年1月から「半損」を2つに分け、地震保険金額の60％を支払う「大半損」と30％を支払う「小半損」を設ける。

社の全家計向け地震保険合計で11兆3,000億円（2016年4月現在）と定められており（地震保険法3条3項）、この限度額を超える場合は保険金が削減されることがある（地震保険法4条、同法施行令4条、地震保険標準約款7条）。この限度額は1回の地震により巨額の損害が発生する可能性をもつ地震保険の特性によるものであり、損害保険会社や政府において無制限に責任を負うことができないために設けられているものである。過去最大の損害をもたらした関東大震災級の地震が再来した場合でも支払保険金の総額が総支払限度額を超えることがないように、政府が限度額を決定している。

ちなみに、地震保険制度発足以来、保険金の総支払額が多かった災害は図

図表2－2－7　家計地震保険金の支払額上位10地震等

	地震名等	発生日	マグニチュード	支払契約件数（件）	支払保険金（百万円）
1	2011年東北地方太平洋沖地震	2011年3月11日	9.0	793,760	1,265,359
2	1995年兵庫県南部地震	1995年1月17日	7.3	65,427	78,346
3	宮城県沖を震源とする地震	2011年4月7日	7.2	30,985	32,371
4	福岡県西方沖を震源とする地震	2005年3月20日	7.0	22,058	16,969
5	2001年芸予地震	2001年3月24日	6.7	24,452	16,941
6	2004年新潟県中越地震	2004年10月23日	6.8	12,608	14,897
7	2007年新潟県中越沖地震	2007年7月16日	6.8	7,864	8,247
8	福岡県西方沖を震源とする地震	2005年4月20日	5.8	11,337	6,429
9	2003年十勝沖地震	2003年9月26日	8.0	10,553	5,990
10	2008年岩手・宮城内陸地震	2008年6月14日	7.2	8,276	5,545

（注）　2015年3月31日現在。
（出所）　日本地震再保険『日本地震再保険の現状2015』36頁（日本地震再保険、2015年）

表2-2-7のとおりである。

4　地震保険の保険料

(1)　地震保険の保険料率について

　地震保険法に基づく地震保険の保険料率は、損害保険料率算出機構が、保険料率を算出しており、各損害保険会社はこの保険料率を一律で使用している。この地震保険の保険料率は、保険契約者または被保険者の利益を不当に害することとなるときを除き、独占禁止法の適用除外となっている。

　同機構では、従来は過去約500年間に日本および隣接地域に発生し災害をもたらした歴史地震（375地震）の震源モデルや、これと同時期に起きた噴火・遠海津波・地震による山津波などのデータをもとにシミュレーションし、地震被害の予測を行い保険料率の算出を行っていた。

　ところで、地震被害を予測するうえでは、地震動や地盤の液状化に伴う建物の損壊、地震火災による焼失または津波による建物の流失等の被害をシミュレーションするとともに、できる限り多くの地震を想定して行う必要がある。そこで、2005年に文部科学省の外部機関となる地震調査研究推進本部から、「確率的地震動予測地図（2009年7月に名称を「全国地震動予測地図」に変更）」が発表されたことにより、コンピュータ上で地震を発生させ、各地域の建物状況・住宅の密集度、および地盤等の特性を反映させることで、2007年10月以降の保険料率は従来と比較してより詳細なシミュレーションに基づく方法で算出している。

(2)　保険料の割引制度

　1995年1月に淡路島付近を震源とする「兵庫県南部地震」が発生し、神戸市および淡路島を中心に非常に大きな被害をもたらした。その被害状況について調査および研究を行った結果、建物の耐震性能の差によって建物の被害程度が異なることが明らかとなった。そこで、2001年10月より、住宅の耐震性能を保険料率に反映させるために、耐震性能の高い建物とこれに収容された家財の保険料率を割り引く制度として、「建築年割引」および「耐震等級割引」の2つの割引が導入された（図表2-2-8）。

　その後、建築物の耐震化を促進させる方針（「建築物の耐震化緊急対策方針

図表2－2－8　割引制度

割引の種類	割引対象となる建物	割引率（％）
建築年割引	1981年6月以降に新築された建物（改正建築基準法に基づき新築された建物）に適用される。	10
耐震等級割引	「住宅の品質確保の促進等に関する法律」に基づく耐震等級を有している場合に適用される。	耐震等級1：10 耐震等級2：30 耐震等級3：50
耐震診断割引	1981年6月より前に新築された建物であっても、改定建築基準法（1981年6月1日施行）の基準を満たす建物である場合に適用される。	10
免震建築物割引	「住宅の品質確保の促進等に関する法律」に基づく免震建築物である場合に適用される。	50

（注）　2014年7月以降始期契約に適用される割引率。

図表2－2－9　地震保険料の控除金額

所　得　税	地震保険契約に係る保険料の全額（50,000円限度）
個人住民税	地震保険契約に係る保険料の2分の1に相当する額（25,000円限度）

（2005年9月中央防災会議決定）」）などにより、建築物の耐震化が重要視されており、国や地方公共団体においても、耐震診断・耐震改修に対する減税制度の導入や補助制度の整備などを進めていること、また地震保険制度にもその役割の一端を担うことが期待されていることなどから、2007年10月には、「耐震診断割引」および「免震建築物割引」の2つの割引が追加された。

　これらの割引を適用する場合は、所定の確認資料を取り付ける必要がある。また、それぞれの割引を重複して適用することはできない。

(3)　**地震保険料控除制度**

　地震保険の保険料については、2007年1月より地震災害に対する国民の自助努力による個人資産の保全を促進し、地域災害時における将来的な国民負担の軽減を図る目的で、従来の損害保険料控除が改組され、所得税および住民税の「所得控除」の1つとして地震保険料控除が創設された。2007年1月

1日以後の支払保険料を対象として、国税は2007(平成19)年分以後の所得税、地方税は2008(平成20)年度分以後の個人住民税について適用する。控除対象となる金額は、図表2-2-9のとおりとなる。

図表2-2-10 家計地震保険の付帯率

都道府県	2010年度(％)	2011年度(％)	2012年度(％)	2013年度(％)	2014年度(％)	対前年増加ポイント
北海道	44.9	48.1	49.7	50.5	50.8	0.3
青森	48.5	55.0	57.7	59.4	60.8	1.4
岩手	44.6	56.7	61.4	64.0	65.3	1.3
宮城	68.7	81.1	83.5	85.2	85.3	0.1
秋田	51.4	59.8	63.2	65.7	67.3	1.6
山形	43.2	52.1	56.1	57.3	59.1	1.8
福島	40.1	58.1	64.8	67.0	68.7	1.7
茨城	41.6	52.5	57.4	59.9	60.3	0.4
栃木	40.2	50.4	55.4	58.0	60.5	2.5
群馬	35.0	43.7	47.8	50.1	52.6	2.5
埼玉	45.3	51.2	55.2	57.2	58.3	1.1
千葉	45.0	50.5	53.7	55.1	55.8	0.7
東京	45.5	50.7	53.9	55.1	56.0	0.9
神奈川	48.3	53.0	55.6	56.5	57.4	0.9
新潟	50.1	54.4	57.6	59.6	61.3	1.7
富山	38.7	44.7	47.5	48.9	50.3	1.4
石川	43.1	48.4	50.8	51.5	52.1	0.6
福井	43.3	48.8	52.1	54.5	56.4	1.9
山梨	52.5	58.5	61.6	63.3	65.8	2.5
長野	35.8	44.3	47.0	49.3	51.7	2.4
岐阜	62.0	66.9	68.8	70.7	72.3	1.6

静 岡	51.6	57.4	59.5	60.8	61.8	1.0
愛 知	64.6	68.3	69.5	70.5	71.2	0.7
三 重	56.7	60.8	62.4	64.0	64.0	0.0
滋 賀	42.7	47.8	50.3	52.7	54.3	1.6
京 都	39.7	44.3	47.7	50.3	51.9	1.6
大 阪	47.2	51.7	53.9	56.0	56.9	0.9
兵 庫	41.0	45.9	48.4	51.6	53.1	1.5
奈 良	49.3	54.3	58.0	60.0	61.1	1.1
和歌山	48.1	53.0	55.5	56.8	58.1	1.3
鳥 取	49.6	55.1	57.8	60.4	62.3	1.9
島 根	41.7	48.6	52.3	53.7	54.9	1.2
岡 山	40.2	45.2	47.7	49.7	52.1	2.4
広 島	55.6	59.7	61.6	62.9	64.7	1.8
山 口	45.4	50.2	51.9	53.8	55.8	2.0
徳 島	62.0	66.5	69.5	71.0	71.7	0.7
香 川	52.3	57.7	60.4	63.0	64.4	1.4
愛 媛	51.3	55.7	58.6	61.2	62.5	1.3
高 知	75.9	79.5	81.7	83.3	83.3	0.0
福 岡	53.5	57.7	59.8	61.3	62.8	1.5
佐 賀	35.8	40.1	41.5	42.5	43.3	0.8
長 崎	31.8	36.1	37.7	38.3	38.5	0.2
熊 本	50.4	56.1	58.9	60.7	62.0	1.3
大 分	48.0	54.3	57.2	59.9	61.4	1.5
宮 崎	64.0	68.3	71.0	72.8	74.6	1.8
鹿児島	63.7	67.5	69.3	70.8	71.5	0.7
沖 縄	45.0	50.3	50.9	51.5	51.5	0.0
全 国	48.1	53.7	56.5	58.1	59.3	1.2

（出所）　損害保険料率算出機構のウェブサイト

図表2-2-11 大地震想定地域における家計地震保険加入率

地震名	世帯数（A）(千世帯)	証券件数（B）(千件)	世帯加入率 (B／A)％	今後30年以内に発生する確率
関東大地震	25,204	8,379	33.2	ほぼ0％～5％
首都直下地震	17,790	6,039	33.9	70％程度
南海トラフの地震	42,979	13,361	31.1	70％程度

関東大地震（1都10県）：茨城、栃木、群馬、埼玉、千葉、東京、神奈川、山梨、長野、静岡、愛知
首都直下地震（1都4県）：茨城、埼玉、千葉、東京、神奈川
南海トラフの地震（1都2府26県）：埼玉、千葉、東京、神奈川、山梨、長野、岐阜、静岡、愛知、三重、滋賀、京都、大阪、兵庫、奈良、和歌山、島根、岡山、広島、山口、徳島、香川、愛媛、高知、福岡、熊本、大分、宮崎、鹿児島
(注1) 証券件数は損害保険料率算出機構による平成26年度末現在（平成27年6月22日発表）の速報値に基づき、当社で主な被災都府県を想定して作成しました。
(注2) 今後30年以内に発生する確率は政府の地震調査研究推進本部の「平成27年（2015年）1月1日を基準日として算定した地震の発生確率値」による。関東大震災の確率は相模トラフ沿いのM8クラスの地震、首都直下地震の確率は相模トラフ沿いのプレートの沈み込みに伴うM7程度の地震の確率としました。
(出所) 日本地震再保険『日本地震再保険の現状2015』38頁（日本地震再保険、2015年）

5　地震保険の付帯率と加入率

(1)　地震保険の付帯率

2014年度中において締結された火災保険契約（住宅物件）のうち、地震保険を付帯した割合（付帯率）を都道府県別にまとめると図表2-2-10のとおりである。全国平均で59.3％であり（2014年度）、特に東日本大震災直後の2011年度は付帯率が大きく上昇した。県別では、2013年度に続き、宮城県と高知県で付帯率が80％を超えた。

(2)　地震保険の加入率

全世帯数のうち、地震保険を付帯している割合（加入率）は、2015年3月末時点の統計で、全国平均で29.5％となっている[41]。

なお、今後大きな地震被害が想定される地域の加入率は図表2-2-11の

---

[41] 日本地震再保険『日本地震再保険の現状2015』39頁（日本地震再保険、2015年）による。

とおりである。

第5節　家計向け賠償責任保険

1　個人賠償責任保険

(1)　商品の特徴

個人賠償責任保険は、被保険者が次の偶然な事故により他人にケガをさせたり、他人の物をこわしたりして損害を与え、法律上の損害賠償責任を負担することによって被った損害に対して、1回の事故について、保険金額を限度に損害賠償金を支払うものである。

あわせて、損害防止費用、請求権の保全・行使手続費用、緊急措置費用、示談交渉費用、争訟費用、協力義務費用を支払う場合がある。

① 被保険者本人の居住の用に供される住宅の所有、使用または管理に起因する偶然な事故
② 日常生活に起因する偶然な事故

被保険者は、保険証券記載の本人のほか、次の者が自動的に被保険者となる。

・本人の配偶者
・本人またはその配偶者の同居の親族
・本人またはその配偶者の別居の未婚の子
・本人が未成年者である場合は、本人の親権者およびその他の法定の監督義務者

(2)　免責事由

個人賠償責任保険特有の免責事由として次のようなものがある。

① 他人から借りたり、預かったりしている物に対する損害（管理財物免責）
② 同居の親族に対する損害
③ 被保険者の職務遂行および職務の用に供される動産または不動産の所有、使用または管理に起因する損害
④ 被保険者の心神喪失（泥酔等）または暴行、殴打による損害

⑤　自動車[42]、原動機付自転車、航空機、船舶、銃器（空気銃を含まない）の所有、使用または管理に起因する損害

　個人賠償責任保険は単独でも加入できるが、一般的には個人向け自動車保険・火災保険・傷害保険等の特約として加入することができる。また、ゴルフの練習、競技または指導中に補償を限定することができる。

(3) その他

① 示談代行

　日本国内の事故については、損害保険会社が被害者と示談交渉を行う「示談交渉サービス」を提供している商品が主流であるが、「示談交渉サービス」を提供していない商品においては被保険者自身が被害者と示談交渉を進める必要があり、損害保険会社の承認がない場合、保険金を削減して支払うことがあるため、損害賠償責任の全部または一部を承認しようとするときは、必ず事前に損害保険会社に相談する必要がある。

② 重複保険

　被保険者またはその家族が、すでに他の同種の保険商品等を契約している場合には、補償が重複することがある。補償が重複すると、対象となる事故について、どちらの契約からでも補償されるが、いずれか一方の契約からは保険金が支払われない場合がある。

第6節　第三分野の保険

1　第三分野の保険とは

　人の身体に関する事象を保険事故とする保険のうち、傷害保険、疾病保険等は、保険会社を監督する保険業法上、いわゆる「第三分野」の保険として取り扱われており、生命保険業界・損害保険業界の両業界がこれらの保険を

---

[42] 自動車には、ゴルフ場の敷地内におけるゴルフ・カートを含まないので、ゴルフ・カートの使用に起因する損害賠償責任は支払対象となる。ただし、被保険者が運転するゴルフ・カート自体の損壊等に対する損害賠償責任については、管理財物免責に該当するので保険金の支払対象とはならない。

販売している。「第三分野」と称するのは、人の生死に関する定額保険を「第一分野」(保険業法3条4項1号)と称し、損害てん補型の保険を「第二分野」(同法3条5項1号)と称することから来ている。

損害保険業界が販売する第三分野の保険のおもな商品の概要説明に入る前に、まず、第三分野の保険の歴史的経緯と類型に触れることとしたい。

(1) 第三分野の保険の歴史

① 生損保兼営の禁止

保険監督法である保険業法には、生命保険業免許(保険業法3条4項)および損害保険業免許(同法3条5項)が定義されているが、1939年の法成立当初から生命保険業免許と損害保険業免許を同一の会社が受けることが禁止されていた。この生損保兼営禁止の当初の趣旨は、生命保険と損害保険では引受リスクや保険期間が異なり、積み立てた財産を明確に区分するために兼営を禁止すべきである、というものであった。

② 商法上の生命保険・損害保険の規定

一方で、保険契約法である商法には「損害保険契約」(平成20年改正前商法629条)および「生命保険契約」(同法673条)が典型契約として規定されていたが、人の生死を保険事故としない定額給付型の人保険である傷害保険や疾病保険はいずれにも属さないものであったため、「生命保険契約」の規定が類推適用されていた。なお、人保険であっても損害てん補型の保険は、平成20年改正前商法においては「損害保険契約」とされていた。

③ 生損保の事業分野調整問題と「昭和40年裁定」

1964年に生命保険業界が傷害保険類似の「災害保障特約」を発売したことを契機に、傷害保険の事業分野問題がおおいに論議されるところとなった。この混乱を整理すべく、翌年の1965(昭和40)年に旧大蔵省から以下の行政方針が提示され、傷害保険、疾病保険は行政当局によって明確に「第三分野の保険」として位置づけられることとなった。これが、いわゆる「昭和40年裁定」である。

〈傷害・疾病保険の分野調整について〉
1 基本的な考え方

(1) 傷害・疾病保険が生・損保いずれかの分野に属するかについては、
① 生保説、損保説ともにそれぞれ一長一短があること、②わが国の場合、現実面ですでに両業界が態様の差はあるものの共に傷害・疾病保険の分野に進出していること。
からみて、第三種保険説ないし中間保険説を採ることが適当と考えられる。
(2) 第三種保険説を採るならば、生・損保ともに、自由に傷害・疾病保険を営み得ることとなる（この場合も理論的には、傷害死亡、疾病死亡は生保のみの分野である）が、両業界の全面的競合により生ずる混乱を避けるため、現在までの実績等を考慮して当面の行政指導方針としては、生保は傷害保険については単独商品として発売せず、損保は疾病保険については現行の特約以上には拡大しないものとする。
(3) 傷害・疾病保険の内容については生保は定額的、損保は実損てん補的なものとし、それぞれの特色を発揮するよう努める。
(4) 上記行政方針の適用にあたっては、契約者のニードを勘案しつつ弾力的に行う。
2 具体的方針
(1) 傷害保険……生保は他の種目の保険と組合わせることとし、単独商品としては発売しない。損保については特に制限しない。
(2) 疾病保険……原則として生保が行う。ただし、損保の現行特約はこれを尊重する。
(3) 海外旅行保険……生・損保ともワンセット方式で発売する。ただし、損保に疾病死亡を認めるのはこの保険に限ることとする。

④ 保険審議会答申（1992年）

1989年の保険審議会総会にて「保険事業の在り方及び保険関係法規の見直し」について審議されることが決定され、1992年には保険審議会答申「新しい保険業の在り方」のなかで、以下のとおり生損保兼営規定の見直しの方向性が打ち出された。

いわゆる第三分野について、生保業界、損保業界ともそれぞれ特色を生かし積極的に商品開発を進めてきており、商品内容も同質化がみられ、期間面でのリスクの差異も縮小してきているが、定額性、実損てん補性に留意するために利用者の立場からすると利便性に制約がある。両事業の競争促進を通じ事業の効率化を進め、利用者ニーズへの的確な対応を図る観点から、生損保兼営禁止を見直し、子会社方式を主体に第三分野については本体での幅広

> い取扱いを可能とすることが適当である。第三分野の本体相互乗入れにあたっては、これらの分野への依存度の高い中小国内保険会社、外国保険会社に配慮する。

⑤ **日米包括経済協議（1994年）と保険業法改正（1996年）**

　1994年の日米包括経済協議で日米保険問題が取り上げられ、「生命保険及び損害保険会社の「第三分野」への相互乗入れに関し、生命保険及び損害保険分野における相当程度部分の規制緩和がなされないうちは、そのような自由化が実施されないようにする意図を有する」との内容で両国政府は合意に達した。1992年の保険審議会答申を受けて、1996年に施行された改正保険業法では、第三分野について本体での相互乗入れが規定されたが、日米包括経済協議での合意をふまえ、第三分野の相互乗入れについては、当分の間、第三分野に依存度の高い保険会社の事業の健全性確保に欠けるおそれが生じることのないよう、免許付与に条件をつける等の激変緩和措置が設けられることとなった。

⑥ **第三分野相互乗入れ解禁（2001年）**

　1996年には日米包括経済協議の合意内容の履行状況および激変緩和措置の解釈等を中心に再度協議がなされ、「生命保険及び損害保険分野における規制緩和の実施から2年半を経過した時に、第三分野の激変緩和措置が終了する」ことで合意に至り、2001年1月に子会社による相互乗入れ、同年7月に本体での相互乗入れがそれぞれ実施され、第三分野の相互乗入れ解禁が実現した。高齢社会の本格的な到来を迎え、第三分野の保険の重要性が高まっていることもあり、第三分野相互乗入れ解禁以降から現在に至るまで、疾病保険を中心に多様な市場ニーズに対応した商品開発競争が続いている。

(2) 保険業法における第三分野の保険

　第三分野の保険は、保険業法上、定額給付型であるか損害てん補型であるかを問わず、次に該当する保険とされている（保険業法3条4項2号、同条5項2号）。

「イ　人が疾病にかかったこと。
　ロ　傷害を受けたこと又は疾病にかかったことを原因とする人の状態

ハ　傷害を受けたことを直接の原因とする人の死亡[43]
　ニ　イ又はロに掲げるものに類するものとして内閣府令で定めるもの[44]（人の死亡を除く。）
　ホ　イ、ロ又はニに掲げるものに関し、治療（治療に類する行為として内閣府令で定めるものを含む。）[45]を受けたこと。」
　これらに該当する保険が第三分野の保険であり、定額給付型であるか損害てん補型であるかを問わず、生命保険会社も損害保険会社も等しく引き受けることが可能である。

　他方、これらに該当しない、人の生死に関する定額保険については、損害保険会社は原則として引き受けることができない。たとえば、疾病死亡や老衰死亡などに関する定額保険については、損害保険会社は引き受けることができない。ただし、例外的に、「海外旅行期間」中における人の死亡に関する定額保険や、「海外旅行期間」中に罹患した疾病を直接の原因とする人の死亡に関する定額保険については、損害保険会社も引き受けることができる（保険業法3条5項3号）。この例外規定が設けられているのは、「海外旅行期間」中の死亡リスクについては、死亡原因のいかんを問わず、従前から損害保険会社が定額保険も引き受けていたからであり、前述の「昭和40年裁定」においても損害保険会社が発売することができる例外と位置づけられている。

(3)　保険法における傷害疾病保険

　2010年4月1日に新しい保険契約法として保険法が施行された。平成20年改正前商法には「損害保険契約」と「生命保険契約」の2つしか典型契約が存在しなかったが、保険法では、「傷害疾病保険契約」として、新たに「傷

---

[43]　保険業法3条4項1号カッコ書も参照。
[44]　保険業法3条4項2号ニに規定する疾病等に類する事由は、保険業法施行規則4条で次の事由が規定されている。「一　出産及びこれを原因とする人の状態　二　老衰を直接の原因とする常時の介護を要する身体の状態　三　骨髄の提供及びこれを原因とする人の状態」
[45]　保険業法3条4項2号ホに規定する治療類似行為は、保険業法施行規則5条で次の行為が規定されている。「一　保健師助産師看護師法3条に規定する助産師が行う助産　二　柔道整復師法2条に規定する柔道整復師が行う施術　三　あん摩マッサージ指圧師、はり師、きゅう師等に関する法律に基づくあん摩マッサージ指圧師、はり師又はきゅう師が行う施術（医師の指示に従って行うものに限る。）」

害疾病定額保険契約」と「傷害疾病損害保険契約」が典型契約として規定された（詳細は後述第3編第1章第3節2参照）。

　この保険法上の分類と前述の保険業法の分類には違いがある。具体的には次のとおりである。
① 　保険給付方式による分類……保険業法上は第三分野の保険にひとくくりにされるが、保険法上は、損害てん補型のものは傷害疾病損害保険契約、定額給付型のものは傷害疾病定額保険契約に分類される。
② 　特定の疾病を原因とする死亡……特定の疾病（たとえば、がん）を原因とする人の死亡に関する定額給付は、保険業法上は第一分野の保険とされるが、保険法上は傷害疾病定額保険契約に分類される。

　このように、保険契約当事者間のルールを規定する保険契約法である保険法と、保険契約者等の保護を図る（保険業法1条）ための保険監督法である保険業法との間には若干差異がある点に注意が必要となる。

(4)　第三分野の保険の現状と将来
① 　第三分野の保険の現状

　第三分野の保険は、損害保険会社のなかで成長が期待される商品として、重要な地位を占めつつあり、前述の第三分野解禁以降は、特に疾病保険分野で生・損保各社の激しい商品開発競争が続いている。

　この背景には、財政基盤の弱体化や相次ぐ自己負担割合の引上げによって公的医療保険制度に対する不安が高まっていること、高齢化の進展によって「生存中のリスク」への対応が重要性を増していること、生活習慣病の急増等といった疾病構造の変化、国民医療費の高騰といった事情があり、第三分野の保険に対する消費者ニーズも高まりをみせていること等があげられる。

② 　第三分野の保険の将来

　今後さらに高齢化が進展し、全人口に占める高齢者の比率が上昇していくこと、また、平均余命が延びて高齢者となってからの人生が長くなること等が予想される。このため、「生存のリスク」を保障する疾病保険、介護保険等の第三分野の保険に対する消費者ニーズは今後ますます高まるものと考えられる。

　また、医療技術の進展や健康志向の向上によって、今後は旅行やスポーツ

等を楽しむ「元気でアクティブな高齢者」がふえることが予想されるため、旅行保険、傷害保険等の第三分野の保険に対する消費者ニーズも高まってくるものと考えられる。

さらに、財政状況が不安視される公的医療保険制度や公的介護保険制度が将来大きく改革されるようなことになれば、民間保険会社の疾病保険、介護保険等の担う役割が高まる可能性も考えられる。

2　おもな第三分野の保険

(1)　第三分野の保険の類型

損害保険会社が販売する第三分野の保険は、保険金の支払方式が定額給付型の定額保険、損害てん補型の損害保険、両者の混合型保険に区分けすることができる。おもな商品はそれぞれ以下のとおりとなる（詳細は(2)以下参照）。

① 定額保険

普通傷害保険、家族傷害保険、交通事故傷害保険、ファミリー交通傷害保険、医療保険、がん保険、介護保険等が定額給付型の第三分野の保険である。

② 損害保険

所得補償保険が損害てん補型の第三分野の保険である。

③ 混合型保険

こども総合保険、海外旅行保険等が定額給付型と損害てん補型の両者が混合している第三分野の保険である。

(2)　定額保険

① 普通傷害保険

人間の身体に異常をもたらす原因は「疾病」と「傷害」に大別されるが、「傷害」を対象とするのが傷害保険である。普通傷害保険は、被保険者が「急激かつ偶然な外来の事故」によって傷害を被り、一定の給付事由（入通院、後遺障害、死亡等）が発生した場合に定額給付がなされる保険である。

普通傷害保険は傷害保険のなかでも最も古く、かつ、代表的な保険である。

a 担保条項

 被保険者が、日本国内または国外において、急激かつ偶然な外来の事故によって、その身体に傷害を被り、死亡や入院等の給付事由が生じた場合に保険金が支払われる。そして、それぞれの間に相当因果関係の存在が求められる[46]。

 (a) 「急激、偶然、外来の事故」(原因事故の3要件)

 「急激かつ偶然な外来の事故」によって傷害が発生することが要件の1つである。このことは保険法に規整があるわけではなく、傷害保険約款の担保条項で規定されている。

 なお、この急激性・偶然性・外来性が、いわゆる「傷害保険の3要件」であるが、これは「傷害」自体の定義規定ではなくて、傷害の原因事故(保険約款では「事故」と呼ばれている)に関する要件であることに注意する必要がある。つまり、「傷害」のうち、傷害の原因事故がこの3要件を具備するものである場合のみ、傷害保険の補償対象となるのである。

 この傷害の原因事故の3要件は、傷害保険の保険給付要件であるから[47]、保険給付請求においては被保険者に主張・立証責任がある(偶然性について、最判平13.4.20民集55巻3号682頁(生命保険の災害割増特約の事案)、最判同日判時1751号171頁(傷害保険の事案)、最判平17.6.14事例研レポート222号10頁参照)。

 ここで、「急激な事故」「偶然な事故」「外来の事故」とは、それぞれ以下のとおりとされている。なお、「事故」という言葉自体も、急激性や偶然性や外来性を間接的に表現しているものである[48]。

 (i) 「急激な事故」

---

[46] 山下・保険法479頁注75参照。ただし、大阪高判昭59.4.18判夕40号319頁は、この二重の因果関係を否定している。

[47] なお、保険法の「損害保険契約」における偶然性は、保険法上は保険契約締結時における偶然性を意味しているとするのが判例である(後述第3編第5章第1節2参照)。傷害保険約款における、傷害の原因事故の「偶然性」は、これとは異なり、非故意性(=偶発性)を意味するものである。

[48] 「事故」という言葉は日常用語であるが、急激性のない事象については、一般には「事故」とはいわない(たとえば、靴ずれ)。また、偶然性のない事象については、一般には「事故」とはいわない(たとえば、意図的な自傷行為)。さらに、外来性のない事象については、一般には「事故」とはいわない(たとえば、がん)。

「急激な事故」(英国約款の violent means) とは、原因から結果に至る過程において、結果の発生を避けることができないほど急迫した状態で発生した事故をいう。すなわち、傷害を生ぜしめる事故の発生が突発的であることを意味するので、傷害の原因事故が緩慢に発生するのではなく、原因となった事故から結果としての傷害までの過程が直線的で時間的間隔のないことを意味する。

たとえば、長時間の歩行によって生じた靴ずれなど緩慢な作用が繰り返し加えられて発生するようなものや、過重労働の蓄積による死亡などは急激性を欠くものである。

(ii) 「偶然な事故」

「偶然な事故」(英国約款の accidental means) とは、原因または結果の発生のいずれかまたは双方が、被保険者にとって予知できない状態で発生した事故をいう。

「原因の発生が予知できない」とは、被保険者が思いがけない事故に遭うことをいう。たとえば、道を歩いていて自動車にひかれてケガをしたようなケースが該当する。他方、「結果の発生が予知できない」とは、被保険者が意図した行動から通常なら予想できない結果が生じてしまうことをいう。たとえば、サッカーの練習中にボールを蹴ったところアキレス腱が切れてしまったようなケースが該当する。

以上のように、この「偶然な事故」という表現には、傷害の原因事故に関する非意図性が含まれている(だからこそ、傷害保険においては、被保険者側に傷害の原因事故の偶然性に関する主張・立証責任が課されているのである。詳細は後述第3編第5章第1節3参照)。

(iii) 「外来の事故」

「外来の事故」(英国約款の external means) とは、傷害発生の原因が被保険者の身体に内在するもの(internal)でなく、「被保険者の身体の外部からの作用による事故」をいう(最判平19.7.6民集61巻5号1955頁、最判平19.10.19判時1990号144頁)。

もともと、この外来性要件は、身体の疾患等の内部的原因によるものを傷害保険の給付対象から除外し、疾病保険とその保障範囲を区別する基準にも

なっている[49]。けれども、外部からの作用と疾病等の被保険者の基礎疾患が協働して被保険者の傷害が生じている場合の取扱いなどについては、判例・学説・実務ともに必ずしも明確ではなかった。とりわけ「疾病の発作に起因して発生した事故かどうか」を外来性の判断要素に組み入れるかについては、請求原因事実（外来性の要件）として保険金請求者側に主張・立証責任を課すのか、標準的な傷害保険約款に規定されている疾病免責条項に該当する免責事由として保険者が主張・立証責任を負うのかという問題と関連するため、議論があった[50]。

この点については、2007年に3つの最高裁判例[51]が示され、「請求者は、被保険者の身体の外部からの作用による事故と被保険者の傷害との間に相当因果関係があることを主張、立証すれば足りる」という考え方が確立した[52]。すなわち、①疾病起因性の有無を外来性の判断要素に組み入れないこと、②事故と傷害の相当因果関係は保険金請求権者側で立証する必要があること、③疾病起因性が問題になる場合は、約款に免責事由として規定がある場合に限って、保険者は免責を主張・立証することができることが明確にされた。したがって、たとえば、自動車運転中に狭心症による意識障害で適切

---

49 山下・保険法454頁参照。
50 現行の傷害保険に類する各種保険約款において、疾病免責条項は常に存在するわけではない。このことは、従来の支配的見解が疾病起因性の有無を外来性の判断に組み入れていたために、免責条項により別途排除する必要がなかったことによるものと思われる。なお、遠山聡「傷害保険契約における「外来の」事故該当性の判断基準」保険学雑誌606号226頁（2009年）参照。
51 最判平19.7.6民集61巻5号1955頁（中小企業災害補償共済の災害補償について、パーキンソン病患者が餅を詰まらせて窒息死した事故。餅を詰まらせたことについて疾病が原因ではないことの説明責任は保険契約者側になく、外部からの作用による事故と傷害との相当因果関係の立証があれば足りるとした。疾病免責条項あり）、最判平19.7.19判例集未掲載（傷害保険について、知的障害者が厚生施設で入浴中に持病のてんかん発作により意識を喪失して溺死した事案。施設職員の安全配慮義務違反があれば、それが不作為によるものであっても外来性が認められる余地があるとした。疾病免責条項あり）、最判平19.10.19判時1990号144頁（自動車保険の人身傷害補償について、狭心症の発作を原因とする可能性の高い運転ミスでため池に転落し溺死した事故について、運行事故が疾病によって生じた場合であっても、保険金を支払うこととしているものと解されるとした。疾病免責条項なし）。
52 従前からもこのような考え方は存在した。江頭・商取引法517頁注3、東京海上編『新損害保険実務講座第9巻新種保険(下)〔改訂版〕』21頁以下［奥川昇＝渋江克彦］（有斐閣、1968年）参照。

な運転操作ができなくなり、自動車事故を起こしてケガをした場合も外来の事故に該当する[53]。

　(iv)　保険種目固有の限定担保条件

　普通傷害保険のように、傷害全般を担保事故とする傷害保険もあれば、傷害の原因事故を限定する傷害保険もある。

　たとえば、自動車保険における人身傷害保険、搭乗者傷害保険、自損事故保険は、急激かつ偶然な外来の原因事故による傷害を負うことが保険給付の必要条件とされるが、さらに、当該原因事故が、自動車（搭乗者傷害保険や自損事故保険においては被保険自動車。以下同様）の運行に起因する事故や、被保険者が搭乗している自動車の運行中の、飛来中もしくは落下中の他物との衝突等であることが保険給付の要件として付加されている。

　「運行」の解釈は、自動車損害賠償保障法の定義（「自動車を当該装置の用い方に従い用いること」。自賠法2条2項）に従うこととなるので、たとえば自動車の発進、走行、停止等のほか、ドアの開閉やクレーン車のクレーンなど自動車の各種装置の使用または操作も含まれることになる[54]。

　また、約款では「運行」に「起因する」ことも要件としているため、実務においては特に「起因性」の判断が問題となる。たとえば、荷下ろし作業中の事故については自動車の固有装置である荷台の使用は「運行」と解している[55]が、荷下ろし中の事故のすべてが運行に起因するものではなく、荷下ろし中に荷台から転落し死亡した事故につき、「一般に高所での作業に伴う危険が発現した結果というべきであり、自動車の運行によって生じたものと認められない」とした判例[56]もあり、運行に起因するかの判断にあたっては、使用態様が定型的な自動車固有の危険性を有するものに限定されることになると考えられる[57]。

53　ただし、疾病免責条項が存在する場合には、たとえ外来の事故に該当しても、当該免責条項によって保険者免責となる。
54　『［2005年版］自家用自動車総合保険の解説〈SAP〉』76～77頁（保険毎日新聞社、2005年）参照。
55　最判昭63.6.16判タ685号151頁参照。
56　仙台高判平14.1.24判時1778号86頁参照。
57　古笛恵子「運行起因性」判タ943号60頁参照。

(b) 「身体に被った傷害」(保険事故)

　損害保険会社が販売している傷害保険においては、保険事故は受傷(すなわち、被保険者が傷害を被ること)である。ここで「傷害」(bodily injury)とは、一般的にはいわゆる「ケガ」とされ、「病気」とは区別される(保険法に「傷害」の定義はなく、約款においても「傷害」自体に関する定義規定はない)。約款でいう「傷害」は「ケガ」よりもやや広い意味をもち、被傷部位が身体内部にあってもよく、外部に傷害の痕跡がなくてもよいとされる。したがって、切り傷やすり傷などばかりでなく、骨折、内部諸器官の出血、煙による窒息死なども含まれる(ただし、「急激かつ偶然な外来の事故」によるものでなければならない。前述(a)参照)。

　さらに、傷害の直接の結果として発生した疾病も傷害の延長と考えられる。たとえば、腹部を強打して肋膜炎(疾病)になった場合の肋膜炎や、転倒事故で外傷を負った際に付着した細菌により破傷風となった場合の破傷風は、傷害として補償の対象となる。

　なお、身体外部からの有毒ガスや有毒物質による中毒についても、一般には傷害とは言いがたいが、それが偶然で一時的に吸入、吸収、または摂取したものであり、急激に中毒症状が生じたことを条件に、特に傷害保険における「傷害」に含めている[58]。たとえば、一酸化炭素中毒や動物・植物の毒による食中毒などが該当する。

(c) 原因事故と傷害との因果関係

　傷害保険約款の担保条項によれば、原因事故によって被保険者が傷害を被ることが、傷害保険給付の必要条件とされている。すなわち、3要件を充足する原因事故と、被保険者の身体に被った傷害との間に、相当因果関係が存在することが必要である[59]。

　たとえば、正面衝突事故を起こした自動車運転者が左前頭部の頭皮内出血の傷害を負い、その3日後に心筋梗塞で死亡したが、交通事故と心筋梗塞の発症との間には因果関係がないとした裁判例がある[60]。またたとえば、追突

---

[58] ただし、一定の中毒については保険約款で補償対象外であることが規定されていることがある。
[59] たとえば、最判平19.7.6民集61巻5号1955頁、最判平19.10.19判時1990号144頁参照。

事故を起こした自動車運転者が事故後に脳梗塞で死亡したが、追突事故で外傷性脳梗塞となったものではなく、脳梗塞で意識障害となり追突事故を惹起したものであり、追突事故と脳梗塞との間に因果関係はないとした裁判例がある[61]。

　この相当因果関係は、実際にはなかなか判断がむずかしいことがある。たとえば、過激な運動中に急激に生じた心疾患によって死亡した場合、比較的軽微な事故の翌日に事故前からの素因が影響して死亡に至った場合[62]、高齢者が事故による入院で活動量が低下したことに伴い各種合併症に罹患した場合などである。原因事故と傷害（または、後述の死亡などの給付事由）との因果関係自体が問題になるときの判断基準や立証の程度、割合的な保険金支払の可否[63]については、個別性が高いこともあり、依然として法的整理の確立までには至っていない。

　また、原因事故が限定されている場合には（たとえば、交通事故傷害保険）、特に、当該原因事故と傷害との相当因果関係が問題となることがある。たとえば、被保険自動車を運行中に高速自動車国道で自損事故を起こして道路上で走行不能となり、被保険者が路肩へ避難した直後に後続車によって轢死した事案について、自損事故と被保険者の死亡との間の相当因果関係を認めた裁判例がある（最判平19.5.29判時1989号131頁）。

　(d)　給付事由の発生

　傷害保険においては、給付事由の発生も保険給付の必要条件である。ここで「給付事由」とは、「傷害疾病による治療、死亡その他の保険給付を行う要件として傷害疾病定額保険契約で定める事由」と定義されている（保険法66条）。したがって、3要件を充足する原因事故で被保険者が傷害を被ったとしても、給付事由（死亡、後遺障害、入院、手術、通院など）が発生しない

60　大阪地判平6.7.12交通民集27巻4号928頁参照。
61　高松高判平7.9.25判タ897号179頁参照。
62　単なる素因にとどまらず、既存の身体傷害や既存の疾病に該当する場合には、限定支払条項が適用されるので、その影響がなかったときに相当する金額が支払われることになる。
63　佐野誠「傷害保険の死亡保険金における割合的支払」損害保険研究65巻3・4号合併号409頁以下（2004年）。

限り、保険給付の対象にはならない。
　(e)　傷害と給付事由との相当因果関係
　　(i)　相当因果関係
　以上の要件に加えて、傷害と給付事由との間に相当因果関係が必要である。このことは、保険法においては、前述の「給付事由」に関する定義規定で、「傷害疾病による治療、死亡その他の保険給付」と規定されていることに示されている。

　傷害保険約款においては、傷害の「直接の結果」として死亡・後遺障害・入院・通院といった給付事由が生じることを規定しているのが通例である。この規定における「直接の」という文言は、相当因果関係よりもさらに直接的な因果関係に限定する解釈も不可能ではないかもしれないが[64]、相当因果関係の意味に解するのが判例傾向のようであり[65]、実務上も、医学的な見解に基づき、「相当因果関係の範囲にあるかどうか」を基準にして個別に判断している。

　たとえば、自動車運転中（後退時）に軽微な衝突事故を起こした約1時間後にくも膜下出血で運転者が死亡した事案について、脳動脈瘤破裂によってくも膜下出血に至ったものであり（意識不明となったため、その直後に衝突事故が発生した）、原因事故である衝突事故と死亡との間には相当因果関係がな

---

[64] そのような解釈をとる裁判例は「とくに見当たらない」とされている（山下・保険法478頁）。ところで、大阪高判昭56.5.12判タ443号136頁は、傷害と給付事由との間に特に「直接の」因果関係が存在する場合に限定しているのは、因果関係の立証責任が保険金請求権者側にあることを明確にし、かつ、その因果関係が単に軽微な影響を与えた程度のもの、または、遠い条件的因果関係にすぎないものでは足りず、当該傷害が死亡の結果について主要な原因となっていることを要求したものである。ただし、複数の主要な併存原因がおおむね同程度に影響を与えたことが認められれば足り、それ以上に他の併存原因と比較してより有力な原因であると認められることまでは必要としないと解するのが相当であるとしている。この判旨をいかに理解するかが問われることになろう。なお、この事案では、外傷性ショックとすでに存在していた高血圧性心疾患とにより急性心不全で死亡したものであるが、外傷性ショックも心不全を誘発する重要な原因の1つであるとして、裁判所は因果関係を認めている。ただし、本件は簡易生命保険の傷害特約に関する事案であるが、損害保険会社の傷害保険においては限定支払条項の適用可否を検討すべき事案である。

[65] 東京高判平7.6.26金融・商事判例1009号36頁、原審の東京地判平6.12.15金融・商事判例1009号36頁参照。

いとした裁判例がある[66]。またたとえば、交通事故後に軽度の鬱病になった被保険者が自殺した事案について、自殺の原因は他の要因によるものとも考えられ、少なくとも交通事故（による鬱病）と自殺との間には相当因果関係がないとした裁判例がある[67]。

　　(ⅱ)　限定支払条項

　以上は傷害保険の担保条項であるが、上記の相当因果関係に関連して、傷害保険約款では支払保険金を限定する次のような条項を設けている。すなわち、

ア　「被保険者が傷害を被ったときにすでに存在していた身体の障害もしくは疾病の影響により傷害が重大となった場合」、または、

イ　「傷害を被った後にその原因となった事故と関係なく発生した傷害もしくは疾病の影響により傷害が重大となった場合」には、その影響がなかったときに相当する金額を決定して支払うことと規定している（「限定支払条項」と呼ばれる）。

　この限定支払条項のうちアについては、受傷前に存在していた身体障害や疾病が「傷害事故の発生原因」として協働している場合に適用するのではなく、原因事故による傷害が既存の身体傷害や既存の疾病により悪化した場合に、既存の身体障害や既存の疾病の影響部分を控除して支払うものである。

　たとえば、頚椎に後縦靭帯骨化症をもつ者が、自動車搭乗中の事故後に頚髄損傷で死亡した保険事故について、既存障害・既存疾病の寄与率を50％として、その分を保険金から控除した裁判例がある[68]。またたとえば、パーキンソン病の者が火災時で自宅家屋から搬出される際になんらかの傷害を被った可能性はあるものの、約1カ月後に死亡した原因については、「嚥下性肺炎その他呼吸不全、老衰等による突然の心不全の蓋然性が強い」として、保険金請求を棄却した裁判例がある[69]。

　また、限定支払条項のうちイに基づいて、受傷後に発生した傷害や疾病の

66　千葉地裁八日市場支判昭62.11.18判時1260号31頁参照。
67　仙台高判平6.3.28判タ878号274頁参照。
68　東京地判平17.9.30（平成15年（ワ）第29309号）LexisNexis独自収集判例参照。
69　東京高判平5.8.30判タ844号239頁。

影響を控除するには、原因事故とは無関係に後発の傷害や疾病が発生していることが要件となる。したがって、受傷後の傷害や疾病が傷害事故と相当因果関係の範囲内にあれば、受傷後の傷害や疾病による給付事由も支払の対象となる。

　以上のとおり、疾病が関与している可能性がある傷害事故は、保険給付の要件である原因事故の外来性とともに、原因事故と傷害の相当因果関係や、傷害と給付事由の相当因果関係が問題となることが多い。また、疾病免責条項や、支払保険金に関する約款上の控除規定（限定支払条項）などの観点からも、諸事情を確認する必要があるので、実務上は以下の点に留意しながら問題の所在を明確にすることが必要となる。

ア　疾病が、原因事故の発生前、原因事故の発生時、原因事故の発生後、のどの段階で、どのようなかたちで、傷害や給付事由に関与しているか明確にする。

イ　無責・免責や減額の可能性がある場合は、約款上の根拠条文を明確にする。

ウ　保険金請求権者の立証では、原因事故と傷害の相当因果関係や傷害と給付事由の相当因果関係が認められない場合であっても、主治医の医学的な見解を確認するなど、損害保険会社としても可能な範囲で、保険金請求権者の立証を支援する[70]。

　　b　被保険者

　保険事故の対象となる者として保険証券に記載された者が被保険者となる。

　　c　おもな支払保険金

　　　(a)　死亡保険金

　被保険者が「急激かつ偶然な外来の事故」によって傷害を被り、その直接の結果として、事故の日からその日を含めて180日以内に死亡した場合に、保険金額の全額[71]が保険金受取人に支払われる。

---

[70]　なお、医学的な確認をしても相当因果関係が不明の場合には保険金を支払うことができないが、明確な立証には至らずとも、事故と傷害の関係に医学的な蓋然性が認められる場合は、実務上、その程度に応じて割合的に保険金を支払うこともある。

(b) 後遺障害保険金

被保険者が「急激かつ偶然な外来の事故」によって傷害を被り、その直接の結果として、事故の日からその日を含めて180日以内に約款の定める「後遺障害」が生じた場合に、障害の程度に応じて保険金額の4～100％が被保険者に支払われる。

(c) 入院保険金

被保険者が「急激かつ偶然な外来の事故」によって傷害を被り、その直接の結果として、事故の日からその日を含めて180日以内に入院した場合に、入院保険金日額に入院日数を乗じた額が被保険者に支払われる。

(d) 手術保険金

被保険者が事故の日からその日を含めて180日以内に病院または診療所において、傷害の治療を直接の目的として公的医療保険制度の対象となる手術や先進医療に該当する手術を受けた場合に、入院中の手術の場合には入院保険金日額の10倍の額が、入院中以外の手術の場合には入院保険金日額の5倍の額が被保険者に支払われる。なお、公的医療保険制度の対象となる手術であっても、創傷処理や皮膚切開術等軽微な一部の手術は支払対象外としている。

(e) 通院保険金

被保険者が「急激かつ偶然な外来の事故」によって傷害を被り、その直接の結果として、事故の日からその日を含めて180日以内に通院[72]した場合に、通院保険金日額に通院日数（90日限度）を乗じた額が被保険者に支払われる。

d 主な特約

普通傷害保険には、保険金を支払う条件を拡大・縮小したり、支払保険金の追加・削除等をしたりする特約が非常に多く存在している。主な特約は以下のとおりである。

(a) 就業中のみの危険担保特約

---

71 ただし、すでに支払った後遺障害保険金がある場合は、当該金額を控除した残額が死亡保険金として支払われる。
72 通院しない場合であっても、骨折、脱臼、靭帯損傷等の傷害を被った保険約款に定める部位を固定するため、医師の指示によりギプス等を常時装着した場合も、その日数に対して通院保険金が支払われる。

被保険者が本来の職業または職務に従事している間(通勤途上を含む)の傷害危険のみを担保する。

　(b)　行事参加者の傷害危険担保特約

行事(レクリエーション)に参加する者全員を被保険者とし、それらの者が行事参加中に被った傷害のみを担保する。

　(c)　国内旅行傷害保険特約

保険証券記載の旅行の目的をもって「住居を出発してから住居に帰着するまで」の旅行行程中に日本国内において傷害を被った場合に保険金が支払われる。

② 家族傷害保険

家族傷害保険は、普通傷害保険の家族型の保険であり、保険事故の対象となる被保険者の範囲は保険証券に記載された被保険者本人だけでなく、その家族に拡大されている。

家族傷害保険の被保険者は次の者であるが、本人とこれらの者との続柄は、事故発生時点の続柄で判断される。

　a　被保険者本人
　b　被保険者本人の配偶者
　c　被保険者本人または配偶者と生計をともにする同居の親族
　d　被保険者本人または配偶者と生計をともにする別居の未婚の子

③ 交通事故傷害保険

交通事故傷害保険は、交通事故による傷害を主として対象とする保険であり、保険金を支払う場合は、被保険者が次の事故によって傷害を被った場合となる。

　a　運行中の交通乗用具に搭乗していない被保険者が、運行中の交通乗用具との衝突、接触などの交通事故により被った傷害、または、運行中の交通乗用具の衝突、接触、火災、爆発などの交通事故により被った傷害
　b　運行中の交通乗用具の正規の搭乗装置または当該装置のある室内に搭乗している被保険者が、急激かつ偶然な外来の事故によって被った傷害
　c　乗客として改札口を有する交通乗用具の乗降場構内(改札口の内側)にいる被保険者が、急激かつ偶然な外来の事故に起因して被った傷害

d　道路通行中の被保険者が作業機械としてのみ使用されている工作用自動車の衝突・接触・火災・爆発等によって被った傷害

　e　交通乗用具の火災によって被った傷害

④　ファミリー交通傷害保険

　ファミリー交通傷害保険は、交通事故傷害保険の家族型の保険であり、保険事故の対象となる被保険者の範囲が、保険証券に記載された被保険者本人だけでなく、その家族にまで拡大されている。

　ファミリー交通傷害保険の被保険者の範囲は家族傷害保険と同じである（前述②参照）。

⑤　医療保険

　医療保険は、人間の身体に異常をもたらす原因のうち「疾病」を対象とする疾病保険の代表的な保険である。

　a　概　　要

　被保険者が傷害や疾病で入院をしたり、手術を受けたりした場合に保険金が支払われる。

　b　保険期間

　損害保険会社で扱う医療保険は、保険期間が1年のタイプと保険期間が1年超の長期にわたるタイプに大別される。また、保険期間が長期のタイプのなかにも一生涯補償が継続する「終身型」と保険期間10年など有期で設定する「定期型」との2種類がある。保険期間による分類は図表2－2－12のとおりである。

　c　おもな支払保険金

　損害保険会社により異なるが、おもな支払保険金は以下のとおりである。

　　(a)　入院保険金

　被保険者が保険期間中に傷害または疾病を被り、入院した場合に、入院保険金日額に入院日数を乗じた額が被保険者に支払われる[73]。

　　(b)　手術保険金

---

[73] 免責期間が設定されている場合には、入院期間から免責期間を除いた日数が支払対象となる。また、支払限度期間が設定されている場合には、その日数が支払限度日数となる。

図表2－2－12　保険期間による分類

保険期間		特　徴
保険期間1年		5歳刻みで更新時に保険料が変わる。 企業等で募集を行う団体契約が主である。
保険期間1年超 （長期）	定期型	満期時の年齢が所定の範囲内であれば、健康状態に関係なく自動更新をすることができるものが一般的である。 更新のたびに保険料が変わる。 個人契約が主である。
	終身型	保険料が一生涯変わらない。 個人契約が主である。

　被保険者が保険期間中に傷害または疾病を被り公的医療保険制度の対象となる手術を受けた場合に、入院中の手術の場合には入院保険金日額の10倍の額が、入院中以外の手術の場合には入院保険金日額の5倍の額が被保険者に支払われる。また、がんに対する開頭・開胸・開腹手術等の所定の重大な手術については入院保険金日額の40倍の額が被保険者に支払われる等の特約がある。

　(c)　放射線治療保険金

　被保険者が保険期間中に傷害または疾病を被り公的医療保険制度の対象となる放射線治療を受けた場合に、入院保険金日額の10倍の額が被保険者に支払われる。

　(d)　重度入院一時金

　被保険者が保険期間中に傷害または疾病を被り、がんと診断確定された場合など、所定の状態となった場合に、重度入院一時金額が被保険者に支払われる。

　(e)　退院後通院保険金

　被保険者が保険期間中に傷害または疾病を被り、入院した後、一定期間内にその傷害または疾病の治療を目的とした通院をした場合に、退院後通院保険金日額に通院日数を乗じた額が被保険者に支払われる。

　(f)　女性入院保険金

被保険者が所定の疾病（女性疾病）を被り入院した場合に、女性入院保険金日額に入院日数を乗じた額が被保険者に支払われる[74]。

　(g)　成人病入院保険金

被保険者が所定の疾病（成人病）を被り入院した場合に、成人病入院保険金日額に入院日数を乗じた額が被保険者に支払われる[75]。

　(h)　先進医療保険金

被保険者が保険期間中に傷害または疾病を被り、主務官庁が定めた先進医療を受けた場合に、先進医療の技術に係る費用に応じて入院保険金日額の一定の倍率（10～610倍）を乗じた額が被保険者に一時金として支払われる。

　(i)　葬祭費用保険金

被保険者が保険期間中に傷害または疾病を被り、かつ、その直接の結果として被保険者が死亡し、親族が葬祭費用を負担した場合に、葬祭費用保険金額を限度に、当該費用がその負担者に支払われる。

　d　付帯サービス

医療保険では上記のような補償に加えて、医療関連のさまざまなサービスが各社により提供されている。代表的なものとして、電話による緊急時の医療相談サービスや医療機関案内サービスなどがある。

⑥　がん保険

がん保険は、病気のなかで特にがんに特化した保険カバーを提供する医療保険の一種である。

　a　概　　要

損害保険会社によって内容が異なるが、がん保険固有の特徴としては、初めてがんと診断された場合に支払われる診断保険金があること、入院保険金の支払日数に限度がない（無制限となる）こと、保険始期日から一定期間（通常は90日）は待機期間とされ、この期間内はがんと診断確定されても保険金支払の対象とはならないこと、等があげられる。

　b　保険期間

損害保険会社で扱うがん保険は、医療保険同様、保険期間が1年のタイプ

74　注73に同じ。
75　注73に同じ。

と保険期間が1年超の長期にわたるタイプに大別され、さらに保険期間が長期のタイプのなかにも一生涯補償が継続する「終身型」と保険期間10年など有期で設定する「定期型」との2種類がある（保険期間による分類は前述⑤bの図表2－2－12参照）。

　c　補償内容

損害保険会社により異なるが、おもな支払保険金は以下のとおりである。

　（a）診断保険金

被保険者が初めてがんと診断確定されたときや、すでに診断確定されたがんとは関係なくがんが新たに生じたと診断確定された場合等に、がん診断保険金額が被保険者に支払われる。

　（b）入院保険金

被保険者ががんと診断確定され、その結果、入院した場合、がん入院保険金日額に入院日数を乗じた額が被保険者に支払われる。

　（c）手術保険金

被保険者ががんと診断確定され、その結果、所定の手術を受けた場合に、がん入院保険金日額に手術の内容に応じた一定の倍率（10倍・20倍・40倍）を乗じた額が被保険者に支払われる。

　（d）退院後療養保険金

被保険者ががんと診断確定され、一定期間継続して入院した後、生存して退院した場合に、がん退院後療養保険金額が一時金として被保険者に支払われる。

　（e）通院保険金

被保険者ががんと診断確定され、入院前後の一定期間内にそのがんの治療を目的とした通院をした場合に、がん通院保険金日額に通院日数を乗じた額が被保険者に支払われる。

　（f）重度一時金

被保険者ががんと診断確定され、その病状が所定の重度状態に該当すると診断確定された場合に、がん重度一時金額が一時金として被保険者に支払われる。

　（g）女性特定手術保険金

被保険者ががんと診断確定され、乳房切除術などの所定の手術を受けた場合に、がん女性特定手術保険金が一時金として被保険者に支払われる。

(h) 特定手術保険金

被保険者ががんと診断確定され、胃全摘除術などの所定の手術を受けた場合に、がん特定手術保険金が一時金として被保険者に支払われる。

(i) 葬祭費用保険金

被保険者ががんと診断確定され、かつ、その結果として被保険者が死亡し、親族が葬祭費用を負担した場合に、葬祭費用保険金額を限度に、当該費用がその負担者に支払われる。

(3) 損害保険

① 所得補償保険

所得補償保険は、傷害や疾病により就業不能となった場合を支払対象とする保険である。

a 概　要

被保険者が、日本国内または国外において、業務中・業務外を問わず、身体障害（傷害または疾病）を被り、その直接の結果として「就業不能」になった場合に、被保険者が被る損失について保険金が被保険者に支払われる。

ここで「就業不能」とは、被保険者が身体障害を被り、次の事由のいずれかにより保険証券記載の業務にまったく従事できない状態をいう。すなわち、当該身体障害の治療のため入院している場合、または、それ以外であって、当該身体障害につき医師の治療を受けている場合である。ただし、被保険者が死亡した後、または身体障害が治癒した後は、いかなる場合でも「就業不能」には該当しない。

b 被保険者の条件

(a) 対象年齢

契約時年齢が満15歳以上の者を被保険者とすることができる。なお、てん補期間によって、被保険者とすることができる年齢の範囲が異なる。

(b) 収入等の条件

所得補償保険は損害保険契約（損害てん補型の保険契約）であるから、被保険者は、一定の業務遂行により収入を得ている者に限られ、「就業不能」の

場合でも得られる収入のみで生活している者（年金生活者など）は対象外である。

なお、専業主婦などの家事従事者については「家事従事者特約」を付帯することによって被保険者とすることができる。

 c 保険金支払の条件

被保険者が身体障害を被り、その直接の結果として「就業不能」となり、「就業不能」の期間が免責期間を超えて継続した場合に、てん補期間を限度に、その「就業不能」の期間について、保険金が被保険者に支払われる。

 (a) 免責期間

免責期間とは、就業不能が開始した日から起算して継続して「就業不能」である保険証券記載の日数をいう。

 (b) てん補期間

てん補期間とは、免責期間終了日の翌日から起算した保険証券記載の期間をいう。同一の身体障害による「就業不能」に対して支払われる保険金は、このてん補期間が限度となる。

 (c) 就業不能期間（保険金支払対象期間）

「就業不能期間」とは、「てん補期間」内における被保険者の「就業不能」の日数をいう（免責期間は含まない）。この「就業不能期間」1カ月につき、基本保険金額（ただし、平均月間所得額が基本保険金額に満たない場合には、平均月間所得相当額）が被保険者に支払われる。

 (d) 支払保険金の計算例

たとえば、基本保険金額20万円、免責期間7日、てん補期間1年の所得補償保険において、3月25日から翌年2月15日まで「就業不能」だった保険事故の支払保険金は次のようになる。

まず、免責期間は3月25日～3月31日であり（7日間）、4月1日～翌年2月15日が「就業不能期間」となる（てん補期間である1年以内である）。これは、10カ月間（4月1日～翌年1月31日）と15日間（翌年2月1日～2月15日）である。したがって、支払保険金の算出は次のとおりとなる。

 20万円×10カ月＋20万円×（15日／30日）[76]＝210万円

 d 無事故戻し返戻金

保険期間が満了した場合において、保険期間中無事故であれば、無事故戻し返戻金として、当該保険契約の保険料の20%が保険契約者に支払われる。所得補償保険は、無事故戻し（NCR：No Claim Return）が設けられている数少ない消費者向け保険商品である。

(4) 混合型保険

① こども総合保険

　a　概　　要

こども総合保険は、おもに学生を被保険者とする傷害保険であるが、日常生活において被る傷害のほか、扶養者が傷害により死亡または重度の後遺障害を被った場合の育英費用、賠償損害を補償する総合的な保険である。また、特約を付帯することにより、借用中の住居に係る賠償損害、学生・生徒が所有する家財に生じる損害を補償することも可能である。

　b　おもな支払保険金

　　(a)　死亡保険金、後遺障害保険金、入院保険金、手術保険金、通院保険金

普通傷害保険と同じである。

　　(b)　育英費用保険金

あらかじめ指定された被保険者の扶養者が、傷害を被り、その直接の結果として事故の日からその日を含めて180日以内に死亡または重度後遺障害が生じた場合に保険金が支払われる。

　　(c)　個人賠償責任保険金

被保険者が、偶然な事故で、他人の身体障害や他人の財物損壊について法律上の損害賠償責任を負担することにより損害を被った場合に、保険金が支払われる。

　　(d)　借家人賠償責任保険金

被保険者の借用戸室が被保険者の責めに帰すべき事由による火災、破裂、爆発等により損壊し、被保険者がその貸主に対して法律上の損害賠償責任を負担することにより損害を被った場合に、保険金が支払われる。

76　「就業不能期間」が1カ月に満たない場合や1カ月未満の端日数が生じた場合は、保険約款の規定により日割計算となる。

② 海外旅行保険
　a　概要と特徴
　海外旅行保険は、海外旅行行程中の旅行者リスクをカバーする保険であり、傷害、疾病をはじめとし、海外旅行にまつわるさまざまなリスクを対象とする総合的な保険である。
　特徴としては、第一に、損害保険会社の取り扱う第三分野の保険のなかでは、唯一疾病死亡に関する定額給付が認められている（前述本節1(2)参照）。
　第二に、一般の第三分野の保険と異なり、海外旅行と親和性が高い場所で契約が締結されることが多く（旅行会社、空港で契約する）、また、インターネットでの契約も普及している。さらに、各クレジットカード会員向けサービスとして海外旅行保険がセットされているクレジットカードが一般に普及しているが、これはクレジットカード会社が契約者となり、カード会員が被保険者となっているクレジットカード会員向け専用の海外旅行保険である。
　b　おもな支払保険金
　　(a)　傷害死亡保険金
　被保険者が海外旅行中[77]に傷害を被り、その直接の結果として、傷害の原因となった事故の日からその日を含めて180日以内に死亡した場合は、保険金が保険金受取人に支払われる。
　　(b)　傷害後遺障害保険金
　被保険者が海外旅行中に傷害を被り、その直接の結果として、傷害の原因となった事故の日からその日を含めて180日以内に後遺障害が生じた場合に、障害の程度に応じて傷害後遺障害保険金額の4〜100%が被保険者に支払われる。
　　(c)　疾病死亡保険金
　被保険者が疾病によって死亡し、その死亡が以下のいずれかに該当した場合に、保険金が保険金受取人に支払われる。
ア　海外旅行中に死亡した場合
イ　海外旅行開始後に発病した病気を直接の原因として、海外旅行終了後72

77　「海外旅行中」とは、保険期間中、かつ、被保険者が海外旅行の目的をもって住居を出発してから住居に帰着するまでの旅行行程中をいう。

時間を経過するまでに医師の治療を受け、海外旅行終了日からその日を含めて30日以内に死亡した場合（ただし、その病気の原因が海外旅行中に発生したものに限られる）

ウ　海外旅行中に感染した特定の感染症によって、海外旅行終了日からその日を含めて30日以内に死亡した場合

　　(d)　傷害治療費用保険金

被保険者が旅行行程中に傷害を被り、その直接の結果として、医師の治療を要した場合に、診察費・入院費用等の治療に要した実費が被保険者に支払われる。

　　(e)　疾病治療費用保険金

被保険者が以下のいずれかに該当した場合に、診察費・入院費用等の治療に要した実費が被保険者に支払われる。

ア　海外旅行開始後に発病した病気を直接の原因として、海外旅行終了後72時間を経過するまでに医師の治療を受けた場合（ただし、その病気の原因が海外旅行中に発生したものに限られる）

イ　海外旅行中[78]に感染した特定の感染症によって、海外旅行終了日からその日を含めて30日以内に医師の治療を受けた場合

　　(f)　救援者費用保険金

被保険者が以下のいずれかに該当した場合に、保険契約者、被保険者、被保険者の親族が負担した費用（親族が現地に駆けつける交通費・宿泊費等の実費）が、当該費用の負担者に支払われる。

ア　被保険者が海外旅行中に傷害を被り、その直接の結果として、傷害の原因となった事故の日からその日を含めて180日以内に死亡した場合または3日以上続けて入院した場合

イ　海外旅行中に病気で死亡した場合

ウ　海外旅行開始後に発病した病気を直接の原因として、海外旅行終了日からその日を含めて30日以内に死亡した場合または3日以上続けて入院した場合（ただし、その病気の原因が海外旅行中に発生したものに限られる）

78　前掲注77に同じ。

エ　搭乗・乗船中の航空機、船舶が遭難した場合
　　(g)　携行品損害保険金
　海外旅行中に、被保険者が所有かつ携行する「身の回り品」が盗難、破損、火災等の偶然な事故によって損害を受けた場合に、保険金が被保険者に支払われる。
　　(h)　個人賠償責任保険金
　被保険者が、偶然な事故で、他人の身体障害や他人の財物損壊について法律上の損害賠償責任を負担することにより損害を被った場合に、保険金が支払われる。
　　(i)　旅行変更費用保険金
　被保険者等の親族の死亡や本人の入院等により、被保険者が海外旅行を中止または途中で取りやめた場合に、取消料・違約料や中途帰国費用等に要した実費が被保険者に支払われる。
　　c　付帯サービス
　海外旅行保険では、上記のような補償に加えて、海外旅行に関連のあるさまざまなサービスを各損害保険会社が提供している。
　代表的なものとして、海外の病院で治療を受ける際に、被保険者が病院の窓口で治療費を支払わずに、キャッシュレスで治療を受けられるサービスや、海外の病院紹介や日本語での各種電話相談サービスなどがある。

第7節　事業者向け火災保険

1　事業者向け火災保険[79]

　企業活動は、常に数多くのリスクが存在することを前提として行わざるをえない。たとえば、原材料の高騰による利益率の低下、金融危機の発生による保有株式の大幅な株価下落、通貨価値の変動による為替差損の発生など、さまざまな要因によって生じるリスクがある。

---

[79] 損害保険会社の提供する保険商品のラインナップから、本節では事業者のうち、特に企業を対象とした火災保険について解説する。

こうしたリスクを回避するため、企業は日頃から代替原材料の研究に投資したり、為替予約による通貨価値の変動に対するヘッジなどを行っている。

　企業が、工場の建物や在庫製品等の財物を対象とした火災保険を契約するのも、火災や爆発などの予期せぬ事故による経済的な損害を、保険という制度を活用して回避しようとするためである。火災や爆発、風災、水災といった種類の危険は巨大な損害を生じさせる可能性があり、それらに対する備えを怠っていた場合は、企業の存続をも危うくする。

　火災や爆発が発生した場合は、企業が被る損害は、罹災した建物や機械などの財物が直接受けた損害だけにはとどまらない。罹災した建物や機械を再建するまでは企業は販売活動や生産活動を縮小せねばならず、一度大きな災害に遭えば数カ月もの間休業しなければならないケースもある。休業期間中は営業利益があがらないうえ、社員の給料等の固定費は恒常的に支出が生じる。こうした営業上の損失は建物や機械が直接被った損害よりはるかに大きいものとなる場合も少なくない。

　財物を対象とした火災保険では、罹災した建物や機械の物的損害を補償することはできるが、休業期間中の営業上の損失まで補償することはできないため、火災などの災害に対する企業活動の防衛という保険の機能としては必ずしも十分ではない。そこで、企業は保険の目的が損害を被った結果、営業が休止または阻害されたために生じる損失を補償する保険を手配することとなる。このように、企業向けの火災保険は、その機能から大きく2つに分けることができる。すなわち、企業の所有する財物を保険の目的物として直接的な損害を補償する機能と、財物が物的損害を被った結果、企業活動が休止・阻害されたために生じる利益などの間接損害を補償する機能である。

　企業活動は、資本と財産の状態は貸借対照表によって、また損益の経緯は損益計算書によって記録されているが、これら財務諸表上の観点から火災保険をとらえてみると、財物補償は貸借対照表にかかわるリスクを、休業損失に対する補償は損益計算書にかかわるリスクを、それぞれ補償する保険であるということがいえる。

　このことより、企業が火災や爆発という事故により被る損害を回避するためには、これら2つのリスクに対する保険手配が必要不可欠であることが理

解できる。本節では、この2つのリスクをカバーする火災保険について解説する。

2　企業向け火災保険の分類

企業向けの火災保険は、大きく分けて「財物に対する補償」と「休業損失に対する補償」に分類され、さらにそれぞれの準拠する約款から「従来型の商品」と「各社独自の商品」とに大別することができる（図表2－2－13）。

(1)　従来型の商品

1998年の保険の自由化開始前の商品群。損害保険料率算出機構が策定する標準約款に準拠した商品が多く、基本的には各社ともほぼ同様の補償内容となっていたものである。

その多くの約款では、担保危険を限定列挙するかたちで記載されたものとなっている。最も古く、かつ、基本的な補償となる普通火災保険（火災保険普通保険約款）のほか、店舗総合保険や利益保険、企業費用・利益総合保険などがある。

(2)　各社独自の商品

1996年12月の日米保険協議合意を経て、保険の自由化が大きく進展し、1998年以降、認可申請に関しても段階的に規制緩和が行われ、届出対象となる種目・項目が拡大していった。この結果、企業分野の火災保険においては、一定の制限のもと損害保険会社が都度認可申請を行うことなく独自の特

図表2－2－13　企業向け火災保険の分類

	従来型の商品		各社独自の商品
財物に対する補償	普通火災保険（一般物件用） 普通火災保険（工場物件用） 普通火災保険（倉庫物件用） 店舗総合保険　　　　　等	自由化後の商品の方向性 →	オール・リスク一体型
休業損失に対する補償	利益保険 企業費用・利益総合保険 家賃担保特約保険 店舗休業保険　　　　　等		

第2章　主要商品の解説

約を作成することが可能となり、各社が独自の補償を提供する商品が多く販売されるようになった。

これらをふまえ、損害保険会社は、免責条項に該当するリスクを除き、不測かつ突発的な事故を補償するという「オール・リスク一体型」の商品を独自に開発した。このため、担保危険という観点では、現在は各社の商品間にそれほど大きな差異がない状態となってきている。

なお、各社の商品の多くは、自由化以前から存在する従来型の商品とは異なり、財物に対する補償と休業損失に対する補償を１つの契約でカバーすることが可能な商品となっている。それに加え、一般物件と工場物件といった物件種別の異なる保険の目的物が混在している場合であっても、１つの契約で引受けを行うことが可能であることが多くなってきている。これらの新商品の登場は、契約者に対する利便性の向上につながっている。

3　各商品の概要

(1)　従来型商品（財物に対する補償）

①　普通火災保険

　a　概　　要

現在、財物を対象とする火災保険のなかで最も基本的な保険は、火災、落雷、破裂・爆発などを担保危険とする普通火災保険であり、火災保険普通保険約款（以下「普火約款」という）に基づいて契約される。物件種別ごとに３つの普火約款—すなわち普火約款（一般物件用）、普火約款（工場物件用）、普火約款（倉庫物件用）が各々適用される。

　b　沿　　革[80]

わが国における普火約款の最初のものは、1888年10月１日に開業した東京火災保険会社の全文58カ条からなる「保険規則」であるとされ[81]、その約款内容は主としてイギリスの会社の約款を模したものといわれている。

---

[80] 東京海上・実務講座５巻133～135頁。
[81] 1888年10月１日に火災保険の営業がわが国の保険会社によって初めて行われたが、それ以前にもわが国において火災類似保険や外国保険会社による火災保険が販売されていた。

その後、長年にわたり、各社が使用する約款はそれぞれ少しずつ異なっていたが、共同保険の引受けや再保険取引、あるいは保険料率の決定等実務上の不便にかんがみ、長期に及ぶ検討の結果、1941年9月1日に全社統一約款が作成された。

時代は移り、第二次世界大戦後の混乱期を経て社会情勢が安定するとともに、消防能力の強化・耐火建築の普及が進み、損害率は低下し保険料率の引下げが行われるようになった。

一方、それまで「火災危険」のみを担保していた従来の普通火災保険に対し、保険の目的物となるものの特性に応じた担保危険や条件の拡充を望む契約者からの声が次第に強まってきた。また、普火約款はその始まりにおいては住宅物件を含むすべての物件を対象としていたために、約款の内容や表現が難解・煩雑で、住宅物件を対象として契約を締結する一般の契約者にはなじまないとの指摘も受けるようになった。

このような背景のもと、1961年に住宅総合保険、1968年に長期総合保険が誕生し、1973年12月1日に住宅物件が普火約款の対象からはずされたうえで、「火災危険」に加えて「破裂」「爆発」を担保するかたちで、新たに住宅火災保険（住宅火災保険普通保険約款。以下「住火約款」という）が誕生した[82]。

また、1976年4月1日には一般物件のうち所定の条件に合致する小店舗住宅の建物およびその収容家財も住火約款の対象とすることになったが、取扱いがかえって煩雑となったため[83]、1981年6月1日の火災保険改定時に従来どおり当該物件を普火約款の対象に戻し、小店舗住宅の規定は廃止された。

その後、数々の改定を経て、普火約款・住火約款とも担保危険・費用保険金の拡大・拡充および支払条件の改善が図られてきた。そして、1984年6月

---

[82] 当時の住宅火災保険の特徴としては、たとえば、次のようなものがある。
① 火災のほか、落雷、破裂または爆破を担保し、残存物取片づけ費用も担保する。
② 80％付保割合条件付実損払いが導入され、比例てん補を緩和している（なお、すでに1972年9月1日から、住宅物件については、（割増保険料なしで）「80％付保割合条件付保険金支払条項」を自動適用することとしていた経緯がある）。
③ 保険金額が自動復元する。

[83] 小店舗住宅については、適用する約款（住火約款）と適用する料率（一般物件料率）が異なる取扱いとしたため、わかりにくいとの批判があった。

1日の火災保険改定では、物件種別ごとのリスクの特性および契約者ニーズに対応すべく、旧普火約款を、普火約款（一般物件用）、普火約款（工場物件用）、普火約款（倉庫物件用）の3約款に分割し、各約款の担保内容に差を設けることとした。

また、この改定においては、損害保険金や費用保険金等の担保内容の大幅な拡大・拡充を図った。なかでも、大きな拡充は風災・ひょう災（雹災）・雪災による損害の担保が新たに加わったことである。これは当時、日本海中部地震、1982年の台風10号、長崎水害などが発生したことから、消費者から自然災害（風水害、地震等）の担保を求める声が非常に高まってきたことを背景にしている。その後[84]も各々物件ごとに商品改定が実施されている。

このような一連の商品改定は、以前にはストレートファイヤーといわれ、火災のみしか担保しなかった普通火災保険を、契約者の多様化する保険に対するニーズに応えるために担保内容を拡充し総合保険に近づけてきた流れにある。

 c 保険の目的物

第3節記載の家計向け火災保険の目的物としている住宅物件（住宅や家財など）以外の一般物件・工場物件・倉庫物件となる建物・動産（設備・什器等、商品・製品等）・屋外設備装置を保険の目的物とする。

 d 引受方法

建物を保険の目的物とする場合は、「1つの建物」について、その全体を引受単位とし、その一部のみまたはその一部を除外して引き受けることはできない。屋外設備・装置を保険の目的物とする場合は、原則として1基ごとを引受単位とする。また、動産を保険の目的物とする場合は、「1つの建物」内または「1基の屋外設備・装置」内に収容された動産（野積みの場合は「1つの敷地内」に収容された動産）ごとに、「①家財、②設備・装置・機械・器具・工具・什器・備品、③原料・材料・仕掛品・半製品・製品・商品・副産物・副資材」の3項目別に、これを引受単位とする（なお、包括契約は「1つの敷地内」に所在する動産を上記項目ごとに包括するときなど、所定の場合に

---

[84]　1986年、1990年、1998年、2007年、2010年などに改定が実施されている。

限り認められている）。

　引受けの単位は保険金額の設定単位を決めるため保険契約の重要な要素であり、また引受規定は料率算定等の保険技術的要請や損害査定上の必要性から定められたものである。本来、保険の目的物は個々に特定することにより客体を明確化し、損害てん補を行うが、その集合体を１つの目的物とみなすほうが実務・手続的にも、また当該目的物の保険経済・技術的特性からしても合理的であるといえる。上記の引受単位に関する規定は、このような考え方に基づき、目的物の保険経済・技術的特性の観点から、引受単位（保険金額設定単位）を実務的・具体的に定めたものである。

　e　補償内容
　　(a)　保険金を支払う場合
　補償内容は物件種別ごとに異なり、３つの物件種別で共通して担保しているのは火災、落雷、破裂・爆発危険である（図表２−２−14）。
　普火約款（工場物件用）のみにおいて雑危険[85]（1984年６月１日火災保険改定にて導入）を担保している。これは、工場物件においては、一般物件の上級商品である店舗総合保険のような総合保険がなく、従来は、拡張担保特約で引き受けていたが、普遍的リスクとして契約者ニーズが強いことから、普通保険約款に組み入れることが契約者ニーズに最も適合していると判断されたためである。なお、普火約款（工場物件用）における雑危険担保と後述の店舗総合保険におけるそれとは、物件の特性の違い（例：工場物件は通常大規模で敷地内が広い等）などから、同一の内容ではない[86]。
　また、普火約款（倉庫物件用）の担保範囲は他物件に比較して狭くなっている（火災、落雷、破裂・爆発、臨時費用保険金、残存物取片づけ費用保険金、損害防止費用を担保）が、これには契約者たる倉庫業者特有の事情がある。

---

[85] ①建物外部からの航空機の墜落、車両の衝突等、②騒じょうおよびこれに類似の集団行動、③給排水設備に生じた事故に伴う漏水・放水・いっ水（溢水）による水濡れ。
[86] たとえば、店舗総合保険では「建物の外部からの物体の落下・衝突等」を担保するのに対し、普火では「航空機・車両の落下・衝突等」を担保すると定めてあることや、店舗総合保険ではフランチャイズ（20万円以上の損害のみ担保）なしに雑危険を担保するのに対し、普火約款（工場物件用）では水濡れ危険以外の雑危険は20万円フランチャイズで担保していることなどが、両者の違いとしてあげられる。

図表2-2-14 物件種別と補償内容

【表の見方】
○：支払う
×：支払わない

担保危険	物件種別		
	一般	工場	倉庫
火災、落雷、破裂・爆発	○	○	○
風・ひょう（雹）・雪災	○（注）	○（注）	×
車両・航空機の衝突	×	○（注）	×
給排水設備の事故による漏水、放水、溢水	×	○	×
騒じょう・労働争議	×	○（注）	×

（注） 20万円以上の損害が発生した場合に保険金を支払う（20万円フランチャイズ）。

すなわち、倉庫業者は倉庫業法・倉庫寄託約款等により寄託者等のために受託物に火災保険を付すことが義務づけられており、当該義務に基づき火災保険を付保している。その火災保険料は倉庫の保管料に転嫁されており、実質上の保険料の負担者は寄託者である。寄託者（ほとんどは企業）は保管料を節減することを望んでおり、火災保険料についても同じことを要請している。このような寄託者の意を受けた契約者たる倉庫業者の「担保範囲は狭くても低廉な保険料を」という希望を考慮して、担保内容が他物件に比べ狭い約款となっているものである。

　(b) 担保危険[87]

ア　火災

イ　落雷

ウ　破裂または爆発……気体または蒸気の急激な膨張を伴う破壊またはその現象をいう。

エ　風災・ひょう災（雹災）・雪災……台風、せん風、竜巻、暴風等の風災[88]、ひょう災（雹災）または豪雪の場合におけるその雪の重み、落下等

87　担保危険の詳細な内容は第3節5(1)参照。
88　洪水、高潮等を除く。

による事故またはなだれの雪災[89]により20万円以上の損害が生じた場合に担保する。

オ　車両・航空機の衝突……航空機の墜落・接触、飛行中の航空機からの物体の落下、車両の衝突・接触

カ　給排水設備の事故による漏水、放水またはいっ水（溢水）……給排水設備[90]に生じた事故に伴う漏水、放水、いっ水（溢水）による水濡れ[91]

キ　騒じょう・労働争議……騒じょうまたは労働争議に伴う暴力行為もしくは破壊行為

　(c)　費用保険金および費用

「臨時費用保険金[92]」「残存物取片づけ費用」「失火見舞費用保険金」「地震火災費用保険金[93]」の詳細な内容は、第3節5⑶を参照いただきたいが、上記にない費用保険金および費用の詳細については下記のとおり。また、物件種別ごとに図表2-2-15のとおり費用保険金[94]や費用が支払われる。

ア　修理付帯費用保険金……火災、落雷、破裂・爆発の事故により保険の目的物に損害が生じた際に、復旧にかかった所定の費用[95]のうち、損害保険会社の承認を得て支出した必要かつ有益な費用につき、保険金額×30％または1,000万円（一般物件）・5,000万円（工場物件）のいずれか低い額を限度に支払われる。

イ　損害防止費用……火災、落雷、破裂・爆発の事故が生じた際に、損害の発生または拡大の防止のために支出した必要または有益な費用のうち所定のもの[96]につき、その実費が保険金額から火災、落雷、破裂・爆発の事故により支払われる損害保険金の額を差し引いた額を限度に支払われる。

89　融雪水の漏入もしくは凍結、融雪洪水または除雪作業による事故を除く。
90　スプリンクラー設備・装置を含む。
91　給排水設備自体に生じた損害は不担保。
92　住宅総合保険と異なり、1敷地内の限度額は一般・工場物件は500万円、倉庫物件は300万円となる。
93　一般物件は住宅総合保険と同じく1敷地内の限度額は300万円、工場物件は2,000万円が限度となる。
94　詳細は第3節5⑶参照。
95　損害の原因調査費用、仮店舗の賃借費用など。
96　消火活動のために使用した消火薬剤等の再取得費用など。

図表2-2-15 物件種別と費用保険金、費用

費用保険金、費用	物件種別		
	一般	工場	倉庫
臨時費用保険金	○	○	○
残存物取片づけ費用保険金	○	○	○
失火見舞費用保険金	○	○	×
地震火災費用保険金	○	○	×
修理付帯費用保険金	○	○	×
損害防止費用	○	○	○
求償権の保全・行使等の費用	○	○	○

　ウ　求償権の保全・行使等の費用……損害保険金を支払った際に、その損害につき被保険者が他人に対して損害賠償の請求権を有する場合で、その権利の保全・行使に必要な手続をとるために損害保険会社に協力した費用が支払われる。

　　(d)　保険金を支払わない場合
　代表的な免責となる事由および損害は下記のとおり。

ア　保険契約者、被保険者またはこれらの者の法定代理人の故意、重大な過失、法令違反

イ　上記アに該当しない者が保険金を受け取るべき場合のその者またはその者の法定代理人の故意、重大な過失、法令違反

ウ　火災等の事故の際の紛失または盗難

エ　保険の目的物に対する加熱作業または乾燥作業

オ　保険契約者または被保険者が所有または運転する車両の衝突または接触（工場物件のみ）

カ　被保険者または被保険者側に属する者の労働争議に伴う暴力行為または破壊行為（工場物件のみ）

キ　戦争、外国の武力行使、革命、政権奪取、内乱、武装反乱その他これらに類似の事変または暴動

ク　地震もしくは噴火またはこれらによる津波（ただし、地震火災費用保険金は支払われる）
ケ　核燃料物質等の放射性等による事故
コ　仮設の建物、ゴルフネット（ポールを含む）、屋外にある商品・製品等、建築中の屋外設備・装置または桟橋等に生じた風災、ひょう災（雹災）、雪災
サ　電気的事故による炭化または溶融の損害
シ　機械の運動部分または回転部分の作動中に生じた分解飛散の損害
ス　き裂、変形その他これらに類似の損害
セ　保険の目的物の欠陥
ソ　自然の消耗もしくは劣化または性質による変色、変質、さび、かび、腐敗、腐食、浸食、ひび割れ、はがれ、肌落ち、発酵もしくは自然発熱の損害
タ　ねずみ食い、虫食い等
チ　保険の目的物の平常の使用または管理において通常生じ得るすり傷、かき傷、塗料のはがれ落ち、ゆがみ、たわみ、へこみその他外観上の損傷または汚損であって、保険の目的物の機能の喪失または低下を伴わない損害
ツ　保険料領収前に生じた損害等

② 店舗総合保険

　a　概　　要

店舗総合保険は、普通火災保険と並んで補償範囲を決定する際にベースとなる商品の1つであり、普通火災保険と異なり一般物件のみを対象として引受けを行う。

　b　沿　　革[97]

第二次世界大戦によって、日本経済は壊滅的な打撃を被り、特に都市部に集中した戦争の傷あとは、戦後における経済回復の大きな障害となった。

こうしたなかで、当時の火災保険はバラックに代表される非耐火簡易建物の急増と消防力の低下により大火の発生が相次ぎ、損害率は悪化の一途をた

---

[97] 東京海上・実務講座5巻147～148頁。

どった。このため、火災保険は、料率の度重なる引上げが行われた[98]。

こうした料率引上げと、インフレの進行による保険金額の引上げにより、火災保険事業は危機的状況を脱することができた。

その後、日本経済の復興が順調に進み、社会生活も正常化に向かうとともに、消防力の強化などもあり、火災保険損害率はようやく安定を示してくるようになった。その結果、1949年以降は毎年のように料率の引下げが行われることとなり、現在の一般物件に当たる普通物件は1957年までに、また工場物件は1962年までにほぼ戦前並みの料率水準まで引下げが行われた。

このように、火災保険事業が安定した結果、料率水準が引き下げられるようになると、それまでは火災危険しか担保できなかった火災保険も、ようやく補償の拡大という契約者ニーズに応えられるようになり、担保条件の拡充、担保危険の拡大を図るため、図表2－2－16のような新しい商品が次々に開発された。

その後、1959年9月の伊勢湾台風発生を機に、風水害危険に対し火災保険の担保内容を拡大するような社会的要請が高まり、住宅や小規模な商業物件を対象とする保険分野での担保内容の拡大が緊急の課題となるに至った。

こうした火災保険の上級商品に対する需要に応えて、1961年1月1日に住居専用建物とその収容家財を対象とした総合的危険を担保する住宅総合保険が誕生し、また、1962年6月1日に小規模な一般物件を対象とする店舗総合保険が誕生した。

　　c　保険の目的物

一般物件となる建物・動産（家財・設備・什器等、商品・製品等）を保険の目的物とする。屋外設備装置や野積みの動産などは保険の目的物とすることができない。

　　d　引受方法

この保険の特徴として、担保する事故の一部を引き受け、またはその一部を除外して引き受けることはできないというものがある。これは店舗総合保

---

[98] 1947年1月には普通物件および倉庫物件35％、工場物件80％の大幅な料率の引上げ、同年8月に割増規定の改正による料率引上げ、同年11月に普通物件50％、工場物件35％、12月には倉庫物件35％の引上げが行われた。

図表2-2-16 火災保険の新商品・新特約

新商品・新特約	販売開始年月
付保割合条件付実損てん補条項 (Co-insurance Clause)	1951年12月
抵当権者特約条項	1952年9月
長期火災保険	1954年1月
団体扱火災保険	1954年8月
爆発損害担保特約条項	1955年1月
地震・風水害・雑種危険担保特約条項	1956年11月
利益担保特約条項	1958年11月

険の普通保険約款で担保する危険のなかから特定の担保危険を選択した引受けを認めると、料率算出が複雑となるばかりか、結果的に逆選択が進み、将来の料率引上げが不可避となるためである。そこで、総合的な危険を引き受ける場合は、「ワンセットでの担保」による引受けとなっている。

 e 補償内容
  (a) 保険金を支払う場合
 普通火災保険に比べて、図表2-2-17のとおり補償範囲が拡大されている。
ア 火災
イ 落雷
ウ 破裂または爆発……気体または蒸気の急激な膨張を伴う破壊またはその現象をいう。
エ 風災・ひょう災(雹災)・雪災……台風、せん風、竜巻、暴風等の風災[99]、ひょう災(雹災)または豪雪の場合におけるその雪の重み、落下等による事故またはなだれの雪災[100]により20万円以上の損害が生じた場合に補償する。

---
99 洪水、高潮等を除く。
100 融雪水の漏入もしくは凍結、融雪洪水または除雪作業による事故を除く。

図表2－2－17　店舗総合保険の補償範囲（普通火災保険との比較）

担保危険	店舗総合保険	普通火災保険 （一般）	普通火災保険 （工場）
火災、落雷、破裂・爆発	○	○	○
風・ひょう（雹）・雪災	○（注）	○（注）	○（注）
車両・航空機の衝突	○	×	○（注）
給排水設備の事故による漏水等	○	×	○
騒じょう・労働争議	○	×	○（注）
建物外部からの物体の飛来・衝突	○	×	×
盗難	○	×	×
水災	○	×	×
持ち出し家財の損害	○	×	×

（注）　20万円以上の損害が発生した場合に保険金を支払う（20万円フランチャイズ）。

オ　車両の衝突……建物内部での車両の衝突・接触

カ　騒じょう・労働争議……騒じょうまたは労働争議に伴う暴力行為もしくは破壊行為

キ　建物外部からの物体の飛来・衝突

ク　給排水設備の事故による漏水等……給排水設備[101]に生じた事故または被保険者以外の者が占有する戸室で生じた事故に伴う漏水、放水、いっ水（溢水）による水濡れ[102]

ケ　盗難……盗難によって生じた下記の損害に対して、損害保険金が支払われる。

　（ア）　保険の目的物である建物、家財または設備・什器等について生じた盗取、損傷または汚損の損害

　（イ）　家財が保険の目的物となっている場合は、保険証券記載の建物内における生活用の通貨または預貯金証書の盗難によって生じた損害

　（ウ）　設備・什器等が保険の目的物となっている場合は、保険証券記載の建

101　スプリンクラー設備・装置を含む。
102　給排水自体に生じた損害は不担保。

物内における業務用の通貨または預貯金証書の盗難[103]によって生じた損害

コ　持ち出し家財保険金……保険の目的物である家財のうち、被保険者または被保険者と生計をともにする同居の親族によって保険証券記載の建物から一時的に持ち出された家財（持ち出し家財）に、日本国内の他の建築物内において火災、落雷、破裂・爆発、風・ひょう（雹）・雪災、他物の飛来、水濡れ、騒じょう・労働争議、盗難の事故による損害が生じた場合は、その損害に対して持ち出し家財保険金を支払う。

サ　水害保険金……保険の目的物が台風、暴風雨、豪雨等による洪水・融雪洪水・高潮・土砂崩れ・落石等の水災によって損害を受け、その損害の状況が次の(ア)～(エ)のいずれかに該当する場合は水害保険金を支払う。

(ア)　保険の目的物である建物または家財にそれぞれの保険価額の30％以上の損害が生じたとき。

(イ)　保険の目的物である建物または家財を収容する建物が床上浸水または地盤面より45cmを超える浸水を被った結果、保険の目的物である建物または家財にそれぞれの保険価額の15％以上30％未満の損害が生じたとき。

(ウ)　上記(ア)および(イ)に該当しない場合において、保険の目的物である建物または家財を収容する建物が床上浸水または地盤面より45cmを超える浸水を被った結果、保険の目的物に損害が生じたとき。

(エ)　保険の目的物である設備・什器等または商品・製品等を収容する建物が床上浸水または地盤面より45cmを超える浸水を被った結果、保険の目的物に損害が生じたとき。

　(b)　費用保険金

下記の費用保険金や費用が支払われる。

ア　臨時費用保険金

イ　残存物取片づけ費用保険金

---

[103] 通貨、有価証券、預貯金証書、印紙、切手等は保険の目的物とはならないが、このうち通貨および預貯金証書については、盗難によって損害が生じた場合に限り、自動的に補償の対象として取り扱うこととしている。

- ウ 失火見舞費用保険金
- エ 地震火災費用保険金
- オ 修理付帯費用保険金
- カ 損害防止費用
- キ 求償権の保全・行使等の費用

　(c) 保険金を支払わない場合

代表的な免責となる事由および損害は下記のとおり。

- ア 保険契約者、被保険者またはこれらの者の法定代理人の故意、重大な過失、法令違反
- イ 上記アに該当しない者が保険金を受け取るべき場合のその者またはその者の法定代理人の故意、重大な過失、法令違反
- ウ 火災等の事故の際の紛失または盗難
- エ 保険の目的物に対する加熱作業または乾燥作業
- オ 保険契約者または被保険者が所有または運転する車両の衝突または接触
- カ 被保険者または被保険者側に属する者の労働争議に伴う暴力行為または破壊行為
- キ 保険の目的物である動産が屋外にある間に生じた盗難
- ク 持ち出し家財である自転車または原動機付自転車の盗難
- ケ 戦争、外国の武力行使、革命、政権奪取、内乱、武装反乱その他これらに類似の事変または暴動
- コ 地震もしくは噴火またはこれらによる津波（ただし、地震火災費用保険金は支払われる）
- サ 核燃料物質等の放射性等による事故
- シ 電気的事故による炭化または溶融の損害
- ス 機械の運動部分または回転部分の作動中に生じた分解飛散の損害
- セ き裂、変形その他これらに類似の損害
- ソ 保険の目的物の欠陥
- タ 自然の消耗もしくは劣化または性質による変色、変質、さび、かび、腐敗、腐食、浸食、ひび割れ、はがれ、肌落ち、発酵もしくは自然発熱の損害

チ　ねずみ食い、虫食い等
ツ　保険の目的物の平常の使用または管理において通常生じ得るすり傷、かき傷、塗料のはがれ落ち、ゆがみ、たわみ、へこみその他外観上の損傷または汚損であって、保険の目的物の機能の喪失または低下を伴わない損害
テ　保険料領収前に生じた損害等

(2) 休業損失を補償する保険

① 利益保険

　a　概　　要

企業の所有する財物（物保険の保険の目的物とは異なるが、以下「保険の目的物」という）が事故により物的損害を受けた結果、生産高または売上高が減少した結果生じた損失を補償する。具体的には「喪失利益」と「収益減少防止費用」の2つである。

　　(a)　喪失利益

喪失利益とは担保危険による損害を受けた結果、営業が休止または阻害されたために生じた損失のうち、利益保険に付保した下記の合計額となる。

ア　経常費（「付保経常費」という）
イ　担保危険による損害がなかったならば計上することができた営業利益

　　(b)　収益減少防止費用

収益減少防止費用とは、標準営業収益に相当する額の減少を防止または軽減するために、てん補期間内に生じた必要かつ有益な費用のうち通常要する費用を超える額である。

たとえば、焼失した建物を再築するまでの間、臨時に他の建物を借りて営業を行ったような場合は、売上高が減少するのは防げるが、賃借した建物の家賃は支払わなくてはならない。この場合は、収益減少防止費用の支出により復旧が早まるなら休業期間は短くなり、喪失利益が軽減される。そのため、早期復旧および収益減少防止のために被保険者が費用を支出した場合は、その支出によって減少を防止できた金額の範囲内で、その支出した費用を支払う。

b　沿　　革[104]

　普通火災保険の古い歴史と急速な普及に比べて、利益保険の歴史はさして古いものではなく、せいぜいこの100年ほどのものである。

　1899年10月、ロンドンの保険仲介人であるルードビック・マン（Ludovic Mann）は、利益保険の損失てん補に関する新しい方式を発表した。この方式は、会計学の研究成果を取り入れ、保険価額の概念を定めたり、保険期間終了後の保険料精算規定を設けたりして注目すべき点が多いが、最も重要な事項は、企業の営業上の損失を表す指標を「売上減少高」としてとらえたことである。

　この方式は利益保険の発達史上では画期的なものであり、現行の利益保険の制度的基礎はここに確立されたといえる。マンがこの方式を確立して以来、利益保険は急速な普及を示し、幾多の経験を重ねて次第に詳細な規定を設けるようになり、1939年にイギリスにおいて、当時の保険会社の引受方式を集大成した利益保険統一約款が制定された。

　わが国の利益保険は、英語の旧約款を範として作成され、1938年に認可取得した「利益担保火災保険特約条項」に始まる。

　しかし戦時中のことで、一般の関心も薄く、かつ軍事産業については経理は極秘とされたため、利益保険はその販売基盤を欠いており、さらに保険会社も人手不足のため利益保険の営業を放棄せざるをえなかった。

　しかし、戦後わが国経済の発展に伴い利益保険に対する需要も高まり、かつ公認会計士制度の採用に伴う企業会計組織の整備は利益保険の普及のうえに絶好の地盤を提供することになった。

　このため、保険会社も1959年にイギリスの利益保険約款をもととして旧利益担保特約の改定を行い、「利益担保特約条項」に改めた。

　その後、普及に努めた結果、利益保険の売上げも伸び、その後数回の改定により今日に至っているが、1981年6月の利益保険の改定はわが国の利益保険制度の転換点となる改定であった。

　本改定以前の利益保険は、財物を補償する火災保険契約の付帯特約として

104　東京海上・実務講座5巻202～207頁。

のみ引受けが可能であった。これは損害発生時における利益保険の損害査定の簡便さなどの技術的要請からの規定であった。しかし、その後の引受実績の増加に伴い利益保険の単独引受けの要請が高まったことから、この改定において利益の単独引受けを可能とすることとなった。

利益保険に主契約が不要となれば、独立した普通保険約款が生まれるのが自然であるが、1981年改定では、種々の事情から火災保険普通保険約款に利益保険特約を付帯する契約方式が採用され、実質的には独立した普通保険約款の機能を有するものとなった。その後、1984年6月の火災保険改定により、従来の火災保険普通保険約款は一般、工場および倉庫の3物件に応じて、担保危険を異にする3つの約款に分化したが、これにあわせて、利益保険特約を付帯するための火災保険普通保険約款（利益保険・営業継続総費用保険用）が認可された。

　c　保険の目的物

家計向け火災保険が対象としている住宅物件（住宅や家財など）以外の一般物件・工場物件・倉庫物件で、被保険者の敷地内に所在する建物または構築物（以下「建物等」という）およびこれらの所在する敷地内にある被保険者の占有する物件となる。

なお、上記に加えて下記(a)〜(c)も自動的に保険の目的物となるが、これは財物と異なり、被保険者の占有するもの以外のものが損害を受けても、被保険者の事業活動が阻害され休業損失が発生する可能性があることから目的物に含めているものである。

(a) 建物等のうち、他人が占有する部分

(b) 建物等に隣接するアーケード（以下、屋根おおいのある通路およびその屋根おおいをいう）またはそのアーケードに面する建物等

(c) 建物等へ通じる袋小路およびそれに面する建物等

　d　引受方法

被保険者となる企業の経常費の各項目および営業利益のなかから、希望する費目（これを「付保項目」という）を選択して契約することができる。てん補期間をあらかじめ約定する「約定てん補期間方式」の場合は、年間の付保項目の合計金額を基準として保険金額を定め、また、年間の付保項目の合計

金額に対して支払限度額割合（付保割合）を約定する「約定付保割合方式」の場合は、年間の付保項目の合計金額に約定付保割合を乗じた額を基準として保険金額を定めて引受けを行う。

　e　補償内容
　　(a)　保険金を支払う場合
　普通保険約款で担保する危険は「火災」「落雷」「破裂・爆発」のみとなっている（火災、落雷、破裂・爆発以外の危険を担保する場合は、各種拡張担保特約[105]を付帯する必要がある）。
　　(b)　保険金を支払わない場合
　普通火災保険の保険金を支払わない場合に加えて、利益保険固有の免責として、下記の事由により生じた損失および下記の損害を受けたことにより生じた損失に対しても保険金を支払わない。
ア　国または公共機関による法令等の規制
イ　保険の目的物の復旧または営業の継続に対する妨害
ウ　1時間未満の電力の停止または異常な供給により、保険の目的物である商品・製品等のみに生じた損害
エ　保険の目的物が液体、粉体、気体等の流動体である場合、保険の目的物に生じたコンタミネーション、汚染、他物の混入、純度の低下、変質、固形化、化学変化もしくは品質の低下または分離もしくは復元が不可能もしくは困難となる等の損害

② 家賃担保特約保険
　a　概　要
　貸家、アパート等の賃貸住宅建物が火災等によって滅失した場合は、所有者すなわち賃貸人（家主）は、これらの建物についての直接損害（所有者利益の喪失）のほか、建物が復旧するまでの間、家賃収入の減少または途絶という間接損害を被ることになる。この家賃担保特約保険は、このような火災等による家賃損失をてん補するものである。

---

[105] 拡張担保特約とは、普通保険約款の担保範囲を拡張し、個別契約のニーズに適合する保険契約を提供することを目的として設けられた特約。欧米のものを見習い、1950年代に初めて日本国内で商品化された。

b 沿　　革[106]

休業損失をてん補するものとして従来利益保険があったが、これは一般の企業の営業収益を対象とするものであり、比較的単純な家賃収入を担保する手段としては複雑で実態に即していないという欠点があった。

家賃担保特約は、このような点を考慮し、契約方式や損失てん補の算出方法等を簡素化して1967年に発売された。

家賃担保特約保険は住宅総合保険または店舗総合保険を主契約とし、これらに特約を付帯して引き受ける。ただし、この保険においては、普通保険約款に直接基づく保険金は支払われず、あくまでも担保危険や免責条項等を明示するために形式的に付帯されているにすぎない。

c 保険の目的物

保険の目的物は賃貸借契約に基づいて賃貸される建物に限られる。具体的には、戸建住宅、長屋造住宅、店舗併用住宅、アパート、マンション、下宿、独身寮などで、賃貸されている建物である。

d 家賃の範囲

本特約で担保される家賃は、保険の目的物である建物の賃貸料で次のものを除く。

(a) 水道、ガス、電気、電話等の使用料金

(b) 権利金、礼金、敷金その他の一時金

(c) 賄料

e 引受方法

保険金額は、保険の目的物である建物ごとにその家賃月額に約定復旧期間の月数を乗じて得られた額（保険価額）を下回らない額に定める。なお、損失てん補の際の家賃月額の評価は罹災時において行われるので、保険期間の中途において賃貸料を改定する見通しがあるときには、契約締結時にその分を見込んで保険金額を設定しておく必要がある。保険の目的物である建物が損害を受けた時からそれを遅滞なく復旧した時、または、それにかわる建物を再取得した時までに要した期間を復旧期間という。約定復旧期間は、これ

---

[106] 東京海上・実務講座5巻230〜231頁。

を基準に 3～12 カ月のいずれかの月数で定める。なお、補償の対象となる期間は、保険事故発生から物的復旧完了時までである（利益保険は収益回復時までを原則とする）。

  f 補償内容
   (a) 保険金を支払う場合
ア 火災
イ 落雷
ウ 破裂または爆発
エ 建物内部での車両の衝突・接触
オ 騒じょう・労働争議
カ 建物外部からの他物の飛来・衝突
キ 給排水設備の事故による漏水等
   (b) 保険金を支払わない場合
 主契約となる住宅総合保険や店舗総合保険の保険金を支払わない場合に同じ。

③ **店舗休業保険**
  a 概 要

 営利を目的とした企業に災害などの事故が発生した場合は、保険の目的物に生じた直接的な物的損害以外にも、休業による粗利益の喪失・減少という間接的な損害が生じる。そのような間接損害を補償する商品として利益保険があるが、利益保険は、小規模な企業や商店の間接損害を引き受ける保険としては複雑すぎる。そこで契約対象を小規模な物件に限定して、総合保険をベースとする独自の普通保険約款を設け、簡便な引受方式により普及をねらった商品が店舗休業保険である。

  b 沿 革[107]

 店舗休業保険は1974年11月1日に販売を開始し、当初は、小売商・卸商・サービス業を対象としていた。この当時の担保危険は、火災、落雷、破裂・爆発、航空機の墜落・車両の衝突であり、また、適用料率は火災適用料率を

---

[107] 東京海上・実務講座5巻233～234頁。

もとに算出する仕組みであった。

その後、数度の改定を経て、1985年8月1日に全面的に改定がなされ現在[108]に至っている。この改定において、担保危険の総合化、ユーティリティ損害の担保[109]、火災適用料率からの独立した料率体系の採用、料率の簡素化、保険金額日額方式の導入などが行われた。

c 保険の目的物

この保険の目的物は一般物件で、被保険者の敷地内に所在する建物または構築物（以下「建物等」という）およびこれらの所在する敷地内にある被保険者の占有する物件となる。ただし、1日当りの粗利益額が200万円以下となる事業所のみを対象としている。

なお、この保険においては、上記に加えて下記(a)～(d)も自動的に保険の目的物となる。

(a) 建物等のうち、他人が占有する部分

(b) 建物等に隣接するアーケード（以下、屋根おおいのある通路およびその屋根おおいをいう）またはそのアーケードに面する建物等

(c) 建物等へ通じる袋小路およびそれに面する建物等

(d) 保険の目的物と接続している「電気、ガス、熱、水道、工業用水道、電信、電話」事業者[110]の施設（ユーティリティ設備）

d 引受方法

被保険者が営業を行う建物等を保険証券に記載して引き受ける。建物の一部のみを占有している場合は、当該占有部分を保険証券に記載して引き受ける。

---

[108] 1997年にも改定実施。

[109] 1984年11月16日に東京都世田谷区の世田谷電報電話局前の地下ケーブルから出火した。この火災により、同電話局が扱っている電話回線約8万6,000本のほとんどが不通となり、10日間前後の支障をきたした。この種の公益事業に起因する損害について、公益事業者側に補償ないしは賠償を求めることには限界があり、なんらかの保険カバーを求める声が高まっていた。

[110] ①電気事業法（昭和39年法律第170号）に定める電気事業者、②ガス事業法（昭和29年法律第51号）に定めるガス事業者、③熱供給事業法（昭和47年法律第88号）に定める熱供給事業者、④水道法（昭和32年法律第177号）に定める水道事業者および水道用水供給事業者ならびに工業用水道事業法（昭和33年法律第84号）に定める工業用水道事業者、⑤電気通信事業法（昭和59年法律第86号）に定める電気通信事業者。

保険金額は、1日当りの粗利益額を基準に、1事業所につき、200万円を限度として定める。約定復旧期間は、利益保険のように細分化せずに、1カ月・3カ月・4カ月・6カ月・12カ月のいずれかで引受けを行う。
　　e　補償内容
　　　(a)　保険金を支払う場合
ア　火災
イ　落雷
ウ　破裂または爆発
エ　風災・ひょう災（雹災）・雪災
オ　水災
カ　騒じょう・労働争議
キ　建物外部からの他物の飛来・衝突
ク　給排水設備の事故による漏水等
ケ　盗難
コ　食中毒の発生
サ　電気、ガス、水道の供給・中継設備および配線配管の事故による供給停止
　　　(b)　保険金を支払わない場合
　店舗総合保険の保険金を支払わない場合にほぼ同じだが、店舗休業保険固有の免責として、下記の事由により生じた損失および下記の損害を受けたことにより生じた損失に対しても保険金を支払わない。
ア　国または公共機関による法令等の規制
イ　保険の目的物の復旧または営業の継続に対する妨害
ウ　1時間未満の電力の停止または異常な供給により、保険の目的物である商品・製品等のみに生じた損害
エ　保険の目的物が液体、粉体、気体等の流動体である場合、保険の目的物に生じたコンタミネーション、汚染、他物の混入、純度の低下、変質、固形化、化学変化もしくは品質の低下または分離もしくは復元が不可能もしくは困難となる等の損害
オ　万引き

カ　冷凍（冷蔵）装置または設備の破壊・変調または機能停止によって起こった温度変化

④　企業費用・利益総合保険

　a　概　　要

　保険の目的物である建物・設備等が、火災・爆発等の偶然な事故により損害を被ったときや、電気・ガス・水道・熱・電信・電話等の敷地外ユーティリティ設備の機能が停止・阻害されたためにユーティリティの供給が中断した場合に、企業の営業が休止・阻害されたため生じる休業損失または営業を継続するための費用を補償する保険である。

　この保険は利益保険と異なり、収益減少額の一定割合を保険金として支払い、比例てん補は適用しない。このため、契約時に概算保険料を請求し、保険期間終了後に保険料の確定精算を行う契約形態となっている。

　b　沿　　革

　「企業費用・利益総合保険」は1991年に販売開始となった。従来の利益保険に比べ、担保危険のオール・リスク化や敷地外ユーティリティの供給中断リスクの取込み、保険金支払方法の簡便化、比例てん補の廃止、免責金額の設定が可能など、多くの点で改良が施された。

　c　保険の目的物

　店舗休業保険と同じ。

　d　引受方法

　　(a)　利益部分（休業損失の補償）

　保険契約時にあらかじめ事故時における収益減少額のうち損失としててん補する割合を約定し（この約定割合を「約定てん補率」といい、保険期間中の利益率の範囲内で設定する）、事故発生時には「収益減少額」×「利益率」または「約定てん補率」の低いほうを保険金として支払う。

　利益部分の引受けには「付保率方式」と「約定てん補期間方式」の2種類の方式があり、引受方式によって保険金の支払方法や保険金額の設定方法が異なる。事故により「保険価額」が全損[111]となる可能性は少ないと考えられるため、付保率の設定により支払限度額を設けたり、約定てん補期間の設定により保険金支払対象期間を限定することで、合理的な設計や保険料の削

減が可能となる。
ア 「付保率方式」
- 保険価額の一定割合（付保率）を保険金額とし、これを保険金の支払限度額とする方式
- てん補期間は12カ月となる。
- 付保率方式による場合は、「付保率」の設定を行い、保険証券に明記する（「付保率」は1～100％の間で任意に設定する）。

イ 「約定てん補期間方式」
- 保険金の支払対象期間（約定てん補期間）をあらかじめ設定する方式
- 約定てん補期間に関する特約条項の付帯が必要となる。
- 付保率は100％になる。
- 約定てん補期間方式による場合は、「約定てん補期間」の設定を行い、保険証券に明記する（「約定てん補期間」は1～12カ月の間で月単位で任意に設定する）。

(b) 営業継続費用部分

事故が発生した場合に、被保険者がその通常の営業および生産活動を継続するために特別に必要とする費用を保険契約時に見積もり、その費用の見積額を基準に保険金額を設定する。そのうえで、あらかじめ事故発生時に復旧期間に応じて支払われる保険金の限度額の割合を定めて引き受ける。

e 補償内容

(a) 保険金を支払う場合

普通約款で免責とされている危険以外の偶然な事故を補償する。ただし、特約を付帯することにより、担保する危険を特定して引き受けることができる。

(b) 保険金を支払わない場合

企業費用・利益総合保険では、普通保険約款にて「すべての偶然な事故により保険の目的物が損害を受けたことにより営業が休止または阻害されたために生じた損失を担保する」約款となっているため、下記のように免責とな

---

111 事故により1年間営業を停止する場合を全損という。

る事由および損害を列挙して、当該事由により生じた損失および当該損害を受けたことにより生じた損失については保険金を支払わない、という約款構成をとっている。

ア　保険契約者、被保険者またはこれらの者の法定代理人の故意、重大な過失、法令違反
イ　上記アに該当しない者が保険金を受け取るべき場合のその者またはその者の法定代理人の故意、重大な過失、法令違反
ウ　国または公共機関による法令等の規制
エ　保険の目的物または敷地外ユーティリティ設備の復旧または営業の継続に対する妨害
オ　差押え、収用、没収、破壊等国または公共団体の公権力の行使（ただし、火災消防または避難に必要な処置としてなされた場合は除く）
カ　戦争、外国の武力行使、革命、政権奪取、内乱、武装反乱その他これらに類似の事変または暴動
キ　地震もしくは噴火またはこれらによる津波
ク　核燃料物質等の放射性等による事故
ケ　保険契約者の使用人または被保険者の使用人の故意による損害
コ　保険の目的物の欠陥
サ　保険の目的物の自然の消耗または劣化によりその部分に生じた損害
シ　性質による蒸れ、変色、変質、さび、かび、腐敗、腐食、浸食、キャビテーション、ひび割れ、はがれ、肌落ち、発酵、自然発熱等によりその部分に生じた損害
ス　ボイラスケールが進行した結果その部分に生じた損害
セ　ねずみ食い、虫食い等によりその部分に生じた損害
ソ　製造中または加工中の保険の目的物に生じた損害
タ　保険の目的物の置き忘れ、紛失または不注意による廃棄によって生じた損害
チ　保険契約者の使用人以外の者または被保険者の使用人以外の者が単独にもしくは第三者と共謀して行った詐欺または横領
ツ　保険の目的物に対する修理、清掃等の作業中における作業上の過失また

は技術の拙劣
テ　労働争議中の暴力行為、破壊行為、その他の違法行為または秩序の混乱
ト　台風、暴風雨、豪雨等による洪水・融雪洪水・高潮・土砂崩れ・落石等の水災
ナ　土地の沈下、隆起、移動その他これらに類似の地盤変動
ニ　保険料領収前に生じた損害
ヌ　1時間未満の電力の停止または異常な供給により、保険の目的物である商品・製品等のみに生じた損害
ネ　保険の目的物が液体、粉体、気体等の流動体である場合、保険の目的物に生じたコンタミネーション、汚染、他物の混入、純度の低下、変質、固形化、化学変化もしくは品質の低下または分離もしくは復元が不可能もしくは困難となる等の損害

　上記に加え、敷地外ユーティリティ設備の中断による損失については、下記の免責となる事由が別途適用される。
ア　敷地外ユーティリティ設備の能力を超える利用または他の利用者による利用の優先
イ　賃貸借契約等の契約または各種の免許の失効、解除または中断
ウ　労働争議
エ　脅迫行為
オ　水源の汚染、渇水、水不足

(3) **各社独自の商品**

① オール・リスク一体型商品
　a　概　　要
　現在、各社の販売の中心となっている保険である。その特徴としてはすべての物件種別を契約の対象とし、かつ、財物および休業損失の2つのリスクを1つの契約でカバーすることができるというものである（図表2-2-18）。
　b　保険の目的物
　一般物件・工場物件・倉庫物件となる建物・動産（設備・什器等、商品・製品等）・屋外設備装置など企業の所有する財物のほとんどすべてを保険の

図表２－２－18　従来型商品との比較

	従来型の商品	オール・リスク一体型商品
補償内容	限定列挙型（特約で担保危険を拡大）	免責以外の不測かつ突発的な事故を補償
物件種別	物件種別が混在する場合にはそれぞれ別契約	全物件種別を一契約で契約
普通保険約款	物件種別ごとに別々の普通保険約款	１つの普通保険約款
休業損失の補償	利益保険や企業費用・利益総合保険を別途手配	普通保険約款で休業損失もカバー

目的物とすることができる。

　c　補償内容

　従来型の商品が担保危険を限定列挙しているのに対して、オール・リスク一体型商品では、普通保険約款で免責条項に該当するリスクを除き、不測かつ突発的な事故を補償（オール・リスク一体型）するという約款構成をとっている。そのため、担保する危険という観点では、各社の商品間にそれほど大きな差異はなくなってきている。

　1998年の保険の自由化開始直後には、多くの会社が目新しい特約や費用保険金[112]を付帯した商品を販売したが、そういった特約や費用保険金などは、契約者にとって商品のわかりにくさにつながることや、事故発生時の確認作業などに非常に多くの時間・労力がかかることなどから、近年では、シンプルでわかりやすい商品の開発が行われる傾向が強くなってきている。

　(a)　保険金を支払う場合

　損害保険会社ごとの約款により多少の差異はあるものの、基本的には普通約款において、免責とされている危険以外の不測かつ突発的な事故を補償している。

112　類焼損害担保特約、環境対策費用、ブランドラベル費用、建替え費用など。

(b) 保険金を支払わない場合

基本的に普通火災保険、店舗総合保険や企業費用・利益総合保険と同様の免責となる事由が適用されるが、「不測かつ突発的な事故」を補償していることにより、基本的な免責となる事由に加えて、下記のような免責となる事由および損害が追加で列挙されることが一般的である。

ア　差押え、収用、没収、破壊等国または公共団体の公権力の行使
イ　土地の沈下、移動または隆起
ウ　保険の目的物に対する加工（増築、改築、修繕または取りこわしを含む）、解体、据付、組立、修理、清掃、点検、検査、試験または調整等の作業における作業上の過失または技術の拙劣
エ　詐欺または横領
オ　紛失または置き忘れ
カ　電力の停止または異常な供給により、商品・製品等のみに生じた損害
キ　保険の目的物である動産を加工または製造することに起因して、その動産に生じた損害
ク　万引きによって保険の目的物である商品・製品等に生じた損害（ただし、万引きが暴行または脅迫を伴うものであった場合は、この規定は適用しない）
ケ　通貨、有価証券、印紙、切手その他これらに類する物の盗難によって生じた損害
コ　貴金属、宝玉および宝石ならびに書画、骨とう、彫刻、その他の美術品の盗難によって生じた損害
サ　凍結によって保険の目的物である建物の専用水道管に生じた損害
シ　検品、棚卸しの際に発見された数量の不足による損害（不法に侵入した第三者の盗取による損害を除く）
ス　保険の目的物の受渡しの過誤等、事務的または会計的な間違いによる損害
セ　保険の目的物のうち、楽器について生じた次の損害
　(ア)　弦のみまたはピアノ線のみが切断した場合の弦またはピアノ線の損害
　(イ)　打楽器の打皮のみが破損した場合の打皮の損害

(ウ) 音色または音質の変化の損害
ソ 保険の目的物が液体、粉体、気体等の流動体である場合、保険の目的物に生じたコンタミネーション、汚染、他物の混入、純度の低下、変質、固形化、化学変化もしくは品質の低下または分離もしくは復元が不可能もしくは困難となる等の損害

4 企業向け火災保険の新たな試み

　科学技術の進歩と産業の発展および変貌に伴い、企業を取り巻く「リスク」がますます多様化・高度化しつつある。そのため、これらのリスクに対する危機管理方法も近年複雑化し、困難を極めるようになってきている。そこで、損害保険会社は従来の保険商品によるリスクヘッジ手法の提供というビジネスに加えて、関連会社にリスクコンサルティング会社を抱えるなどして、顧客企業に対して、現在企業が直面しているリスクを顕在化させ、リスク自体を低減させるコンサルティングサービスを提供するようになってきた。

　また、最近では、事故前のリスクコンサルティングに加え、万一の事故発生時に、その事故による企業活動への影響を極小化するための「早期災害復旧支援サービス」を付帯した保険商品を提供する損害保険会社などが現れるようになってきた。オール・リスク一体型商品の登場により、一定の到達点に達したと思われた企業向けの火災保険だが、近年、新たな試みが行われるようになってきている。

(1) リスクコンサルティング型
① 中小企業向け簡易リスク診断サービス

　事業活動を営むうえで、災害、事故、不祥事など、企業経営にはさまざまなリスクが存在する。このようなリスクへの対策には、まずどのようなリスクが存在しているかを企業自身に確実に把握してもらう必要がある。

　このため、リスク診断のためのソフトウェアの提供や、簡易リスク診断サービスなどの実施を通じ、安全防災の専門家が第三者の目からみることで、企業の活動に内在するリスクを洗い出し、保険手配とともにそれらのリスクの予防・低減のための改善点や対策を認識してもらうサービスを行って

いる会社もある。

② 大企業向けリスクサーベイ付帯商品

大企業向けに、主要リスクの状況を確認し、より合理的な保険の付保方式を提案・検討するための参考資料を提供する会社もある。

そのような会社は、保険商品の提供に先立ち、客先企業の事業に潜む多様なリスクを洗い出すために、実際に工場・化学プラント・商業施設などのリスクサーベイ（現地調査）を実施し、企業を取り巻くリスクの発生頻度や損失の大きさなどを定量評価し、予想最大損害額（PML[113]）として提示する。その後に、この算定結果を活用して、支払限度額や免責金額を設定するなどの合理的な保険設計を行ったうえで保険提案を実施している。

また、過去のリスクサーベイから得られた知見やデータベースに蓄積された事故例の分析結果に基づき、防災上の改善策を提案するケースもある。

(2) 事故発生時の復旧支援付帯商品

わが国では近年導入され始めた新しいかたちの保険商品付帯サービスである。これまでのリスクコンサルティングが事故発生前の防災を重視しているのに対して、このサービスは事故発生後に企業が事故という異常事態から早期に復旧するためのサービスを提供するものである。

損害保険会社が災害復旧の専門会社と提携し、万一の火災や水災等の事故発生時に、商品付帯サービスの1つとして、この専門会社を事故現場に派遣する。

派遣された災害復旧の専門会社は、火災や水災等で罹災した幅広い種類の機械設備等に対して、緊急安定化処置[114]（さびなどの損害拡大を抑制し、機械設備を保全するための処置＝損害拡大防止策）および本格修復（精密洗浄等による汚染除去）等のサービスを提供するものである。

これにより、従来は新品に交換するしかなかった企業の建物、設備、装置、機械などの資産を罹災前の機能・状態に復旧し、顧客企業の事業の早期

---

[113] Probable Maximum Loss：1事故における財物と休業損失の予想最大損害額の合計。
[114] 火災等が鎮まっても、高温・多湿の状態で放置しておけば、水や付着した粉末消火剤等によって機械・設備等の腐食（さび等）が進行し、場合によっては3日も経たないうちに修復不可能な状態となる。それらの腐食進行を防止するため（つまり損害拡大の防止または軽減のため）に行う作業。

復旧に貢献するというものである。特に特注の工作機械が多い企業にとっては新品再調達による時間的ロス[115]を抑えることが可能となるため、効果が絶大なものとなる。この結果、客先企業は、機会損失の回避、休業損失の大幅な軽減を図ることが可能となる。損害保険会社がこれらの費用を保険金で支払うことにより、企業の事業活動の早期復旧をサポートするというものである。

5　事業者向け地震危険担保特約

(1)　意義と沿革

　日本は、世界でも有数の地震国であり、世界の陸地の0.3％にも満たない国土であるが、世界で発生するマグニチュード6.0以上の巨大地震のおよそ20％が日本とその周辺で発生しているといわれている。日本列島は、4枚のプレート（ユーラシアプレート、太平洋プレート、フィリピン海プレート、北米プレート）の境界のある環太平洋地震帯に位置し、複数のプレートによって複雑な力がかかっているため、地震の発生しやすい環境にあるといえる。最近では特に、東海地震、東南海・南海地震、日本海溝・千島海溝周辺海溝型地震および首都直下型地震のリスクが高まっているといわれていることもあり、地震リスクへの注目度が上がっている。

　地震による損害を補償するためには、地震リスクを補償する地震危険担保特約を火災保険（火災保険普通保険約款など）に付帯して地震リスクを引き受けることとなる。

　かつては、地震リスクを補償する保険は存在しなかったが、1923年の関東大震災により地震保険制度が社会的関心事になり、普遍的な地震保険制度がこれらの社会的要請に応えるために何度か立案された。しかし、いずれの案も実施をみられることがなかった。その後、普遍的な地震保険制度というかたちではなく、火災保険の特約として地震保険の研究がなされ、1956年11月地震危険担保特約が認可されるに至った。なお、地震危険担保特約は、政府の再保険が制度化されている家計分野の地震保険とは異なり、損害保険会社

115　特注機械などでは、新品調達した場合に、納品まで数カ月かかることもある。

が自らリスクを保有するか、もしくは再保険の手配を行いリスクの分散を行っている。

(2) 補償内容

地震危険担保特約では、火災保険普通保険約款で免責となっている「地震もしくは噴火またはこれらによる津波」によって生じた損害を補償し、「地震もしくは噴火またはこれらによる津波」によって生じた火災だけでなく、損壊、埋没、津波などのリスクも補償する特約となっている。地震危険担保特約では、以下に掲げる損害および残存物取片づけ費用（取りこわし費用、取片づけ清掃費用および搬出費用）が保険金として支払われる。

・地震または噴火による火災、破裂または爆発によって生じた損害
・地震または噴火によって生じた損壊、埋没または流失の損害
・地震または噴火による津波、洪水、その他の水災によって生じた損害

(3) 契約の方法

約款構成としては、必ず火災保険普通保険約款に地震危険担保特約を付帯し引受けを行う。なお、地震危険担保特約のみの引受けは行えない。また、保険の目的物は、地震危険担保特約を付帯する火災保険普通保険約款の保険の目的物と一致させる。ただし、保険の目的物となる物件は事業用の建物・屋外設備、什器・設備等、商品・製品等となり、居住用あるいは居住部分のある物件は家計分野の地震保険にて引き受ける。

(4) 保険金の支払方法

保険金の支払方法については、支払限度額方式もしくは縮小支払方式のいずれかを選択して引き受ける。

① 支払限度額方式

支払限度額方式とは、契約時にあらかじめ、免責金額および支払限度額を保険金額以下で設定し、地震によって生じた損害および費用の額から免責金額を差し引き、支払限度額を上限に保険金を支払う方式である。通常、1敷地内ごとに支払限度額や免責金額を設定するが、複数敷地内で共通支払限度額、共通免責金額を設定するケースも存在する。

（保険金支払例）

　保険条件：保険金額1億円、支払限度額5,000万円、免責金額1,000万円

損　害　額：地震による損害額が8,000万円（残存物取片づけ費用なし）
支払保険金：8,000万円（損害額）－1,000万円（免責金額）＝7,000万円＞5,000万円（支払限度額）のため、5,000万円を保険金として支払う。

② 縮小支払方式

縮小支払方式とは、契約時にあらかじめ、縮小支払割合を設定し、地震によって生じた損害および費用の額に契約時に定めた縮小支払割合を乗じた金額を保険金として支払う。

（保険金支払例）

保　険　条　件：保険金額1億円、縮小支払割合30％
損　害　額：地震による損害額が8,000万円（残存物取片づけ費用なし）
支払保険金：8,000万円（損害額）×30％（縮小支払割合）＝2,400万円

(5) 地震引受リスク管理

地震リスクは1回の地震で甚大な被害を及ぼす危険性があり損害保険会社の支払能力を超過する可能性をもっている。そのため、損害保険会社は、引受責任額（キャパシティー）の管理を損害保険会社の資本をチェックしながら行う必要がある。特に、地震リスクが高いといわれ、地震リスクに対する保険のニーズも高い南関東地方、東海地方、東南海地方および南海地方については、1契約当りの支払限度額や縮小支払割合を一定程度制限するなどして過度な集積を抑制している。

また、建築年次の古い物件や木造などの劣級構造の物件、ガラス製品、陶器類、精密機械、クリーンルーム、半導体製品など地震による被害が大きくなると想定される物件については、慎重な引受けを行ったり、2011年3月11日の東北地方太平洋沖地震を契機とした地震リスク評価の見直しに伴い、料率の引き上げを行ったりと、地震リスクに対する補償を長期的かつ安定的に提供するための対策をとっている。

なお、近年では、地震危険担保特約だけでなく、地震デリバティブによる地震リスクの引受けも行っている。

第8節　事業者向け賠償責任保険

1　賠償責任保険の特徴

　賠償責任保険とは、被保険者が他人（被保険者以外の者）に対して法律上の損害賠償責任を負担することによって被る損害を補償する保険である。個人（被保険者）の日常生活あるいは事業者（被保険者）の業務遂行等を原因とする偶然な事故による損害賠償責任を補償対象とする保険としては、自動車保険（任意保険）、自賠責保険（強制保険）、航空保険（乗客賠償・第三者賠償・貨物賠償）、運送保険等の保険があるが、「賠償責任保険」という場合には、通常これらの独立した保険商品以外のものを指している。

(1)　賠償責任保険の商品構成

賠償責任保険の種類には、大別すると次のものがある。

　a　企業向け賠償責任保険（施設賠償責任保険、請負業者賠償責任保険、生産物賠償責任保険、受託者賠償責任保険、自動車管理者賠償責任保険等）

　b　専門職業人賠償責任保険（医師賠償責任保険、会社役員賠償責任保険（D&O保険）、公認会計士賠償責任保険、弁護士賠償責任保険、司法書士賠償責任保険、建築家賠償責任保険等）

　c　個人向け賠償責任保険（ゴルファー保険、ハンター保険等）

(2)　賠償責任リスクに影響を与える要素

　賠償責任保険が補償対象とするリスクは、次のような要素によって大きく変化する。これは、補償対象とするリスクが統計的に比較的安定している住宅向けの火災保険や自動車保険と異なっており、この保険の特徴といえる。

① 法制度等の変更による影響

　賠償責任保険は、被保険者が「法律上の損害賠償責任」を負担することによって被る損害を補償する保険であるため、法制度や判例が変更された場合には、突如として新しいリスクの出現またはリスクの変化に直結することになる。たとえば、製造物責任（PL）法の施行（1995年）や商法・会社法改正（1993年、2006年、2015年）等は、PLリスクやD&Oリスクに影響を与え、ま

た、個人情報保護法の施行（2005年）とこれに伴う社会的な意識の変化は、個人情報漏えい保険のニーズを顕在化させた。また消費税率の変化や民法（債権関係）改正による法定利率の変更は損害賠償金の算定に大きな影響を与え、保険料水準の見直し等の必要性も出てくることになる。さらに、諸外国における賠償水準や裁判制度の変化や社会保障制度の動向も、海外リスクを補償する海外 PL 保険等の商品に影響を与える。

② 社会動向や科学技術等による影響

賠償責任保険は、社会動向や科学技術の進展等を色濃く反映する。たとえば、再生医療の進展、自動運転による自動車の出現により賠償責任主体が変化したり、ドローン技術の実用化や建築偽装・データ偽装等による新たな賠償リスクや保険ニーズが生み出されることもある。さらに、特定の疾病が特定の物質の作用によるものであることが究明されたり、科学的知見や鑑定技術の発達によってメーカー側の過失が容易に認定できるようになったりすることは、特定の食品や医薬品の摂取による健康被害等を原因とする保険金支払が急増するきっかけとなりうる。

また、保険金支払の原因となる事故が発生してから、医師等の専門家によって事故原因が特定され、その後に被保険者に対する損害賠償請求が実際に行われるケースにおいては、被保険者の加害者としての有無責や負担すべき損害額が争われ、最終的に損害賠償責任が確定するまでに長期間を要するケースも少なくない。これは、賠償責任保険の収支と保険料率の妥当性が長期間にわたって確定しないということを意味し、その意味で、賠償責任保険は、損害保険会社の経営にとって最もむずかしい保険の1つである。

2　普通保険約款の解説

賠償責任保険普通保険約款は、賠償責任保険に共通の事項を規定している。本章では、それらの事項のうち、補償責任と免責条項に関する規定を中心に解説する。

(1) 補償責任について

東京海上日動の賠償責任保険普通保険約款では、補償責任について、「当会社は、被保険者が他人の身体の障害または財物の損壊（以下、「事故」とい

う。）について法律上の損害賠償責任を負担すること（以下、「保険事故」という。）によって被る損害に対して、保険金を支払います」と規定している。

① 被保険者

被保険者とは、被保険利益を有する者をいう。被保険利益とは、保険事故の発生によって損害を受けることになる経済的な利益をいい、火災保険等の物保険であれば、保険の対象となる財物の所有権や価額がこれに相当するが、賠償責任保険においては、法律上の損害賠償責任を負担することによって失われることになる財産（経済的損失）をいう。したがって、このような損害賠償責任を負う可能性がある者は、だれでも被保険者になりうる。たとえば、事故を引き起こした直接の当事者でなくても、その相続人や雇用主などは、被保険者として賠償責任保険に加入することができる。このため、保険契約によっては、1つの契約のなかに複数の被保険者を含む場合がある。たとえば、工事による賠償事故を補償対象とする保険契約においては、工事関係者（発注者、工事業者、下請業者等）を広く被保険者に含めることが多い。ちなみに、被保険者は、保険契約上の告知義務や通知義務などを履行する義務を負うことがあるので、複数いる被保険者のうち、このような義務を負う者を「記名被保険者」（保険証券上にその名称を明記した者）とし、それ以外の被保険者を「追加被保険者」（無記名で包括的に被保険者に含めるが、記名被保険者の業務に関する限り、補償対象とする）として、両者を区別して取り扱うこともある。

② 他　　人

「他人」とは、被保険者以外のすべての者をいう。たとえば、被保険者が自然人である場合は、その親族は「他人」であるし、被保険者が法人である場合は、その役員や従業員は「他人」に該当する。このため、普通保険約款では、被保険者（自然人）と同居する親族が被った損害や、被保険者（法人）の業務に従事中にその使用人が被った身体の障害による損害を免責（保険金の支払対象外）とする規定を置いている。

なぜなら、前者の損害を補償対象とすると、被保険者が、故意に保険事故を招致したり、保険事故を偽装したりするなど不正な保険金請求により利得を図ろうとするモラル・リスクを惹起するおそれがあり、また、後者の損害

は、一般の賠償責任保険ではなく、別途、労災保険として保険料率を計算し、補償対象とすることがふさわしいと考えられるためである。

なお、1つの保険契約が複数の被保険者を含んでいる場合には、一般的には、被保険者相互間は、「他人」ではないものとして取り扱われる。これは、被保険者相互間における事故は、モラル・リスクを伴いやすいうえに、事故の発生頻度が高いという問題をはらんでいるためである。ただし、必要に応じて、「交差責任担保特約条項」（クロス・ライアビリティー特約）を付帯することにより、被保険者同士を「他人」とみなして、被保険者相互間における事故を補償対象とすることもある。

③ 事　　故

賠償責任保険普通保険約款は、補償対象とする損害の原因となった「事故」を対人・対物事故（身体障害、財物損壊）に限定している。賠償責任保険は、この「事故」が保険期間中に発生した場合を補償対象として規定している商品がほとんどである。「事故」の発生時期が保険の発動時期を規定するという意味で、「事故」は、通称「トリガー（Trigger）」（引き金の意味）と呼ばれている。なお、この原因事故という意味の「事故」は、約款上、「法律上の損害賠償責任を負担すること」という意味の「保険事故」と別の概念として規定されている。対人・対物事故が発生しても、必ず法律上の損害賠償責任が発生するわけではなく、争った結果、賠償責任を負わないケースがあるためである。

法律上の損害賠償責任が発生する原因は、工事の完成遅延や営業権の侵害など、対人・対物事故以外の事由も考えられるが、こうした事由は、被保険者の意思次第で発生が左右され、偶然性に乏しいものがあったり、その発生時期を客観的に特定しにくいものがあったりするため、保険技術的に「事故」として取り扱うことがむずかしいものが多い。したがって、発生の偶然性が比較的高く、かつ、発生時期を客観的に特定しやすいものとして、対人・対物事故が「事故」として設定されている。ただし、名誉毀損、個人情報漏えいなど、これら以外の事由であっても、特約によって、「事故」として取り扱うことができるものもある（ただし、一般の賠償責任保険とは異なる免責事由等の特有の条件が設定されることになる）。

以下、「身体障害」と「財物損壊」について解説する。

　a　身体障害

　身体障害とは、被保険者が加害者として法律上の賠償責任を負う可能性がある人体の傷害（ケガ）のほか、疾病、後遺障害、および傷害や疾病に起因する死亡を含む概念である。ノイローゼなどの精神障害を含むが、名誉毀損などの身体の不調を直接的に伴わないものは含まない。

　身体障害について補償される賠償金は、被害者の治療費、入院費、葬祭費など実際に支出されることによって発生する積極的損害と、休業損害や逸失利益など障害の結果として発生することになる消極的損害に対するものであり、精神的苦痛に対する慰謝料を含む。ただし、見舞金など賠償責任の存否が不明のまま支払う金銭は含まれない。

　b　財物損壊

　財物損壊の「財物」とは、財産的価値のある有体物[116]のことであり、たとえば、有体物の損壊を伴わず、データ等の無体物のみに発生した損壊は、補償対象としていない。「損壊」とは、財物の「滅失、破損、汚損」をいう。「滅失」とは、焼失・蒸発・融解のように、財物がその形態としての物理的存在を失うことをいい、「破損」とは、財物が物理的または化学的に損傷を受けることをいう。いずれも、外形的な変形を伴う場合を想定しており、内在的な瑕疵により財物の経済的な価値が減損される場合であっても、瑕疵が内在した状態にとどまっており、変形にまで至っていないときは含まない趣旨である。なお、紛失・盗難は、「損壊」には該当しないので、これらを補償対象とする場合は、その旨を明記した特別約款または特約条項を付帯することが必要である。

　財物損壊について補償される賠償金は、修理費など実際に支出されることによって発生する積極の損害と、修理期間中の使用不能に基づく休業損害や逸失利益など損壊の結果として発生することになる消極的損害に対するものである。

---

[116] 有体物とは、空間の一部を占める気体、液体、固体を指す。無体物は、権利やエネルギーやデータ等のことである。

④ 法律上の損害賠償責任

「法律上の損害賠償責任」は、法令の規定に基づいて発生する損害賠償責任を意味する。法令の種類に限定はないので、民法の不法行為責任（民法709条）や債務不履行責任（民法415条等）のほか、特別法によって規定された特別な賠償責任を含み、過失責任であるか、無過失責任であるかを問わない。約款にトリガーとして規定された「事故」によって発生した損害のうち、判例等に照らして、被保険者が賠償責任を負担するのが合理的と認められる損害に対して保険金が支払われる。裁判所の判決によって認められた金額に限らず、裁判外の和解や仲裁機関による裁決等によって解決が図られた場合の賠償金であっても、それが合理的な金額であると認められれば、保険金支払の対象となる。罰金・科料・過料等や道義上支払われる見舞金等の支払責任は含まない。なお、法律上の損害賠償責任として認められる金額を超えて、契約により加重された賠償責任（違約金等）については、保険約款上、免責としている。

(2) 損害の範囲について

賠償責任保険では、法律上の損害賠償金に加えて、争訟費用、損害防止軽減費用、緊急措置費用、協力費用について保険金が支払われる。以下、これらについて解説する。

① 法律上の損害賠償金

損害賠償債務の履行は、金銭による賠償が原則であり（民法417条、722条1項）、「法律上の損害賠償金」とは、その損害賠償金を指す。なお、遅延利息（遅延損害金[117]）を含む。

被保険者が被害者に対して損害賠償金を支払った後にその損害に対して保険金を支払うことが想定されているが、損害賠償金の額によっては、そもそも被保険者に損害賠償金を支払う資力がない場合もある。このようなケースでは、被保険者からの支払指図に基づいて、損害保険会社が被害者に直接、保険金を支払うこともありうる。なお、保険法の規定により、賠償保険金に対しては被害者の先取特権（後述(5)参照）が生じるので、この先取特権を侵

---

[117] 商事法定利率は、年6％である（商法502条9号、514条）。

害しないようにするために、約款上は、保険会社から被保険者に保険金を支払う場合を一定の条件を満たすケースに限っている。

② 各種費用

損害賠償金とは別に、被保険者が負担した次の各種費用に対して、保険金が支払われる。

　a　争訟費用

「争訟費用」とは、裁判のほか督促や民事執行といった他の訴訟手続や、仲裁、和解、調停、裁判外の和解（いわゆる示談）等の紛争解決のための手続や交渉に要した費用をいう。

「争訟費用」に対する保険金は、被害者と争った結果として被保険者に損害賠償責任を負わないことになった場合であっても支払われる。そもそも、損害賠償責任の有無や賠償すべき損害の額は、事故発生時に確定的に決まってしまうものではなく、事実認定や争訟の巧拙等の要素によって変わりうる性質のものである。また、現実には、言いがかり的損害賠償請求も少なくない。このような損害賠償請求に対しては、費用を掛けてもしっかりと争い、根拠に乏しい損害賠償責任を負わされないようにすることが、損害賠償金の支払を免れたり、あるいは、より少ない金額での和解を引き出したりする効果につながる。このため、賠償責任保険では、こうした争訟のための費用を保険金として支払うこととしており、この費用に関する補償が、損害賠償金の支払と並んで、賠償責任保険の主要な機能となっている。

もっとも、勝ち目がないのに無理に争ったり、不当に高額な費用を掛けて争ったりすることは、賠償事故の解決において合理的ではないため、保険金支払の対象となる「争訟費用」は、その支出について保険会社の書面による同意を得たものに限定されている。

なお、一般的に自動車保険では、損害保険会社が被保険者にかわって被害者との示談を交渉するサービスが行われているが、賠償責任保険では、通常、このようなサービスは行われていない。自動車保険の場合、事故の発生形態が定型的であり、多数の判例の積み重ねによって賠償責任の有無や賠償額等に関するルールが明確化されているのと異なり、おもに事業者を被保険者とする賠償責任保険に関しては、事故の発生形態が多様であり、損害賠償

責任の有無や損害賠償額等に関しては、個別の事案ごとの事情や詳細な事実認定を行わなければ決定できないケースが多い。自動車保険では、事故現場の状況等からこれらの事項を通常、客観的に決定できるのに対し、一般の賠償責任保険では、これがむずかしいケースが多いため、査定技術的にも困難であると考えられるためである[118]。

b 損害防止軽減費用および緊急措置費用

事故が発生したときにその事故による損害（賠償金の支払）を防止・軽減するために被保険者が支出した必要かつ有益な費用が、「損害防止軽減費用」として保険金支払の対象となる。たとえば、被保険者の工場で発生した爆発事故により、火災が周囲の民家に広がることを防ぐために散布した消火剤の費用や、被保険者が他人から損害の賠償を受けることができる場合に、その権利の保全または行使について必要な手続の費用などがこれに該当する。なお、これらの費用は、実際に発生した事故による損害への事後的な対応に必要な費用を保険金支払の対象とするものであって、将来、類似の事故が発生することを予防するための措置を講じるための費用（たとえば、事故防止のための施設や製品の改善を行う費用等）までを含むものではない。

事故発生時の対応として損害の防止・軽減のための費用を支出したが、その後、被保険者に損害賠償責任がないことが判明する場合がある。このような場合には、応急手当、護送その他の緊急措置のための費用等（保険会社の同意を得て支出された費用を含む）のみが「緊急措置費用」として保険金支払の対象となる。たとえば、被保険者が自らの施設内でケガ人を発見し、病院に搬送し応急措置を受けさせたような場合の費用などがこれに該当する。当初は、ケガの原因が施設の管理上の不備によるものか本人の不注意によるものかが不明であるままに対応し、その後に本人の不注意による転倒であって被保険者が損害賠償責任を負わないことが判明した場合であっても、被保険者が負担した応急措置の費用は補償される。

c 協力費用

保険会社は、賠償事故の解決を被保険者に任せずに自ら被害者と交渉した

---

[118] 例外的に、海外における損害賠償事故を対象としている海外PL保険等においては、保険会社が被保険者のために防御行為（応訴・示談代行）を行うことがある。

ほうがよいと判断した場合は、被保険者にかわってその解決にあたることができ、被保険者は、約款上、保険会社に協力する義務を負っている（普通保険約款13条（損害賠償請求解決のための協力））。被保険者が、この保険会社への協力のために負担した費用（たとえば、交通費や宿泊費等）は、「協力費用」として保険金支払の対象となる。

(3) 支払限度額・免責金額について

賠償責任保険の引受けに際しては、「支払限度額」「免責金額」を設定する。以下、これらを設定する目的・効果を中心に解説する。

① 支払限度額

賠償責任保険では、事故による損害賠償金について支払われる保険金に対して、限度額を設定する。これを「支払限度額」という。「支払限度額」は、1事故当りで設定されるほか、商品によっては、被害者1名当りや保険期間中の総支払保険金額に対して設定されることもある。

「支払限度額」をいくらに設定するかについては、個別の保険契約ごとに決定される。火災保険では、保険の対象とする物の価額を基礎として保険金額が設定されるが、賠償責任保険では、予想される事故の形態や損害賠償額、保険契約者が負担できる保険料水準等を総合的に考慮して金額を定める。自動車保険では、「対人無制限」「対物無制限」というように「支払限度額」を実質的に設定しない契約も可能であるが、一般の賠償責任保険では、事故の形態が多様であり、過去の事故統計に基づく正確なリスク算定が困難であること等の事情により、「支払限度額」を無制限とする保険契約の引受けは行われていない。

「支払限度額」は、通常、法律上の損害賠償金に適用されるが、争訟費用と協力費用には適用されない。ただし、争訟費用については、損害賠償金額が「支払限度額」を超過する場合に限り、その超過割合に比例して削減払いがなされる。これは、賠償責任保険の主要な機能が賠償保険金の支払と争訟費用の支払の2つにあるにもかかわらず、支払限度額を低額に設定すると争訟費用の支払が中心となってしまい、保険料率の適正な設定をゆがめてしまう結果となることを避けるためである。「支払限度額」が実際の損害賠償金に比較して不十分だった場合には、争訟費用も削減払いとすることによっ

て、損害賠償保険金とのバランスをとろうとしているものである。もっとも、争訟費用の支払が多額にのぼる保険商品（事故発生時に、被保険者の防御のために高額の報酬を支払って専門的な弁護士を手配する必要があるような商品。たとえば、D&O保険や海外PL保険等）の場合は、「支払限度額」が争訟費用にも適用されるように設計することもある。

② 免責金額

「免責金額」が設定される契約では、1事故につき、損害賠償金が「免責金額」を超過する場合のみが保険金支払の対象となる。支払保険金の額は、これらの金額の合計額から「免責金額」を差し引いた残額となり、これに対して支払限度額が適用される。同種の原因により発生した一連の事故については、発生の時期や被害者の人数等にかかわらず、「1事故」として取り扱われること等が、各特別約款において規定されている。なお、争訟費用および協力費用は、免責金額が設定されている場合であっても、前記の争訟費用に関する削減払いのケースを除き、その全額が支払われる。

(4) 共通の免責規定について

賠償責任保険普通保険約款では、各特別約款に共通の基本的免責事由（保険金を支払わない場合）について規定している。東京海上日動の賠償責任保険普通保険約款では、免責事由につき、性質の差異から、普通保険約款7条と8条に分類して規定している。以下、これらについて解説する。

① 免責規定（7条免責）

この条項では、事故の原因となりうる事由のうち、保険金を支払わないものを免責事由として規定している。事故がこれらの事由のみによって発生したわけではなく、他の事由が同時に寄与することによってはじめて発生したような場合であっても、これらの事由を部分的または間接的に原因として発生した事故については、保険金は支払われない。

　a　保険契約者、被保険者の故意

「故意」は、損害保険契約が偶然な出来事による損害を補償する契約であるという原則に従い、免責とされている。これは、他の保険商品と同様である。しかしながら、火災保険等と異なり、「重過失」は、免責としていない。これは、賠償責任保険においては、被保険者の財産を保護するという機

能に加えて、被害者に対する被保険者の賠償資力を確保し、その結果として被害者が被った損害の回復にも寄与するという社会的機能を期待されていることに対応するものである。また、業種等によって多様な事故形態または事故原因が存在し、また、賠償事故の当事者に求められる注意義務の程度も異なるなどの事情により、現実の事故において、単なる「過失」と「重過失」を区分することが実務的に困難であるという背景もある。

　　b　戦争、変乱、暴動、騒じょう、労働争議

　これらの事由のみによって、被保険者が第三者に賠償責任を負うというケースは少ないかもしれないが、これらの事由をきっかけにして被保険者の過失が問われるようなケースは十分にありうる。広範囲にわたって同時的に発生する事象という意味で異常危険であり、他の保険と同様、免責としている。

　　c　地震、噴火、洪水、津波または高潮

　これらのいわゆる天災によって発生した損害については、その発生が不可抗力によるものであり、損害賠償責任がそもそも発生しないと考えられるケースも多い。しかしながら、天災の発生と被保険者が管理する施設の不備等の固有の原因が関連しあって損害が発生したり拡大したりした場合には、被保険者がその損害について損害賠償責任を負担する可能性を否定できない。広範囲にわたって多数の事故が同時に発生する天災リスクについては、集積するリスクを十分に分散させることができないことや、混乱し、物証が失われがちな状況のなかで、被保険者の損害賠償責任の有無や賠償すべき損害額を個別の事案ごとに確定させることがむずかしいという査定技術的な観点から、他の保険と同様、免責としている。

　②　免責規定（8条免責）

　この条項では、被保険者が負担する損害賠償責任のうち、特定の責任の形態または相手方に関するものを保険金支払の対象外として規定している。もっぱら、責任の形態または相手方に着目した免責規定であり、その賠償責任の原因となった事故が発生した事由が何であるかを問わない。

　　a　契約による加重責任

　口頭によるものであるか書面によるものであるかを問わず、被保険者が、

他人に対して、本来の法律上の損害賠償責任を超える損害賠償責任を負担することによって被る損害を免責としている。たとえば、売買契約や請負契約において、相手方に対して、被保険者に過失がなかった場合や不可抗力による損害の場合に一定の補償金を支払ったり、本来、負担すべき損害賠償金の額を超えて補償したりする旨の約定に基づいて加重された責任部分を免責とする趣旨である。

そもそも、保険料率は、大数の法則に従って算定されており、保険加入者がほぼ均質なリスクを負担していることを前提としている。被保険者が契約上で負担している責任については、その個別性が高く加入者間においてリスク格差が大きく、その格差を保険料率に反映させることは、保険会社が契約の内容を十分に知りえない限り、困難であるためである。

b　被保険者が所有、使用または管理する財物の損壊

被保険者が所有、使用または管理する財物の損壊について、その財物に対して正当な権利を有する者に対して負担する賠償責任を免責としている。このような財物のことを、保険業界の用語で「管理下財物」ということが多く、この免責規定は、一般的に「管理下財物免責」と呼ばれている。

被保険者が自ら所有する財物の損壊について、そもそも他人に対する賠償責任が発生するのかという疑問が生じるが、現実には、財物の上に抵当権や質権などの権利が成立しているケースがあり、このような財物の損壊については、被保険者がこれらの権利者に対して損害賠償責任を負担することがありうる。

被保険者が所有、使用または管理する「管理下財物」は、被保険者が使用中に壊したり汚したりするリスクが高く、また、他人から寄託されている場合は、その財物を損壊させないことについて高度の注意義務を負っておりリスクが高い。このため、保険料率の算定上は、一般的な財物の場合と異なり、より高い料率を設定しないと保険収支が均衡しないおそれがあり、このような免責条項が設けられている。具体的には、「管理下財物」については、受託者賠償責任保険等の独立した商品や「管理下財物損壊担保特約条項」等の特約によって、使用・管理リスクの実態に見合った保険料を適用することで、補償対象とする仕組みとなっている。ただし、被保険者が「管理

下財物」に作業や加工を加える場合は、作業や加工のミスが発生する頻度が高いうえに、ミスの発生頻度が被保険者の技術力に大きく依存しているため、通常は、保険として成り立ちにくく補償対象から除外されていることが多い。

なお、「管理下財物」を補償対象とする場合は、モラル・リスク（保険金詐欺）にも十分に注意する必要がある。複数の人が共謀することによって、本当は自分で壊してしまった自己の所有物を相手方が預かって使用している間に壊してしまったことに偽装されてしまうと、事故の発生状況については、もっぱら当事者の説明に基づいて事実確認せざるをえないので、賠償事故として保険金請求され、保険金詐欺につながるおそれがある。

　c　被保険者と同居する親族に対する賠償責任

同居の親族に対する賠償責任を免責としている。そもそも家計を同一としている同居の親族については、賠償という観念になじみにくい。親族間で賠償しあっても、家計の総体としてはプラスもマイナスもないので、保険がなければ、理念的にはともかく、そもそも実際の金銭補償は行われないケースが多いと考えられる。また、仮に、家計が区分されていたり、実際に金銭補償を行ったりするケースがあったとしても、同居している親族間の事故である以上、上記「管理下財物免責」の場合と同様、モラル・リスクの発生を排除できないことから、同居の親族に対する賠償責任に限って免責としている。

「親族」とは、法律上、配偶者、6親等以内の血族および3親等以内の姻族をいうので、これらに該当しない者に対して被保険者が負担する賠償責任には、この免責規定は、適用されない。また、別居している「親族」に対する賠償責任についても、同様である。

なお、「同居」とは、同じ住居（同じ建物または同じ敷地のなかにある住宅）に住んでいることをいい、家計が同一であることを要件とするものではない。

　d　被保険者の使用人が、被保険者の業務に従事中に被った身体の障害に
　　 起因する賠償責任

被保険者の業務上、発生した使用人の労災事故を免責としている。これ

は、労災保険（政府労災保険または船員保険等）で補償対象となる事故を賠償責任保険の補償対象外とすることを目的とする規定である。「使用人」とは、臨時雇いであるか常雇いであるかにかかわらず、被保険者と雇用関係にある者をいうので、通常、派遣労働者や下請負人は、これに含まれない。なお、「業務に従事中」かどうかについては、免責規定の趣旨から考えると、基本的には、労災保険の適用対象となる事故かどうかを基準として判定されることになる。

　　e　排水または排気に起因する賠償責任

　排水や排気といった突発性のない汚染物質による損害に関する損害賠償責任を免責としている。たとえば、工場からの排水や排煙による養殖の魚介類の死滅や農作物の被害等のケースや、自動車の排気ガスにより健康被害等がこの免責に該当する。なお、環境汚染リスクについては、この規定で対象外となるもののほか、「汚染危険不担保特約条項」等の特約により、土壌汚染等を含めて広く免責とされている。

(5)　被害者の先取特権について

　口語化・現代化を目指し、商法から独立した単行法として、立法された保険法（2010年4月1日施行）では、責任保険契約に基づく保険給付請求権について被害者に特別の先取特権を認める旨を新たに規定し（保険法22条1項）、被害者に法律上の優先権を付与している。本節では、新たに規定された「責任保険契約に基づく保険金請求権についての被害者の先取特権」について解説する。

①　責任保険契約に基づく保険金請求権についての被害者の先取特権について

　保険法では、22条にて責任保険契約に基づく保険金請求権についての被害者の先取特権について規定している。この規定の内容は、以下のとおりである。

「　　　　　　　　　　保　険　法
（責任保険契約についての先取特権）
第22条　責任保険契約の被保険者に対して当該責任保険契約の保険事故に係る損害賠償請求権を有する者は、保険給付を請求する権利について先取特権を有す

る。
2 被保険者は、前項の損害賠償請求権に係る債権について弁済をした金額または当該損害賠償請求権を有する者の承諾があった金額の限度においてのみ、保険者に対して保険給付を請求する権利を行使することができる。
3 責任保険契約に基づき保険給付を請求する権利は、譲り渡し、質権の目的とし、または差し押さえることができない。ただし、次に掲げる場合はこの限りでない。
　一　第一項の損害賠償請求権を有する者に譲り渡し、または当該損害賠償請求権に関して差し押さえる場合
　二　前項の規定により被保険者が保険給付を請求する権利を行使することができる場合」

　a　責任保険契約とは

「責任保険契約」の定義は、保険法17条2項のなかで、「損害保険契約のうち、被保険者が損害賠償の責任を負うことによって生ずることのある損害をてん補するもの」と定められている。施設賠償責任保険や生産物賠償責任保険といった賠償責任保険は、この「責任保険契約」に該当する。

　b　被害者の先取特権について

　法律の定める特定の債権を有する者が債務者の総財産または特定の財産から他の債権者に優先して弁済を受けることができる法定担保物権[119]を「先取特権」という。商法には、責任保険契約一般についての特別の規定はなく、責任保険契約に基づく保険給付請求権は、被保険者の責任財産の一部となるので、当該被保険者が倒産した場合には、被害者（被保険者が損害賠償責任を負担する相手方）は、他の一般債権者と同様に、債権額に応じた按分弁済しか受けられないことになる。しかし、責任保険契約に基づく保険金請求権は、被害者が損害を被ることによって発生するものであり、その保険給付は、本来、被保険者の被害者に対する損害賠償に充当されるべきものであることからすると、被保険者の倒産によって被害者が十分な被害救済を得られなくなる一方で、他の債権者が保険給付から弁済を受けられることは不合

---

[119] 債権の履行を確保するため、債務者または第三者の有する権利または物について、その権利または物の価値から、債権者が優先的に弁済を受けることができる物権を担保物権という。なお、「法定」とは当事者間の設定の意思表示によるのではなく、法律上当然に成立することを意味する。

理であるなどとして、責任保険契約における被害者の優先的な地位確保のための立法的手当の必要性が従来より指摘されてきた。そこで、保険法では、責任保険契約に基づく保険給付請求権について被害者に特別の先取特権を新たに規定することにより（保険法22条1項）、被害者に法律上の優先権を付与している。これにより、被害者は、他の債権者に優先して責任保険契約に基づく保険給付から弁済を受ける機能を有することになる。保険者から任意の弁済が受けられない場合には、被害者は、裁判所に担保権の存在を証明する文書を提出して、保険金請求権の差押命令の申立てをすることによる、先取特権の実行をすることができる（民事執行法193条、194条）[120]。

② 普通保険約款における「被害者の先取特権」について

保険法にて導入された、責任保険契約の「被害者の先取特権」を具体化するものとして、東京海上日動の賠償責任保険普通保険約款24条（先取特権－法律上の損害賠償金）では、次のように規定し、損害保険会社から被保険者に保険金を支払う場合を一定の場合に制約している。

〈賠償責任保険普通保険約款における規定〉

「(1) 第1条（保険金を支払う場合）の事故につき被保険者に対して損害賠償請求権を有する者（以下、「被害者」という。）は、被保険者の当会社に対する保険金請求権（第2条（損害の範囲）①の損害に対するものに限ります。以下この条において同様とします。）について先取特権を有します。

(2) 当会社が第2条①の損害に対して保険金を支払うのは、次のいずれかに該当する場合に限ります。

① 被保険者が被害者に対して賠償債務を弁済した後に、当会社から被保険者に支払う場合（被保険者が弁済した金額を限度とします。）

② 被保険者が被害者に対して賠償債務を弁済する前に、被保険者の指図により、当会社から直接、被害者に支払う場合

③ 被保険者が被害者に対して賠償債務を弁済する前に、被害者が被保険者の当会社に対する保険金請求権についての先取特権を行使したことにより、当会社から直接、被害者に支払う場合

④ 被保険者が被害者に対して賠償債務を弁済する前に、当会社が被保険者に保険金を支払うことを被害者が承諾したことにより、当会社から被保険者に支払う場合（被害者が承諾した金額を限度とします。）

(3) 保険金請求権は、被害者以外の第三者に譲渡することはできません。また、

---

[120] 萩本・一問一答133、134頁参照。

保険金請求権を質権の目的とし、または(2)③の場合を除き、差し押さえることはできません。ただし、(2)①または④の規定により被保険者が当会社に対して保険金の支払を請求することができる場合を除きます。」

3 主要商品の解説

本項では、賠償責任保険のおもな商品を解説する。企業総合賠償責任保険やCGL（Commercial General Liability Insurance）といった名称で販売されている総合保険も、基本的な内容は、以下の商品の組合せであることが多い。

(1) 施設賠償責任保険

施設所有（管理）者賠償責任保険は、施設の欠陥や施設の内外で行われる仕事の遂行に起因して生じた対人・対物事故や、お祭りなどのイベントに起因して生じた対人・対物事故によって、施設の所有者・管理者やイベントの主催者が負う法律上の損害賠償責任を補償する保険である。

① 支払責任について

この保険は、次の危険による損害を補償対象としている。

　a　施設危険

「施設危険」とは、施設の構造上の欠陥や管理の不備によって発生した対人・対物事故を指す。たとえば、設置に不備があった看板が落下し通行人が負傷した、デパートの床にワックスをかけすぎて客が転倒し負傷した、工場のタンクが爆発して近隣の人や建物に損害を与えた等の事故において、その施設を所有、使用または管理している被保険者が賠償責任を負うようなケースである。被保険者は施設を所有しているだけであり、直接的には施設に入居しているテナントが賠償責任を負担する場合であっても、被保険者が、施設の所有者として責任を問われたときは、所有者がこの保険に加入していれば補償される。なお、「施設」とは、保険証券に記載された不動産または動産であり、その種類を問わない。具体的には、工場、商店、ビル、劇場、百貨店、事務所、動物園、遊園地、電車、タンク等である。また、建物だけでなく、その敷地内にある付属物なども含めることができる。

　b　業務遂行危険

「業務遂行危険」とは、施設を拠点とし、その内外で行われる活動によっ

て発生した対人・対物事故を指す。たとえば、飲食店で接客中に熱いコーヒーをこぼして客に火傷を負わせた、お祭りの花火が打上げコースをはずれて観客を負傷させた、イベント会場の誘導ミスにより観衆が将棋倒しになった等の事故において、その活動を行っていた主体である被保険者が賠償責任を負うようなケースである。なお、工事や修理・清掃等の労務作業を中心とする請負業務による事故については、この保険ではなく、請負業者賠償責任保険の補償対象としている。また、医師・弁護士・公認会計士といった専門的な資格を要する業務による事故は、各資格に対応した専門職業人賠償責任保険（医師賠償責任保険、弁護士職業賠償責任保険、公認会計士職業賠償責任保険等）の補償対象としている。

② 免責規定

普通保険約款において免責としている事項に加えて、次の免責事由が、施設賠償責任保険固有の免責事由として規定されている。

　a　給排水管等から漏出する蒸気・水またはスプリンクラーから漏出・いっ出する内容物により財物に与えた損害

老朽化した建物やメンテナンスの状況が悪い施設については、給排水管等からの漏水事故が非常に多い。漏水事故が発生すると、建物のテナントに什器・備品等の損害や休業損害が発生し、施設の所有者または管理者が多額の損害賠償金を負担するケースも少なくない。このように、漏水リスクについては、個別の施設ごとにリスク実態を十分に調査したうえで適切な割増保険料を設定して引き受ける必要があるために、免責としている。

　b　建物の外部から内部に浸入した雨または雪により財物に与えた損害

老朽化した建物やメンテナンスの状況が悪い施設については、防水性能が落ちた屋根や外壁からの雨もり等が、ほぼ必然的に発生する。多額のメンテナンス費用を掛けて事故を予防するかわりに、安い保険料を支払っておいて事故が起これば補償を受ければよいというモラル・ハザードを引き起こすおそれがあるため、偶然性の乏しい雨または雪による対物事故を免責としている。

　c　自動車・原動機付自転車、航空機

これらは、それぞれ、自動車保険、航空保険の補償対象であるため、免責

としている。

　d　施設外における船・車両または動物

　これらは、施設内のもの（遊園地内の乗り物や動物園・牧場内の動物等）であれば、施設賠償責任保険の補償対象となるが、施設外にあるものは、「船・車両」は、船舶保険や鉄道賠償責任保険等の補償対象であり、また、「動物」は、個別にリスク実態を判定して保険加入の可否を判定する必要があるため、免責としている。

　e　被保険者の占有を離れた商品・飲食物または施設外の財物

　これらは、生産物賠償責任保険による補償対象であり、免責としている。たとえば、施設で提供した飲食物による食中毒事故等である。「商品・飲食物」による事故は、施設の内外を問わず免責であり、その他の財物は、施設外における事故が免責となっている。

　f　仕事の終了または放棄の後における仕事の結果

　これは、生産物賠償責任保険による補償対象であり、免責としている。たとえば、イベント用に被保険者が設置した舞台装置がイベント終了後に崩れて他人にケガを負わせたといった事故である。

(2)　請負業者賠償責任保険

　この保険は、請負契約に基づいて行われる各種の仕事（工事、清掃等）による対人・対物事故について、被保険者が負担する法律上の損害賠償責任を補償する保険である。

① 支払責任について

この保険は、次の危険による損害を補償対象としている。

　a　請負業務遂行危険

　「請負業務遂行危険」とは、被保険者が請け負った仕事の遂行によって発生した事故のことである。たとえば、建築現場から鉄骨が落下し通行人が負傷した、クレーンが倒れ駐車中の自動車を壊した、地中の電線を誤って切断したことにより工場で生産されていた仕掛品が損壊した等の事故において、その仕事を行っている被保険者が賠償責任を負うような場合である。

　b　仮設施設危険

　「仮設施設危険」とは、特定の仕事を遂行するために被保険者が所有、使

用または管理する仮設の施設（資材置場、従業員宿舎等）によって発生した事故を指す。特定の仕事に限らず汎用的に使用される施設（本社ビル等）は、これに含まれないため、別途、施設賠償責任保険を手配する必要がある。たとえば、資材置場の物資が崩れて近くで遊んでいた子供が負傷した、従業員宿舎でガスもれによる爆発事故が発生し近隣住民にケガ人が出た等の事故が補償対象となる。

なお、この保険の被保険者は、記名被保険者（保険証券に氏名・名称が記載された被保険者）のほか、記名被保険者の下請負人を含む。

② 免責規定

普通保険約款において免責としている事項に加えて、次の免責事由が規定されている。

　a　土地掘削、地下、基礎に関する工事に伴う土地の沈下、隆起、振動、軟弱化等による土地や建物等の損壊および地下水の増減

これらの事由は、大規模な損害が発生する可能性が高いことや、軟弱地盤における工事での事故発生頻度が高いことから、免責としている。このうち一定の損害については、「地盤崩壊危険担保特約条項」によって補償対象とすることができる場合がある。

　b　建物外部から内部への雨、雪、ひょう、みぞれまたはあられの浸入または吹込み

仮設施設のメンテナンス不良等による雨もり等を免責としている。

　c　他の被保険者またはその使用人の身体障害

被保険者の使用人が業務中に被った身体障害は、普通保険約款8条（保険金を支払わない場合）において免責としているが、この保険では、これに加えて、他の被保険者またはその使用人の身体障害を免責としている。これは、この保険の被保険者には、記名被保険者の下請負人が含まれるため、被保険者相互間で事故を発生させる可能性があるからである。

　d　自動車・原動機付自転車、航空機

これらは、それぞれ、自動車保険、航空保険の補償対象であるため、免責としている。

　e　仕事の終了または放棄の後における仕事の結果

これは、生産物賠償責任保険による補償対象であり、免責としている。たとえば、被保険者が行った給排水管工事の終了後に、工事の不備によって漏水事故が発生したようなケースである。なお、「仕事の結果」とは、保険証券記載の仕事の対象となった財物のうち、被保険者が作業を加えた部分を想定している。

　　f　ちり・ほこり、騒音

　工事等の作業におけるちり、ほこり（砂、綿、金属等の微粒子）や騒音の発生は、偶然性が乏しいため、免責としている。これらの事由によるリスクは、被保険者が、あらかじめ発生を防止軽減する措置を講じることによってコントロールすることが可能であり、保険による補償対象になじまないと考えられるためである。

　　g　塗装用材料、鉄粉、鉄さびまたは火の粉の飛散または拡散

　これらの事由も、ちり・ほこりと同様、被保険者が、あらかじめ発生を防止軽減する措置を講じることによってコントロールすることが可能であり、原則として免責としている。ただし、塗装用容器または作業用具の落下または転倒によって発生したものである場合は、偶然性の高い事故として補償対象としている。

③　管理下財物

　「管理下財物」の損壊は、普通保険約款8条（保険金を支払わない場合）②により免責とされているが、請負契約に基づく工事・清掃等の仕事による事故において、「管理下財物」とは、どこまでの範囲の財物を意味するかが問題になることが多い。このため、この保険では、「管理下財物」の範囲を定義する規定を置いている。

(3)　生産物賠償責任保険

　この保険は、製造・販売した製品や完成して引き渡した工事の目的物等による対人・対物事故について、被保険者が負担する法律上の損害賠償責任[121]を補償する保険である。

---

[121] この保険が補償対象とする賠償責任は、PL法（製造物責任法）に基づくものだけでなく、広く民事上の賠償責任（不法行為責任、債務不履行責任）を対象としている。

① 支払責任について
　a　補償対象
　この保険は、次の危険による損害を補償対象としている。
　　(a)　生産物危険
　生産物（被保険者が製造または販売した財物）によって発生した事故のことである。たとえば、販売した家電製品が発火し建物が全焼した、販売した弁当により集団食中毒が発生した等の事故において、その製品や弁当の製造者・販売者である被保険者が賠償責任を負うようなケースである。
　　(b)　完成作業危険
　被保険者が行った仕事の結果によって、仕事の終了後に発生した事故のことである。たとえば、工事ミスにより完成後の建物から外壁が剥落して通行人がケガを負った、据付ミスにより機械から出火して建物が全焼した等の事故において、その工事や機械の設置を行った業者である被保険者が賠償責任を負うようなケースである。
　b　対象生産物
　この保険が対象とする生産物・仕事は、日本国内で販売され、または行われたものに限られる（輸入品を含む）。海外に輸出する製品や海外で行った工事等、事故が海外で起こることが想定される場合は、この保険ではなく、英文約款による保険商品（海外PL保険、CGL保険等）に加入する必要がある。
② 免責規定と証券適用地域
　普通保険約款において免責としている事項に加えて、次の免責事由が規定されている。
　a　被保険者の故意・重過失による法令違反、効能・性能に関する不当または虚偽の表示
　これらの事由を原因とする事故については、その結果として被保険者が負担する損害賠償責任を保険で補償することが不当な行為を助長させることにつながるおそれがある。このため、公序良俗の観点から、免責としている。
　b　放置・遺棄した機械、装置または資材
　これらの事由によって発生した事故は、施設賠償責任保険や請負業者賠償責任保険において補償対象となりうるので、補償の重複を排除するために免

責としている。

　c　生産物または仕事の目的物のうち身体障害もしくは財物損壊の原因となった作業が加えられた財物

　生産物や仕事の結果に瑕疵があったことによって被保険者が負担する損害賠償責任には、その瑕疵による事故の結果として生じた他物（生産物や仕事の目的物以外の財物）の損壊に対するものと、販売または引き渡した生産物や仕事の目的物自体の損壊に対するものがある。この保険では、前者の他物の損壊に対する損害賠償責任を補償対象とし、後者の生産物や仕事の目的物自体の損壊に対するものは、免責としている。

　これは、販売した製品の不具合や工事の仕上り不良といった生産物や仕事の目的物自体の損壊は、他物の損壊に比べてはるかに発生頻度が高いために区別して取り扱う必要があるためである。また、そもそも生産物や仕事の目的物自体の損壊に関しては、リスク実態が被保険者の技術力や業務品質についての被保険者の姿勢等に大きく依存しており、均質なリスク集団を前提に大数の法則に基づいて保険料率を決定する保険になじみにくいためである。なお、生産物や仕事の目的物自体の損壊についての修補責任および損害賠償責任を補償する保険としては、瑕疵保証責任保険があり、一部の製品に限り制限的に引受けが行われているケースがある。

　d　生産物が使用された完成品の損壊

　生産物が別の製品の部品や原材料等として使用される場合には、生産物の瑕疵によって完成品全体が商品価値を失ってしまうような事故が発生しやすい。たとえば、プラスチック製品の製造工程で使用される原料の一部に不純物が混入していたことによって、完成した製品のすべてが売り物にならなくなってしまうようなケースである。このようなケースにおいて、その瑕疵のあった原料のメーカーが生産物賠償責任保険に加入していたとすると、被保険者が完成品メーカーに納入した原料そのものの損害は、「生産物自体の損壊」として免責となるが、それ以外の原材料の損害や完成品の製造工程に費やされた各種のコストについては、「生産物自体の損壊」の免責には該当しない。しかしながら、こうした損害やコストは、高額になることが多く、また、事故発生頻度も、通常の生産物事故（他物の損壊）に比べてはるかに高

い。したがって、この種の損害については、通常の保険契約とは別に契約条件・保険料率を設定する必要があり、免責とされている。

 e 生産物・完成品である機械・工具（制御装置として使用されている場合を含む）によって製造・加工された財物の損壊

機械・工具に不具合があった場合は、それによって製造・加工された製品のすべてに損壊が発生し、損害が大きくなるおそれがあることや、ケースによっては、その機械・工具の品質や効能の保証を行うのと同じことになってしまい、この保険の補償範囲をはずれてしまうおそれがあることから、この免責条項が設定されている。

 f 日本国外の裁判所に提起された損害賠償請求訴訟に関する損害

海外における損害賠償請求訴訟による損害は、日本とは異なる責任法制や賠償水準が適用され、保険料率面においてこうした要素を算入する必要があることや、争訟費用が日本国内における訴訟よりもはるかに高額になるおそれがあることから、免責としている。

(4) 海外PL保険（Products and Completed Operation Liability）

この保険は、海外に輸出したり持ち出されたりした製品によって発生した対人・対物事故について、被保険者が負担する法律上の損害賠償責任を補償する保険である。保険約款は、英文で作成されている。

① 支払責任について

 a 防御行為

この保険は、海外の裁判所における訴訟対応や被害者側弁護士との交渉等に関しては、損害保険会社が被保険者のために、これを代行することができる内容となっている。日本企業が輸出した製品について、その使用によって事故が発生したとの主張に基づき、高額の損害賠償請求が行われたり、根拠の乏しい言いがかり的な訴訟が提起されたりすることがある。日本とは異なる司法制度や法慣習のもとで、こうした請求や訴訟に対応するためには専門的な知識やノウハウを必要とすることから、これらに関する経験が豊富な損害保険会社が被保険者の防御を行うことによって、被告となった企業を勝訴に導き、または企業に有利な解決を図ることが、この保険の1つの重要な機能となっている。

b　損害賠償請求ベース（Claims-Made Basis）

　製品により発生した対人・対物事故の発生から損害賠償請求がなされるまで数年以上もかかるケースがあることや、そもそも事故の発生時点が明らかにならないケースがあることから、この保険は、通常、損害賠償請求ベース（Claims-Made Basis）による契約となっている。これは、対人・対物事故を原因とする損害賠償請求が保険期間中に被保険者に対してなされた場合を保険金支払の対象とする契約方式であり、損害賠償請求があれば過去に発生した事故であっても、保険期間中になされた補償対象となる。なお、損害賠償請求ベースの契約方式の場合、損害賠償請求の原因となった対人・対物事故が、ある特定の日以降に発生したものであることを保険発動条件としている。この特定の日のことを遡及日（retroactive date）といい、原則として、引受けを開始した最初の保険契約の契約始期日を遡及日として設定する。

　　c　費用内枠払い

　被害者からの損害賠償請求に対して被保険者の防御を行うための争訟費用は、損害賠償金の支払と比較しても相当の額にのぼる場合がある。特にアメリカにおける訴訟は、言いがかり的な請求も多く含まれるが、防御の仕方の巧拙によっては、このような請求についても予想外の結果に結びつきかねず、防御に要する費用は、どうしてもかさむことになる。このため、この保険では、支払限度額を賠償金と争訟費用の合計額に対して適用する条件での引受けが行われている。

② 免責規定

　生産物賠償責任保険と同種の免責事由が設定されるケースが多いが、この保険に特徴的な免責事由として、懲罰的損害賠償金（punitive damages）に関する規定がある。懲罰的損害賠償金は、加害者側の悪意性が高いと認められた場合に、通常の経済的損害に対する賠償金に加えて、被害者への支払を義務づけられる損害賠償金のことである。アメリカにおいては、悪意性の認定や懲罰的損害賠償金の額については、通常、基準や上限が設けられていないので、被害者に同情的な陪審員の判断によって、PL事故の原因となった製品のメーカーに対して巨額の損害賠償金が課せられるケースがある。損害賠償額の予測が困難であることや、この種の賠償金の保険による支払を法律

により禁止している州があることから、この保険では、罰金や違約金の支払とともに免責とする旨を規定している。

(5) 受託者賠償責任保険

この保険は、他人の財物（自動車以外の財物）を預かる業者が、その受託物の損壊・紛失や盗難について負担する法律上の損害賠償責任を補償する保険である。たとえば、倉庫業者、イベント会場のクローク等がこの保険の対象となる。なお、他人から預かる自動車に関する同様の保険として、自動車管理者賠償責任保険がある。

① 支払責任について

この保険は、被保険者が他人から預かった受託物を保管施設内または保管目的に従って保管施設外で管理している間に壊したり、汚したり、紛失したり、盗まれたりしたことによる損害を補償対象としている。たとえば、倉庫で保管中の荷物を火災で焼失した、レストランが預かった客のコートを汚してしまった、不動産管理業者が保管していた鍵を盗まれてしまった等の事故において、それらの財物を受託していた被保険者が賠償責任を負うようなケースである。他の賠償責任保険では、一般的に、他人の財物の損壊（滅失、破損、汚損）による損害を補償対象としているが、この保険では、受託物の損壊による損害に加え、受託物の紛失と盗難による損害も補償対象としている。なお、一般の賠償責任保険が、不特定の第三者に対して被保険者が負担する損害賠償責任を補償対象としているのに対して、この保険は、受託物に対して正当な権利を有する者（所有者等）に対する損害賠償責任のみを補償対象としている。

② 免責規定

普通保険約款において免責としている事項に加えて、次の免責事由が規定されている。

　a　保険契約者、被保険者等が行いまたは加担した盗取・詐取、受託物を私的な目的で使用している間に生じた事故

モラル・リスク（保険金詐欺）を排除するための免責規定である。

　b　受託物自体の自然発火・自然爆発による事故、自然の消耗・性質による蒸れ等またはねずみ食い・虫食い等による事故

被保険者による管理状況の不備から発生する損害を免責とするための規定である。

　c　建物外部から内部への雨、雪、ひょう、みぞれまたはあられの浸入または吹込み等による事故

被保険者による保管施設のメンテナンス状況の不備から発生する損害を免責とするための規定である。

　d　受託物が寄託者に引き渡された後に発見された事故

事故（損壊、盗取・詐取）が被保険者の受託中に生じたものかどうか等の事実認定が困難なケースが想定されるため、モラル・リスクを排除する観点から、免責としている。

　e　受託物の使用不能

この保険では、受託物の修理費用またはその価額について補償するが、事故の結果として発生する受託物の使用不能による損害は、その発生形態や金額等をあらかじめ予測することが困難であることから、免責としている。

(6) 会社役員賠償責任保険（D&O保険）

この保険は、会社役員が、役員としての業務の遂行に起因して負担する法律上の損害賠償責任を補償する保険である。たとえば、会社役員は、放漫経営による事業の行き詰まりやずさんな事業計画に基づく合弁事業の失敗などを理由として、株主や取引先等の第三者から損害賠償請求を受けることがあるが、言いがかり的な請求を含むこのような損害賠償請求によって、会社役員個人が負担する損害がこの保険の補償対象となる。保険金は、法律上の損害賠償金と争訟費用について支払われるので、会社役員は、法律上の損害賠償責任を負うかどうかをめぐって原告と争う場合に、保険から弁護士費用等の給付を受けられる。訴訟が専門的であり弁護士費用の支払も高額になりがちなD&O訴訟において、この保険は、防御側の会社役員にとって訴訟費用保険としての機能を発揮している。なお、本商品の引受けに際しては、通常、賠償責任保険普通保険約款を使用せず、会社役員賠償責任保険普通保険約款を使用して引受けを行う。

① 支払責任について

　a　被保険者

この保険の被保険者は、「会社役員」であるが、最近では執行役員や管理職従業員を被保険者に含めたり、「会社」が負担する費用も一部補償するなど、補償範囲が拡大傾向にある。「会社役員」の範囲は、基本的に会社法の規定に従うが、役員本人が亡くなった後にその債務を引き継ぐことになった相続人も、被保険者に含まれる。なお、D&O訴訟においては、複数の役員が連帯して賠償責任を負うことが一般的であり、各個人別の責任割合が判然としないケースが一般的であることから、保険には、会社が保険契約者となって、そのすべての役員を一括して加入することとしており、個人が単独で保険加入する方式での引受けは一般的に行われていない。

　　b　損害賠償請求ベース

　この保険では、保険期間中に被保険者に対してなされた損害賠償請求による損害が、保険金支払の対象となる。請求の原因となった行為や事実の発生が保険期間中である必要はない。この点において、通常の賠償責任保険が、保険期間中に発生した対人・対物事故に起因する損害を保険金支払の対象としているのと異なっている。ただし、請求の原因となった行為や事実の発生がいつでもよいというわけではなく、保険加入時に契約条件として設定される「遡及日」以降に行われた行為であることが保険金支払の要件とされる。

　　c　損害の範囲

　損害賠償金と争訟費用が保険金として支払われる。一般的に、D&O訴訟は、事件の解決までに長期間を要することもあり、被保険者である会社役員が個人として負担する弁護士費用等の争訟費用は、多額にのぼる。この保険では、被保険者は、保険会社の同意を得ることにより、紛争の解決（判決、和解等）に先立ち、保険金として争訟費用の支払を受けることができる。

② 免責規定

　東京海上日動の会社役員賠償責任保険普通保険約款では、5条から9条にわたって、補償対象外となる損害賠償請求が規定されている。

　　a　免責規定（個別適用）

　会社役員賠償責任保険普通保険約款5条（保険金を支払わない場合―その1）の免責規定では、被保険者に対してなされた次の損害賠償請求に起因する損害を免責としている。具体的には、①被保険者が私的な利益または便宜

の供与を違法に得たことに起因する損害賠償請求、②被保険者の犯罪行為（刑を科せられるべき違法な行為をいい、時効の完成等によって刑を科せられなかった行為を含む）に起因する損害賠償請求、③法令に違反することを被保険者が認識しながら（認識していたと判断できる合理的な理由がある場合を含む）行った行為に起因する損害賠償請求、④被保険者に報酬または賞与その他の職務執行の対価が違法に支払われたことに起因する損害賠償請求、⑤被保険者が、公表されていない情報を違法に利用して、株式、社債等の売買等を行ったことに起因する損害賠償請求、⑥政治団体、公務員または取引先の会社役員、従業員等に対する違法な利益の供与に起因する損害賠償請求、である。

これら免責事由は、その適用の判断が被保険者ごとに個別に行われる。したがって、複数の被保険者（会社役員）が同じ事案に関して同時に訴えられたケースにおいて、特定の被保険者が5条のいずれかの規定に該当する場合であっても、他の被保険者については、この免責条項は適用されない。これに対し、6条[122]（保険金を支払わない場合—その2）および9条（保険金を支払わない場合—その5）は、被保険者のうちだれか1人でもこれらの規定に該当する場合は、すべての被保険者に対して、この免責条項が適用される。

b　免責規定（会社に対する損害賠償責任）

7条（保険金を支払わない場合—その3）は、被保険者である会社役員が株主代表訴訟で敗訴した場合に会社に対して負担する損害賠償責任を免責としている。

これは、会社がこの保険の契約者として保険料を負担しながら、役員個人が会社に対して負担する賠償責任についてまで補償対象に含めてしまうと、保険契約の締結が会社と役員の間の利益相反取引に当たらないかとの法解釈上の争いが生じるため、株主代表訴訟敗訴時に役員が会社に対して負担する

---

[122]　6条では、①保険証券記載の遡及日より前に行われた行為に起因する一連の損害賠償請求、②初年度契約の保険期間の開始日より前に会社に提起されていた訴訟および訴訟のなかで申し立てられていた事実に起因する損害賠償請求、③保険契約の保険期間の開始日において被保険者に対する損害賠償請求がなされるおそれがあることを保険契約者または被保険者が知っていた場合、④戦争・天災、⑤故意等が免責条項として規定されている。

責任については、別途、特約として補償し、その特約分の保険料を役員個人が自ら負担することを求めた日本特有の実務に由来する。この点については、2015年7月に経済産業省が会社法の新たな解釈指針を示し、会社が利益相反の問題を解消するための一定の手続きを行えば、会社が適法に保険料を全額負担可能であると整理し、2016年2月には国税庁が税務上の観点からもこの取扱いを認めたことから、当該免責事由を普通保険約款に規定する意義は薄れていくものと思われる。

　c　合併・譲渡等

8条（保険金を支払わない場合—その4）は、合併、第三者への譲渡、第三者による議決権の過半数の取得があった場合に、その後に行われた行為を原因とする損害賠償請求を免責としている。これは、会社経営に著しい変化が生じ、リスクが大きく変わるため、保険の継続に関してリスクの再評価が必要となるためである。

　d　アメリカの法令

9条（保険金を支払わない場合—その5）は、特にリスクの高いアメリカの特定の法令に基づく損害賠償請求を免責としている。

第9節　船舶保険・貨物保険

1　船舶保険

(1) 概　要

船舶保険は、海上保険の一種として、船舶を保険の目的物とし、沈没、転覆、座礁、座州、火災および衝突その他海上危険によって生じた損害をてん補する保険である。保険期間を1カ年とする期間建ての引受けが通例であり、保険契約締結時点で保険契約者と保険者間で船舶の保険価額を協定する、いわゆる評価済保険の形態をとっている。なお、船舶保険には、特約を付帯することにより、船舶の建造・修繕中といった陸上危険による損害もあわせててん補するものがある。また、海上での石油・天然ガスの開発・生産施設（例：海底掘削船、石油精製貯蔵船、プラットフォームおよびパイプライン）

および洋上での風力発電施設を保険の目的物として海上危険によって生じた損害をてん補する保険も船舶保険として引き受けられている。

(2) おもな商品の概要と補償の内容

おもな商品と保険金の種類は次のとおり。

① 船舶普通期間保険

船舶が海上危険によって滅失、損傷したときの損害をてん補する保険であり、全損、修繕費、共同海損分担額、衝突損害賠償金および損害防止費用が保険金として支払われる。

② 船舶不稼働損失保険

船舶が海上危険によって損傷したことによって稼働不能となったときの収入の途絶や費用の支出をてん補する保険であり、不稼働損失および不稼働期間短縮のための費用が保険金として支払われる。

③ 船主責任保険（P&I保険）

船舶の運航、使用、管理により生じる損害賠償責任をてん補する保険であり、船主責任および損害防止費用が保険金として支払われる。

④ 船舶戦争保険、船舶不稼働損失戦争保険

前述の①〜③の商品において免責事由となっている、戦争・内乱、水雷・爆弾の爆発、海賊行為、ストライキ、テロリストの行為といった戦争危険による損害について各種の保険金が支払われる。

⑤ 船舶建造保険

建造中の船舶が海上危険および陸上危険によって滅失、損傷したときの損害をてん補する保険であり、全損、修繕費、共同海損分担額、衝突損害賠償金、再進水費用、船舶建造者責任（特約付帯）、および損害防止費用が保険金として支払われる。

(3) おもな免責事由

おもな免責事由は次のとおり。

① 保険契約者、被保険者またはその他保険金を受け取るべき者もしくはこれらの代理人の故意または重大な過失

② 船舶に生じた摩滅、腐食、さび、劣化その他の自然の消耗、船舶に存在する欠陥による損害

③ 原子力危険、生物化学兵器、電磁兵器による損害
④ 船舶が発航の当時、安全に航海を行うのに適した状態になかったこと、または船舶が係留されもしくは停泊する場合、安全に航海を行うのに適した状態になかったことによる損害
⑤ 船舶が保険証券記載の航路定限の外に出たとき、もしくは通常の航路ではない場所に航行したとき、それ以降に発生した損害
⑥ 船舶の所有者または賃借人の変更があったとき、それ以降に発生した損害
⑦ 船舶の構造または用途に著しい変更があったとき、それ以降に発生した損害
⑧ 差押え、仮差押え、担保権の実行その他訴訟手続に基づく処分による損害
⑨ 戦争・内乱・その他変乱、水雷・爆弾その他爆発物として使用される兵器の爆発・これらのものとの接触、だ捕・捕獲・抑留・押収・没収、海賊行為、ストライキ・ロックアウトその他争議行為・争議行為の参加者のそれに付随する行為・テロリスト・その他政治的動機・害意をもって行動する者の行為、および暴動・政治的・社会的騒じょうその他類似の事態による損害

(4) **おもな保険料の算出要素**

おもな保険料の算出要素は次のとおり。
① 船舶の種類、トン数、船齢および航路の範囲
② 担保危険およびてん補の範囲
③ 保険契約者の過去の保険成績および事故の原因
④ 国内外の損害保険市場（再保険市場を含む）における料率水準
⑤ 損害保険会社の事業費および利潤

(5) **おもな特徴**

おもな商品の特徴は次のとおり。

① **事業者向けの保険**

船舶保険の保険契約者・被保険者は海運・造船業などに従事する企業が主であり、事業者向けの保険商品であるといえる。荒天による強烈な高波

（ウォーターハンマー）といった厳しい自然現象の影響を直接受けやすい船舶の運航に伴うリスクは多様化しており、財産としての船舶自体について海難事故によって生じる損害にとどまらず、海難事故によって船舶が稼働できなくなった期間の運賃・用船料等収入の途絶を余儀なくされることもある。また、時には他船や岸壁等と衝突して多額の損害賠償金を要求されることも生じる。近年は船舶のより効率的な運航を実現するために、船体の大型化が進行しており、1回の海難事故における損害が巨額になることが懸念されている。また、環境保護政策や被害者救済の観点から、船舶の運航に関与する事業者の責任をより厳格に課す内容の海事条約・法令の制定が進められており、船舶の運航にかかわる損害賠償リスクも高まっている状況にある。こうした事業活動を行ううえで直面する多様なリスクを背景とした顧客のさまざまなニーズに対応するために、いわゆる特約自由方式を活用して、各種の特約を機動的に適用することで、事業者の期待に応えている。なお、船舶保険はその引受けにあたって高い専門性が求められることもあり、代理店扱いによる引受けは小型船や作業船などを対象とする一部の契約に限られており、大半の契約は損害保険会社の社員による引受けとなっている。

② 国際性を有する保険

国際海上運送に使用されるいわゆる外航一般船舶については、日本国籍であってもいわゆる付保規制の対象とはならず、日本で事業免許をもたない保険会社への直接付保（クロスボーダー取引）が認められており、国内外の損害保険会社によるグローバルな競合関係が存在している。なお、外航一般商船の運航に携わる関係者（例：船舶所有者、船舶管理者、用船者、荷主、船舶修繕者、金融機関）はグローバルな事業活動を展開していることもあり、海外でのプラクティスに沿った英文保険約款での引受けおよび英文証券の発行を求められることが通例である。

③ 再保険による危険の分散・平準化が不可欠な保険

船舶保険は契約件数が限られているなかで、その保険金額が高額であり、保険の対象となる船舶の種類・総トン数（大きさ）等は多岐にわたり、かつ事業者である顧客ニーズもさまざまであることを背景として契約内容の個別性が高いこともあり、いわゆる大数の法則が働きにくい面がある。そのため

に船舶保険の引受けにあたってはグローバルな再保険手配を通じた危険の分散・平準化が必要不可欠となっている。また、グローバルな再保険への依存度が高い外航一般商船、石油・天然ガスの開発・生産施設に関する保険、および洋上風力発電に関する保険については、再保険取引との関係もあり、海外でのプラクティスに沿った内容での引受けがなされるのが通例である。

2　貨物保険

(1)　概　要

　貨物保険は、国内・海外を問わず、海上・陸上・航空輸送される貨物を保険の目的物とし、火災、爆発、輸送用具の衝突・転覆・沈没・座礁・座州等の海上危険（陸上・航空輸送では脱線・墜落・不時着等を含む）によって生じた損害を補償する保険である。海上保険の一種であるが、輸送用具は船舶に限らない。今日では、ばら積み貨物等を除いては、海上危険はオール・リスク担保が一般的になっているが、後述する外航貨物海上保険においては、海上危険以外に戦争危険やストライキ・暴動危険といった非常危険をもあわせて担保するのが通例である。

　基本的には輸送中の事故を対象とするが、特約を付帯することにより、輸送に付随する保管中や展示中、加工中等の事故による損害を補償したり、物的損害を被った貨物の荷主の所有者利益だけでなく、運送人等貨物受託者の賠償責任利益を担保することも広く行われている。

　貨物の輸送は、引越荷物等ごく一部を例外として、通常、企業間で売買される製品・商品につき、代金と引き換えに当事者間で受渡しが行われようとする際に発生するため、代表的な企業分野の保険とされている。なお、船舶・自動車・航空機などの輸送機械が商品として売買される場合でも、それらの自航・自走する区間については、それぞれ船舶保険・自動車保険・航空保険で引受けが行われるのが一般的である。他方、特殊な保険の目的物としては、通信用・電力用海底ケーブル等の海洋構築物の敷設・建設工事中の事故を対象とすることもある。

(2)　おもな商品の概要と補償の内容

　おもな商品と保険金の種類は次のとおり。

① 外航貨物海上保険

　主として国際間を売買される輸出入貨物を保険の目的物とし、輸送中の危険によって貨物が滅失・損傷を被った場合に、全損金、分損金（修理費等の原状復帰にかかわる直接費用を含む。以下同じ）や共同海損分担額、損害防止費用等が保険金として支払われる。輸送用具の別を問わず、外国間輸送では陸上の危険のみを担保することもある。

② 内航貨物海上保険

　国内沿岸を船舶輸送される貨物を保険の目的物とし、輸送中の危険によって貨物が滅失・損傷を被った場合に、全損金、分損金や共同海損分担額、損害防止費用等が保険金として支払われる。本邦から海外へ輸出される貨物の本船船積みまでの危険を担保する、いわゆる「輸出FOB保険」も内航貨物海上保険の一種である。

③ 運送保険

　国内を自動車輸送・航空輸送される貨物を保険の目的物とし、輸送中の危険によって貨物が滅失・損傷を被った場合に、全損金、分損金や損害防止費用等が保険金として支払われる。貨物の損害にかかわるもので、運送業者の荷主に対する法律上・契約上の損害賠償金を補償する運送業者貨物賠償責任保険も幅広く引き受けられている。

(3) 免責事由

　おもな免責事由は以下のとおり。ただし、外航貨物海上保険においては、⑥～⑩は復活担保するのが通例である（⑥～⑨は陸上を除く）。

① 保険契約者、被保険者またはその他保険金を受け取るべき者の故意・重過失
② 貨物の自然の消耗またはその性質もしくは欠陥によって生じた損害
③ 荷づくりの不完全
④ 輸送用具、輸送方法または輸送に従事する者が出発の当時、貨物を安全に輸送するのに適していなかったこと
⑤ 運送の遅延
⑥ 戦争、内乱その他変乱
⑦ 水上または水中にある魚雷または機雷の爆発

⑧　公権力によると否とを問わず、捕獲、だ捕、抑留または押収
⑨　検疫または公権力による処分
⑩　ストライキ・暴動・騒じょう危険
⑪　原子力危険、陸上地震危険

(4) 保険料の算出
おもな保険料の算出要素は以下のとおり。

①　貨物の性質、梱包・積付状態
②　積載輸送用具
③　輸送経路や輸送時期
④　担保危険、補償の範囲
⑤　保険契約者・被保険者の過去の保険成績
⑥　保険会社の事業費

(5) 特　徴
① 企業保険

既述のとおり、通常は商社やメーカー等の企業間の売買・貿易貨物を対象とすることから、企業保険とされる。企業の経済活動は原則自由であり、貨物保険はその活動がはらむ多岐にわたるリスクを背景としたさまざまなニーズに対応するため、臨機応変に各種特約を適用することによって、企業の期待に応えている。また、外航貨物海上保険は外国為替制度や国際海運事業とともに貿易制度に組み込まれた必須の仕組みであり、国際売買における信用制度の確実性を補完する役割を担っている。

② 国 際 性

貿易貨物を対象とすることから必然的に強い国際性を帯びており、外航貨物海上保険の保険証券が英文であることがその象徴といえる。他の保険商品にあまりみられない特色であるが、外航貨物海上保険では保険期間中に（ほとんどの貨物は本船船積時点で）売主＝輸出者から買主＝輸入者へと貨物の所有権・危険負担、すなわち被保険利益が移転するため、それと同時に保険金請求権も譲渡されることが求められる。それゆえに、保険契約上の権利・義務が移転することを明らかにするため、保険証券は（裏書）譲渡されるのが通例であり、保険証券に国際的に高い流通性をもたせるべく、本邦において

も国際標準にかんがみイギリス市場において策定された英文証券フォームと約款が広く使用されている。てん補責任の認定等について、本邦で締結された保険契約であってもイギリスの法律と慣習に従う旨が約定されていることも、同様の事情による。

なお、売買当事者のいずれが輸送中の危険に関して貨物保険を手配するかについては、一部ごく例外的に付保規制により禁止されている場合を除き、もっぱら当事者間の合意によって決められている。

③ 航海（建）保険

商品設計上の特徴として、一般的に、保険期間は、日時をもって時間として定めることなく、輸送区間をもって定められる。航海そのものを保険の対象とするニーズにより、航海（建）保険と呼ばれるが、輸送スケジュールは気象・海象等の外部事情により左右されることが多く、もとより事前に時間をもって正確に定めることは困難であろう。外航では倉庫間約款と呼ばれる約款が適用され、発送地における保管場所からの輸送開始の時点を始期とし、仕向地の保管場所における輸送完了の時点を終期とするが、特約で前後の保険期間延長も可能であり、また、輸送途中の保管期間等を含むことも行われている。

④ 評価済保険

貨物保険は対象となる輸送が完了し仕向地で開梱された時点で初めて、貨物が損傷を被っていることが判明することが多く、火災保険などノンマリン分野商品のように損害発生の地および時を特定することが困難である。したがって、支払われる保険金の額の基準となるべき保険価額を適切に事後評価することは事実上不可能ともいえ、円滑な保険金支払の障害となってしまうことから、通常は保険契約締結時に保険契約者と保険者間で貨物の保険価額を協定する、いわゆる、評価済保険の形態をとっている。なお、外航貨物海上保険の場合は、買主側の希望利益等を加算して協定されることが一般的である。

第10節　信用保険、保証保険、保証

1　種類と歴史

(1)　信用保険

　世界的にみると信用保険の主要商品は取引信用保険（Commercial Credit Insurance, Trade Credit Insurance）である。この保険は、19世紀初頭にイギリスで生まれヨーロッパを中心に発展し、国内取引のみならず輸出取引をも対象とするようになった。国際的な保証信用保険の業界団体である International Credit Insurance & Surety Association によると2.4兆ドルの売掛債権がこの保険によって保全されている。この保険は、ヨーロッパにおいては主要な企業向け保険商品となっており、ヨーロッパ以外の地域においても近年普及しつつある。

　保険の目的について損害保険会社は被保険者より少ない情報しかもっていないという意味での情報の非対称性などの信用危険の性格上の問題から、わが国損害保険会社の信用保険に対する姿勢は慎重であり、1961年に、対象分野を割賦販売に限定した割賦販売代金保険[123]が創設されたが、その後も包括的な信用保険は開発されず、対象分野を限定した保険商品が開発されていくこととなった。現在一般的に引き受けられているおもな保険商品としては、住宅資金貸付保険（1968年創設）や取引信用保険（1994年創設）などがある。特に、取引信用保険はわが国においても順調に発展し商取引の合理化に寄与しており、また、2005年には、貿易保険の民間損保への開放によりこの保険の対象分野が輸出にも及ぶこととなったが、その普及率は依然として欧米と比べてかなり低く、今後も成長の期待できる保険である。

(2)　保証保険

　わが国保証保険の主要商品である履行保証保険は1951年に創設された。開発のきっかけは、建設業法（1949年公布）下に設置された中央建設業審議会

---

[123] 割賦販売契約における割賦金支払債務を担保する保険であり、包括付保や縮小てん補等の仕組みが盛り込まれている。

において入札制度の近代化が検討されたことである。当初、アメリカと同様の保証（Surety Bond）の導入が図られたが、この保証はわが国私法上は保険ではなく民法上の保証と位置づけられるため、損害保険会社が保証を行うことへの異論もあり、主契約[124]上の債務者を保険契約者、主契約上の債権者を被保険者とし、保証と同様の機能を発揮する保証保険が開発された。信用保険同様、保証保険の分野においても、わが国損害保険会社の姿勢は慎重であったが、この分野においては、公共工事に係る履行保証保険のほか住宅ローン保証保険等の商品が開発され、一定の社会的役割を果たしてきた。現在一般的に引き受けられている保証保険商品は公共工事に係る履行保証保険である。

(3) 保　証

信用保険がおもにヨーロッパで発展したのに対し、保証は19世紀中葉のニューヨーク州で開発され、Surety Bond と称されおもにアメリカにおいて発展した。現在、アメリカにおける Surety Bond の種類は Contract Bond（契約保証）、Judicial Bond（法令保証）、License & Permit Bond（免許保証）等、きわめて多岐にわたり社会に深く浸透している。また、公共工事の履行保証については、アメリカにおいては通常、損害保険会社の Surety Bond によっているのに対し、ヨーロッパの多くの国においては、銀行保証と損害保険会社の保証との競合がみられる。

わが国においては、損害保険会社による保証機能の提供は、1951年以降保証保険のかたちで行われてきたが、国際化の伸展とともに保険形式ではなく国際社会で認知されている保証形式のものを求めるニーズが高まった。この状況下、保険審議会において、保険業法において損害保険会社が保証を営むことが了承され、1974年に保証が創設された。

その後、リースボンド、関税保証、輸入金融保証、公共工事履行保証等の商品が開発されたが、これらのうち現在最も広く引き受けられているものは公共工事履行保証である。

1996年に、改正された保険業法が施行されたが、この保険業法において保

---

[124] ある契約に基づく債務の不履行を保証信用保険や保証がカバーする場合、その契約を保証信用保険や保証の契約に対し主契約という。

証証券業務の定義規定（同法3条6項）が設けられた。その趣旨は、保険に固有の方法を用いて行われる保証は損害保険とみなすというものであり、この規定により、損害保険会社が本業として行う保証が業法上明確に定義づけられることとなった。

しかしながら、そもそもこの保証は、私法上は保険ではなく民法上の保証であり、また、それは損害保険会社が業として行うものであるから商法511条により連帯保証とされるものである。したがって、私法である保険法の規定が適用されることはない。

2 信用保険

信用保険の種類は多岐にわたるが、ここでは、主要な商品である取引信用保険および（民間）住宅資金貸付保険ならびに企業等一般資金貸付保険について、商品の特徴等を述べていくこととしたい。

(1) 取引信用保険

取引信用保険は、各種取引における代金支払債務不履行により当該取引契約の代金債権者の被る損害に対し保険金を支払う保険である。この保険には、損害のてん補機能はもとより、損害保険会社による付保取引先の引受審査等により被保険者の債権管理を支援するという機能もある。対象となる取引契約の種類は、売買契約、請負契約、委任契約等である。

この保険の担保する信用危険における情報の非対称性という性格にかんがみ、この保険においては、包括付保、縮小てん補、保険期間中総支払限度額の設定、保険期間中途における損害保険会社からの引受撤回・減額等が商品内容に盛り込まれている。包括付保とは、原則として被保険者はその取引先のすべてを損害保険会社に保険付保依頼しなければならないことを指す。ただし、たとえば特定の事業部の取引先をすべて損害保険会社に付保依頼するというように、一定の客観的基準に基づき付保依頼取引先を損害保険会社と合意することはある。「縮小てん補」とは、被保険者の被った損害の一定割合をてん補し被保険者に残割合を負担してもらうことである。縮小てん補率は保険対象危険の内容に応じて定められる。保険期間中総支払限度額とは保険期間（通常1年間）中における保険金支払額の総限度額であり、付保取引

先ごとの支払限度額とは別に定められる。保険期間中途における引受撤回・減額というのは、保険期間の中途で付保取引先の信用状況が急変した場合に損害保険会社が将来に向けてその取引先に係る引受けを撤回したり支払限度額を減額したりする権利を有するということである。また、やはり、信用危険の性格から、損害保険会社は原則として被保険者から付保依頼された各取引先につき引受審査を行い各取引先ごとに引受けの可否や支払限度額等を決定する。

以上のような取引信用保険特有の各種の仕組みは、この保険の200年近い歴史のなかで保険集団を適正に維持すべく醸成されてきたものである。

この保険の契約手続として、損害保険会社と保険契約者との間で保険契約内容を取り決めた包括契約が締結される。包括契約期間は通常１年間である。

保険事故は、付保取引先が倒産しその債務を履行しないとき、または、付保取引先が一定期間債務の履行を遅滞し損害保険会社が当該債務履行の見込みがないと判断したときに発生する。

おもな免責損害としては、保険契約者、被保険者の故意、重過失や戦争、地震、放射能汚染等の一般的なもののほか、取引商品に瑕疵のあったことによる損害、倒産や債務不履行状況にある取引先に被保険者が商品を引き渡したことによる損害等がある。

保険料については、わが国においては、各付保取引先ごとの支払限度額の合計額に保険料率を乗じて算出する方式が主流である。保険料率は保険対象となるポートフォリオの信用危険に応じて算出される。

(2) （民間）住宅資金貸付保険および企業等一般資金貸付保険

（民間）住宅資金貸付保険および企業等一般資金貸付保険は、企業が従業員のための福利厚生施策の一環として行う住宅資金や一般資金（住宅資金以外の資金）の貸付制度において、従業員を組合員とする共済組合あるいは企業自体が貸付や保証を行う場合、貸付を受けた従業員（主契約すなわち貸付契約上の債務者）の貸付金返済債務不履行により企業や共済組合の被る損害に対し保険金を支払う保険である。

企業による貸付制度は、企業またはその共済組合が従業員や組合員に直接

貸付を行う方式と、企業またはその共済組合が銀行貸付のあっせんを行いその貸付金返済債務につき債務保証を行う方式とがあるが、これらの保険はそれらいずれの場合にも対応することができる。

　住宅資金を対象とするものが住宅資金貸付保険であり、住宅資金以外の一般資金貸付を対象とするものが企業等一般資金貸付保険である。

　これらの保険の引受対象となる貸付規程（貸付あっせんの場合は貸付あっせん規程）は、以下の条件をいずれも満たすことが必要である。
① 　貸付金が債務者に支給される給与から毎月自動的に控除されて返済されること
② 　退職時に貸付金の未弁済金の全額が一括弁済されること

　保険契約は貸付規程（貸付あっせんの場合は貸付あっせん規程）に基づくすべての貸付を包括的に担保する包括付保方式の保険であり、次のとおりいくつかの引受方式がある。
① 　月残高方式（企業等一般資金貸付保険においては貸付残高方式）……貸付契約全体の毎月の貸付残高総額を保険金額とする契約方式
② 　貸付金額方式……個々の貸付契約の貸付時の貸付金額を保険金額とし貸付期間を保険期間とする契約方式
③ 　年残高方式……住宅資金貸付保険のみに適用される方式であり、個々の貸付契約の保険期間（通常１年間）の始期における貸付残高を保険金額とする契約方式

　これらの保険の契約手続として、損害保険会社と保険契約者との間で保険契約内容を取り決めた包括契約が締結される。包括契約期間は通常１年間である。なお、取引信用保険と異なり、損害保険会社は、原則として個々の貸付や債務者については引受審査を行わない。

　保険事故は、債務者が破産等一定の事由該当により期限の利益を喪失しその債務を履行しないとき、または被保険者が損害保険会社の承認を得て貸付規程（貸付あっせんの場合は貸付あっせん規程）に基づき債務者の期限の利益を喪失させた場合において債務者がその債務を履行しないときに発生する。

　おもな免責損害としては、保険契約者、被保険者の故意、重過失や戦争、地震、放射能汚染等の一般的なもののほか、労働争議の手段としての債務不

履行、または給与の遅配・欠配、もしくは債務者を雇用している企業の経営上の都合による解雇により生じた損害、債務者が企業との雇用関係を失った場合に貸付契約上失期させられなかったことにより存続した貸付契約について生じた損害などがある。

保険料については、包括契約の締結時に包括契約期間中の予想月平均保険料を予納保険料として領収し、以後毎月の通知に基づく確定保険料を毎月領収し、包括契約期間満了時に予納保険料と最終月の確定保険料を精算する。保険料は保険金額に保険料率を乗じて算出されるが、保険料率は保険対象となるポートフォリオの信用危険に応じて算出される。

3　保証保険および保証

保証保険と保証は同様の機能を有しているため、それらの主要商品である（公共工事）履行保証保険および公共工事履行保証について、ここにまとめて商品の特徴等を述べることとしたい。

公共工事請負契約における請負人の履行債務を担保するものが履行保証保険および公共工事履行保証である。これら両商品の機能は類似しており、どちらを採用するかは発注者たる官公庁が指定する。

わが国の公共工事請負約款においては受注者が工事を完遂する見込みのない場合、発注者は、当該請負契約を解約して違約金[125]を徴求する方法と、当該請負契約を解約せずに代替業者に引き継がせる方法のいずれかを選ぶことができる。公共工事履行保証はこれらいずれの方法にも対応することができるが、履行保証保険は前者の方法のみに対応することができる。

保険期間や保証期間は請負契約上の工期と同一となるが保険金額や保証金額については発注者から指定される。

契約の手続としては、履行保証保険においては、(損害保険会社が引受審査の結果、引受けを承認した場合) 請負人が保険契約者となり発注者を被保険者とする保険契約を締結し、保険証券が発注者に発行されることとなり、また、公共工事履行保証においては、(保証人となるべき損害保険会社が引受審査

---

[125] ある契約に基づく債務の不履行を保証信用保険や保証がカバーする場合、その契約を保証信用保険や保証の契約に対し主契約という。

の結果、引受けを承認した場合）請負人が保証委託者となり発注者を債権者とする保証の委託契約を保証人となるべき損害保険会社と締結し、当該保証委託契約に基づく保証契約の証として保証証券が保証人たる損害保険会社により発注者に発行されることとなる。

履行保証保険における免責損害としては、保険契約者の故意、重過失による損害について被保険者が信義誠実でない場合や、もっぱら戦争、地震、放射能汚染によって生じた損害等がある。

保険料や保証料については、個々の保険契約や保証契約に係る信用危険に応じて個別に算出される。

なお、履行保証保険や公共工事履行保証においては損害保険会社は保険金支払や保証債務履行による代位求償を行うこととなるが、さらに公共工事履行保証においては、保証人たる損害保険会社は保証委託契約に基づき事前求償権を行使することができる。

また、これらにおいては、保険や保証の引受条件として、損害保険会社は保険契約者や保証委託者に対し担保や保証を求めることができる。

第3編

損害保険契約法・傷害疾病定額保険契約法

基本法の現代化の一環として、保険契約法の現代化が行われた。具体的には、保険契約法総則と、陸上保険契約および生命保険契約に関する保険契約法各則を規整していた平成20年改正前商法（整備法1条に基づく改正前商法）の第2編商行為の第10章保険（以下「旧法」という）が廃止され、新たに保険法という名称の単行法が制定された（平成20年6月6日公布法律第56号。平成22年4月1日施行）[1]。また、同時に、「保険法の施行に伴う関係法律の整備に関する法律」（平成20年法律第57号。2008年6月6日公布。2010年4月1日施行。以下「整備法」という）も制定された。

　本編では、この保険法を中心に、損害保険契約法および傷害疾病定額保険契約法について述べる（生命保険契約法は本書の対象とはしないが、傷害疾病定額保険契約法は生命保険契約法と類似する点が多い）。ただし、すでに保険法に関する著書・論文は多数公表されており、また、紙幅の制約もあるので、以下の点に焦点を絞って論述することとした（そのため、本書では、保険契約法総論で取り上げるべき論点がすべて網羅されているわけではない）。

① 法（おもに保険法）が、どのように約款に反映されているかについて説明する。

　　世上に保険法の解説書は多いものの、法規整がいかに約款条項に反映されているかを詳しく説明しているものは少ないと思われるからである。当然のことながら、保険者は、法規整どおりに約款条項を置くこともあれば、法規整が任意規定や片面的強行規定であれば、法規整とは異なる約款条項を置くこともある。

　　なお、約款は各損害保険会社によって多種多様であるので、損害保険料率算出機構が参考純率[2]算出の基礎とするために策定する標準約款に基づいて説明を行うことにする[3]。以下では、「標準約款」とは、特に断らない限りは、保険法対応のために改定された2009年以降の「標準約款」を指すが、特に従来の約款と区別する場合には「新標準約款」と呼ぶ[4]。他方、保険法対応のための改定前の標準約款を「旧標準約款」と呼ぶこととする。

---

[1] 保険法は政府法案どおりに成立したが、衆参両議院の法務委員会の審議において附帯決議がなされている。

② 単なる法規定や約款条項の解説はできるだけ避け、実務上問題となりうる法的論点を取り上げることとする。

実務上問題となりうる論点のなかには、裁判や学界でよく論議がなされている論点もあれば、ほとんど論議されていない論点もある。

③ 実務上問題となりうる法的論点（上記②）について当社の考え方を示す。

判断がむずかしい法的論点もあるが、今後の議論のためにも、当社として一定の見解を示しておくことが有用と思われるからである。

なお、本編における引用文献の略称は以下のとおり。

① 保険法立法資料

保険法研究会「保険法の現代化について―保険法研究会取りまとめ―」

（2006年）

→保険法研究会取りまとめ

法制審議会答申「保険法の見直しに関する要綱」（2008年2月13日）

→保険法の見直しに関する要綱

法制審議会保険法部会「保険法の見直しに関する中間試案」（2007年8月14

---

2 損害保険料率算出機構は、「損害保険料率算出団体に関する法律」に基づき内閣総理大臣の認可を受けて設立された団体であり、一定の保険種目について、会員等から提供されたデータをもとに参考純率や基準料率を算出して、金融庁長官に届け出るとともに、会員保険会社に提供している（同法9条、9条の3）。

参考純率は、純保険料率部分についてのみ算出されるものであり、会員保険会社は保険料率の算出の基礎とすることができる（同法2条1項5号、9条の2第4項）。対象保険種目は火災保険、傷害保険、自動車保険、介護費用保険である。

基準料率は純保険料率に付加保険料率を加えた保険料率について算出されるものであり、同機構が届出をすれば、会員保険会社は基準料率の使用について認可または届出があったものとみなされる（同法2条1項6号、10条の4）。対象保険種目は自賠責保険と家計地震保険である。

標準約款は、こうした参考純率や基準料率の算定の前提となる約款であり、同機構が策定している。

3 なお、標準約款の作成者は損害保険料率算出機構であるので、本書の執筆者である東京海上日動は約款作成者ではない。また、東京海上日動は、必ずしも標準約款どおりの保険商品を販売しているわけではないので、標準約款の直接的な使用者でもない（ただし、東京海上日動は同機構の会員会社であり、標準約款のうちの多くの条文をそのまま自社約款として採用していることもある）。

4 標準約款は、保険法対応のために2009年に改定された後、2014年に暴力団排除条項の追加等の改定を実施している。本編では2014年に策定された標準約款を参照している。

日。パブリック・コメント案件番号300080023）。
　　→中間試案
法務省民事局参事官室「保険法の見直しに関する中間試案の補足説明」
（2007年8月14日）
　　→補足説明
②　保険法立案担当者（法務省）の解説
萩本修「保険法現代化の概要」落合誠一＝山下典孝編『新しい保険法の理論と実務』（経済法令研究会、2008年）
　　→萩本・概要
萩本修「講演　新保険法―立案者の立場から―」生命保険論集165号（2008年）
　　→萩本・講演
萩本修編著『一問一答　保険法』（商事法務、2009年）
　　→萩本・一問一答
③　保険法関連著書・論文
落合誠一監修・編著『保険法コンメンタール（損害保険・傷害疾病保険）』（損保総研、2009年）
　　→落合監修・コンメンタール
落合誠一＝山下典孝編『新しい保険法の理論と実務』（経済法令研究会、2008年）
　　→落合・山下編・理論と実務
竹濱修ほか編『保険法改正の論点』（法律文化社、2009年）
　　→竹濱編・論点
山下友信「新しい保険法―総論的事項および若干の共通事項」ジュリスト1364号（2008年）
　　→山下・総論
山下友信「基調講演　保険法現代化の意義」ジュリスト1368号（2008年）
　　→山下・講演（意義）
山下友信「講演録　保険法制の総括と重要解釈問題（損保版）」損害保険研究71巻1号（2009年）

→山下・講演(損保版)

山下友信「講演　保険法制定の総括と重要解釈問題(生保版)」生命保険論集167号(2009年)

　　→山下・講演(生保版)

④　保険法の教科書

大森忠夫『保険法(補訂版)』(有斐閣、1985年)

　　→大森・保険法

石田満『商法Ⅳ(保険法)〔改訂版〕』(青林書院、1997年)

　　→石田・保険法

西嶋梅治『保険法〔第3版〕』(悠々社、1998年)

　　→西嶋・保険法〔第3版〕

山下友信『保険法』(有斐閣、2005年)

　　→山下・保険法

江頭憲治郎『商取引法』(弘文堂、第5版、2009年)

　　→江頭・商取引法

第1章 保険契約法総論

本章では、保険契約法の総論的事項を取り上げる。

保険契約は保険という経済制度の一環として行われるものであるので、まずは保険と保険契約の関係について述べる（第1節）。次に、保険契約法の法源について簡単に触れたうえで（第2節）、保険契約法の中核をなす保険法の総論部分について論じる（第3節。保険法の各論部分は次章以下で適宜論じる）。最後に、保険契約で用いられる保険約款について述べる（第4節）。

第1節　保険と保険契約

1　保　　険

「保険契約」は、条件付きの有償（条件成就の可能性に応じた対価の支払）の財産給付契約であると規定されているが（保険法2条1号）、経済的な保険の一環として行われることが当然の前提となっている。また、保険法1条において、「保険に係る契約」の成立・効力・履行・終了が保険法の規整範囲であると規定されているが、「保険に係る契約」とは保険契約のことであり、「保険」とは経済的な保険制度を指すと考えられるから、保険契約が経済的な保険制度の一環として行われることを間接的に表現しているともいえよう。

個々の保険契約は外形的には有償のリスク移転契約であるが、同質で独立のリスク移転契約を有償で多数集積することによって（また、結果的に個々の保険契約者がリスクの実質的な負担者となることによって）、はじめて保険制度として成り立つのである[5]。つまり、保険契約者は、「保険料を支払うことによって、もしかしたら大きな損害になるかもしれないリスクを保険者に転嫁し発生することがありうる大きな損害の不確かさを、確定的で少額で定額

の毎年の負担に転換することができる。」[6]のである。

　こうした保険に関するおおよその理解は判例（最判大昭34.7.8民集13巻7号911頁）や法学者[7]も一致するところであり、保険法における「保険契約」（保険法2条1号）も経済的な保険の一環として行われることが前提となっている[8]。しかしながら、実定法としては、保険法にも、旧法にも、さらには保険業法にも、「保険」の定義は存在しない。

　そこで、保険とは何かが問われることになるのである。経済的な保険としては、リスク（経済的な不確実性）の保険契約者から保険者への移転と、リスクの集積（リスクが保険者に集積して大数の法則や中心極限定理が働くこと）と、リスクの分散（保険者に集積されたリスクは、実質的に保険契約者が分担して負担していること）が要件であると考えられる。

5　そのため、保険者は、保険契約者から純保険料を収受して基金（fund）を形成したうえ、基金の資産運用をしたり、基金から保険給付や返戻金等として払出しを行ったりする、基金の管理人（custodian）または出納係（treasurer）と考えることができる（ハンセル（木村栄一＝越智隆訳）『保険の原理』1頁（損保総研、1995年））。なお、東京高判平13.11.30判時1079号125頁参照。

　旧法が「損害保険契約」（旧法629条）や「生命保険契約」（旧法673条）の定義規定において、わざわざ「報酬」という法律用語を用いていたことには（なお、商人の報酬請求権を定める商法512条、また、請負や委任における報酬を定める民法632条や648条を参照）、そのような意義があったのかもしれない（今井薫『保険契約における企業説の法理』42〜44頁（千倉書房、2005年）参照）。ただし、保険法における「保険契約」の定義規定では、「報酬」から「保険料」に変更されている。

6　木村栄一監訳『ベネット　保険辞典』231〜232頁（損保総研、1996年）。

7　大森・保険法35〜36頁、37頁注10、38頁注11、西嶋・保険法4頁、石田・保険法3〜4頁、山下友信ほか『保険法』2頁（有斐閣、第2版、2004年）［洲崎博史］、山下・保険法8、9頁参照。

8　竹濱修「保険法制定の背景と今後の展望」法律のひろば2008年8月号18頁、江頭・商取引法399頁参照。

　ただし、立案担当者は、保険法における「保険契約」の定義（保険法2条1号）によって同法の適用対象が明確にされたと述べている（萩本・一問一答29、36頁）。その一方で、「保険契約は、もともと保険契約者が集まって資金を拠出しあって保険者の下で保険集団を構成し、その中で生じた不慮の事故に備えようとする性質のものである」とも述べており、集団的なリスクの集散システムという経済的な保険を前提として考えているようである（萩本・一問一答21頁注1、また、萩本・概要15頁参照）。

2　保険契約

(1)　保険契約の要件

「保険契約」の定義は保険法2条1号に規定されているが、上記1もふまえると、保険契約の要件は次のとおりである。

① 経済的な保険の一環として行われるものであること（前述1参照）
② 一定事由の発生を条件とする条件付給付契約であること（後述2(2)参照）
③ 条件成就の際には、一方当事者が財産上の給付を行うことが約されていること（後述2(3)参照）
④ 他方当事者が保険料（共済掛金を含む）を支払うことが約されていること
⑤ 保険料は、当該一定事由の発生の可能性に応じたものであること（後述2(4)参照）

したがって、保険と称されているもののみならず、共済等と称されているものであっても、上記の要件に該当すれば、保険法上の「保険契約」（保険法2条1号）となり、保険法の規整対象となる。

(2)　一定事由の発生

「保険契約」は「一定の事由」の発生を条件とする契約であるが（保険法2条1号）、保険種類によって「一定の事由」が異なるので注意を要する。

損害保険契約に関しては、「一定の偶然の事故」（保険法2条6号。たとえば、地震）ではなくて、一定の偶然の事故によって生じる損害（たとえば、地震保険の目的物たる家屋の地震による倒壊）[9]が「一定の事由」に当たる。なお、この「一定の偶然の事故」が「保険事故」である（保険法5条1項）。

生命保険契約に関しては、「保険事故」すなわち「被保険者の死亡または一定の時点における生存」（保険法37条）が「一定の事由」に当たる。

傷害疾病定額保険契約に関しては、「給付事由」すなわち「傷害疾病によ

---

[9] 例外的に、損害保険契約について「一定の偶然の事故」（＝「保険事故」）が発生しなくても、保険者がてん補責任を負うことがある。それは、火災保険における消防活動による保険の目的物の損害である（保険法16条）。

る治療、死亡その他の保険給付を行う要件として傷害疾病定額保険契約で定める事由」（保険法66条）が「一定の事由」に当たる。

(3) 財産上の給付
① 保険給付の分類

保険契約における財産上の給付は、損害てん補給付と定額給付に分類することができる。さらに、それぞれを金銭給付と現物給付に分類することができる。

ところで、保険契約の典型契約としては、損害保険契約（保険法2条6号）、生命保険契約（同法2条8号）、傷害疾病定額保険契約（同法2条9号）が保険法で規定されている。

損害保険契約は、損害てん補給付型の保険契約の総称である（保険法2条6号）。金銭給付か現物給付かを問わない（損害てん補型給付であれば、いずれも損害保険契約である）。また、保険の対象も、人保険か財産保険かを問わない（損害てん補型給付であれば、いずれも損害保険契約である）。

他方、生命保険契約や傷害疾病定額保険契約は、人保険に関する定額給付型の保険契約のうちの、金銭給付方式のものを指す（かりに現物給付方式の人定額保険が存在するとしても、生命保険契約や傷害疾病定額保険契約には含まれない。保険法2条1号カッコ書）。

② 費用の負担

損害保険契約においては、保険者は、保険事故発生時には、保険給付とは別に、一定の費用負担をしなければならない（生命保険契約や傷害疾病定額保険契約にはこうした規定はない）。具体的には、てん補損害額算定費用と損害発生拡大防止費用であり（保険法23条1項。任意規定）、保険金額を超過する場合であっても、保険者は費用を負担しなければならない[10]。

この規定は任意規定であるから、約定で排除することができる（ただし、約定で排除しないと、損害保険契約に関しては、保険者はこうした費用の負担をしなければならないことになる[11]）。たとえば、こうした費用を保険給付として支払うこととしている場合には（たとえば、損害防止費用保険金）、費用と

---

10 萩本・一問一答119頁注2参照。

しての支払を否定する約定がなされているものと考えられる。

(4) 保　険　料

　保険料とは、一定事由の発生が保険給付の条件であるが、当該一定事由の発生の可能性に応じたものとして算出される金銭であって、保険契約者が保険者に対して支払義務を負うものであるとされている（保険法2条1号）。

① 純保険料と付加保険料

　保険料は、一般に[12]、純保険料（想定どおりの保険事故が発生した場合に、保険給付の原資となる部分）と付加保険料（経費・利潤など保険者の報酬となる部分）からなる。そして、純保険料は、保険事故発生頻度と支払保険金単価をもって算定するのが一般的である[13]。

　したがって、保険法における「保険料」は、純保険料のうちの、さらに発生頻度に対応する部分を基本にしていることになる。ただ、保険法における保険料に関する諸規整（たとえば、保険法32条、93条）にかんがみると、保険法における「保険料」が純保険料のうちの発生頻度に対応する部分のみを指しているとする解釈は適当ではない。つまり、保険法における「保険料」は保険料全体（純保険料および付加保険料）を指すものと考えられる（なお、「危険」概念との関連からもこのように考えられることについて、後述第3章第1節3(3)参照）。

② リスク区分の設定

　ある保険種目において、どの程度まで細かいリスク区分（risk classification）を設定するかは、保険者の任意である。リスク区分がおおまかであればあるほど、逆選択（adverse selection）のおそれは高くなるが、リスク区分を細かく設定すればするほど、手間とコストを要することになるからであ

---

[11] 信用保険事故に関して、損害額計算に要した被保険者の費用が保険金として請求されたが、保険金請求を否定したうえで、旧法638条2項（損害額算定費用）の検討を指示して原審に差し戻した判例がある。最判昭39.10.15判時391号35頁参照。
[12] きわめて例外的だと思われるが、付加保険料をまったく徴収せずに保険制度が運営されている共済もあるかもしれない。少なくともその場合には、保険法の「保険料」は純保険料のみを指すことになるし、保険法の規整内容がそのことによって変容するわけではない。
[13] このほかに、保険者としては分散リスクに対応するためのバッファー・ファンドを用意する必要があるが、損害保険会社では一般に付加保険料で対応している。

る。また、当然のことながら、販売戦略なども勘案しながらリスク区分を設定する。換言すると、ある保険種目においてまったくリスク区分を設定しなくても（すべて一律の保険料率）、保険性が失われることはない。したがって、「当該一定の事由の発生の可能性に応じたものとして」（保険法2条1号）とは、保険料率の設定においてリスク区分の設定を必須とするものではない。

③ 慶弔見舞金制度

団体内部の小規模な見舞金制度が「保険契約」に該当しないことについては大方の合意があるものの、その境界や境界画定の方法は判然としない。

加入者の類型ごとの危険測定をせずに「一律の低額の費用」を徴収するものであれば「保険契約」には該当しないとの考え方もあるが[14]、徴収した金銭を原資として給付をしていれば経済的には保険である可能性が高い（保険引受けにおいて、特段のリスク区分を設定せずに、当該保険種目全体で収支相等の原則を維持することもあるからである。上記②参照）。

④ 公 保 険

いわゆる公保険は、「保険契約」の各要件（上記(1)参照）に該当しないことが多い。たとえば、保険関係の成立が契約によらなかったり（上記(1)②～④の要件の欠如）、給付事由発生の可能性とはまったく関係のない保険料の算定がなされていたり（上記(1)⑤の要件の欠如）するからである。このように、「保険契約」の各要件に該当しない公保険は保険法の対象とはならない[15]。

第2節　保険契約法の法源

法源論一般については他の書籍に譲り、ここでは保険契約法に関する法源

14　萩本・一問一答29頁参照。
15　公保険全般が適用対象外となるのか（保険法の立案担当者はそのように考えているようである。萩本・一問一答29、30頁注4参照）、それとも、保険法の「保険契約」に該当しない公保険だけが適用除外となるのかは、保険法だけからは判然としない。しかしながら、整備法において保険法の適用がないことを前提に保険法が準用されていることからすると（たとえば、農業災害補償法103条）、少なくとも準用規定のある公保険には保険法の直接適用はない。なお、落合監修・コンメンタール9頁［落合誠一］参照。

に特有の事項についてのみ記述する。

1　法　　令

(1)　保険契約に適用される法令

　保険契約を規律する中心となる法律は、民法と保険法である。保険法は民法の特別法であり、保険法の条文は、民法の規律を前提に書かれている[16]。なお、保険法施行前（すなわち、2010年3月31日以前）に締結された保険契約には、旧法が原則として適用されるので、相変わらず旧法も法源である[17]。

　中心となる民法と保険法以外にも、保険契約に適用される法律（講学上、保険契約法と呼ばれる）がある（保険法1条でも、保険法以外にも保険契約に適用される法令がありうることが明記されている）。たとえば、保険会社が保険者となる場合には、保険業法のクーリング・オフの規定（保険業法309条）や、保険募集人による加害行為に関する所属保険会社の損害賠償責任の規定（保険業法283条）が適用される。また、特定の保険種目に関して、保険法の特別法が存在することもある[18]。たとえば、海上保険契約に関する各則について商法中の該当規定が保険法施行後も存続しているし（商法815条以下）、自賠責保険に関しては自賠法（自動車損害賠償保障法）が存在する。

　さらに、一般法である「金融商品の販売等に関する法律」や、また、消費者向けの保険商品については「消費者契約法」も適用される。

(2)　商法・会社法総則および商行為総則

　保険者の法的性格次第で、会社法のうちの第1編総則や、商法のうちの第1編総則や第2編商行為第1章総則等[19]も、保険契約法として適用されることがある。

16　萩本・概要24頁参照。
17　ただし、旧法が適用されるのは保険株式会社が引き受けた保険契約であって、保険相互会社が引き受けた保険契約には旧法が準用されることになる（旧法664条、683条1項）。また、制度共済の根拠法においても旧法が準用されることがある（整備法8条、中小企業等協同組合法旧9条の7の5）。
18　保険法中にも、特定の保険種目に関する規定が置かれている。たとえば、火災保険契約に固有の規定（保険法16条）や責任保険契約に固有の規定（保険法22条）がある。
19　第1編第3章1(1)参照。

① 保険者が保険株式会社の場合

　保険株式会社は会社法上の「会社」（会社法2条1号）であるが、会社法上の「会社」が「事業としてする行為」や「その事業のためにする行為」は「商行為」とされる（会社法5条）。また、営業として保険引受けを行う場合には、営業的商行為としても「商行為」に該当することになる（商法502条9号）。

　そして、保険株式会社は自己の名をもってこの「商行為」を行うことを業としているので、商法上の「商人」に該当する（商法4条1項）。

　以上より、他の法律に特別の定めがある場合を除き、保険株式会社が営む事業には商法が適用される（商法1条1項）。

　こうして、商法第1編総則は、原則として保険株式会社に適用されることになる。けれども、商法第1編総則第4章以下は会社に適用されず（商法11条1項カッコ書）、会社法の関連規定（会社法第1編総則第2章以下等）が適用されることになっている。結局、商法第1編総則については、その第1章～第3章が原則（商法1条1項）どおり保険株式会社にも適用され、商法第1編総則第4章以下は適用されずに会社法の関連規定が適用されることになる。

　なお、前述のとおり、保険株式会社が営む事業は商法上の「商行為」となるので、商法第2編商行為第1章総則も適用されることになる[20]。

② 保険者が保険相互会社の場合

　保険相互会社は会社法上の「会社」（会社法2条1号）ではない。そのため、会社法上の「会社」が「事業としてする行為」や「その事業のためにする行為」が「商行為」とされるという規定（会社法5条）は保険相互会社には適用されない。また、保険相互会社が行う保険引受けは営業として行われているわけではないので、営業的商行為（商法502条9号）にも該当しない。

　こうして、保険相互会社は、自己の名をもって「商行為」を行うことを業

---

[20] 適用が想定される商行為総則のおもな規定は、商行為の代理・委任（商法504条、505条）、契約の成立（商法507条～509条）、多数当事者間の債務の連帯（商法511条）、報酬請求権（商法512条）、利息（商法513条、514条）、債務履行地（商法516条）、取引時間（商法520条）である。

としていることにはならないので、商法上の「商人」に該当しない（商法4条1項）。

以上より、保険相互会社が営む事業には、商法は適用されないし（商法1条1項）、会社法も適用されない。

そのため、会社法総則中で保険相互会社にも適用すべきと考えられる規定については（会社法8条、9条、第1編第3章第1節、第1編第3章第2節（18条を除く）、第1編第4章（24条）を除く）、保険相互会社への準用が保険業法で規定されている（保険業法21条1項）。

また、商法の商行為総則中で保険相互会社にも適用すべきと考えられる規定については（501条～503条および523条を除く商法第2編第1章）、保険相互会社への準用が保険業法で規定されている（保険業法21条2項）[21]。

③　保険者が共済の場合

共済者が会社法上の「会社」（会社法2条1号）である場合には会社法総則の適用があるが、会社法上の「会社」でない場合には会社法の適用はない。

また、営業としては保険の引受けを行っていない共済は営業的商行為（商法502条9号）にも該当しないし、したがってまた共済は「商人」にも該当しないから（同法4条1項）、商法の適用もないことになる。

2　慣習法

(1)　商慣習

商事に関して、商法に規定がない事項に関する商慣習は、民法に優先する（商法1条2項）。したがって、商法＞商慣習＞民法という優先関係となる。

特に、再保険契約は、保険のプロである保険者間の保険契約であるから、商慣習の存在が認められる可能性が高い（たとえば、大判昭15.2.21民集19巻273頁参照）。

また、共同保険契約における保険者間の関係も同様である。

(2)　商事以外の慣習

商事以外に関しても、一定の慣習が成立し、法源となる場合がありうる。

---

[21]　保険業法21条2項は、商行為総則のほか、売買、交互計算、仲立営業、問屋営業、寄託に関する商法規定（の一部）の保険相互会社への準用を規定している。

任意規定と異なる慣習がある場合に、保険契約当事者が当該慣習による意思を有していると認められれば、当該慣習に従うことになるし（民法92条）、公の秩序や善良の風俗に反しない慣習であって、法令に規定されていない事項に関するものは、法律と同一の効力を有するとされているからである（法の適用に関する通則法3条)[22]。

3 判　例

保険契約法や保険約款の解釈に関する多数の判例があり、判例は保険実務にも大きな影響を与えている。

ただ、法源としての判例の役割については、保険約款の拘束力（本章第4節参照）以外は、特に一般的に保険について論ずべきことはないので、必要に応じて個別論点において触れることにする。

第3節　保　険　法

保険契約法の法源の中心となるのが保険法であり、この保険法が旧法を全面改正して2010年4月1日に施行されたことは本編冒頭で述べたとおりである[23]。

1 保険法の特徴

(1) 保険法の適用範囲

旧法の規定は、営利保険契約（保険を営業としてする者を保険者とする保険契約）を適用対象とし、相互保険契約に準用されていた（旧法664条、683条1

---

[22] 民法92条と法の適用に関する通則法3条（旧法例2条）の関係をいかに理解するかについては諸説がある。
[23] 保険法制定の経緯は、法務省の立案担当者の解説（萩本・一問一答4～9頁に簡単な解説がある）のほか、法制審議会保険法部会会長の山下友信教授の講演録（山下・講演（損保版）、山下・講演（生保版））に詳しく説明されている。また、法制審議会保険法部会の議事録が公開されている。こうした資料からすると、保険法の立案過程において、さまざまな立場からのさまざまな意見が闘わされたうえで、紆余曲折を経て、法制審議会総会2008年2月13日決定「保険法の見直しに関する要綱」にまとめ上げられたことがわかる。

項)。

　保険法は、保険契約の実質を有する契約を、名称のいかんを問わず、適用対象とした(保険法1条、2条1号)。これにより、相互保険は、準用の対象ではなく適用の対象となった。また、共済契約であって保険契約の実質を有する契約には、従来、旧法が準用または類推適用されていたが、保険法の適用対象となった。営利を目的としない共済も適用対象とするため、商法から独立して単行法という法形式が採用されている[24]。

(2) **典型契約**

　旧法は、損害保険契約と生命保険契約という契約類型を典型契約として立てているが、保険法は、これに加えて、傷害疾病定額保険という第3の類型を立てている(詳細は後述本節2参照)。

(3) **保険契約者や被保険者の保護の強化**

① 個々の規律の内容の見直し

　告知義務、通知義務、保険給付の履行期をはじめとする各種の規律において、保険契約者または被保険者の保護の新設や強化が図られている。

② 片面的強行規定の導入

　旧法の規定は、利得禁止原則を体現して被保険利益のない保険契約を無効とする旧法630条などの一部の規定を除き、任意規定と考えられていた。

　これに対して、保険法は、片面的強行規定を数多く導入して、片面的強行規定の適用除外(保険法36条)とはならない保険契約について、保険契約者、被保険者、保険金受取人の保護を確実なものとしている(詳細は後述本節3参照)。

(4) **保険契約の当事者以外の者の保護の規律の導入**

　保険契約の当事者間以外の第三者との法律関係について、従来から立法なしには解決できないとされていた懸案事項を解決すべく、責任保険給付請求権に対する被害者の先取特権(保険法22条)、保険料積立金のある傷害疾病定額保険契約の保険金受取人による介入権(同法89条～91条)などの規律が新たに導入された。

---

[24] 萩本・一問一答10頁参照。なお、公保険については前述第1節2(4)④参照。

(5) 保険法と各種業法の分野調整

保険契約の締結に際しての保険者側の情報提供義務や助言義務は、契約法上の問題であり、保険法に規定することも考えられる。法制審議会保険法部会において、これらを保険法に規定するか否かが議論されたが、保険法には規定せず、保険業法分野の問題として議論されることになった[25]。

(6) 保険法の重要性

保険法は旧法を全面改正したものであるが、旧法よりもはるかに重要性が高まっている。

旧法の規整は任意規定が多く、しかも今日の保険実務と適合していないために約款で変更されていることが多く、旧法がそのまま適用されることは少なかった[26]。つまり、旧法下においては、今日の約款作成において旧法がそのままの内容で約款規定となることは少なく、また、補充的に旧法が適用される場面も少なかったのである。

これに対して、保険法では、まず、（絶対的）強行規定が増えており、当然に強行的に当該規定が適用されることになる[27]。また、片面的強行規定が新設されたが、消費者向け保険契約に関しては、約款で保険契約者等に有利または同等の変更をしていない限り、やはり強行的に当該規定が適用されることになる[28]。さらに、任意規定も今日の保険実務に適合するように改正されたので、任意規定と同内容の約款規定を置くことが多くなった[29]。したがって、保険法施行後は、約款作成において保険法が相当に重要な参照基準となるのはもちろんのこと、約款解釈においても保険法が大きな影響を与え

---

[25] 保険業に関して、金融審議会金融分科会第二部会保険の基本問題に関するワーキング・グループ「中間論点整理」（2009年6月19日）参照。その後、2014年5月に改正保険業法が成立し、情報提供義務が規定された。

[26] 例外的に、保険約款に規定がなく直接適用されていたおもな旧法の規定としては、たとえば、損害保険契約における被保険利益の要件（旧法630条）、性質損害免責（旧法641条）、主観的確定（旧法642条）、保険の目的の譲渡（旧法650条）、特別短期消滅時効（旧法663条）などがある。

[27] たとえ約款で同一内容の規定を置いていたとしても、法的には意味をもたない約款条項である。

[28] 注27に同じ。

[29] そもそも法規定と同内容であれば法的には約款条項を置く必要はないが、保険契約者等の便宜のために同内容の規定が約款に置かれることが多い。

ることになる。

2 傷害疾病保険契約

　保険法では新たに傷害疾病保険契約という契約類型が設けられたので（ただし、そのうちの傷害疾病損害保険契約は旧法下から存在する損害保険契約という典型契約の一種である）、その概要を以下に述べる。

(1) 人 保 険
① 人保険の分類

　保険法では、損害てん補給付型の人保険契約として、「損害保険契約」（保険法2条6号）とその一部である「傷害疾病損害保険契約」（同法2条7号）が定義されている。また、定額給付型の人保険契約として、「生命保険契約」（同法2条8号）と「傷害疾病定額保険契約」（同法2条9号）が、重複しないものとして（同法2条8号カッコ書）定義されている。以上の定義規定の内容を整合的に理解すると、人保険の典型契約は次のように分類されることになる。

　　a　損害てん補給付型の人保険
　　　a－1：傷害疾病によって保険の対象者自身に生ずることのある損害をてん補する保険
　　　　　　→傷害疾病損害保険契約[30]
　　　a－2：傷害疾病によって保険の対象者以外の者に生ずることのある損害をてん補する人保険
　　　　　　→傷害疾病損害保険契約でない損害保険契約[31]
　　　a－3：傷害疾病によらない損害をてん補する人保険
　　　　　　→傷害疾病損害保険契約でない損害保険契約[32]

---

[30]　たとえば、自動車保険の人身傷害保険がこれに当たる。
[31]　傷害疾病損害保険契約のてん補対象は保険の対象者自身に生じた損害に限定されるので（保険法2条7号カッコ書）、保険の対象者の傷害疾病によって保険の対象者以外の者に生じる損害をてん補する損害保険契約は、傷害疾病損害保険契約以外の損害保険契約であることになる。たとえば、興行中止保険（萩本・一問一答35頁参照）や、自動車保険の人身傷害保険のうち、保険の対象者の父母・配偶者・子に発生する損害をてん補する部分がこれに当たる。

b 定額給付型の人保険
　b-1：人の傷害疾病に基づく、死亡以外の給付事由に関する定額人保険（金銭給付のみ）
　　　→傷害疾病定額保険契約
　b-2：人の死亡に関する定額人保険
　　b-2-1：一定の傷害疾病に基づく、死亡に関する定額人保険（金銭給付のみ）
　　　　　→傷害疾病定額保険契約[33]
　　b-2-2：上記b-2-1以外の死亡に関する定額人保険（金銭給付のみ）
　　　　　→死亡保険契約

② 死亡定額給付

　法文において、「〜に関し」（保険法2条8号）と「〜に基づき」（同法2条9号）とが意識的に使い分けられている点に留意する必要がある。上記①bの分類はこの点を織り込んだものである。なお、人の死亡の原因の多くは傷害や疾病であるので（例外は、たとえば老衰）、形式的には、死亡給付のほとんどが傷害疾病定額保険契約になってしまうようにも法文は読める（保険法2条9号、2条8号カッコ書）。けれども、立法趣旨は異なり、保険法2条9号の「傷害疾病」を「一定の傷害疾病」と理解することとされている[34]。

　なお、死亡保険契約に分類されるか傷害疾病定額保険契約に分類されるかで、いくつかの法的効果の相違がある。具体的には、保険事故と給付事由の相違（保険法37条と66条など）、被保険者同意や解除請求権の相違（同法38条と67条、58条と87条など）、重過失免責の有無（同法51条と80条）、重大事由の相違（同法57条1号、2号と86条1号、2号）といった点である。

32　たとえば、老衰死亡時に必要となる葬祭料のみをてん補する保険契約は、「傷害疾病」によって生じる損害をてん補するものではないので傷害疾病損害保険契約（保険法2条7号）ではない。しかしながら、傷害疾病損害保険契約に関する法規整が類推適用される可能性は否定できない。
33　保険業法では、疾病死亡に関する定額人保険（ただし、海外旅行中に死亡または罹患した場合を除く）を、いわゆる第一分野（同法3条4項1号）に分類しており（前述第2編第1章第1節1⑵参照）、保険法の分類とは異なる（萩本・一問一答34頁注3参照）。
34　萩本・一問一答34頁参照。

(2) 「傷害疾病」

保険法は、損害てん補給付型の「傷害疾病損害保険契約」（後述(3)参照）と定額給付型の「傷害疾病定額給付契約」（後述(4)参照）を新たに典型契約として規定したが（両者の上位概念は「傷害疾病保険契約」である）、「傷害疾病」（＝「傷害又は疾病」。保険法2条4号ハ）の定義規定は置かれていない。

(3) 傷害疾病損害保険契約

傷害疾病損害保険契約も損害保険契約の一種であるので、保険法では、他の損害保険契約と同じ規定が適用される（旧法でも同様である）。ただし、人保険であるので、おもに以下の点で相違がある。

① 「被保険者」

被保険者の死亡損害をてん補する傷害疾病損害保険契約については、被保険者に関する規定を、「被保険者またはその相続人」あるいは「その相続人」と読み替えている部分がある（保険法35条）。

② 他人の保険契約

被保険者と保険契約者とが異なる場合（他人の保険契約）であっても、被保険者の同意は求めない（＝効力要件ではない）こととした（この点において、生命保険契約や傷害疾病定額保険契約とは大きく異なる）。

そのかわり、被保険者は、保険契約者に対する保険契約解除請求権を常にもつこととなった（保険法34条。ただし、両者間に特別の約定がある場合を除く）。

(4) 傷害疾病定額保険契約

傷害疾病定額保険契約には以下のような特徴がある。

なお、生命保険契約と傷害疾病定額保険契約とは、保険法では章が分かれるものの（第3章と第4章）、その規定振りは基本的には同じである（異なる部分もある）。

① 「給付事由」

「給付事由」とは、「傷害疾病」による治療、死亡その他の保険給付を行う要件として傷害疾病定額保険契約で定める事由のことである（保険法66条）。生命保険契約における「保険事故」（被保険者の生死。同法37条）に一応は対応する概念であるが、「傷害疾病」とは異なる概念であることに注意を要す

る。つまり、「事実としての傷害疾病」と「保険給付の要件としての給付事由」とは異なるのである。

これまで、傷害保険や疾病保険における保険事故は何か、ということが議論されてきた。損害保険会社は、傷害自体が保険事故であるとして（入通院や手術は保険事故の結果であり、保険金算出のための計算要素にすぎない）、保険約款を策定し、販売を続けてきた。他方、生命保険会社は、疾病保険について、疾病自体は保険事故ではなく、入通院や手術等を保険事故としてとらえて実務を運用してきた。このような背景事情があったため、保険法においても傷害疾病保険に関しては保険事故という概念を法律で規定することができず、「給付事由」という概念を用いることとなったものである[35]。

そのため、傷害疾病定額保険契約に関する規整はこの「給付事由」という概念を中心に構築されていることが多く、これまでの損害保険実務とは異なる点が多い。新約款もこの点に関しては従前の考え方（すなわち、傷害自体を保険事故とする考え方）をもとに作成されていると思われるので、保険法との整合性を個々の条項ごとに検証する必要がある。

② 他人の保険契約

被保険者と保険契約者とが異なる場合（他人の保険契約）には、死亡保険契約と平仄を合わせるべく、多くの規整が設けられることになった。その目的は、おもに、モラル・リスク対策と賭博保険対策である。具体的には、第一に、保険契約の成立、保険金受取人の変更、そして保険給付事由発生前における保険給付請求権の譲渡・質入れにおいて、被保険者同意が効力要件とされている（保険法67条、74条、76条。詳細は第3章第3節参照）。第二に、保険契約者に対する契約解除請求権が、被保険者に認められた（保険法87条。詳細は第6章第3節参照）。

③ 保険料積立金のある契約

保険料積立金のある傷害疾病定額保険契約には、次の特別な規整がある（生命保険契約と同様）。

a 保険金受取人による介入権

---

[35] 萩本・一問一答167～168頁参照。

保険契約は、保険契約者以外の第三者（たとえば、差押債権者[36]、質権者、債権者代位権を行使する債権者、破産管財人など）も解除することができる（この場合の第三者を「解除権者」という。保険法89条1項）。こうした解除権者による契約解除に対して、一定の場合に保険金受取人が当該契約を存続させることが可能となった（保険法89条〜91条。絶対的強行規定）。

　b　保険料積立金の払戻し

一定事由による保険契約終了時に、保険者が「保険料積立金」を払い戻す義務がある（保険法92条。片面的強行規定）。

3　片面的強行規定

片面的強行規定（片面的強行法規ともいう）とは、当事者間の約定で法規定の内容をいずれの当事者の利益（＝他方の不利益）にも変更できる可能性がある場合において、一方当事者に不利には変更できないと規律されている規定のことである。なお、規定の本来の性質としては任意規定である。

保険契約法に関しては、旧法にはこうした規定がなかった（なお、すでに借地借家法、割賦販売法、特定商取引に関する法律、国際海上物品運送法においては導入されている）が、消費者保護のため、保険法で設けられることになった。具体的には、保険法の第2章〜第4章の各節の末尾に、片面的強行規定の対象条項を特定する規定が置かれている。

(1)　片面的強行規定の効果

保険法においては、適用除外となる保険契約を除き、片面的強行規定で規定する内容よりも保険契約者等に不利な特約は無効となる。

① 「不利」

どのような場合が「不利」に該当するのか判然としない場合がある。片面的強行規定の内容よりも一方的に保険契約者側に不利となる約款条項であれば明確であるが、不利な側面と有利な側面とがある場合が問題となる。こうした場合、まずは、当該約款条項の背景にある制度等や約款の全体像を把握する必要がある。そのうえで、保険契約者等に「不利」となるか否かを、保

---

[36]　差押債権者による保険契約の解除について最判平11.9.9民集53巻7号1173頁参照。

険法の規律全体の趣旨をふまえて[37]、総合的に判断することになる[38]。この判断基準は、約款条項の内容に合理的な客観的理由があり、しかも、当該約款条項を不当とする事情が認められない、というものになるかと思われる（片面的強行規定である借地法に関する最判昭31.6.19民集10巻6号665頁、最判昭44.5.20民集23巻6号974頁、最判昭47.6.23裁判集民106号341頁参照）[39]。

　たとえば、保険（特に消費者向け保険契約）においては、保険料領収前免責条項が、保険料前払方式（あるいは、いわゆる保険料即収の原則）とセットで歴史的に広く用いられてきた。保険料支払義務は、保険者が提供する保険保護と対価関係に立つものであるから、保険料領収前免責条項（自動車保険標準約款6章2条3項、住宅総合保険標準約款15条3項、家族傷害保険標準約款13条3項）は保険契約において特に不当な取引条件ではない。むしろ、「双務契約の本質から当然許容されるべきこと」である[40]。

　また、近時は保険契約者の利便性向上のため、保険料の分割払方式、それも後払方式での分割払方式を保険者が提供し、その利用が著しく増加している。後払いであるので、保険者が保険料不払解除を行う場合には、不払い時以降の保険者免責を規定しておく必要がある（そうでないと、保険契約者側は保険料を支払わないまま保険保護を取得することになってしまい、機会主義的な保険料支払の誘因となるし、ひいては保険制度の存続を危うくさせるおそれもありうるからである）。

　こうした保険料領収前免責条項や保険料分割払制度の事情にかんがみると、保険契約解除の効果を将来効とする片面的強行規定（保険法31条1項、88条1項）および保険者免責が遡及する場合を限定列挙する片面的強行規定（同法31条2項、88条2項）に表面的には反して保険契約者等に不利益となるようにみえるものの、双務契約として当然の規定であったり、さらには保険

---

[37] 萩本・概要24頁参照。
[38] 萩本・一問一答22頁注5参照。
[39] 萩本・講演18頁参照。
[40] 萩本・講演16〜17頁参照。山下教授も、保険料領収前免責条項を無効とする必要はないとする。山下・講演（損保版）60〜61頁参照。
　なお、保険料不払い時において、不払いが開始した保険料支払期日以降の保険期間について保険者免責とするのみで、解除時までの保険料支払義務を免除しなくとも片面的強行規定には反しないものと考えられる。萩本・同所参照。

料分割払制度では保険契約者は保険料支払について分割かつ後払いという利益を得たりしているのであるから、片面的強行規定には反しないものと考えられる[41]。

② 潜脱行為

片面的強行規定に直接的には反していなくとも、片面的強行規定を潜脱するような約款規定はやはり無効となる（監督指針Ⅳ－1－17保険法対応参照）。特に、無効、解除、免責、失効規定に関する約款規定は注意を要する。たとえば、追加保険料を徴収すべき危険増加後に発生した保険事故による損害や傷害疾病のすべてを免責事由として規定する約款条項は、危険増加に関する片面的強行規定（保険法29条1項、31条2項2号、33条、85条1項、88条2項2号、94条）の潜脱として無効になる可能性があるとの指摘がある[42]。ただ、実際には、当該免責事由の趣旨（特に、免責事由としなければ著しい支障が生じるか否か）を吟味したうえで判断することとなろう。

(2) 片面的強行規定の適用除外

損害保険契約に関する片面的強行規定の対象となる規定は、すべての損害保険契約について片面的強行規定性が具備されるわけではなく、一定の損害保険契約に関しては任意規定となる。これが片面的強行規定の適用除外（保険法36条）であるが、この適用除外の範囲をいかに理解すべきかについて議論がある。そこで、まずは片面的強行規定性が求められる前提事情を整理し（後述①）、この前提事情に基づいて片面的強行規定の適用除外の意義を検討したうえで（後述②）、片面的強行規定の適用除外の範囲について論じることとする（後述③）。さらに、適用除外規定の適用単位（後述④）や約款条項の規定振り（後述⑤）にも触れる。

① 片面的強行規定の前提事情

適用除外規定の趣旨を考えるにあたっては、そもそも、契約自由の原則を修正して、任意規定が片面的強行規定とされている理由を探る必要がある

---

41 遡及効を定めるこうした約定の有効性について、洲崎博史「保険契約の解除に関する一考察」法学論叢164巻1号～6号234～235頁（2009年）、浅湫聖志「保険契約法の改正について」損保研究70巻1号77頁（2008年）参照。ただし、山下・講演（損保版）59～60頁は保険料分割払条項の有効性については疑問を呈している。
42 萩本・一問一答21、22頁注5参照。

（そのような理由が該当しなければ、片面的強行規定の適用を排して、原則どおり契約自由（＝任意規定）とすればよいからである）。具体的には次のとおりである。

　a　保険契約情報に関する情報劣位（保険契約者）

　第一に、保険契約者の保険契約に関する知識や理解が、保険契約締結時点において非常に乏しいことが必要である（補足説明3頁。保険契約情報に関する「情報の非対称性」)[43]。保険契約に関する情報量が乏しい保険契約者は、特に約款を用いた附合契約については、原則として（交渉力のある保険契約者を除く）、保護の必要性があると考えられるからである。他方、保険契約に関する知識や理解が一定程度存在するのであれば、契約自由の原則を修正する必要性はないと考えられる[44]。

　b　契約交渉力の相対的劣位（保険契約者）

　第二に、保険者との交渉力が、相対的に著しく劣ることが必要である（補足説明3頁)[45]。交渉力に乏しい保険契約者は、保険者から有利な契約条件を引き出せないばかりか、保険契約に関する十分な情報の提供を受けられないおそれが潜在的にあり、特に約款を用いた附合契約については、原則として（情報量のある保険契約者を除く）、保護の必要性があると考えられるからである。他方、相当程度に交渉力を有する保険契約者に関しては、契約自由の原則を修正する必然性がないと考えられる（交渉力を行使して情報提供を受ければよい）。

　c　リスク情報に関する情報劣位（保険者）

　以上は契約自由の原則を修正するうえで一般的に考慮される事項であるが[46]、こと保険契約に関しては、リスク情報に関する「情報の非対称性」（リスク情報が保険契約者に偏在していること）という特殊要素も考慮すべきで

---

[43]　洲崎博史「保険法現代化の方向性」ジュリ1343号3頁（2007年）参照。
[44]　たとえば、保険契約者自身が他の保険者である場合（つまり、再保険契約）が典型例である。
[45]　洲崎・前掲注43同頁参照。
[46]　消費者契約法9条1項に関する最判平18.11.27判タ1232号82頁、また、洲崎・前掲注43同頁参照。保険法立案担当者も、情報量や交渉力の格差を指摘している（萩本・一問一答17頁参照）。

ある(補足説明4頁)。したがって、第三に、付保対象リスクに関して、著しい「情報の非対称性」が生じていないこと、あるいは、著しい「情報の非対称性」が有効に相当程度解消されることが原則として必要だといえよう[47]。著しい「情報の非対称性」が存在し、それが有効に、かつ、相当程度に解消できないにもかかわらず片面的強行規定の規律が適用されると、保険者としては有効な防御策を講じることができず、社会に有益な保険が供給されなかったり、必要以上にリスク・マージン(安全割増)が課されたりするおそれがあるからである[48]。

② 片面的強行規定の適用除外の意義

任意規定を片面的強行規定とする前提事情が前述のとおりだとすると、次のような事情がある場合には、片面的強行規定の適用除外とすべきことになる(適用除外としないと、法規整によってゆがみが生じるばかりか、情報量や交渉力のある保険契約者にとっては、保険会社が保険引受けに慎重になるがために適切な補償内容の保険を適切な価格で入手できず、かえって不利益を被る可能性がある[49])。

　a　保険契約情報に関する情報格差が大きくない場合

保険者と保険契約者とで、保険契約情報に関する大きな格差があるとはいえない場合には、片面的強行規定とする必要はない[50]。

たとえば、保険会社や保険代理店や保険仲立人が保険契約者となる場合には(典型的には、再保険契約[51])、保険契約情報に関する情報格差は大きくな

---

[47] 榊素寛「告知義務の意義とその限界(1)」法協120巻3号468頁注40(2003年)参照。
　例外として、たとえば生命保険契約では一般に通知義務を課さないかわりに、保険契約締結後の付保リスク変動を織り込んだ保険料を徴収しているが、こうした方策もありうるところである。

[48] 萩本・一問一答45頁注1、145、146頁注1参照。

[49] 会社法における強行規定に関して柳川範之=藤田友敬「会社法の経済分析:基本的な視点と道具立て」三輪芳朗ほか『会社法の経済学』25~26頁(東京大学出版会、1998年)参照。なお、片面的強行規定の一般的な経済的意義は、片面的強行規定に反する合意は意思決定プロセスに問題があったものと割り切るところにあるとも考えられる(会社法に関して神田秀樹=藤田友敬「株式会社法の特質、多様性、変化」三輪ほか・上記467~469頁参照)。ただし、こと保険法に関しては、本文(2)①cで述べたとおり、リスク情報に関する「情報の非対称性」という要素も勘案する必要がある。

[50] ちなみに、金融商品販売法における重要事項説明義務も同様の規律となっている(同法3条1項、3条7項)。

い。

　また、たとえば、保険契約者が大規模事業者である場合には、自身で費用を投入して保険契約情報を入手することができる。

　　b　契約交渉力格差が大きくない場合

　保険者と保険契約者とで、契約交渉力に関する大きな格差があるとはいえない場合には、片面的強行規定とする必要はない。たとえば、大規模事業者がこれに当たる[52]。ちなみに、EUの保険監督規制で同様の適用除外となるのは「ラージ・リスク」（large risk. 損害保険2次指令（88/357/EEC）5条）であるが、その1つに大規模事業リスクがある。具体的には、総資産、売上高、平均従業員数が基準値を上回る場合は、物保険、自動車保険、賠償責任保険、利益保険等について「ラージ・リスク」となるが[53]、この基準がEU各国の保険契約法において、片面的強行規定の適用除外基準として取り込まれている（たとえば、ドイツ新保険契約法210条）。

　なお、入札によって保険者間の競争が期待できる国や地方公共団体も同様であろう。

　　c　リスク情報に関する情報格差が大きい場合

　リスク情報は保険契約者に偏在しているが、このリスク情報に関する情報格差が大きい場合には、上述のとおり、片面的強行規定とすることはできない[54]。

　たとえば、巨大リスクや特殊リスクがこれに当たる。保険者がうかがい知

51　ドイツ新保険契約法では、そもそも再保険は同法の適用対象外となっている（同法209条）。

52　ちなみに、金融商品取引法（2007年9月30日施行）では、「特定投資家」が契約締結やその勧誘の相手方であるとき等においては、契約締結前の書面交付義務等が適用除外とされている。そして、「特定投資家」とは、「適格機関投資家」のほか、たとえば国、地方公共団体、上場会社、「取引の状況その他の事情から合理的に判断して資本金の額が5億円以上であると見込まれる株式会社」が該当すると規定されている（同法2条31項、金融商品取引法2条定義府令23条）。

53　保険種目が限定されているようにもみえるが、実際には、他の保険種目は保険契約者が大規模事業者等であるか否かを問わず「ラージ・リスク」とされるものが大半である（なお、傷害保険、疾病保険、訴訟費用保険、アシスタンスのみが「ラージ・リスク」の完全な対象外である）。

54　萩本・一問一答145頁参照。

れない重大なリスク情報が保険契約者に偏在しており、適切な情報開示がなされないことによる保険者への影響は甚大である。また、こうしたリスクは国際的な再保険契約で出再されることも多いが[55]、十分かつ実効的な情報開示がなされなければ再保険の手配にも支障をきたすことになる。さらに、国際的な再保険においては、元受保険の契約内容について国際的な定型性が求められることがあり、片面的強行規定によって定型性が維持できない場合には再保険が手配できず、ひいては元受保険の引受けもできなくなるおそれがある[56]。

具体的には、人工衛星・航空機・鉄道・船舶・貨物に関する保険、原子力リスク（原子力保険）や環境汚染リスク（環境汚染賠償責任保険など）に関する保険、製品の瑕疵リスクや欠陥リスク（リコール費用保険、瑕疵保証責任保険など）に関する保険、信用リスクに関する保険（保証保険、信用保険）などが考えられる[57]。

また、たとえば、特定の保険種目に関しては相当な保険知識が期待できる事業者等が存在する。こうした事業者等が保険契約者となる場合には、その本業に関する保険種目に関しては、片面的強行規定の適用除外とする余地がある。また、特定の事業リスクに関しては、事業者として当然に高度かつ専門的な情報や技術を備えているはずであり、保険者が相当な情報劣位に置かれている（リスク情報に関する「情報の非対称性」が著しい）ことも勘案すべきである。このようなリスクに関しては、片面的強行規定の規律は適当ではない。

具体的には、貨物運送業者は物品運送を本業としているが、貨物保険に関

---

[55] 巨大リスクや特殊リスクについては、再保険契約ではなくて、保険契約者が直接に海外の保険者に付保することも可能な場合すらある（日本法が契約準拠法とならない可能性もある）。具体的に明示列挙されているものは、国際海上運送用の日本船舶や商業航空用の日本航空機を対象とする保険、それらによって国際運送中の貨物を対象とする保険、その他の国際運送中の日本所在貨物を対象とする保険、宇宙保険、海外旅行保険である（保険業法186条1項カッコ書、同法施行令19条2号〜4号、同法施行規則116条）。
[56] 萩本・一問一答146頁注2参照。
[57] EUの保険規制においても、鉄道車両、航空機や船舶（賠償責任を含む）、運送品、一部の信用・保証に関する危険が片面的強行規定の適用除外となる「ラージ・リスク」とされている。

して一定の知識・理解力があると考えてよいであろう（あるいは、一定の知識・理解力が求められているともいえる）。倉庫業者にとっての火災保険なども同様であろう[58]。また、特定業界の特定分野のために特別に用意・開発された保険であって、当該保険の普及度が高い場合には同様に考えられる。たとえば、工事業者向けの工事保険、自動車製造者向けの新車一貫保険などがこれに当たる。

ことに、専門職業人（医師、弁護士、税理士等）の職業リスクを担保する職業賠償責任保険（professional liability insurance or errors & omissions（E&O））に関しては、この保険が本業リスクを担保するという性格をもつのみならず、個々の被保険者（＝専門職業人）が抱えている職業リスクの詳細を保険者がうかがい知ることはきわめて困難であるので（リスク情報に関する「情報の非対称性」が著しい）、片面的強行規定の適用除外とする要請が大きい[59]。

③ 適用除外規定の解釈

以上のような背景事情があって、一定の場合に片面的強行規定が適用除外とされていると考えられる。具体的には、「損害保険契約」についてのみ、次のとおり、片面的強行規定の適用除外が規定されている（保険法36条）。

1号：商法815条1項の海上保険契約
2号：航空機の機体保険、航空貨物保険、航空機事故に基づく賠償責任保険
3号：原子力施設の物保険、原子力事故に基づく賠償責任保険
4号：事業活動に伴う損害をてん補する損害保険契約（ただし、傷害疾病損害保険契約は適用除外とはならない）。正確には、次のように規定されている。「前三号に掲げるもののほか、法人その他の団体又は

---

[58] ちなみに、現行保険業法においては、保険会社の基礎書類のうちの事業方法書、普通保険約款、保険料及び責任準備金の算出方法書（保険業法4条2項2号～4号）を変更するには一般に認可申請が必要であるが、特定の保険種目については、「保険契約者等の保護に欠けるおそれが少ない」との理由から認可申請をせずに届出のみで可とされている（同法123条1項カッコ書、2項）。そのなかには、当該保険契約者に高度な保険知識が期待できる保険契約がある（同法施行規則83条1号、3号に列挙されている保険契約の一部）。

[59] 以上、吉澤卓哉「保険契約法の現代化と保険事業」保険学雑誌599号148頁以下（2007年）参照。

事業を行う個人の事業活動に伴って生ずることのある損害をてん補
　　　する損害保険契約（傷害疾病損害保険契約に該当するものを除く。）」

　この法文規定（特に4号の包括的適用除外規定）をいかに解釈するかが問題
となる。なお、「事業を行う」とは、「営利目的に限らず、一定の目的をもっ
て、自己の危険と計算において同種の行為を反復継続的に行うことである」
とされている[60]。

　a　文理解釈

　この適用除外規定を文理解釈すると次のとおりである。すなわち、1号〜
3号に該当する保険契約については、たとえ契約交渉力や保険契約情報に大
きな格差がある場合であっても、また、リスク情報に関する大きな格差が存
在しない場合であっても、一律に適用除外になる。また、事業リスクに関す
る保険契約についても、やはり同様に、一律に適用除外になると解すること
になる。

　なお、1号〜3号が4号とは別個に規定されている実質的な理由は、1
号〜3号に該当する保険契約については、たとえ事業活動に伴う損害をてん
補するものでなくても、適用除外となる点にあることになる。

　b　論理解釈

　論理解釈を行う場合には、適用除外規定の趣旨、ひいては、片面的強行規
定の意図を探る必要がある（前述(2)①②参照）。

　(a)　リスク情報に関する情報格差のみを適用除外理由とする考え方

　かりに、リスク情報に関する情報格差（前述(2)②c参照）のみを適用除外
の趣旨ととらえるとすると[61]、保険法36条4号の包括的適用除外規定は相当
程度に限定的に解釈することになる。すなわち、理論的には、保険者が了知
しているリスク情報量が（きわめて）少ない事業リスクのみが、適用除外と
なることになる。また、同条1号〜3号に関しても、たとえ列挙されている
保険契約に該当する場合であっても、保険者が了知しているリスク情報量が

60　落合監修・コンメンタール115頁［落合誠一］参照。
61　保険法の立案担当者はこの立場のようである。すなわち、保険契約者が事業者である
　場合であっても、当該保険契約で担保されるリスクが、消費者が付保する場合と実質的
　に同じであるような場合には、片面的強行規定性があるとする。萩本・一問一答146頁
　注3参照。

（きわめて）少ない場合にのみ、適用除外となることになる（保険契約者が零細な事業者であっても適用除外となる）。

　ただ、こうした解釈を採用する論者も、リスク情報が偏在しているか否かを直接的な判断基準とはせずに、被保険者の事業特性に応じたリスク評価を保険者が実施していることを判断基準としたり[62]、別保険商品と構成して引受判断をしていることを判断基準としたりするようである[63]。ただ、リスク評価の方法は保険者の内部事情であって、外部（特に、保険契約者）からはうかがい知れないものだとすると、適用除外の判断基準としては適当でないと思われる。また、事業危険に着目した引受判断の実質的必要性も外部（特に、保険契約者）からはうかがい知れないものなので、適用除外の判断基準としては適当でないと思われる。

　また、このような適用除外の判断基準に該当しない場合には、当該保険契約者がいくら巨大企業で、十二分な契約交渉力を有していたとしても、また、保険契約情報に関する情報格差がまったく存在しない場合であっても、片面的強行規定が適用されてしまうことになってしまう。たとえば、巨大な元受保険会社が再保険契約の保険契約者となって、消費者向けの自動車保険や火災保険を再保険者に出再する場合にも、再保険契約の保険契約者たる元受保険会社は片面的強行規定で保護されることになってしまうし、逆に、当該規定を約款で再保険契約の保険契約者たる出再者に不利に変更するかわりに出再保険料を抑えようとしても、それはできないことになってしまう。同様に、多数の専任要員を擁する保険部門すら抱えている巨大な事業会社が、全国で保有する社宅に住宅火災保険を手配する場合にも、当該事業会社は片面的強行規定で保護されることになってしまうし、逆に、当該規定を約款で事業会社に不利に変更するかわりに保険料を抑えようとしても、それはできないことになってしまうのである。したがって、このような解釈は適当ではないと思われる。

---

[62]　萩本・一問一答147、148頁注1参照。
[63]　山下・ジュリ1364号15頁（2008年）参照。「要は、事業から生ずる危険に特に着目して引受判断を行っており、またそのような引受判断をする必要が実質的にあるかどうかが問題である」と山下教授は述べている。

(b) リスク情報に関する情報格差のみならず、保険契約情報に関する情報格差や契約交渉力格差をも適用除外理由とする考え方

　他方、リスク情報に関する情報格差（前述(2)②c参照）のみならず、保険契約情報に関する情報格差や契約交渉力の格差（前述(2)②ａｂ参照）も適用除外の趣旨ととらえるとすると[64]、保険法36条4号の包括的適用除外規定は、直接的には、リスク情報に関する情報格差が著しい場合や、保険契約情報に関する情報格差が大きくない場合や、保険契約者の契約交渉力が相対的に保険者よりも著しく劣るわけではない場合には、片面的強行規定の適用除外とすべきことになる。ただ、このような複雑な判別基準は実際的ではないので、事業リスク全般に関する損害保険契約（ただし、傷害疾病損害保険契約を除く）が適用除外規定になったと考えられる。すなわち、保険契約情報に関する情報格差が大きくない保険契約者を特定したり、契約交渉力のある保険契約者を特定したり、リスク情報に関する情報格差が大きい保険契約者を特定したりすることが、法律で細かに規定することが困難だったため[65]、一律に、事業リスクを適用除外としたものととらえるのである[66]。

　なお、この場合、1号～3号が4号とは別個に規定されている実質的な理由は、1号～3号に該当する保険契約については、たとえ事業活動に伴う損害をてん補するものでなくても、適用除外となる点にあることになる（上記ａに同じ）。

　結局、この論理解釈は文理解釈（上記ａ）と同じ結論となり、片面的強行規定性の外延（＝適用除外の外延）も比較的明確であり、法的にも安定的である。したがって、この考え方をとるべきであると思われる。

---

[64] 保険法の立案担当者は、（保険契約情報に関する）情報格差や交渉力格差も片面的強行規定を導入する理由としている（萩本・概要16頁参照）。また、嶋寺基＝仁科秀隆「新しい保険法に対応した監督指針の改正」NBL907号39頁（2009年）参照。

[65] 政省令等で適用除外を細かく規定することも可能であったが、保険法には政省令等を設けないこととしたため、このような包括的な適用除外規定となったものと思われる。

[66] この立場では、事業リスクはすべて保険法36条4号により適用除外となる。そして、事業者の活動はすべて事業活動と考えられるから、事業者が損害保険契約（ただし、傷害疾病損害保険契約を除く）の保険契約者（正確には、被保険者）となる場合には、すべて適用除外であることになる。なお、落合監修・コンメンタール115頁［落合誠一］は、結論としてはこの立場かと思われる。

④ 適用除外規定の適用単位

　保険法36条4号の包括的適用除外規定の該当性、すなわち、「事業活動に伴って生ずることのある損害をてん補する損害保険契約」を、保険種目単位で判断するのか、それとも、個別の保険契約ごとに判断するのかという論点がある。

　たとえば、生産物賠償責任保険（いわゆるPL保険）のように、事業リスクしか付保対象とならない保険種目であれば、すべて適用除外となるので特段の問題はない。けれども、たとえば自動車保険や火災保険であって、同一の保険商品で事業リスクも個人リスク（消費者リスク）も引き受けることがある場合に、どのように適用除外性を判断するかの問題である。

　1つは、保険商品単位で適用除外の有無をとらえる考え方がある。この立場では、当該保険会社が事業リスクも個人リスクも同一保険商品（したがって、普通保険約款は同一約款）で引き受けている場合には、たとえ保険料率に相違があっても（つまり、リスク判断を異にしていても）、すべて適用除外にはならないことになる[67]。これでは、十分な保険契約情報を有している大規模事業者が、自社が保有する業務用自動車について、いくら保険法の規定を特約で事業会社に不利に変更するかわりに保険料を抑えようとしても、それはできないことになってしまうのである。したがって、このような解釈は適当ではないと思われる。

　もう1つは、保険契約単位で適用除外の有無をとらえる考え方がある。この立場では、事業リスクも個人リスクも同一保険商品で引き受けていたとしても、保険契約ごとに適用除外該当性を検討することになる。適用除外の趣旨からすると、この考え方が適当であると考える。したがって、たとえば同じ火災保険商品や自動車保険商品であっても、事業リスクか否かで、片面的強行規定か任意規定かが分かれることになる。

⑤ 適用除外における約款条項

　片面的強行規定性の適用除外に該当する場合には、保険法の当該規定は任意規定となる。したがって、当然のことながら、約款では当該法規定を否定

---

[67] 山下・ジュリ1364号15頁（2008年）参照。

することも可能であるし、当該法規定どおりに約款で規定することも可能である。

換言すると、約款の規定内容が、結果的に保険法の条文どおりに規定されている場合であっても、片面的強行規定性があるから保険法どおりに約款が作成されていることもあるし、片面的強行規定性がなくとも保険法どおりに約款が作成されている場合もあるのである。実際のところ、片面的強行規定性の適用除外となる保険契約しかありえない保険契約（たとえば、いわゆるPL保険）においても、保険法の規定（当該保険商品に関しては、片面的強行規定ではなく任意規定となる）どおりに約款条項でも規定することを、保険者が選択していることが多い。

4 保険法の適用開始と経過措置

① 施行日

保険法は、同法施行日（2010年4月1日）以後に締結された[68]保険契約から適用される（附則2条）。

ここで注意を要するのは、契約締結日ベースで適用法が分かれることである（保険始期日ベースではない）[69]。ちなみに、損害保険会社の実務においては、新商品への切替えは保険始期ベースで行うのが通常である。顧客の理解としても、契約締結日に関心は薄く、また、契約締結日自体が判然としないこともあるためである（契約締結日については後述第3章第2節2参照）。

② 旧契約

施行日前に締結された保険契約（以下「旧契約」という。なお、保険法では典型契約ごとに「旧損害保険契約」（保険法附則3条）や「旧傷害疾病定額保険契約」（同5条）と呼ばれる）については、原則として旧法が適用される（旧法主義。同2条。整備法2条）。したがって、たとえば、保険の目的物の譲渡

---

[68] 失効した保険契約の復活手続が保険法施行後になされる場合には、保険契約の復活手続は新たな契約手続と性質が同じであるから（札幌地判平17.9.9金判1226号41頁）、保険法が適用されるものと考えられる（萩本・一問一答217頁注1参照）。
[69] 保険法制定に伴って農業災害補償法も改正されたが、同法に基づく共済関係に関しては、経過措置は締結日ベースではなく、共済責任期間の始期ベースとされている（整備法6条1項）。

に関する規定（旧法650条）は、保険法施行後も旧損害保険契約に適用される。また、たとえば、性質損害免責・自然消耗免責（旧法641条）は、保険法施行後も旧損害保険契約に適用される。

ただし、例外的に、旧契約にも保険法（商法と規律の内容が異なる絶対的強行規定や片面的強行規定のうち、旧契約にも適用すべきとされた規整）が適用される場合があるので注意を要する。具体的には図表3－1－1のとおりである。

③　特約の付帯

保険法施行日以後に、旧契約に特約を付帯して、担保危険や担保内容や被保険者等を拡張することがある。その場合に、当該拡張部分について、旧法が適用されるか、それとも保険法が適用されるかは（保険法附則により旧契約にも適用される規整を除く）、当該保険契約と当該拡張部分の内容次第であり、一概に論じることはできない。

他方、担保危険や担保内容や被保険者等を縮小する特約については、たとえそれが保険法施行後に締結されたとしても、原則として保険法は適用されない（保険法附則により旧契約にも適用される規整を除く）ものと思われる。

第4節　保険約款

1　保険約款の意義

保険契約においては、保険約款を用いた取引が広く行われている。まずは、保険約款を利用することの意義を再確認する。

(1) 保険約款を利用する意義

保険約款を利用する意義は、次の2つからなる。すなわち、保険業に限らず、一般事業においても約款による附合契約を用いる意義と、保険業に特有の意義である。

① 一般事業における附合契約の意義

もし、保険契約者ごとに異なる契約条件で保険契約締結を行うとなると、保険契約締結において、保険契約者にとっても保険者にとっても、多大な時

図表3−1−1　旧契約にも適用される保険法の規定

		「旧損害保険契約」	「旧傷害疾病定額保険契約」
「施行日」から適用	契約締結後の保険価額の減少に基づく保険金額・保険料の減額請求	10条、12条、36条	
	危険の減少に基づく保険料減額請求	11条、12条、36条	77条、78条
	保険者による重大事由解除	30条、31条1項、2項3号、33条1項、36条	86条、88条1項、2項3号、94条2号
	他人のためにする傷害疾病定額保険契約における、保険給付請求権の質権設定に関する被保険者同意		76条（注2）
「施行日」以後に発生した保険事故（注1）から適用	損害発生後の保険の目的物の滅失	15条、26条、36条	
	保険給付の履行期	21条、26条、36条	81条、82条
	責任保険契約の先取特権と保険給付請求方法	22条1項、2項	
	「施行日」以後の責任保険契約の保険給付請求権の譲渡・質権設定・差押え	22条3項	
「解除権者」による「施行日」以後の解除から適用	介入権の行使		89条〜91条

（注1）　旧傷害疾病定額保険契約については、保険事故ではなく給付事由が基準となる。
（注2）　保険金請求権の譲渡は対象外である。

間と費用を要することになる。こうした時間や費用を節約することに、保険約款を用いる1つの意義がある。

ただ、この意義は、約款を用いる他の契約でも同様である。保険に限ら

ず、約款（あるいは、普通約款、普通契約約款、普通契約条款ともいう）を用いた取引（約款を用いた契約を附合契約という）は、事業者との契約において広く利用されている。身近なところでも、たとえば、交通機関の乗車[70]、ホテルの宿泊、宅配便の利用において、利用者は自動的に約款取引を行っていることになる。安価な取引コストと簡便な契約手続の実現が約款取引の最大の利点であり、保険においても定型的な約款による取引が大半を占めている[71]。こうした取引では、一方当事者が作成した契約条件（約款）を、他方当事者はそのまま受諾するか、当該サービスの利用等を諦めるしかない。そのため、不当な約款による弊害を防止すべく個別の業法が約款を規制することがあるが、保険約款についても保険業法に基づいて、原則として監督当局の約款規制がなされている（後述本節3参照）。

② 保険業に特有の附合契約の意義

もう1つの意義、すなわち、保険約款特有の意義は、リスクの同質性の確保にある。

保険は、単独の保険契約では成立せず、一定数以上の多数の保険契約を集めてはじめて成立するものである。正確には、同質性があり、一定程度は独立しているリスクを多数集積することによって、大数の法則[72]（や中心極限定理[73]）が自動的に働くようにして、分散（「ばらつき」のこと）というリスクのリスク量全体を抑える仕組みを内蔵している経済制度なのである（いわゆる「保険の団体性」[74]とも呼ばれるものである）。すなわち、そもそも保険は、

---

[70] 一般旅客自動車運送事業では運送約款を使用しており、この運送約款は所定の基準に基づいて国土交通大臣の認可を受けている（道路運送法11条1項、2項）。また、国土交通大臣が標準運送約款を定めて公示した場合、それと同一の運送約款を使用する場合にはみなし認可となる（同条3項）。

[71] 一定の約款をベースとしつつも、契約内容・条件を個別交渉で変容・決定する事業者向け保険も存在する。

[72] 大数の法則とは、保険に当てはめて簡単に述べると（ただし、正確さには欠けている）、相互独立のリスクを多数、集積すればするほど、標本平均（当該リスク集団の平均損害額）が期待値（母集団の平均損害額）に近づいていくことである。

[73] 中心極限定理とは、保険に当てはめて簡単に述べると（ただし、正確さには欠けている）、相互独立のリスクを多数（少なくとも一定数以上）、集積すればするほど、母集団の分布のいかんにかかわらず、標本平均が期待値を中心とする正規分布に近づいていき、かつ、標本平均の分散がゼロに近づいていくことである。

同質で、かつ、一定程度に独立のリスクを多数集積して（これが保険団体となる）、大数の法則（と中心極限定理）を利用することによって、分散リスクを縮小させる経済的な制度である。

　そのためには、同質性のあるリスクを多数集めることが必要となるが、保険約款による画一的な契約条件での取引は、リスクの同質性確保において重要な役割を果たしているのである。

(2) 約款をめぐる議論

　このように、保険約款を利用した保険契約の締結を行うことには、一般事業と同様の意義および保険制度に特有の意義がある。その一方で、約款の内容が保険契約内容となるため、約款の拘束力の根拠や範囲をいかに理解するかが問われることになる（後述本節2参照）。また、日本においては保険約款の内容に対する監督規制が実施されており、約款の拘束力を考えるにあたってはこの点も考慮する必要がある（後述本節3参照）。

　ただ、繰り返しとなるが、約款を用いた附合取引は保険契約にとどまらず（その場合の意義は上述(1)①参照）、しかも、保険契約に関しては一般事業における意義とは異なる意義も有している（前述(1)②参照）。したがって、約款の拘束力や監督規制を検討するにあたっては、まずは、一般事業における附合取引にも当てはまる議論なのか（つまり、附合契約全般に関する議論なのか）、そして、附合契約全般には当てはまらないが保険特有の意義によって保険にのみ当てはまる議論なのかを区別することも必要であろう。

2　保険約款の拘束力に関する判例

　保険約款は2つの意義、すなわち、附合契約全般に通じる約款の意義（前述1(1)①参照）と、保険約款に特有の意義（前述1(1)②参照）を併せ持つ。このような保険約款について、判例は一貫して拘束力を認めている。すなわち、「特に約款によらないとの意思表示をしたうえで特段の合意をする場合」でなければ、普通保険約款を現実に提示すると提示しないとを問わず、普通保険約款の内容によって契約締結を行う意思があったと推定するのが確立し

74　最判昭34.7.8民集13巻7号911頁参照。

た判例である[75]。

具体的には、1915（大正4）年の大審院の判決で普通保険約款に一般的な拘束力が認められており[76]、最高裁設置後も最高裁でこの判例は維持されている[77]。さらに、下級審においても同様の判決が下されており[78]、実に90年以上にわたって維持されている判例である。

また、こうした判例は、保険者が当該約款条項を説明しなかった場合のみならず、約款条項について誤った説明を行った場合も同様である[79]。すなわち、保険募集時に保険者（保険代理店を含む）がある約款条項について誤った説明を保険契約者に行ったとしても、約款に規定されているとおりの内容での契約成立を認めるのが判例である（保険者の誤った説明内容が契約内容になるわけではない）。

なお、保険契約者等がこうした契約内容に不服がある場合には、契約の無効・取消しを主張したり、不法行為に基づいて損害賠償を請求したりすることになる。

3　約款に対する保険監督

保険約款は、普通保険約款およびそれに付帯される特約によって構成され

---

[75] 約款の一般的な拘束力が認められることは、保険制度として同質なリスクの引受けを確保することにつながるものである。
[76] 大判大4.12.24損保判百（2版）4頁。この事件では、イギリスの保険会社が、日本の主務官庁の認可を得た火災保険約款をもって、日本人と火災保険契約を締結した。ただ、その普通保険約款には、日本の保険会社の普通保険約款には存在しない、森林火災免責条項（樹林火災や森林燃焼による建物火災は免責となる）が存在したが、保険契約締結時に特にその旨の説明は行わなかった。その後、火災事故が発生したので被保険者が保険金の支払を求めたが、保険会社が森林火災免責条項を理由に保険金支払を拒絶した。
　判決は、「当事者双方が特に普通保険約款に依らざる旨の意思を表示せずして契約したるときは、反証なきかぎり、其の約款に依る意思を以て契約したるものと推定すべく」と述べて、保険会社は約款どおりのてん補責任しか負担しないとした。
[77] 最判昭42.10.24民集88号741頁参照。
[78] たとえば、東京地判昭48.12.25判タ307号244頁、函館地判平12.3.30判時1720号33頁参照。
[79] 最判平8.4.26生保判例集8巻469頁（控訴審は東京高判平7.11.29生保判例集8巻307頁、第1審は長野地裁諏訪支判平7.6.27生保判例集8巻160頁）、札幌地判平2.3.29判タ730号224頁、神戸地判平9.6.17判タ958号268頁参照。

る。普通保険約款に規定すべき事項は、保険業法施行規則によって定められている（保険業法施行規則9条）。特約に関する事項は、「事業方法書」に規定すべきものとされている（同法施行規則8条1項6号）。

普通保険約款および特約の作成および変更については、保険業法に基づき、金融庁の監督がなされている。

(1) 損害保険業免許申請時の審査

損害保険会社になろうとする者は、損害保険業免許の申請にあたり、「定款」「事業方法書」「普通保険約款」および「保険料及び責任準備金の算出方法書」を免許申請書に添付する必要がある（保険業法4条2項）。この申請について、内閣総理大臣[80]は、所定の免許審査基準（同法5条）に適合するか否かを審査する。

普通保険約款、および、特約に関する事項の記載を含む事業方法書については、その記載事項が次に掲げる基準（以下「審査基準」という）に適合するか否かが審査される（保険業法5条1項3号、同法施行規則11条）。

保険業法5条1項3号
三 前条第2項第2号及び第3号に掲げる書類[81]に記載された事項が次に掲げる基準に適合するものであること。
　　イ　保険契約の内容が、保険契約者、被保険者、保険金額を受け取るべき者その他の関係者（以下「保険契約者等」という。）の保護に欠けるおそれのないものであること。
　　ロ　保険契約の内容に関し、特定の者に対して不当な差別的取扱いをするものでないこと。
　　ハ　保険契約の内容が、公の秩序又は善良の風俗を害する行為を助長し、又は誘発するおそれのないものであること。
　　ニ　保険契約者等の権利義務その他保険契約の内容が、保険契約者等にとって明確かつ平易に定められたものであること。
　　ホ　その他内閣府令で定める基準

金融庁は、「効率化、明確化及び透明性の観点」から、審査基準を具体化

80　保険業法上の内閣総理大臣の権限は、政令で定めるものを除き、金融庁長官に委任されているが（保険業法313条1項）、損害保険業免許（同法3条1項）については、政令（同法施行令46条1項）により、金融庁長官に委任される権限から除かれている。
81　保険業法4条2項2号に掲げる書類は事業方法書であり、同項3号に掲げる書類は普通保険約款である。

する「保険商品審査上の留意点」を公表している（監督指針Ⅳ．保険商品審査上の留意点等）。

保険業法5条1項3号イおよびニにも重なるところであるが、監督指針にも、商品審査においてすべての商品に共通して特に留意する事項として、「普通保険約款及び特約の記載事項については、保険契約者等の保護の観点から、明確かつ平易で、簡素なものとなっているかに留意することとする。」（監督指針Ⅳ－1－1普通保険約款及び特約の記載事項について）と規定されている。

(2) 普通保険約款または特約の変更時の審査
① 認可申請事項と届出事項

事業方法書または普通保険約款に定めた事項を変更しようとするときは、金融庁長官の認可を受ける必要がある（保険業法123条1項）。

ただし、保険契約者等の保護に欠けるおそれが少ないものとして内閣府令に定める事項については、その変更について認可を受ける必要はなく、届出で足りるものとされている（保険業法123条2項）。「保険契約者等の保護に欠けるおそれが少ないものとして」火災保険契約をはじめとする保険契約が列挙されており（同法施行規則83条3号）、これらの種目の事業方法書または普通保険約款の変更は、届出事項とされている。

② 認可申請事項の審査

認可を受ける必要がある事項について、保険会社が認可申請を行った場合には、免許申請時と同様に、審査基準に適合するか否かを金融庁長官が審査する（保険業法124条1号）。

認可申請を受理してから認可をするまでの標準処理期間は、90日とされている（保険業法施行規則246条1項12号）。「商品開発の迅速化に資するという観点から、審査期間の短縮に努めるもの」とされ、特に、「定型化された簡易なもの」等については、「原則として45日以内に審査を終えること」とされている（監督指針Ⅳ－6－1保険商品の認可・届出に係る審査期間の取扱い）。

保険会社が認可申請を行う際に、金融庁所定の様式の「概要書」に所定の内容を記載したうえでこれを添付している場合には、これを用いて迅速かつ効率的な審査を行うものとされている。ただし、当該「概要書」が添付され

ていても、記載が不十分で補正が必要と認められる場合、記載内容に関し保険会社から十分な説明が得られない場合または必要と認められる資料の添付が不十分な場合には、上記「所定の内容」を記載したことにならないことが留意点として掲げられている（監督指針Ⅳ－6－2保険商品審査にあたっての手順）。

③　届出事項の審査

届出を行う必要がある事項について、保険会社が届出を行った場合には、金融庁長官が届出を受理した日の翌日から起算して90日を経過した日に届出に係る変更があったものとされる（保険業法125条1項）。

届出事項が審査基準に適合していると金融庁長官が認めるときは、この期間を短縮することができ、短縮後の期間を保険会社に通知する（同条2項）。一方、届出事項が審査基準に適合するかどうかの審査に90日を超える期間を要する場合には、金融庁長官は延長することができる。延長した場合には、延長後の期間と延長の理由を保険会社に通知する（同条3項）。他方、届出事項が審査基準に適合しないと金融庁長官が認めるときは、受理の翌日から90日（または延長後の期間）内に限り、届出事項の変更または届出の撤回を保険会社に命じることができる（同条4項）。

「概要書」による効率的な審査に関しては、認可申請の場合（前述②参照）と同様である（監督指針Ⅳ－6－2保険商品審査にあたっての手順）。

なお、当然のことながら、保険会社は、普通保険約款および特約の素案の段階から、法令上の審査基準および監督指針上の留意点を意識して[82]、これらに適合するよう約款を作成している。

(3)　特約自由方式

前述のとおり、特約に関する事項は、事業方法書の法定記載事項となっている。事業方法書の変更については認可申請または届出をすべきものとされているので、特約の規定を変更するつど、認可申請または届出を行う必要がある[83]。ただし、企業分野の保険契約については、届出を行わずに特約を作成し、または変更することができる旨を事業方法書に規定することが一定の

---

[82]　審査基準および留意点を掲載したチェックリストを用いるなどして、もれがないよう対応している。

要件のもとに認められている(監督指針Ⅳ－3－3特約自由方式等の取扱い)。事業方法書の規定に基づき届出を行わずに特約を作成し、または変更する方式を「特約自由方式」と呼んでいる。

特約自由方式が認められるのは、普通保険約款および事業方法書の変更について届出で足りるものとされている保険契約(保険業法123条2項および保険業法施行規則83条3号)のうち、保険契約者および被保険者が事業者であるものに限られる[84]。特約の新設または変更を行うことができるのは、審査基準および当該保険契約の趣旨・目的の範囲内に限られる旨[85]を事業方法書に規定しなければならない。

企業分野においては、許される範囲で事業方法書に特約自由方式を規定し、これを活用して、保険契約者の個別の需要に対応している。

---

[83] 2016年2月1日付で実施された「保険会社向けの総合的な監督指針」の一部改正により、共同保険契約の非幹事契約を引き受けるため、所定の条件を満たす場合には、特約および保険料計算方法等の新設・改定について、そのつどの認可申請・届出を不要とすることが可能となった(認可・届出手続の簡素化)。
[84] ただし、次に掲げるいずれにも該当する保険契約の場合には、被保険者が事業者であることを要件としない(監督指針Ⅳ－3－3(1)イ)。
・保険契約者の事業活動に関連して被保険者に生じる損害を補償するもの
・被保険者に保険加入の選択権がないもの
・被保険者が明示的に保険料または保険料相当額を負担することがないもの
　また、医師賠償責任保険については、保険の特性および社会的観点から審査の必要性が高いため、特約自由方式は認められていない。
[85] 違約金または約定の履行のための費用等に関する特約の新設または変更は、認められない。

第2章 保険契約の内容

本章では、保険契約の内容に関する総論的論点を取り上げる。

第1節 保険であることから導かれる保険契約の内容

「保険契約」は、条件付きの有償の財産給付契約であり（保険法2条1号）、経済的にはリスク移転契約の一種である。したがって、以下のようなことが保険契約の内容として求められることになる。

1 リスクの特定

リスク移転契約であるから、リスクの特定が必要である。少なくとも、保険の対象の特定、担保危険の特定（または不特定）、保険期間の特定が必須である（なお、保険契約の要素について後述第3章第2節1(1)参照）。

ここで保険の対象とは、物保険では保険の目的物のことであり、人保険では被保険者のことである。

担保危険とは、当該保険契約がカバーするリスクのことであるが、特定のリスクに限定する場合もあるし、特に特定しない場合もある（いわゆる「オール・リスク方式」）。適用地域を限定する場合もあるが、これも担保危険の限定方法の一種である。

保険期間とは、当該保険契約が提供する保険保護の期間のことである。将来の一定期間であることが大半であるが、まれに保険契約締結前の時期を保険期間とすることもある（遡及保険という。後述本章第2節参照）。

2 リスクと保険契約者との関係

単にリスクが特定されただけでは、必ずしも保険にはならない。典型的には、賭博保険（たとえば、某国の大統領または首相の死亡を対象リスクとする賭

博保険)でもリスクが特定されているが、真正の保険ではないと考えられている。

したがって、人保険も含めて、なんらかの利益関係（あるいは、緩やかな利益関係）が、保険契約者と対象リスクとの間に必要だと一般に考えられている（なお、保険利益を享受する者が保険契約者と異なる場合もある。これを「他人のためにする契約」という。後述本章第3節参照）。ただ、どの程度の利益関係の存在を求めるかは、人保険か財産保険かで大きく異なっており、財産保険に関しては強い利益関係の存在が求められている（後述本章第4節、第5節参照）。

第2節　遡及保険

(1)　遡及保険の概要

遡及保険とは、保険者の保険責任が保険契約締結時より過去に遡及する保険契約である。換言すると、保険契約締結より前に発生した保険事故を（も）保険給付の対象とする保険契約である（他方、保険責任の開始が保険契約締結時以降となる保険契約を将来保険という）。

典型的には、貨物保険契約の締結にあたり、保険の目的物を積載した貨物船がすでに積出港を出港しているが、保険契約者も保険者もともに保険事故の発生・不発生を知らない場合に、出港以後（あるいは、積出し以後）のリスクを担保する保険契約を締結する契約形態がこれに当たる。ただ、損害保険会社が販売する消費者向け保険商品では遡及保険はほとんど利用されておらず、特殊な事業者向け保険において利用されている。

なお、損害賠償請求ベース（Claims-Made Basis）の賠償責任保険において、遡及日（retroactive date）を設定することがある。これは、保険事故（被害者からの損害賠償請求）の原因となる事象（原因事故と呼ばれる）が保険始期より遡及することを認める場合の当該日付のことである。この場合、遡及日以降に発生した原因事故について、保険期間中に損害賠償請求がなされた（＝保険事故）場合、保険者がてん補責任を負うことになる。こうして損害賠償請求ベースの賠償責任保険に遡及日が設定される場合であっても、通常保

険引受けが行われているのは、保険期間と保険事故との関係では将来保険であり、遡及保険ではない[86]（つまり、保険契約締結時より前になされた損害賠償請求をてん補する保険は一般には引き受けられていない）。

(2) 法規整と約款条項

保険法は、旧法における規整の法的性格を一新するとともに[87]、規整内容も大きく変更した[88]。具体的な規整内容は複雑であるので、網羅的に分類する必要がある（図表3-2-1～図表3-2-3参照）。ちなみに、新標準約款では遡及保険に関する条項は置かれていない[89]。

ここで、保険法では、遡及保険において保険契約締結時より過去に生ずることが認められる対象事由（以下「確定対象事由」という）は、損害保険契約に関しては「保険事故」（保険法5条1項カッコ書）であるのに対して（同

図表3-2-1　発生・不発生確定の別および確定主体による遡及保険の分類

		保険事故・給付事由の発生確定		保険事故・給付事由の不発生確定	
		【A類型】保険者の主観的確定	【B類型】保険契約者等の主観的確定	【C類型】保険者の主観的確定	【D類型】保険契約者等の主観的確定
参考：旧法642条		無効	無効	無効	無効
保険法	5条1項 68条1項	反対解釈で有効	・一部類型が無効 ・他類型は反対解釈で有効（注）	―	―
	5条2項 68条2項	―	―	・一部類型が無効 ・他類型は反対解釈で有効（注）	反対解釈で有効

（注）　詳細は図表3-2-2、3-2-3を参照。

86　古笛恵子「遡及保険と保険事故の偶然性」金澤理監修『新保険法と保険契約法理の新たな展開』89頁（ぎょうせい、2009年）参照。
87　旧法642条は、遡及保険も含めた主観的確定全般に関する規整であるとも解されたが、保険法では遡及保険規整に限定された。
88　旧法642条では、主観的確定があれば保険契約は無効とされていたが、保険法では、反対解釈により、「不当な利得」に該当しない遡及保険は原則として有効とされることになったといわれている。
89　新標準約款で規定されなかったのは、法規整が複雑すぎて、とても約款に平易に規定しようとすると、膨大な文章となってしまうからだと思われる。

図表３－２－２　不当利得が生じうる遡及保険のうち、申込み前にまで遡及する遡及保険における主観的確定の基準時と契約の有効性

主観的確定の類型		類型	申込者と承諾者		主観的確定の基準時		遡及部分の効果	
確定対象事由	確定主体		申込者	承諾者	申込み時(注1)	承諾時(注2)	～申込み	申込み～承諾
B類型　遡及部分（承諾前）における保険事故・給付事由の発生確定	保険契約者等	B1	保険契約者	保険者	了知	－	無効5条等1項	無効5条等1項
		B2			不知	－	有効	有効
		B3	保険者	保険契約者	－	了知	無効5条等1項	無効5条等1項
		B4			－	不知	有効	有効
C類型　遡及部分（承諾前）における保険事故・給付事由の不発生確定	保険者	C1	保険者	保険契約者	了知	－	無効5条等2項	有効
		C2			不知	－	有効	有効
		C3	保険契約者	保険者	－	了知	無効5条等2項	有効
		C4			－	不知	有効	有効

網掛けのセルは主観的確定がまったく存在しないもの。

(注1)　申込み前の事象が主観的確定の判断の対象となる。
(注2)　承諾前の事象が主観的確定の判断の対象となる。

項)[90]、傷害疾病定額保険契約に関しては「給付事由」（同法66条）とされている（同法68条1項）。両者は必ずしも同一概念ではないので注意を要する（前述第1章第1節3(4)①参照）。

なお、公共工事履行保証保険などにおいて、保険契約者となる受注業者が、本来は工事開始までに保険を手配しておかなければならないにもかかわらず、付保を失念していたがために、工事開始後に遡及保険形態で保険契約の締結を行うことがある。遡及部分における保険事故の発生有無を保険者が知らなければ、保険法5条2項に抵触しないが、保険事故の不発生を保険者が了知していると、形式的には保険法5条2項に抵触するようにみえる。し

90　より正確には、傷害疾病損害保険契約以外の損害保険契約については「保険事故」、傷害疾病損害保険契約については「保険事故による損害」である（保険法35条）。

図表３－２－３　不当利得が生じうる遡及保険のうち、申込み・承諾間にしか遡及しない遡及保険における主観的確定の基準時と契約の有効性

主観的確定の類型		類型	申込者と承諾者		主観的確定の基準時		遡及部分の効果	
確定対象事由	確定主体		申込者	承諾者	申込み時	承諾時（注）	〜申込み	申込み〜承諾
B類型 遡及部分（申込み・承諾間）における保険事故・給付事由の発生確定	保険契約者等	B1	保険契約者	保険者	―	―	―	―
		B2			不知	―	―	有効（承諾前死亡）
		B3	保険者	保険契約者	―	了知	―	無効5条等1項
		B4			―	不知		有効
C類型 遡及部分（申込み・承諾間）における保険事故・給付事由の不発生確定	保険者	C1	保険者	保険契約者	―	―	―	―
		C2			不知	―	―	有効
		C3	保険契約者	保険者	―	―	―	―
		C4			―	不知		有効

網掛けのセルは主観的確定がまったく存在しないもの。
(注)　申込み・承諾間の事象が主観的確定の判断の対象となる。

かしながら、合意によって同項の適用を排除していると考えられるが、こうした保険契約は事業者向けの保険契約であるので片面的強行規定性は具備しないので（保険法36条4号）、当該合意は有効であると考えられる。また、かりに、片面的強行規定の適用除外にならないとしても、遡及保険の手配について、保険契約者には保険料負担と同等以上の利益があると考えられるから、片面的強行規定（保険法7条）には抵触しないと考えられる[91]。

　さらに、当然のことながら、損害保険会社が取り扱う保証証券業務（たとえば、公共工事履行保証証券）は保険法の「保険契約」ではないので、保険法は適用されない。つまり、遡及保険規整が直接に適用されることもない。

91　片面的強行規定に抵触しないことについて、古笛・前掲（注86）91頁参照。

第3節　他人のためにする保険契約

保険契約者と保険の受益者とが異なるのが「他人のためにする保険契約」である。

1　受益の意思表示

「他人のためにする保険契約」は、民法に規定されている「第三者のためにする契約」（民法537条1項）の一種である。民法の「第三者のためにする契約」では、受益者たる第三者が受益の意思表示をしてはじめて効力を生じるのに対して（同法537条2項）、「他人のためにする保険契約」では受益の意思表示が不要である点に差異がある（保険法8条、71条。旧法648条後段も同じ）。

2　損害保険契約と定額人保険の差異

他人のためにする保険契約は、損害保険契約でも定額人保険契約でも存在する。損害保険契約では、保険契約者と被保険者が異なり、定額人保険では、保険契約者と保険金受取人が異なることになる。

けれども、それ以上に、両者、すなわち、他人のためにする損害保険契約と他人のためにする定額人保険契約とでは、大きな差異がある。それは、損害保険契約では被保険利益の存在が要件とされているのに対して（保険法3条）、定額人保険では、少なくとも日本では、被保険利益の存在は要件とはされていないからである[92]。そのため次のような差異が両者間に生じる。

① 受益者の設定

定額人保険契約では、原則として、だれをも保険金受取人として設定する

---

[92] 「他人のためにする保険契約」は、ヨーロッパ大陸においては損害保険契約と生命保険契約では用語も異なる。前者は、「他人の計算による保険契約」と呼ばれている（ただし、生命保険契約についても「他人の計算による保険契約」はありうるので、「他人の計算による保険契約」は保険契約全般に通じる契約形態である）。今井薫『保険契約における企業説の法理』第7章（千倉書房、2005年）、菊池直人「生命保険契約における被保険者と第三者のためにする契約」（生保論集168号（2009年））参照。

ことができるが[93]、損害保険契約は、被保険利益のある者しか受益者たる被保険者として設定できない（ただし、傷害疾病定額保険契約における実務での運用について後述本節4参照）。そのため、損害保険契約では、被保険利益のない者が被保険者として設定された場合[94]の解決が重要な問題となる（後述本節3(1)参照）。

② 受益者の変更

定額人保険契約では、保険金受取人に特に制約はないので、しばしば保険金受取人の変更が行われる（特に生命保険契約に長期契約が多いことも、保険金受取人変更が多い原因となっている）。そのため、保険法においても、保険金受取人の変更に関する規定が定額人保険についてのみ置かれている（保険法43条〜45条、72条〜74条）。これに対して、損害保険契約では、被保険者となることができるのは被保険利益を有する者に限定されるため、被保険者の変更が行われることはきわめて少ない。限定的ながら損害保険契約で起こりうる被保険者の変更は、たとえば、物保険における保険の目的物の譲渡時である（物保険の被保険利益たる所有権が移転するため。後述第4章第2節1参照）。

③ 受益者の死亡

定額人保険では、保険事故や給付事由の発生前に保険金受取人が死亡した場合に（いわゆる受取人先死亡）、だれが保険金受取人となるかが問題となるので、そうした事態に対応する規定が置かれている（死亡した保険金受取人の相続人全員が保険金受取人となる。保険法46条、75条。後述第4章第3節4(2)参照）。これに対して、損害保険契約では、被保険者が死亡したとしても、その相続人全員が自動的に被保険者となるわけではないので（被保険者となるには被保険利益が必要である）、こうした規定は置かれていない。

④ 保険給付請求

定額人保険契約では、保険金受取人に保険給付請求権があり、保険金受取人が保険給付請求を行う。他方、損害保険契約では、被保険者に保険給付請

---

[93] 山下・保険法488頁参照。例外的に、定額人保険契約でも、たとえば、不倫関係の維持を目的として不倫相手を保険金受取人に設定すると公序良俗に反して無効となる。東京地判平8.7.30金判1002号25頁。
[94] 一般に、損害保険契約の保険契約申込書においては、特に被保険者を指定しない限り、保険契約者が自動的に被保険者となるとされていることが多い。

求権があり、被保険者が保険給付請求を行うのが一般的であるが、保険契約者が、保険契約締結と同様に、被保険者の保険給付請求を行うことができるか否かが問題となる（次述3(2)参照）。

3　他人のためにする損害保険契約

(1)　受益者の設定間違い等

他人のためにする損害保険契約では、受益者たる被保険者には被保険利益が存在しなければならないが、被保険利益のない者が誤って受益者（＝被保険者）として設定されてしまうという事態が起こりうる（前述本節2①参照）[95]。

具体的には、被保険利益のない者が被保険者として保険契約申込書に明記される場合や、保険契約者と被保険者が異なるにもかかわらず（他人のためにする保険契約）、保険契約申込書の被保険者欄に何も積極的には記載されないがために、同欄の不動文言によって保険契約者自身が被保険者となる（すなわち、自己のためにする保険契約となる）場合や、被保険者欄に一部の被保険者の記載はあるものの、他の者の記載がもれている場合等がある。

保険契約の種類や当該事案の個別事情次第ではあるが、その場合には、たとえば以下のような解決が考えられよう。

①　被保険利益の欠如や合意の一部不成立

損害保険契約には被保険利益が不可欠である（保険法3条。絶対的強行規定）。したがって、被保険利益のない者しか被保険者に指定されていない損

---

[95] 旧標準約款には関連条項があった。すなわち、他人のために保険契約を締結する場合に、その旨を保険契約者が保険契約申込書に記載しなければ、保険契約は無効となる（旧・自動車保険標準約款6章9条3号、旧・住宅総合保険標準約款16条1号）。この条項は、こうした事態が生じたときには（だいたいが保険事故発生後の損害処理の段階で発覚する）、モラル・リスク防止の観点から一律に保険契約の無効として処理しようとしたものである（東京海上・実務講座5巻80頁）。また、保険契約の要素の特定や、危険選択のための情報収集が目的であると考えられる（山下・保険法260頁参照）。
　ところが、保険法制定時に旧法648条（他人のためにする保険契約で委任を受けない場合）が廃止されたことを受けて、新標準約款ではこうした条項も削除された。しかしながら、旧標準約款は旧法648条とは異なる規定内容であり、また、この約款条項には合理性があるから（大阪地判昭63.7.28判時1307号148頁）、旧法648条が廃止されても、旧標準約款は変更する必要がなかったとも考えられる。

害保険契約は、被保険利益を欠くので無効となる。こうしたことは、保険契約者には被保険利益がなく、かつ、保険契約者以外の者で被保険利益を有する者がいるにもかかわらず、保険契約申込書の被保険者欄に何も積極的には記載されないために、同欄の不動文言によって保険契約者自身が自動的に被保険者となる（すなわち、自己のためにする保険契約となる）場合に生じやすい。

また、保険契約申込書の被保険者欄に一部の者の記載がもれていた場合には、当該損害保険契約自体は有効であるとしても、もれていた者については被保険者としての合意が基本的には成立していないと考えられる。

② 告知義務違反

だれを被保険者とするかは「危険」に関する重要事項であり[96]、かつ、それが告知事項とされている場合には、告知義務違反となり（保険法4条）、保険者は解除（同法28条）や保険者免責（同法31条2項1号）の主張が可能である。

③ 錯誤無効

保険契約の要素について、保険者または保険契約者に錯誤があり、自身に重過失がなければ、保険者または保険契約者は錯誤無効を主張することができる（民法95条）。

④ 公序良俗違反や詐欺取消し

賭博保険やモラル・リスク目的での保険契約であれば、公序良俗違反で無効となったり（民法90条）、詐欺として保険者による取消しの対象となったりする（同法96条）。

(2) 保険契約者による保険給付請求

保険契約締結と同様に、被保険者の計算において、たとえば、保険契約者が保険給付請求を行うことを認めるか否かの問題がある。典型的には、倉庫業者が他人からの受寄物について、自らが保険契約者となって火災保険契約を締結する場合において（被保険者は寄託者）、保険事故発生時に保険契約者

---

[96] たとえば、請負業者賠償責任保険のように、多くの下請人等に損害賠償責任が発生しうるリスクに関しては、だれを被保険者として追加するかは「危険」に関する重要事項であるとも考えられる。

たる倉庫業者が保険給付請求できるか否かである。

　こうしたことが問題となるのは、他人のためにする損害保険契約においては、保険契約者自身が保険給付請求を行う（被保険者の計算において保険給付を請求する）実際上の必要性があるからである。また、そもそも、損害保険契約は純粋な「第三者のためにする契約」ではなくて、被保険利益を有する者の計算において、保険契約者が締結する保険契約という性格をもつとも考えられるからである[97]。

　立法論としては以前からそのような提案がなされていたが[98]、保険法では立法はなされなかった。したがって、やはり原則としては、被保険者自身による保険給付請求が必要となる[99]。

4　他人のためにする傷害疾病定額保険契約

　傷害疾病定額保険契約においては、損害保険契約とは異なり、法的には、保険者と合意すれば[100]、保険契約者は受益者たる保険金受取人を自由に設定することができる。また、保険契約締結後は、保険約款で特に制限されていない限り、保険契約者は保険金受取人の変更も可能である（保険法72条1項）。

　しかしながら、少なくとも損害保険会社が販売している傷害保険に関して

---

[97]　前掲（注92）参照。

[98]　岩崎稜「他人のためにする保険立法論の中心問題―保険金請求権の帰属と行使―」日本保険学会創立30周年記念論文集（1971年）参照。

[99]　東京海上・実務講座5巻361頁参照。ただ、保険契約者と被保険者とが「社会的、経済的に一体のものとみるべき特別の関係があるような場合」には、任意的訴訟担当（民訴法115条1項2号）が認められる場合もありえよう。そして、他人のためにする損害保険契約に関して、どのような場合に任意的訴訟担当が認められるかが確立していけば、将来的には、訴外においても保険契約者からの保険給付請求に応じて、保険者が保険給付を行うようになることもありうるかもしれない。ただし、判例等で任意的訴訟担当が認められる他人のためにする損害保険契約の類型が確立しない限り、訴外における保険契約者からの保険給付請求に保険者が応じることは、保険金の二重払いのリスクを保険者が抱えることになる。

[100]　保険法においては、旧法と異なり、保険金受取人をだれにするかは保険契約締結時の保険者・保険契約者間の合意事項であるととらえている（萩本・講演22〜23頁参照）。他方、保険金受取人の変更は一方的な意思表示で行われる（保険法72条2項。強行規定）。

は、保険者は、保険金受取人の自由な設定や変更を必ずしも認めていない。すなわち、死亡保険金受取人については、特段の設定や変更をしなければ、自動的に被保険者の相続人が保険金受取人になる（家族傷害保険標準約款35条1項）。そのため、大半の傷害保険契約では死亡保険金受取人は自動的に被保険者の相続人となっている。ただし、死亡保険金受取人の設定や変更も可能である。また、死亡保険金以外の保険金については、常に、被保険者自身が「保険金受取人」[101]になるのであり、被保険者以外の者が保険金受取人になることはできない（同約款7条～9条、35条10項[102]、同・旧標準約款9条～11条）。

　こうした取扱いは、モラル・リスクや賭博保険を防止するとともに、被保険者同意を不要とすることが目的であると考えられる[103]。換言すると、傷害疾病定額保険契約における保険金受取人の設定・変更に関する保険実務は、傷害疾病定額保険契約の効力要件である被保険者同意（保険法67条）[104]と深く結びついているのである。なぜなら、給付事由が傷害疾病による死亡のみではない傷害疾病定額保険契約においては、保険金受取人が被保険者自身であれば（被保険者の死亡に関する保険給付については被保険者またはその相続人であれば）、被保険者同意を必要としないからである。

101　「保険金受取人」とは、傷害疾病定額保険契約における保険給付請求権者を指すが（保険法2条5号）、損害保険会社が販売する傷害保険では死亡保険金の請求権者のみを保険金受取人と呼ぶのが一般的である。死亡保険金以外の保険金については、保険金請求権を被保険者にしか認めないため、保険金受取人という概念を死亡以外で用いる必要がないからである。

102　保険法では傷害疾病定額保険契約に関する規整が新設され、そのなかでは保険金受取人の変更が保険契約者の形成権として規定されている（保険法72条1項。任意規定）。そのため、傷害疾病定額保険契約の約款において、この形成権を否定する特約を置かないと、死亡保険金以外の保険金についても、保険金受取人の変更が可能となってしまう。そこで、新標準約款では、死亡保険金以外の保険金に関する保険金受取人変更権を否定する約款条項を新設している。

103　死亡以外の保険給付事由については「経済的損失が被保険者自身に発生するのが一般的であり、死亡保険金請求権のように自由な指定変更を認めることは妥当でないからである。」とされている（山下・保険法525頁。また、萩本・講演24～25頁参照）。その意味では、傷害疾病定額保険契約には被保険利益は必要ないといいつつも、少なくとも死亡保険金以外の保険金に関しては、一定の利益関係を保険金受取人に求めるような実務がなされているのである。

104　旧法下では、死亡保険契約に関する規整（旧法674条）の類推適用と結びついていた。

第4節　被保険利益と利得禁止原則

　被保険利益も利得禁止原則も、おもに損害保険契約において必須とされる保険規整の大原則である。被保険利益は保険契約の（成立）要件であり、利得禁止原則は損害保険契約の保険給付で求められる制約条件である。

1　被保険利益

(1)　被保険利益の定義

　被保険利益は、日本では、損害保険契約に固有の契約の要素とされている[105]。保険法3条の損害保険契約の目的とすることができる「金銭に見積もることができる利益」（旧法630条の保険契約の目的と為すことを得る「金銭に見積もることを得べき利益」に同じ）が講学上の「被保険利益」（insurable interest）に当たる（「被保険利益」という語は、旧法や保険法の法文上は用いられていない）[106]。

　この被保険利益について、一般的に確立した定義があるわけではない。大別して図表3－2－4の4種類の定義の仕方があるが、いずれの定義によるかは、具体的に何を被保険利益と認めるかという実質的な問題に特に影響を与えていない。

(2)　被保険利益の意義

① 損害保険契約の要件

　損害保険契約においては、被保険利益の存在が要件であり、この被保険利

---

[105] 英米法系の法域では、生命保険契約にも被保険利益の存在が保険契約締結時に求められている。
　　日本においては、定額人保険では被保険利益は契約の要素とはされていないが、保険金受取人の設定・変更について同意主義を採用しているため、事実上、被保険者と保険金受取人との間になんらかの関係の存在が求められていることになる。また、傷害保険では死亡保険金以外の保険金に関しては、被保険者以外の者を保険金受取人に設定したり変更したりすることができない（家族傷害保険標準約款35条10項）。つまり、死亡保険金以外は、傷害保険においても事実上の被保険利益がある者を保険金受取人とする保険引受けが行われているのである（前述本章第3節4参照）。
[106] 損害保険会社の事業方法書においては、被保険利益という語を使わず、法文に倣って「保険契約の目的」と表現している。

図表3-2-4　被保険利益の定義

	保険事故不発生の面からの定義	保険事故発生の面からの定義
利益に着目する定義	保険事故の不発生についての経済的利益[107]	保険事故の発生により経済的な損害を被るおそれのある利益[108]
関係に着目する定義	保険事故の不発生について経済的な利益を有する関係[109]	保険事故の発生により経済的な損害を被るおそれのある関係[110]

益は経済的に評価可能な利益でなければならない（保険法3条。絶対的強行規定）[111]。また、損害保険契約は、保険事故によって被保険者に生じることのある損害をてん補することを約する契約であるから（同法2条6号）、保険事故によって被保険者に損害が生じる可能性がないとすれば、損害保険契約となりえない。したがって、形式的には損害保険契約として締結された契約であっても、被保険利益がないものは無効である（たとえば、建物の二重譲渡の事例について最判昭36.3.16民集15巻3号512頁参照）。

② 超過保険

旧法631条は、超過保険の超過部分を無効としていたが、保険法9条は、これを有効としたうえで、一定の要件を満たす場合に保険契約者が超過部分について取り消しうるものとした。この超過部分が無効ではないということは、超過部分についても被保険利益が存在すると認められていることになる。

たとえば、保険期間中の価額の変動が予想される物を保険の目的物として、契約締結時の保険価額が1,000万円であるところ保険金額を1,500万円として保険契約が締結され、保険事故発生時の保険の目的物の価額が1,300万円であった場合に、契約締結時の超過部分についても被保険利益が認められ、1,300万円の保険金が支払われることに、違和感はないであろう。

107　保険業法施行規則229条1項1号、損害保険契約法改正試案1995年確定版630条参照。
108　山下・保険法247頁参照。
109　大森・保険法67頁参照。
110　注109に同じ。
111　大決明38.4.8民録11輯475頁参照。また、山下・総論15頁、萩本・一問一答222頁参照。

このように、保険法の超過保険規整は旧法から大きく転換し、「超過保険や重複保険について、保険価額を超える保険金額の部分は無効であるという素朴な利得禁止原則から発生したとみられる規律は今回の保険法で一掃された」[112]ことになる。

2　利得禁止原則

(1)　狭義の利得禁止原則と広義の利得禁止原則

利得禁止原則は、保険給付において、被保険者に生じた損害のてん補しか認めないという「狭義の利得禁止原則」と、公益の観点から許容されない著しい利得を防止しようとする賭博禁止の要請である「広義の利得禁止原則」に整理する見解[113]が近時有力[114]となっている。

狭義の利得禁止原則は損害保険契約のみに当てはまるものであり[115]、旧法でも保険法でも採用されている。明文規定はないものの、いくつかの法規整に表れている（次述(2)参照）。なお、単に利得禁止原則という場合は、狭義の利得禁止原則を指すことが多い。

他方、広義の利得禁止原則は、定額保険を含めてすべての保険契約に当てはまるとされている。すなわち、生命保険契約や傷害疾病定額保険契約であっても、広義の利得禁止原則に反するような保険契約は無効となるのである。損害の概念と利益の概念は裏腹の関係にあるから、この広義の利得禁止原則が、定額人保険において、保険金受取人と被保険者の生死や給付事由とのなんらかの結びつき（あるいは、緩やかな利益関係）[116]とどのような関連性があるかについて今後の議論が待たれるところである。

(2)　狭義の利得禁止原則の法規整への反映

財産保険においては、保険契約者と保険の対象との間に強い利益関係（被

---

[112]　山下・講演（意義）66頁参照。
[113]　洲崎博史「保険代位と利得禁止原則(1)(2・完)」法学論叢129巻1号、3号（1991年）参照。
[114]　野村修也「損害保険契約に特有な規律」商事法務1808号45頁（2007年）参照。
[115]　他人の死亡保険契約については被保険者同意を求めることで保険制度の適正な運用を図ることとしており、「保険金額に見合う被保険利益」の裏付けは要求されていない（最判平18.4.11民集60巻4号1387頁）。
[116]　前掲（注104）参照。

保険利益と呼ばれる）が存在することを要するばかりか（保険法3条）、保険給付においても発生損害との強い結びつきが求められる。これが（狭義の）利得禁止原則であり、保険給付によって被保険者に利得が生じてはならないとされている。また、人保険についても、損害保険契約の形態をとるものについては、この狭義の利得禁止原則が求められることになる。

狭義の利得禁止原則を実現するために、保険法は以下のような規整を損害保険契約に用意している。なお、超過保険（保険法9条）や超過重複保険（同法20条）でも超過部分が無効とならないのは、保険給付において狭義の利得禁止原則が働くことによって、被保険者に発生した損害を超える保険給付がなされることがないことを前提としているからである。

① 損害てん補方式の保険給付

損害保険契約における保険給付は損害のてん補であることが規定されている（保険法2条6号の「損害保険契約」の定義）。つまり、被保険者に発生した損害を上回る保険給付は許されない。

なお、「損害」の評価方法には種々の考え方がありうるところである。この「損害」の評価方法は、保険法では「価額によって算定する」と表現されているが（保険法18条1項。旧法638条も同旨）、この「価額」については保険法に定義はない（物保険における「価額」が「保険価額」であることは保険法9条に定義がある。なお、「保険価額」については次節参照）。「価額」の定め方は保険契約当事者間の合意（具体的には保険約款）に委ねられており、さまざまな定め方がありうるところである（時価基準や新価基準がその一例である[117]）。

② 超過重複保険における保険者間の求償権

保険法は、超過保険の超過部分を無効から有効に変更したことに伴い、超過重複保険に関する規律も全面的に見直している（詳細は後述第5章第7節参照）。

保険法は、超過重複保険契約を有効としたうえで、独立責任額全額方式（独立主義）での保険給付請求を被保険者に認めているが（保険法20条1項）、

---

[117] なお、消極保険（賠償責任保険など）における「価額」については後述本章第5節1(3)②参照。

各重複保険者からの保険給付を合計して、被保険者が「てん補損害額」（同法18条1項）を超える保険給付を受けることを認めるものではない[118]。これは、狭義の利得禁止原則から導かれる[119]。

また、独立責任額全額方式に従って「自己の負担部分」（保険法20条2項）を超えて保険給付を行った保険者は、他の重複保険者に対して求償権をもつことが保険法に規定されている（同法20条2項）。これも狭義の利得禁止原則を前提とした規定であるといえよう。

③　残存物代位

残存物代位は、物保険において、保険の目的物の全部滅失時に保険者が保険給付を行うと、当該保険の目的物に関する物権が、被保険者から保険者へと当然に移転する制度である（保険法24条。片面的強行規定。詳細は後述第5章第7節1参照）。この残存物代位の制度は、狭義の利得禁止原則の表れであると考えられている。

けれども、残存物に関する物権が被保険者に残存しても、常に被保険者に利得が生じるわけではない。残存物の所有権者は、その除去や廃棄等を行う負担も負うことから、残存物代位をしないことによって被保険者に利得が生じるか否かは、一概にはいえない。他方で、高額な財物の盗難事故の保険給付後に当該財物が被保険者に還付されたときなどは、残存物代位をしなければ狭義の利得禁止原則に抵触することもありえよう[120]。結局のところ、社会的に許容されない著しい利得が生じるような場合には、狭義の利得禁止原則を機能させて残存物代位を行うことが必要だと思われる。

約款では、盗難に関しては、保険金支払により保険法24条の定める範囲で残存物の所有権等を保険者が取得する旨規定している。盗難以外の事故に関

---

[118] けれども、「てん補損害額」を超える保険給付による利得を防止する具体的な方策を法律が定めているわけではない（野村・前掲（注114）41頁は、モラル・ハザード防止策として、他保険契約の告知義務の法定が考えられるとしているが、保険法はそのような規定を設けなかった）。
　そこで約款では、保険事故発生の通知の際または保険金請求の際に、重複保険の有無および内容ならびにその保険金請求の有無の申告を被保険者に求めている（自動車保険標準約款6章20条9号、住宅総合保険標準約款32条1項）。
[119] 萩本・一問一答128〜129頁参照。
[120] 法制審議会保険法部会第21回議事録45頁参照。

しては、保険者が所有権等を取得する意思を表示しない限り取得しない旨を定めているものが多い（住宅総合保険標準約款34条1項、3項。ただし、自動車保険標準約款5章12条1項、3項は、盗難か否かで区別をしていない）。なお、保険法24条は片面的強行規定であるが、保険者の代位を認めない約定は、保険者の代位の範囲を法規整よりも狭めるものであるから、被保険者に不利にならないものとして、基本的には有効と解されている[121]。

④ 請求権代位

請求権代位は、損害保険契約において[122]保険者が保険給付を行うと、被保険者が有する「被保険者債権」（保険法25条1項）が、被保険者から保険者に当然に移転する法制度である（同法25条。片面的強行規定。詳細は後述第5章第7節2参照）。

この請求権代位の制度は、狭義の利得禁止原則の表れであると考えられている[123]。

なお、残存物代位とは異なり、債権の移転によって保険者に負担が生じることは通常はないので、請求権代位を否定する約款は一般に存在しない。けれども、保険法25条が片面的強行規定であることからすると、狭義の利得禁止原則に反しない範囲で、保険法の規定する請求権代位を約款で緩めることは許容されることになる。

第5節 保険価額と保険金額

保険契約法のなかには、損害保険契約のうちの物保険に関する特有の規整がいくつかある。ここで述べる保険価額と保険金額との関係、すなわち、超

---

[121] 萩本・一問一答139頁参照。
[122] 人定額保険では請求権代位はないので（最判昭39.9.25民集18巻7号1528頁、最判平7.1.30民集49巻1号211頁）、被保険者の損害賠償請求権は減少しない（最判昭55.5.1判時971号101頁）。
[123] 請求権代位の制度趣旨として、有責第三者の免責阻止があげられることもある。ただし、損害の一部について保険給付を行った場合の代位について、旧法662条を比例主義と解する判例（最判昭62.5.29民集41巻4号723頁）を明確に否定して、保険法25条は差額主義を規定したが、この比例主義から差額主義への転換は、利得禁止を重視するものだと考えられる。

過保険（保険価額の減少については後述第4章第2節2(1)参照）、一部保険、比例てん補、損害額の算定基準のほか、残存物代位（保険法24条）の規整もある[124]。

　旧法641条で規定されていた保険の目的物に関する固有の瑕疵・自然の消耗免責は、やはり物保険特有の規整の1つであったが、保険法では削除されている。また、保険の目的物の譲渡に関する規定が旧法650条で規定されていたが、これも保険法では削除されている。

　なお、物保険における付保対象物を意味する「保険の目的」という旧法の呼称は、保険法で「保険の目的物」に改められた（保険法6条1項7号）。ただし、標準約款では約款平易化のため、「保険の対象」と称している（住宅総合保険標準約款2条など）。

1　保険価額

　保険価額とは、物保険における保険の目的物の価額のことである。

　ここで、価額の算定方法が問われることになるが、時価基準で価額を算定することも可能であるし、新価基準で価額を算定することも可能である（新価基準であっても利得禁止原則には反しないと一般に解されている）。

(1)　保険金額の設定基準

　保険価額は、まず、保険金額の設定基準としての意義を有する[125]。つまり、保険金額は保険価額をもとに設定されるから、保険価額は付保時に算定されることになる。

　この保険金額が保険価額と一致しないことがある。

① 保険契約締結時における保険価額と保険金額の不一致

　保険契約締結時には、保険金額を保険価額と同額で設定するのが原則である。けれども、意図的に、あるいは、間違って、一致しない額で保険金額が

---

[124]　保険法において、「物保険契約」という契約類型を規定したうえで、物保険に特有の規整をまとめて規定する立法方法もあったかと思われる。なお、萩本・一問一答222～223頁は、損害保険契約に関する保険法の各条文について、物保険のみに適用があるか否かが明示されていて便利である。
[125]　複数の保険の目的物を1つの保険金額で契約した場合には、保険金額を保険価額で按分することになる（住宅総合保険標準約款14条）。

設定されることもある。保険金額が保険価額を超過している状態を超過保険といい（後述本節2参照）、保険金額が保険価額を下回る状態を一部保険という。

② 保険契約締結後における保険価額と保険金額の不一致

たとえ保険契約締結時に保険金額を保険価額と同額で設定したとしても、保険価額は変動するものであるから、保険契約締結後に保険金額と保険価額が乖離することがある。この場合も、保険金額が保険価額を超過していれば超過保険となり（保険法では「保険価額の減少」と呼ばれる。後述第4章第2節2(1)参照）、保険金額が保険価額を下回れば一部保険となる。

(2) 比例てん補の回避策

このように、保険契約締結時であれ、保険契約締結後であれ、保険金額が保険価額と一致しないと超過保険や一部保険となる。

超過保険では、保険金額と保険料の調整のみが問題となり、保険給付内容についての問題は生じない。なぜなら、損害保険契約では利得禁止原則が働くため、被保険者は過大な保険給付を請求することができないからである。

他方、一部保険では、比例てん補による保険給付、つまり保険給付が割合的に削減されるのが原則である（保険法19条。任意規定）。そこで、こうした比例てん補を避ける方策が求められることになる。たとえば、次の方策がある。

① 評価済保険

その1つの方策が、「約定保険価額」（保険法9条但書カッコ書）の設定である。これは、保険契約締結時に、次の2つの効果を目的として、保険者と保険契約者が保険価額について約定する方式である（「約定保険価額」を設定した保険契約を「評価済保険」（valued policy）という）。換言すると、両効果を目的としない約定は評価済保険ではない。

(a) 比例てん補の回避……保険金額が「約定保険価額」と同額以上であれば、保険事故発生時における保険価額の多寡にかかわらず一部保険とはならず、保険給付額の算定において比例てん補を行わない。ただし、保険金額が「約定保険価額」に満たなければ比例てん補となる（保険法19条カッコ書）。

（b） 損害額算定基準の合意……「てん補損害額」（保険法18条1項）の算定において、損害発生地や損害発生時における価額では算定せず、「約定保険価額」基準で算定するのを原則とする（保険法18条2項）。

なお、保険者と保険契約者が保険契約締結時に「約定保険価額」を協定するものであるから、たとえ保険契約締結時において超過保険であったとしても、保険金額や保険料の調整は行わない（保険法9条但書）。

この評価済保険は海上保険の分野で従来行われてきた[126]。

また、自動車保険の車両保険における車両価額協定保険特約はこの評価済保険に当たるといわれている[127]。すなわち、保険価額を保険契約締結時に合意のうえ、同額を保険金額として設定することによって、比例てん補を回避しつつ（自動車保険標準約款車両価額協定保険特約6条2号）、損害額の算定基準は「協定保険価額」を基準として算定する。具体的な損害額算定は、全損時には「協定保険価額」を損害額とし（同特約5条1号）、分損時には損害額の算定において新旧交換控除（NFO：New For Old）を行わないこととしている（同特約5条2号。なお、自動車保険標準約款5章7条2項参照）[128]。

② 火災保険における価額協定保険

もう1つの方策が、個人向けの火災保険で広く行われている価額協定保険である。この方式は、保険価額を保険契約締結時に合意のうえ（価額協定）、全部保険でない場合であっても比例てん補でなくて実損てん補を行う（上記①(a)参照。住宅総合保険標準約款価額協定保険特約条項3条）。そして、損害額算定基準は、保険法の原則どおりに、損害発生地や損害発生時における価額で算定する（保険法18条1項）ものである（再取得価額基準で保険価額を協定している場合には、再取得価額基準で損害額を算定する）。つまり、保険金額が協定保険価額に満たなくても比例てん補とはせず（同法19条の「約定保険価額」

---

[126] 船舶保険について東京海上・実務講座3巻132〜134頁、貨物保険について東京海上・実務講座4巻19〜20頁参照。
[127] たとえば、東京海上・実務講座6巻325〜326頁参照。
[128] ただし、分損時の損害額算定において、保険事故発生時の修理費を算定基準としている。つまり、保険契約締結後に著しく物価（ここでは修理費）が下落した場合であっても、分損時の修理費は保険事故発生時の修理費を基準として算定するのであって、「協定保険価額」を基準として算定するわけではない。

には該当しない)、また、損害額算定は協定保険価額を基準とするものではないので(同法18条2項には該当しない)、火災保険の価額協定保険における協定保険価額は、保険法の「約定保険価額」には該当しない(したがって、価額協定保険は評価済保険ではない[129])。

(3) 損害額の算定基準

① てん補損害額の算定

保険価額は、また、「てん補損害額」の算定基準としての意義も有する。すなわち、「てん補損害額」の算定基準は、損害発生地および損害発生時における価額によって算定するのが原則である(保険法18条1項。任意規定)。したがって、付保時に保険価額の算定に用いた基準と、損害発生地および損害発生時におけるてん補損害額の算定基準とが異なることがありうる。

そこで、この原則を排除するため、「約定保険価額」を設定することもある(「評価済保険」)。この場合には、原則として、当該「約定保険価額」によっててん補損害額を算定することとされている(保険法18条2項。自動車保険標準約款車両価額協定保険特約5条。ただし、「約定保険価額」が保険価額を著しく超える場合は、「てん補損害額」は「約定保険価額」ではなくて保険価額をもって算定する。同法18条2項但書[130]。自動車保険標準約款車両価額協定保険特約7条)。

なお、前述(2)②のとおり、火災保険における価額協定保険は、この「約定保険価額」を用いる「評価済保険」ではないので、原則どおり、「てん補損害額」は損害発生地および損害発生時における価額を基準に算定する(住宅総合保険標準約款価額協定保険特約条項5条)。

② 物保険以外の損害保険契約

保険法の立案担当者によると、損害額の算定方法を定める保険法18条1項は、物保険のみならず、損害保険契約全般に適用される規定であり、「責任保険契約や費用保険契約などを含めた損害保険契約一般」に適用されるとのことである[131]。

この見解が正しいとすると、責任保険契約や費用保険契約等の消極保険に

---

129 東京海上・実務講座5巻312頁、山下・保険法402頁参照。
130 この点について大判昭16.8.21民集20巻1189頁が参考となる。

おける「価額」が何を指すのか、あるいは、そもそも消極保険には「価額」概念が存在しないのか[132]を今後明らかにしていく必要があろう。

2 超過保険

(1) 超過保険

保険金額が保険価額を超過する状態のことを、講学上は超過保険という。

旧法では、超過保険における超過部分は一律に無効とされており（旧法631条）、実務と法文との乖離が大きかった。そこで、保険法では法規整を実務に近づけることになった。同時に、折しも立法作業中に、火災保険における保険金額の超過設定が多く発見されたことから、保険契約締結後の超過保険（保険法10条。保険法では「保険価額の減少」と呼ばれる。後述第4章第2節2(1)参照）に加えて、保険契約締結時点での超過保険（同法9条）についても法規整を置くことになった[133]。

(2) 保険契約締結時の超過保険

保険契約締結時から超過保険状態であることがありうる。

保険契約締結時からの超過保険状態については、保険契約締結時において、超過保険状態[134]について保険契約者が善意・無重過失であれば[135]、保険契約者は超過部分の取消しが可能になった（保険法9条本文。自動車保険標準約款6章11条1項、住宅総合保険標準約款23条1項)[136]。超過部分の保険契約が取り消されれば、保険契約の当初から超過部分は無効となり（民法121

---

[131] 萩本・一問一答123頁注1参照。保険法18条2項は「保険価額」という用語であるが、同法18条1項は「価額」という用語となっており、保険法の立案担当者として使い分けているからである。ただ、見過ごしやすい相違であり、やはり物保険という損害保険契約類型を規定したうえで（前掲（注124）参照）、1項は損害保険契約について、2項は物保険契約について適用されることを法文上も明記すべきかと思われる。

[132] 山下・保険法396頁参照。

[133] 野村修也「損害保険特有の事項」ジュリ1364号36頁（2008年）参照。

[134] 保険契約締結時からの超過保険状態に関しては、法文上は、超過保険状態が「著しく」なくとも、保険契約者は取消権をもつ。

[135] 将来の保険価額の上昇を見込んで、意図的に保険金額を保険契約締結時の保険価額よりも高く設定することがありうる。また、保険契約者の重過失によって保険金額を高く設定しすぎてしまうことも起こりうる（保険の目的物の価額を保険契約者がよく知っている場合があり、重過失が認められることもある）。こうした場合には取消しはできない。

条)、保険契約者は不当利得返還請求権をもつ（同法703条、704条。自動車保険標準約款6章18条1項、住宅総合保険標準約款30条1項)[137]、[138]。この規定（保険法9条本文）は片面的強行規定なので、保険契約者不利には約款で変更できない。ただし、「約定保険価額」が設定されている場合には適用されない（保険法9条但書。自動車保険標準約款車両価額協定保険特約4条）。

取消権の期間制限は、追認可能時から5年（時効)、行為（＝保険契約締結）時から20年（除斥期間）である（民法126条)。また、法定追認（同法125条）を含め、追認がなされれば、もはや取消しはできない（同法122条)[139]。

なお、超過保険契約が保険金不正取得目的でなされた場合には、公序良俗に反するものとして（民法90条)、保険契約全体が無効となり（名古屋地判平9.3.6判時1609号144頁)、保険者は保険料の返還を要しない（同法708条の不法原因給付)。また、詐欺を理由に保険者が保険契約を取り消す場合も保険料返還を要しない（保険法32条1号、93条1号)。

---

[136] 超過額が著しければ、要素の錯誤として保険契約者は錯誤無効（民法95条）を主張することも可能である。

[137] 保険契約締結後に保険価額が一時的に上昇して（その後に下落)、その分の保険保護という利益を保険契約者が受けたとしても、返還すべき保険料に変化はない（萩本・一問一答117頁注3参照)。

[138] 火災保険金に質権が設定されている場合でも、質権者の承諾なしに、保険契約者は取消権を行使できると考えられる。山下友信「保険法の制定の意義と概要」金法1872号11頁（2009年）参照。

[139] 野村・前掲（注133）同頁参照。

第3章 保険契約の成立等

以下の章では、保険契約の成立等（本章）→保険契約の変動と変更（第4章）→保険給付（第5章）→保険契約の終了（第6章）と、保険契約の成立から終了に至る過程に沿って論じることとする。まず本章では、保険募集に関する説明については第4編に譲るとして、引受審査や告知以降の保険契約成立過程を中心に述べる。

第1節　引受審査と告知義務

1　引受審査

引受審査とは、保険契約の締結に際して（保険契約締結後の契約内容の変更を含む）、保険者が保険の引受けの可否や引受条件（保険料を含む）を検討することをいう。

この引受審査においては、付保対象危険に関する客観的な危険事情のみならず、保険契約者等（保険契約者、被保険者、保険金受取人等）に関する人的な危険事情（モラル・リスクの可能性等）も考慮したうえで、保険引受けの可否や引受条件を総合的に判定・判断する。

なお、保険者に法的な引受義務が課されている場合（たとえば、自賠法24条）を除き、保険引受可否や引受条件の判定・判断は、契約法上は保険者の任意である[140]（もちろん、認可の範囲内を逸脱する保険引受けは行わない）。

---

[140] ただし、保険契約法上の要請ではなく、監督規制の一環として、損害保険会社は、自動車保険の対人賠償責任保険や対物賠償責任保険について安易な引受謝絶を避けるべきことが求められることがある（監督指針Ⅱ－4－2－2(16)②ア）。

2 告　知

　告知とは、保険契約の締結に際して（保険契約締結後の契約内容の変更時を含む）、保険者が保険契約者等から危険に関する情報の提供を受けることである。

(1)　危険情報

　提供対象となる情報は、引受審査のために用いるものであるから、危険に関する情報となる（危険の意義については後述本節 3 参照）。

　換言すると、保険契約の締結に際して保険契約者等から入手する情報であっても、危険に関しない情報は、一般に、保険契約における告知の対象となる情報とは考えられていない。危険に関しない情報の提供は、引受審査に用いるものではないから、たとえ保険契約者等が保険契約締結にあたってなんらかの情報を提供する場合であっても、告知とは呼ばないのである。たとえば、保険契約者住所がこれに当たる（これは単に契約当事者を特定する情報であるにすぎないことが多い）[141]。また、たとえば、物保険における保険の目的物の取得価格の申告がこれに当たる[142]。したがって、危険に関しない情報については、保険法における告知義務規整は及ばない。

(2)　告知制度の意義

　保険契約者等による危険情報の告知は、引受審査のための情報収集として、保険者にとってはきわめて有用な手段である。なぜなら、一般に、付保対象危険や保険契約者等に関する情報は保険契約者側に偏在しているため、保険者が自ら時間とコストを掛けて情報収集を行うよりも、保険契約者から

---

[141] 保険契約者住所は、保険契約者本人の特定方法として重要である。また、保険契約者住所は、各種通知の送達先であるので保険者としては重要な情報である。さらに、保険契約者住所は、保険料支払義務者の住所であるから、それを認知しておくことは債権者たる保険者としては重要である。けれども、保険契約者住所は一般に危険情報には該当しない。

[142] 旧標準約款の自動車保険車両価額協定保険特約では、価額評価のための被保険自動車の購入価格等の照会に対して、保険契約者等が故意・重過失で不実申告等をした結果、過大な協定保険価額が設定されてしまった場合における保険者の解除権と保険者免責とが規定されていた。新標準約款では、保険者の解除権に変更はないが、保険給付については、保険者免責とせずに、車両価額協定保険特約が付帯されていないものとして保険給付を行うことに変更された。

情報を取得するほうが、簡便であり、また、一般にはより正確かつ包括的な情報の収集が可能となるからである。結果的に、保険者の費用がセーブされて付加保険料が安価となり、また、より正確な純保険料の算定が可能となって公平性が増すので、保険契約者全体にとっても有益である。

3　「危険」

告知の対象情報が保険契約者等の危険に関する情報であるとすると、ここで危険の意味が問題となる。

(1) 保険法における「危険」の定義

一般には種々の意味合いで危険という語が用いられている（本書も同様である）。けれども、保険法においては、次のとおり、特殊な意味合いで「危険」という用語が定義されている。

(a) 損害保険契約における「危険」……「損害保険契約によりてん補されることとされる損害の発生の可能性」（保険法4条）

(b) 傷害疾病定額保険契約における「危険」……「給付事由の発生の可能性」（保険法66条）

ここで「給付事由」とは、「傷害疾病による治療、死亡、その他の保険給付を行う要件として傷害疾病定額保険契約で定める事由」のことであるから（保険法66条）、結局、傷害疾病定額保険契約における「危険」とは次のとおりである。

「傷害疾病による治療、死亡、その他の保険給付を行う要件として傷害疾病定額保険契約で定める事由の発生の可能性」[143]

(2) 保険者が引き受けるリスク（保険リスク）

一般に、保険を介して保険者が引き受ける保険リスク（insurance risk）を大別すると、保険引受リスク（underwriting risk）とタイミング・リスク（timing risk）に分類できるとされている。

① 保険引受リスク

保険引受リスクは、発生リスク（occurrence risk. 頻度リスク（frequency

---

[143] 傷害保険の約款では、保険法とは異なり、傷害自体の発生可能性を「危険」と呼んでいる（たとえば、家族傷害保険標準約款1条、自動車保険標準約款6章1条）。

risk）ともいう）と、強度リスク（severity risk）からなる。

発生リスクとは、保険期間中に保険事故が発生するか否かに関するリスク、あるいは、保険事故が何度発生するか（0回を含む）に関するリスクのことである。たとえば、死亡保険の一種である定期保険は、保険期間中に死亡事故が一度発生するか否かが問題となり、自動車保険では保険期間中に保険事故が何度発生するか（0回を含む）が問題となる。

強度リスクとは、保険事故が発生した場合に保険者が行うことになる保険給付の多寡に関するリスクである。定額保険には強度リスクがないこともあるが[144]、損害てん補保険においては、被保険者に発生した損害の多寡に応じて保険者の保険給付の多寡も変動するので、発生リスクのみならず、ほとんど常に強度リスクも存在することになる[145]。たとえば、火災保険では全焼事故ばかりが発生するわけではないので、保険事故発生時の保険給付額の多寡に関するリスクも保険者は負担しているのである。

② タイミング・リスク

将来の保険給付に充てるべき保険料を予定利率で割り引いて算出して、あらかじめ領収する保険契約においては、実際の保険給付時期によって、保険者の資産運用期間の長短が発生することになる。タイミング・リスクとは、こうした保険給付の時期に関する保険者のリスクのことである。

たとえば、死亡保険の一種である終身保険は、保険期間がオープン・エンドであるから、必ず保険事故である被保険者の死亡が保険期間中に発生する。したがって、発生リスクは存在せず、また、保険給付額は死亡保険金額に固定されているので、一般には強度リスクも存在しないと考えられている。つまり、終身保険では、保険者は、単に保険事故の発生時期に関するタイミング・リスクのみを負担していることになる。

(3) 保険法における「危険」の意義

保険法における「危険」の定義規定（保険法4条、37条、66条）を素直に読

---

[144] たとえば、死亡保険では保険事故発生時に保険給付される金額は1つに決まる（変額保険でも保険事故発生時には1つに決まる）。他方、同じく人定額保険の一種である医療保険では、入通院日数や手術の内容等次第で保険給付額は異なることになる。

[145] 損害てん補保険でも、例外的に、たとえば全損のみ担保の物保険契約では強度リスクは存在しない（全損事故が発生するか否かの発生リスクのみである）。

むと、保険法における「危険」とは発生リスクのみを意味していることになる。しかしながら、このように理解すると、損害保険契約や傷害疾病定額保険契約においては、強度リスクは保険法上の「危険」には該当せず、告知義務、危険増加、危険減少などといった保険法の諸規整が強度リスクには及ばないことになってしまう。したがって、こうした不具合にかんがみると、保険法における「危険」とは、条文の文理解釈からは離れるが、発生リスクのみならず、強度リスクも含むものと考えられる。

　また、タイミング・リスクについても同様の問題がある。たとえば、終身保険ではタイミング・リスクだけが存在する（前述(2)②参照）。保険法における「危険」の定義規定（死亡保険契約における「危険」とは「被保険者の死亡の発生の可能性」である。保険法37条）を文理解釈すると、タイミング・リスクは「危険」に該当しないこととなるが、強度リスクと同様に、保険法上の「危険」に含まれるものと解釈すべきであろう。

　なお、この点は、「保険料」に関する必要条件（保険法2条1号）、すなわち、保険者が財産上の給付を行う条件となる「一定の事由の発生の可能性に応じたものとして」保険契約者が支払を約する金銭、という規定にも関連する（なお、「危険増加」の概念でも、「危険」と「保険料」とを結びつけた定義がなされている。同法29条1項、56条1項、85条1項）。

4　任意の告知

　告知を用いた保険者の情報収集は、任意の告知（任意の情報提供）と、告知義務（義務的な情報提供）に分類することができる。

　一般に、告知といえば義務的な告知のみを指すことが多いが、保険者が保険契約者側に対して任意に告知を求めることも可能である（なお、保険法にはこの任意の告知に関する規整は存在しない）。

　任意の告知であるから、保険契約者側には告知義務はないし、ましてや告知義務違反に対する特別なサンクション（保険者の解除権、保険者免責、保険契約の失効など）もない[146]。そのような状況においても、保険契約者側は付

146　なお、萩本・一問一答45～46頁注2参照。

保危険や保険契約者等に関する有用な情報を保険者に提供する可能性は高く、適切な引受審査に資することが多い[147]。

5　告知義務

任意の告知とは異なり、保険契約者等に告知の義務が保険法で課されているが（保険法4条、66条）、これは保険法で新設されたものである。これを受けて、標準約款においても、告知義務自体を規定する条項が新設された（自動車保険標準約款6章4条1項、住宅総合保険標準約款16条1項、家族傷害保険標準約款14条1項）。

なお、告知義務自体の規定は、旧法[148]にも旧標準約款にもなかった（保険者の解除権と保険者免責に関する規定しかなかった）。

(1)　告知事項

保険法の告知義務における告知事項は、「危険」に関する重要事項のうち、保険契約締結に際して、保険者になる者が告知を求めた事項である。

①　「危険」に関する重要事項

法文上は、「危険」情報のうちの重要なものしか告知義務を課せないように読める。また、保険法の告知義務規定は片面的強行規定である（保険法7条、70条）。

けれども、告知義務自体を規定する保険法4条、66条は、告知義務違反時の保険者の解除権と保険者免責（保険法28条、31条2項1号、84条、88条2項1号）を導くために設けられた規定である。したがって、告知義務違反に対する特別なサンクション（保険者の解除権、保険者免責、保険契約の失効など）を課さない場合には、単なる「危険」情報に関しても告知義務を課すことができ、またそのことは片面的強行規定に抵触しないと解される（「危険」に関する重要事項である必要はない）。

---

[147] なお、情報提供を拒む保険契約者に対しては、強制保険を除き、保険者は契約締結をしないことも法律上は不可能ではないと思われる（前述本節1参照）。
[148] なお、危険増加に関しては、保険法においても通知義務自体の規定はない（保険料追徴となる危険増加に関する通知義務違反時の保険者の解除権と保険者免責の規定しかない）。

② 質問応答義務

　個人向けの保険商品に関しては、従前より、事実上の質問応答方式がとられてきたため、保険法施行によっても実務対応に大きな変化はないものと思われる。むしろ、片面的強行規定の適用除外となる（保険法36条）事業者向け保険商品において、質問応答義務を約款で否定するのかどうかが実務的には問題となる。

　なお、標準約款では、告知対象事項を保険法よりもさらに限定して、「保険契約申込書の記載事項」という条件も付している。

③ 他保険契約

　他保険契約が存在することが「危険」に関する重要事項に該当するか否かは、状況次第である。すなわち、保険商品の担保内容[149]、契約しようとしている保険契約の付保内容、他保険契約の付保状況等によっては、保険者が保険引受けを拒絶するような[150]危険事項に該当する可能性もある[151]。ちなみに、保険法の立案担当者による解説では、「ごく短期間の間に著しく重複した」物保険に加入したような事情があれば、「危険が高まっていると評価することができる」ので、告知義務違反解除の対象となる告知事項とすることができるとされている[152]。

　標準約款では、他保険契約の存在が告知事項となることが明記されている（前述本節5の冒頭の約款条項参照）。ただし、どのような他保険契約の告知義務違反であっても常に保険者に解除権が発生するわけではないと考えられる（後述本節6(2)①参照）。

(2) 告知義務者

　告知義務者が、「保険契約者」（旧法644条）から、「保険契約者又は被保険

---

[149]　一口に重複保険といっても、傷害疾病定額保険契約における重複保険、物保険における重複保険、賠償責任保険における重複保険では、それぞれ様相（モラル・リスクや賭博保険等のおそれ等）が異なる。

[150]　保険者は、過大な他保険重複があると道徳的危険が高いので、一般に保険引受けを拒絶している。したがって、他保険重複は「危険」に関する重要事項である。洲崎博史「保険法のもとでの他保険契約の告知義務・通知義務」竹濱編・論点90～91頁参照。

[151]　金融庁も同旨である。保険法対応のための金融庁監督指針改定時のパブリック・コメントにおける金融庁の回答（2009年4月28日）15番参照。

[152]　萩本修ほか「保険法の解説(2)」NBL885号25頁（2008年）、萩本・一問一答47頁参照。

者になる者」（保険法4条。傷害疾病定額保険契約に関する66条も同じ）に拡大されている。

標準約款では、保険法と同様に、保険契約者のみならず被保険者も告知義務者とされている。さらに、保険契約者または被保険者の代理人も告知義務者として規定されているが、保険法の解釈としても代理人は告知義務者に含まれるので、約款は確認的に規定を置いたものである。

なお、保険契約者や被保険者は、告知時点ではいまだ保険契約者や被保険者ではないので、保険法では「……になる者」という規定振りとなっている。自動車保険標準約款、住宅総合保険標準約款や家族傷害保険標準約款でも保険法と同様の規定振りとなっている。

(3) 告知更正

告知は保険契約締結時に行うものであるが、保険契約締結後において、一定の場合に告知内容の修正を認めることがある。すなわち、正しい告知をしなかった場合であっても、保険契約締結時に正しい告知をしていたとしたら保険者が保険引受けをしていたと認められる場合には、保険事故発生前に保険契約者等が告知内容の更正を保険者に申し出れば、保険者は告知内容の更正を認めることになっている（これを告知更正という）。

告知更正によって保険料の増減を伴う場合には、当然のことながら、保険者は保険料の請求または返還を行う（自動車保険標準約款6章15条1項、住宅総合保険標準約款27条1項、家族傷害保険標準約款25条3項）。

なお、告知更正がなされた場合には、告知義務違反に基づく解除事由とはならない（後述本節6(4)②(6)参照）。

6 告知義務違反による解除

(1) 解除規定の設置

保険契約者または被保険者の告知義務違反に対するサンクションとして、保険者の解除権が保険法で規定されている（保険法28条、31条2項1号、84条、88条2項1号）。

約款においても、告知義務違反に対するサンクションとして、保険者の解除権が規定されている（自動車保険標準約款6章4条2項、3項、住宅総合保険

標準約款16条2項、3項、家族傷害保険標準約款14条2項、3項)。

ところで、告知義務を課す場合には、告知義務違反に対するサンクションを用意することが多い（保険法においても、告知義務とともに、告知義務違反に対して保険者の解除権や保険者免責が規定されている)。けれども、告知義務を課すとしても、告知義務違反時の保険者の解除権や保険者免責を約款条項に設けるか否かは保険者の任意である。

(2) **解除権発生の客観的要件**

「告知事項」に関する不告知や不実告知が保険者の解除権発生の客観的要件である。

① 告知事項

保険者の解除権や保険者免責の対象となる告知義務違反において問題とされる「告知事項」とは、「危険」に関する重要事項のうち、保険者になる者が告知を求めたものである（保険法4条、66条)[153]。

ところで、他の重複保険契約の存在が「告知事項」に含まれることは約款で規定されており、保険法上の告知義務の対象となるが（前述本節5(1)③参照)、直ちにその違反が保険者の解除権を発生させるか否かについては慎重な検討が必要かと思われる。約款文言上は、重複保険に関する告知義務違反はすべて保険者の解除権を発生させるようにも読めるが、正しく告知されれば保険者が保険引受けを拒絶したり、引受リスクを縮小したりするほどの過大な他保険重複であることが必要である。ただし、それ以上に、少なくとも保険法のもとでは[154]、保険金不正取得目的などの加重要件は必要ないと考えられる[155]。

② 不告知や不実告知

サンクションの対象となる行為は、不告知や不実告知である。

---

[153] たとえば、火災保険における保険の目的物の職作業は、告知事項に当たると考えられる（大阪地判平9.11.7判時1649号162頁参照)。
[154] 道徳的危険事実は、判例では旧法の告知事項ではないとされていた（大判明40.10.4民録13輯939頁)。保険法では告知事項が定義されたため（保険法4条、66条)、この定義に該当すれば道徳的危険事実も保険法の告知事項になると考えられる。
[155] 洲崎・前掲（注150) 94頁参照。旧法下における同様の解釈として山下・保険法324頁以下参照。なお、旧法下の裁判例では、大阪高判平14.12.18判時1826号143頁における告知義務違反に関する判決理由がこうした考え方である。

なお、不告知に関しては、旧標準約款は不告知の対象事実を保険契約者等が「知っている事実」に限定していたが、新標準約款では、保険法に合わせて、特段の限定を設けていない。

(3) **解除権発生の主観的要件**

保険契約者または被保険者が、客観的要件（上記(2)参照）について故意または重過失があることが必要である。換言すると、無過失または軽過失であれば保険者に解除権は発生しない。

(4) **解除権発生阻却事由**

① **保険法が定める阻却事由**

保険法は、次の解除権発生阻却事由を定めている[156]。

(a) 保険者の了知または過失[157]による不知（保険法28条2項1号、84条2項1号）

(b) 保険媒介者による告知妨害（保険法28条2項2号、3項、84条2項2号、3項）

(c) 保険媒介者による告知義務違反の勧奨（保険法28条2項3号、3項、84条2項3号、3項）

なお、損害保険会社においては、一般に媒介代理を利用していないため、標準約款には上記(b)(c)に関する規定は置かれていない（約款では規定していないが、保険法の適用を排除する趣旨ではない）。

② **約款が別に定める阻却事由**

保険法の規定とは別に、標準約款は次の解除権阻却事由を定めている。

(a) 告知事項の不告知や不実告知という事実がなくなった場合には、もはや

---

[156] この解除権阻却事由の立証は、保険者に解除権が存在しないことを主張する者が行わなければならない（保険者の過失による不知を主張した事案として大判大9.1.23民録26輯65頁参照）。

[157] 保険者の過失とは、いわゆる自己過失（すなわち、保険者が自己に被ることがあるであろう不利益を防止するために取引上必要な注意を欠いたこと）を指しており、法律上の注意義務の存在を前提としてその義務に違反することを指すものではないとされている（大判大11.10.25民集1巻1612頁参照）。

たとえば、告知書を保険外務員が被保険者の配偶者に記載させ、被保険者の同席を求めることも、被保険者に直接確認することもしなかった場合には、保険者に過失があるとされている（東京地判平9.1.22判タ966号252頁参照）。

告知義務違反として保険契約を解除する意義に乏しいことが多いため、阻却事由としている（自動車保険標準約款6章4条3項1号、住宅総合保険標準約款16条3項1号、家族傷害保険14条3項1号）。

(b) 告知更正が行われた場合には、事後的にではあるが、保険事故発生前に保険者として正しい告知内容への修正を承認し、保険料の精算も行われているのであることから、解除権が発生しないこととしている（自動車保険標準約款6章4条3項3号、住宅総合保険標準約款16条3項3号、家族傷害保険14条3項3号）。

(5) 解除権行使

解除権を行使するには、保険者は保険契約者に解除を通知しなければならない。

① 解除通知

保険法上は解除通知を書面で行う必要はないが、約款上は、従前どおり、書面通知を要件としている。したがって、いくら保険契約者に面談したり、電話で会話したりすることがあっても、口頭での解除通知は約款上の解除には該当しないことに留意する必要がある（あらためて解除通知書を発送する必要がある）。

書面通知を隔地者間で行う場合には、通知が相手方に到達することによって通知の効力が発生するのが原則である（民法97条1項）。ここで「到達」とは、相手方が了知可能の状態に置かれたこと、すなわち、意思表示の書面が相手方のいわゆる勢力範囲（支配圏）内に置かれることでよいとされており、相手方が現実に了知することは必要ではない（最判昭36.4.20民集15巻4号774頁）。

それでも、相手方のいわゆる勢力範囲（支配圏）内に到着することを要するのが原則であるので、到着の事実を保険者は立証しなければならず、また、保険契約者のいわゆる勢力範囲（支配圏）が不明であれば到達させることができない（公示送達を除く）。けれども、旧標準約款には「みなし到達規定」があり、書面による解除通知を必ず実施できる手段が存在したため、この点が特に問題となることはなかった。しかしながら、新標準約款では「みなし到達規定」が削除されてしまったため、書面による解除通知が保険者の

過大な負担となる可能性がある（次述②参照）。

② 「みなし到達規定」

旧標準約款には「みなし到達規定」が存在した。すなわち、保険契約者への到達を要件とせずに、たとえば、「保険証券記載の保険契約者の住所に宛てた書面による通知をもって、この保険契約を解除することができます。」という約款規定が置かれていた（いわゆる「住所みなし」[158]。旧・自動車保険標準約款6章3条1項、10条1項、旧・住宅火災保険標準約款14条1項、15条3項、旧・家族傷害保険標準約款15条1項、24条1項）。

保険契約締結時の保険契約者住所は、保険契約申込書に記入されるので保険者も了知している。けれども、保険契約締結後に保険契約者が転居した場合、住所変更の通知を保険契約者は保険者に行うこととされているが（住所変更通知義務。後述第4章第3節1(1)参照）、この通知義務が履行されないこともある。そうした場合、保険者が解除通知を発送しても宛先人不明で返送されてきてしまう。当然のことながら、保険者は、さらに保険契約者の転居先の現住所の把握に努めるものの、個人情報保護の浸透とともに保険契約者住所の追跡が困難になりつつある。

それでも、従前は「みなし到達規定」があったため、最終的に保険契約者の転居先の現住所が把握できなかったとしても、保険者に届けられた保険契約者住所に解除通知を送付することによって、期限内の解除は可能だったのである。しかし、新標準約款の策定にあたっては、意思表示の到達に関する民法の原則（任意規定）からの乖離が著しく大きい（消費者契約法10条参照）とも考えられないではなかったため、解除通知については（あるいは、解除・取消しといった保険契約の効力に関する通知については）、「みなし到達規定」を削除することとなった。

---

[158] みなし到達規定としては、「住所みなし」のほかに、いわゆる「人みなし」もある（おもに生命保険会社の約款で採用されている。損害保険会社の商品では、たとえば、旧・家族傷害保険標準約款15条2項、24条3項）。これは、本来は、たとえば保険契約者に送付すべき通知を、保険契約者の所在が知れない場合に、保険契約者以外の者（被保険者、保険金受取人等）への通知をもってかえるという規定である。意思表示受領の代理権授与という法律構成となる（山下・保険法307〜308頁、簡易生命保険法規研究会監修『簡易生命保険法逐条解説』183頁（簡易保険文化財団、1998年）参照）。

そのため、保険契約者の転居先の現住所が短期間で判明しない場合には[159]、保険者は解除をする機会を失ってしまうことになった可能性が高い[160]。すなわち、「みなし到達規定」を利用できない以上、保険者は公示送達（民訴法110条）によるほかないが、裁判所は公示送達の申立を簡単には認めず、また、公示送達が認められても効力発生時期は掲示開始から２週間の経過が必要であり（同法112条１項、３項）、解除権行使に関する期間制限（１カ月）に抵触してしまうからである。

　たしかに、「みなし到達規定」自体は保険契約者に不利な規定ではあるものの、保険契約者に課されている住所変更通知義務を保険契約者自身が履行しないから、保険者は「みなし到達規定」を利用せざるをえないのである。そもそも保険契約者には受信態勢整備義務という付随義務があり、保険契約者がこの義務に違反した場合には、保険者からの通知の不着リスクが保険者から保険契約者に移転したとも考えられるのである[161]。

　また、このような「みなし到達規定」は、法令にも実例があるばかりか（たとえば、会社法59条６項、７項、126条１項、２項、150条、203条６項、７項、

---

[159] 保険契約者の現住所は明らかであるが、保険契約者が内容証明郵便を受領しないという事態も発生しうる（留置期間経過等により解除通知は差出人に返送される）。この場合も、従前はみなし到達規定により解除通知の到達を擬制できたが、みなし到達規定の存在しない新約款では、解除通知の到達を直ちに擬制することはできない。
　　しかしながら、「到達」とは、名宛人が「了知可能な状態に置かれたこと」、換言すると、意思表示の書面が名宛人の「いわゆる勢力範囲（支配圏）に置かれたこと」を意味するものであって、名宛人によって受領され、あるいは了知されたことまでは必要ないとするのが判例である（最判昭36.4.20民集15巻４号774頁。また、最判平10.6.11民集52巻４号1034頁も参照）。したがって、配達された郵便物の受領を正当な理由なく拒んだ場合には、当該郵便による意思表示は到達したものと認められる（大判昭11.2.14民集15巻158頁）。
[160] ただし、期間制限の起算点を遅らせるべき場合もありうる。たとえば、告知義務違反の解除通知を受領する権限を有する者が保険契約者（有限会社）に欠けている事例において、起算点を遅らせた判例がある（最判平9.6.17民集51巻５号2154頁）。この判例からすると、これ以外の場合にも、保険契約者側の事情で解除通知が到達しない場合には、起算点を遅らせることができる可能性がある。なお、旧簡易生命保険法41条２項は、解除通知の宛先の住所が不明な場合は、所在が判明した時から起算すると規定していた。
　　また、解除権の行使期限を経過していることを保険契約者側が主張することは、権利濫用として許されないとも考えられる。ドイツの判例について、西嶋梅治「告反解除通知の到達障害と解除権の短期消滅」生保経営63巻２号173頁（1995年）参照。
[161] 西嶋・前掲（注160）168、185頁参照。

旧・簡易生命保険法41条2項)、法令規定がない場合であっても、保険以外の取引においても広く利用されており（たとえば、各金融機関の銀行取引約定書[162]や信用金庫取引約定書、通常貯金規定15項)、契約当事者間での有効性は判例でも否定されていない[163]。

　そして、上述のとおり、「みなし到達規定」が利用できないとなると、保険契約者の現住所が短期間で判明しない場合には保険者が解除権を行使する機会を失うという不合理な結果が発生する。

　こうした事情にかんがみると、解除権行使（や取消権行使）に関して「みなし到達規定」(いわゆる「住所みなし」)を約款で規定しても、当該約款条項は無効[164]にはならないと考えられる。ただし、約款で「みなし到達」を規定する場合には、無限定な「みなし到達」ではなく、保険契約者側に住所変更通知義務違反などの帰責事由があること、保険者による合理的な保険契約者の現住所探索が行われたこと、保険者に届けられた保険契約者住所へ保険者が解除通知を所定の期間内に到達すべき時期に発送していること、といった要件を付加することが望ましいと思われる。

　なお、保険契約者の住所変更通知義務違反の事実は残るので、この義務違反によって保険者に損害が生じている場合には、保険者は保険契約者に対して、債務不履行に基づく損害賠償請求ができるかもしれない。もし、保険者免責とならなかったがために保険者に生じる保険給付義務を、解除通知不到達に基づく損害としてとらえることができるとすると（保険者は、保険給付義務とこの損害賠償請求権の相殺を主張する)、事実上、みなし到達（いわゆる「住所みなし」)を認めたことと同じになる。

---

[162] 各都市銀行の銀行取引約定書の改訂が1999年から2001年にかけて行われている。金法1544号16頁（住友銀行)、同1590号34頁（東京三菱銀行)、銀行法務21　582号17頁（三和銀行)、金法1591号52頁（あさひ銀行)、同1603号34頁（みずほフィナンシャルグループ）参照。

[163] 傍論であるが、東京高判平21.9.30金商1327号10頁参照。
　ただし、第三者との関係ではみなし到達の約定は対抗できない。相殺に関して、東京高判昭53.1.25判タ369号372頁、東京高判昭58.1.25判時1069号75頁参照。

[164] 無効理由は消費者契約法10条であると考えられるから、消費者契約法の適用対象外である事業者向けの保険契約では、合理性のある「みなし到達規定」は当然に有効である。

(6) 解除権行使の期間制限

保険法は解除権行使の期間制限（1カ月の短期期間制限と5年の長期期間制限）を規定しており（保険法28条4項、84条4項）、新標準約款も、保険法の規定とまったく同じ規定を置いている（自動車保険標準約款6章4条3項4号、住宅総合保険標準約款16条3項4号、家族傷害保険標準約款14条3項4号）。保険法の当該規定が絶対的強行規定であるとすると、法的には特段の意味がない約款規定であることになる（単に顧客の利便に資するために規定したにすぎない）。

ちなみに、旧標準約款では、30日の短期期間制限のみを規定していた。他方、旧法では、保険法と同じく、1カ月の短期期間制限と5年の長期期間制限が規定されていた（旧法644条2項）。したがって、実務においては、短期については30日という約款条項が適用され[165]、長期については5年という法規定が適用されるものと運用してきたものと思われる。

7 告知義務違反解除による保険者免責

(1) 保険者免責の原則

告知義務違反に対するサンクションとして、保険者が解除権を行使した場合の保険者免責が保険法で規定されている（保険法31条2項1号、88条2項1号）。保険契約の解除の効果は将来効であり（同法31条1項、88条1項）、解除までは保険契約は有効であることになるため、解除前の保険期間について保険者免責を規定する必要があるからである[166]。

標準約款においても、告知義務違反に対するサンクションとして、保険者の免責が規定されている（自動車保険標準約款6章4条4項、5項、住宅総合保険標準約款16条4項、5項、家族傷害保険標準約款14条4項、5項）。

---

165 旧法644条2項を任意規定と解していたことになる。
　なお、31日まである月については保険契約者側に有利な約款規定であることになるが、2月については28日（または29日）しかないので、短期期間制限が2月末をまたぐ場合には、旧法よりも約款規定のほうが保険契約者等に不利な内容であったことになる（民法143条参照）。
166 なお、告知義務違反による保険者の解除権や保険者免責と、民法総則の詐欺や錯誤とは相いれないものではないため、詐欺取消しや錯誤無効の主張も可能である（大判大6.12.14民録23輯2112頁参照）。

ただし、保険者がこうした保険者免責の効果を得るには、所定の期間内に解除権の行使をしなければならない（前述本節6(5)参照）。また、有効な解除権の行使ができたとしても、告知義務違反と因果関係がないと保険者免責とはならないのが原則である（後述本節7(2)参照）。

(2) 因果関係特則

① 片面的強行規定化

保険者免責となる場合であっても、例外的に、保険契約者側が、告知義務違反に係る事実（正しく告知されなかった事実）と保険事故（傷害疾病定額保険契約では給付事由。以下「保険事故等」という）との間に因果関係がないことを主張・立証すれば、保険者免責とはならない（因果関係特則と呼ばれている）。この因果関係特則は旧法にも規定されていたところであるが、任意規定であったため、損害保険会社の保険商品の多くの約款において因果関係特則が否定されていた[167]。

ところが、保険法制定によって因果関係特則が片面的強行規定となったため（保険法33条1項、94条2号）、片面的強行規定の適用除外とならない保険契約においては因果関係特則が必然的に約款で採用されることになった（たとえば、自動車保険標準約款6章4条5項、住宅総合保険標準約款16条5項、家族傷害保険14条5項）。また、片面的強行規定の適用除外（同法36条）となる損害保険契約においても、因果関係特則が約款で広く採用された。そのため、実務に大きな影響を与えることになった。なぜなら、告知事項の内容によっては、危険に関する重要事項でありながら、実際に発生した保険事故との因果関係が存在するとは考えにくいことがあるからである。

たとえば、自動車保険においては、記名被保険者の運転免許証の帯色（グリーン、ブルー、ゴールド）によって保険料区分が異なることがある（ちなみに、東京海上日動では、ゴールド免許とそれ以外で料率区分を分けている）。この運転免許証の帯色が告知義務の対象事項とされている場合に、たとえ保険契約者が告知義務違反をして保険契約を締結したとしても、はたして因果関係が認められるのかが疑問視されている[168]。もし、因果関係が認められない

---

[167] 従前より因果関係特則が約款条項に採用されていた商品もある（たとえば、旧・住宅総合保険標準約款14条5項参照）。

と、保険契約は解除されるものの、保険給付（たとえば、車両保険金や人身傷害保険金）は受けられるという事態が生じることになる[169]。

　他方、免許証の帯色とは異なり、被保険自動車の使用目的は保険事故に直結する可能性が高い。なぜなら、被保険自動車の使用目的が「日常・レジャー使用」である場合と、「通勤・通学使用」や「業務使用」である場合とを比較すると、後者のほうが圧倒的に走行距離・走行時間・走行回数が多いのが一般的である。すなわち、事故を起こす確率も、事故に遭う確率も著しく高いのである（なお、両者は保険法における「危険」である）。したがって、被保険自動車の使用目的に関する告知義務違反については、少なくとも保険事故が業務使用時や通勤・通学使用時に発生したものであれば、一般的に保険事故との因果関係が認められるといえよう。

　因果関係不存在の主張・立証義務は保険契約者側にあり[170]、最終的には裁判所がどの程度に因果関係の存在を厳しく求めるか（あるいは、緩やかに認めるか）次第であるが、実務上は保険者において個別事案ごとに因果関係の存在を社内的に検討することになる。裁判所や保険者が厳しく因果関係を求めていけば（つまり、因果関係の不存在を緩やかに認めていけば）、全体の保険金支払はふえるので、こうした自動車保険の価格は上昇していくことになる。また、意図的な告知義務違反者がふえていけば、保険者がこうした保険商品の販売を縮小したり、販売方法を変更して特定の告知事項（たとえば、運転免許証の帯色）を廃止したり（つまり、料率区分を廃止する）せざるをえなくなる可能性も否定はできないであろう[171]。

---

[168] 保険事故の発生形態や発生原因のいかんを問わず、運転免許証の帯色に関する告知義務違反については一般的に保険事故との因果関係が認められないとする考え方もある（萩本・一問一答59頁参照）。
　他方、保険法の立法作業を行った法制審議会保険法部会では、因果関係が常に不存在とは断定できないということで了解が成立している（山下・講演（損保版）31頁参照）。
[169] なお、因果関係特則は片面的強行規定であるので、消費者向け保険商品についても、保険契約者等に不利とならなければ約款で排除することもできる。たとえば、立案担当者は、自動車保険における運転免許証の帯色に関する告知義務違反解除による保険者免責について、因果関係特則を排除する約款条項も、片面的強行規定には反しないことがありうるとしている（萩本・一問一答59〜60頁参照）。
[170] 告知義務違反の内容によっては、訴訟において、保険契約者等が因果関係の不存在を立証することは困難なことが多いかもしれない。

② 過大な他保険重複

　他保険契約の告知義務違反に関しては、正しく告知されなかった他保険契約の存在や付保内容と、保険事故等との間には、一般的には因果関係は認められないため、告知義務違反に基づく解除権行使はできるものの、告知義務違反に基づく保険者免責の主張は困難かもしれない[172]（ただし、当然のことながら、重大事由（保険法31条2項3号、88条2項3号）に該当すれば保険者免責の主張は可能である）[173]。この立場では、過大な他保険契約の存在を秘して保険加入がなされても、契約の解除ができるだけで、告知義務違反としては保険者免責が認められないことになってしまう。

　しかしながら、そもそも、因果関係特則が設けられているのは、「告知義務違反とは無関係にもともと保険者が引き受けていた危険」[174]を排除するためである。とすると、過大な他保険重複について正しく告知がなされていれば、保険者として引受けをしなかったり、引受リスクを縮小していたりしたのであれば（たとえば、保険引受額の縮小）、告知義務違反のサンクションとして保険者免責を課すことは本来の制度趣旨に合致するものだと思われる。したがって、因果関係特則の趣旨からすると、保険契約締結時に正しく告知されていれば、保険者が保険引受けを行わなかったような場合には、いかなる保険事故等についても因果関係を認められるべきとも考えられないではない[175]（けれども、法文上は、この因果関係は個別の保険契約における告知義務違反に係る事実（正しく告知されなかった事実）と保険事故等の間に求められるものであるため、裁判では因果関係が否定される可能性も否定できない[176]）。もし、そうだとすると、他保険重複の告知義務違反において保険者免責が認められるのがどのような場合なのかを、今後明らかにしていく必要があろう。

171　あるいは、特定の告知事項（たとえば、運転免許証の帯色）については因果関係特則を排除する約款に変更することも考えられよう（注169参照）。
172　萩本・一問一答48頁、山下・保険法326～327頁、山下・講演（損保版）44頁参照。
　　本来は、他保険契約の告知に限って因果関係特則の適用を除外する特別規定を設けるべきだったのかもしれない。山下・保険法325頁注130参照。
173　萩本・一問一答48頁注2参照。
174　萩本・一問一答58頁参照。
175　山下・保険法327頁注138参照。

第2節　保険契約の成立

1　保険契約成立の要件

保険契約の成立を認めるためには、以下に述べるとおり、当該保険契約に関する合意必要事項について契約当事者間の合意が形成され（諾成契約である。要物契約ではないので、保険料の授受等は保険契約成立要件ではない[177]）、かつ、保険契約者による保険契約申込書への署名・捺印等が実質的に必要であると考えられる（理論的には不要式契約であるが、実際の保険業務では一定の方式に従って保険契約の締結がなされている）。

(1)　保険契約成立のための合意必要事項

保険契約の成立を認めるためには、まず第一に、少なくとも保険契約を構成する主要事項についての合意が存在しなければならない。

たとえば、次のような事項が少なくとも合意必要事項であると考えられる。当然のことながら、以下の事項以外にも合意必要事項が存在する可能性がある。

① 保険契約の当事者

保険契約者の特定が必要であるとともに、保険者の特定も必要である。たとえば、乗合代理店（複数の保険会社から代理店委託を受けている保険代理店のこと）が保険募集する場合、どの保険者が引受保険会社となるかが不明確である段階では、いまだ保険契約が成立したとはいえない。

また、本来は共同保険契約としての引受けであるにもかかわらず、共同保険契約であることを明示せず、非幹事共同保険会社の存在を明らかにしていなかった場合には、幹事保険会社との単独契約として（つまり、共同保険契

---

[176]　ただし、重大事由に該当するほどの他保険重複であれば、保険者は重大事由解除のうえ保険者免責を主張することになる（重大事由解除では因果関係特則がないため）。むしろ、保険法立法時の法制審議会では、他保険重複には重大事由解除を用いるスタンスがとられたようである（洲崎博史「保険法のもとでの他保険重複の告知義務・通知義務」竹濱編・論点90～95頁、特に99頁注28参照）。
[177]　大判昭8.3.8民集12巻340頁参照。

約ではないものとして)、保険契約が成立したものと解される可能性もある。
② 保険の受益者

　保険の受益者の特定も必要である。ここで保険の受益者とは、損害保険契約では被保険者、定額人保険契約では保険金受取人である（前述第2章第3節参照）。

　特に、定額人保険では比較的自由に保険金受取人を設定できることが多いので、保険金受取人の特定は重要である。

　一方、損害保険契約では被保険者に被保険利益が求められているため（保険法3条。絶対的強行規定）選択の余地は少ないものの、やはり被保険者の特定は不可欠である。たとえば、物保険では、被保険利益は所有権に限定されておらず[178]、被保険者は所有者とは限らない。賠償責任保険では、法律上の損害賠償責任を負担する可能性のある者が被保険者たりうるので、だれを被保険者とするか特定する必要がある。また、自己のためにする損害保険契約か他人のためにする損害保険契約かの相違は、きわめて重要である。したがって、損害保険契約においても、被保険者は保険契約の要素である[179]。
③ 保険保護の対象

　保険契約であるから、保険保護（カバー（cover）ともいう）の対象が特定されていない場合には、いまだ保険契約が成立したとはいえない。保険保護の対象は、たとえば、物保険であれば保険の目的物（保険法6条1項7号）であり、人定額保険であれば被保険者（同法2条4号ロ、ハ）である。
④ 保険保護の対象危険

　保険契約であるから、保険保護の対象危険（担保危険ともいう）が特定されていない場合には、いまだ保険契約が成立したとはいえない。

　担保危険は、特定の危険に限定される場合もあれば、特定の危険に限定しない場合（オール・リスクという）もある。
⑤ 保険期間

　保険契約は通常は有期契約であるから、保険保護の対象期間[180]が特定さ

---

[178] たとえば、最判平5.2.26民集47巻2号1653頁参照。
[179] なお、山下・保険法260頁参照。
[180] 保険保護の対象期間の定め方には種々の方法がある。

れていない場合には、いまだ保険契約が成立したとはいえない。

なお、保険期間の終期をオープン・エンドとする保険契約も存在するが（たとえば、終身タイプの生命保険や傷害疾病保険。ただし、被保険者はいずれ死亡するので無期限ではない）、その場合でも保険期間の始期は特定される。

⑥ 保険給付内容

保険契約は、保険事故発生の際の保険者による保険給付を目的とするものであるから、保険給付内容（少なくとも、主要な保険給付内容）が特定されていない場合には、いまだ保険契約が成立したとはいえない。

損害保険契約においては、たとえば保険金額・てん補限度額の金額や比例てん補の有無（や免責金額の有無）、定額保険契約においては、たとえば定額給付の内容がこれに当たる。

⑦ 保 険 料

保険契約は有償契約であるから、対価となる保険料（少なくとも概算額）が特定されていない場合には、いまだ保険契約が成立したとはいえない。

(2) 保険契約申込書の署名・捺印

保険契約の成立を認めるためには、上記(1)に加えて、一般に保険契約者による保険契約申込書への署名または捺印が必要であると考えられる[181]（ただし、保険契約申込書への署名・捺印を求めない保険募集形態（たとえば、電話募集やインターネット募集）においては必要ない）。

なぜなら、保険契約の主要事項に関する合意がなされた場合であっても、別途、保険契約においては、保険契約者が保険契約申込書への署名・捺印を行うことが一般的であり[182]、少なくとも保険契約申込書への署名・捺印がなされるまでは、保険契約を成立させる終局的な合意がなされていない、と保険契約当事者は一般にとらえていると考えられるからである（少なくとも、保険者はそのような意思である）。

---

[181] 民法（債権法）改正検討委員会編『債権法改正の基本方針』【3.1.1.07】（商事法務、2009年）参照。
[182] 保険会社が用いる保険契約申込書の記載事項は、認可書類である事業方法書の記載事項とされている（保険業法施行規則8条1項5号）。

2　保険契約の成立時期

　保険契約成立の要件が上記のとおりだとすると、保険契約の成立時期は、合意必要事項について合意がなされたうえで、所要事項が記載され、保険契約者が署名または捺印した保険契約申込書の取り交わしが行われた時となる。

　なお、損害保険会社においては、保険代理店を仲介者とする保険募集が一般的である。また、損害保険代理店に対しては、保険契約締結の代理を委託することも、媒介を委託することもできるが（保険業法2条21項）、前者、すなわち保険契約締結の代理権を付与していることが一般的である（以下では、代理店とは、契約締結権のある保険代理店であることを前提とする）。したがって、代理店扱契約の場合には、保険契約者と損害保険代理店との間で保険契約申込書の取り交わしが行われた時が保険契約成立時となる。

　面談募集、すなわち、保険契約者と代理店が面談のうえ保険契約申込書の取り交わしを行う場合には、成立時期は比較的明確である。他方、郵送で保険契約申込書の取り交わしを行う場合には、成立時期をいつととらえるかが問題となる。すなわち、申込みと承諾が合致することをもって保険契約の成立としてとらえることができるが、郵送募集の場合には何が申込みや承諾に該当するかが論点となる。

(1)　保険契約者の署名・捺印＝申込み

　一般に、保険契約に関しては、保険契約者が保険契約申込書の保険者への提出をもって保険契約の申込みとみなし（だからこそ、この書面は保険契約「申込書」と称されている）、保険者（または代理店）の承諾をもって保険契約が成立するものと考えられている。そして、郵送募集は「隔地者間の契約」であるから、承諾者たる保険者（または代理店）が承諾の通知を発した時に成立することになる（民法526条1項）。

　現実には、たとえば、次のような保険契約締結過程をたどることがある。
① 保険契約者と代理店とが保険契約の内容について、あらかじめ電話でおおよその合意をしたうえで、代理店が保険契約申込書を保険契約者に郵送し、保険契約者が告知等を記載し、署名・捺印をしたうえで代理店に返送

する。あるいは、
② 更新契約に関して、契約更新手続に必要な書類一式（保険契約申込書を含む）を保険者（または代理店）が保険契約者に郵送し、保険契約者がいくつかの契約条件（たとえば、「前年同様の契約条件」と「おすすめプラン」）のなかから希望するものを選び、保険契約申込書に告知等を記載し、署名・捺印をしたうえで代理店に送付する。

こうして保険契約申込書が保険契約者から代理店に送付されると（保険契約者による申込み）、代理店は保険契約申込書の記載内容や保険契約者の署名・捺印を確認し、特に問題がない場合には[183]保険引受けを行うことになる。ここで、代理店が保険契約者に電話等で承諾の通知を発することもあるが、その時点では代理店や損害保険会社が承諾の通知を発しないことも多い[184]。

このように、保険契約申込書記載内容に特に問題がない場合には代理店や保険者から承諾通知を必要としないことが「取引上の慣習」となっていると考えられるので、「承諾の意思表示と認めるべき事実」があった時に保険契約は成立することになると考えられる（民法526条2項[185]）。保険会社からの保険証券の送付がこの「承諾の意思表示と認めるべき事実」に当たることは間違いないが、保険証券の送付に限定されない。たとえば、保険証券送付前

---

[183] 保険契約者が署名・捺印のうえ送付してきた保険契約申込書の記載内容では保険引受けができないような場合、保険者は契約条件や保険料の変更を保険契約者に申し入れたりすることになるが、法律上は、この申入れ自体が新たな申込みとなることもあれば（民法528条）、新たな申込みの勧誘となることもあろう。

[184] 一般に、生命保険会社においては、保険証券送付をもって保険者の承諾とする旨を約款で規定しているが（日本生命保険生命保険研究会編著『生命保険の法務と実務〔第3版〕』129頁（金融財政事情研究会、2016年）参照）、損害保険会社の約款にはそのような規定は置かれていないものと思われる。

[185] なお、保険者が保険株式会社等の商人であって、保険契約者が事業者の場合には、さらに保険契約の成立時期が早まる。すなわち、保険契約者が、保険者が「平常取引をする者」であって、かつ、保険契約が当該保険契約者の「営業の部類に属する契約」と評価される場合には、保険者が「遅滞なく」諾否の通知を発しないと承諾したものとみなされるからである（商法509条）。他方、保険契約者が「平常取引をする者」でない場合や、「平常取引をする者」であっても当該保険契約者の「営業の部類に属する契約」ではない場合には、相当の期間内に保険者が承諾の通知を発しないと、申込みは効力を失うのが原則であるが（商法508条）、民法526条によることを契約当事者が意図していることが一般的である。

に、保険事故が発生して保険契約者が保険者に事故報告を行い、保険者が有効な保険契約に関する保険事故として処理を始めたような場合にも、「承諾の意思表示と認めるべき事実」があったと解されることもありうる。

さらには、保険者や代理店が、適切な内容の保険契約申込書を受領しておきながら長期間放置していたような場合には、保険者や代理店による特段の明示的な行為がなくとも、長期間の放置自体を「承諾の意思表示と認めるべき事実」とみなして保険契約の成立を認めたり、あるいは、信義則に基づいて保険契約の成立を認めたりすべきであろう。

(2) 保険契約者の署名・捺印＝承諾

保険契約者が保険契約申込書に署名・捺印して代理店に送付することが、申込みではなくて承諾に該当する場合も理論上はありうると考えられる[186]。

たとえば、上記(1)①の場合には、保険契約内容はあらかじめ保険契約者・代理店間で、電話等により事実上の合意ができており、その内容に従って保険契約申込書を代理店が作成して保険契約者に送付することになる。このような場合には、代理店からの保険契約申込書の送付が申込みとなり、保険契約者による署名・捺印が承諾になるとも考えられる。

また、たとえば、上記(1)②の場合には、更改契約の保険募集において、保険者または代理店が、具体的な契約条件のプランを限定的に郵送物で提示することになる。このような場合には、保険者または代理店からの保険契約申込書の送付が申込みとなり、保険契約者によるプラン選択および署名・捺印が承諾になるとも考えられる。

このような法的理解が保険募集の実態には合致していると思われる。ただし、保険契約者による保険契約申込書の郵送をもって承諾ととらえる場合には、発送時が保険契約の成立時となる（民法526条1項）。保険契約者は、保険契約申込書の申込日の欄に自身が署名・捺印した日付を記入することが一般的であり、署名・捺印の直後に発送することが一般的であることからすると、このような保険募集形態においては申込日が保険契約の成立日であると

---

[186] この場合には保険契約「申込書」という表題自体が不適当であることになるが、保険契約者による署名・捺印が承諾に当たる場合があることの法的障害にはならないと考えられる。

考えてほぼ問題ないことになろう。

(3) 保険法適用時期

　保険契約の成立時期が実際に大きく問題となると考えられる1つの場面は、保険法の適用時期の問題である。

　保険法が適用されるのは、保険法施行日（2010年4月1日）以降に締結された保険契約であり（保険法附則2条）、それより前に締結された旧契約については、旧契約にも適用される保険法規定（同法附則3条～6条）を除き、旧法が適用される（整備法2条）。たとえば、他人の傷害疾病保険契約における被保険者の解除請求権（保険法34条、87条）といった保険法で新設された規定は旧契約には適用されない。また、告知義務（同法4条、66条）や告知義務違反（同法28条、84条）、危険増加による解除（同法29条、85条）といった、保険法で改正された規定のなかには、旧契約には適用されず旧法が適用されるものもある。さらに、保険の目的物の譲渡（改正前商法650条）といった保険法で削除された旧法の規定は、旧契約には依然として適用されることになる（前述第1章第1節5参照）。

　したがって、問題となる保険契約の締結日が、保険法施行日の前後のいずれであるかは非常に重要である。

3　クーリング・オフと特定早期解約

　保険業法は監督法であるが、保険契約法に関する規定も若干ながら保険業法中に存在する。その1つがクーリング・オフと特定早期解約である。

　損害保険におけるクーリング・オフは、当時の「訪問販売等に関する法律」（現在の「特定商取引に関する法律」）に倣って、消費者保護のため、1996年施行の改正保険業法で導入されたものである。その後、2007年6月13日にクーリング・オフ規定の改正がなされるとともに、特定早期解約制度が新設された。

　なお、両制度ともに保険業法で規整されているため、経済的な保険であっても（つまり、保険法の適用を受けるリスク移転契約であっても）、保険業法の適用除外とされている経済的な保険（保険業法2条1項各号。典型的には、いわゆる制度共済がこれに当たる）には適用されない。農業協同組合法11条の9

のように同様の規定が置かれたり、消費生活協同組合法12条の2第3項のように保険業法の該当規定が準用されたりすることもあるが、必ずしも同様の手当がすべての保険業法適用除外共済においてなされているわけではないと思われる。

① クーリング・オフ

クーリング・オフが可能な保険契約については、一定期間内であれば、保険契約者は、保険契約申込みを撤回したり、すでに成立した保険契約を解除したりすることができる（保険業法309条1項。片面的強行規定）。なお、この撤回や解除の効力発生時期は、クーリング・オフ書面の発送時である（同法309条4項）。

② 特定早期解約

特定早期解約については、保険業法は、特定早期解約制度を設けることを基礎書類（事業方法書）の記載事項とすることによって、事実上、保険業法が特定早期解約制度を規定している構造となっている（認可要件である。保険業法施行規則11条3号の2）。特定早期解約は、一定の保険契約であって、クーリング・オフができない一定の場合に、一定期間内であれば、保険契約者が通常の任意解約より有利に返戻金の返還を受けることができる制度である。

第3節　被保険者同意

1　被保険者同意

(1)　法規整と約款規定

① 保険契約の効力要件

モラル・リスクや賭博保険の防止等の観点から、他人を被保険者とする死亡保険契約については、例外なく被保険者同意が効力要件となった（保険法38条。絶対的強行規定）[187]。これを受けて、他人を被保険者とする傷害疾病定額保険契約のうち、一定の類型については、被保険者同意が効力要件となった（同法67条。絶対的強行規定）[188]。保険契約締結に際して被保険者同意が必

要とされる類型では、保険金受取人変更に際しても被保険者同意が必要となる（同法74条。絶対的強行規定）。約款でも同様の規定が設けられている（家族傷害保険標準約款17条2号[189]、35条8項[190]）。

この場合の被保険者同意は、書面によることは要件ではないが（保険法・約款とも）、保険契約の基本的な内容を被保険者が了知したうえでの、被保険者による真意に基づく同意でなければならない。したがって、被保険者によるそのような同意を確保するとともに、同意が真意であることを証するため、実務的には書面による同意を保険者は取り付けることとしている（保険業法施行規則11条2号参照）。

なお、被保険者の解除請求という制度が新設されたため（後述第6章第3節参照）、被保険者同意の撤回はできないものと考えられている[191]。

他方、他人を被保険者とする傷害疾病定額保険契約のうち、被保険者同意が効力要件とならない類型については[192]、そのかわりに、無条件に、保険契約者に対する被保険者の解除請求権（後述第6章第3節1参照）が認められている（保険法87条1項1号）。傷害保険では、一般に被保険者同意を不要とする保険引受方法が採用されているため[193]、標準約款でも同様に、保険契

187　なお、貸金業者は、たとえ被保険者の同意が得られるとしても、借手を被保険者として、その自殺による死亡を保険事故とする保険契約を締結することができない（貸金業法12条の7。2007年12月19日施行）。
188　なお、傷害疾病損害保険契約では、被保険者に被保険利益が必要であり、また、利得禁止原則が働くため、被保険者同意は不要である。
189　なお、家族傷害保険標準約款の普通保険約款では、死亡保険金のみならず、後遺障害保険金・入院保険金・手術保険金・通院保険金も保険給付の対象になると規定されているが、支払保険金を死亡保険金に限定する「死亡保険金のみの支払特約条項」に関しては、同特約において保険法67条2項に対応した規定を置いている。
190　死亡保険金受取人を被保険者以外の特定者から被保険者自身に変更する場合も保険法では被保険者同意が不要とされている（保険法74条1項但書）のに対して、標準約款では被保険者の法定相続人に変更する場合のみを被保険者同意不要と規定している（家族傷害保険標準約款35条8項）。しかしながら、この約款条項は、被保険者自身への保険金受取人変更の際に被保険者同意を不要とする保険法の規定を排除する趣旨ではないと思われる。
191　萩本・講演9頁参照。
192　傷害疾病定額保険契約の一部で被保険者同意が要件とならなかったのは、実際に販売されている傷害疾病定額保険契約のなかには、被保険者同意の取付けが事実上困難なものが一定程度存在したからである。たとえば、自動車保険の搭乗者傷害保険、施設入場者傷害保険がこれに当たる。

図表3－3－1　傷害疾病定額保険契約における被保険者同意

	傷害疾病定額保険契約					参考：死亡保険契約
	I	II	III	IV	V	
給付事由	被保険者の傷害疾病による死亡および死亡以外の事由		被保険者の傷害疾病による死亡以外の事由のみ		被保険者の傷害疾病による死亡のみ	保険事故＝死亡
保険金受取人	給付事由が死亡の場合には被保険者または相続人、かつ給付事由が死亡以外の場合には被保険者	左記以外	被保険者	被保険者以外	限定なし	限定なし
契約締結時の被保険者同意の要否	不要（保険法67条1項但書のカッコ書）	要（効力要件。保険法67条1項本文）	不要（保険法67条1項但書）	要（効力要件。保険法67条1項本文）	要（効力要件。保険法67条2項）	要（効力要件。保険法38条）
被保険者同意欠如に基づく契約解除請求権	あり（保険法87条1項1号）	なし	あり（保険法87条1項1号）	なし	なし	なし
保険金受取人変更における被保険者同意の要否	不要（保険法74条1項但書のカッコ書）	要（効力要件。保険法74条1項本文）	不要（保険法74条1項但書）	要（効力要件。保険法74条1項本文）	要（効力要件。保険法74条2項）	要（効力要件。保険法45条）
給付事由発生前における保険金請求権の譲渡・質入れ	要（効力要件。保険法76条）					要（効力要件。保険法47条）

約者に対する被保険者の解除請求権を規定しつつ（家族傷害保険標準約款22条1項1号)[194]、さらに、保険法には規定が存在しないが、保険者に対する被

193　ただし、死亡保険金の受取人を設定・変更することも可能である（前述第2章第3節4参照）。

保険者の解除請求権も置いている（同約款22条3項）。

② 保険給付請求権の譲渡や質入れ

保険給付事由発生前における保険給付請求権の譲渡や質権設定については、どの類型においても被保険者同意が効力要件とされている（保険法76条。なお、家族傷害保険標準約款では特段の規定を置いていないが、こうした事態の発生がまれだからであって、保険法の規整を排除する趣旨ではない[195]）。

以上①および②の法規整を一覧にすると図表3-3-1のとおりである[196]、[197]。

(2) 旧傷害疾病定額保険契約

旧契約（施行日前に締結した「傷害疾病定額保険契約」）には保険法が適用されないのが原則であるので、基本的には保険法の被保険者同意に関する規整は適用されない。

ただし、保険給付請求権の質権設定については（譲渡を除く）、質権設定が施行日以後になされる場合には保険法が適用される（保険法附則5条1項）。

2 効力要件

傷害疾病定額保険契約（や死亡保険契約）において求められる被保険者同意は、効力要件である。

したがって、他人を被保険者とする傷害疾病定額保険契約が成立しても、有効な被保険者同意が得られていないものは、有効な保険契約ではあるもの

---

[194] 自動車保険における傷害疾病定額保険契約（搭乗者傷害保険等）においては被保険者が保険契約で具体的には特定されないため、標準約款では解除請求の規定は置いていない。

[195] そもそも保険法76条は絶対的強行規定なので約款で変更できない。

[196] なお、被保険者同意が不要な契約および15歳未満の者を被保険者とする契約に関する保険の不正利用防止対策については保険法では規整が見送られた。そのかわりに、保険業法施行規則53条の7第2項や、監督指針（Ⅱ-4-4-1-2⒂②イ、③）や、損害保険協会の「傷害保険等のモラル・リスク防止に係るガイドライン」（2009年2月。2009年4月実施）で一定の指示・基準が示されることになった。

[197] 被保険者同意が不要となる典型的な類型は図表3-3-1のⅠ類型であるが、死亡保険金受取人が、被保険者または被保険者の相続人であることが要件となっている。この保険法の規整は、被保険者自身が死亡保険金受取人になれることを前提に規律が設けられている（なお、山下・保険法80頁参照）。

の、未発効の保険契約である。その後、被保険者が同意をした時点で、当該保険契約は効力を生じることになる[198]（なお、後述第6章第1節2(2)③参照）。

第4節　保険証券（契約締結時の書面）

　保険証券の発行・交付は保険契約の成立要件ではないが、保険契約成立時に保険証券[199]が発行・交付されることが多いので、本章で取り上げることとする。

1　保険証券の位置づけ

　保険契約の内容は、一般に、保険契約申込書等の記載内容と、組み込まれた約款規定内容とから構成されている。そして、保険契約申込書等の記載内容（の多く）が保険証券やそれに付随する明細書に表示されたり、証券に貼付されたり（いわゆる証券裏貼り）しており、また、実務的にも保険契約者は保険証券と約款を保管することが通常であるから[200]、保険証券は重要な書類、あるいは、重要と考えられている書類である。

　さらに、保険法制定時に証券記載事項が整理され、かつ、通知義務の対象事項が保険証券に記載されることになったので（後述本節4参照）、保険契約者は保険契約締結後の通知必要事項を簡単に一覧することができるようになった。したがって、保険法制定によって、実務上は、ますます保険証券の重要性が高まったといえよう。

　ただし、保険証券は有価証券ではなく証拠証券にすぎないから、保険契約内容を確定するうえでの1つの書類にすぎない。

2　「保険証券」という呼称

　旧法においては「保険証券」は法律用語であったが、保険法は、その規整対象として経済的な保険（前述第1章第1節1および2参照）の実質を有する

---

[198]　萩本・一問一答171頁注1参照。
[199]　共済の場合には共済証書などと呼ばれる。
[200]　保険契約者は、保険契約申込書の控を保険証券受領後も保存していることもある。

共済をも取り込むこととなったため、「保険証券」という用語は用いないこととなった（保険法では、保険契約締結時に交付する「書面」にすぎない。保険法6条、69条）。

ただし、保険者が任意に「保険証券」という呼称を用いることは、特に誤認表示などに該当しない限り、引き続き可能である（そのため、本書では保険法施行後についても保険証券と呼んでいる）。

3　自動的交付義務

旧法では、保険契約者の交付請求がある場合にのみ保険者に保険証券の交付義務があったが（旧法649条1項）、保険法では、保険契約者の交付請求の有無を問わず、保険者に交付義務が生じることになった（保険法6条、69条。任意規定）。

ただ、実際には、従前より保険証券を発行・交付していることが比較的多い。また、本規定は任意規定なので、保険契約申込書や約款等における約定で保険証券交付義務を排除することも可能である。たとえば、保険証券の不発行、電磁的方法による保険証券と同等内容の交付、保険証券記載事項の一部省略を行う場合には、保険法を排除する記載や約款条項による合意が必要となる。

なお、保険証券が発行されず、かわりに継続証や更新証などと称される書面が交付されることがあるが、まったく保険証券が発行されない場合（まれである。本章第5節3参照）と、原則として保険証券は発行されないが、保険契約者の請求があれば保険証券が発行される場合とがある。

4　記載事項

旧法と比較すると、一部の記載事項が変更されている。

このなかで特に注意を要するのは、通知義務の対象事項が保険法で記載事項として追加されたことである（保険法6条1項10号、69条1項9号。任意規定）。通知義務の履行を確実に行うため、保険契約者にとって重要と考えられている保険証券の必須記載事項としたものである。

第5節　保険契約の更新

　一般に、損害保険契約は短期（保険期間が1年間）のものが多い[201]。また、損害保険会社が販売している傷害疾病定額保険契約も、比較的短期のものが多い。

　1年契約は、1年ごとに顧客のリスク状況の変化を把握したうえで、それを付保内容・条件に反映することができるので顧客にとっても有益である。また、契約更新のつど、顧客との接点（contact point）をもつことができるので、保険マーケティングの観点からも重要である。他方で、保険者にとっては、契約更新手続に要する手間とコストが掛かり（顧客も手間が掛かる）、また、他社への乗換え（switching）の機会を顧客に与えてしまうという負の側面もある。

1　契約更新

　契約更新手続は、満期日（保険終期のこと）のおよそ2カ月前～1カ月前に行われるのが一般的である。契約更新手続書類は、保険代理店が保険契約者に郵送・持参することもあれば、損害保険会社が保険契約者に直送することもある。いずれの場合も、代理店扱いの保険契約に関しては、保険代理店が顧客となんらかのかたちで接触をもつことになる。

(1)　**法的位置づけ**

　実際の契約更新においては、顧客の希望により現契約と（ほぼ）同内容にて次年度の保険契約を締結することが多いものの、法的には、次年度の保険契約は、現契約とは異なる、別個の独立した契約である。

(2)　**満期管理責任**

　1年契約においては毎年、契約更新が行われることが通常であるとしても、保険契約は個々に独立した契約であるので、次年度契約に関する案内（法的には、新たな契約申込みの勧誘）を保険契約者に対して特別に約定して

---

[201]　そのため、損害保険実務において「短期契約」という場合には、保険期間が1年未満の保険契約を指すことが多い。

いない限り、保険者や代理店にいわゆる満期管理責任は発生しない。保険会社が満期案内のハガキを送付したり、代理店が満期案内を行ったりしているとしても、それは顧客サービスや保険会社や代理店の営業活動の一環として実施しているものであり、法的義務の履行として実施しているわけではない。

そのため、満期案内のハガキを保険会社が保険証券記載住所に郵送したにもかかわらず、保険会社に返送されてきた場合においても（保険契約者が住所変更の手続をしていないことが多い）、保険契約者を何としても探し出して満期案内のハガキを送付する法的義務はない。

さらには、満期案内を、保険会社や代理店の都合で一斉に中止したとしても、あるいは、一部の保険契約者（たとえば、現契約においてモラル・リスクを起こした保険契約者や保険成績の悪い保険契約者）に対してのみ案内しなかったとしても、直ちに法的責任が生じるわけではない。

ただし、代理店が保険契約者と契約更新手続について特別な約定をしていたり、代理店が保険契約者と契約更新手続について特別な関係を長年維持していたりした場合には、保険会社には責任が発生しない一方で、代理店には損害賠償責任が生じる可能性がある[202]。

2　自動更新

毎年の契約更新手続には手間とコストが掛かり、また、契約更新手続を怠ると付保もれの事態が生じてしまうので、特段の問題や事情変更がない限り、顧客は、自動的に保険契約が更新されることを望むことが多い。また、保険者にとっても顧客の他社流出が減少し、また、契約更新手続に要する手間とコストが削減されるという利点がある。そこで、自動更新制度が約款によって導入されていることがある。

たとえば、自動車保険に関しては、標準約款には規定がないものの、各損害保険会社の約款（「保険契約の更新に関する特約」「継続手続特約」などと呼ば

---

[202]　前橋地裁高崎支判平8.9.6保険毎日新聞（代理店版）平成8年12月9日号、松山地裁今治支判平8.8.22保険毎日新聞（代理店版）平成9年4月14日号、福島地判平11.5.14保険毎日新聞（損保版）平成11年10月15日号参照。

れている）によって自動更新制度が設けられている。

(1) 自動更新の制約

自動更新は保険契約者の利便と付保もれ防止に役立つものである反面、現契約に比べて更新契約の契約内容や保険料が保険契約者不利に大きく変わる場合には、それが保険商品の改定に伴うものであっても、保険契約者の期待を裏切るものとなりうる。そのため、保険約款において自動更新条項の適用に関する制約条件が設定されていることが多い。

(2) 保険法対応約款への改定

保険法施行（2010年4月1日）に向けて、保険会社各社は保険法に対応すべく商品改定を実施した。ここで自動更新の制約（上記(1)参照）に抵触しないかが一応は問題となるが、結論としては、以下の理由から自動更新が有効であると考える。

まず第一に、保険法中の絶対的強行規定を取り込んだ約款条項については、かりに保険契約者に不利益な変更になる約款条項があるとしても（たとえば、傷害疾病保険における被保険者の解除請求権（保険法34条、87条）は、被保険者には有利だが、保険契約者にとっては不利益との評価もありえないわけではない）、自動更新が認められる。なぜなら、当該条項は立法措置を反映したにすぎず、かりに当該約款条項を置かずとも絶対的強行規定が適用されるからである。

第二に、保険法中の片面的強行規定を取り込んだ約款条項についても、やはり自動更新が認められる。なぜなら、もともと片面的強行規定は保険契約者等に有利な内容であるから[203]、片面的強行規定をそのまま取り込んだ約款条項や、片面的強行規定を保険契約者等に有利に変更したうえで取り込んだ約款条項は、自動更新の対象としても問題ないはずだからである。

第三に、今回新設・改定された保険法中の任意規定を取り込んだ約款条項についても、やはり自動更新が認められると考えられる。なぜなら、保険法

---

[203] なお、重大事由解除（保険法30条、86条）は、当該法規定自体は保険契約者等に不利な内容であるが、もともと判例理論としては確立しているものであるから（後述第6章第4節1参照）、法文への明文化、さらには約款条項の設置によって特に不利益となるわけではない（むしろ、解除の要件等が明確化されて保険契約者等にとっても有益であるといえよう）。

で新設された規定（たとえば、傷害疾病定額保険契約に関する保険法第4章）中の任意規定には、保険契約者等に不利益なものは特段見当たらず、また、保険法で改定された規定中の任意規定（たとえば、損害保険契約における重複保険の保険給付方法に関する保険法20条）にも、保険契約者等に不利益なものは特段見当たらないからである。

3　保険契約の継続

「保険契約の継続」と呼ばれる制度がある。これは、一般的な保険契約の自動更新とは異なる特殊な制度である。具体的には、保険証券が発行されず、また、債権担保のための保険契約でのみ利用されることがある制度である。

(1)　継続契約

保険者は、次のような条件に該当する保険契約の更新における更新後の保険契約のことを「継続契約」と呼び、それ以外の更新後の保険契約を「（満期）更改契約」あるいは「（満期）更新契約」と呼んでいる[204]。また、更新後の保険契約が「継続契約」となるような更新のことを、「保険契約の継続」と呼んでいる（住宅総合保険標準約款40条）。

① 保険契約の主要な要素が更新前契約と同一であること。ここで保険契約の主要な要素とは、保険契約者、保険の受益者（損害保険契約では被保険者、傷害疾病定額保険契約では保険金受取人）、保険保護の対象および対象危険、保険金額等である（前述第3章第2節1(1)参照）。

② 保険期間が中断しないこと。

③ 更新後契約について保険者が保険証券を発行しないこと。この場合、保険証券にかわって発行されるのが「（保険契約）継続証」である。

なお、保険証券の不発行はその旨の約定（約款条項）によるものである。旧法においても保険法においても保険証券発行に関する規定は任意規定であるので、保険証券不発行の合意も有効である。

---

[204]　東京海上編『新損害保険実務講座第6巻火災保険(上)』243頁（有斐閣、1964年）〔和久利昌男〕、田辺康平＝坂口光男編著『注釈住宅火災保険普通保険約款』258〜259頁（中央経済社、1995年）参照。

(2) 目　　的

　こうした「保険契約の継続」という制度が設けられたのは、他の債権契約において保険給付請求権等を担保とする事態に対応するためである。

　典型的には、金融機関が住宅ローン融資を行う際に、債権担保のため、融資対象となる住宅を保険の目的物とする火災保険契約を債務者に付保してもらい、金融機関が保険金請求権等に対する債権質を取得するのが一般的である。この火災保険および質権は被担保債権（ここでは住宅ローン債権）の存続期間中は有効に存続し続ける必要がある。ところで、火災保険契約は一般には保険期間が1年間であるので、当初の保険契約に対する質権設定の効力をそのまま維持させる必要がある。そこで設けられているのが、この「保険契約の継続」という制度である。

　ただ、現在の住宅ローン債権の担保においては、保険期間が融資期間全体をカバーする長期火災保険が利用されており（したがって、保険契約としては融資期間を通して1保険契約であり、質権設定手続も融資実行時に行われるだけである）、この「保険契約の継続」という制度はほとんど利用されていない。ただし、長期保険契約の引受けをしていない物件を保険の目的物とする場合には現在でも必要な制度である。また、将来において、住宅物件に関する長期保険契約の引受けが縮小するような場合には、住宅物件の火災保険でも必要となる制度である。

第4章 保険契約の変動と変更

本章では、保険契約締結後、保険契約終了までの間の保険契約上の権利義務関係（ただし、保険給付を除く）を取り上げる。

第1節　保険契約の変動と変更

1　保険契約の前提条件の変動

損害保険契約の大宗が1年契約であるとしても、保険契約の締結がなされて保険期間が開始した後に、保険契約の前提となっている事実や法律関係に、さまざまな変動が生じうる。たとえば、次のような変動が考えられる。

① 保険の対象に関する変動

たとえば、物保険では保険の目的物、自動車保険では被保険自動車、人保険では被保険者といった保険の対象が、当初の契約内容とは異なるものとなることがある。また、物保険に関しては、保険の目的物の価額に変動が生じることがある（第2節参照）。

② 契約当事者等に関する変動

たとえば、保険契約者の住所変更、保険契約者の地位の譲渡、保険契約者や保険金受取人の死亡により、保険契約当事者等に変動が生じることがある（第3節参照）。

③ 担保危険自体の変動

担保危険に関するリスク自体が変動することがある。これは保険法における「危険」の増加や減少に当たる（第4節、第5節参照）。

2　保険契約の内容の変更

保険契約の前提となっている事実や法律関係に変動が生じると、一般に、

保険契約の変更手続が行われることになる（上記1参照。なかには、変更手続を要しない場合もある）。

また、そのような変動が生じなくとも、保険契約者が意図的に保険契約の変更を行うことがある。たとえば、担保危険、免責条件、保険金額・てん補限度額、免責金額や縮小てん補割合の変更（追加・削除を含む）がなされることがある。このうち、本章では保険金受取人の変更についてのみ取り上げる（第3節4参照）。

第2節　保険の対象に関する変動

保険期間の開始後に、保険の対象についてなんらかの変動が生じることがある。たとえば、物保険では保険の目的物、自動車保険では被保険自動車、人保険では被保険者が、当初の契約内容とは異なるものとなることがある。また、物保険では保険価額が変動することがある。

なお、ここでいう保険の対象が当初の契約内容とは異なるものに変わることには、保険の対象や被保険利益が同一であるまま、そのリスク特性が変化する事態・事象を含まない。その場合のリスク特性の変化は、後述の「担保危険自体の変動」である。換言すると、本節で述べるような保険の対象に関する変動は、たとえ危険の増減を伴うものであるとしても、危険の増減の問題（後述第4節、第5節参照）ではない。

1　物保険における保険の目的物の譲渡

(1)　旧法の考え方

旧法では、物保険において保険の目的物を譲渡すると[205]、当該保険の目的物に関する「保険契約ニ因リテ生シタル権利」も同時に譲渡したものと推定され（旧法650条）、この推定規定の存在をもとに火災保険の旧標準約款が規定されていた。すなわち、保険契約者等は、保険の目的物の譲渡を保険者に通知し[206]、保険者が当該譲渡を承認すれば、譲受人が新たな保険契約者

---

[205]　保険の目的物の譲渡には、競売のような強制譲渡も含まれる（盛岡地判昭45.2.13下民21巻1～2号314頁）。

兼被保険者となる（旧住宅総合保険標準約款15条1号）。他方、火災保険を譲渡しない合意が譲渡人・譲受人間で成立した場合には、譲渡人たる保険契約者が火災保険契約を任意解約すればよい。

ただし、旧法650条は保険法では削除されたものの、旧損害保険契約、すなわち、2010年3月31日までに締結された損害保険契約については、依然として旧法が適用されることに注意を要する。

(2) 保険法の考え方と火災保険

保険法では旧法規定、すなわち保険契約譲渡に関する推定規定は削除された。そのため、保険の目的物の譲渡によって被保険者に被保険利益がなくなるので[207]、自動的に当該保険契約は失効することになる（住宅総合保険標準約款21条1項2号）。保険契約が失効すれば、未経過期間に対する保険料を日割り計算で保険契約者に返還することになるが（住宅総合保険標準約款28条2項）、保険契約者からの連絡・通知がない限り、保険者は保険の目的物が譲渡されたことを一般に覚知することができないので、契約保全や保険契約者への保険料返還の観点から、譲渡後の通知義務を規定している（住宅総合保険標準約款19条1項）。

例外的に、火災保険契約を譲受人に移転させる場合には、保険者への事前通知と保険者の承諾が必要である（住宅総合保険標準約款19条2項、3項）[208]。

(3) 自動車保険

自動車保険の一部に車両保険という物保険があるが、通常は車両保険のみ

206　この場合の保険者への通知は、譲渡後遅滞なく行えばよい（最判平5.3.30民集47巻4号2384頁）。
207　相続、合併等の包括承継も譲渡に含まれるという考え方もあるが、そもそも包括承継の場合には保険の目的物とともに保険契約上の被保険者の地位も承継されるので、被保険利益はなくならない。よって、被保険利益の消滅による保険契約の失効とはならない。

　　ただし、たとえ包括承継であっても、被保険者が従前と異なるので「危険増加」をもたらすことがありうる。そのため、約款において、たとえば、通知義務が課されたり（通知義務違反に伴う保険者の解除権や保険者免責を伴う）、追加保険料の支払義務が規定されたりすることがある。
208　なお、火災保険契約の譲受人への移転に関する保険者の承認前に発生した保険事故については、保険者の免責を約款で規定することも可能である。萩本・一問一答150頁参照。

を付保することはなく、対人賠償保険、対物賠償保険、人身傷害保険などとあわせて加入している。したがって、自動車保険に関しては、以下のとおり、被保険自動車の譲渡によって自動的に自動車保険契約全体が失効するという考え方は、従前から採用されていない。それは、自動車保険はいくつかの保険商品からなる複合商品であり、人身傷害保険[209]や他車運転危険担保特約など、被保険自動車が譲渡された後も有効である保険種目が残っているからである。

　具体的には、被保険自動車の譲受人に保険契約を譲渡することも、あるいは、被保険自動車を新規取得自動車に入れ替えること（車両入替という）も、保険者の承認を得れば可能である（自動車保険標準約款6章7条1項、8条1項[210]）。そして、保険者に対して承認を請求すべき時期について特段の限定はない（単に、被保険自動車の譲渡や車両入替後に保険者の承認が得られても、承認請求までに発生した保険事故について保険者免責となるだけである。自動車保険標準約款6章7条2項、8条3項）。つまり、被保険自動車の譲渡[211]や車両入替がなされても、直ちには保険契約が失効しないことが前提となっている。

　なお、保険者がこの譲渡や車両入替を承認しない場合には、保険者に解除権が発生する（同約款6章12条1項）。この点からも、被保険自動車の譲渡や車両入替がなされても、直ちには保険契約が失効しないことが前提となっていることがわかる。

---

[209] 人身傷害保険では、被保険自動車に搭乗していない場合であっても、被保険者等が自動車事故で受傷したり死亡したりすれば保険てん補される。

[210] ノンフリート等級（いわゆる無事故割（増）引）の継承を目的として、一般には後者の車両入替が行われている。なお、被保険自動車の入替えに伴って保険料を返還または追徴すべき場合があることが規定されている（自動車保険標準約款6章15条4項）。

[211] 自動車の譲渡とは、自動車譲渡の合意が成立し、譲受人への自動車の引渡しがなされて、譲受人が現実に当該自動車を支配することをもって足り、所有権移転手続や売買代金の支払等の譲渡契約上の義務の履行完了とはかかわりがないとされている。最判平9.9.4判時1624号79頁参照。

2 物保険における保険価額の変動

(1) 保険価額の減少

物保険に関しては、保険契約締結後に保険の目的物の保険価額が減少して超過保険状態となることがありうる（特に、保険期間が長期である長期火災保険において顕著である）[212]。なお、保険法では、こうした場合を超過保険とは呼ばず、保険価額の減少と呼んでいる（保険契約締結時における超過保険状態（前述第2章第5節2参照）を保険法は「超過保険」と呼んでいる）。

① 規整内容

保険契約締結後の保険価額の著しい減少による超過保険状態については、保険契約者は、将来に向かっての、保険金額（「約定保険金額」を含む）と保険料の減額請求権をもつことになった（保険法10条。片面的強行規定。自動車保険標準約款6章11条2項、18条2項、住宅総合保険標準約款23条2項、30条2項）[213]。なお、単なる保険価額の減少では減額請求権は発生せず、「著しい」減少となってはじめて減額請求権が発生することになる。

したがって、保険契約締結時（契約更新時を含む）に正しい保険価額で引受けをしていれば、たとえ保険期間中に著しい超過保険状態になったとしても、法律上は、保険者は保険契約者側からの減額請求を待てばよいことになる（既経過分について保険金額の減少および保険料返還が求められることはない）。実際上も保険者が個々の物保険契約における保険価額の減少を覚知することは困難である。

② 旧契約への適用

保険契約締結後の超過保険に関する取扱いを規定する保険法10条（本条が片面的強行規定であることを定める12条、36条を含む）は、旧契約（施行日前に締結された保険契約）についても、施行日より直ちに適用されることになる

---

[212] 理論的には、保険金額を変動型とする物保険契約もありうるが、その場合の保険金額の上昇に伴う超過保険状態に関しては、保険法に規整が存在しないことになる。
[213] 満期返戻金のない火災保険契約（典型的には、住宅ローンの担保の一環として担保物件たる住宅を保険の目的物として付保する長期火災保険）に質権が設定されている場合であっても、質権者の承諾なしに、保険契約者は減額請求ができると考えられる。山下友信「保険法の制定の意義と概要」金法1872号11頁（2009年）参照。

(保険法附則3条1項)。

(2) 保険価額の増加

保険契約締結後に保険の目的物の保険価額が増加することもありうる。この場合、保険金額の変更手続をしないと、一部保険となって比例てん補が適用される（保険法19条）事態に陥る可能性がある。

なお、価額協定保険においても、協定保険価額の変更手続が必要となる。この手続がなされない場合に保険者免責となるとする旧標準約款もあったが（旧・自動車保険標準約款車両価額協定保険特約3条4項）、新標準約款では変更手続がないものとして保険給付を行うこととなった（自動車保険標準約款車両価額協定保険特約3条6項。ただし、車両入替の場合を除く）。

3　傷害疾病定額保険における被保険者の変動

人保険における被保険者は保険の対象となる者のことである。

ところで、保険契約締結後に被保険者を変更する場合がある。被保険者の変更は、保険契約者が任意に行うのが通常であるが、以下のとおり、必然的に被保険者の変更を検討しなければならない場合がある。

(1) 被保険者の解除請求等

その1つが、被保険者（家族型の場合には本人たる被保険者）によって保険契約者に対して解除請求がなされたり（保険法87条、家族傷害保険標準約款22条1項、2項）、被保険者（家族型の場合は本人たる被保険者）によって保険契約の解除がなされたり（同約款22条3項）した場合である（詳細は後述第6章第3節参照）。こうした場合には、被保険者を家族の他の者に変更するか、あるいは、保険契約の解除を行うことになる（同約款23条1項）。

(2) 被保険者の死亡

被保険者が保険事故によらずに死亡する場合や、保険事故により死亡するものの、保険者免責事由に該当するがために保険金支払がなされない場合がある。こうした場合には、個人型の保険では、当該傷害疾病定額保険契約は失効する。他方、家族型の保険では、「本人」として指定された被保険者が死亡した場合には、「本人」の変更または契約解除が必要となる（家族傷害保険標準約款5条3項）。

第3節　契約当事者等に関する変動

保険契約締結後に保険契約当事者等に関する変動が生じる場合がある。

1　保険契約者の住所変更

(1)　住所変更通知義務

保険契約者は保険料支払義務を負う者であるので、債権者たる保険者としては、債務者たる保険契約者の現住所を把握しておく必要がある。また、保険者が保険契約を解除するには、解除通知が一定期間内に保険契約者に到達しなければならないから（前述第3章第1節6(5)、(6)参照）、この点においても保険者は保険契約者の現住所を把握しておく必要がある。さらには、保険契約という継続的な取引関係にかんがみると、保険契約当事者双方が相手方の連絡先を了知しておくことが必要である。

こうした事情が継続的契約である保険契約には認められるため、保険契約者は、通知受領を可能とする最低限の条件整備をなすべき付随的な契約上の義務を負うものであり[214]、約款においても、保険契約者に住所変更に関する通知義務を課している（自動車保険標準約款6章6条、住宅総合保険標準約款18条、家族傷害保険標準約款16条）[215]。

(2)　義務違反に対するサンクション

この通知義務違反に対する直接的なサンクションは規定されていない。したがって、民法の原則に立ち返り、保険者は保険契約者に対して、債務不履行に基づく損害賠償請求を行うことができる。具体的な損害は個々の事案ごとに判断せざるをえない（なお、解除通知が到着しないことについて、前述第3章第1節6(5)②参照）。

---

[214] 西嶋・前掲（注160）85頁（1995年）参照。
[215] なお、この通知義務は「危険増加」の通知義務ではないが、保険契約者住所が「危険」に結びついている場合には（たとえば、家財を保険の目的物とする火災保険において、保険契約者兼被保険者が転居した場合）、「危険増加」の通知を兼ねる場合もありうる。

(3) みなし到達

旧標準約款では、保険者は住所変更通知義務を保険契約者に課すとともに、保険者が了知している保険契約者の最終住所に送付した通知は、通常到達に要する期間の経過後に、保険契約者に到達したものとみなす規定（いわゆる「住所みなし」規定）を置いていた（旧・住宅総合保険標準約款15条7項、旧・家族傷害保険標準約款20条2項）[216]。

新標準約款では、一律に「住所みなし」に関する規定を削除している（削除の経緯については前述第3章第1節6(5)②参照）。ただし、解除や取消し以外についてはいわゆる「住所みなし」は問題とされていないので、個々の保険者の約款において、解除や取消し以外における通知に関してはいわゆる「住所みなし」の規定が置かれることがある。

2 保険契約者の地位の譲渡

保険契約者の変更は、包括承継（個人保険契約者の死亡、法人保険契約者の合併等）で生じることもあれば、特定承継（保険契約の譲渡等）で生じることもある。ここでは、保険契約者としての地位の移転について述べ、個人保険契約者の死亡については本節3で後述する。

(1) 一般的な地位の移転

① 損害保険契約

被保険者の変動を伴わない、単なる保険契約者の変更に関しては、保険法にも規律がなく、約款でも規定が置かれていないことが多い。したがって、新旧の両保険契約者と保険者が合意すれば、原則として保険契約者の地位の移転は可能である。

なお、保険契約者の変更とあわせて被保険者の変更も伴う場合には、被保険利益が新しい被保険者に存在することが必要となる。通常は物保険において、保険の目的物が譲渡される際に問題となる（前述第2節1参照）。

② 傷害疾病定額保険契約

保険金受取人の変動を伴わない単なる保険契約者の変更に関しては、保険

---

[216] 旧・自動車保険標準約款には、一般的な住所変更通知義務やいわゆる「住所みなし」規定はなかった。

法には規律がないが、約款には保険者の承諾を要するとする規定が置かれていることが多い（家族傷害保険標準約款36条)[217]。保険者の承諾を要するのは、損害保険契約と同様に契約当事者の合意が必要であるのが契約上の地位の移転に関する一般原則であり、また、賭博保険やモラル・リスクを防止する意義もある[218]。

ところで、損害保険契約とは異なってわざわざ約款規定が置かれているのは、こうした契約上の地位の移転が一定程度発生しうるからである。それは、傷害疾病定額保険契約は、被保険利益が保険金受取人に求められておらず、また、特に保険料積立金のある傷害疾病定額保険契約は財産的価値を有するからである。

なお、保険契約者の変更とあわせて保険金受取人の変更も伴う場合には、被保険者同意が原則として必要となる（保険法74条）。

(2) **介入権行使時における地位の譲渡**

保険料積立金のある傷害疾病定額保険契約について、差押債権者や破産管財人等が契約解除権を行使した場合であって、保険金受取人が保険契約者や被保険者と一定の関係のある者である場合には（保険契約者自身を除く）、介入権者として介入権を行使することができる。すなわち、介入権者が保険契約者の同意を得たうえで、解約返戻金相当額を解除権者に支払って、当該傷害疾病定額保険契約を維持するのである（保険法89条〜91条）。

介入権行使において、保険契約者の地位の譲渡は要件とされていない。しかしながら、実際上は、介入権者が保険契約者の同意を得る際に、保険契約者の地位の譲渡契約も締結することになるものと考えられる[219]。

3 保険契約者の死亡

保険契約者が死亡すると、保険契約者の権利義務は、保険契約者の相続人に包括承継される（民法896条。自動車保険標準約款6章30条3項）。相続は、

---

217 東京高判平18.3.22判時1928号133頁は、死亡保険契約について、こうした保険者の承諾を要するとする約款条項が有効だとしている。なお、本件事件は、生命保険買取り（viatical settlement）に関する事案である。
218 山下・保険法590頁参照。
219 萩本・一問一答204頁注1参照。

被相続人の死亡によって開始する（民法882条）。相続人が複数の場合には相続財産は共有となり（同法898条）、各共同相続人は相続分に応じて被相続人の権利義務を承継する（同法899条）。同様に、保険契約者としての権利義務も保険契約者の死亡と同時に保険契約者の相続人に承継されることになる[220]。

相続人が複数の場合には、そのうえで遺産分割協議（民法907条1項。協議が調わない場合には、遺産分割の審判。同法907条2項）が行われることになる。

(1) **損害保険契約の相続**

保険契約者の地位については上述のとおりであるが、被相続人が保険契約者兼被保険者である場合には、被保険者としての地位の承継が問題となる。損害保険契約に関しては、被保険利益の存在が不可欠であるためである。保険契約者兼被保険者である者が死亡した場合には、被保険利益を有することになる相続人[221]が当該保険契約の被保険者の地位を承継することになる。

(2) **傷害疾病定額保険契約の相続**

保険契約者の地位については上述のとおりであるが、傷害疾病定額保険契約に関しては、保険契約者と保険金受取人が異なる場合において、保険契約者の死亡に伴って保険金受取人がどうなるかが問題となる。生命保険契約に関する旧法675条2項は、保険契約者の死亡により保険金受取人が自動的に確定すると規律していたが、保険法ではこの規定を削除した。したがって、保険契約者が保険金受取人の変更権をもつという原則（保険法72条1項）に立ち返り、保険契約者が死亡しても保険金受取人は確定せず、新たに保険契約者となる相続人が保険金受取人の変更権をもつことになる[222]。

次に、保険金受取人死亡後に、保険契約者が保険金受取人の変更をしないまま保険契約者も死亡してしまった場合について、生命保険契約に関する旧

---

[220] この段階で保険契約の変更手続がなされることもあるが（相続人が単独である場合や、相続人が複数であるが保険契約を任意解約して解約返戻金に換金する場合）、相続人が複数の場合には、通常は、本文で次に述べる遺産分割協議が成立してから保険契約の変更手続がなされることが多い。

[221] 被保険利益を有するのは、被保険者である被相続人の死亡直後は相続人全員であり、遺産分割協議成立後は当該資産等について被保険利益を有する特定の相続人となる。

[222] 萩本・一問一答179〜180頁注参照。

法676条2項は、死亡している保険金受取人の相続人を保険金受取人とすると規定していたが、保険法ではこの規定を削除した。したがって、新たに保険契約者となる相続人が保険金受取人の変更権をもつこととなる[223]（なお、保険契約者の相続人が新たな保険金受取人に変更しないうちに被保険者が死亡してしまうこともありうるが、この場合については後述4(2)参照）。

4 保険金受取人の変更・死亡

(1) 保険金受取人の変更

　傷害疾病定額保険契約では、保険契約者は[224]、給付事由発生までは保険金受取人を変更することができる（保険法72条1項。任意規定）。損害保険会社が販売する傷害保険では、この変更権を死亡保険金に限定しており[225]、被保険者が死亡するまでの間であれば、保険契約締結時の死亡保険金受取人[226]を変更することができる（家族傷害保険標準約款35条2項）。

　この変更は、保険者に対する意思表示で行い（保険法72条2項、家族傷害保険標準約款35条4項）[227]、意思表示の通知が保険者に到達すれば[228]、通知発

---

[223]　萩本・一問一答180頁参照。
[224]　団体契約においては、保険者に対する関係では、保険金受取人の変更権は保険契約者たる団体に属しているとした判決がある（東京高判平13.4.25金判1131号31頁参照）。
[225]　傷害保険では、死亡保険金以外の保険金に関しては、被保険者以外の者を保険金受取人に定めたり変更したりすることはできない（家族傷害保険標準約款35条10項）。保険法72条1項は任意規定であるが、約款で法規整の内容を変更しているものである。
[226]　保険契約締結時に特定の者を死亡保険金受取人と定めなければ、自動的に被保険者の法定相続人が死亡保険金受取人となる（家族傷害保険標準約款35条1項）。損害保険会社が販売する傷害保険の保険引受実務においては、死亡保険金受取人を特に定めないことが多い。
　なお、保険契約締結時に特に具体的な死亡保険金受取人を設定しなかった場合でも（したがって、約款により被保険者の相続人が保険金受取人となる）、その後に、具体的な死亡保険金受取人に変更することは可能である。
[227]　保険者への意思表示の方法を保険約款で文書に限定することはできないが（絶対的強行規定である保険法72条2項違反となってしまうため）、保険金受取人変更について保険者の承諾を要件とすることは、任意規定である保険法72条1項の特約なので可能である（そもそも、保険金受取人の変更をいっさい認めない保険約款すら有効である）。ただし、標準約款では保険者の承諾を要件とはしていない。
[228]　換言すると、保険金受取人変更の通知が保険者（通知受領権を有する保険代理店を含む）に到達していなければ、保険金受取人変更の効果は発生しない。つまり、通知の到達は効力発生要件であって、対抗要件ではない。

信時に遡及して発効する（したがって、保険契約内容の変更日は通知発信日として取り扱うことになる）。ただし、通知到着前に保険金支払ずみである場合には、保険者による当該保険給付は有効であるので、新たな保険金受取人にあらためて保険金を支払う必要はない（保険法72条3項、家族傷害保険標準約款35条5項）[229]。

また、保険金受取人の変更は遺言でも行うことができるが（保険法73条1項、家族傷害保険標準約款35条6項）、この場合の相続人による保険者への通知は対抗要件である（同法73条2項、同約款35条7項）[230]。

(2) 保険金受取人の死亡

保険金受取人が給付事由発生前に死亡し、その後、保険契約者も保険金受取人の変更（保険法72条1項）をしないうちに死亡してしまった場合には（いわゆる受取人先死亡）、保険金受取人の相続人全員が保険金受取人となる（保険法75条。任意規定。家族傷害保険標準約款35条9項参照。ただし、保険契約者の相続人が保険金受取人変更権をもつことになるので、保険契約者の相続人がこの変更権を行使するまでの限定的な局面における問題にすぎない）。

なお、保険金受取人が複数の場合には、別段の合意がない限り、民法427条に基づき、各相続人は平等の割合で保険給付請求権を有するとするのが判例である（最判平5.9.7民集47巻7号4740頁）。

第4節 「危険」の増加

保険の対象や被保険者自体は保険契約当初と変わらないが、担保危険に関するリスク自体が変動することがある。担保危険に関するリスクは、保険法における「危険」と考えられるから（前述第3章第1節3参照）、担保危険に

---

[229] この場合、新旧保険金受取人間で不当利得返還の問題が生じる。萩本・一問一答184頁注2参照。

[230] 遺言自体は単独行為なので、遺言による保険金受取人変更に関する保険者への通知は、効力要件ではなくて対抗要件である（萩本・一問一答185頁参照）。なお、遺言の効力発生時期（＝被相続人の死亡。民法985条1項）と保険金受取人の変更可能期限（＝給付事由の発生＝被保険者の死亡。保険法72条1項）とが同時であるが、遺言による保険金受取人変更は有効と解されている（萩本・一問一答186頁注2参照）。

関するリスクの増加（発生頻度の増加や発生単価の上昇）が「危険」の増加に該当することになる。なお、保険の目的物や被保険利益が変動することに伴って危険が増減することがあるとしても（前述第2節参照）、「危険」の増減に関する規整（本節および次節参照）は適用されない。

　本節では、まず「危険」の増加時における通知義務について述べ（次述1）、また、「危険」の増加が判明した際の保険者の対応の概要について述べる（後述2）。そのうえで、引受不可となる場合について、通知義務の履行の有無を分けずに説明する（後述3）。他方、追加保険料を領収すれば保険契約を維持できる場合については、通知義務違反があった場合（後述4）と、通知義務は履行されたが追加保険料の支払が履行されない場合（後述5）に分けて述べる。

1　「危険」の増加に関する通知義務

(1)　通知義務の意義

　一般に、「危険」は保険契約者等の領域内の事情であるので、保険者はその変動をうかがい知ることはできない。あるいは、うかがい知ることができたとしても、不十分な情報しかもたず、また、詳細な情報を入手することは困難であったり、多大なコストを要したりすることになる。そこで、保険者としては、「危険」の増減に関する情報提供を保険契約者等に求めることになる（以上のことは、保険契約締結時の告知義務と同様である）。

　保険者として関心があるのは、引受不可となったり、追加保険料の領収が必要となったりする「危険」の増加である。しかしながら、どの程度の「危険」の増加であればこれに該当するのか、はたまた、ある事情の変更がそもそも「危険」の増加になるのかが、保険契約者等には判然としないことが多い。そのため、「危険」の増減を問わず、一定事由が発生すると、保険契約者等に通知義務を課すことになる（保険法29条1項1号、85条1項1号において、通知義務の発生要件を、告知事項の「内容に変更が生じたとき」と規定しているのはその趣旨である。約款も同様の規定となっている。自動車保険標準約款6章5条1項、住宅総合保険標準約款17条1項、家族傷害保険標準約款15条1項、2項）[231]。

(2) 通知義務の内容

保険法には、「危険」の増加に関する通知義務自体の規定は存在しないので、約款で比較的自由に通知義務を規定することができる（この点において、義務自体の法規整が存在する告知義務とは異なる）。ただし、追加保険料を領収すべき「危険増加」の通知義務に関する義務違反時の保険者の解除権については保険法に規定があるので（保険法29条1項1号、85条1項1号。片面的強行規定）、当該解除権の前提となる通知義務については一定の制約を受けることになる。

① 通知時期

追加保険料を領収すべき「危険増加」の通知義務に関して、その義務違反に対して保険者の解除権を規定する場合には、通知義務の履行期（すなわち、通知時期）を、事前ではなくて、事後（正確には「遅滞なく」）と約款で規定しなければならないのが原則である（保険法29条1項1号、85条1項1号。片面的強行規定）。

そのため、標準約款では、通知義務の履行期を「遅滞なく」と規定している（自動車保険標準約款6章5条1項、住宅総合保険標準約款17条1項、家族傷害保険標準約款15条）。他方、旧約款における通知事項のうち事後通知では用をなさないものについては、なんらかの対応が必要となる。たとえば、自動車保険の標準約款では、被保険自動車の競技・曲技使用や危険物積載は、通知事項から削除して、免責事由化された（自動車保険標準約款1章4条1項9号、10号など）。

なお、当然のことながら、追加保険料を領収すべき「危険増加」でない場合には、通知義務の履行期を事前と約款で規定することも可能である。また、追加保険料を領収すべき「危険」増加であっても、通知義務違反に対するサンクション（保険者の解除権、保険者免責、保険契約の失効など）を課さない場合には、通知義務の履行期を事前と約款で規定することも可能である。

---

231 なお、約款では、通知対象事項がその後において消滅・解消すれば、通知義務も消滅するものとすることがある（自動車保険標準約款6章5条1項柱書但書、住宅総合保険標準約款17条1項柱書但書）。ただし、家族傷害保険標準約款ではそうなっていない。

② 一方的通知

　追加保険料を領収すべき「危険」増加の通知義務に関して、その義務違反に対して保険者の解除権を規定する場合には、保険契約者等による通知義務の履行方法は、保険者に対する一方的通知でよいとされており、また、書面性も求められていない（保険法29条1項1号、85条1項1号。片面的強行規定）。

　そのため、標準約款では、旧標準約款を改定し、保険者の承認を要せず、また、書面性を要求しないこととした[232]（自動車保険標準約款6章5条1項、住宅総合保険標準約款17条1項。なお、傷害保険における職業・職務変更の通知に関しては、従前より一方的通知でよいとされていた。旧家族傷害保険標準約款18条、新同約款15条1項、2項）。

③ 通知義務の対象事由

　特定の告知事項について通知義務が存在することを保険契約で定めておく必要がある（保険法29条1項1号、85条1項1号）。

　けれども、告知事項の具体的内容は約款で規定されていることはまれで、保険契約申込書や告知書に記載されていることが通常である。したがって、あらかじめ、通知事項を約款にすべて規定しておくことは困難である。

　そのため、標準約款においては、約款で具体的に規定できる通知事項のみを具体的に規定しつつも（たとえば、自動車保険における被保険自動車の用途・車種・登録番号の変更。自動車保険標準約款6章5条1項1号）、包括条項を置いたうえで、保険契約締結時に損害保険会社が交付する書類（通常は重要事項説明書が予定されている）で明示することとした（自動車保険標準約款6章5条1項2号、住宅総合保険標準約款17条1項3号。なお、家族傷害保険標準約款

---

[232] 実務的には、保険契約者等の意思を明確にするとともに、後日の紛争を避けるため、書面を利用することが原則になるものと思われる。ただし、約款上は書面通知に限定されなくなったので、保険契約者等から保険代理店や保険者に対する口頭での通知が行われた場合には、書面に比べると正確性・確実性・証拠性に劣るため、紛争が生じる可能性が高まったといえよう。

　なお、当然のことながら、追加保険料を領収すべき「危険増加」でない場合には、約款で通知義務の履行方法を書面通知と規定することも可能である。また、追加保険料を領収すべき「危険増加」であっても、通知義務違反に対するサンクション（保険者の解除権、保険者免責、保険契約の失効など）を課さない場合には、約款で通知義務の履行方法を書面通知と規定することも可能である。

には包括条項がない)。ここに至り、重要事項説明書の該当箇所は、保険監督法上の重要事項説明義務（保険業法300条１項１号）および保険契約法上の説明義務を果たすための書類にとどまらず、保険契約内容の一部をなす書類ともなったのである。

2 「危険」が増加した場合の保険者の対応

(1) 通知義務が履行された場合

通知義務が履行されると、保険者は、新たに判明した「危険」の変更をもとに、当該保険契約を維持するか否か、また、当該保険契約を維持する場合には引受条件の変更（保険料の増減、担保危険の限定、保険の対象の限定など）を行うか否かを判断することになる（基本的には、保険契約締結時の引受審査（前述第３章第１節１参照）と同様である）。

通知義務の対象となる「危険」の増加によって、保険契約に与える影響は次の４種類である。

① 引受不可となる場合
② 保険料増額となる場合（＝追加保険料の支払が必要となる場合）
③ 保険料以外の契約条件の変更が必要となる場合[233]
④ なんら特別の手当が必要ない場合

保険者の判断の結果、引受不可となる場合には、その時点で保険者は約款に規定された解除権を行使して保険契約は終了となる（後述本節３参照）。他方、引き続き引受けが可能な場合には、追加保険料の支払や契約条件の変更を要する場合と不要な場合とがある。

追加保険料の支払や契約条件の変更が不要な場合は特に問題は生じない（保険契約はそのまま維持される）。一方、追加保険料の支払が必要な場合には、保険契約者が追加保険料を支払えば保険契約はそのまま維持され（後述本節５参照）[234]、契約条件の変更が必要な場合には、保険契約者が契約条件

---

[233] たとえば、特定危険や特定疾病を不担保とする特約を付帯したり、てん補限度額を下げたり、免責金額を設定・増額したり、縮小てん補条件を設定したりすることが考えられる。
[234] 「危険増加」が保険料増額に結びつく場合には、保険法は原則として保険契約を維持継続させることとしたものである。

の変更を応諾すれば変更後の契約内容で保険契約は継続することになる（後述本節3参照）。

(2) 通知義務が履行されなかった場合

通知義務が適切に履行されなかったことが後日に判明することがある。この場合も、適切に通知義務が履行された場合と同様（上述(1)参照）、まずは、新たに判明した「危険」の変更をもとに、当該保険契約を維持するか否か、また、維持する場合に保険料や契約条件の変更が必要か否かを判断することになるのが一般的である。

判断の結果、引受不可となる場合には、契約解除を行い、また、「危険」の増加以後について保険者免責を主張することになる（ただし、その旨の約款規定が必要である。後述本節3参照）。他方、本来は追加保険料を領収すべき場合には、やはり、契約解除を行い、また、「危険増加」以後について保険者免責を主張することになる（保険法には、この場合の規整のみが規定されている。後述本節4参照）。なお、保険料以外の契約条件の変更が必要な場合には、約款規定次第であるが、契約解除を行い、また、「危険」の増加以後について保険者免責を主張することが多いであろう（ただし、その旨の約款規定が必要である。後述本節3参照）。

3 「危険」の増加によって引受不可となる場合

「危険」の増加によって引受不可となる場合がある。

なお、「危険」の増加の内容に応じて契約条件を変更しなければならない場合もあるが、引受不可となる場合の一種の派生形態とも考えられる（たとえば、特定の部位、特定の疾病、特定の危険、特定の損害の不担保）[235]。したがって、具体的には約款によることとなるが、基本的には直ちに引受不可となる場合と同様の取扱いになると考えられる[236]。

---

[235] 「保険料を当該危険増加に対応した額に変更するとしたならば当該保険契約を継続することができる」（保険法29条1項柱書、85条1項柱書）とは、保険料を変更することで「実質的に同様の保険給付を行うことができることを意味しています。」とされている（萩本・一問一答91頁注4参照）。したがって、契約条件の変更が必要となる場合は、もはや「実質的に同様の保険給付を行う」ことができないので、この規整には該当しないことになる。

(1) 契約解除と保険者免責

保険法には引受不可となる場合の規定は置かれていないので、約款で任意に規定することができる。

標準約款では、通知義務が履行された場合であっても、また、履行されなかった場合であっても、保険者の契約解除権を規定するとともに、保険者が解除すれば、「危険」の増加時から解除までの間は免責となる規定が置かれた[237]（自動車保険標準約款6章5条6項、7項、住宅総合保険標準約款17条6項、7項）[238]。

なお、保険料以外の契約条件の変更が必要な場合であって、保険契約者の応諾が得られなかった場合には、保険者は、約款の規定に従って、解除権を行使するとともに、「危険」の増加以後について保険者免責を主張することになろう。

(2) 引受不可となる「危険」の増加

① 対象事由の明確化

いかなる「危険」の増加があると引受不可となるかについては、保険法上は、あらかじめ保険者は保険契約者等に明示する必要はない。

しかしながら、実際に引受不可となった場合には、その時点で保険保護を失うことになるから、保険契約者等は非常に関心があるところである。そこで、保険監督規制では、危険増加によって保険契約が保険期間の途中で終了する場合には、それがどのような場合かを重要事項説明書の注意喚起情報として記載することが求められることになった（監督指針Ⅱ－4－2－2(3)②イ(ウ)（注）参照）[239]。

---

[236] 「危険」の増加をおおまかに区分すると、「引受範囲内の危険増加」と「引受範囲外の危険増加」に二分されることになる（萩本・一問一答84頁）。ただ、厳密には、本文で述べたように、「危険」の増加によって引受条件の変更を要する場合は、保険引受けは一定の範囲内で継続することが可能となるものの、法規整としては「引受範囲外の危険増加」と同様となる。

[237] こうした約款規定を置くことも可能である（萩本・一問一答91頁参照）。

[238] なお、傷害保険における職業変更に関しては、「危険増加」に伴って引受不可となる場合は規定されていない。そのかわり、従前より、特定の職業（テストライダー、猛獣取扱者、プロレスラー等）に従事中の傷害を免責としている（旧・家族傷害保険標準約款7条2号、新・同約款4条2号）。

これを受けて、標準約款では、当該保険契約の「引受範囲」(告知事項についての「危険」が高くなり、当初の保険料が、当該「危険」をもとに算出される保険料に不足する状態となった場合に、保険料増額をもって保険契約を継続できる範囲)を、保険契約締結時に保険者が交付する書面(一般に重要事項説明書を想定している)に明示することとした(自動車保険標準約款6章5条6項注、住宅総合保険標準約款17条6項注)[240]。そして、この「引受範囲」を超える場合にはじめて保険者の解除権が認められる。こうして、重要事項説明書の記載内容の一部は、「危険増加」時の「引受範囲」を示し、また同時に、保険者の解除権発生事由を示す契約条項としての性格ももつこととなった(なお、重要事項説明書の契約条項としての位置づけについて前述本節1(2)③も参照)。

② 他保険通知

　他保険契約の存在(特に、多大な他保険契約の存在)は、「危険」に関する重要事項(保険法4条、66条)であるので、告知事項とすることができる(前述第3章第1節5(1)③参照)。そして、保険契約締結後に告知事項についての「危険」が高くなり保険料の増額が必要となる場合には、解除というサンクションを伴う通知義務を課すことができる(同法29条、85条)。したがって、他保険契約の(過大な)付保に関しても、保険料増額が必要となる場合には、解除というサンクションを伴う通知義務を保険者は課すことができることになる。

　また、そもそも、他保険契約の累積によって「危険増加」が生じた場合には、保険者は保険料増額で対応せずに引受不可とすることが一般的であるが、この場合もやはり保険者は通知義務を課すことができる(前述のとおり、引受不可となる危険増加に関して、保険法には特段の規定はない)。

　けれども、標準約款においては、他保険契約について告知は求めるものの、通知は求めていない[241]。これは、損害保険会社の販売する保険商品の

---

[239] あくまでも保険監督上の要請にすぎず、保険契約法で求められているわけではないと思われる(反対：萩本・一問一答91頁注4、洲崎・前掲(注176)92頁参照)。
[240] 家族傷害保険については前掲注238参照。
[241] 従前の傷害保険には重複保険に関する通知義務とその義務違反に対する制裁に関する約款規定があったが(たとえば、旧・家族傷害保険標準約款17条、24条1項)、新標準約款では削除された。

大半は単年度契約であるので、付保後によほど短期集中的に他保険契約に加入しない限り、契約更新時にあらためて告知を求めれば足りるし、また、短期集中的に他保険契約に加入するような場合には、重大事由解除規定を用いることができる可能性が高いからだと思われる[242]。

ただし、長期契約に関しては、このような対応では十分ではない。なぜなら、契約更新時に告知を求めるといっても、長期契約なので相当な将来における告知となってしまうし、また、保険期間中の他保険契約の累積が短期集中的になされるとは限らず、重大事由解除を行うことが困難な場合も生じうるからである。したがって、長期契約に関しては、他保険契約に関する通知義務を約款で規定することも十分にありえよう[243]。

4 「危険増加」に応じた追加保険料を領収すべき場合における通知義務違反

保険法には、この場合の通知義務違反に関する規定のみが存在する。

(1) 「危険増加」

保険法では、通知義務違反による解除権が保険者に与えられる前提条件として、「危険増加」が生じる必要があるとする。ここで「危険増加」とは、告知事項についての「危険」（損害発生の可能性や給付事由発生の可能性）が高くなり、当該「危険」を計算基礎として算出される保険料に不足する状態になることをいうと法文で規定されている（保険法29条1項柱書、85条1項柱書。片面的強行規定。なお、発生頻度が高くなる場合のみならず、発生単価が高

---

[242] 本文で述べた理由に加えて、次のような事情もある。すなわち、当該保険者が保険引受けをした後に、さらに保険引受けを行う他の保険者が告知義務を課して、この他の保険者が過大な重複保険を避ける行動をとることを期待している側面もある。ただし、他の損害保険会社の引受基準が同等以上であるとは限らないし、また、他の保険者との保険契約締結において保険契約者が告知義務違反を行う可能性もあるから（他の保険契約において告知義務違反があっても、重大事由に該当しない限り、自社の保険契約でサンクションを課すことはできない）、こうした事情による過大な重複保険の排除は、あくまでも反射的な効果にすぎない。

[243] なお、長期契約に関して他保険契約の通知義務を課した場合には、通知義務があることをなんらかのかたちで保険契約者等に継続的に注意喚起することが望まれよう。たとえば、毎年一定の時期に契約内容の案内を保険契約者等に送付し、当該通知において他保険契約の通知を促すという方策も考えられる。

くなる場合も含むと考えられる)。したがって、「危険増加」に関して通知義務違反に対して保険者の解除権や保険者免責を伴う通知義務を課すのであれば、まずは告知義務を課しておく必要があることが原則になる。

なお、将来における「危険」の増加を保険契約締結時に予測しておくことが困難なこともある。たとえば、突然の法制変更により賠償責任リスクが急激に高まったり、大規模なテロ行為を端緒として突如としてテロ危険が高まったりすることもある。したがって、事業者向けの保険商品においては、「危険増加」の対象事項を、告知事項以外へと拡大することにも合理性がある(片面的強行規定性が排除されるので、約款条項による修正が可能である)。

また、たとえば、長期契約においては将来における「危険」の増加が告知事項以外にも生じる可能性が高くなるので、「当該危険増加による不利益は保険者が甘受すべきもの」[244]と一概には割り切れないところである。けれども、消費者向け保険商品では約款条項での変更は一般的には困難である[245]。

(2) 故意・重過失による通知義務違反

追加保険料を領収すべき「危険増加」において、保険契約者等が通知義務を履行しなかった場合には、通知義務違反による保険者の解除権や保険者免責が問題となる(なお、通知義務が履行された場合については前述本節2(1)参照)。

① 解除権

当該「危険増加」に関する告知事項についての通知義務が約款に規定され、かつ、保険契約者側の故意・重過失による、事後的な通知義務違反(「遅滞なく」保険者に通知しないこと)がある場合のみ[246]、保険者に解除権が発生する(保険法29条1項1号、2号、85条1項1号、2号。片面的強行規定)。なお、旧標準約款では、危険増加の事実(や保険者への承認請求)があれば保

---

[244] 萩本・一問一答87頁注2参照。
[245] 保険者は、そうしたリスク状況の変化を見込んだ保険料率を設定せざるをえないことになる。
　　ただし、「危険増加」の対象事項を告知事項以外にも拡大するかわりに保険料を安く設定する保険商品については、「危険増加」の対象事項を告知事項以外にも拡大しても、片面的強行規定性に反しないかもしれない(自動車保険において、告知義務違反に対する制裁としての保険者免責について因果関係特則の排除合意も可能であるとの保険法立案担当者の解説(萩本・一問一答59～60頁注2)を参照)。

険者に解除権が発生すると規定していた（旧・自動車保険標準約款10条１項１号、旧・住宅総合保険標準約款15条３項）。

　解除権行使は、保険法上は書面通知の必要がないが、約款上は、従前どおり、書面通知を要件としている（自動車保険標準約款６章５条２項、住宅総合保険標準約款17条２項）。なお、みなし到達規定が約款から削除されたことの影響については告知義務違反の場合と同じである（前述第３章第１節６(5)②参照）。

　解除権行使の期間制限は１カ月の短期と５年の長期であるが（保険法29条２項、28条４項、85条２項、84条４項）、標準約款は旧約款を改定し、保険法どおりの規定を置いている（自動車保険標準約款６章５条３項、住宅総合保険標準約款17条３項）。告知義務違反による保険者の解除（前述第３章第１節６(6)参照）と同じである。

② 保険者免責

　通知義務違反に基づいて解除権を行使した場合、「危険増加」から解除までに発生した保険事故については、「危険増加」事由と因果関係のある保険事故が免責となるのが原則である（保険法31条２項２号、88条２項２号。片面的強行規定）。換言すると、「危険増加」事由と因果関係のない保険事故は例外的に有責となる（「因果関係不存在の特則」。因果関係不存在の立証責任は被保険者側や保険金受取人側にある。なお、契約解除は因果関係の有無を問わず可能である）。こうした保険法の規整は、そのまま新標準約款で規定されることとなった（自動車保険標準約款６章５条４項、５項、住宅総合保険標準約款17条４項、５項）。

　この因果関係不存在特則は片面的強行規定であるので、消費者向けの保険商品に関しては、保険約款で不利益変更はできない。けれども、不利益とならなければ、約款に保険法と異なる規定を置くことも可能である。たとえば、傷害保険において、職業・職務の変更通知義務を課すとともに、通知義

246　約款条項で規定すべき通知義務の発生要件は、告知事項に関する「危険増加」ではなくて、告知事項の内容に関する「変更」である（保険法29条１項１号、85条１項１号）。これは、「危険増加」に該当するか否かを判断する責任を保険契約者に負わせないためである（萩本・一問一答90頁参照）。

務違反時のサンクションとして、因果関係の有無を問わずに保険金の削減払い(保険料率比)を行うことも可能だと考えられる(なお、家族傷害保険標準約款15条3項、5項は、削減払いとともに因果関係特則を用意しているので、片面的強行規定の被保険者有利変更であることは間違いない)。

(3) 軽過失・無過失による通知義務違反

軽過失・無過失による通知義務違反においては、保険者に解除権が発生しないが、追加保険料の請求は可能である。

5 追加保険料の支払義務

「危険増加」に伴う追加保険料の支払義務や追加保険料の不払いに対するサンクションに関しては、保険法は何も規定していない。

(1) 追加保険料の支払義務

「危険増加」が生じているわけであるから、保険者は追加保険料の請求を約款で規定することも可能である[247]。この場合の追加保険料計算の起算については、「危険増加」時からの保険料増額が可能であると考えられる[248]。約款では、「危険」の増減に伴って、「危険」増減時以降の保険料を請求または返還すべき場合があることが規定されている(自動車保険標準約款6章15条2項、住宅総合保険標準約款27条2項、家族傷害保険標準約款25条4項)。

(2) 義務違反に対するサンクション

① 契約解除権

「危険増加」時の追加保険料の不払いに対して、保険者の即時解除権を約款で有効に規定できるか否かについては議論がある[249]。そのため、標準約款では、追加保険料に関する「相当の期間」内の不払いを解除権発生の要件としている(自動車保険標準約款6章12条2項注、住宅総合保険標準約款27条3項注、家族傷害保険標準約款25条5項注)。なお、催告は要件とされていない。

---

[247] 萩本・一問一答95頁参照。
[248] 萩本・一問一答96頁注1参照。
[249] 保険法の立案担当者は、即時解除権を約款で規定することは、危険増加に関する保険法の片面的強行規定性に反する可能性があるとする。萩本・一問一答96頁注3参照。

② 保険者免責

　追加保険料不払いに基づく解除を保険者が行える場合には、危険増加から解除までの間の免責が約款で規定された（自動車保険標準約款6章15条3項、住宅総合保険標準約款27条4項、5項）[250]。

　なお、「解除できるとき」と約款で規定されているが、その趣旨は、追加保険料の請求から「相当の期間」を経過したら、たとえいまだ解除権が行使されていなくても、保険者免責を主張できるとすることにある。したがって、当然のことながら、その後、実際に解除権を行使した場合においても、保険者は免責を主張できる。

第5節　「危険」の減少

1　保険料の減額請求権

　「危険」の減少について、保険法は、将来に向かっての保険契約者の保険料減額請求権を規定する（保険法11条、77条。片面的強行規定）。これは、保険契約締結時に合意された保険料は、一定の「危険」を算出の前提としていたはずであるから、想定されていた「危険」が保険契約締結後に著しく減少すれば保険料も引き下げるべきであるという趣旨である。

(1)　「危険」の減少の対象事由

　「危険」の減少の対象事由に関して注意しなければならないのは、「危険増加」とはパラレルではない、ということである（図表3-4-1参照）。すなわち、「危険増加」は「告知事項」に限定される（告知義務とパラレルである）のと対照的に、「危険」の減少は「告知事項」に限定されていない（そのかわり、著しい危険の減少が必要となる）。

(2)　当初の保険料の算出方法

　「危険」の減少が保険料減額請求権の要件となっているが、本規整の趣旨からすると、保険契約締結時に合意された保険料に保険期間開始後の一定の

---

[250] ただし、家族傷害保険では免責とせずに削減払いとしている（家族傷害保険標準約款25条7項）。

図表３−４−１ 「危険増加」と「危険」の減少

	「危険増加」 （保険法29条、85条）	「危険」の減少 （保険法11条、77条）
「告知事項」に限定されるか	限定される →危険に関する重要事項たる必要あり	限定されない →危険に関する重要事項たる必要なし
「危険」の増減の程度	「危険」が高くなり、現在の保険料が、当該「危険」を計算基礎として算出される保険料に不足する状態となること	著しい「危険」の減少

　「危険」の増減が織り込まれている場合には、その範囲内での「危険」の減少が生じたとしても、保険料減額請求権は発生しないと考えられる[251]（当初の保険料自体が保険法11条や77条にいう「減少後の当該危険に対応する保険料」をも織り込んでいたことになる）。

　たとえば、記名被保険者の運転免許証の帯色で保険料率が異なる自動車保険において、保険契約締結時には帯色がブルーであったものの、保険期間中にゴールドとなったとしても、当初の保険料算出においてそのような事態も織り込まれているのであれば、保険料減額請求権は発生しない。

(3) 保険料返還対象期間

　保険料の減額対象となる期間は、保険法では将来部分（保険契約者による保険料減額請求後の残保険期間）である。けれども、標準約款では対象期間を、保険料減額の対象となる「危険」減少時以降に拡大している（保険法11条、77条は片面的強行規定であるが、保険契約者に不利ではない変更なので問題はない）。

2　保険料減額請求手続

　「危険」の減少に伴う保険料の減額請求手続は、保険約款に規定されているもの（次述(1)参照）と、規定されていないもの（後述(2)参照）とがある。

251　萩本・一問一答68頁注４参照。

(1) 通知義務対象事由に基づく「危険」の減少

　告知事項について通知義務が課されている場合であって、当該「危険」に関して変更が生じた場合には、理論的には、「危険」が増加しているときにのみ通知義務が発生し、「危険」が減少しているときや「危険」に変動がないときには通知義務は発生しない（なお、著しい「危険」の減少に該当すれば、通知義務がないばかりか、保険料減額請求ができる）。けれども、保険契約者にとっては、通知事項の変更が「危険」の増加または減少（変動なしを含む）のいずれに該当するかを必ずしも的確には判断できないことが多い。そこで、通知事項としては、危険の増減を問わずに、通知を求めることとしている（前述第4節1(1)参照。自動車保険標準約款6章5条1項、住宅総合保険標準約款17条1項、家族傷害保険標準約款15条1項、2項）。なお、当然のことながら、危険の減少（変動なしを含む）に該当する場合には通知がなされなくても通知義務違反とはならない（自動車保険標準約款6章5条2項〜7項、住宅総合保険標準約款17条2項〜8項、家族傷害保険標準約款15条3項〜5項）。

　「危険」の減少が著しくて保険料減額に該当する場合には、保険者は保険料を返還する（自動車保険標準約款6章15条2項、住宅総合保険標準約款27条2項、家族傷害保険標準約款25条4項）。

(2) 通知義務対象事由以外に基づく「危険」の減少

　他方、通知義務対象事由以外に基づく「危険」の著しい減少に関して保険料減額を請求する場合については、標準約款では特にその手続が規定されていない。そのため、保険契約者は直接保険法に基づいて減額請求を行うことになる。

　そもそも、「危険」減少に基づく保険料減額請求は、保険契約者の権利であって義務ではない。また、保険料減額請求が可能となる（可能性のある）「危険」の著しい減少が生じたことは、保険契約者が自ら覚知したうえで（一般に保険者が覚知しえないことが多い）、減額請求権の行使を検討することになる。

3　旧契約への適用

　「危険」減少時の取扱いを規定する保険法11条、77条（本条が片面的強行規

定であることを定める12条、36条、78条を含む）は、旧契約（施行日前に締結された保険契約）についても、施行日（2010年4月1日）より直ちに適用される（保険法附則3条1項、5条1項）。

　ただし、あくまでも保険法の遡及適用であって、約款の遡及適用ではないので、保険法の要件や効果に従って保険料減額の要否および内容を検討することになる[252]。特に、保険法上は、あくまでも将来部分の減額請求であるので、既経過の保険期間について保険料を返還する必要はないことに留意する。

---

[252] ただし、新標準約款と同様の約款内容を既契約にも遡及適用する場合を除く。

第5章 保険給付

第1節　損害保険会社の保険給付義務

1　総　説

　損害保険会社の保険給付業務は、さまざまな事故や災害から人々の生活を守り、安心で豊かな社会の実現と経済発展に貢献するための、基本的かつ最も重要な機能の1つである。損害保険会社は、保険金の支払もれや案内もれが生じないような適正な業務運営を行うとともに、特に自動車保険等の対応においては、被害者の保護にも留意しつつ、損害賠償事案の適切な解決を図っていくことが求められる。また、不正・不当な保険金請求に対しては、損害保険会社の果たすべき社会的な役割とともに、保険制度の健全な発展という観点からも、厳正な対応を行う必要がある。

2　損害保険契約

　損害保険会社に保険給付義務が発生するためには、契約で特定された保険事故が保険期間内に発生すること、保険事故と因果関係のある損害が発生すること、免責事由が存在しないこと、という要件をすべて満たす必要がある[253]。

　保険法2条6号は、損害保険契約を「保険契約のうち、保険者が一定の偶然の事故によって生ずることのある損害をてん補することを約するもの」と定義している。また、保険法5条1項において、保険事故を「損害保険契約によりてん補することとされる損害を生ずることのある偶然の事故として当

---

[253]　山下・保険法355頁も同旨であるが、約定免責事由等で特に排除されていない限り、法定免責事由も適用される余地があると考えられる。

該損害保険契約で定めるもの」と定義している。

　ここでいう「偶然の事故」とは、保険事故の偶発性という意味ではなく、保険契約の成立時点において、保険事故の発生と不発生とがいずれも可能であって、しかもそのいずれともいまだ確定していないことをいうと解されている。すなわち、損害保険契約に関しては、保険法上は、保険事故の発生が被保険者の意思に基づかないこと（非故意性。故意に発生させたものではないこと）は保険給付請求権の成立要件とはされていない。したがって、保険法上は、被保険者は保険給付請求の際に、当該保険事故が自らの意思に基づいて生じたものではないことの主張・立証まで行う必要はない。つまり、約款の担保条項に特段の規定がない限り、保険者側が故意免責条項に該当することを主張・立証しなければならない。たとえば、最判平16.12.13民集58巻9号2419頁は、火災保険（店舗総合保険）に関する事案であるが、商法は、こと火災保険に関しては、火災発生の偶然性を問わず、火災の発生によって損害が生じたことを保険金請求要件とし（旧法665条。保険法では削除）、保険契約者または被保険者の故意または重大な過失によって損害が生じたことを免責事由としている（同法641条）と解したうえで、保険金請求権者は本件約款に基づき火災発生が偶然のものであることの立証責任を負わないとした。なお、当該保険約款の担保条項においては、そもそも偶然性が規定されていない。

　他方、約款の担保条項に偶然性に関する規定がある場合であっても、「すべての偶然な事故」あるいは「その他偶然な事故」という規定については、「保険事故の偶発性」（すなわち、被保険者の非故意性）を意味するものではないとするのが判例である。たとえば、最判平18.9.14判時1948号164頁は、テナント総合保険に関する事案であるが、当該保険約款の担保条項における「すべての偶然な事故」という規定は、「保険事故の偶発性」（非故意性）を意味するものと解することができないとしている。また、たとえば最判平18.6.1民集60巻5号1887頁は、自動車保険の車両保険（水没事故）に関する事案であるが、当該保険約款の担保条項における「衝突、接触、……その他偶然な事故」という規定は、保険契約成立時において発生・不発生が不確定な事故をすべて保険事故とすることをわかりやすく例示したものであって、

「保険事故の偶発性」（非故意性）を意味するものと解することができないとしている[254]。

なお、2007年の4月には、自動車保険の車両保険に関して、車両盗難に関する3つの最高裁判例[255]が相次いで出された。これらの判例は、自動車保険の車両保険の当該約款条項では、保険給付請求権者は、盗難が自らの意思に基づかないものであることの主張・立証の責任は負わないものの、「被保険者以外の者が被保険者の占有に係る被保険自動車をその場所から持ち去ったこと」という外形的な事実を主張・立証する責任を免れるものではないとしており、盗難という保険事故が発生したことの一応の証明は保険給付請求権者が行う必要があると解されている。

3　傷害保険契約

傷害保険とは、人の傷害を保険事故とするか、または保険事故の構成要素の一部とする定額保険契約を総称するものである[256]。旧法にはなんら規定が存在しなかったが、保険法において傷害疾病定額保険契約として規定が新設されたことは周知のとおりである。

傷害疾病定額保険契約は、保険法2条9号において、「保険契約のうち、保険者が人の傷害疾病に基づき一定の保険給付を行うことを約するもの」と定義された。けれども、保険法には「傷害疾病」や「傷害」に関する定義は置かれていない。したがって、保険法施行の前後を問わず、「傷害」の意味内容は約款の担保条項によることになる。

約款においては、「傷害」は、従来から「急激かつ偶然な外来の事故による身体傷害」などと定義されており、各損害保険会社の約款はこの点に関してほぼ共通している（「傷害」（＝保険事故）の原因事故を限定する3要件である「急激性・偶然性・外来性」については前述第2編第2章第6節2(2)①a(a)参照）。ここで、この傷害の原因事故に関する偶然性要件と故意免責との関係がやは

---

[254]　最判平18.6.6判時1943号11頁も同旨である（自動車保険の車両保険における引っ掻き傷の事案）。
[255]　最判平19.4.17判タ1267号25頁、最判平19.4.23判時1970号106頁、最判平19.4.23自動車保険ジャーナル1686号13頁。
[256]　山下・保険法448頁参照。

り問題となる。

　傷害保険における傷害の原因事故の偶然性の意義は、「被保険者の故意によらないこと」（＝非故意性）を含むものと解されている。つまり、ここでいう偶然性は原因事故に関する非故意性を意味するので、損害保険契約のように契約成立時の偶然性を意味するものではない。傷害保険における傷害の原因事故の3要件（急激な原因事故、外来の原因事故、偶然な原因事故）は、傷害保険の保険給付要件であるから、保険給付請求権者側に主張・立証責任がある。つまり、原因事故が故意によらないものであることの主張・立証責任は、権利根拠事実として保険給付請求権者側が負担することとなる。他方で、傷害保険の約款には故意免責条項（故意によって生じた傷害を免責とするもの）があるため、権利障害事実として保険者側が故意による傷害であることの主張・立証責任を負担することになる[257]。

　このように、一見すると矛盾する状況について、最判平13.4.20民集55巻3号682頁は、生命保険契約の災害割増特約の約款につき、保険金請求権者側が偶然の原因事故によるものであることの主張・立証責任を負う。そして、免責事由としての被保険者の故意には特段の意味がなく、保険事故の要件としての偶然性を裏側から確認的・注意的に規定したにすぎないと判示した[258]。

　けれども、その後、損害保険契約（火災保険・車両保険）の偶然性（＝非故意性）の立証責任をめぐって、2004～2006年にかけて相次いで保険給付請求権者側に有利な最高裁判決が示された（前述1参照）。そして、保険法制定において傷害疾病定額保険契約が典型契約として規定されることになったため、「傷害」の定義や非故意性の立証責任について立法的な解決がなされるかどうか注目された。しかし、結論として、特段の立法手当はなされなかった。すなわち、「傷害」の定義規定は設けられず、また、他の典型契約と同様に、被保険者が故意に給付事由を生じさせた場合には保険者免責となる規定が置かれたにすぎない。したがって、傷害保険における「傷害」の原因事

---

[257] 山下・保険法451頁参照。
[258] 最判平13.4.20判時1751号171頁（傷害保険の事案）、最判平17.6.14事例研レポート222号10頁も参照。

故に関する偶然性については、従前どおり、個々の約款の解釈に委ねられることとなった[259]。

したがって、保険法施行後においても、依然として、最高裁平成13年判決の意義は維持されているものと考えられる[260]。つまり、傷害保険において、原因事故の非故意性は、保険給付請求権者側に主張・立証義務があるものと考えられる。傷害の原因事故に関する非故意性の法的な主張・立証義務は以上のとおりであるが、損害保険会社が実務上留意しておくべきポイントは以下のとおりと考える。

① 立証責任の所在は「訴訟上、いっさいの証拠資料によってもその事実の存否が不明の場合（ノンリケット）に、だれが不利益を受けるか」という法技術上の問題にすぎないので、損害保険会社の実務においては、立証責任の所在にかかわらず、できる限りの立証活動を行うことに注力する。

② 原因事故の非故意性（偶発性）が問題になるのは、主として自殺や保険金取得を目的としたモラル・リスクが疑われる事案に限られる。モラル・リスク等を疑う要素が何ひとつないにもかかわらず、「偶然性の立証程度が不十分」であることのみを理由に保険金の支払を断ることは望ましくない。

③ 傷害保険給付請求訴訟において、モラル・リスクを疑わせる証拠をなんら提出せず、最高裁平成13年判決を根拠として、技巧的に立証責任の所在のみを主張するようなことは避けるべきである。

4　保険期間と保険事故の関係

損害保険会社は、保険事故が特定の期間内に発生した場合にのみ保険給付義務を負うが、その期間を「保険期間」という。そのため、保険期間と保険事故との関係が問題となる。

たとえば、損害保険会社が販売する傷害保険や火災保険では、被保険者の

---

[259] 大串淳子ほか『解説　保険法』81～82頁（弘文堂、2008年）〔藤井誠人〕参照。
[260] 佐野誠「新保険法における傷害保険約款規定」生命保険論集166号6～8頁（2009年）、出口正義「保険法の若干の解釈問題に関する一考察」損害保険研究71巻3号37～48頁（2009年）参照。

傷害や保険の目的物の火災が保険事故となるが、保険事故の発生時期は比較的明確である。これに対して、賠償責任保険においては、被保険者に法律上の損害賠償責任が発生しなければ保険事故は発生しないが、賠償責任保険の保険事故についてはいくつかの約款の定め方がある。すなわち、責任負担方式（他人に対し損害賠償責任を負うことを保険事故とする方式）、請求事故方式（他人から損害賠償請求を受けることを保険事故とする方式）、発見方式（他人に対して損害賠償責任を負うことが発見されることを保険事故とする方式）がある。どの方式の約款であっても、具体的な事案において保険事故の発生日が問題となることがある[261]。

第2節　保険事故発生時の契約者・被保険者の義務

1　損害発生の通知

　事故発生の事実や事故内容について、損害保険会社は契約者・被保険者からの通知がなければ知りうることができず、損害保険会社が事故の原因や損害の額を確認しててん補すべき損害額を適切に算定するためには、保険事故の事実・内容をすみやかに把握し、必要な確認を行う必要がある。このため、旧法658条において通知義務が定められていたし、保険法14条（損害発生の通知）、79条（給付事由発生の通知）においても同様に定められている。

　事故通知義務の法的性質については諸説があるが、現在の通説は「真正な義務（債務）」ととらえられており[262]、通知義務の不履行により損害保険会社が損害を被った場合、当該義務者には債務不履行あるいは不法行為による損害賠償責任が発生すると考えられている[263]。

　判例では、「保険契約者又は被保険者が保険金を詐取し又は保険者の事故発生の事情の調査、損害てん補責任の有無の調査若しくはてん補額の確定を

---

[261] 請求事故方式については東京地判平18.2.8判時1928号136頁、発見方式については広島高裁岡山支判平14.1.31金商1152号12頁参照。
[262] 最判昭62.2.20民集41巻1号159頁。大森・保険法168、303頁。
[263] 西嶋・保険法112頁。

妨げる目的等保険契約における信義誠実の原則上、許されない目的のもとに事故通知をしなかった場合においては保険者は損害のてん補を免れうるものというべきであるが、そうでない場合においては、保険者が前記の期間内に事故通知を受けなかったことにより損害のてん補責任を免れるのは、事故通知を受けなかったことにより損害を被ったときにおいて、これにより取得する損害賠償請求権の限度においてであるというべき」とされている。つまり、事故通知義務違反が保険契約者や被保険者等の保険金詐取目的や調査妨害目的といった、「保険契約における信義誠実の原則」上許されない目的であった場合には全部免責と約款で規定しても有効であるが、そうでない場合には、事故通知遅延による損害保険会社の損害を控除して保険給付を行うことが適当だと判示されている[264]。

多くの損害保険契約の約款では、正当な理由なく事故発生に関する通知義務違反があった場合、損害保険会社は保険金を支払わない旨が定められていたが、保険法の趣旨である契約者保護の観点より、保険法対応約款においては、事故通知義務違反の効果を全部免責から控除払いに変更している（自動車保険標準約款6章21条）。

2 損害の発生および拡大の防止

保険法13条において、保険契約者および被保険者の損害防止義務が定められている。義務違反の効果について、損害保険契約では、損害の拡大防止または軽減することができたと認められる損害額を保険金から控除する旨を定めている（自動車保険標準約款6章21条）。

損害防止義務を履行するために必要であった費用や有益であった費用は損害保険会社の負担と保険法で規定されており（保険法23条1項2号）、多くの損害保険契約においては、この義務の履行を促す観点から、損害防止軽減に有益であった費用の全部または一部を保険給付の対象としている（自動車保険標準約款1章12条、5章9条）。

---

[264] 最判昭62.2.20民集41巻1号159頁。

3　第三者への求償権の保全義務

　保険法25条において、第三者の加害事故によって、損害保険会社が被保険者に保険金を支払うに至った場合、損害保険会社は第三者への求償権を得る旨が定められている。

　保険契約者や被保険者が第三者に対する請求権を放棄する等、権利の保全や行使していない場合には、損害保険会社は第三者に対して求償権を行使することが困難となる。そのため、約款において、保険契約者や被保険者が他人に損害賠償の請求をすることができる場合には、その権利の保全または行使に必要な手続を行うことを事故発生時の義務として定めている（自動車保険標準約款6章20条）。

　当該義務に違反した場合、損害保険会社は保険金支払に際して、第三者から取得することができたとみられる金額を支払うべき保険金から控除する旨を定めている（自動車保険標準約款6章21条）。

4　車両盗難時の警察への事故の届出

　自動車保険の車両保険の約款では、財物損壊を確認できない車両盗難事故において、盗難事実を確認するとともに、盗難車発見のための捜査がすみやかに実施されるよう、被保険自動車が盗取された場合の警察官への届出義務を定めている（自動車保険標準約款6章20条）。

　また、保険契約者、被保険者または保険金を受け取るべき者が、正当な理由がなく、当該義務に違反した場合、損害保険会社は、それによって被った損害の額を差し引いて保険金を支払う旨を定めている（自動車保険標準約款6章21条）。

5　警察や消防等の公的な機関への事故の届出

　道路交通法72条（交通事故の場合の措置）においても、警察への事故日時・場所、死傷者の数、負傷者の負傷の程度、損傷した物とその程度等について、警察への届出が義務づけられており、一般の自動車保険の約款においても、自動車事故（人身事故）の場合、保険金請求に必要な書類として「公の

機関が発行する交通事故証明書」が明記されており、被保険者は事故発生時に警察に届出を行うことが求められる。ただし、損害保険会社が認める相当な理由がある場合、当該規定は適用されない。

また、火災保険の約款では、「所轄消防署が発行する証明書」等を保険金請求書類として規定している。

6　上記以外の保険事故発生時の契約者・被保険者の義務

その他の義務としては、以下のような義務を定めている。
① 自動車保険の車両保険に関して、被保険自動車を修理する場合に損害保険会社の承諾を得ること
② 他の保険契約等の有無および内容について損害保険会社に通知すること
③ 賠償責任保険に関して、損害賠償の請求を受けた場合、あらかじめ損害保険会社の承諾を得ないで、その全部または一部を承認しないこと
④ 賠償責任保険に関して、損害賠償の請求について訴訟を提起し、または提起された場合は、遅滞なく損害保険会社に通知すること
⑤ 損害保険会社が特に必要とする書類または証拠となるものを求めた場合はこれを提出し、また損害保険会社が行う調査に協力すること

第3節　損害保険会社の各種調査

1　調査の目的

保険事故に関する、保険契約者側からの通知内容（通知義務については前節1参照）に基づき、損害保険会社は有無責判断や保険金支払額の判断を行う。ただし、保険契約者側から通知された内容だけでは損害保険会社において適正な判断ができない場合には、損害保険会社の判断で調査を行うことがある。

なお、調査を迅速・適正に実施するにあたっては、保険契約者等の協力は不可欠のため、保険約款において、保険契約者等の調査協力義務を規定している。

2 調査の間接的機能

調査により得られた情報は、当該事故の保険金支払に資することに加え、その情報を蓄積し整理することで、その後の損害査定上の参考とすることが可能となる。また、同データは保険料率や商品設計等、商品戦略上の貴重な基礎データとしても活用できる。

また、企業を中心とする保険契約者に対して、同一または同業種の保険契約者単位で発生した事故データの分析を行うことで、事故の原因や形態に特徴が確認できることがある。これをもとに保険契約者へ事故発生後の影響に関する気づきを与えることや、発生した事故件数および損害の減少に向けたアドバイスを行うことが可能となる。これらの取組みは、BCP（Business Continuity Plan：事業継続計画）の見直しや、事故減少による保険料コスト削減、事故減少自体がもたらす企業経営の品質向上へとつながり、CSR（Corporate Social Responsibility：企業の社会的責任）の観点での取組み強化にも資するものとして、保険契約者が損害保険会社へ期待する大きな事項となっている。

3 調査の種類

損害保険会社が行う調査はおもに、保険契約の効力や内容に関する調査（たとえば保険契約成立の有無と時期、保険料の領収時期、告知義務違反や通知義務違反の有無）を除けば、事故の発生原因の確認調査（以下「原因調査」という）と、保険金算出のための確認調査（以下「損害調査」という）の2つに大別される。

(1) 原因調査

保険事故やその原因等が、保険契約上の保険給付事由に該当するか否か、および、免責事由に抵触しないかを確認する調査のことを原因調査という。おもな保険の種類において原因調査で確認する主要事項は以下のとおりである。

① 物保険

保険契約上のてん補責任が生じる事故原因により発生した事故であるか否

かの確認が必要となる。たとえば、火災保険においては火災によって保険の目的物に生じた損害をてん補するが、火災の原因は失火、放火、自然火、不審火とさまざまである。けれども、たとえば被保険者等の故意、重過失や法令違反によって生じた損害、地震・噴火・津波によって生じた損害は免責とされている。そのため、損害保険会社は、被保険者・事故現場・消防署・目撃者等の確認を行い、保険事故の原因を特定する。また、事故が第三者の加害行為により生じた場合、損害保険会社は保険金支払後に当該第三者に対して求償権を有するため（請求権代位）、この観点での調査も必要となる。

② 賠償責任保険

被保険者の法律上の賠償責任の有無や程度を判断するため、事故発生の状況、事故現場等の確認を行う。また、保険契約上のてん補責任が生じる事故であるか否かを確認する。

賠償責任保険における原因調査に特徴的なのは前者である。すなわち、賠償責任保険においては被保険者に法律上の損害賠償責任が発生することがてん補要件とされており、また、保険給付の内容も損害賠償債務が算出の基礎とされるからである。

③ 傷害・疾病保険

保険契約上、被保険者の身体に関する傷害や疾病に関する調査を実施することから、被保険者が受診した医療機関への調査を主とする。担当医師に傷害や疾病の発生時期・原因・加療内容・治癒見込み・後遺障害発生有無等を確認し、レントゲン等の画像所見も確認する。

(2) 損害調査

原因調査が損害保険会社の保険給付義務の有無を判断することを目的とする一方で、損害調査は保険事故により発生した損害や給付事由の程度（および因果関係）の測定に関する技術的な調査である。

調査の対象となるのは、車両保険や火災保険等の物保険における保険の目的物または対物賠償責任保険における被害物の財物損壊と、人身傷害保険や対人賠償責任保険における被害者の身体障害とに大別される。損害保険会社がこれらの調査を実施するにあたっては、高度な知識をもつ専門家と連携して対応している。財物損壊に関する損害調査を行う鑑定人[265]は、車両事故

の損害調査を専門とする技術アジャスター[266]と、車両以外の財物（建物や動産等）の損害調査を専門とする火災鑑定人に大別される。また、医療に関する調査（医療調査）は、一般アジャスターや調査会社と連携して対応することが多い。

① 財物損壊に関する調査

財物損壊に関する調査は、事故により被害が生じた財物の価額（時価額）調査がベースとなる。そのうえで、保険契約をふまえた保険金算出に必要な調査を行うこととなる（保険金算出に関しては、後述第4節1(1)③a、(4)参照）。たとえば、賠償責任保険契約においては、損壊した財物が事故前の状態に回復するために要する費用（修理費や復旧費）の適切性についてあわせて確認が必要となる。

② 身体障害に関する調査

身体障害に関する調査は、傷害や疾病の内容、原因、治療状況や、後遺障害の発生可能性とその程度の確認のための調査を主とする。たとえば、治療期間が当初の見込みを超過する場合や、後遺障害が見込まれるような重傷・重症の場合は、直接医師と面談し、治療終了見込み時期の確認や後遺障害の可能性およびその程度の確認を行うこともある。

なお、医療調査は、損害調査の観点のみならず、保険事故（や傷害保険における傷害の原因事故）が生じた原因や身体障害との相当因果関係が保険給付事由に該当するか否か、および、免責事由に抵触しないかを確認する調査（原因調査）の観点から実施する場合もある。

(3) 個人情報保護法への対応

損害保険会社が各種調査に際し取り扱う個人情報は、保険契約者や被保険者、賠償責任保険における被害者の情報等多岐にわたり、また、センシティ

265　鑑定人は、損害保険会社等から委託を受けて、損害保険契約にかかわる財物の損害額算定、保険価額（時価）の評価、および、事故状況・原因の調査、ならびにそれらに関連する一連の業務を行う。なお、損保協会が実施する認定試験に合格し同協会に登録した鑑定人を、損害保険登録鑑定人と呼んでいる。

266　技術アジャスターは、発生した事故の内容と車両の損傷部位や程度の突合せによる整合性の確認や、修理費の適切な算定を主たる業務としている。なお、これら調査の質的向上および社会的信頼性の確保を目的として、「技術アジャスター技能資格制度」を損害保険業界で設けている。

ブ情報として保健医療情報を取り扱うこともあるため、法令等を遵守した適切な管理が必要となる。具体的には、取得する個人情報の利用目的については、個人情報保護方針（プライバシーポリシー）をホームページに掲載したり事務所内で掲示したりして公表するとともに、直接書面（保険金請求書等）により個人情報を取得する場合は、あらかじめ、利用目的を明示する必要がある。また、センシティブ情報の取得、利用にあたっては、真に業務遂行上必要な範囲に限定し、かつ、本人の同意を得る必要がある。なお、取得、利用した個人情報を第三者に提供する場合は、本人の同意が必要となる。

(4) モラル・リスクに関する調査

被保険者等が故意により不正、不当もしくは過剰に保険給付を得ようとすることをモラル・リスクという。善意契約性のうえに成り立つ保険契約の健全性を維持するためには、このようなリスクについては適切に排除する必要がある。

モラル・リスクを大別すると、損害保険会社に報告された保険事故自体が真正なものではない類型（事故作出型）と、保険事故自体は真正に発生しているものの、保険事故を奇貨として保険給付請求内容が真正でない類型（過大請求型）に分類できる。そして前者はさらに、外形的にもまったく事故が発生していない類型（架空事故）と、外形的には事故が発生しているが故意による類型（故意による事故招致）に分類できる。

このうち、故意による事故招致が疑われる事案に対応する際には、故意という内心の状態を直接的に立証するのは困難なことが多く、あらかじめ判例・学説等を事故類型（傷害・火災・車両盗難など）別に分析しておき、どのような事実が故意をうかがわせる重要な間接事実になるのか承知しておくこと、実際に故意による事故招致が疑われる事故を受け付けた際は、初期段階で重要な間接事実を収集すること、収集した間接事実を整理し、過去の裁判例等と比較しても保険金を支払わないことについて合理的な理由が存在するといえるかを十分に検討することが肝要である。したがって、故意による事故招致に関する調査のポイントは、主として事故状況の詳細と事故招致に至った動機となる。

① 傷害保険における調査のポイント

　代表的なモラル・リスク疑義事案は、被保険者の故意によって生じた事故により、死亡保険金が請求される事例である。

　事故状況の詳細確認として、事故が偶然に生じうるか否か（故意性が疑われないか）の確認を行う。たとえば自動車保険の自損事故の場合は、事故現場のブレーキ痕の有無や、事故現場の道路形状、車両および衝突物の損傷内容等を工学的観点で複合的に検証することにより、事故に至った車両の軌跡や速度が一定程度推測できる。また、事故前の被保険者の行動経緯もモラル・リスクか否かを判断する間接事実の１つとなりうることから、関係者への確認や、事故車両の積載物について調査を行うこと等も必要である。

　自殺の動機の確認事項としては、遺書の有無、被保険者の病歴や日常生活におけるトラブルや借財の程度等があげられる。特に借財の程度が大きい場合は、保険加入時期が事故直前である、保険料が可処分所得に対して異常に高額である、等の不審な特徴が伴うことが多いため、保険加入時の経緯や保険の加入状況も確認することになる。

② 火災保険における調査のポイント

　代表的なモラル・リスク疑義事案は、被保険者自身の放火による火災保険金請求事例である。

　事故状況の詳細確認として、出火場所・出火原因の特定を行う。モラル・リスク疑義事案の場合、全焼にして、保険金を全額受け取る意図から、出火場所が複数あったり、原因が不明であったりすることが多く、こうした場合は出火場所と出火原因を科学的に調査し、灯油等の助燃材が使用されていないかも確認する。

　また、被保険者等の関係者の事故前後の行動も確認する。出火場所が施錠されていた建物内である場合は、被保険者や関係者の関与が疑われる。出火場所付近に燃えやすい物や死蔵品（デッドストック）が大量にあった場合は、その理由も含めて確認する必要がある。なお、貴重品や預金通帳などの被害を避けるため事故前に搬出する等の特徴もある。

　事故招致の動機に関しては、経済的な困窮（経営不振等）が動機となることが多いため、借財の程度を確認する。当然のことながら、建物や土地の登

記簿謄本を取り付け、抵当権の設定状況や差押えの状況等を確認することも必要である。また、傷害保険と同様に、事故直前の保険加入や高額な保険金額（保険価額を超える超過保険）を設定する等、保険加入経緯や付保状況に不審な点が表れることもあり、これらの経緯も詳細に確認する。

③　車両保険における調査のポイント

代表的なモラル・リスク疑義事案は、被保険者による車両盗難事故の偽装に基づく自動車保険の車両保険金請求事例である。盗難事故に関しては、保険事故後に保険の目的物をまったく確認できないので、損害保険会社による原因調査には多大な困難が伴う。

一般的に車両を盗難する手段としては、レッカー車や積載車による車両移動、キーの盗難（あるいは、スペアキー作成）、電気配線の直結によるエンジン始動、キー付状態での停車車両の乗り逃げ等あるが、調査においてはこうした盗難手段が被保険者もしくはその関係者の関与がないと生じえないと推認させる間接事実の収集が要点となる。

そのため、事故現場の詳細確認、および、被保険者や盗難直前の運転者への詳細確認を行う。また、レッカー車や積載車による移動の可能性に関する工学的な調査、被保険者が所有する鍵の本数（購入時何本あったか、また現在は何本保有しているか、鍵が購入時より少なくなっていればその理由は明確か）、イモビライザー等の盗難防止装置の装着有無の確認を行う。さらに、盗難直前の運転者には、最後に車両を確認した日時、その時の詳細な状況、施錠有無、事故覚知の日時とその時の詳細な状況等を確認する。

事故招致の動機に関しては、火災保険と同様に経済面での調査が主となる。保険加入経緯や保険金額の妥当性も確認する。

第4節　損害額・保険金の算出

1　損害額・保険金の算出

保険金を算出するにあたり、損害保険契約においてはまず損害額を算出する必要があり、そのうえで、算出した損害額をベースに、約款上の規定に従

い保険金を算出することになる。

本節においては、損害額の算出および保険金の算出の双方につき記載する。

(1) 賠償責任保険

① 対人賠償額の算出基準

具体的な損害賠償額の算出にあたっては、個々の被害者に生じた損害について、判例傾向等を参考にしながら損害費目ごとに事故との相当因果関係の有無を判断し、妥当な賠償額を算出することが原則となる。損害保険会社の対応においても、かつては個々の案件ごとに担当者が判例等を参考にしながら損害額の算出を行っていたが、1974年にFAP（家庭用自動車保険）という示談交渉サービス付きの自動車保険が初めて発売されるにあたり、日本弁護士連合会と損保協会の間で協議が行われて対人賠償責任保険の「支払基準」が作成され、1973年の9月に公開された。支払基準の策定当初は、事業方法書に基準を掲載し、監督官庁の認可を得たうえで公開しており、各社ともほぼ同一の内容になっていたが、その後の自由化・規制緩和、独占禁止法の運用など社会情勢の変化もあり、1997年には事業方法書の記載から削除され、現在に至っている。したがって、自賠責保険と異なり、自動車保険の基準は必ずしも各損害保険会社で統一的な内容になっているわけではない。

一般に、人身事故の損害賠償の範囲については、大きく財産的損害と精神的損害（慰謝料）に分けられる。財産的損害については、さらに積極的損害と消極的損害に分けられている。積極的損害とは、治療費や葬儀費など、事故によって被害者が支出を余儀なくされる費用のことであり、消極的損害とは、休業損害や逸失利益など、本来得ることができたはずの利益を失ったことによる損害である。

a 積極的損害

積極的損害に分類されるおもな費目は、治療関係費・通院交通費・看護料・入院諸雑費・義肢等の費用・将来の介護料・葬儀費などであり、それぞれ必要性・相当性・合理性を備えるか否かによって賠償可否を決定している。このうち、入院諸雑費、将来の介護料、葬儀費については、裁判例および保険実務の双方で、一つひとつの支出と事故の相当性を個別に認定する方

法ではなく、支出総額を総合的に判定する方法が多く採用されており、特に、入院諸雑費については1日当りの相当額を定額化するのが一般的である。また、将来の介護料については、約定した一定額を将来にわたって定期的に支払っていく方法と、中間利息を控除したうえで一時金として賠償する方法のいずれかが採用されおり、近親者による付添介護が行われ、実際の支出がない場合でも、積極損害として賠償の対象とされている。

 b 消極的損害

 消極損害に分類されるおもな費目は、休業損害、逸失利益である。休業損害を立証するものとして、給与所得者の場合は休業損害証明書、源泉徴収票、市町村長の所得額証明書、事業所得者の場合は確定申告書、所得額証明書等によるのが原則である[267]。特に事業所得者の場合には公的証明が提出できない場合や証明された所得額が現実所得額を表していないこともありうる。このような場合には、被害者から提出された資料について必要に応じて税理士に意見を求めるなどしながら、場合によっては「賃金センサス[268]」の平均賃金等を参考に算出することもある。

 後遺障害の逸失利益は、以下の算式のとおり、事故前の現実収入または賃金センサス等による平均賃金をもとに基礎収入額を決定した後、後遺障害の種類、程度、被害者の年齢、性別、職業、症状固定後の実際の稼働状況、事故前後の収入差額、稼働可能性等を総合的に判断して労働能力喪失率を決定し、労働能力喪失期間に応じたライプニッツ係数により中間利息を控除して算出する。なお、自賠責保険では、後遺障害等級に応じた喪失率があらかじめ基準表で定められており、労働能力喪失期間は、実際の障害の程度にかかわらず就労可能年数までと定められている。

---

267 東京海上・実務講座6巻511頁。
268 厚生労働省が毎年実施している「賃金構造基本統計調査」の結果をまとめたもので、労働者の種類、職種、性、年齢、学歴、勤続年数など労働者の属性別にみたわが国の賃金実態を事業所の属する産業、地域、規模別に明らかにすることを目的としたものである。裁判例で多く用いられるのは、第1巻第1表の産業計・企業規模計・学歴計の統計値であるが、場合によっては、学歴別・職種別・地域別・規模別のものが使われることもある。

〈逸失利益の算式〉

基礎収入額×労働能力喪失率×労働能力喪失期間に対応するライプニッツ係数

逸失利益を構成する要素（基礎収入額、喪失率・喪失期間）の考え方や中間利息控除の方法等については、後遺障害の態様に応じてさまざまな判例・学説がある。おもな判例・学説の動向を把握しておくことは重要であるが、実務上、最も重要なことは、個々の被害者の諸事情に照らして、いかに適切に賠償額を算出できるかということである。

c 精神的損害（慰謝料）

慰謝料については元来、諸事情をどのように斟酌して賠償額に反映させるかについてなんら定めはなく、各場合における事情を裁判所が自由な心証をもって定めることが通説とされていた。しかし、これによると被害者間の公平や均衡を欠く場合が生じるとともに、大量に発生する交通賠償訴訟の法的安定性や予測性に問題が生じる可能性があった。このような問題を背景として裁判所の体系的な算定基準として最初に公表されたものは「東京地裁民事交通部における慰謝料算定基準[269]」である。この基準は、その後の物価・賃金水準の上昇により改訂され、1974年10月に「東京地裁民事交通部の損害賠償算出基準と実務傾向[270]」として発表された。その内容は、各損害保険会社や日本弁護士連合会に取り上げられるなどの反響を呼んだが、その後は裁判所からの積極的な基準の発表はなくなった。

各損害保険会社の慰謝料算定基準は、このときの東京地裁の考え方をもとに策定され、金額についてはその後の裁判例や物価水準等を参考にしながら適宜改定されて現在に至っている。支払基準における慰謝料算定のおもな要素は、傷害の部位・程度、治療期間、入通院日数、後遺障害の程度などである。また、事故態様の悪質性などこれらの要素のみで算定することが相当でない特段の事情がある場合には、慰謝料の増額事由として勘案されることもある。

なお、慰謝料基準は、各損害保険会社のほか、日弁連交通事故相談セン

---

[269] 判タ257号26頁参照。
[270] 判タ310号57頁参照。

ター編集の「交通事故損害賠償額算定基準（いわゆる「青本」）」や日弁連交通事故相談センター東京支部発行の「損害賠償額算定基準（いわゆる「赤い本」）」などが刊行されている。

　d　過失相殺

　民法722条2項[271]の規定により、損害賠償額の決定においては、被害者の過失に相当する損害を減ずることとなる。

　過失相殺の「相殺」は債権の相殺とは異なり、被害者側の過失を考慮するというだけのことであり、減ずる損害賠償の範囲、程度は裁判官の自由な裁量により決定されるべきものであると考えられている[272]が、判断者の個人差を排除して、大量の同種事案公平・迅速に処理する必要性から各地裁判事により過失相殺基準が作成・公表されることとなり、現在、東京地裁民事交通訴訟研究会が編集する「民事交通訴訟における過失相殺率の認定基準」が実務では広く利用されている。

② 自賠責保険の支払基準

　自賠責保険の支払基準は、かつては法定されておらず旧運輸省の通達を根拠とする「自賠責保険査定要綱」で定められていた。その後、2002年の自賠法改正において法定化され、自賠法16条の3において、各損害保険会社に支払基準の遵守義務が課されるようになった。損害費目やその認定基準は、基本的には同一であるが、自賠責保険は自賠法に基づいた自動車事故による被害者の救済を目的とする強制保険であるため、その仕組みは社会保障制度的な要素が強く、また、大量の事案を迅速かつ公平に処理する必要から、定型的な基準となっている。一方、自動車保険（対人賠償）は、民法の損害賠償理論に基づいて損害額の算定を行おうとする点に相違点がある[273]。

③ 対物賠償額の算出基準

　対物賠償責任保険は、約款上のてん補責任で、他人の財物を損壊（滅失・破損・汚損）することによって被る法律上の賠償責任の発生を要件としてい

271　「被害者に過失があったときは、裁判所は、これを考慮して、損害賠償の額を定めることができる」としている。
272　東京海上・実務講座6巻540頁。
273　東京海上・実務講座6巻504、505頁。

るため、一般的には、事故による物的な損害を「直接損害」と「間接損害」に分けて整理している。以下、直接損害と間接損害について、損害保険会社の実務において取り扱っている費目を説明する。

　a　直接損害

　対物事故により損壊した財物自体に発生する損害を直接損害という。したがって、対物事故の直接損害とは一般的には原状回復に要する費用（修理費）が通常生ずべき損害となる。修理ができない場合、または修理費がその物の時価を超える場合は全損となり、損害額は通常その物の時価額となる。一般に前者を物理的全損、後者を経済的全損という。全損時の時価額の算定は、中古市場における取引価格をベースにする方法と、再調達価格から法定償却を減じて算出する方法がある。ただし、自動車については、最高裁で「当該自動車の事故当時における取引価格は、原則として、これと同一の車種・年式・型・同程度の使用状態・走行距離等の自動車を中古車市場において取得するに要する価額」（最判昭49.4.15交民集7巻2号275頁）によって定めるべきと判示され[274]、法定償却による時価額算定は原則として認められないとされている。ただし、自動車でも、新車購入後まもない車や、年式が古い車のように中古車市場に流通していないものについては、法定償却法を用いる場合もある[275]。

　b　間接損害

　間接損害とは、当該財物が事故によって使用できなくなったことによって生じる損害、事故の結果により将来的に生じるであろう損害の総称である。直接損害は事故との因果関係が比較的容易に認められるのに対し、間接損害はその相当因果関係を詳しく吟味しなければならない。実務上頻出するおもな間接損害は、代車料、休車損害、評価損（格落損）である。

　　(a)　代車料

　自動車が破損し、被害車両が不稼働となることによって発生する損害を未然に防ぐために代車を使用した際の代車料は、賠償の対象となる。ただし、事故によって自動車が破損した場合に利用した代車料がすべて認められると

---

[274]　最判昭49.4.15交民集7巻2号275頁。
[275]　東京海上・実務講座6巻577頁。

いうものではなく、使用の必要性、使用期間と日額の相当性が認められる場合に限り賠償の対象となる。実務上は、使用期間の相当性を認定する際に、通常の修理期間や再取得期間のほか、被害者と損害保険会社との話し合いなどに要した期間を含めるかが問題となることがある。一般的に、損害保険会社が修理方法や範囲などを修理工場と協議するために生じる未着工期間や、賠償の範囲等に関する通常要する説明期間は含まれるが、被害者側が新車の買替えや全塗装の要求に固執したこと等により修理着工が著しく遅延し、代車の使用が長期化したような場合は、通常想定される修理期間を超える部分が賠償の対象から控除される[276]。

(b) 休車損害

営業用のタクシー、トラックあるいはバスが事故に遭った場合の不稼働による営業収益の喪失を休車損害という[277]。休車損害については、被害に遭った会社が保有している予備車を活用することにより営業損失を免れている場合があるので、実務上は、まず稼働状況（稼働率）を確認することが重要となる。休車損害の発生が認められる場合は、運賃収入から燃料費・高速代等の変動経費を差し引いて損害額を算定する。人件費を変動経費として控除するかどうかは議論がある。事故車に乗務していた従業員は、事故車の修理期間中、他の車に振り替えるなど業務ローテーション等により人件費の実損が発生しないことが多いこと、また、事故車の従業員が事故で負傷して稼働できない場合は、対人賠償責任保険等により休業補償を受領し、使用者は当該給与の支給を免れていることも多いことから、実務上は人件費を控除するのが通例である[278]。なお、別途代車料を賠償している場合は、通常、休車損害は発生しない。

(c) 評価損（格落損）

事故後修理したにもかかわらず原状に回復できない損傷が残る場合、あるいは事故歴ができたことにより評価が下落した場合に、それを通常生ずべき損害として賠償の対象とするかが問題となることがある。これを評価損ある

---

[276] 札幌地裁室蘭支判昭51.1.26、横浜地裁小田原支部判昭51.10.29などがある。
[277] 東京海上・実務講座6巻578頁。
[278] 静岡地裁富士支判昭63.12.23など。

いは格落損という[279]。評価損については、相当因果関係の問題のみならず、損害発生の立証および額の妥当性の点で困難な問題が存在している。

すなわち、将来の下取り時における評価損はいまだ損害として顕在化していないこと、自動車の通常の使用による経年価値減と区別ができないこと、修理によって機能上も外観上も復旧しているにもかかわらず事故車であること自体が嫌われるために交換価値が下落する場合があることなど、損害発生の確実性・客観性が問題となることがある。

判例も多様であり、一定の基準が確立しているわけではないが、実務上は全体的な判例傾向に基づき、損傷が大きくかつ新車登録後まもない車などで価値下落部分が明確に立証できる場合や、事故前に下取りすることが決定しており、事故前後の査定額の差額が損害として明確になっている場合などの事例に限定して個別に認定されている。

なお、評価損の算定方法については、東京地裁を中心に、判例の多くが修理費を基準としてその何％かを損害として認める方式を採用しており、実務でもこの方法を用いることが多い。実際に何％で算定するかは、判例・実務ともに事案の内容に応じて個別に判断している。

　(d)　慰　謝　料

物損に対する慰謝料は判例・学説・実務ともに原則として認められていない。

　c　過失相殺

前述した対人賠償額の算出同様、損害賠償額の決定においては、被害者の過失に相当する損害を減ずることとなる。

なお、賠償責任保険においては、有無責等を確認のうえ損害賠償額が確定すれば、保険金の算出そのものにおいては特段の困難はない。すなわち、一般的には、損害賠償額から保険契約上の免責金額を控除した額が保険金の額となる。

ただし、一部の費用保険金については留意が必要である。具体的には、争訟費用保険金などがあげられる。争訟費用保険金とは、示談交渉を行う弁護

---

[279] 損害賠償算定基準研究会編『三訂版　注釈　交通損害賠償算定基準(上)』398頁（ぎょうせい、2002年）。

士の費用などが該当する。これら争訟費用保険金は、損害額がてん補限度額を超える場合には、損害額とてん補限度額の割合に応じて、削減払いすると規定されている保険種目があり、留意をする必要がある（そのように規定されていない保険種目もあり、約款を確認する必要がある）。

(2) 人身傷害保険における損害額の算出基準

実損てん補型の傷害保険である人身傷害保険においては、約款の一部を構成する人身傷害条項損害額基準（以下「損害額基準」という）に基づいて算出した損害額を保険金支払の対象としている点に定額の傷害保険との大きな違いがある。

① 損害額基準

人身傷害保険は自動車の運行に起因する事故全般を対象とする実損てん補型の傷害保険であり、「保険金を加害者の責任と切り離して請求できることとし、示談交渉等の時間を要することなく損害の迅速なてん補を可能」とすることや「従来補償が得られなかった被保険者の過失部分の補償」ができることを特色としている。したがって「損害額基準」は対人賠償責任保険や自賠責保険の支払基準に準じており、できる限り被保険者の実損害が認定される内容となっている。

一方で対人賠償責任保険の損害サービスにおいて行う示談交渉のように被保険者と損害認定について争いが生じることを極力回避するため、治療実績等の事実関係を確定することにより定型的に損害額が算定されるような基準となっている。

「損害額基準」は「傷害」「後遺障害」「死亡」に区分され、損害費目は対人賠償責任保険等における支払基準と同様に積極的損害（治療関係費・通院交通費・入院諸雑費・義肢等の費用・将来の介護料・葬儀費など）、消極的損害（休業損害、逸失利益）、精神的損害（慰謝料）から構成されているが、約款上、賠償義務者がある場合において、各区分の損害額が自賠責保険によって支払われる金額を下回る場合には自賠責保険金相当額を損害額としている。そのため実務上、「損害額基準」に基づき人身傷害保険における損害額を算出した後、自賠責保険金相当額との比較を行う必要があるが、自賠責保険による認定額との比較は「傷害」「後遺障害」「死亡」のそれぞれの区分ごとに

行う。

　たとえば、
・人身傷害の損害額基準：傷害部分200万円／死亡部分1,500万円
・自賠責による支払額：傷害部分120万円／死亡部分2,000万円

であった場合、それぞれを合算して比較するのではなく、傷害部分・死亡部分をそれぞれ比較し、高くなるほうが認定される。よってこの例では傷害部分200万円（人身傷害の損害額基準）／死亡部分2,000万円（自賠責保険の支払金額）の合計2,200万円が認定される。

② 損害額の算出方法

　人身傷害保険の損害額は支払基準に基づき定型的に算出されるが、人身傷害保険は実損てん補型の傷害保険であり、基本的には事故と相当因果関係のある損害をてん補するものであるため、治療期間や休業損害における就労不能期間、逸失利益における労働能力喪失期間などの認定は対人賠償のそれとなんら変わるところはなく、損害賠償としても相当と認められる期間を個別に認定し被保険者と協定することとなる。ただし、精神的損害については損害額について被保険者と争いが生じることを避ける規定としており、たとえば傷害の精神的損害においては、入通院1日当りの定額[280]とし、治療実績が確定さえすれば定型的に金額が算出される規定となっている。

③ 保険金の請求方式

　人身傷害保険においては大きく2つの保険金請求方法が存在する。1つが「人傷先行請求（賠償義務者との示談の前に人身傷害保険に請求する方法）」、もう1つが「賠償先行請求（賠償義務者との示談の後に人身傷害保険を請求する方法）」であるが、これら2つの請求方法は、「損害の迅速のてん補」「補償が得られなかった被保険者の過失部分の補償」という人身傷害保険の特色を示しているものといえる。それぞれの請求方法における保険金の算出は以下のとおりとなる。

　a　人傷先行請求

　この方法では賠償義務者からの損害賠償に先んじて「損害額基準」によっ

---

[280] 東京海上日動の損害額基準では入院8,400円、通院4,200円としている。

て算出した損害額を保険金として支払い、保険会社は人身傷害保険で支払った額を限度に賠償義務者に求償を行うこととなる。

　　b　賠償先行請求（賠償義務者との示談の後に人身傷害保険を請求する方式）
　この方法では賠償義務者から損害賠償が行われた後に「損害額基準」によって算出した損害額からその額を差し引いた額を支払うこととなる。

　なお、人身傷害保険は実損てん補型の傷害保険であり、被保険者の実損をてん補する性格の給付である以下の金額についてはa、bいずれの請求方法においても、損害額基準によって算定した損害額から控除されることになっている。
① 　自賠責保険等または政府保障事業によってすでに給付が決定し、または支払われた金額
② 　対人賠償保険等によってすでに給付が決定し、または支払われた金額
③ 　賠償義務者からすでに取得した損害賠償金
④ 　労働者災害補償制度によって給付が受けられる場合にはその給付される額[281]
⑤ 　賠償義務者以外の第三者が負担すべき金額ですでに取得した額[282]
⑥ 　その他被保険者の損害をてん補する保険金・共済金・その他の給付ですでに取得した金額[283]

　この人身傷害保険金算出方法に関して、かつて「被保険者の損害の額全額を算出する方法（全額払方式）」と「被保険者の過失部分の損害のみを請求する方法（過失払方式）」があり[284]、被保険者が人身傷害保険金より先に賠償義務者から損害賠償金を取得したときは、全額払方式による人身傷害保険の

---
[281] 労災適用の事故については、実質的に労災補償を優先適用する趣旨でこの規定を設けている。ただし、労働福祉事業に基づく特別支給金は実損をてん補する性格の給付ではないため控除の対象外となる。
[282] 社会保険による治療費の支払、福祉制度による介護費用、装具代の支給等についても被保険者の実損害をてん補する金額であり、これらの給付がある場合には損害額から控除するものとしている。
[283] 無保険車傷害保険金、医療費用保険金等被保険者の損害をてん補する保険金・共済金等は該当するが、保険金額および保険金日額等が定額である傷害保険もしくは生命保険等の保険金・共済金等は含まれない。
[284] 東京海上日動では2015年10月1日以降始期用約款から「被保険者の損害の額全額を算出する方法」に一本化されている。

支払が先行する場合よりも、てん補される損害が低くなるという問題が指摘されていた[285]。

この問題は人身傷害損害額基準と訴訟上の損害額算定水準（訴訟基準とする）との乖離（通常は判決等によって示される損害額のほうが高額となる）と第7節で後述する請求権代位の範囲によって生じるものであり、判決または裁判上の和解の場合には人身傷害保険金算出における損害の額を訴訟基準損害額に読み替えるよう約款を改訂することで、解決が図られた過去がある[286]。

(3) 傷害・疾病保険

傷害保険や疾病保険の多くは定額給付となることから、約款上において「損害」を算出するという概念はないため、本節での記載は割愛する。

(4) 物保険

損害保険契約のうち、火災保険に代表されるように、保険を付保する対象が財物であるものは「物保険」と呼ばれている。

これら物保険における「損害額」とは、「保険価額」によって定める場合と「修理費」によって定める場合などがあり、これらは約款によって規定されている。「保険価額」によって定めると約款に規定されている場合においては、保険事故が発生したことによる保険価額の減少額が損害額となるものである。一方、「修理費」によって定めると約款に規定されている場合においては、修理見積書をベースに修理に必要な費用を損害額と認定することになる。

ただし、「保険価額」によって定めると規定されている場合においても、実務上は修理見積書をベースに損害額を算出していくことになるものであ

---

[285] たとえば「人身傷害損害額基準0.8億円、訴訟基準額1億円、被保険者過失割合20％」の例で損害賠償請求を先行した場合、被保険者は賠償受領額0.8億円（1億円×80％）と人身傷害保険金0.16億円（過失払方式：0.8億円×20％）の合計0.96億円の損害てん補を受けることとなる。一方、人身傷害保険金の請求を先行した場合、被保険者は人身傷害保険金0.8億円（全額払方式）を受領し、また、「訴訟基準差額説」に基づいて代位求償額は0.6億円となるため、賠償義務者からの賠償額は0.2億円となり、あわせて1億円の損害のてん補を受けることとなる。
[286] 東京海上日動では2012年10月1日以降始期用約款から、判決または裁判上の和解において、一定の条件のもと、人身傷害保険金算出における損害の額を訴訟基準損害額に読み替えるよう約款の改訂が行われた。

り、その意味においては実務上において損害額の算出の基礎となる書類は同様であるが、「保険価額」によって定める場合と「修理費」によって定める場合とは、その意味するところは厳密には同義ではない。

① 損害額の算出基準

旧法638条1項[287]においては、損害額の算出は、その損害が生じた地におけるその時の価額によって定める旨が規定されている。ただし、この規定は任意規定であり、特約条項などによって、別の認定基準が示されている場合には、当該規定に従い算定することになる。

なお、損害額を「修理費」によって定めると規定されている場合には、一般的には、損害が生じた地および時において、保険の目的物を損害発生直前の状態に復旧するための修理に必要な費用を指す旨が約款において規定されている。

② 損害額の算出方法

損害額を算出するには、「保険価額」もしくは「修理費」のいずれによって定める場合においても、前述のとおり、一般的には実務上は修理見積書をベースに損害額を算出することになる。

具体的には、
・修理方法（部品や資材等を交換するのかあるいは修理するのか、そのいずれが一般的な復旧方法として妥当と考えられるか）
・修理範囲（保険事故によって損害が発生した範囲はどこまでか、その範囲を超えた修理はなされていないか）
・修理単価（一般的な単価と比較し妥当な金額か否か）

などについて、修理見積書の内容を確認し、損害額を算出することになる。また、損害の原因の調査費用や夜間修理による割増工賃費用などは、約款においてこれら費用を費用保険金として保険金の支払対象としている保険種類もあるため、損害額を算出するにあたっては、これら費用を控除すればよいのか、あるいは費用保険金として認容するのか留意する必要がある。

なお、「保険価額」によって損害額を算出する場合には、修理見積書を

---

287 保険法では18条1項で規定されている。

ベースに算出した額に対し、次の新旧交換控除を検討する必要がある。

③　新旧交換控除の検討

　火災保険などを中心として、損害額を「保険価額」によって定めると規定されている約款において、損害を被った部分を復旧することにより、その物の価値が増加したと考えられる場合には、「新旧交換控除（New For Old）」（減価控除ないしは減価償却と呼ばれる場合もある）の適用を検討する必要がある。

　どの程度をもってして「価値が増加した」と考えられるかは一律には決めがたいものであり、被害程度、強度、耐久力、機能、使用上の便・不便等からケース・バイ・ケースで判断することになる[288]。

④　保険価額と保険金額

　物保険においては、損害額を算出するとともに、保険価額および保険金額を確認し、「超過保険」「一部保険」「全部保険」のいずれに該当するのかを確認する必要がある。

　a　超過保険

　超過保険とは、保険金額が保険価額を上回る場合を指す。超過保険の場合においては、分損の場合には基本的には損害保険金の算出に超過保険であることがなんらの影響を及ぼすことはない。ただし、全損の場合においては、損害保険金の最高限度額は保険価額であることに留意が必要である。

　なお、超過保険の場合には、超過する部分は無効である旨が旧法631条に規定されており、保険法9条においては、保険契約者および被保険者が善意でかつ重大な過失がなく、保険契約の締結時から超過保険であった場合には、保険契約者が超過部分を遡及して取り消せる規定が新設されている（詳細は後述第6節参照）。

　b　一部保険

　一部保険とは、保険金額が保険価額を下回る場合を指す。一部保険の場合

---

[288] たとえば、建物の屋根のごく限られた一部が損害を被り、当該箇所を修理する場合には、価値が増加したとは言いがたく、一般的には新旧交換控除を適用する必要はないと考えられる。一方で、建物が半焼し、当該罹災建物の大部分を復旧する場合には、新旧交換控除を適用する必要があると考えられる。ただし、前述のとおり、ケース・バイ・ケースで個別に判断されることになる。

においては、損害保険金の算出にあたり、比例てん補が適用されることになる。具体的には、損害額×保険金額／保険価額という計算式によって損害保険金を算出することになるが、損害額×保険金額／（保険価額×80％）など、比例てん補の適用にあたり一定の幅が設けられている約款もある。

　c　全部保険

全部保険とは、保険金額と保険価額が同一である場合を指す。

以上のとおり、損害保険金の算出にあたり、一部保険の場合は特に留意が必要となる。なお、最近の損害保険契約においては、被保険者にとってのわかりやすさの観点より、比例てん補の規定そのものがない商品が販売されている。

2　その他の事項

(1)　費用保険金

損害保険金や賠償保険金を算出した後には、費用保険金を算出することになる。この費用保険金には、損害保険金が支払われる場合に一定の割合で支払われる費用保険金と、罹災物の復旧にあたり必要となった実費が支払われる費用保険金がある。前者の代表例は火災保険における臨時費用保険金であり、後者の代表例は火災保険における修理付帯費用保険金や残存物取片づけ費用保険金である。これらの費用保険金は、普通保険約款で規定されている場合もあれば、特約条項において規定されている場合もある。

前述の損害額の算出方法において、実務的には修理見積書をベースに損害額を算出する旨を記載したが、修理見積書を確認する際には、復旧にあたり修理付帯費用保険金などに該当する必要かつ有益な実費が含まれていないかを確認する必要がある。

損害保険会社が保険金を算出する際には、これら支払対象となる費用保険金について、もれなく算出し、支払をすることが重要であることはいうまでもない。

なお、損害保険金や賠償責任保険金および前述の費用保険金とは別に（ないしは同一に）、事故が発生した際に費用を支払う旨が規定されている場合が

ある。

　代表的なものとして、火災保険における損害防止費用があげられる。これは、火災事故が発生した際に、損害の防止または軽減するために使用した消火薬剤の費用などを支払うというものである。

　損害保険契約においては、保険約款において損害防止義務について規定しており、旧法660条1項において、損害防止義務が規定されている。

　同項では、被保険者にのみ損害防止義務を負わせているが、被保険者と密接な関係にある保険契約者にもこの義務を課すことが合理的であるとされており[289]、保険約款上も一般的には被保険者のみならず保険契約者にも損害防止義務がある旨が規定されている。

　なお、保険法13条においては、被保険者に加えて保険契約者にも義務がある旨が明記されている。

　損害防止費用の支払額については、他の保険金と合わせて保険金額内とする約款もあれば、保険金額を超えても支払うとする約款があるなど、また一部保険の場合には比例てん補を適用するとされる約款もあり、その内容はさまざまではあるが、かかる費用の出費がないかを確認することが重要となる。

(2)　保険の現物給付について

　保険給付として金銭の支払以外の方法で行うものを現物給付という。損害保険では、従来から金銭の支払により損害のてん補を行うことを原則としつつも、損害額の算定が困難な場合などにおいて例外的に現物給付による損害のてん補が行われることがあった。近年では、現物給付をサービスとして特約化する商品も登場している[290]。

　生命保険および傷害疾病定額保険契約については、保険法2条において保

---

[289]　山下・保険法413頁。
[290]　東京海上日動の人身傷害保険では「入院時選べるアシスト特約」が販売されている。これは、被保険者が一定期間入院した場合に必要となる留守宅の家事や子どもの身の回りの世話などの事柄について、ホームヘルパーやベビーシッターを直接派遣してもらうような現物給付方式の特約である。被保険者は、あらかじめ定められた事柄に対する補償メニューから、その時々のニーズに応じて選択するのみで、具体的な損害算定をすることなく現物の給付を受けることができる。

険給付を「金銭の支払に限る」ことが明記された。傷害疾病定額保険等における現物給付の導入については、介護サービスの提供や老人ホームの入居権付与などのニーズもあると考えられたため、保険法の検討過程においても賛否拮抗して議論された。しかしながら、生命保険や傷害疾病定額保険は保険給付までの期間が長期にわたることも多く、その場合、現物給付の目的物またはサービスの価値が予想の範囲を超えて上下変動することもありうるため、保険契約者または損害保険会社が想定外の損失等を被ること等が懸念され、最終的には金銭の支払に限られることとなった[291]。

第5節　保険金の支払

1　保険金の請求権者

(1) 被保険者
保険金の請求権者は、通常被保険利益を有する被保険者である。
① 賠償責任保険における被保険者
　約款に規定する被保険者のうち、法律上の損害賠償責任を負担するものが保険金請求権者となる。被保険者が被害者に対し損害賠償金を支払うことにより、損害保険会社は被保険者に保険金を支払うこととなる。なお、被保険者および被害者の利便性の観点から、おもに自動車保険においては、保険金請求時点において被保険者の包括承認をとり、被害者へ直接支払うことが一般的である。
② 傷害・疾病保険における被保険者
　約款に規定する被保険者のうち、傷害を被った者が保険金請求権者となる。死亡保険金については、被保険者の法定相続人となるが、被保険者の同意を得て保険金受取人が指定されている場合には、指定された保険金受取人となる。法定相続人が複数いる場合には法定相続割合により、指定された保険金受取人が複数いる場合には均等割合により、死亡保険金を支払うこととなる。

---

[291] 大串淳子ほか『解説　保険法』26頁（弘文堂、2008年）。

なるが、実務上は各請求者の同意により代表受領者を決め代表受領者へ一括して保険金を支払うのが一般的である。なお人身傷害保険の死亡保険金については、約款で保険金請求権者全員から委任を受けた代表者を経由して請求を行う旨が定められている。

保険金請求権者が相続放棄や限定承認した場合、保険金請求権が相続財産となりうるかどうかという問題があるが、通説[292]はそれが相続財産ではなく、相続人が原始的に取得した固有の財産であるとしている（ただし税法上はみなし相続財産とされることがある）。したがって相続放棄や限定承認をした相続人であっても、損害保険会社はこの者に保険金を支払えば免責され、被相続人の債権者に二重払いを余儀なくされるおそれはない。

③ 物保険における被保険者

火災保険等の物保険は物の所有者利益を被保険利益として付保されているものであり、被保険者は保険の目的物の所有者となる。

(2) 質権者、抵当権者

債権を保全するために損害保険が利用されることがある。代表的な例としては、火災保険における質権設定や抵当権特約条項により抵当権者が保険金請求権者となる場合である。

ただし、保険金を決定する当事者は、その決定によって直接に利害関係の及ぶ被保険者と保険者に限られ、被保険者に対し債権を有する一般の債権者はもとより、保険金債権に質権を有する債権者、抵当権者特約条項によってあらかじめ保険金請求権の譲渡を受けている抵当権者、その他いかなる債権者も直接に保険金の協定当事者とはならない[293]。

(3) 直接請求権

示談交渉サービスが規定されている約款には損害保険会社の当事者性を明確にする観点より、被害者の直接請求権が定められている。

---

[292] 東京地判昭60.10.25では「特段の事情のない限り、被保険者死亡時における、すなわち保険金請求権発生当時の法定相続人たるべき者個人を受取人として特に指定したいわゆる他人のための保険契約と解するのが相当であり、右請求権は、保険契約の効力発生と同時に右相続人の固有財産となり、被保険者（兼保険契約者）の遺産から離脱していると解すべきである」と判示している。

[293] 東京海上・実務講座5巻465頁。

被害者の直接請求権は損害保険会社が被保険者に対しててん補責任を負う限度で認められる（発生要件）。したがって、被保険者が損害賠償責任を負う場合でも保険者のてん補責任が生じないときには直接請求権は生じず、保険者は免責事由や契約の解除・無効等の被保険者に対抗することのできるすべての抗弁を被害者にも対抗できることになる[294]。

また、約款は発生要件のほか支払要件を規定しており、被害者が直接請求権を行使する場合においても、約款規定の支払要件[295]のいずれかを満たさない限り損害保険会社は支払責任を免れる。

(4) 被保険者が倒産した場合

破産・会社更生・民事再生の手続において、他の債権者の権利を害することを知って行った債務者による財産の処分行為は否認される可能性がある[296]。

たとえば、賠償責任保険において破産・会社更生・民事再生手続を行う被保険者の指図で、被害者等の債権者に直接保険金を支払うことは、これに該当する可能性がある。否認権が行使され認められた場合には、債権者（被害者等）は管財人に対して受領額（保険金相当額）を返還する必要があるが、管財人らによる回収が困難な場合に、管財人から損害保険会社に対し、弁済を行ったことを不法行為とする損害賠償請求が提起され認容される可能性があり、その結果損害保険会社は二重払いを余儀なくされるおそれがある。

保険法22条1項では賠償責任保険における被害者の先取特権を規定し、被保険者が破産した場合においても被害者への優先弁済権を与え、被害者が優先的に被害回復を受けられるようにしたが、被害者が先取特権を行使するためには、民事執行法の手続が必要であり裁判所から債権差押命令を得る必要がある。

---

[294] 山下友信ほか『保険法〔第2版〕』192頁（有斐閣、2004年）。
[295] 約款は以下の要件を規定している。
　① 被保険者と被害者の間で損害賠償責任の額が確定すること。
　② 被害者が被保険者に対する損害賠償請求権を行使しないことを書面で承諾すること。
　③ 被保険者・相続人の破産・生死不明あるいは、被保険者が死亡かつその相続人がいないこと。
　④ 対人事故の場合、損害賠償額が保険金額を明らかに超えること。
[296] 破産法72条、会社更生法78条、民事再生法127条。

また、保険法22条2項では賠償責任保険において被保険者が保険金を請求する際の制限が規定され、損害保険会社が責任保険の保険金を被保険者に支払う場合には、被保険者が被害者に弁済した金額または被害者の承諾があった金額に限られることとなる。被害者への弁済または被害者の承諾がないまま被保険者に保険金を支払い、被害者から先取特権が行使された場合には二重払いのリスクが生じることとなるため、実務上は賠償金を支払ったことを確認した後に保険金を被保険者に支払うか、被保険者の指図に基づき被害者に直接支払うか、いずれかとする必要があるとされる[297]。

2　保険給付の履行期

(1)　保険金請求権の発生時期

　保険種目、保険金等によって発生時期は異なるが、典型的なパターンは以下の3つとなる。

① 　賠償責任保険

　法律上の損害賠償額が被保険者と損害賠償請求権者との間で確定したとき

② 　物保険

　事故による損害が発生したとき

③ 　傷害・疾病保険

　支払事由に該当したとき（例：死亡保険金における死亡時）

(2)　保険給付の履行期

　旧法においては、保険給付の履行期について特別の規定が設けられておらず、保険金支払義務は、期限の定めのない債務であり、特約がなければ、民法の一般原則（民法412条3項）により請求のあった時が履行期となり、その時から保険者は履行遅滞の責任を負うことになると解されている[298]。

　一方、損害保険契約においては、約款で、「保険金請求者が所定の書類等を提出するなどの請求手続をした日から30日以内に保険金を支払う旨」を定め、ただし書において、「保険者が、この期間内に必要な調査を終えること

---

[297] 浅湫聖志「保険法改正について―実務面への影響を中心に―」損害保険研究70巻1号66頁（2008年）。
[298] 山下・保険法533頁。

ができないときは、これを終えた後、遅滞無く保険金を支払います」と規定し民法の一般原則と異なる規定が定められていた経緯にある。

保険法においては、保険給付の履行期についての規定が新設され（損害保険は法21条、傷害疾病定額保険では法81条）、保険給付を行う期限を定めた場合（1項）、保険給付を行う期限を定めなかった場合（2項）の2つに分けて規定し、さらに保険契約者等が正当な理由なく保険者の調査を妨げた場合には、保険者は遅滞の責任を負わない旨を定めている。

保険法により大多数の損害保険約款においては保険給付を行う期限を定める規定を置くこととなるが、「保険給付を行う期限を定めた場合、損害保険については、当該期限が、保険事故、てん補損害額、保険者が免責される事由その他の保険給付を行うために確認することが損害保険契約上必要とされる事項の確認をするための相当の期間を経過する日後の日であるときは、当該期間を経過する日をもって保険給付を行う期限とする」（保険法21条1項）とされており、「相当の期間」の解釈が問題となる。この点においては、衆議院法務委員会の附帯決議[299]、参議院法務委員会の附帯決議[300]もふまえ、保険種類や事故の種類ごとの必要な調査内容に応じた期間を約款で定めることとされており、保険給付の猶予期間の起算点については、保険金請求権者が約款所定の手続を完了した日が起算点となるため、実務上、起算点の管理が重要であり、約款に定めた期限を経過した場合について、各保険会社において適切に遅延利息が支払われる態勢の構築が必要である。

(3) **必要書類**

前述のとおり、保険金請求権者が約款所定の手続を完了した日が保険給付の猶予期間の起算点となるが、約款所定の手続とは約款で定める保険金請求に必要な書類を損害保険会社に提出することであり、提出された日が「請求

---

[299] 2008年4月25日の衆議院法務委員会附帯決議では「保険金給付の履行期については保険給付を行うために必要な調査事項を例示するなどして確認を要する時効に関して調査が遅滞なく行われ、保険契約者等の保護に遺漏がないよう、約款の作成、認可等に当たり十分に留意すること」が決議された。

[300] 2008年5月29日参議院法務委員会附帯決議では「保険給付の履行期に関して、保険者による支払拒絶事由等の調査及び支払いの可否に関する回答が迅速かつ適正に行われるべき体制を確保すること」が決議された。

完了日」となる。

　保険法をふまえた具体的な取扱いは各損害保険会社、各保険種目で異なるものの、一般的には「請求完了日」については「約款に明記した書類」「契約締結時に案内した書類」のうち、「当会社が被保険者へ求めたもの」が損害保険会社へ提出された時と規定されるものと考えられる。

① 「約款に明記した書類」

　保険法に対応する標準約款では、保険金支払に必要な書類のうち「保険金請求書」や「損害額を証明する書類または傷害の程度を証明する書類」など典型的なものが約款に規定される。なお、お客様のわかりやすさを阻害する可能性があることから、事故形態により必要となる書類のすべてを網羅的に約款には規定してはいない。

② 「契約締結時に案内した書類」

　従来の標準約款においては、「保険金請求書類」に関して、約款に明示的に示された「保険金請求書」「事故証明書」などに加えて、「その他当会社が特に必要と認める書類または証拠」という包括的な条項が存在した。本条文は損害保険会社が、被保険者または保険金請求権者に対して「保険金請求書類」を自由に求めることが可能と解釈できることから、被保険者や保険金請求権者にとって不利な条項と解される可能性があった。また、保険法が目指す「保険契約者の保護」の趣旨をふまえると、「保険金請求時点」ではなく、「契約締結時点」で保険金請求に必要な書類を案内すべきとの考えから、保険法に対応する標準約款では『「保険契約の締結」の際に当会社が交付する書面等において定めたもの』という規定が追加された。なお「保険契約の締結の際に当会社が交付する書面等」とは、具体的には「重要事項説明書」などを指す。

③ 「当会社が求めるもの」

　保険法に対応する標準約款では、「被保険者または保険金請求権者が保険金の支払いを請求する場合は、約款に定められた書類または証拠のうち当会社が求めるものを提出しなければならない」と規定された。

　具体的には上記①②のうち、有無責判断や保険金支払額の算出等に必要として損害保険会社が保険金請求権者へ求めたものとなる。

また、約款では損害保険会社が上記①②以外の書類もしくは証拠の提出または損害保険会社が行う調査への協力を被保険者または保険金請求権者に対し求めることができ、この場合被保険者らは損害保険会社が求めた書類または証拠をすみやかに提出し、必要な協力をしなければならないと規定している。ただし、これらの書類等は保険金請求に必要な書類には該当しないため、被保険者らが正当な理由なくこの規定に違反した場合には、それによって損害保険会社が被った損害の額を差し引いて保険金を支払うことを別途約款に規定している。

3　保険金請求権の消滅時効

(1)　時効の起算日

　時効の起算点に関しては旧法に特則がないので、消滅時効の起算に関する一般原則によることとなり、「権利を行使できる時」から起算することとなる（民法166条1項）。

　具体的には約款に規定する保険金請求権の発生時の翌日から起算するものとなる。なお、旧法においては保険金請求権の消滅時効期間を2年間としていたが、保険法により消滅時効期間は3年とされた[301]。

(2)　時効の援用

　消滅時効の起算点については前述のとおり、保険金請求権の発生時の翌日を起算点とすることとなるが、当該約款規定にかかわらず現実に請求権行使が可能となった日から起算すると判示した最高裁判決[302]も存在するため、損害保険会社における時効の援用については被保険者保護・被害者救済の観点をふまえ慎重に検討する必要がある。

---

[301] 保険料請求権の消滅時効は、旧法を維持し「1年」とされている。
[302] 最判平15.12.11民集57巻11号2196頁。

第6節　重複保険における全額主義と損害保険会社に対する求償

1　重複保険とは

　同一の保険の目的物について保険事故、保険期間を共通にする複数の損害保険契約があり、その保険金額の合計額が保険価額を超える場合を重複保険（超過重複保険）という[303]。

　旧法631条においては、保険金額が保険価額を超える場合に超過部分を無効としている。また、同法634条にて保険価額の全部を保険に付した場合は、原則としてそれ以後に締結された契約が無効になる旨規定している。これは重複保険を締結した被保険者に対し利得が生じさせないことを目的としており、旧法上は重複保険の有効性を認めていないといえる。よって、重複保険関係にある各保険契約間における保険給付の調整が必要となってくる。

　旧法上は、複数の重複保険関係にある保険契約が同時に締結される同時重複保険（同法632条）[304]と、異なる時期に締結される異時重複保険（同法633条）[305]を規定しているが、いずれも公平性に欠ける[306]ことから、実務では給付調整方式は独立責任額按分主義と呼ばれる方式を採用している。

---

[303] 山下・保険法409頁。なお、ここでは損害保険契約に関する定義であり、傷害疾病定額保険契約は含まない。
[304] 各保険契約の支払責任は保険金額の割合により定め、保険価額を超過する保険金額の部分については無効としている。
[305] 先に締結された保険契約を有効とし、後に締結された保険契約は、先に締結された保険契約はすべての損害がてん補されない場合に限って有効としている。
[306] たとえば一部保険における比例てん補方式と実損てん補方式、免責金額などの有無によって各保険契約が負うべきてん補内容が異なることがあることから、保険金額の割合のみでの給付調整は必ずしも公平ではない。また、保険契約の先後の調整についても、保険期間が短期である損害保険においては、契約の更新を行う場合に契約順序が入れ替わることになるが、保険事故の時期により各保険契約のてん補責任額が異なるのも公平ではない。

2　保険法改正による影響

(1)　重複保険の有効性

　前述した超過保険における超過部分の一律的な無効（旧法631条）については、従前より疑問があった。たとえば、保険契約締結時において全部保険であっても、その後保険の目的物の価額が上昇した場合、結果として保険給付時に一部保険となる場合もある。この場合、保険契約時に期待する保険給付を受けられないことになる（一部保険の場合、保険金額の保険価額に対する割合のみ保険給付が受けられる。同法636条にも同規定がある）。あるいは、重複保険においても、善意の保険契約者が損害保険会社の倒産リスクに備えたものであった場合も一律無効となる。

　これらの問題を解決するため、保険法9条において超過保険の超過部分を無効とはしない規定が定められた。同条では保険契約者に超過保険における超過部分についての取消権を認める規定を置いている。また、保険法20条においても、旧法634条に対する規定は置いておらず、かつ、独立責任額全額主義を規定している。以上から、重複保険を有効としたことは明らかである。

(2)　独立責任額全額主義

　保険法20条においては、重複保険の超過部分を有効とする前提で、1項にて各損害保険会社がそのてん補損害額の全額を給付する旨規定している。また2項では各損害保険会社の給付額の合計が「てん補損害額」を超える場合、各損害保険会社の負担部分は、「他の損害保険契約がない場合における各被保険者が行うべき保険給付の額のその合計額に対する割合をてん補損害額に乗じて得た額」を超えて保険給付を行い共同の免責を得た場合は、他の損害保険会社に対する求償権を有すると規定されている。このため、従来の独立責任額按分主義では、被保険者は複数の重複保険関係にある保険契約がある場合、各損害保険会社へ保険金請求手続を行う必要があるため煩わしさがあったが、これが不要となった。また、各損害保険会社のうち、1社でも倒産してしまった場合、破産した損害保険会社が支払うべき保険金については受け取れない可能性があったが、独立責任額全額主義によりこのような

ケースが防止されることになる。

(3) 任意規定

本規定は任意規定のため、各損害保険会社は独立責任額全額主義を必ずしも採用せず、従来型である独立責任額按分主義を採用してもさしつかえない。

(4) 重複保険に該当しない保険

保険法20条1項においては、「損害保険契約によりてん補すべき損害について他の損害保険契約がこれをてん補することとなっている場合においても、保険者は、てん補損害額の全額について、保険給付を行う」と規定されている。しかしながら、本規定は任意規定であることをふまえれば、同一の保険の目的物について保険事故、保険期間を共通にする複数の損害保険契約があり、その保険金額の合計額が保険価額を超える場合であっても、支払の先後が規定されている保険契約についてまでを射程にはしていないと考えられる。

たとえば、複数の火災保険契約があり、一方が時価額を担保、一方が新価額を担保する場合において、双方の保険契約上、時価額を担保する保険契約を先に適用し、新価額を担保する契約は時価額を担保する保険契約で支払われた額を上回る部分を担保する旨規定されている場合などがあげられる。

3 求償実務

従来は、独立責任額按分主義に基づき保険金を支払っていた。そのため、事故受付時点で他社契約の有無を確認し、他社契約がある場合は被保険者から他社へ、独立責任額按分額の請求を行うべく案内を行ったうえで、自社が支払責任を負う独立責任額按分額を支払う業務プロセスであったが、今後は一般的に独立責任額全額主義が採用されることにより、他社契約に対する求償が行われることになる。

以下、事故受付から保険金支払、他社への求償実務について述べる。

(1) 事故受付時

① 重複保険の有無

自社に事故報告が入った場合、被保険者への確認を通して、他社契約にお

ける重複保険の有無、また、重複保険がある場合には他社名、重複保険の内容を確認し、他社契約にて保険金をすでに受け取っている場合、てん補された部分については二重に保険金を受け取れないこととともに、保険金請求受取有無も確認する。

　他社契約にて保険金が支払われていない場合は、他社契約の内容にかかわらず自社契約における保険金支払額に影響はないことから、被保険者に対して他社への事故連絡の案内は必須ではないが、自社で支払う保険金にてすべての損害を担保できない場合や、他社固有の保険金（費用保険金等）の支払の可能性もあることからも、他社への連絡を案内しておくことが望ましいといえる。

② 保険金支払方法等の説明

　自社の保険金支払方法（自社の支払責任額全額の支払）を説明し、自社にて支払う保険金で損害額の全額が満たされる場合は、他社への保険金請求手続は不要であることを説明する。また自社にて保険金を支払った後に自社から他社契約に対し分担額を請求することを説明する。

　また、自社からの支払保険金では発生した損害額の全額を担保できない場合や、他社契約において自社で支払をすることができない固有の補償（費用保険金等）がある場合は、他社へも保険金請求手続を行う必要があることを案内する。

③ 保険金請求手続時の意思確認

　前記①②をふまえ、損害保険会社は被保険者に対して、保険金請求手続を行う損害保険会社の選定を依頼する。特に、②で述べたように、自社契約では損害の全額を担保できないが、他社契約では損害の全額を担保できる場合等、必ずしも先に事故の受付を行った損害保険会社で保険金請求手続を行うことが、被保険者の手続上簡便な手順とならない場合はその旨案内しておくことが望ましい。

　なお、被保険者の意向により、自社・他社双方へ独立責任額按分額を請求することも可能である。

④ 他社への通知・保険金算出

　被保険者が自社へ保険金請求手続を行う意思を示した場合は、被保険者の

同意を得たうえで他社へその旨連絡を行い、他社契約の内容を確認する。他社契約の内容をふまえ、自社で支払える保険金を算出するとともに、他社への求償額を算出する。

⑤　被保険者との協定・保険金の支払

　前記④で算出した額をもとに被保険者と支払保険金の協定のうえ、保険金を支払う。自社の支払後、他社への求償を行うことおよび求償額について、保険契約および保険法より損害保険会社は被保険者に対して説明義務が生じることはないものの、あらかじめ十分に説明を行っておくことが望ましい。また、自社からの支払保険金では被保険者の損害額を下回る場合は、被保険者から他社へその旨連絡するよう促す。

⑥　他社への求償

　他社への求償額の請求書を作成し求償を行う。債権管理の観点からも求償はすみやかに実施し、また他社からの入金管理も確実に行う。

　なお、⑤において自社からの支払保険金では被保険者の損害額を下回る場合は、他社へもその旨連絡を行っておく。

第7節　請求権代位と残存物代位

1　残存物代位

(1)　残存物代位

　残存物代位とは、全損のときに保険金額を全部支払った損害保険会社が、被保険者が保険の目的物に対して有していた権利を取得する制度のことである。これは、全損であるが価値のある残存物が残る場合に保険金全額を支払うことによって被保険者が利得することを防ぐことや、残存物の価値を評価して支払うべき保険金の額を算定するという技術的困難を避けることを目的としている[307]。

　損害保険契約においては、物保険（車両保険、火災保険、動産総合保険など）

307　山下・保険法419頁。

において保険の目的物が全損になった場合に残存物代位を行うこととなる。

(2) 一部保険の場合

一部保険であっても、当該財物が全損の場合、損害保険会社は支払保険金を限度として残存物代位を行うことが可能である。このような場合、当該全損物を損害保険会社名義にして損害保険会社が売却する方法で回収を行うと、一部保険の場合、被保険者に不利な取扱いとなることより、損害保険会社と被保険者との間で、残存物の価値を協定し、比例按分後の残存物の価値相当額を控除して保険金を支払うことが一般的である。

(3) 残存物に価値がない場合

残存物に価値がない場合や残存物の価値が諸経費を下回るような場合、損害保険会社が残存物代位すると、残存物の処分費用等を損害保険会社が負担することとなるため、損害保険会社が権利を取得しない旨の意思表示をして保険金を支払ったときは、当該財物について被保険者が有する権利は損害保険会社に移転しない旨を保険約款に明記するなど、損害保険会社の判断で残存物代位が可能な取扱いとしている（被保険者に不利かどうかの判断はあくまで権利の帰趨のみによって判断されるべきであり、残存物代位による権利の移転を制限し、保険の目的物の残存物等があったとしても当然にはこれに代位しない旨の保険約款は保険法26条には反しないと解釈される[308]）。

2 請求権代位

(1) 請求権代位

請求権代位とは、第三者が引き起こした損害に対して損害保険会社が被保険者に保険金を支払った場合に、損害保険会社が支払った保険金を限度に、被保険者が第三者に対して有する権利を取得することをいう。

(2) 車両保険の求償

相手方に責任が認められる車両事故において損害保険会社が車両保険金を先行して支払う場合、損害保険会社から相手方に損害額×相手方責任割合分を求償する。

---

[308] 大串淳子ほか『解説　保険法』250頁（弘文堂、2008年）。

分損事故の場合は車両修理費（＝車両保険金）×相手方責任割合で求償を行い、全損事故の場合は車両時価額×相手方責任割合で求償を行う。

まれに、全損事故で車両時価額が車両保険金額を上回ることがあり（たとえば、全損事故で車両時価額が30万円、保険金額が20万円、相手方責任割合が50％、相手方負担額が15万円（30万円×50％）の場合で、損害保険会社が車両保険金として20万円を支払ったケース）、このような場合「相対説」と「差額説」のいずれを採用するかによって、損害保険会社の求償額、および被保険者の最終受取額が異なるという問題がある。

相対説によると、損害保険会社は20万円（車両保険金）×50％＝10万円を求償し、被保険者は10万円（車両時価額－車両保険金）×50％＝5万円を相手方に請求する。この結果、損害保険会社の最終支払額は20万円（車両保険金）－10万円（回収金）＝10万円、被保険者の最終受取額は20万円（車両保険金）＋5万円（回収金）＝25万円となる。

差額説によると、被保険者は10万円（車両時価額－車両保険金）を相手方に請求することができ、損害保険会社は相手方負担額（15万円）と被保険者請求額（10万円）の差額である5万円を求償する。この結果、損害保険会社の最終支払額は20万円（車両保険金）－5万円（回収金）＝15万円、被保険者の最終受取額は20万円（車両保険金）＋10万円（回収金）＝30万円となる。

保険法25条の立法趣旨[309]においては「差額説」の立場がとられているが、車両保険の求償においては、すでに多くの損害保険会社において「差額説」による求償実務が行われている。

(3) 正当な権利により被保険自動車を使用・管理する者への求償可否

自動車保険標準約款基本条項29条には「被保険者が取得した債権が車両損害に関するものである場合は、当会社は、正当な権利により被保険自動車を使用または管理していた者に対しては、その権利を行使しません」と明記されている。これは、車両所有者の承諾のもと、車両所有者と異なる者が当該車両を運転することが一般的であるなか、このような者の責任で生じた車両損害について、車両保険金を支払った損害保険会社が求償を行うと保険の効

---

[309] 山野嘉朗「保険代位・請求権代位」落合＝山下編・理論と実務205頁。

用に欠けるおそれがあるため、損害賠償請求権は代位取得するがこれを行使しないことによって、実質的な保険請求を確保しているものである。

ただし、故意や飲酒運転といった悪質なケースを除く旨を約款に明示することで、このような場合は損害保険会社による代位求償を可能としている。

(4) 人身傷害保険の求償額

人身傷害保険は車両保険と異なり、逸失利益・慰謝料など、損害額が画一的でないため、実務上「差額説」に基づく求償実務の採用が技術的にむずかしく、被保険者が加害者に差額請求の訴訟提起を行うような場合を除いては、過去「相対説」に基づく求償実務が一般的に行われてきた経緯にあった。

ところが、2010年4月施行の保険法において、同法25条1項が強行規定として「差額説」を採用したことから、この考え方が統一され、以降は人身傷害保険においても「差額説」に基づく求償が行われている。

第8節　備金管理

1　支払備金の計上

損害保険契約において、すでに生じた保険事故により保険金の支払義務が発生した場合に支払備金の計上を行う。

支払備金は保険金支払部門が個別に積算するのが一般的である。将来の保険金支払額を推定して積算を行うこととなるため、受付初期段階で損害額や責任割合等の情報が少ない場合、いったん、過去の同種保険の類似事故の支払実績をもとに統計的に算出された単価を使用して計上し、損害額や責任割合等に関する情報が収集され次第、個別事案の情報に基づき見直しを行う。

特に自動車保険の対人賠償責任保険では将来の後遺障害残存見込みによって将来の保険金支払額が大きく変動するため、被害者の同意を得たうえで主治医に医学的見地を確認するなどの方法によって、積算額の精度向上を図ることが重要である。

2　マイナス備金の計上

　損害保険契約において、保険事故の受付後、当該保険事故における保険金支払見込額を支払備金として計上するが、残存物代位、もしくは請求権代位によって保険金の回収が可能な場合、当該金額をマイナスすることにより、当該保険事故の計上額の適切性、妥当性を確保する必要がある。

　マイナス備金を計上する場合、どの時点でどのように計上するかが問題になる。保険関係等の求償権は損害保険会社の資産ではないが、決算期末において、他の一般的な資産と同様に一定金額以上の事案について「自己査定」を行うこととされている。したがって、マイナス備金の計上にあたっては自己査定基準に準じた取扱いが求められることより、残存物代位では保険金を支払ずみで残存物の価値が算定されている場合、請求権代位では保険金を支払ずみで判決等で回収額が確定している、もしくは当事者間で回収額（損害額および責任割合）について合意ずみ（示談成立ずみ）であり、かつ相手方の賠償資力に問題がない事案について計上が行われる。

第6章 保険契約の終了

本章では、保険契約の終了事由と終了時の保険料返還を取り上げる。まずは各種終了事由を概観のうえ（第1節）、特に重要な解除事由について解説し（第2節～第4節）、最後に保険契約終了時の保険料の返還について説明する（第5節）。

なお、保険料積立金のある傷害疾病定額保険契約に関しては介入権や保険料積立金払戻しに関する論点もあるが、詳述は省略する（概要については前述第1章第3節2(4)③参照）。

第1節　保険契約の終了事由

有効に成立した保険契約の終了事由としては、次のようなものがある。

1　保険契約の通常の終了

当初より予定された通常の終了事由が発生する場合である。

(1) 保険期間の満了など

保険期間が満了すれば、保険契約は終了する。自動更新特約が付帯された保険契約において、自動更新を停止する場合もこれに含まれる。なお、保険期間の満了は、保険期間中のリスク負担という保険契約の目的達成であるから、保険契約の終了にあたって保険料が返還されることは原則としてない[310]。

また、保険期間の満了ではないが、工事保険における完工および引渡し、

---

310 例外的に、無事故戻し（NCR：No Claim Return）として、保険事故が発生しないまま保険期間が無事に終了すると、保険料の一部が払い戻される保険商品がある。また、積立型保険商品では、保険期間終了後に、満期保険金や、運用成績次第で保険契約者配当金が支払われる。

興行中止保険における興行の終了なども、同様に通常の終了に当たることが多いであろう。

(2) いわゆる「全損終了」

保険期間中であっても、契約の目的達成と考えられる場合には、保険契約は終了する。保険契約における目的達成とは、保険の対象となるリスクが顕在化して保険給付に至り、以後の保険保護が保険契約当事者の意思として想定されていないような場合がこれに当たる。たとえば、火災保険において、1回の保険事故で保険金額の80％相当額を超える保険金支払となるような損害が発生した場合（住宅総合保険標準約款39条1項）がこれに当たる[311]。

なお、全損終了も、まさに保険契約の目的達成であるから、保険契約の終了にあたって保険料が返還されることは原則としてないし[312]（住宅総合保険標準約款39条3項、家族傷害保険標準約款26条2項但書）、保険料不返還が法律上問題となることもない[313]。

2　保険契約の無効・取消し

保険契約が無効事由や取消しによって終了する場合である。

(1) 法定の無効・取消事由

① 法定事由

民法では、公序良俗違反（同法90条）[314]、虚偽表示（同法94条）、錯誤（同

---

[311] なお、傷害保険においては、いわゆる全損終了となる場合も含めて、被保険者全員がいなくなった場合は失効すると規定している（家族傷害保険標準約款18条）。しかしながら、被保険者全員が死亡保険金を支払うべき保険事故で死亡して、被保険者全員について死亡保険金を支払うべき場合には、契約の目的達成であるから法的には保険契約の終了である。

[312] なお、全損終了の場合には保険料を返還しないことになるが、そのことは保険料算定に織り込まれている。

[313] 萩本・一問一答109頁参照。

[314] たとえば、物保険の保険金額が被保険利益の50倍を超えており、保険契約締結後3週間で不審火による火災事故が発生している等々の事情を総合的に考慮すると、被保険利益を大幅に超える保険金を不正に取得する目的で保険契約が締結されたものと推認されるとして、公序良俗違反で当該保険契約を無効とした判決がある（名古屋地判平9.3.26判時1609号144頁参照）。

また、不倫関係の維持を目的とする死亡保険契約（保険金受取人は不倫相手）は、公序良俗に反して無効となる（東京地判平8.7.30金判1002号25頁参照）。

法95条）といった無効事由や、法定代理人の同意を欠く未成年者の法律行為（同法5条）、詐欺・強迫（同法96条）といった取消事由が規定されている。

　また、保険法でも、被保険利益を欠く損害保険契約（保険法3条）、保険契約者等が保険事故等の既発生を了知している遡及保険（保険法5条1項、68条1項）や保険者が保険事故等の不発生を了知している遡及保険（保険法5条2項、68条2項）は無効となる（遡及保険については、遡及部分（の一部）のみが無効となる）。

　さらに、その他の法令で無効・取消事由が規定されていることもある（たとえば、消費者契約法）。

　法定の無効・取消事由と同様の内容が約款でも規定されていることがあるが、特段の問題はない。たとえば、次のような約款条項がある。

② 法定事由に関する約款条項
　a 法令どおりに約款条項を置く場合
　(a) 保険金不法取得目的契約の無効
　(b) 詐欺・強迫の取消し

　保険金不法取得目的の無効が約款で規定されているが（自動車保険標準約款6章9条、住宅総合保険標準約款20条、家族傷害保険標準約款17条1項）[315]、保険金を不法に取得する目的で保険契約を締結することは公序良俗に反するので、そもそも民法上も無効である（民法90条）。

　保険契約者側の詐欺・強迫による保険契約締結について、保険者の取消権が規定されているが（自動車保険標準約款6章10条、住宅総合保険標準約款22条、家族傷害保険標準約款19条）、民法の規定どおりである（民法96条。なお、詐欺無効の約款条項については後述本節2(2)②参照）。

　b 約款条項を置かない場合

　法令どおりの効果を期待する場合は、少なくとも法的には、約款条項を置く必要はない（特に、絶対的強行規定に関しては、約定による修正が許されないのでなおさらである）。そのため、法定の無効・取消事由について特段の約款

---

[315] なお、保険金不法取得目的で締結された保険契約に関して、故意による事故招致のうえ保険給付請求が行われた場合には、故意免責ではなくて、そもそも保険契約自体が無効であるので無責となる。

条項を置かないこともある。

たとえば、遡及保険に関して、旧約款では、保険事故等が既発生であることを保険契約者等が了知していた場合には、遡及保険契約の全体（遡及部分および将来部分）を無効とする約款条項を置いていた（旧・自動車保険標準約款6章9条2号[316]、旧・住宅総合保険標準約款16条2号、旧・家族傷害保険標準約款21条3号）。

保険法は旧法642条の規整を大きく衣替えしたが（保険法5条1項、68条1項）、新約款では旧約款にあった遡及保険に関する条項を削除した。したがって、新約款においては、保険契約者による保険金不法取得目的での遡及保険であれば、将来部分も含めて保険契約全体が無効となり（自動車保険標準約款6章9条、住宅総合保険標準約款20条、家族傷害保険標準約款17条1号）、そうでない場合には、保険法5条1項や68条1項に該当すれば、遡及部分のみが無効となる。

(2) 約定の無効・取消事由

法定の無効・取消事由とは別に、約款に約定の無効・取消事由が規定されていることがある。なお、監督法においても、保険契約の無効原因を普通保険約款に記載すべきことが規定されている（保険業法施行規則9条2号）。

① 考え方

無効・取消事由を約定で定めることも原則として可能とは思われる。ただし、当然のことながら、強行規定に反したり、強行規定の脱法行為となったりする場合には許されない。

また、約款で約定することになるため、約款の拘束力が問われる可能性もないわけではない。すなわち、保険約款の一般的な拘束力を認めるのが判例であるが、約款の規定内容次第では当該約款条項の拘束力を認めないとする学説もある。特に、法令の無効・取消事由と同種のものでありながら、その要件・効果が法令と異なる場合には問題が生じうる。

② 詐欺無効

新標準約款策定にあたり問題となったのが、詐欺無効である。詐欺に基づ

---

[316] 『[2005年版] 自家用自動車総合保険の解説〈SAP〉』173頁（保険毎日新聞社、2005年）参照。

く取消権は民法で規定されているが（同法96条）、詐欺無効を約款で規定している場合がある（旧・自動車保険標準約款9条1号、旧・家族傷害保険標準約款21条1項）[317]。

こうした約款規定は民法の規整とは異なるため合意の有効性に疑問が呈されたこともあり[318]、新標準約款では詐欺無効規定は削除された。

③ 被保険者同意

他人を被保険者とする傷害疾病定額保険契約では、原則として被保険者同意が効力発生要件とされている（保険法67条）。したがって、保険契約締結時には被保険者同意が得られていなかったとしても、その後に被保険者同意が得られれば、その時点から当該傷害疾病定額保険契約は発効する。ただし、保険期間開始後も永らく被保険者同意を得られなかったような場合には、保険契約当事者としては（少なくとも保険者としては）、当該保険契約を成立させる意思はなかったものと考えられるので[319]、保険約款でそうした場合を無効と規定することも可能であろう（家族傷害保険標準約款17条2号）。

3 保険契約の失効

保険契約の失効とは、有効に成立した保険契約が、保険契約当事者の意思表示によることなく、一定事由の発生によって当然に終了することである。

物保険における保険の目的物の滅失・喪失（住宅総合保険標準約款21条1項1号。ただし、いわゆる全損終了（前述本章第1節1(2)参照）を除く）や譲渡（前述第4章第2節1(2)参照）、人保険における被保険者（家族型の場合は家族全員）の死亡（家族傷害保険標準約款18条）などがこれに当たる。

---

[317] 生命保険会社が使用していた約款において詐欺無効が規定されていることが多かった。
[318] 萩本修ほか「保険法の解説(3)」NBL886号46頁注27（2008年）、萩本・一問一答107頁注4参照。ただし、これまでの判例においては特段の疑問は呈されていなかった。山下・保険法224～225頁参照。
[319] 効力発生要件をいつまでに具備すべきかは契約一般のルールから決まることであるので、保険法には特段の規整が置かれていない（萩本・講演18頁参照）。

4 保険契約の解除

　保険契約の解除とは、有効に成立した保険契約を、保険契約当事者の一方だけの意思表示によって終了させることである（民法540条1項）。一般的には、保険契約者または保険者が、約款、保険法、民法などに基づいて解除権を行使するが、新標準約款では、傷害疾病定額保険に関して、被保険者による解除権も導入した。

(1) 解　除　権

①　保険契約者の解除権

a　任意解除と債務不履行解除

　保険契約者は、保険者に解除相当の債務不履行があれば、債務不履行に基づく解除権を行使することができる（民法541条）。けれども、一般に保険契約者は解除事由に限定のない任意解除権（保険法27条、83条。後述本章第2節参照）をもつので、解除したい場合にはこの任意解除権を行使するのが一般的である[320]。

b　被保険者の解除請求

　保険法では、他人の人保険契約に関して、被保険者の解除請求権が強行規定として導入された。被保険者がこの解除請求権を保険契約者に対して行使すると、保険契約者は保険契約を解除しなければならない。この場合、保険契約者は法定の解除権をもつことになる（上述の任意解除権ではない。後述本章第3節1参照）。

c　クーリング・オフ

　一定の条件に合致する場合には、保険契約締結直後に行使できる任意解除権が認められている（保険業法309条1項。片面的強行規定。前述第3章第2節3参照）。

②　人保険における被保険者の解除権

　他人の人保険契約に関して、保険法で被保険者の解除請求権が導入された

---

[320] ただし、この任意解除権に関する保険法の規定は任意規定なので、保険約款で否定することも可能である。任意解除権が否定されている場合には、保険契約者は債務不履行解除を使用せざるをえない。

ことを受けて、新標準約款では被保険者自身に一定の場合における解除権を付与している（損害保険会社に対する直接的な約定解除権であり、保険法が規定するものとは異なる。後述本章第3節2参照）。

③　保険者の解除権

　a　保険法に基づく解除権

保険契約者と異なり、保険者は任意解除権を通常はもたない。そのため、保険者は約款に規定された解除権を行使することが多い（保険法上の解除権は約款に取り込まれている）。具体的には次のとおりである。

　　(a)　告知義務違反による解除（前述第3章第1節6参照）
　　(b)　「危険増加」の通知義務違反による解除（前述第4章第4節4参照）
　　(c)　重大事由解除（後述本章第4節参照）

　b　保険法以外の法令に基づく解除権

保険法以外の法令に基づく解除権の行使も可能である。

たとえば、民法に基づく債務不履行解除がある[321]。ここで、解除にあたって催告が必要かどうかが問題となる。

賃貸借契約や保険契約のように、継続的な契約関係においては、契約当事者間の信頼関係が破壊された場合には、特に約定がなくとも無催告解除が可能である（最判昭27.4.25民集6巻4号451頁、最判昭50.2.20民集29巻2号99頁）。重大事由解除（前述③a(c)、後述本章第4節参照）はこの信頼関係破壊を具体的に表現したものともいえよう。

また、信頼関係の破壊に至らなくとも、特約があれば無催告解除が許される場合もある。たとえば、古くから片面的強行規定が導入されている借地法に関して、賃料不払い時の無催告解除の特約を有効としている（最判昭40.7.2民集19巻5号1153頁）。また、同様に片面的強行規定が導入されている借家法に関して、3カ月以上の家賃滞納で無催告解除とする特約を有効としており（最判昭37.4.5民集16巻4号679頁）、さらに、無催告でも不合理とは認められない事情があれば、1カ月の賃料延滞で無催告解除とする特約も有効である（最判昭43.11.21民集22巻12号2741頁）。

321　萩本・講演15頁参照。

こうした判例からすると、特に約款条項がなくとも、保険契約者側に信頼関係破壊と認められる債務不履行があれば保険者は無催告解除ができる。また、一定期間の保険料不払いがあれば無催告解除とする約款条項は有効であり、さらに、無催告でも不合理とは認められない事情があれば、より短い期間の保険料不払いをもって無催告解除とする約款条項も有効であることになる[322]。

c 約定解除権

約定解除権を約款で規定することも、強行規定に反しなければ可能である。

(a) 約定義務違反による約定解除権

約定解除権を規定する場合には、保険契約者等に約定義務を課したうえで、義務違反に対するサンクションとして保険者の約定解除権を規定するのが一般的である。

この約定義務としては、1つには、保険契約者に課されている法定の義務について、詳細な義務内容と義務違反に対するサンクションを規定する場合がある。たとえば、保険契約者には法定の保険料支払義務があるが、保険料分割払特約において、具体的な支払時期や方法に関する義務と、保険者の解除権や保険者免責といったサンクションが約款に規定されている。

もう1つには、法定義務以外に新たな約定義務を課すとともに義務違反に対する制裁を規定する場合がある。たとえば、旧・標準約款では、被保険自動車の管理義務（旧・自動車保険標準約款6章7条）や調査権行使時の協力義務（同約款6章8条）が保険契約者等に課されるとともに、被保険自動車の管理義務違反（同約款6章10条1項2号）や、保険者による被保険自動車調査権行使時の保険契約者等の非協力（同約款6章10条1項3号）に対するサンクションとして保険者の解除権が規定されていた。ところが、新標準約款では、この種の約定義務や約定解除権に関する約款条項は削除された[323]。

---

[322] 生命保険会社の保険料分割払契約における保険料不払いによる失効条項が、契約者の利益を一方的に害しており、消費者契約法10条により無効になるとして、契約者から提訴されたが、保険会社が失効前に契約者に対し催告を行う実務上の運用を確実にしているときには消費者の利益を一方的に害するものには当たらないとして、失効条項の有効性が認められた（最判平24.3.16民集66巻5号2216頁参照）。

なお、もし、約定義務だけが約款で規定されている場合には（つまり、義務違反に対するサンクションを約款で規定しない場合には）、義務違反が生じれば、民法の原則に立ち返り、保険者は債務不履行に基づく損害賠償請求を行ったり（同法415条）、催告のうえ契約解除を行ったりすることになる（同法541条）。けれども、管理義務違反や調査受容義務違反によって保険者に生じる損害額を具体的に立証することは困難であり、また、特に約定のない限り軽微な債務不履行であれば契約解除を行うことは困難であるから（最判昭36.11.21民集15巻10号2507頁）、民法に基づくサンクションを発動することが困難なことも多い。

　(b)　その他の約定解除権

約定義務を課さずに、あるいは、約定義務違反のサンクションとしてではなく、保険者の約定解除権を規定することもある。たとえば、「危険」の増加によって引受不可となる場合には、たとえ通知義務が履行されたとしても保険者は約定解除権を行使できると約款で規定されている（前述第4章第4節3(1)参照）。また、たとえば、自動車保険において、被保険自動車が廃車・譲渡等された場合には、保険者が契約解除を行うことがある（自動車保険標準約款6章12条1項）。

(2)　保険契約解除の効力

① 将 来 効

民法の一般原則とは異なり、保険法においては解除の効力は将来効が原則となると規定された（保険法31条1項、88条1項。片面的強行規定）。旧法には規定がないので、遡及効か将来効か解釈が分かれていたところである。

なお、ここで将来効の対象となる解除とは、保険法に規定されている解除事由に基づく解除のみならず、保険契約に関するすべての解除が該当すると

323　新標準約款においてこうした規定を削除せざるをえなくなったのは、約定解除権を置くことが、片面的強行規定である重大事由解除（保険法30条、33条、86条、94条2号）の潜脱になるおそれがあるとの指摘があったからである（萩本・講演14頁参照）。

　ただし、約定解除権が重大事由解除規定の潜脱に当たるおそれがあるという議論は、保険法の立法過程である法制審議会保険法部会においても行われていない。むしろ、保険業界としては、重大事由解除は旧法下ですでに判例法理として確立しており、保険法はこの判例法理を法文化するにすぎないものと考えていたものである。

いわれている[324]。

② 法が規定する遡及免責

　保険契約解除の効力は将来効であるので、解除前の期間は保険契約は有効であることになる。けれども、一定の場合には、解除前の期間について保険者免責となることがある。保険法が規定する遡及免責は、次の保険事故による損害のてん補責任（損害保険契約の場合）、または、次の事由に基づき保険給付を行う責任（傷害疾病定額保険契約の場合）の免責である。なお、傷害疾病定額保険契約については、一定期間に発生した「傷害疾病」が免責となる場合（下記ａｂ）と「給付事由」が免責となる場合（下記ｃ）があることに注意を要する。

　　a　告知義務違反による解除

　解除時までに発生した、告知義務違反と因果関係のある保険事故（保険法31条2項1号）または傷害疾病（保険法88条2項1号）。

　　b　危険増加による解除

　危険増加時から解除時までに発生した、危険増加と因果関係のある保険事故（保険法31条2項2号）または傷害疾病（保険法88条2項2号）。

　　c　重大事由による解除

　重大事由発生時から解除時までに発生した保険事故（保険法31条2項3号）または給付事由（保険法88条2項3号）。

③　約款が規定する遡及効や遡及免責

　保険法が規定する解除の将来効および保険者免責の遡及は片面的強行規定であるので、そうした規整を保険約款で変更できるのは次の場合に限られることになる。

　　a　事業者向けの損害保険契約

　事業者向けの損害保険契約（ただし、傷害疾病損害保険契約を除く）には片面的強行規定が適用されないので（保険法36条）、保険約款で変更することも可能である。

---

[324] 萩本・講演15～16頁参照。
　　なお、住宅総合保険標準約款26条や家族傷害保険標準約款24条は、解除全般の将来効を約款でも規定している。

b　消費者向けの保険契約

　消費者向けの保険契約（正確には、上記ａ以外の保険契約）には片面的強行規定性が与えられるので、保険契約者等に不利には変更できない。しかしながら、保険法の規定と同等または有利には、保険約款で変更可能である。

　たとえば、保険料の支払猶予を与えるかわりに、保険料支払と密接な関連性のある保険責任について、保険料不払いの場合の解除に遡及効をもたせることは可能である（たとえば、「保険料分割払特約」等。前述第１章第３節３(1)①参照）。

第２節　保険契約者の任意解約

　保険契約者による任意の解除は、損害保険実務では一般に「任意解約」と呼ばれている。

１　旧法下の法規整と実務

(1)　法　規　整

　旧法においては、保険責任開始前における任意解除に関する規定のみが存在した。すなわち、保険責任開始前における保険契約者の任意解除権が任意規定として規定されていた（旧法653条）。また、その際の保険料の返還に関しては、保険料の全額返還を前提としつつも、保険者は返還保険料の半額を手数料として請求できること、つまり半額の解約控除が可能であることを規定していた（旧法655条）。

　他方、保険責任開始後における任意解除に関する規定はなく、また、保険料返還に関する規定もなかった。

(2)　保険約款

　保険責任開始の前後を問わず、任意解除権が約款に規定されていた（たとえば、旧・自動車保険標準約款10条３項）。

　また、その際の保険料返還に関しては、損害保険会社所定の方法で計算した保険料を返還すると約款に規定されていた（同約款13条５項）。そして、実務においては、保険責任開始前の任意解除に関しては解約控除を徴収せず、

他方、保険責任開始後の任意解除に関しては既経過保険期間に応じた短期料率を用いて計算した額を控除した金額を返戻するのが一般的であった。既経過保険期間に応じた短期料率を用いて計算した額を控除するのは、保険契約を保険期間（一般に損害保険契約では1年間）の途中で任意解除する場合と、当初から短期契約（1年未満の保険期間）を締結する場合との間で差異が生じないよう、中立的に制度設計しているからである。

2 保険法下の法規整と実務

(1) 法規整

保険法においては、保険責任開始の前後を問わず任意解除が可能である旨の規定が新設された（保険法27条、83条。任意規定）[325]。なお、その際の保険料の返還に関する規定は設けられていない。

(2) 保険約款

従前どおり、保険責任開始の前後を問わず、任意解除権が約款に規定されている（自動車保険標準約款6章12条3項、住宅総合保険標準約款24条[326]、家族傷害保険標準約款20条）。

解除権の行使方法は、従前どおり、書面によることを要すると約款で規定している（任意規定である保険法27条、83条を保険約款で修正している）。これは、契約解除という重要な法律行為について保険契約者の明確な意思を確認するとともに、後日の証拠として保全しておくためである。

保険料返還に関しても、従前どおり、保険会社所定の方法で計算した保険料を返還すると保険約款で規定している（自動車保険標準約款6章19条2項、住宅総合保険標準約款31条2項、家族傷害保険標準約款28条1項）。

---

[325] ただし、自賠責保険については、保険契約者も特定の場合にしか解除ができない（自賠法20条の2）。なお、この規定は保険法27条の特別法に当たる（保険法1条参照）。
[326] ただし、保険金請求権に質権または譲渡担保権が設定されている場合に担保権者の同意が必要である点については変更がない。

第6章　保険契約の終了

第3節　被保険者の離脱

1　保険契約者に対する解除請求権

　他人の傷害疾病保険契約（保険契約者と被保険者が異なる傷害疾病保険契約のこと）に関しては、保険法により、保険契約者に対する契約解除請求権が、被保険者に認められた（保険法34条、87条。ともに絶対的強行規定）。被保険者が保険契約関係から離脱する権利を認めるものなので、「離脱請求」とも呼ばれている。

(1)　解除請求事由

　解除請求事由は、保険契約締結時に被保険者同意を得ていない場合には、原則として特に限定はない。他方、保険契約締結時に被保険者同意を得ている場合には、契約締結後に解除請求に相当な事情変更が生じた場合に認められる。具体的には次のとおりである。

① 　傷害疾病損害保険契約

　保険契約者・被保険者間に特段の合意がある場合を除き、解除請求は常に可能である（保険法34条）。

② 　傷害疾病定額保険契約

　a　被保険者同意が不要となる契約形態（保険法67条1項但書。被保険者（または相続人）が保険金受取人であり、かつ、給付事由が死亡のみではないもの）であって、被保険者同意を得ていない場合（保険法87条1項1号。家族傷害保険標準約款22条1項1号）

　b　重大事由解除の列挙解除事由の一部（保険法86条1号、2号）に該当する場合（保険法87条1項2号、家族傷害保険標準約款22条1項2号）[327]

　c　保険契約者や保険金受取人に対する被保険者による信頼の喪失（保険法87条1項3号、家族傷害保険標準約款22条1項5号。なお、過大な他保険重複によって保険制度の目的に反する状態がもたらされるおそれがある場合

---

[327] なお、当然のことながら、保険法86条1号のうち、被保険者による給付事由発生は、被保険者による解除請求の請求事由とはならない。

も、信頼関係破壊ととらえて解除請求事由としている。同約款22条1項4号）
　d　当初の被保険者同意の基礎となる事情の著しい変更（親族関係の終了など。保険法87条1項4号、家族傷害保険標準約款22条1項6号）

(2) 解除請求方法

　被保険者が保険契約者に契約解除を請求し（保険法34条1項、87条1項柱書、家族傷害保険標準約款22条1項）、請求を受けた保険契約者が保険者に対して解除権を行使しなければならない。この場合の保険契約者の解除権行使は、保険契約者の義務である。また、保険者との関係では、約款条項のいかんにかかわらず、保険契約者は保険者に対する解除権をもつ（保険法34条2項、87条2項、家族傷害保険標準約款22条2項）。

　なお、保険法上は、被保険者に保険契約の解除権があるわけではなく、あくまでも契約解除権は保険契約者にある。被保険者は、保険契約者に対して解除を請求する権利をもつのみである（保険契約者が解除権を任意に行使しない場合には、被保険者は保険契約者を相手として、保険契約解除の意思表示を求める訴えを提起することになる）。

2　保険者に対する解除権

　約款では、保険法が定める被保険者の保険契約者に対する解除請求権に加えて、一定の場合には、被保険者の保険者に対する直接的な解除権を設けることとした。被保険者による契約関係からの離脱を、より簡易かつ迅速に行う方法を確保するためである。

(1) 解除事由

　被保険者同意が不要となる傷害保険の契約形態において、被保険者同意を得ていない場合には（前述1(1)②aの解除請求事由に同じ）、損害保険会社に対する解除権も約款で認められることとなった（家族傷害保険標準約款22条3項）。なお、損害保険会社が引き受けている保険契約のほとんどが、被保険者同意を不要とする引受形態で引き受けられているので、この被保険者の解除権の意義は大きい。

(2) 解除請求方法

　被保険者は損害保険会社に対して、直接に解除通知を行えばよい（家族傷

害保険標準約款22条3項)。この場合、保険契約者は被保険者によって解除権が行使されたことを知らず、保険料の支払を続けてしまうおそれもあるので、損害保険会社から保険契約者に解除がなされた旨を通知することとしている（同約款22条4項）。

第4節 重大事由解除

保険契約は信頼関係に基づくものであるから（最大善意の契約）、保険契約者側の不誠実な行為等により保険者との信頼関係が破壊されたら、保険者に解除権が生じると考えられる。これが特別解約権（特別解約権ともいう）であり、法文や約款条項で規定されると重大事由解除と呼ばれることが多い。

1 旧法下における特別解除権

旧法には重大事由解除に関する規定はない。けれども、この法理は、日本でも判例法として確立していると考えられるから[328]、たとえ約款で規定されていなくとも、旧法下においても保険者は特別解除権の主張は可能である。

なお、判例で特別解除権が認められるようになると、生命保険会社の約款には明示的にこの特別解除権が取り入れられた[329]。損害保険会社の一部の約款でも、解除相当理由を解除事由とする解除権が規定されたが、同趣旨のものだったと考えられる（旧・自動車保険標準約款6章10条2項。なお、同10条1項4号も参照。旧・家族傷害保険標準約款24条2項3号。なお、同24条2項1号、2号も参照)[330]。

保険法は、判例法として確立している重大事由解除を法文として明文化し

---

[328] たとえば、大阪地判昭60.8.30判時1183号153頁、岐阜地判平12.3.23金判1131号43頁参照。

[329] 日本生命・前掲（注184）356頁以下参照。判例も、生命保険約款の特別解除権規定を有効と認めている（大阪地判平12.2.22判時1728号124頁）。

[330] 従前の約款における解除相当理由による解除には解除予告期間が設けられていたが、当該規定を重大事由解除規定に取り込むにあたり、保険法どおり、予告期間を設けないこととしている。

たものである（保険法30条、86条。片面的強行規定）。

2 解除事由

(1) 解除事由

保険法の重大事由解除における解除事由は次のとおりである（保険法30条、86条。片面的強行規定）。

① 保険給付目的での損害発生招致・給付事由発生招致

保険法30条、86条の各1号では、保険契約者や被保険者（傷害疾病定額保険契約では保険金受取人も含む）の故意による、当該損害保険契約または当該傷害疾病定額保険契約に関する[331]、保険給付目的での損害発生（傷害疾病定額保険契約では給付事由発生）[332]またはその未遂が、当該保険契約について[333]解除対象となる重大事由とされている。典型的には、故意による事故招致に基づく保険給付請求がこれに当たる。なお、この重大事由は、傷害疾病定額保険契約における被保険者の解除請求事由ともなっている（保険法87条1項2号）。

ここで、保険給付目的での招致の対象が保険事故や傷害疾病ではないことに留意すべきである。損害保険契約に関しては、保険事故の発生の招致ではなくて、損害の発生の招致が、保険給付目的で行われたとしても解除事由となる。したがって、たとえ保険事故自体は真正に発生したものであったとしても、保険給付目的で損害発生拡大防止義務（保険法13条）を意図的に履行しなかったような場合にも、重大事由解除の解除事由となると考えられる。

また、傷害疾病定額保険契約に関しては、傷害疾病の発生の招致ではなくて、給付事由の発生の招致が[334]、保険給付目的で行われたとしても解除事

---

[331] この点において死亡保険契約と異なる。死亡保険契約では当該保険契約に限定されていない（保険法57条1号）。
[332] 保険金取得目的でなくとも当該保険事故は免責となるが、保険金取得目的であれば保険契約自体を重大事由解除することができる。
[333] 死亡保険契約とは異なり、損害保険契約や傷害疾病定額保険契約では、他の保険契約の解除は本号ではできないので、3号の解除事由を用いることになる。萩本・一問一答100頁注2参照。
[334] 傷害疾病自体の招致が保険給付目的で行われた場合も当然に重大事由に該当すると考えられる。

由となる[335]。したがって、たとえ傷害疾病自体は真正に発生したものであったとしても、たとえば傷害疾病に基づく入院（＝給付事由）が、治療目的ではなくて（入院の必要性がなかった場合）、単に保険給付目的でなされた場合にも、保険法上は重大事由解除の解除事由となると考えられる。

② 保険給付請求詐欺

保険法30条、86条の各2号では、被保険者（傷害疾病定額保険契約では保険金受取人）による保険給付請求についての詐欺またはその未遂が、当該保険契約について[336]解除対象となる重大事由とされている。典型的には、架空事故に基づく保険給付請求がこれに当たる。なお、この重大事由は、傷害疾病定額保険契約における被保険者の解除請求事由ともなっている（保険法87条1項2号）。

ここで問題となるのが、過大な保険給付請求である。保険事故および損害（損害保険契約の場合）や、傷害疾病および給付事由（傷害疾病定額保険契約の場合）は、真正に発生しているものの、保険給付請求において、過大な損害や給付事由を申告するタイプのモラル・リスクである。刑事としては詐欺罪を構成するし、民事としても過大請求部分については保険者に保険給付義務はない。しかしながら、こうした過大請求を逐一立証することもままならない。そのため、従前の約款では、こうした過大請求タイプのモラル・リスクに対する抑止効果をねらって、真実に発生した損害や給付事由も含めて、保険給付請求の全体を保険者免責としてきた[337]。

しかるに、保険法において、こうした過大請求が重大事由に基づく解除事由の2号に該当するとなると、少なくとも消費者向け保険商品においては、

---

[335] ただし、家族傷害保険標準約款では保険法とは異なり、給付事由ではなくて傷害自体の発生の招致を解除事由としている。

[336] 前掲（注333）に同じ。

[337] 裁判例でも、不実申告が保険契約における信義誠実の原則からして許容されないような態様のものに該当する場合には、この不実申告免責条項に基づいて、保険金請求の全体を免責としている。名古屋地判平11.2.9判タ1046号261頁、東京高判平11.6.30判時1688号166頁、福岡高判平15.3.27事例研レポート189号、東京高判平16.3.11金融商事判例1194号15頁、仙台高判平19.8.29判タ1268号287頁参照。また、和歌山地判平17.2.15自動車保険ジャーナル1634号16頁は、不実申告免責に該当する、あるいは、損害の立証がなされていないとして、保険金請求を棄却している。なお、福岡高判平20.1.29判時2009号144頁も参照。

過大請求部分しか保険者免責を主張できず、真実に発生した損害や給付事由については保険給付義務を負うことになってしまう[338]（保険法31条2項3号、88条2項3号は片面的強行規定であるため、消費者向けの保険商品に関しては、保険給付請求権者に不利には変更できないからである）。

しかしながら、これでは過大請求に対する抑止効果は働かない。理論的にも、重大事由という信頼関係破壊の法理とは別次元の免責事由として（したがって、重大事由解除に関する片面的強行規定には違反しない）、保険給付全体についての保険者免責を認める約款条項の有効性を認めるべきである[339]。

③ 信頼関係破壊

保険法30条、86条の各3号では、保険者の保険契約者や被保険者（傷害疾病定額保険契約では保険金受取人も含む）に対する信頼を損ない、当該損害保険契約の存続を困難とする重大な事由が、解除対象となる重大事由とされている（包括規定）。これは、信頼関係の破壊全般を根拠とするものであるから、必ずしも「保険契約の不正な利用の意図が認められる事案」[340]には限定されないものと考えられる。

保険者の保険契約者等に対する信頼関係の破壊は重大事由解除の解除事由となり、他人の傷害疾病定額保険契約においては、被保険者の保険契約者等に対する信頼関係の破壊は解除請求事由とされている。保険契約に関しては、一般の契約よりも、さらに高い契約関係者間の信頼関係が求められている証左であろう。

なお、上記①〜③の各解除事由は、ほぼそのまま標準約款に盛り込まれて

---

[338] 萩本・概要25頁、萩本・一問一答103頁注1参照。また、木下孝治「保険契約における情報格差の是正と不正請求対策」商事法務1808号24頁（2007年）、出口正義「保険法の若干の解釈問題に関する一考察」損保研究71巻3号36〜37頁（2009年）（ただし、出口教授は、保険事故により当該保険契約が終了するものは除くとする）参照。

ただし、過大請求によるモラル・リスクについて保険者が要した調査費用や弁護士費用等は、詐欺行為という不法行為に基づく損害賠償として、保険者は保険給付請求権者に対して請求することができる。この場合、損害賠償請求権と保険給付義務とを相殺することになる（相殺では全額の賠償を得られなければ、残余について、別途、保険者は保険給付請求権者に対して損害賠償請求を行う）。

[339] 山下友信「保険法と判例法理への影響」自由と正義60巻1号29〜30頁（2009年）、洲崎・前掲（注41）242頁（2009年）参照。

[340] 萩本・一問一答98頁参照。

いる（自動車保険標準約款6章13条1項1号〜4号、住宅総合保険標準約款25条1項1号〜4号、家族傷害保険標準約款21条1項1号〜5号）。ただし、包括規定に関しては、約款では列挙事由（保険法30条1号、2号、86条1号、2号）と同程度の信頼関係破壊であることをも要件としている。かりに、保険法上は列挙事由よりも緩やかな信頼関係破壊が包括規定に該当する場合もありうるとすると、約款は、保険契約者有利に保険法を変更していることになる。

(2) 包括規定該当事例

上記3号の信頼関係破壊に関する包括規定の例としては、たとえば、次のようなものが考えられる。

① 保険金詐欺の疑い

当該保険契約に関する保険金詐欺を直接は証明できないが、それをうかがわせる間接事実がいくつかあるような事例が考えられる[341]。

② 他の保険契約における解除該当行為

自社または他社における他の保険契約に関して、解除事由に該当する行為（たとえば保険金詐欺）が行われた場合が考えられる[342]。

損害保険契約や傷害疾病定額保険契約では、1号事由や2号事由をもとに重大事由解除できるのは当該保険契約に限定されてしまっているので、3号事由（包括規定）によって、どの程度の広がりのある他の保険契約を解除できるかが要点となる。

死亡保険契約については、1号事由によって他の死亡保険契約も解除できることにかんがみると、同様のリスクを担保する保険契約であれば、他の保険契約も3号事由で解除できることは間違いない（たとえば、ある傷害保険契約について保険金殺人（未遂）が発生した場合、他の傷害保険契約も3号事由により解除できる）。これは、他社の傷害保険契約で保険金殺人（未遂）が発生した場合も同様と考えられる。

他方、保険金殺人（未遂）以外の1号事由や2号事由が生じた場合、特

---

[341] 2008年5月22日参議院法務委員会における法務省・倉吉民事局長発言。
[342] 法制審議会保険法部会の議論でも、他の保険契約における重大事由解除の原因となった重大事由が、現に問題となっている保険契約においても重大事由たりうることに関して、特段の異論はなかったようである。法制審議会保険法部会第4回議事録27〜29頁、同第6回議事録28、32頁参照。

に、まったく担保リスクが異なる他の保険契約を3号事由に基づいて解除できるか否かが問題となる（たとえば、自動車保険と火災保険を同一保険者と契約している保険契約者が自動車保険契約の対物賠償責任保険で故意による事故招致や偽装事故・架空事故を企てて実行したことが露見した場合において、保険者が3号事由に基づいて火災保険契約を重大事由解除できるか否かの問題である）。このような場合には、「ただちに同じ類型の他の保険契約についても重大事由を構成するとは考えられない」[343]とされている。その一方で、こうした事案では、保険契約者と保険者との信頼関係がなお維持されていると考えるほうが不自然な場合も多いであろう。したがって、1号事由～3号事由に該当する重大事由が生じて保険者との信頼関係が破壊された場合には、「ただちに」他の保険契約についても重大事由を構成するわけではないが[344]、諸般の事情（担保危険の種類、重大事由の内容等）次第では、他の保険契約についても3号に基づいて重大事由解除が認められる場合もあると考えられる[345]。

③ 暴行・監禁・強迫等

保険契約交渉や保険給付請求において、まれではあるが、保険契約者や被保険者や保険金受取人によって保険会社社員や保険代理店等が暴行・監禁・強迫等を受けたりすることがある。このような場合には、保険者の保険契約

---

[343] 萩本・一問一答100頁注2参照。なお、ここで「同じ類型」と呼んでいるのは、損害保険契約同士、または、傷害疾病定額保険契約同士のことを意味していると思われる。なぜなら、例示として自動車保険と火災保険があげられており、保険種目が同一であることを指していないことが明らかだからである。

[344] ある保険契約について1号または2号の重大事由が発生したとしても、他の保険契約について重大事由を構成しない場合もありうるので、保険法が、損害保険契約や傷害疾病定額保険契約に関して、1号や2号の重大事由解除の対象を「当該保険契約」に限定していることにも合理性がある（他の保険契約についても重大事由に該当する場合には3号の重大事由として拾えばよいため）。

[345] 補足説明54頁参照。
　また、東京地判平14.6.21最高裁ウェブサイトでは、ある損害保険会社の海上保険について、保険金詐取目的での故意の事故招致が行われたことを理由として、他の生命保険会社が重大事由解除をしたことの合理性が争われた。判決は、重大事由解除条項の有効性を認めるとともに、当該契約解除を妥当であると判断した。なお、判決は、例外的に保険者の解除が認められない事情として、「当該保険契約ないし他の保険契約の保険金額、他の保険の種類、他の保険と当該保険契約の締結時期の遠隔性、事故招致に至る経緯、事故招致行為者の常習性及び事故招致行為から解除権行使までの期間等の諸般の事情」が示されている。

者・被保険者・保険金受取人に対する信頼は損なわれており、もはや当該損害保険契約の存続が困難であるので、重大事由に該当すると考えられる。

なお、包括規定の適用にあたっては、「モラル・リスク事案には毅然として対処し、それ以外の事案については解除の規定を悪用しないという姿勢」が保険者に求められるといわれているが[346]、暴行・監禁・強迫等を原因として重大事由解除を行うことは、一般に解除権の悪用や濫用には当たらないと考える。

損害保険会社社員や損害保険代理店等に対する暴行、監禁、強迫等によって保険者との信頼関係が破壊された場合には、広く、当該保険者の他の保険契約全般について信頼関係破壊による重大事由解除（3号事由）を認めるべきであろう[347]。

④　反社会的勢力等

契約者、被保険者または保険金受取人のいずれかが反社会的勢力等である事例が考えられる。なお、標準約款では、上記事例に該当すれば契約を解除することが可能であることを明確にするため、包括規定（3号事由）から分離して、1号事由、2号事由と同列に規定されている。

⑤　著しく過大な重複保険契約

著しく過大な重複保険契約の存在自体を解除事由として明記することも検討されたものの、規定には至らなかった。そのため、信頼関係破壊につながるような重複保険状態があったか否かを個別に判断することとなるが、重複保険契約の存在や内容次第では解除可能である[348]。また、保険者免責については因果関係特則が設けられていないため（後述本節3(2)参照）、保険者が

---

[346] 萩本修ほか「保険法の解説(3)」NBL886号45頁注25（2008年）、萩本・一問一答101頁注5参照。

[347] さらに、他の保険者の保険契約に関して発生した重大事由をもって、自社の保険契約について重大事由解除ができるか否かは、当該重大事由の発生状況や発生経緯次第である。

[348] 保険法の立案担当者は、「たとえば、保険契約者がごく短期間の間に著しく重複した保険契約に加入したような場合」には、保険法30条1項3号に「該当する可能性が十分にあるものと考えられる」と述べている（萩本修ほか「保険法の解説(3)」NBL886号45頁注24（2008年））。なお、その後に刊行された萩本・一問一答100頁では、毎月の保険料支払額が自己の月収を超えることを要件として付加しているが、月収と同額を判断基準とすることは重大事由の認定として厳しすぎるように思われる。

不正請求に対抗する手段として、この重大事由解除はきわめて重要である。

ここで他保険重複の重大事由該当性の判断基準が問題となるが、対象となる保険の種類によっておのずと異なるものと思われる。

たとえば、傷害疾病定額保険契約では、重複保険契約となれば単純に合計額が支払われることが通常であるので、モラル・リスクの可能性が相対的に高い。また、重複保険状態が発生することも多い。そのため、傷害保険の標準約款では、他保険契約の重複によって保険金額等の合計額が著しく過大となった場合を重大事由解除の対象事由として規定している（家族傷害保険標準約款21条1項4号）。

他方、賠償責任保険は、損害保険契約であるから利得禁止原則が働き（被保険者に発生した損害を超える保険給付はなされないはずである）、さらには被害者への優先支払が強行規定として導入されたから（保険法22条1項、2項）、被保険者が被害者と結託しない限り、重複保険であるがゆえのモラル・リスクの可能性は低い[349]。

その一方で、物保険も、損害保険契約であるから利得禁止原則が働くものの、これまでの火災保険におけるモラル・リスク事例では過大な重複保険を付保していることが多く、損害保険契約だからといって手放しで楽観視できるわけではない。モラル・リスク目的での重複保険が疑われるような事案については[350]、火災保険でも包括規定（住宅総合保険標準約款では25条1項4号）を用いて重大事由解除を行うことになる。

---

[349] また、自動車保険では、1被保険自動車当り1自動車保険契約の引受原則が徹底されているので、重複保険状態となることはきわめてまれである。そのため、自動車保険標準約款では、重複保険に関する重大事由解除規定が積極的には置かれていない。ただ、当然のことながら、モラル・リスク目的での重複保険が疑われるような事案については、自動車保険でも包括規定（自動車保険標準約款では6章13条（重大事由による解除）1項4号）を用いて重大事由解除を行うことになる。

[350] 他保険重複に基づく重大事由解除においては、告知義務違反のサンクションや通知義務違反のサンクションがあることを承知しつつ、あえて告知や通知を行わないことが非難されるべきであって、保険金不正取得目的の有無や他保険重複の過大性は、基本的に重要な要素ではなくて付随的なものだとする見解もある。出口・前掲（注338）32～33頁（2009年）参照。

3 保険給付義務

 解除事由発生時から解除時までに発生した「保険事故」(損害保険契約の場合)、または、解除事由発生時から解除時までに発生した「給付事由」(傷害疾病定額保険契約の場合)については、保険者は保険給付義務を負わない(保険法31条2項3号、88条2項3号。片面的強行規定)。

 なお、法規整とほぼ同様の内容が標準約款に採用されている(ただし、法規整とまったく同一ではない。自動車保険標準約款6章13条3項、住宅総合保険標準約款25条2項、家族傷害保険標準約款21条3項)。

(1) 保険者免責の対象期間

 ここで重要なのが、損害保険契約と傷害疾病定額保険契約では、保険法では微妙に保険者免責の期間が異なる点である。

① 損害保険契約

 解除事由(=重大事由)発生以後に発生した保険事故による損害が、保険者免責の対象となる(保険法31条2項3号)。換言すると、重大事由発生より前に発生した保険事故による損害については、保険者はてん補責任を免れない(なお、保険給付請求における過大請求に関しては、前述本節2(1)②を参照)。

② 傷害疾病定額保険契約

 解除事由(=重大事由)発生以後に発生した給付事由が、保険者免責の対象となる(保険法88条2項3号)。換言すると、重大事由発生より前に発生した給付事由については、保険者はてん補責任を免れない[351](なお、保険給付請求における過大請求に関しては、前述本節2(1)②を参照)。

 ここで給付事由とは、「傷害疾病による治療、死亡その他の保険給付を行う要件として傷害疾病定額保険契約で定める事由」であり(保険法66条)、傷害疾病自体ではない。したがって、重大事由発生以後に発生した給付事由(たとえば、入通院、手術、後遺障害等)はもちろんのこと、重大事由発生以後に発生した傷害疾病も当然に保険者免責となる(給付事由は傷害疾病より後に発生するため)。

---

[351] 保険法上は、たとえ傷害疾病が重大事由発生より前に生じていても、当該傷害疾病についての重大事由発生後の給付事由(入通院、手術等)は保険者免責となる。

(2) 因果関係特則

重大事由解除には因果関係特則が規定されていないので、片面的強行規定が適用される消費者向け保険商品に関しても、重大事由発生以後に生じた保険事故や給付事由については、重大事由との因果関係の存否を問わず、保険者は保険給付を免れることができる（告知義務違反や通知義務違反とは異なる）[352]。

4　期間制限

重大事由解除には期間制限はない（告知義務違反や通知義務違反とは異なる）[353]。そのため、標準約款においても解除権行使に期間制限は設けられていない。ただし、合理的期間内に解除権を行使することが監督指針で求められている[354]。

5　旧契約への適用

重大事由に基づく解除権（保険法30条、86条）、重大事由解除の場合の将来効（同法31条1項、88条1項）や保険者免責（同法31条2項3号、88条2項3号）、以上のことが片面的強行規定であること（同法33条1項、36条、94条2号）は、旧契約（施行日前に締結された保険契約）についても、施行日より直ちに適用される（同法35条による傷害疾病損害保険契約への読替えも含む。保険法附則3条1項、5条1項）。

したがって、旧契約（2010年3月31日までに締結された保険契約）については次のような取扱いとなる。

① 重大事由が2010年4月1日以降に発生した場合

一般に、損害保険会社が販売していた旧契約の約款には特別解除権に関す

---

[352] 「不正利用のリスクを可能な限り軽減しようとする」という制度趣旨である。萩本・一問一答103頁参照。

[353] 不正利用のリスクの軽減という制度趣旨（前注参照）や、保険者の解除権行使を制限して法的安定性を図るべき場合ではないことが理由とされている。萩本・一問一答102〜103頁参照。

[354] 保険法対応のための改定による（監督指針Ⅱ-4-4-2(2)⑤セ）。なお、私法上の効果はもたない。

る規定は存在しないので、保険者は、保険法に基づく重大事由解除や保険者免責を主張できる。

なお、解除相当理由に基づく解除権が旧契約の約款に規定されていることがある。これを保険法の重大事由解除と同趣旨のものだと解すると、保険法を排除して約款規定が適用される可能性があることになる（ただし、消費者向け保険商品では、約款規定が保険契約者等に不利な内容であれば保険法が適用される）。

② 重大事由が2010年3月31日以前に発生した場合

保険法は適用されないので、約款規定や判例法によることになる。

一般に、損害保険会社が販売していた旧契約の約款には特別解除権に相当する規定が存在しないとすると、保険者は、判例法理に基づいて特別解除権を主張することができる。

なお、解除相当理由に基づく解除権が旧契約の約款に規定されていることがあるが（たとえば、旧・自動車保険標準約款10条2項、旧・家族傷害保険標準約款24条2項3号）、その場合には当該約款条項に基づいて保険者は解除を行うことになる。また、補充的に判例法理を用いることも可能であろう。

第5節　保険料の返還

本節では、保険期間の満了などの通常予定される終了事由以外の終了における保険料の返還について述べる。なお、傷害疾病定額保険契約における保険料積立金の払戻し（保険法92条）については割愛する。

1　無効・取消しにおける保険料返還

(1)　旧法と旧約款

旧法は、保険契約の無効の場合についてのみ、次のような規定を置いていた（取消しも同様だったと旧法の立法時には考えられていたとのことである[355]）。

① 保険契約者または被保険者が、悪意または重過失である場合

355　萩本・一問一答106頁注1参照。

保険者には保険料返還義務がない（旧法643条の反対解釈）。
  ②　保険契約者および被保険者が、善意かつ無重過失である場合
　　保険者には保険料返還義務がある（旧法643条）。
　こうした規整は、悪意・重過失のある保険契約者に対するサンクションと解されていた。
　そして、旧標準約款でも、無効および失効について、同様に規定していた（旧・自動車保険標準約款12条、旧・住宅総合保険標準約款21条、旧・家族傷害保険標準約款23条）。
　なお、保険始期前に被保険利益が消滅した場合には、保険契約者や被保険者の行為によるものであれば保険料返還義務はなく、その行為によらないものであれば保険料返還義務があった（旧法654条）。旧約款には規定は置かれておらず、実務的には保険契約者等の行為によるものか否かを問わず、保険者は保険料を返還していた。

(2) **保険法および新標準約款**

　新標準約款では、以下のような場合には、無効・取消しで保険契約が終了しても保険料は返還しない。逆に、それ以外の場合には保険料を返還するが、約款で明記されている場合もあれば（家族傷害保険標準約款26条1項は無効時の保険料返還に関する一般的規定である）、約款には規定がなく民法に基づいて返還する場合もある（自動車保険標準約款、住宅総合保険標準約款）。

① **保険法が規定する保険料不返還類型**

　保険法は、保険契約者側の主観的事情（故意または重過失）によって一律に保険料返還を不要とする旧法の規整を大きく改め、保険料返還を不要とする事例を限定して規定することとした（保険法32条、93条）。具体的には次のa、bである。

　なお、基本的には、無効・取消しにおいては契約当事者間で不当利得の返還が行われるのが原則である（民法703条、704条）。そして、不当利得返還が例外的に不要となる類型が民法で規定されているが（民法705条～708条）、保険法に規定されている保険料不返還の類型は保険契約に特有の例外類型という位置づけとなる。

　a　保険契約者等による詐欺・強迫

保険契約者または被保険者の詐欺・強迫を理由として保険者が意思表示を取り消した場合（民法96条）には、保険料返還義務がない（保険法32条1号、93条1号）。保険契約者側が詐欺や強迫を行ったことが取消原因となる場合には、保険料不返還という制裁を保険契約者に課すのが適当だからである。

新標準約款においても、詐欺・強迫に基づいて保険者が契約を取り消した場合には、保険法どおり、保険料は返還しないこととしている（自動車保険標準約款6章17条、住宅総合保険標準約款29条、家族傷害保険標準約款27条）。

　　b　遡及保険

遡及保険において、保険契約者または被保険者が保険事故発生を知っていたことにより無効となる場合（保険法5条1項、68条1項）には、保険者が保険事故発生を知らなければ保険料返還義務がない（同法32条2号、93条2号）。保険契約者側が詐欺的な遡及保険を締結したものであるから、保険料不返還とするのが適当だからである。

② 民法が規定する保険料不返還類型

保険料返還の原則の例外となるのは、保険法に規定されているものばかりではない。保険法の保険料不返還規定は、保険契約に特有なものとして、民法における不当利得不返還規定に追加されるものなので、当然に、民法の不当利得不返還規定によって保険料を返還しない場合もありうることになる[356]。

　　a　非債弁済

保険料の支払義務がないにもかかわらず、保険料支払義務がないことを知ったうえで保険料を支払ったものであれば、保険者は保険料の返還を要さない（正確には、保険契約者には不当利得返還請求権がない。民法705条）。たとえば、保険契約者が自らの意思のみで架空契約等を締結した場合は、これに当たる可能性がある。

　　b　不法原因給付

保険料の支払が不法な原因のためになされたものであれば、保険者は保険料の返還を要さない（正確には、保険契約者には不当利得返還請求権がない。民

356　萩本・概要19頁参照。

法708条)。たとえば、保険金詐取目的で保険契約を締結したような場合や、不倫関係維持目的で保険契約を締結したような場合がこれに当たる。

　新標準約款でも、保険契約者等による保険金不法取得目的での保険契約締結は公序良俗違反で無効となるが（自動車保険標準約款6章9条、住宅総合保険標準約款20条、家族傷害保険標準約款17条1号）、その場合には保険料を返還しないこととしている（自動車保険標準約款6章16条1項、住宅総合保険標準約款28条1項、家族傷害保険標準約款26条1項但書）。これは、不法原因給付に該当するからである。

③　約款規定による保険料不返還類型

　無効・取消し時の保険料返還に関する規定（保険法32条、93条）は片面的強行規定であるので（同法33条2項、94条3号）、消費者向けの保険契約に関しては、約款で保険料不返還を規定する場合には、保険契約者に不利とならないものでなければならない。一般に、保険料を返還しないことは保険契約者に不利であると推定されるので、保険契約者が不利とはならないような特段の事情が必要になる。

　なお、当然のことながら、事業者向けの損害保険契約では片面的強行規定性はないので（保険法36条）、保険料不返還類型を約款で比較的自由に規定することが可能である。

2　保険期間の途中終了における保険料返還

　保険契約が保険期間の途中で終了する場合には、民法の不当利得法からすると、民法が規定する例外類型（非債弁済や不法原因給付）を除き、未経過期間部分の保険料は不当利得として保険契約者に返還することが原則となる（保険法には、こうした場合に関する規整は存在しない[357]）。

　ただし、約款で保険料不返還を約定することも原則として可能である[358]。

---

[357]　保険法32条、93条は、無効や取消しによる保険契約終了の場合の規整である（萩本・一問一答105～107頁参照）。それ以外の事由による保険料返還に関しては、保険法には規整は存在しない（たとえば、解約返戻金に関する規整が存在しないことについて同211頁参照）。

(1) 失　　効

① 保険料返還の原則

　保険契約が失効した場合には、保険料を返還することを原則としている（自動車保険標準約款6章16条2項、住宅総合保険標準約款28条2項、家族傷害保険標準約款26条2項）。

② 保険料を返還しない場合

　次のような場合には、保険料を返還しないとすることにも合理性がある。

　　a　全損失効

　いわゆる全損失効となる場合には、契約目的の達成に該当する（前述本章第1節1(2)参照）。したがって、たとえ保険期間中に保険契約が終了するとしても、保険契約者に保険料を返還しないとする約款規定も有効である[359]。

　標準約款でも、いわゆる全損失効の場合には保険料を返還しないことを規定している（住宅総合保険標準約款39条3項、家族傷害保険標準約款26条2項但書）。

　　b　保険契約の事実上の終了

　保険期間が満了せずとも、担保危険が予定どおり終了・消滅する場合には（前述本章第1節1(1)参照）、やはり契約目的の達成に該当するので、保険料の返還をしないとする約款規定も有効であると考えられる。工事保険における完工および引渡し、興行中止保険における興行終了などがこれに当たる。

(2) 解　　除

① 保険契約者による解除

　　a　任意解約

　旧標準約款では、保険料を返還するのを原則としていたが、当該保険契約において既経過期間中に保険事故が発生している場合には契約目的の（全部または一部）の達成と考えられるため、保険料を返還しないこともあった（旧・家族傷害保険標準約款26条2項）。

---

[358] ただし、保険法の立案担当者は、「特段の事情」がある場合にのみ約定で保険料不返還を規定することが可能だとする。また、この特段の事情は「総合的かつ厳格に」判断する必要があると述べている。萩本・一問一答109頁参照。

[359] 萩本・一問一答109頁注2参照。

ところが新標準約款では、保険者が任意解約を行う場合にはすべて保険料を返還することとした（自動車保険標準約款6章19条2項、住宅総合保険標準約款31条2項、家族傷害保険標準約款28条1項）。ただし、これはあくまでも標準約款の取扱いであり、各保険会社の保険商品によっては解約返戻金のない仕組みとすることも可能である（いわゆる無解約返戻金型商品）。

　b　その他の解除事由

　その他の解除事由による解除（たとえば、民法に基づく債務不履行解除）に関しては約款規定がないため、民法の不当利得法にのっとって、必要に応じて保険料を返還することになる。

② 被保険者による解除

　他人を被保険者とする傷害疾病定額保険契約には、被保険者による解除請求権が標準約款で認められている（家族傷害保険標準約款22条3項）。その場合には、保険契約者は被保険者の交替または保険契約の解除（全部解除または部分解除）を行わなければならず（同約款23条1項）、後者の場合には保険料を返還することとしている（同約款28条1項）。

③ 保険者による解除

　保険契約者側の義務違反に基づく解除である場合には、義務違反に対するサンクション目的などの理由に基づいて保険料を返還しないと約款で規定することも合理性が認められる場合がある（保険法には特段の規整はない）。

　a　約款規定事由による解除

　旧標準約款では、保険契約者に帰責事由がある場合には保険料を返還しないものとしていた。たとえば、告知義務違反に基づいて解除する場合がこれに当たる（旧・自動車保険標準約款6章13条1項、旧・住宅火災保険標準約款22条1項、旧・家族傷害保険標準約款16条）。

　また、当該保険契約において既経過期間中に保険事故が発生している場合には契約目的の（全部または一部）の達成と考えられるため、保険料を返還しないこともあった（旧・自動車保険標準約款6章13条2項、旧・家族傷害保険標準約款26条1項）。

　しかし、新標準約款では、保険者が、たとえば次の事由により解除を行う場合には、たとえ解除原因が告知義務違反など、保険契約者側に原因がある

第6章　保険契約の終了　397

場合であっても、また、たとえ既経過期間中に保険事故が発生していたとしても（全損失効を除く）、保険料を返還することとした（自動車保険標準約款6章19条1項、住宅総合保険標準約款31条1項、家族傷害保険標準約款28条2項）。保険法の要請でなく、保険契約者に有利となるように改正されたものだと考えられるが、旧約款からの大きな変更である[360]。ただし、当然のことながら、非債弁済や不法原因給付に該当するような場合には、保険者には保険料返還義務はないものと考えられる。

b その他の解除事由

約款規定事由（上記a参照）以外の解除事由による解除（たとえば、民法に基づく債務不履行解除）に関しては、標準約款には保険料返還に関する約款条項がない。保険者の約款においても約款条項がない場合には、民法の不当利得法にのっとって、必要に応じて保険料を返還することになる。

---

[360] 告知義務違反に対するサンクションは、①保険契約の解除、②保険給付に関する保険者免責、③保険料不返還の3つであったが、新標準約款では、③がなくなり、②も因果関係特則によって制限されることになった。なお、保険料積立金のある傷害疾病定額保険契約では、④告知義務違反解除では保険料積立金の払戻しが行われない（保険法92条では、同法84条による終了は対象外である）ので、このサンクションもある。

第4編

損害保険の募集

本編では、保険募集の公正を確保するための各種規制と損害保険業界の実務について解説することとする。

　具体的には、本編の第1章において損害保険の募集の定義、第2章において損害保険代理店を取り巻く規制、第3章において損害保険募集を取り巻く規制について、関係法令とそれに対応する実務を交えて解説する。

　なお、損害保険代理店や損害保険募集を取り巻く規制は、2014年5月に成立した改正保険業法により一部改定が行われた。改正保険業法や関連する監督指針は、2016年5月29日から適用が開始される。当該改定は、金融審議会「保険商品・サービスの提供等の在り方に関するワーキング・グループ」による2013年6月7日付報告書「新しい保険商品・サービス及び募集ルールのあり方について」[1]等をふまえたものである。

1　同報告書は金融庁ホームページ参照。以下、本編では「2013年6月保険WG報告書」という。

第1章 損害保険の募集の定義

第1節　損害保険の募集ができる者

　損害保険の募集ができる者としては、大きく分けて「損害保険会社」「損害保険代理店」「保険仲立人」の3者に区分することができる。以下、各々の定義について解説する。

1　募集主体の定義

　保険業法275条1項2号では、その所属損害保険会社のために保険募集ができる者とは次に掲げる者と規定されている。

> ・損害保険会社の役員（代表権を有する役員並びに監査役、監査等委員及び監査委員を除く）若しくは使用人
> ・損害保険代理店若しくはその役員（代表権を有する役員並びに監査役、監査等委員及び監査委員を除く）若しくは使用人（保険業法275条1項2号）

　「代表権を有する役員」が募集主体から除外されているのは、「これらの者の会社のためにする行為は損害保険会社自身の行為とみなされ業法上の意味における保険募集ではないという理由による」[2]ものであり、損害保険会社自身の行為として保険募集を行うこと自体は可能と解される（同様に損害保険代理店の代表権を有する役員も保険募集が可能と解される）。

　これに対し、監査役等については、会社法（335条2項等）において取締役・使用人等との兼務が禁止されているため、募集主体から除外されているものと考えられる。

2　山下・保険法147頁。

2　損害保険代理店の定義

> 損害保険代理店とは、損害保険会社の委託を受け、または当該委託を受けた者の再委託を受けて、その損害保険会社のために保険契約の締結の代理または媒介を行う者（法人でない社団または財団で代表者または管理人の定めのあるものを含む）で、その損害保険会社の役員または使用人でないものとされている（保険業法2条21項）。

　損害保険代理店は、内閣総理大臣（実務上は財務局長等）への登録を要する（保険業法276条）。また、損害保険代理店がその役員または使用人に保険募集を行わせようとするときは、内閣総理大臣（実務上は財務局長等）への届出を要する（同法302条）。

　なお、損害保険業界においては、損害保険代理店のうち、単独の所属保険会社から委託を受けている代理店を「専属代理店」、複数の所属保険会社から委託を受けている代理店を「乗合代理店」と呼んでいる。

3　保険仲立人の定義

　所属保険会社のために保険募集ができる者とは別に、保険仲立人も損害保険の募集ができる者に含まれる。

　保険業法2条25項には、保険仲立人とは、「保険契約の締結の媒介であって、損害保険募集人がその所属保険会社等のために行う保険契約の締結の媒介以外のものを行う者」である旨が規定されている。

　また、保険仲立人についても内閣総理大臣への登録、届出が義務づけられている（保険業法286条、302条）。

4　損害保険業界の実務

(1)　各募集主体の構成割合

　これら各募集主体別の元受正味保険料割合は図表4－1－1のとおりであり、損害保険代理店が主流の募集主体となっている[3]。

　なお、損害保険会社直扱いの実例としては、各損害保険会社の直販社員に

図表４−１−１　募集主体別元受正味保険料割合

（2014年度国内会社・外国会社41社合計）

損害保険代理店扱い	保険仲立人扱い	損害保険会社直扱い
8,531,390百万円	45,572百万円	753,927百万円
91.4%	0.5%	8.1%

よる取扱いや通信販売を中心とする損害保険会社のコールセンター等による取扱いなどがある。損害保険代理店や保険仲立人を介さず、損害保険会社が直接取り扱うことから、一般に「直扱い」と呼ばれている。

(2) **損害保険代理店の募集チャネル**

損害保険代理店の募集チャネルを大別すると、「専業代理店」（あるいは「プロ代理店」とも呼ぶ）と「兼業代理店」（あるいは「副業代理店」とも呼ぶ）が存在する。

専業代理店とは、代理店業を専業で営む形態である。これらの形態では、生命保険代理店も兼営し、損害保険・生命保険共通でのコンサルティング手法を生かした募集スタイルが増加してきている。とりわけ、組織を大型化し、保険ショップとして駅前やショッピングセンター等に複数店舗出店している形態が増加している。

一方、兼業代理店とは、たとえば、自動車販売店や自動車整備工場などの本業を営む事業体が、他業として保険代理店業も兼営する形態である。この形態においては、自動車の購入や車検等の本業取引に付随して、自動車保険や自動車損害賠償責任保険も同時に加入を勧める形態が一般的である。

これらの専業代理店と副業代理店を細分化し、代理店数と募集従事者数を比較したのが図表４−１−２となる[4]。

図表４−１−２のとおり、「代理店数」で比較した場合、専業代理店は全体の約２割、副業代理店が約８割となる。また、副業代理店のなかでは、自動車関連業（自動車販売店や自動車整備工場）の割合が最も多い。なお、図表４−１−２のうち、生命保険募集人を兼ねる代理店数は約５万3,000店であ

---

[3] 損保協会ホームページ「2014年度募集形態別元受正味保険料割合表」参照。
[4] 損保協会ホームページ「保険募集チャネル別代理店数、募集従事者数」参照。

図表4-1-2　チャネル別代理店数と募集従事者数　　　　　　　　　(2014年)

保険募集チャネル	代理店数			募集従事者数		
	店数	構成比(%)	順位	人数	構成比(%)	順位
自動車関連業 (自動車販売店、自動車整備工場)	100,975	49.3	1	561,526	27.2	2
専業代理店	42,936	20.9	2	314,820	15.3	3
不動産業 (賃貸住宅取扱会社、住宅販売会社)	25,226	12.3	3	120,549	5.8	5
卸売・小売業 (自動車関連業除く)	5,881	2.9	4	38,313	1.9	7
建築・建設業	4,462	2.2	5	31,491	1.5	8
公認会計士、税理士、社会保険労務士等	3,853	1.9	6	13,362	0.7	9
旅行業 (旅行会社、旅行代理店)	2,358	1.1	7	58,493	2.8	6
運輸・通信業	1,954	1.0	8	184,672	9.0	4
金融業 (銀行等、銀行等の子会社、生命保険会社、消費者金融会社)	1,697	0.8	9	619,339	30.0	1
うち銀行等 　(銀行、信用金庫、信用組合、農協)	(1,142)	(0.6)	―	(428,600)	(20.8)	―
その他 (製造業、サービス業等)	15,648	7.6	―	120,516	5.8	―
合計	204,990	100.0	―	2,063,081	100.0	―

り、全体の約26％となっている。

　一方、「募集従事者数」を比較した場合、金融業の代理店に所属する募集従事者数が最も多くの割合を占める。これは、2001年4月以降のいわゆる銀行等の保険窓販の段階的解禁の影響によるものと思われる。

第2節　保険募集の定義

1　保険募集の定義

(1)　保険募集の定義

> 　保険業法において「保険募集」とは、保険契約の締結の代理または媒介を行うこととされている（2条26項）。

　また、2016年5月29日適用開始の監督指針Ⅱ－4－2－1（適正な損害保険募集態勢の確立)[5]においては、以下のとおり規定されている。

> (1)　保険募集の意義
> ①　法第2条第26項に規定する保険募集とは、以下のア．からエ．の行為をいう。
> 　ア．保険契約の締結の勧誘
> 　イ．保険契約の締結の勧誘を目的とした保険商品の内容説明
> 　ウ．保険契約の申込の受領
> 　エ．その他の保険契約の締結の代理又は媒介
> ②　なお、上記エ．に該当するか否かについては、一連の行為の中で、当該行為の位置付けを踏まえたうえで、以下のア．及びイ．の要件に照らして、総合的に判断するものとする。
> 　ア．保険会社又は保険募集人などからの報酬を受け取る場合や、保険会社又は保険募集人と資本関係等を有する場合など、保険会社又は保険募集人が行う募集行為と一体性・連続性を推測させる事情があること。
> 　イ．具体的な保険商品の推奨・説明を行うものであること。

(2)　募集関連行為の定義

　保険募集の現場においては、保険代理店の大型化や募集チャネルの多様化をはじめとする環境の変化のなかで、いわゆる比較サイトや紹介行為のよう

---

[5]　監督指針上の保険募集の定義については、後述の「募集関連行為」の新設も含め、大幅に改定されることから、改定後の監督指針を軸に解説する。

に、見込み客の発掘から契約成立に至るまでの広い意味での保険募集プロセス（広義の保険募集プロセス）のうち、必ずしも保険募集の定義に該当することが明らかでない行為について、保険募集人以外の者が行うケースが増加している[6]。

これに対し、2016年5月29日適用開始の監督指針Ⅱ－4－2－1(2)では、「契約見込客の発掘から契約成立に至るまでの広い意味での保険募集のプロセスのうち保険募集に該当しない行為」を、新たに「募集関連行為」と定義している。

> 監督指針Ⅱ－4－2－1(2)（注1）
> 募集関連行為とは、例えば、保険商品の推奨・説明を行わず契約見込客の情報を保険会社又は保険募集人に提供するだけの行為や、比較サイト等の商品情報の提供を主たる目的としたサービスのうち保険会社又は保険募集人からの情報を転載するにとどまるものが考えられる。

また、保険会社または保険募集人が、「募集関連行為」を第三者に委託し、またはそれに準じる関係に基づいて行わせる場合には、当該募集関連行為を受託した第三者（「募集関連行為従事者」という）が不適切な行為を行わないよう以下の点に留意すべきとされている。

> ① 募集関連行為従事者において、保険募集行為又は特別利益の提供等の募集規制の潜脱につながる行為が行われていないか。
> ② 募集関連行為従事者が運営する比較サイト等の商品情報の提供を主たる目的としたサービスにおいて、誤った商品説明や特定商品の不適切な評価など、保険募集人が募集行為を行う際に顧客の正しい商品理解を妨げるおそれのある行為を行っていないか。
> ③ 募集関連行為従事者において、個人情報の第三者への提供に係る顧客同意の取得などの手続が個人情報の保護に関する法律等に基づき、適切に行われているか。
>
> また、募集関連行為従事者への支払手数料の設定について、慎重な対応を行っているか。

6　2013年6月保険WG報告書「2－4　募集規制の適用範囲等について」参照。

(注) 例えば、保険募集人が、高額な紹介料やインセンティブ報酬を払って募集関連行為従事者から見込み客の紹介を受ける場合、一般的にそのような報酬体系は募集関連行為従事者が本来行うことができない具体的な保険商品の推奨・説明を行う蓋然性を高めると考えられることに留意する。

2　損害保険業界の実務

(1)　保険契約の締結の代理と媒介

損害保険実務においては、損害保険代理店は「保険契約の締結の代理」を行うものとして、所属損害保険会社と締結する代理店委託契約において「保険契約の締結の代理権」等が明記されていることが一般的である。

たとえば、東京海上日動の代理店委託契約書では以下のとおり規定している。

> 第4条
> 　当社は代理店に以下の業務を委託する。
> ③　保険契約の締結の代理ならびに自ら締結を代理した保険契約(「移管契約」を含む。)についての契約者からの変更、解除等の申し入れに対する承認の代理に関する業務。(申込書、承認請求書の取付に関する業務を含む。)

一方、生命保険においては、一般に生命保険契約の締結にあたっては医学的な引受判断が必要であり、通常、生命保険会社は生命保険募集人に「媒介」権限のみを付与し、代理権(引受権限)は与えていない[7]。

この点、自動車保険などの損害保険においては医学的な引受判断を要しないことに加えて、「週末に自動車が納車されるので、すみやかに保険加入したい」といった即時締結ニーズの存在に応えるためにも、損害保険代理店には締結の代理権が付与されているものと考える。

(2)　募集規制の適用範囲をめぐる判断実務

登録・届出のない損害保険代理店またはその役員もしくは使用人が保険募

7　日本生命保険生命保険研究会編著『生命保険の法務と実務』[改訂版]492頁(金融財政事情研究会、2011年)。

集を行った場合には保険業法違反（無登録・無届募集）となる（詳細は第2章第2節参照）。

したがって、損害保険の実務においては、代理店が新しい募集フローを検討する際や、無登録・無届募集が疑われる事案が判明した際の判断場面等において、募集規制の適用範囲が論点となることがある。

具体的な事例としては、損害保険代理店の使用人ではあるものの、保険募集を行わせる者としての届出を行っていない使用人、たとえば事務員の行為として許容される範囲が論点となることがある。

これに対し、2016年5月29日適用開始の監督指針Ⅱ－4－2－1(2)（注3）においては、たとえば、以下の行為のみを行う場合には、基本的に保険募集・募集関連行為のいずれにも該当しないものと考えられる旨が示されている。したがって、上述の事務員の行為が「募集人の指示を受けて行う商品案内チラシの単なる配布」などにとどまる場合は、問題ないと解される。

> ア．保険会社又は保険募集人の指示を受けて行う商品案内チラシの単なる配布
> イ．コールセンターのオペレーターが行う、事務的な連絡の受付や事務手続き等についての説明
> ウ．金融商品説明会における、一般的な保険商品の仕組み、活用法等についての説明
> エ．保険会社又は保険募集人の広告を掲載する行為

ただし、監督指針等の解釈上は、上記のような整理が可能であるとしても、実務においては、顧客対応のなかで非募集行為から募集行為に進展することもありうることから、無登録・無届募集の未然防止に向けては、顧客対応を行う可能性がある使用人について広く届出することが重要と考える。

(3) 募集関連行為従事者の管理体制

損害保険実務における「募集関連行為」の事例としては、専業代理店が代理店登録のない自動車整備工場や不動産業者と提携し、提携業者の本業顧客を専業代理店に紹介するよう依頼するケースなどが想定される。

これに対し、先述の2016年5月29日適用開始の監督指針Ⅱ－4－2－1(2)

において新設された「募集関連行為」の定義に照らすと、このような提携業者の紹介行為が「保険商品の推奨・説明を行わず契約見込客の情報を保険会社又は保険募集人に提供するだけの行為」にとどまる場合には、登録届出をしなくても保険業法違反には該当しないと考えられる。

他方で、2016年5月29日適用開始の監督指針Ⅱ－4－2－1⑵（注2）では、たとえば、以下ア．やイ．の行為については、保険募集に該当しうることに留意する必要があるとされている。

ア．業として特定の保険会社の商品（群）のみを見込み客に対して積極的に紹介して、保険会社又は保険募集人などから報酬を得る行為

イ．比較サイト等の商品情報の提供を主たる目的としたサービスを提供する者が、保険会社又は保険募集人などから報酬を得て、具体的な保険商品の推奨・説明を行う行為

すなわち、提携業者に紹介を依頼するケースのなかでも、紹介行為に対してインセンティブ（報酬等）を払うような場合には、提携業者が本来行うことができない保険募集を行ってしまうリスク、さらには、そもそも保険募集と解されるリスクを負うことに留意を要する。

これに対し、東京海上日動の実務においては、募集関連行為従事者に対する謝礼は、無登録・無届募集に及ぶことがないよう、また、募集関連行為者を介しての契約者等に対する「保険料の割引・割戻し」や「特別利益の提供」（「特別利益の提供の禁止」については、第3章第6節参照）に至ることがないよう、社会通念上の景品程度の範囲で、現金ではなく物品や使途が限定された金券類にとどめることが望ましい旨、所属代理店に対し教育を行っている。

なお、「募集関連行為」は、2016年5月29日以降に適用開始の新しい規制であることから、損害保険会社や代理店による募集関連行為従事者に対する適切な管理体制の整備においては、業界内の紹介行為等に対する苦情等の増減傾向や当局の監督動向等を注視しつつ、実効性を高めていくことが重要と考える。

第2章 損害保険代理店を取り巻く規制と実務

　本章では、損害保険の募集主体のなかでも最も元受正味保険料割合が高い損害保険代理店自体を取り巻く規制について、実務も交えて解説する。

第1節　代理店委託契約

1　代理店委託契約

(1)　代理店委託契約の法的性格

　前述のとおり、損害保険代理店とは、「損害保険会社の委託を受けて」、その損害保険会社のために保険契約の締結の代理または媒介を行う者で、その損害保険会社の役員または使用人でないものとされていることから（保険業法2条21項）、損害保険代理店を営むに際しては、損害保険会社と代理店委託契約を締結し、委託を受ける必要がある。

　この損害保険代理店には、会社法の代理商に関する規定が適用される。また、損害保険会社は、損害保険代理店に対して、前述の保険契約締結の代理等の法律行為を委任するとともに、保険の目的物の調査等の法律行為ではない事務の委託をなしており、両者の関係は委任および準委任の契約関係にあり、これらについては民法の委任に関する規定が適用ないし準用される。

　よって、法律的効果として損害保険代理店は損害保険会社の代理人であり、委託した業務（法律行為）について代理店の行ったことは、そのまま直接に損害保険会社に効果を及ぼすことになる。

(2)　代理店委託契約書

　損害保険会社各社の代理店委託契約書においては、前述の保険契約締結の代理に加えて、保険契約の締結に関連する各種事務手続等についても委託業務としていることが一般的である。

たとえば、東京海上日動の代理店委託契約書においては、委託業務の範囲については以下のとおり規定している。

第4条（委託業務の範囲）
　当社は代理店に以下の業務を委託する。
① リスクマネジメント（リスクの確認・評価、防止・軽減策の策定援助、リスクに対する適切な保険商品の提案）に関する業務。
② 保険商品内容の説明ならびに保険料算出に関する業務。
③ 保険契約の締結の代理ならびに自ら締結を代理した保険契約（「移管契約」を含む。）について契約者からの変更、解除等の申し入れに対する承認の代理に関する業務。（申込書、承認請求書の取付に関する業務を含む。）
　ただし、保険業法第309条に定める保険契約の申込みの撤回または解除（以下、「クーリングオフ」という。）の申し出の受付を除く。
④ 保険料の領収、保管、精算ならびに返還（保険料領収証の発行・交付、返還保険料領収証の受領に関する業務を含む。）に関する業務。
⑤ 保険契約の報告に関する業務。
⑥ 保険契約の維持ならびに管理（保険証券の交付、満期管理、満期時の返戻金、配当金および払戻金の返還に関する業務を含む。）に関する業務。
⑦ 保険事故発生時の状況の確認、通知、相談、助言、保険金請求手続きの援助ならびに事故対応の進展状況の説明に関する業務。
⑧ 保険契約の媒介。ただし、当社の特別の指示ある場合に限る。
⑨ その他当社が別に定める業務。

また、委託業務の範囲に加えて、以下のような条項により構成している。

・代理店手数料等の支払に係る条項（第5条～第12条）
・委託業務遂行の具体的方法に係る条項（第13条～第20条）
・代理店の遵守事項に係る条項（第21条～第33条）
・その他、損害の賠償や委託契約の期限・解除等の条項（第34条～第39条）

---

(3) 代理店手数料

① 代理店手数料

　損害保険会社各社は、代理店が取り扱った保険契約の保険料に対し、代理店委託契約書等により算出される代理店手数料率を乗じた金額を、代理店手数料として代理店に支払う。なお、保険業法には代理店手数料について直接

的に規定した条項はなく、各社が独自の代理店手数料体系を設定し、代理店委託契約書等にて約定している。

これに対し、東京海上日動の代理店手数料体系では、保険商品ごとの基準代理店手数料率を基準とし、これに各代理店の委託業務の遂行状況（取扱保険料の額等）を勘案して算出する代理店手数料ポイントを乗じて代理店手数料率を決定する体系としている。

> 代理店手数料率＝商品別基準代理店手数料率×代理店別手数料ポイント

② 代理店手数料の変遷

従前は、大蔵省通達（蔵銀第1459号）等に基づく業界共通のノンマリン代理店制度が運営され、同制度における代理店格付・代理店種別（特級（一般）、特級（工場）、上級、普通、初級の5種別）に応じて、各所属損害保険会社から一律の代理店手数料が支払われていた。

これに対し、2000年前後に保険商品内容や営業保険料率の自由化が進んだものの、代理店手数料については代理店種別に応じて画一的に支払われる仕組みのままであり、保険商品・料率の多様化・自由化の流れにそぐわない側面も生じていた。

こうした流れを受け、2001年4月以降は、各社が自由に代理店制度を運営し代理店手数料の支払基準も自由に設定することとなり、現在に至っている。

なお、東京海上日動においても、2001年4月以降、独自の代理店手数料体系を導入すべく、2003年3月末まで2年をかけて各代理店と締結していた代理店委託契約書の再締結を行った経緯にある。

2　代理店委託方針・審査基準

(1)　代理店委託に関する規制と実務

損害保険代理店は、損害保険会社の代理人として保険契約の締結や保険料の領収等の重要業務を担うことから、損害保険会社が代理店に委託する際には、代理店としての適格性等に関する委託方針・委託審査基準を定めること

が重要となる。

監督指針においても、下記のとおり委託審査基準を定めるべきことが求められている。

監督指針Ⅱ－4－2－1　適正な保険募集管理態勢の確立
(1)　保険募集人の採用・委託・登録（届出）
保険募集人の採用、保険代理店への委託にあたって、その適格性を審査しているか。
また、その審査にあたっての審査基準が整備されているか。
なお、保険代理店の委託にあたっては、保険募集に関する法令等や保険契約に関する知識、保険募集の業務遂行能力に加えて、本来の事業目的、事業内容等について、以下の点を確認し、審査しているか。
　　ア．保険契約者等の保護及び保険募集の公正を確保するための内部管理態勢及び保険募集管理態勢が整備されていること。
　　イ．法令等により保険募集を行うことができない者ではないこと。
　　ウ．本来の事業目的・事業内容に照らし、保険募集を業務として行うに適した者であること。

これに対し、東京海上日動の委託方針・委託審査基準においては、審査項目として以下のような観点を掲げている。

・保険業法における適格性（同法279条の登録拒否事由や同法7条類似商号等の審査等）
・委託先の設立根拠法等における適格性（非営利法人の設立根拠法等）
・反社会的勢力との取引未然防止のための審査
・その他、当社委託方針における適格性（募集業務知識や遂行能力等）

なお、このうち保険業法279条の登録拒否事由の一部については、損保協会が運営するデータベースである「代理店廃止等情報制度」[8]を活用することで、損害保険会社各社において適格性を確認する実務が一般的である。

(2)　所属損害保険会社の賠償責任
所属損害保険会社は、損害保険募集人が保険募集について保険契約者に加

8　損保協会ホームページ参照。

えた損害を賠償する責任を負っている。ただし、所属損害保険会社が、損害保険代理店の委託をするについて相当の注意をし、かつ、保険募集について保険契約者に加えた損害の発生の防止に努めたときは、適用されない（保険業法283条1項、2項3号）。

　この規制は、民法715条の使用者責任と同じく特殊な不法行為責任と考えられる。ただし、損害保険代理店やその役員・使用人は、損害保険会社の使用人ではないため、保険契約者が民法に基づいて使用者責任を問うことができないケースがあることから、保険業法283条1項に基づいて同様の責任を問うこととなる。

　なお、損害保険会社の実務においては、保険業法283条における「相当の注意」や「損害の発生の防止」の解釈論を展開するよりも、前述の代理店委託方針・審査基準や募集人教育を十分なものとするよう取り組むことが優先課題と考える。

第2節　登録・届出制度

1　登録制度

> 損害保険代理店は、保険募集を行うためには、保険業法の定めるところにより、内閣総理大臣の登録を受けなければならないとされている（保険業法276条）。

　保険事業は強い公共性を有しており、業務の健全・適切な運営および保険募集の公正を確保することにより、保険契約者等の保護を図るための制度の一環として、このような登録制度が採用されている。

2　募集人の届出制度

> 損害保険代理店は、その役員又は使用人に保険募集を行わせようとするときは、その者の氏名及び生年月日を内閣総理大臣に届け出なければならない

> とされている（保険業法302条）。

　募集人の届出制度も、保険契約者等の保護を図るための制度の一環として、採用されているものと考えられる。
　また、これら保険募集に従事する役員または使用人について、監督指針Ⅱ－4－2－1(1)エでは以下の要件を充足することを求めている。

> (ア)　保険募集に従事する役員又は使用人とは、保険代理店から保険募集に関し、適切な教育・管理・指導を受けて保険募集を行う者であること。
> (イ)　使用人については、上記(ア)に加えて、保険代理店の事務所に勤務し、かつ、保険代理店の指揮監督・命令のもとで保険募集を行う者であること。
> (ウ)　法第302条に規定する保険募集に従事する役員又は使用人は、他の保険代理店又は損害保険会社において保険募集に従事する役員又は使用人にはなれないこと。
> (注)　法第275条第3項に規定する場合を除き、保険募集の再委託は禁止されていることに留意する必要がある。

　上記要件の特徴として、使用人については(イ)の要件が付加されていることに留意が必要である。
　この点、本監督指針が改定された当時（2014年3月18日）のパブリックコメント手続において[9]、金融庁からは「保険代理店の使用人は、必ずしも正社員であることまでを求めているものではありませんが、いずれにせよ、本規定に則り、使用人要件及び労働関係法規を遵守している者である必要があり、その契約形態としては、「雇用」「派遣」「出向」といった形態が考えられます」との考え方が示されている。
　他方、役員については、「法人の保険代理店の役員については、非常勤の役員のように、日常的に保険代理店の事務所に勤務しない場合も考えられることから、勤務を明示的な要件として求めないこととしたものです。但し、役員については、実態として一般に求められる役割・責任を十分に果たしていることはもとより、保険募集を行う場合には、保険代理店から保険募集

---

[9] 金融庁ホームページ2014年3月18日付報道発表資料「「保険会社向けの総合的な監督指針」等の一部改正（案）に対するパブリックコメントの結果等について」参照。

関し適切な教育・管理・指導を受けている必要があります」との考え方が示されている。

3　登録・届出の実務

(1)　代理申請制度

代理店になろうとする者が登録を受けようとするには、登録申請書そのほかの登録必要書類を管轄財務局に提出すべきことが定められている（保険業法277条、313条、同法施行令47条の3）。

保険業法上は、この登録必要書類を代理店が直接提出することも可能と解されるが、損害保険の実務においては、保険業法284条に基づき、所属損害保険会社が代理店の代理人として各種登録申請や届出等を行っている（業界においては、当該会社を「代理申請会社」、あるいは「代申会社」と呼んでいる。また、乗合代理店の場合には、所属損害保険会社のうち1社が「代申会社」となる）。

したがって、損害保険代理店が各社との代理店委託契約を締結する際には、代理店委託契約書にあわせて、管轄財務局に提出する各種登録書類も同時に作成し、代申会社に提出することとなる。

(2)　登録・届出関連システム

2006年7月31日以降、登録申請は電子申請となっており、代理店から各種登録書類を受領した代申会社は、損保協会経由で金融庁の登録システムにデータ申請し、管轄財務局が審査等を行う実務フローとなっている。

また、損保協会では、2011年9月から、「募集人・資格情報システム」の運用を開始している[10]。同システムでは、損保業界の全代理店の募集人が、自身の資格情報やその資格の有効期限等を確認し、自ら各種試験の受験管理が可能となっている。また、同システムにより、業界全体で募集人の資格情報等の一元的な管理が可能となることから、保険会社における代理店登録・募集人届出事務や募集人の資格管理事務等の効率化が図られている。

10　損保協会ホームページ2011年7月4日付ニュースリリース「「募集人・資格情報システム」の運用を開始します！」参照。

(3) 無登録・無届募集の未然防止

保険業法276条および302条では事前の登録・届出を要することとなっており、代理店の実務においては、新入社員の入社時や人事異動時などに、もれなく事前に登録・届出を行う体制、無登録・無届募集を未然防止する体制を整備することが重要となる。

具体例として、兼業の大型代理店等においては、人事異動情報と保険募集人の変更届出がもれなくマッチングされるよう、保険部門が人事部門と連携する体制を整備する例などがみられる。

また、所属損害保険会社においても、登録関係事項の照合表や募集従事者の一覧表を定期的に提供することや、代理店点検等を通じて、代理店主体の内部管理態勢の構築を促している。

(4) 委託型募集人の廃止

現行の使用人要件が提示される以前（2014年3月18日以前）の監督指針では、使用人の要件としては以下の3要件が示されていた。

---
① 代理店の事務所に勤務していること。
② 保険募集に関し所定の教育を受けていること。
③ その代理店の管理のもとで保険募集を行うこと。

したがって、代理店において雇用されている使用人ではなくとも、3要件を満たす場合には募集従事者としての届出は可能と解されていた。

これに対し保険業界の実務では、代理店と使用人との間で、代理店からの適切な教育・管理・指導が行われることを盛り込んだ委託契約を締結のうえで使用人届出を行う募集人形態、いわゆる「委託型募集人」が一部存在していた。

しかしながら、2013年6月保険WG報告書において「代理店と第三者の間に形式的に委託契約等の関係があることをもって当該第三者を使用人として届出を行い、適切な教育・指導・管理を行うことなく当該第三者に募集業務を行わせている可能性がある、との指摘がある」と言及されたこと等をふまえ、保険募集・販売ルールの見直しに係る監督上の対応を図る一環として、保険代理店の使用人要件の明確化を図るものとして、2014年3月18日に

監督指針が改正されることとなった。

その一環として、金融庁は監督上の要請として、すべての保険会社、保険代理店に対し、使用人の契約形態に係る実態調査と、不適正な契約形態と判明した場合には2015年3月末までに適正化を完了するよう求めた結果、いわゆる「委託型募集人」は廃止されることとなった。

第3節　保険会社による代理店・募集人教育

1　教育に関する法規制

各損害保険会社は、保険契約者等の利益を害することがないよう、所属代理店や募集人に対し、適正な教育を行うことが求められる。

保険業法・監督指針においては、下記のとおり規定されている。ただし、その教育方法の詳細に係る規制、たとえば特定の資格を取得する義務等は定められておらず、各社の判断に委ねられている。

保険業法100条の2（業務運営に関する措置）
　保険会社は、その業務に関し、この法律又は他の法律に別段の定めがあるものを除くほか、内閣府令で定めるところにより、その業務に係る重要な事項の顧客への説明、その業務に関して取得した顧客に関する情報の適正な取扱い、その業務を第三者に委託する場合（当該業務が第275条第3項の規定により第三者に再委託される場合を含む。）における当該業務の的確な遂行その他の健全かつ適切な運営を確保するための措置を講じなければならない。

保険業法施行規則53条（業務運営に関する措置）
　保険会社は、法第100条の2の規定により、その業務に関し、次に掲げる措置を講じなければならない。
　1項9号　生命保険募集人又は損害保険募集人の公正な保険募集を行う能力の向上を図るための措置

監督指針Ⅱ－4－2－1　適正な保険募集管理態勢の確立
　(2)　特定保険募集人等の教育・管理・指導
　　保険会社においては、保険募集に関する法令等の遵守、保険契約に関す

る知識、内部事務管理態勢の整備（顧客情報の適正な管理を含む。）等について、社内規則等に定めて、特定保険募集人の育成、資質の向上を図るための措置を講じるなど、適切な教育・管理・指導を行っているか。
　損害保険会社の保険募集を専ら行う社員についても、保険募集に関して適切な教育・管理・指導を行っているか。
① 特定保険募集人等の教育について
　保険商品の特性に応じて、顧客が十分に理解できるよう、多様化した保険商品に関する十分な知識や保険契約に関する知識の付与及び適切な保険募集活動のための十分な教育を行っているか。

2　損害保険業界の実務

(1) 業界共通制度の廃止と損保協会運営の試験制度

　前述のとおり、2001年3月までは、業界共通のノンマリン代理店制度が運営され、代理店を5段階の種別ランク（特級（一般）、特級（工場）、上級、普通、初級）に格付する制度となっていた。

　この代理店種別の認定要件の1つに、「資格者状況」が盛り込まれていたことから、損保協会が運営する募集人向けの資格制度である「特級（一般）資格」「特級（工場）資格」「上級資格」「普通資格」「初級資格」が、業界共通の試験制度、教育制度として広く活用されていた。

　このノンマリン代理店制度が廃止された2001年4月以降は、各損害保険会社が独自の教育制度を構築することとなっている。ただ、損害保険業界の実務においては、損保協会が運営する各種試験制度を、各社方針として任意に利用している会社が多い。なお、損保協会では、下記の4つの試験制度を運営している（図表4-2-1）。

(2) 東京海上日動の教育例

　東京海上日動においても、前述の損保協会が運営する各種試験制度を、会社方針として利用している。特に、損害保険募集人一般試験については、東京海上日動の代理店委託契約書に定める所定の教育として、該当するすべての募集人に対し一定期限内の合格を求め、不合格者については、募集停止等の各種措置を講じることで、募集品質の維持・向上を図ることとしている。

　また、東京海上日動独自の学習プログラムとして、コンプライアンス、当

図表4−2−1 損保協会が実施する各種試験・教育制度[11]

損保協会では、募集品質の確保・向上を図ること等を目的として、現在、次の試験・教育制度を実施しています。なお、いずれの試験・教育制度も、5年ごとに更新する必要があります。

試験・教育制度		解説
損害保険募集人一般試験（損保一般試験）	基礎単位	損害保険の基礎や募集コンプライアンス等に関する知識を修得するための試験です。
	商品単位 ・自動車保険単位 ・火災保険単位 ・傷害疾病保険単位	自動車保険単位、火災保険単位、傷害疾病保険単位の3単位で構成されており、各保険商品に関する知識を修得するための試験です。
損害保険大学課程（損保大学課程）	専門コース	損害保険の募集に関連の深い分野について、「基礎単位」よりも専門的に知識を修得するためのコースです。 本コースでは、「法律」「税務」「社会保険」「リスクマネジメント」「隣接業界」について学習し、お客様へさらにわかりやすく保険商品の説明ができることを目指します。
	コンサルティングコース	「専門コース」の認定取得者が、同コースで修得した知識をふまえ、お客様のニーズに応じたコンサルティングを行うことができるように、より実践的な知識・業務スキルを修得するためのコースです。 本コースでは、「代理店・募集人の使命と役割」を再確認したうえで、「コンサルティングの基本と実務」「個人を取り巻くリスクとコンサルティング」「企業を取り巻くリスクとコンサルティング」等について学習し、お客様に総合的なコンサルティングが行えることを目指します。

---

11 損保協会ホームページ「募集コンプライアンスガイド（2016年1月26日改定版）」より。

社商品固有の知識、損害サービス、代理店システム操作等の広範な分野に関し、教育用テキスト類の提供のほか、代理店オンラインシステム等を活用した学習コンテンツも提供している。

なお、実務上は、前述の教育制度の整備に加えて、各募集人の教育修了状況の管理体制の整備も重要な課題となる。これに対し東京海上日動では、独自の募集人管理システムを開発し各募集人の合格履歴の管理等を行うとともに、一部保険商品については、該当資格を有さない募集人による代理店オンライン上の試算を制限する等のチェック体制も構築している。

第4節　自己・特定契約規制

1　自己・特定契約規制

(1)　自己契約規制

> 損害保険代理店は、その主たる目的（取扱保険料に占める自己契約の保険料の割合が5割を超えること）として、自己または自己を雇用している者を保険契約者または被保険者とする保険契約（以下、「自己契約」という。）の保険募集を行ってはならない旨が規定されている（保険業法295条）。

(2)　特定契約規制

> 所属代理店が、自らと人的または資本的に密接な関係を有する者を保険契約者または被保険者とする保険契約（以下、「特定契約」という。）の保険募集を主たる目的とすることは、法第295条の趣旨に照らし問題があるため、自己契約と同様に状況を把握し、厳正に管理、指導を行い、もって保険募集の公正を確保し代理店の自立化の促進に努めることが求められている（監督指針Ⅱ－4－2－2(2)②）。

これらの規制は、自己契約または特定契約に対して支払われる代理店手数料が、実質的な保険料の割引につながりかねないこと、また、代理店の自立化促進の妨げとなりかねないことから設けられたものと考えられる。

2　損害保険業界の実務

　損害保険会社の実務においては、代理店が取り扱った保険契約のうち、自己契約または特定契約に該当する契約については、社内システム上にフラグを立て、比率管理を行うなどの管理が行われている。また、前述の監督指針において「代理申請会社において所属代理店の自己契約の状況を把握し、厳正に管理、指導をしているか」との規制も設けられていることから、代申会社を中心に所属代理店の事業年度ごとに代理店点検も実施されている。

第5節　代理店に対する体制整備義務

1　代理店に対する体制整備義務に関する規制

(1)　現行規制と「2013年6月保険WG報告書」

　現行の保険業法においては、100条の2により、保険会社に対して、「重要事項説明」「顧客情報の適正な取扱い」「委託先管理」のほか、健全かつ適切な運営を確保するための措置を講じるべきこと、いわゆる体制整備義務が課せられている（第3節1参照）が、代理店に対してはそのような義務は課されていない。

　これに対し、先述の「2013年6月保険WG報告書」において、「保険募集人の中には、いわゆる乗合代理店を中心に数百にも及ぶ店舗で保険募集を行うものなど大規模なものが出現していることに加え、情報提供義務や意向把握義務など保険募集人自身も行為規制の対象とされることから、所属保険会社等による管理・指導に加えて、保険募集人自身もその業務を適切に行うための体制を自ら整備することが必要と考えられる。このため、保険会社のみならず、保険募集人に対してもその業務の規模・特性に応じ、保険募集に係る業務を適切に行うための体制を整備することを義務付けることが適当である」との提言がなされている。

(2)　改正保険業法294条の3

　上記(1)を受け、2014年5月に成立した改正保険業法において、保険募集人

（代理店）に対しても、保険募集の業務に関し、「重要事項説明」「顧客情報の適正な取扱い」「委託先管理」「比較説明・推奨販売」「保険募集人指導事業」のほか、健全かつ適切な運営を確保するための措置を講じるべきこと、すなわち体制整備義務が新たに課せられることとなった（改正保険業法294条の3）。

なお、「保険業法100条の2」と「改正保険業法294条の3」の条文を比較した際に特徴的なのは、「重要事項説明」「顧客情報の適正な取扱い」「委託先管理」については、保険会社と代理店の体制整備に共通した項目であるのに対し、「比較説明・推奨販売」と「保険募集人指導事業」については、代理店の体制整備独自の項目として規定されている点である。

上記をふまえると、「重要事項説明」のように保険会社と代理店の体制整備に共通した項目については、代理店は、現行実務においても、すでに所属保険会社の諸規則に沿った業務運営を求められており、実質的な体制整備も一定進んでいると考えられる。

他方、「比較説明・推奨販売」等は、いわば代理店の「独自業務」となることから、所属保険会社の定める諸規則をそのまま遵守するだけでは足りないケースが想定される。

(3) 2016年5月29日適用開始の監督指針Ⅱ－4－2－9

改正保険業法294条の3に係る2016年5月29日適用開始の監督指針Ⅱ－4－2－9（募集人の体制整備義務）においては、下記のとおり規定されている。

> 監督指針Ⅱ－4－2－9　保険募集人の体制整備義務（法第294条の3関係）
> （抜粋）
> 　保険募集人においては、保険募集に関する業務について、業務の健全かつ適切な運営を確保するための措置を講じているか。また、<u>監査等を通じて実態等を把握し、不適切と認められる場合には、適切な措置を講じるとともに改善に向けた態勢整備</u>を図っているか。
> (1) 保険募集に関する法令等の遵守、保険契約に関する知識、内部事務管理態勢の整備（顧客情報の適正な管理を含む。）等について、<u>社内規則等に定めて</u>、保険募集に従事する役員又は使用人の育成、資質の向上を図るための措置を講じるなど、<u>適切な教育・管理・指導</u>を行っているか。

上記の監督指針の下線部等をふまえると、代理店においては、その規模や業務特性に応じ、保険募集の業務の健全かつ適切な運営を確保するための措置として、「社内規則等の策定（Plan）」「適切な教育・管理・指導（Do）」「自己点検等の監査（Check）」、そして、「改善に向けた態勢整備（Act）」といったいわゆる PDCA サイクルに基づく体制を構築する必要があると考えられる。

2　損害保険業界の実務

　第1章第1節4にて解説のとおり、損害保険代理店のなかには、多種多様な募集チャネルや募集スタイルが存在していることから、代理店が体制を整備するに際しては、自店の規模や特性をふまえた、実効性の高い PDCA サイクルに基づく体制を構築していくことが重要となる。

　これに対し損保協会では、代理店が改正保険業法を適切に理解し、かつ、主体的に内部管理体制を構築するための一助として、業界ガイドラインを策定・公表している（2015年6月19日付「募集コンプライアンスガイド［追補版］（改正保険業法（2016年5月29日施行）対応）」[12]）。

　「規模」や「特性」の考え方については、同ガイドラインのなかでも、代理店の規模・特性に応じた体制整備のイメージをまとめた図表4－2－2が参考となる。

　まず、「規模」については、「拠点数○箇所以上」「従業員○名以上」といった形式的基準により判断するのではなく、代理店主のみによる管理が可能か否かの基準をもって、便宜的に「小規模」「大規模」と区分し、考え方を整理していることが特徴的である。

　一方、「特性」については、上記1(2)の「保険業法100条の2」と「改正保険業法294条の3」の条文比較もふまえたうえで、代理店の「独自業務」の有無をもって体制を区分し、考え方を整理していることが特徴的である。これは、「保険会社の管理・指導の範囲内の業務」のみを行う代理店であれば、現時点においても所属保険会社の諸規則に従って業務遂行していること

12　損保協会ホームページ参照。

図表４－２－２　代理店の規模・特性に応じた体制整備のイメージ図

		特性	
		保険会社の管理・指導の範囲内の業務	独自業務
規模	小規模代理店	《従来型の小規模代理店》 ・<u>保険会社のマニュアルを自らの社内規則</u>と位置づけ、同社内規則等に沿って適切かつ主体的に業務を実施する体制を整備 ・代理店主による従業員に対する教育・管理・指導の実施、自主点検の実施　など	《独自業務を行う小規模代理店》 ・左記の体制を整備 ・<u>独自業務に係る社内規則の策定</u>、その<u>特性</u>に応じ、代理店主による従業員に対する教育・管理・指導の実施、自主点検の実施　など
	大規模代理店	《右記以外の大規模代理店》 ・<u>保険会社のマニュアルを自らの社内規則</u>と位置づけ、同社内規則等に沿って適切かつ主体的に業務を実施する体制を整備 ・その<u>規模</u>に応じ、代理店主・<u>管理者等</u>による担当拠点・従業員に対する組織的な教育・管理・指導の実施、自主点検の実施　など	《独自業務を行う大規模代理店》 ・左記の体制を整備 ・<u>独自業務に係る社内規則の策定</u>、その規模・特性に応じ、代理店主・<u>管理者等</u>による担当拠点・従業員に対する組織的な教育・管理・指導の実施、自主点検の実施　など

から、あえて、代理店独自の社内規則等を策定せずとも、所属保険会社の諸規則を自店の社内規則と位置づけることで足りるのに対し、所属保険会社の諸規則に規定のない「比較説明・推奨販売」等の「独自業務」を営んでいる場合には、代理店独自の社内規則を策定する必要があるためである。

第3章 損害保険募集を取り巻く規制と実務

　本章では、損害保険募集を取り巻く規制について、図表4－3－1のとおり、損害保険代理店による一般的な募集実務フローに沿ったかたちで解説する。

　なお、損害保険募集を取り巻く規制については、2012年以降の金融審議会の議論や「2013年6月保険WG報告書」を受け、2014年5月に成立した改正保険業法により、情報提供義務や意向把握義務の導入といった「保険募集の基本的ルールの創設」がなされている。これは、「禁止行為」に限定されていた従来の募集規制に加えて、顧客ニーズの把握に始まり保険契約の締結に至る募集プロセスの各段階におけるきめ細かな対応の実現に向け、「積極的な顧客対応」を求める募集規制を導入するものである。

　したがって本章では、基本的に改正保険業法や2016年5月29日適用開始の監督指針を前提に解説することとする。

　また、募集実務フローの解説に先立ち、「損害保険の募集スタイル」について第1節で解説する。また、最後の第6節にて「保険募集時の留意事項等」についてまとめて解説する。

図表4－3－1　損害保険代理店による一般的な募集実務フロー

```
「募集人の権限等に関する説明」（第2節）
　　　　　　　↓
「意向把握、情報提供（比較説明・推奨販売、重要事項説明等）」（第3節）
　　　　　　　↓
「保険契約の締結（意向確認）」（第4節）
　　　　　　　↓
「契約事務手続」（第5節）
```

第1節　損害保険の募集スタイル

1　新規契約と更新契約

　損害保険の募集スタイルの特徴の1つとして、初めて損害保険に加入される顧客に対して募集するケース（以下「新規募集」あるいは「新規契約」という）よりも、すでに加入中の損害保険の契約期間満了を迎える顧客に対して募集するケース（以下「更新募集」あるいは「更新契約」という）のほうが多いことがあげられる。したがって、たとえば自動車保険の募集においては、「ご加入中の自動車保険証券のコピーを提出いただければ粗品進呈します」といった、更新契約の更新手続のタイミングを念頭に置いた募集スタイルがよく行われている。

　一方、新規募集の場合は、新社会人等の初めてクルマを購入するような顧客層に対し、損害保険全般の説明会や相談会等を開催するようなスタイルなどが想定される。

2　対面募集と非対面募集

(1)　対面募集と非対面募集

　損害保険代理店による募集スタイルとしては、新規募集と更新募集の区分のほかに、損害保険代理店が代理店事務所等で顧客と対面して募集を行うスタイル（以下「対面募集」という）と、顧客と対面することなく電話や郵送を介して募集を行うスタイル（以下「非対面募集」という）が存在する。

　なお、初期の説明は顧客宅で対面して行ったものの、顧客が契約内容等をじっくり検討したうえで、事後に申込書類を代理店事務所に郵送することもあれば、代理店が申込書類を顧客に郵送した後に対面や電話等でも説明を行ったうえで手続が完了することもあるなど、募集実務においては、各募集スタイルが融合していることも多い。

　また、非対面募集のなかには、いわゆるインターネット募集も含まれる。ただし、損害保険代理店による募集スタイルとしては限定的であり、保険代

理店を介さない通信販売を中心とする損害保険会社において展開されている。

　以下、各募集スタイルの特徴について解説する。

(2) 対面募集の特徴

　対面募集が行われるおもなケースとしては、代理店が顧客宅を訪問して契約手続を行う場合と、顧客が代理店事務所に来店して手続する場合がある。

　前者の例としては、顧客と長年の契約関係がある代理店が、毎年の契約更新の際に訪問する場合や、新車購入時や子息の学校入学等をきっかけとして顧客から相談の連絡を受けて訪問する場合などが想定される。

　後者の例としては、顧客が保険加入を意図して事務所に来店するケースのほか、自動車購入のために自動車販売店に来店、あるいは賃貸物件を探して不動産業の店舗に来店したケースにおいて、自動車保険や火災保険の勧誘も同時に行われたことをきっかけとして、顧客が加入を検討する場合が想定される。

　なお、前述のとおり、昨今、専業代理店が保険ショップとして駅前やショッピングセンター等に複数店舗出店している形態が増加しており、顧客がすでに加入中の保険契約内容の見直し要否の相談等を意図して来店するようなケースも増加している。

　これら対面募集の特徴としては、代理店が保険商品のパンフレットや重要事項説明書等の該当箇所を指し示しながら説明ができ、また、申込書類も記入要領を順番にアドバイスできるなど、わかりやすい説明や手続が進められることがあげられる。

　とりわけ昨今では、タブレット端末を活用した説明や手続を導入するケースもふえてきている。東京海上日動においても、「らくらく手続き」との呼称のもと、タブレット端末を有効活用することで、動画コンテンツによる説明などのわかりやすさのさらなる向上、見積条件の変更要請に対し、その場で再試算のうえで再提示するなどの手続利便性のさらなる向上に向けた取組みも推進している。

(3) 非対面募集の特徴

　顧客のなかには、毎年の更新手続を簡便にすませたい、長く自動車保険に

加入しているためつど代理店の説明を受けずとも理解できるといったニーズも存在する。

郵送募集や電話募集等の非対面募集は、こうした更新契約を中心とする簡易な手続ニーズに応えるものとして行われる場面が想定される。

より具体的には、郵送募集は、代理店が更新時期の1カ月ほど前に顧客宅に更新手続案内の電話をかけたところ、顧客から「最近忙しいので書類を送ってほしい」といった要請を受けたため、更新手続用の書類を送付し、顧客に記入のうえで返送を求めるようなケースが想定される。

また、電話募集は、自動車保険の既加入者が、自動車の買替えに伴い代理店に電話連絡を行い、そのまま電話で保険の目的物である自動車の入替手続も完了するようなケースが想定される。

これら非対面募集の特徴として、顧客のニーズに基づき手続が簡便となる側面があるものの、損害保険会社および代理店としてわかりやすく十分な説明等を行うことが相対的に困難な側面も想定される。

こうした観点から、2016年5月29日適用開始の監督指針Ⅱ－4－2－2⑵⑩カにおいて、情報提供義務に係る体制整備関係として非対面募集固有の留意点が盛り込まれており、損害保険会社および代理店として顧客保護に欠けることのない運営が求められることに留意を要する（詳細は第3節参照）。

3　団体契約

上記の対面募集や非対面募集とは観点が異なるものの、損害保険における特徴的な募集スタイルとして、団体契約もあげられる。

団体契約の例としては、学校が生徒の就学中のケガ等を補償することを目的として、学校が傷害保険の契約者となりすべての生徒を被保険者として契約する形態（全員加入型の団体契約）、あるいは法人が福利厚生制度の一環として、傷害保険の契約者となって加入を希望する従業員を募り、希望した者を被保険者として契約する形態（任意加入型の団体契約）などがある。

これら団体契約では、一般の契約に比して団体割引が適用され保険料が割安になる等のメリットがある。

ただ、特に任意加入型の団体契約では、団体契約者に対しては代理店から

直接対面による説明等が行われるものの、個々の加入を希望する顧客に対しては代理店から直接に説明は行われず、団体内部の連絡網等を通じた非対面募集（団体契約者による加入勧奨行為）が行われることが一般的である。これに対し、改正保険業法や監督指針においては、団体契約者を通じて情報の提供および説明が適切に行われることを確保するための措置が代理店に対し求められることに留意が必要である（詳細は後述第3節参照）。

なお、東京海上日動の実務においては、団体契約者の内部で配布される加入勧奨用のパンフレットについては、専門部署の事前点検を経たうえで作成・配布するルールとするなど、顧客に十分な情報提供が行われるよう体制を整備している。

第2節　募集人の権限等に関する説明

1　権限明示

(1)　保険業法等の規制

保険募集を行おうとするときは、あらかじめ、顧客に対し以下の事項を明らかにしなければならない（改正保険業法294条3項3号、同改正施行規則227条の2第8項）。

---
① 所属保険会社等の商号、名称または氏名
② 自己が所属保険会社等の代理人として保険契約を締結するか、または保険契約の締結を媒介するかの別
③ 保険募集人の商号、名称または氏名

加えて、保険募集人が取り扱う保険会社の範囲（たとえば、専属か乗合か、乗合の場合には取り扱える保険会社の数等の情報等）を説明するとともに、顧客が告知を行おうとする際には、告知受領権の有無についても説明する必要がある（2016年5月29日適用開始の監督指針Ⅱ−4−2−2(3)(サ)）。

また、改正保険業法では、乗合代理店に対し、推奨販売を行う場合には推奨方針や推奨理由の説明を求めている（第3節2参照）。したがって、保険募

集を行おうとするときには、上述の法定事項に加えて、推奨方針や理由もあわせて説明することが効率的と考えられる。

なお、改正業法施行規則227条の12や2016年5月29日適用開始の監督指針Ⅱ－4－2－9(4)では、所属保険会社のために保険契約の締結の代理・媒介を行う立場を誤解させるような表示を行うことを禁じている。特に、単に「公平・中立」との表示を行う場合や、代理店の方針・スローガンとして「お客様最優先」「お客様本位」などを掲げる場合等、販売手法やその他の商品説明手法と相まって、「顧客と所属保険会社との間で中立である」と顧客が誤解することがないよう留意を要する

(2) 損害保険業界の実務

保険募集を開始するときに、所属保険会社や募集人の商号等を名乗ることは、上記の法規制がなくとも、ビジネス上は常識的な対応となる。したがって、実務上は、告知受領権も含めた締結の代理か媒介の別を明らかにすることがポイントと考えられる。とりわけ、顧客にとっては、保険会社の代理店が保険募集を行っている以上は、当該代理店との間で保険契約手続も完了すると考えることが一般的と推測されるため、締結の代理権がなく媒介のみを行う場合には、特に注意を要すると考えられる。

この点、損害保険の実務では、前述のとおり、代理店に締結の代理権を付与していることが一般的であり、当該法規制の対応をめぐって、顧客とのトラブル等が生じることはあまり想定されない。

なお、東京海上日動の実務では、顧客への説明もれが生じないように、顧客に必ず交付する書類（保険契約申込書や重要事項説明書等）に、「当社代理店は保険契約の締結の代理権および告知受領権を有する」といった説明文言を刷り込み対応している。

2　勧誘方針の策定・公表

(1) 規　　制

金融商品の販売等に関する法律9条では、金融商品販売業者が保険商品を含めた金融商品を販売するにあたり、下記の3点を盛り込んだ「勧誘方針」を策定し公表しなければならないと規定している。これに対し、損害保険代

理店も金融商品販売業者に該当するため、同法に基づき、勧誘方針の策定・公表を行う必要がある。なお、勧誘方針を定めず、または公表しなかった場合には「50万円以下の過料」に処せられる。

> ① 勧誘の対象となる者の知識、経験、財産の状況および当該金融商品の販売に係る契約を締結する目的に照らし配慮すべき事項
> ② 勧誘の方法および時間帯に関し勧誘の対象となる者に配慮すべき事項
> ③ 上記①②に掲げるもののほか、勧誘の適正の確保に関する事項

(2) 損害保険業界の実務

　金融商品の販売等に関する法律の規制をふまえて、損害保険代理店は、自社の勧誘方針を策定する必要がある。

　他方で、実務上は、損害保険代理店は、所属損害保険会社から提供された勧誘方針（雛形）を参考として、自社の方針として採用していることが多い。これは、損害保険代理店は所属損害保険会社の各種引受方針等に基づいて勧誘等を行う立場にあることから、所属損害保険会社と代理店間でまったく異なる勧誘方針を策定することを避けるため、所属損害保険会社が代理店に対して自社の勧誘方針（雛形）を採用することを推奨していることによるものと思われる。

第3節　意向把握、情報提供（比較説明・推奨販売、重要事項説明等）

1　意向把握義務

(1) 意向把握義務に関する規制

① 改正保険業法294条の2

　意向把握義務とは、保険を募集する際における顧客意向の把握、当該意向に沿った保険プランの提案、当該意向と当該プランの対応関係についての説明、当該意向と最終的な顧客の意向の比較と相違点の確認を行うことを求めるものである（改正保険業法294条の2）。

意向把握義務の新設の背景としては、「2013年6月保険WG報告書」において、「現在は、保険会社の体制整備義務に基づいて意向確認書面の使用が定められており、顧客自身が契約締結前の段階で、推奨された保険商品と自らのニーズが合致しているかについて、最終確認の機会が設けられている。しかし、昨今、当該手続については導入時に求められた効果が必ずしも十分には発揮されていない、との指摘がある」としたうえで、「「保険会社又は保険募集人は、保険募集に際して、顧客の意向を把握し、当該意向に沿った商品を提案し、当該商品について当該意向とどのように対応しているかも含めて分かりやすく説明することにより、顧客自身が自らの意向に沿っているものであることを認識した上で保険加入できるようにする必要がある」との趣旨の義務規定を法律上設けることが適当である」との提言がなされたことがあげられる。

　なお、改正保険業法294条の2ただし書のとおり、内閣府令（業法施行規則227条の6）において、後述3の情報提供義務（重要事項説明）の適用除外となる契約や、他の法律により加入を義務づけられている契約（自賠責保険）等については、意向把握義務は適用除外となっている。

保険業法294条の2
　保険会社等若しくは外国保険会社等、これらの役員（保険募集人である者を除く。）、保険募集人又は保険仲立人若しくはその役員若しくは使用人は、保険契約の締結、保険募集又は自らが締結した若しくは保険募集を行った団体保険に係る保険契約に加入することを勧誘する行為その他の当該保険契約に加入させるための行為に関し、顧客の意向を把握し、これに沿った保険契約の締結等（保険契約の締結又は保険契約への加入をいう。以下この条において同じ。）の提案、当該保険契約の内容の説明及び保険契約の締結等に際しての顧客の意向と当該保険契約の内容が合致していることを顧客が確認する機会の提供を行わなければならない。ただし、保険契約者等の保護に欠けるおそれがないものとして内閣府令で定める場合は、この限りでない。

---

② 2016年5月29日適用開始の監督指針

　意向把握義務の新設に関し、前述の「2013年6月保険WG報告書」では、あわせて「顧客の意向把握の具体的手法について画一的なものを強制するこ

ととした場合には、多様化している募集形態すべてに適合する手法を設定することの困難さから、結果として意向把握が形式化するおそれがあることや保険会社・保険募集人及び顧客の双方に対して過度の負担を課すおそれがあることを踏まえれば、顧客ニーズを把握するための具体的な手法については、商品形態や募集形態に応じて、保険会社・保険募集人の創意工夫に委ねることとし、法律上は、上記の考え方を一般的義務規定（プリンシプル）として規定することが適当である。一方、当該プリンシプルを満たすための具体的な方法については、取り扱う商品や募集形態を踏まえて選択されるべきこととなるが、達成すべき目標水準を統一する観点から、「全商品・募集形態を通じて満たすべき水準」を監督指針において示すことが適当である」とも提言している。

　これを受け、2016年5月29日適用開始の監督指針では、Ⅱ－4－2－2(3)①において「意向把握・確認の具体的方法については、取り扱う商品や募集形態を踏まえたうえで、保険会社又は保険募集人の創意工夫により、以下のア．からカ．又はこれと同等の方法を用いているか」との規定を新設し、取り扱う商品や募集形態をふまえるとともに保険会社等の創意工夫に沿った対応を求めている。

　(2)　損害保険業界の実務
①　損保協会「募集コンプライアンスガイド」[13]
　上記(1)に記載の意向把握義務に係る監督指針Ⅱ－4－2－2(3)①ア～カのうち、おもな意向把握類型と対象商品・特徴については、損保協会の募集コンプライアンスガイドにおいて、図表4－3－2のとおり整理されており、参考となる。
　また、同ガイドでは、本書の中心となる損保型（監督指針ウ型）の基本的フローについて、図表4－3－3のとおり整理している。
②　見積書・申込書類の作成フロー
　意向把握義務の導入もふまえ、損保業界における見積書・申込書の作成フローを例示すると以下のとおりとなる。

---

[13]　損保協会ホームページ「募集コンプライアンスガイド（2016年1月26日改定版）」参照。

図表4－3－2　おもな意向把握類型と対象商品・特徴

ケース	対象商品	特徴
損保型 (監督指針Ⅱ－4－2－2(3)①ウ)	第二分野および第三分野の一部商品（主に保険期間が1年以下の傷害保険など）	自動車や住宅の購入等に伴う補償を望むお客様に対し、主な意向・情報を把握します。
意向把握型 (監督指針Ⅱ－4－2－2(3)①ア)	第一分野および第三分野の一部商品（主に疾病系の商品や保険期間が1年超の傷害保険など）	アンケート等によりお客様の意向を把握します。
意向推定型 (監督指針Ⅱ－4－2－2(3)①イ)		性別や年齢などのお客様の属性、生活環境等に基づき、お客様の意向を推定（把握）します。

図表4－3－3　損保型（監督指針ウ型）の基本的フロー

STEP1　意向の把握　＞　STEP2　提案・説明　＞　STEP3　意向と申込内容の合致の確認

【各ステップの概要】

STEP1 意向の把握	保険金額・保険料を含めた個別プランを説明する前に、お客さまの主な意向・情報を把握します。 ※自動車、不動産購入等に伴う損保商品の提案にあたっては、個別プランの作成に必要な主な意向（年齢条件や運転者の範囲、保険の目的など）や購入した保険の対象等の情報を把握します。
STEP2 提案・説明	STEP1で把握した意向・情報に基づいた個別プランを提案し、お客さまの意向とどのように対応しているかを含めてわかりやすく説明します。
STEP3 意向と申込内容の合致の確認	契約締結前においてお客さまの意向と契約の申込みを行おうとする保険契約の内容が合致しているかどうかを確認します（＝意向確認）。

a　新規募集の場合

　勧誘行為を経て、新規契約の加入が見込まれる顧客に対しては、見積書・申込書類の作成が行われる。

　見積書・申込書類の作成にあたっては、顧客へのヒアリングや保険の目的物確認を通じて保険料算出に必要な基本条件を入手するとともに、「意向把握」義務に対応する補償条件等の顧客ニーズを確認したうえで、作成していく手順が一般的である。

　自動車保険を例にとると、車検証により自動車の用途・車種・装置等を確認するとともに、顧客へのヒアリングにより、図表4－3－3の STEP1 に対応する「運転者の年齢条件や運転者の範囲」のほか、記名被保険者の免許証の種類（色）、被保険自動車の使用目的等の基本条件と、車両保険や各種特約の要否をはじめとする補償条件等の顧客ニーズを確認していく手順が一般的である。

　なお、東京海上日動の代理店オンライン内の試算画面では、 STEP1 に対応する「運転者の年齢条件や運転者の範囲」を、試算画面上に入力し、申込書等に表示する改訂を行い、 STEP2 、 STEP3 の実効性を高める工夫も講じる予定である。

b　更新募集の場合

　更新募集においては、現行契約において、すでに、基本条件および補償条件が確認されていることから、契約更新時には現行契約からの変更有無の確認が中心となる。したがって、実務上は、つど、あらためて見積書や申込書類を作成するよりも、現行契約をベースに更新契約用の申込書類をあらかじめ作成することが一般的である。

　また、更新手続においても、作成ずみの更新契約用の申込書類を手元に置きながら、更新時に変動する可能性の高い項目（自動車保険であれば、図表4－3－3の STEP1 に対応する「運転者の年齢条件や運転者の範囲」のほか、記名被保険者の免許証の種類（色）や被保険自動車の使用目的等の基本条件）を確認していく手順が一般的である。

2 情報提供義務（比較説明・推奨販売）

(1) 比較説明・推奨販売に関する規制

前述の「2013年6月保険WG報告書」では、「複数保険会社間の商品比較・推奨販売を行う乗合代理店に対しては、当該商品比較・推奨の適正化を図る観点から、情報提供義務等の一環として、①当該乗合代理店が取り扱う商品のうち、比較可能な商品の全容を明示するとともに、②特定の商品を提示・推奨する際には、当該推奨理由を分かりやすく説明することを求めることが適当である」との提言をまとめている。

これを受け、2014年5月に成立した改正保険業法において情報提供義務の一環として、比較説明・推奨販売に関する規制も導入されることとなった。また、情報提供義務に加えて、代理店に対する体制整備義務の一環として乗合代理店は適切な商品比較・推奨を行う体制を整備することが求められることとなった点に留意を要する。

① 比較説明に関する規制

乗合代理店が、顧客に対し、複数の保険会社の商品を提案し、契約内容を実質的に比較する場合は、顧客が自身の意向に沿った商品を選択できるように、提案するすべての商品の比較事項を偏りなく説明する必要がある（改正保険業法294条、294条の3、同改正施行規則227条の2第3項4号イ、227条の14第1項、2016年5月29日適用開始の監督指針Ⅱ－4－2－9(5)）。

なお、比較説明に関しては、保険契約の締結または保険募集に関する禁止行為を規定する現行の保険業法300条1項6号において、「誤解を招くおそれのある比較表示」を禁ずる旨の規制が課せられている。これに対し、業法施行規則改定時のパブリックコメント番号70において、「業法施行規則第227条の2第3項第4号イは保険商品の比較そのものを行う場合の規定です。同項は、保険業法第300条第1項第6号に基づき二以上の所属保険会社等を有する保険募集人等が商品比較をする際に行うべきこと等について、情報提供義務としても明確にしたものです」との金融庁の考え方が示されている。

したがって、実務上は、比較説明を行う場合には、保険業法300条1項6号および同号に係る監督指針に留意した対応が必要となる（後述の第6節1

図表4−3−4　推奨販売ケースと説明すべき内容

ケース	説明すべき内容
a　お客様の意向に沿って比較可能な商品を選別し、商品を推奨する場合（施行規則227条の2第3項4号ロ）	候補となる比較可能な対象商品の概要および推奨する理由を説明
b　代理店独自の推奨理由・基準に沿って商品を選別し、商品を推奨する場合（施行規則227条の2第3項4号ハ）	当該商品を推奨する理由を説明

(2)を参照）。

② 推奨販売に関する規制

　乗合代理店が、顧客に対し取扱商品のなかから特定の保険会社の商品を選別・推奨して販売する場合には、推奨した商品をどのように選別したのか、その理由を説明する必要がある（改正保険業法294条、294条の3、同改正施行規則227条の2第3項4号ロハ、227条の14第2項、2016年5月29日適用開始の監督指針Ⅱ−4−2−9(5)）。

　改正業法施行規則227条の2第3項4号において、顧客の意向に沿って推奨するケース（同号ロに沿った推奨方式）と、代理店独自の推奨理由・基準に沿って推奨するケース（同号ハに沿った推奨方式）とに規制は区分されており、説明すべき内容も変わってくる（図表4−3−4）。

a　お客様の意向に沿って比較可能な商品を選別し、商品を推奨する場合（ロ方式）

　顧客の意向に基づき比較可能な商品（募集人の把握した顧客の意向に基づき、保険の種別や保障（補償）内容等の商品特性等に基づく商品の絞込みを行った場合には、当該絞込み後の商品）の概要を明示し、顧客の求めに応じて商品内容を説明する必要がある。

　比較可能な商品の概要を明示する際は、「商品名・引受保険会社名」を一覧で明示するだけでは不十分であり、所属保険会社のパンフレットにおける商品概要のページなど、商品内容の全体像が理解できる程度の情報を明示する必要がある。

加えて、提案商品を提示・推奨した理由をわかりやすく説明する必要がある。特に、募集人の判断により、顧客の意向に合致している商品のなかからさらに絞込みを行ったうえで、商品を提示・推奨する場合には、商品特性や保険料水準等の客観的な基準や理由等について、説明する必要がある。

なお、客観的な商品の絞込みや提示・推奨を装いながら、保険代理店の受け取る手数料水準の高い商品に誘導することを目的として、商品の絞込みや提示・推奨を行うことは不可とされている点に留意を要する。

b 代理店独自の推奨理由・基準に沿って商品を選別し、商品を推奨する場合（ハ方式）

乗合代理店の独自の推奨理由・基準に沿って商品を絞り込み、または特定の商品を顧客に提示・推奨する場合には、その基準や理由等（特定の保険会社との資本関係やその他の事務手続・経営方針上の理由を含む）を説明する必要がある。

乗合代理店の独自の推奨理由・基準については、2016年5月29日適用開始の監督指針改定時のパブリックコメント番号521等に対する金融庁の考え方として「保険募集人が特定の商品を提示する理由等は様々であると考えますが、いずれの場合においても、その理由が合理的なものである必要があるとともに、理由が複数ある場合にはその主たる理由を説明する必要があり、また、分かりやすく説明を行う必要があります」との見解が示されている。

なお、a、b共通の留意点として、所属保険会社間における「公平・中立」を掲げる場合には、商品の絞込みや提示・推奨の基準や理由等として、特定の保険会社との資本関係や手数料の水準その他の事務手続・経営方針等の事情を考慮することはできない。

また、顧客が特定の保険会社・特定商品を指定するなど、推奨販売を希望しない場合や、更新契約の提案に対して契約者が既契約の更新を希望している場合には、前述1の意向把握義務に沿った説明等がなされる前提で、あらためて推奨方針や理由に関する説明が求められるものではない。

(2) **損害保険業界の実務**

前述の「2013年6月保険WG報告書」や改正保険業法に関する各種資料等では、前述(1)の規制を「比較推奨販売」とひとくくりにして呼称するケー

スが散見される。一方、乗合代理店が実務を検討するにおいては、まずは自店の「推奨販売」に係る方針や体制を優先的に整理することとし、結果的に複数商品を推奨する場合にのみ「比較説明」に関する規制に対する体制を整理する手順としたほうが理解しやすい。

「推奨販売」に係る方針の検討に際しては、顧客意向に沿った選別を行うロ方式よりも、代理店独自の推奨理由・基準に沿って選別を行うハ方式のほうが、推奨理由・基準が合理的か否かをめぐり、判断に迷うケースが多いと考えられる。これに対し、損保協会の「募集コンプライアンスガイド（2016年1月26日改定版）」における代理店独自の推奨理由・基準に係る考え方が、参考となる（以下、同ガイドライン2-2-2「推奨販売（乗合代理店のみ）」より抜粋）。

> 推奨理由・基準が合理的か否かは個別具体的に判断することとなりますが、代理店の経営方針に基づいていることについて明確に伝える必要があります。
> （注1） 「代理店の経営方針に基づくこと」の例として、例えば、以下のような説明などが考えられます。これらに加え、経営方針を定めた理由を追加説明することなども有効です。なお、代理店の経営方針に基づくことを明示した場合でも、少なくとも「虚偽説明がない」「法令等に抵触しない」ものであることが必要です。
> ・「当店は■■損保・生保の商品を主に取り扱う経営方針である」
> ・「当店は■■損保・生保のグループ会社であるため、■■損保・生保の商品を提案する経営方針である」
> ・「当店は、所属保険会社の中で最も事務に精通している●●損保を提案する経営方針である」
> ・「当店は、自店での取扱件数が多い▲社の商品をご案内する経営方針である」 など
> （注2） お客さまに対して提案理由が他の商品に比べて優位であるとの印象を与えかねない理由（「補償内容や付帯サービス等を総合的に勘案し、■■損保をお勧めする方針である」等）は、上記「お客さまの意向に沿って比較可能な商品を選別し、商品を推奨する場合（施行規則第227条の2第3項第4号ロ）」に該当する可能性があります。該当する場合は、商品特性や保険料水準等の客観的な基準や理由等について説明を行う必要があります。
> （注3） 本来は手数料水準に基づき絞り込んでいるにもかかわらず、別の理

由を装うことは不適切と考えられます。主たる理由が手数料水準である場合には、そのことを説明する必要があることに留意が必要です。
(注4) 商品に関する事項ではなくとも、所属保険会社について「○○がNo.1」といった数値を用いて理由を示す場合において、使用した客観的数値等の出所、付された時点、手法等を示さず、また、その意味について十分な説明を行わないこと、一部の数値のみを取り出して全体が優良であるかのように表示することなどは、保険契約の締結又は保険募集に関する禁止行為（施行規則第234条1項4号）等に抵触するおそれがあります。

3 情報提供義務（重要事項説明）

(1) 情報提供義務（重要事項説明）に関する規制

① 現行の重要事項説明規制（契約概要・注意喚起情報）に係る経緯

現行の重要事項説明規制は、保険業法300条において保険募集に関して保険契約者または被保険者に対して「保険契約の契約条項のうち重要な事項を告げない行為」が禁止され、さらに、当該禁止行為に基づき、監督指針において、「契約概要」および「注意喚起情報」の交付義務が定められている。

「契約概要」および「注意喚起情報」の基本的な考え方は、金融庁に設置された「保険商品の販売勧誘のあり方に関する検討チーム」（以下「販売勧誘検討チーム」という）が2005年7月8日に公表した「中間論点整理～保険商品の販売・勧誘時における情報提供のあり方～」[14]（以下「中間論点整理」という）をベースとしている。

同中間論点整理においては、従前の重要事項説明のあり方について、保険商品の多様化・複雑化や説明すべき事項の増加等の理由から、消費者に提供される情報量が過大となっていることにより、かえって消費者の理解が妨げられているといった指摘がなされ、その解決策の1つとして、「本中間論点整理においては、まずは顧客の理解を高める、及び顧客に対して注意喚起するという観点から、重要事項のうち特に説明すべき重要事項を、「契約概

---

14 金融庁ホームページ参照。

要」、「注意喚起情報」として整理することが適当である」との考えが示された。

このような認識のもと、中間論点整理をふまえたかたちで、2006年4月以降適用の監督指針において、自動車保険や火災保険といった個人向けの損害保険商品の募集時に重要な事項を告げるにあたっては、重要な事項のうち顧客が保険商品の内容を理解するために必要な情報（以下「契約概要」という）と顧客に対して注意喚起すべき情報（以下「注意喚起情報」という）について、分類のうえ告げるべきことが求められることとなった。

また、「契約概要」「注意喚起情報」の記載方法についても、同指針において、文字の大きさや専門用語の平明化、あるいは全体の記載分量等、顧客が理解しやすいように配慮した記載も求められている。

② 「2013年6月保険WG報告書」における提言

前述の「2013年6月保険WG報告書」では、すでに解説した意向把握義務や比較説明・推奨販売の規制新設に加えて、現行の保険業法300条1項の禁止行為に基づく重要事項説明義務に関して、下記のような提言がなされている（同報告書「2-2-2情報提供義務」より抜粋）。

> 「告げない」ことが許されない重要事項の範囲が契約内容に限られていることや、不告知自体が刑事罰の対象となるために運用が謙抑的なものとならざるを得ないことから、柔軟な運用が難しい等の指摘がある。さらに、保険業法において積極的な情報提供義務が規定されていないことに関して、一般には、保険よりも顧客が理解しやすいと考えられる預金等について情報提供が義務付けられていることとバランスを欠いている、との指摘もある。
>
> 以上のような点を踏まえれば、顧客による商品内容等の正しい理解を確保するため、保険会社や保険募集人が保険募集を行う際の情報提供義務について明示的に法令において位置づけることが適当である。
>
> 具体的には、保険業法においても、保険会社及び保険募集人が保険募集を行う際に、現在は契約概要及び注意喚起情報として提供することが求められている項目を中心に、顧客が保険加入の判断を行う際に参考となるべき商品情報その他の情報の提供を行うことを義務付けるとともに、契約概要等については本義務に基づく情報提供を行う場合の標準的手法として位置づけ直すことが適当であると考えられる。

③ 情報提供義務（重要事項説明）に関する規制

　上記②における「2013年6月保険WG報告書」の提言等をふまえ、改正保険業法294条において、「保険契約者等の保護に資するため、内閣府令で定めるところにより、保険契約の内容その他保険契約者等に参考となるべき情報」の提供を義務づける規制が導入された。

　また、内閣府令（改正業法施行規則227条の2第3項）の定めにより、これまで監督指針において「契約概要」「注意喚起情報」として提供することを求められていたもののほか、「その他顧客に参考となるべき情報」（たとえば、ロードサービス等の主要な付帯サービス）の提供が法令上の義務として規定されている。

　なお、情報提供は原則として、後述④の適用除外に該当するケースを除き、「契約概要」「注意喚起情報」を記載した書面等を用いるなどの一律・画一な手法で行うこととされている。

④ 情報提供義務（重要事項説明）の適用除外

　保険契約者と被保険者が異なる契約において、被保険者に対する情報提供

図表4－3－5　情報提供義務の適用除外に関するおもなケースと具体例①

No.	おもなケース	具体例
1	被保険者が負担する保険料が零である保険契約	・世帯主が家族のために付保する傷害保険（世帯主が保険料を負担） ・法人が従業員に対して付保する傷害保険（法人が保険料を負担）
2	保険期間が1カ月以下かつ被保険者が負担する保険料が1,000円以下の保険契約	・レクリエーション保険
3	被保険者に対する商品の販売、役務の提供または行事の実施等に付随して締結する保険契約	・お祭りの主催者が入場者に付保する傷害保険
4	確定拠出年金等、年金制度の運営者が契約者となり、同制度の加入者が被保険者となる保険契約	・年金制度等を運営する団体を契約者とし、その年金制度等の加入者を被保険者とする保険契約

図表4-3-6　情報提供義務の適用除外に関するおもなケースと具体例②

No.	ケース	適用除外の対象
1	情報提供の内容に変更すべきものがないとき	すべての情報
2	情報提供の内容に変更すべきものがあるとき	変更されない情報

を求める必要性が乏しい一部の場合については、被保険者に対する情報提供義務は、適用除外とされている（改正業法施行規則227条の2第7項）。

具体的には、以下の場合が適用除外の対象となる（図表4-3-5）。

また、すでに締結している保険契約の一部を変更する場合については、保険契約者・被保険者のいずれに対しても、以下の情報は適用除外の対象となる（図表4-3-6）。

加えて、情報提供は、前述③のとおり、原則として、「契約概要」「注意喚起情報」を記載した書面等を用いるなどの一律・画一的な手法で行うこととされているが、以下の場合は、情報提供義務の対象となるものの、一律の手法によらない情報提供も認められている（改正業法施行規則227条の2第3項3号）。

・事業者の事業活動に伴って生じる損害をてん補する保険契約、その他契約内容の個別性・特殊性が高い場合（工場の火災保険等の事業者向けの保険等）
・保険料の負担が少額（年間5,000円以下）の場合
・団体保険契約において、保険契約者である団体に対して行う情報提供
・既存契約の契約内容変更・更新（更改）の場合（変更部分についてのみ）

⑤　団体契約の被保険者に対する情報提供義務

団体（契約者）と被保険者に一定程度の密接な関係が認められる団体（企業・官公庁の職域団体等の類別団体等）の契約で、団体（契約者）が被保険者となる者に対して加入勧奨を行う場合は、被保険者への情報提供義務は適用除外となる（改正保険業法294条、改正業法施行規則227条の2第2項）。

ただし、団体（契約者）から被保険者に対し、保険募集と同程度の情報提供が適切に行われることを確保するための体制整備が求められることに留意が必要である（改正保険業法施行規則227条の8）。

⑥ 2016年5月29日以降適用開始の監督指針

情報提供義務、とりわけ「契約概要」「注意喚起情報」の実務に資する情報は、2016年5月29日以降適用開始の監督指針Ⅱ－4－2－2⑵に規定がある。

a 「契約概要」「注意喚起情報」のおもな項目

ア 「契約概要」の項目
　⑺　当該情報が「契約概要」であること。
　⑷　商品の仕組み
　㋒　保障（補償）の内容
　　（注）　保険金等の支払事由、支払事由に該当しない場合及び免責事由等の保険金等を支払わない場合について、それぞれ主なものを記載すること。保険金等を支払わない場合が通例でないときは、特に記載すること。
　㊤　付加できる主な特約及びその概要
　㋔　保険期間
　㋕　引受条件（保険金額等）
　㋖　保険料に関する事項
　㋗　保険料払込みに関する事項（保険料払込方法、保険料払込期間）
　㋘　配当金に関する事項（配当金の有無、配当方法、配当額の決定方法）
　㋙　解約返戻金等の有無及びそれらに関する事項

イ 「注意喚起情報」の項目
　⑺　当該情報が「注意喚起情報」であること。
　⑷　クーリング・オフ（法第309条第1項に規定する保険契約の申込みの撤回等）
　㋒　告知義務等の内容
　　（注）　危険増加によって保険料を増額しても保険契約が継続できない（保険期間の中途で終了する）場合がある旨の約款の定めがあるときは、それがどのような場合であるか、記載すること。
　㊤　責任開始期
　㋔　支払事由に該当しない場合及び免責事由等の保険金等を支払わない場

合のうち主なもの。
　　（注）　通例でないときは、特に記載すること。
　(カ)　保険料の払込猶予期間、契約の失効、復活等
　　（注）　保険料の自動振替貸付制度を備えた保険商品については、当該制度の説明を含む。
　(キ)　解約と解約返戻金の有無
　(ク)　セーフティネット
　(ケ)　手続実施基本契約の相手方となる指定ADR機関（法第2条第28項に規定する「指定紛争解決機関」をいう。以下同じ。）の商号又は名称（指定ADR機関が存在しない場合には、苦情処理措置及び紛争解決措置の内容）
　(コ)　補償重複に関する以下の事項
　　（注）　補償重複とは、複数の損害保険契約の締結により、同一の被保険利益について同種の補償が複数存在している状態をいう。
　　　　a．補償内容が同種の保険契約が他にある場合は、補償重複となることがあること。
　　　　b．補償重複の場合の保険金の支払に係る注意喚起
　　　　c．補償重複の主な事例
　(サ)　特に法令等で注意喚起することとされている事項

b　「契約概要」と「注意喚起情報」の交付方法や口頭説明すべき事項

　重要事項説明書の記載方法に加えて、その交付方法や口頭説明すべき事項についても、監督指針に規定されている。

　具体的には、書面交付にあたっては、契約締結に先立ち顧客が当該書面の内容を理解するための十分な時間を確保すべきとされている（監督指針Ⅱ－4－2－2(2)⑩オ）。

　また、書面交付に加えて、少なくとも以下のような情報の提供および説明が口頭により行われる体制の整備も必要である（監督指針Ⅱ－4－2－2(2)⑩エ）。

　(ア)　当該書面を読むことが重要であること。
　(イ)　主な免責事由など顧客にとって特に不利益な情報が記載された部分を読むことが重要であること。
　(ウ)　特に、乗換、転換の場合は、これらが顧客に不利益になる可能性がある

> こと。

c 非対面募集の規制

一方、非対面募集については、以下のとおり、対面募集と同程度の情報の提供および説明が行われるよう体制を整備することが求められている。

> 監督指針Ⅱ−4−2−2(2)⑩カ（一部抜粋）
> カ 電話・郵便・インターネット等のような非対面の方式による情報の提供及び説明を行う場合は、上記ア．からオ．に規定する内容と同程度の情報の提供及び説明が行われる体制が整備されているか。例えば、少なくとも次のような方法により顧客に対して適切な情報の提供や説明が行われている必要がある。
> 　(ア) 電話による場合
> 　　顧客に対して口頭にて説明すべき事項を定めて、当該書面の内容を適切に説明するとともに、当該書面を読むことが重要であることを口頭にて説明のうえ、郵便等の方法により遅滞なく当該書面を交付する方法
> 　(イ) 郵便による場合
> 　　当該書面を読むことが重要であることを顧客が十分認識できるような記載を行ったうえで、当該書面を顧客に送付する方法
> 　(ウ) インターネット等による場合
> 　　当該書面の記載内容、記載方法等に準じて電磁的方法による表示を行ったうえで、当該書面を読むことが重要であることを顧客が十分認識できるよう電磁的方法による説明を行う方法
> 　　（注1） 上記エ．に規定する内容と同程度とは、例えば、郵便の場合は書面への記載、インターネット等の場合は電磁的方法による表示により、口頭による情報の提供及び説明にかえることが考えられる。
> 　　（注2） 郵便による場合、当該書面を読むことが重要であることを顧客が十分認識できるような書面を併せて送付することでも足りる。
> 　　（注3） インターネット等による場合、当該書面の郵送等に代えて、印刷や電磁的方法による保存などの手段が考えられる。

(2) 損害保険業界の実務

損害保険会社においては、上記(1)に基づき、「契約概要」「注意喚起情報」を盛り込んだ「重要事項説明書」等の関係帳票の作成を行っている。

また、代理店向け規定類において、「契約概要」と「注意喚起情報」の確実な交付と口頭説明、あるいは非対面募集時の留意点について周知徹底を図るとともに、前述の損害保険募集人一般試験の受験推進等を通じて、募集人の説明力の向上等にも努めている。

一方、重要事項の了知確認についても、従前は申込書印兼用の重要事項説明書受領印を求める会社が一般的であったが、昨今では、独立したレ点チェック欄等を設けるなど、各社においてより確実な体制整備に向けた対応が進められている。

また東京海上日動の自動車保険を例にとると、すでに例示した取組みに加えて、重要事項説明書（契約概要・注意喚起情報）を会社から顧客に直送することで、より確実な交付体制を整備するとともに、先述のとおり、「らくらく手続き」の呼称のもと、タブレット端末を有効活用することで、動画コンテンツによる説明などのわかりやすさのさらなる向上に向けた取組みも推進している。

4　募集文書の管理体制

(1)　規　　制

損害保険会社が作成する募集文書については、前述の「契約概要」「注意喚起情報」の適切な表示のほか、優良誤認の有無等、表示媒体や商品の特性に応じた適切な表示を確保することが重要である。

加えて、損害保険会社が作成した重要事項説明書等とは別に、代理店が募集文書（代理店が開設するホームページ等、媒体を問わず募集に使用する資料類を含む）を独自に作成するケースもある。汎用の重要事項説明書等は適切な表記が確保されていたとしても、これらの代理店作成の独自募集文書に不適切な表記があった場合には、重要事項説明義務等に反し、ひいては顧客保護に欠けるおそれもある。

こうした観点から、監督指針（Ⅱ－4－10）においても、募集用の資料等（広告も含む）について適切な表示を確保するための体制整備が求められている。

(2) 損害保険業界の実務

損害保険会社の実務においては、損害保険会社自身が作成する募集文書の管理体制を整備するにとどまらず、代理店が独自に作成する募集文書についても、そもそも作成自体を制限する、あるいは作成するとしてもすべての文書について事前点検を行い、使用を認めるといった管理体制を構築しているケースが一般的である。

東京海上日動においても、代理店委託契約書30条に「代理店は、募集文書等を作成する場合、その内容、使用方法等について、当社が別に定める基準に従う」旨を定め、すべての募集文書について社内専門部署等による事前点検を行っている。また、東京海上日動が承認した文書には、使用期限がある固有の募集文書番号を付与し、一覧に記録する等の方法により、管理体制を整備している。

第4節　保険契約の締結（意向確認）

1　申込書受領

保険契約の勧誘、意向把握、重要事項説明等がすんだ後に、顧客に対し、損害保険会社所定の保険契約申込書に所要事項の記入と署名または記名押印を求め、これを損害保険会社または代理店が受領し、承認することで契約を締結することとなる。

以下、実務に沿って解説する。

対面募集の場合は、代理店が申込書の記入方法等をアドバイスしつつ、顧客に記入や署名等を求め、そのまま申込書を受領することとなる。

一方、非対面で行う郵送募集においては、顧客自身が申込書の記入例等を参照のうえ記入と署名等を行い、代理店へ送付し、代理店が受領する流れとなる。

また、電話募集においては、顧客の電話による手続のみで契約締結が完了するため、申込書の損害保険会社への提出自体が省略される。ただし、各損害保険会社は、電話募集の対象契約を自動車保険の更新契約や車両入替等の

異動等に限定して運用している。

　なお、同じ電話募集であっても、代理店等を介さず、損害保険会社のコールセンター等において自動車保険の新規契約等の電話申込みを受領する場合は、通信販売特約を付帯し、事後に確認のための書面等を受領するフローとなっている。

2　意向確認

(1)　意向確認に関する規制

①　意向確認義務

　現行規制においては、前述の申込みを受領するに際しては、契約の申込みを行おうとする保険商品が顧客のニーズに合致しているものかどうかを、顧客が契約締結前に最終的に確認する機会を確保するための措置を講じることが求められている（保険業法施行規則53条の7、監督指針Ⅱ－4－2－2(5)②）。

　他方、先述の意向把握義務の導入に合わせて、意向確認義務も改正保険業法294条の2において規定されることとなった。

②　意向確認に係る規制導入の経緯

　もともと、意向確認に係る規制は、前述の販売勧誘検討チームが、保険販売商品の販売・勧誘における適合性原則について論議をした結果、2006年3月1日に公表した「中間論点整理～適合性原則を踏まえた保険商品の販売・勧誘のあり方～」[15]の考え方を受け、2007年4月以降に改正された経緯にある。

　この中間論点整理において、「適合性原則」の考え方については、中間論点整理1頁の脚注1において下記のとおり記載されている。

　いわゆる適合性原則には、広義と狭義の2通りの意味があるといわれている（金融審議会第一部会「中間整理（第一次）」）。
　ア．狭義の適合性原則
　ある特定の利用者に対しては、どんなに説明を尽くしても一定の商品の販売・勧誘を行ってはならない。
　イ．広義の適合性原則

15　金融庁ホームページ参照。

> 　販売業者は利用者の知識・経験・財産力・投資目的等に適合した形で勧誘・販売を行わねばならない。
> 　本論点整理は、いわゆる適合性原則やそれについての諸外国の法制度を踏まえ、消費者が自らのニーズに合致した保険商品を適切に選択・購入できるようにするためにどのような方策を講じることが有効かについて検討を行ったものである。なお、保険契約における適合性原則のあり方に関しては、例えば、募集人等の助言義務やベストアドバイス義務等、今後の更なる検討が求められる論点も存在するとの指摘もあった。

　したがって、「意向確認書面」の導入は、損害保険会社の代理人である損害保険代理店に対し、顧客に対する助言義務やベストアドバイス義務もあわせて課すような位置づけとはされていなかったと考えられる。

　ただし、中間論点整理にも記載のとおり、「顧客の立場からすると、募集人等はいわば保険の専門家であり、その専門的知識を生かして助言を行い、顧客のニーズ等に合致した保険商品を推奨してくれることを期待しているものと考えられる」こと、さらには、今般の保険業法改正により、顧客の意向把握に始まり保険契約の締結（意向確認）に至る募集プロセスの各段階におけるきめ細かな対応の実現に向け「積極的な顧客対応」を求める募集規制が導入されたこともふまえると、損害保険会社および代理店としては、法的な助言義務等が課されていないとはいえ、顧客の期待に応えるべく、「意向確認書面」の仕組みを積極的に活用する姿勢が求められると考える。

(2) 損害保険業界の実務

① 現行の実務

　2007年4月当時の監督指針の改定をふまえ、各損害保険会社は、顧客に対し、従前の申込書に加えて「意向確認書面」の作成および提出を開始した。

　「意向確認書面」の形式としては、「自動車保険の補償対象となる運転者の範囲は、○○でよろしいでしょうか？」といった質問形式のチェック欄を設けて、顧客に申込み前の再確認とレ点チェックを依頼するフォームが一般的であった。

　なお、当時の監督指針では、自動車保険や火災保険等については「意向確認書面」の対象外とされていたものの、「事後的に販売・勧誘の適切性を検

証しうるもの」とすることが求められていたこともあり、実務上は、これらの保険商品においても同様の書面の提出を求めるケースが一般的であった。

また、同書面の導入から一定期間経過し、顧客や保険代理店から契約手続に要する書面の簡素化や削減の要望も生じたこともふまえ、現行実務においては、申込書に「意向確認書面」の要素を盛り込み、同一書面としているケースが多い。

東京海上日動の自動車保険の実例としても、従前の申込書と「意向確認書面」を同一書面として運用している。また、同書面においては、「若年運転者不担保特約、運転者限定特約、車両保険の契約条件」等の監督指針が例示する項目に加えて、契約後の保険金支払等をめぐるトラブルにつながりかねない項目についても質問形式によるチェック欄を設け、より適切に、ニーズに合致した保険商品を購入してもらえるよう取り組んできている。

② 改正保険業法施行後の実務

改正保険業法の施行に伴い、意向確認に先立つ、意向把握から情報提供等の一連の募集プロセスの見直しが進むことから、申込書の一部改定等が行われる。

しかしながら、意向確認義務に対応する手続については、「意向確認書面」や「意向確認書面を兼ねた契約申込書のチェック欄」等を用いる現行実務が、基本的に踏襲される。

第5節　契約事務手続

1　保険料領収

実務フローにおいては、前節の保険契約の締結（意向確認）にあわせて、保険料領収行為が行われる。本節ではより実務的な観点から解説する。

(1) 規　　制

従前は、保険募集の取締に関する法律12条に、「損害保険代理店は、所属損害保険会社のために収受した保険料を保管する場合においては、自己の財産と明確に区分しなければならず（1項）、前項の保険料を遅滞なく損害保

険会社に送金し、またはこれを郵便官署銀行その他預金もしくは貯金の受入れをなす機関に預入しなければならない（2項、同法施行規則5条1項）」旨が規定されていた。

　これは、「損害保険会社間の損害保険代理店の獲得競争などから損害保険代理店が強い立場に立ち、損害保険会社にすみやかに引き渡すべき保険料を引き渡さずに流用したりすることにより損害保険会社の保険料の確実な収納が困難となって、これにより損害保険会社の経営の健全性が阻害される事態が生じていたことから、募取法制定時から設けられていた規制」[16]であったとされる。

　しかしながら、現行の保険業法には、保険料領収に関する規制はなく、監督指針の損害保険会社による代理店の教育・管理・指導の項目に、規定されている。

　監督指針の規定を、実務フローに沿って整理すると、以下のとおりとなる。

・保険料領収時の領収証発行に関する規定（Ⅱ－4－2－1(2)②オ）
・領収した保険料の収支明細書類作成に関する規定（Ⅱ－4－2－1(2)②ウ）
・領収した保険料の保管と損害保険会社への送金の規定（Ⅱ－4－2－1(2)②エ）

　以下、各規制と損害保険業界の実務について、解説する。

(2)　保険料領収時の領収証発行

　監督指針Ⅱ－4－2－1(2)②オにおいては、以下のとおり規定されている。

オ．保険代理店に対して、保険料の領収にあたり、以下のような行為を行わせないよう指導しているか。
　(ｱ)　保険料の全部又は一部の支払いを受けずに保険料領収証を交付していないか。
　(ｲ)　保険料の領収は会社所定の領収証に限定されているか。
　(ｳ)　手形による保険料の領収が行われていないか。

---

[16]　山下・保険法149頁。

> (エ) 保険料口座振替契約であるにも関わらず正当な理由なく、手集金がされていないか。
> (オ) 保険料の振替口座が正当な理由なく、保険契約者以外の名義の口座となっていないか。

　これに対し実務においては、保険料領収の有無は、保険金支払の可否等にも大きく影響することから、各損害保険会社は代理店に対し、損害保険会社所定の保険料領収証綴を交付のうえ厳格な管理を行っている。

　具体的には、保険料領収証綴には、各綴を特定するための固有番号を刷り込み、代理店への交付に際しては預り印の取付けと台帳等による管理を行っている。また、綴ごとに一定の使用期限を定め、定期的に回収し、使用状況の点検等も行っている。その他、保険料口座振替契約についても、例外的に手集金となっている契約の調査や、振替口座の名義チェックなどの対策も講じられている。

　なお、東京海上日動においては、紙帳票の保険料領収証綴にかえて、代理店オンラインシステムにて保険料領収証の作成や発行、管理が可能な電子領収証システムを導入している。このシステムの活用により、代理店においては、領収証の作成や同綴の管理ロードが軽減されるほか、万一の同綴の紛失リスクも軽減できるといったメリットがある。また、代理店が締結した保険契約の計上データと保険料領収証の作成や保険料領収データのマッチング等が可能となり、不適正な領収証使用の未然防止効果等も期待できることから、同システムの活用を推進している。

(3) 領収した保険料の収支明細書類作成

　監督指針Ⅱ−4−2−1(2)②ウにおいては、以下のとおり規定されている。

> ウ．保険代理店に対して、領収した保険料を自己の財産と明確に区分し、保険料等の収支を明らかにする書類等を備え置かせているか。

　これに対し実務においては、損害保険会社は所定の帳簿を交付し、日々の

記帳を委託契約書等により義務づけるとともに、定期的に帳簿の記帳状況の点検を行い、管理を行っている。

(4) 領収した保険料の保管と損害保険会社への送金

監督指針Ⅱ－4－2－1(2)②エにおいては、以下のとおり規定されている。

> エ．保険代理店に対して、領収した保険料等を領収後、遅滞なく、保険会社に送金するか、又は、別途専用の預貯金口座に保管し、遅くとも保険会社における保険契約の計上月の翌月までに精算するよう指導しているか。

実務上は、受領した保険料を翌営業日中に損害保険会社への送金を求める精算方式（東京海上日動においては「デイリー精算」と呼称している）と、受領した保険料を翌営業日中に保険料専用口座に保管し、翌月末に損害保険会社への送金を求める精算方式がある。

(5) 保険料領収をめぐる環境変化

① 保険料支払方式の多様化

従前の実務においては、代理店が顧客宅を訪問し保険料を現金で領収、あるいは、後日、顧客から保険料専用口座への振込みによる領収が一般的であった。したがって、すでに解説した保険料領収証の発行や収支明細書類の作成、損害保険会社への送金等の保険料管理に係る事務手続は、代理店業務においてかなり大きなウェイトを占めるものであった。

しかしながら、損害保険業界においては、顧客からの現金以外の保険料支払を望む声が高まったことを受け、口座振替方式、クレジットカード払方式、コンビニエンスストア払方式等の現金不要の保険料支払方式（キャッシュレス）が随時導入され、会社によっては個人向けの損害保険のほぼすべての契約がキャッシュレスとなっているケースもある。

こうした保険料支払方式の多様化、とりわけキャッシュレス化が進んだことを受け、代理店業務における保険料管理のウェイトは、従前に比して相当程度縮小している。

② 保険料専用口座の帰属

　各損害保険会社の代理店委託契約書においては、代理店が領収した保険料と保険料専用口座は損害保険会社に帰属する旨の規定が設けられていることが一般的である。損害保険会社が保険金支払責任を負い、その原資として保険料を充てている以上、代理店が領収した保険料が損害保険会社に帰属することを当事者間の契約において明確に定めることは、損害保険会社の経営の健全性を確保するにおいて合理的な規定と考えられる。

　これに対し、代理店が破産したケースにおいて、損害保険会社と破産管財人との間で保険料専用口座の預金債権の帰属が争われ、口座名義や保険募集の取締に関する法律の規制等を総合的に勘案し、損害保険会社に帰属するとした裁判例がある[17]。

　一方で、損害保険会社と破産管財人との間ではなく、損害保険会社と保険料専用口座が開設された金融機関との間で争われた訴訟において、専用口座の預金債権は代理店に帰属するとして、代理店破産時に当該金融機関が専用口座預金債務について相殺することを認めた最高裁判決もある[18]。

　損害保険会社にとっては、とりわけ後者の最高裁判決は代理店破産時の保険料回収実務に大きな影響を与える可能性のある判決である。一方、最高裁判決当時の代理店委託契約書と現行の代理店委託契約書では保険料専用口座に関する条項が改定されているなど訴訟の前提事実が異なることや、破産管財人との争いにおいては最高裁判決の射程外の可能性もあること等から、損害保険会社としては従前同様の主張が認められる可能性もあると思われる。

　しかしながら、各損害保険会社の実務においてはこうした法解釈に注力するよりも、むしろ、先に解説したキャッシュレス化の推進、あるいは、現金領収した場合でも保険料専用口座への保管期間を短縮するために前述のデイリー精算を推進するなど、実務的かつ当事者間で解決可能な対応策によってリスク軽減に努めることが重要と考える。

17　東京地判昭63.3.29判時1306号121頁、東京地判昭63.7.27金法1220号34頁。
18　最判平15.2.21民集57巻2号95頁。

2　契約報告

　代理店は、保険契約を締結した後、直ちに損害保険会社に報告する必要がある。

　これらの損害保険会社への契約報告に関しても、保険料領収と同様に保険業法等に規定はないものの、各損害保険会社の代理店委託契約書等において委託業務として求められている。損害保険会社は、代理店からの契約報告によって、契約締結の事実を知り、保険証券の作成と交付を行うことから、損害保険会社としてすみやかな契約報告を求めることが合理的と考えられる。

　実務上は、従前は紙ベースの申込書類を定期的に損害保険会社が受領するケースが一般的であったが、現行実務においては、代理店業務用のオンラインシステムを通じて、電送による報告をあわせて求めることが一般的である。なお、これらの電送による報告は、損害保険業界では「代理店計上」や「ダイレクト計上」等と呼ばれている。

3　契約管理

(1)　契約変更

　損害保険の特徴として、保険契約期間中の契約変更手続が多いことがあげられる。たとえば、自動車保険においては保険の目的物である自動車の買替え等に伴う契約変更手続である。

　一方、生命保険では、結婚や出産等のライフスタイルの大きな変動期に、保険金額増額等の契約変更手続が行われるケースもあるが、その頻度は相対的に小さい。

　実務上は、自動車買替え等の契約変更手続の不備に端を発した契約者とのトラブル事例も散見されることから、損害保険会社および代理店として、契約締結後の通知義務等についても、契約締結時に十分に説明することが重要となる。

(2)　満期管理

　保険業法上、損害保険会社および代理店の満期管理責任を規定した条項はない。

他方で、契約者が更新手続を失念し、無保険状態となってしまった後に事故が発生したケースにおいて、損害保険会社および代理店の満期管理責任に問題があったとして、契約更新していれば得られたであろう保険金支払を求める訴訟が提起されたケースがある。これに対し、損害保険会社に満期案内等の義務はないとした一方で、代理店には保険契約更新に関する契約者の意思を確認すべき信義則上の義務があり、その義務違反があったとして代理店の損害賠償義務を認めた例もある（契約者側に約8割の過失を認定）[19]。

ただし、実務上は、満期管理責任の有無をめぐる解釈論よりも、契約者トラブルの未然防止こそが重要であり、損害保険会社各社の代理店委託契約書等において、代理店から契約者への満期案内等を求めていることが一般的である。

また、保険会社の基本方針として、自動更新特約を付帯することで、更新手続の失念による無保険状態の発生を防止するべく、自動車保険等に自動更新特約を付帯することを推奨するケースもある。無論、自動車保険のように満期時に他の損害保険会社商品への切替えが一定割合で発生する商品においては、自動更新特約に基づく自動更新の案内が不十分となった場合には、他の損害保険会社商品へ切替えた契約者との間で、契約の重複状態をめぐるトラブルが生じることもある。

したがって、いずれの方針を採用するにしても、損害保険の実務においては、確実な満期案内体制を構築することが重要となる。

第6節　保険募集時の留意事項等

1　保険業法300条1項の禁止行為

保険業法300条1項には、保険契約の締結または保険募集に関する禁止行為が列挙されている。

---

[19] 松山地裁今治支判平8.8.22保険毎日新聞（代理店版）平成9年4月14日号、前橋地裁高崎支判平8.9.6保険毎日新聞（代理店版）平成8年12月9日号。

> - 重要事項説明義務違反（1号）
> - 不実告知、不告知教唆の禁止（2号、3号）
> - 不当な乗り換え募集の禁止（4号）
> - 特別利益の提供の禁止（5号、8号）
> - 誤解を招くおそれのある比較表示の禁止（6号）
> - 誤解させるおそれのある予想配当表示の禁止（7号）
>   その他、同法施行規則234条1項で定める以下のような禁止行為（9号）
> - 威迫・業務上の地位等の不当利用による募集の禁止（同項2号）
> - 保険会社の信用力等に関し誤解させるおそれのある表示の禁止（同項4号）
> - 共同保険契約における契約者の誤認（同項5号）

　これらの禁止行為のなかでも、損害保険の実務におけるおもなものを以下解説する。

(1) 特別利益の提供の禁止

① 法規制

　保険業法300条1項5号では、「保険契約者又は被保険者に対して、保険料の割引、割戻しその他特別の利益の提供を約し、又は提供する行為」が禁止されている。これは、契約者間の公平性を確保するために設けられた規定と考えられる。

② 損害保険業界の実務

　損害保険の実務においては、代理店が保険勧誘や契約締結の際に顧客に提供するノベルティが、「特別利益の提供」に該当するか否かの解釈が問題となることがある。

　これに対し、「特別利益の提供」に関する監督指針Ⅱ－4－2－2(7)では、下記のような点について、留意すべきことが規定されている。

> ア．当該サービス等の経済的価値及び内容が、社会相当性を超えるものとなっていないか。
> イ．当該サービス等が、換金性の程度と使途の範囲等に照らして、実質的に保険料の割引・割戻しに該当するものとなっていないか。
> ウ．当該サービス等の提供が、保険契約者間の公平性を著しく阻害するものとなっていないか。

第3章　損害保険募集を取り巻く規制と実務

これを受け、東京海上日動の代理店向け規定においては、原則1,000円までの物品（タオル、カレンダー、手帳、ボールペン等）や使途の範囲が限定されている図書カード等であれば、提供は可能としている。一方、デパート等の商品券やギフトカードは、使途の範囲に照らして、提供不可と解釈している。

また、こうしたノベルティの提供以外にも、損害保険会社の契約引受規定等に違反して、本来は適用できない割引を適用する等の行為も、禁止行為に該当すると考えられる。こうした観点から、実務上は、団体割引が適用される団体契約の引受けにおいて、団体の構成員以外の者の混入有無等をモニタリングする等の対応も行われている。

(2) 誤解を招くおそれのある比較表示の禁止

① 現行規制および経緯

a 現　状

保険業法300条1項6号においては、「保険契約者若しくは被保険者又は不特定の者に対して、一の保険契約の契約内容につき他の保険契約の契約内容と比較した事項であって誤解させるおそれのあるものを告げ、又は表示する行為」が禁止されている。

また、監督指針Ⅱ－4－2－2(8)において、「法第300条第1項第6号に抵触する行為」と考えられるケース、逆に、「正確な判断を行うに必要な事項を包括的に示したもの」と考えられるケース（いわゆるセーフハーバー・ルール）が示されている。

ただ、損害保険会社にとっては、乗合代理店等が独自に比較表示を盛り込んだ独自募集文書を作成するとしても、自社商品に係る表示部分の適切性については事前点検等が可能であるとしても、他社商品に係る表示部分や文書全体の表示の適切性の事前点検等には限界があり、かつ、当該表示に対する保険会社の監督責任の及ぶ範囲が明確ではないこと、また、顧客に対しても、保険料に焦点を当てた比較が行われ、補償内容の相違の重要性が適切に認識されないおそれがあること等から、比較情報の提供はさほど積極的には行われていない状況にある。

b 比較表示規制をめぐる経緯

前述の販売勧誘検討チームでは、比較情報提供のあり方についても検討が行われ、2006年6月19日に「最終報告～ニーズに合致した商品選択に資する比較情報のあり方～」[20]として公表されている。

　同報告書においても、保険会社が他社商品との比較を試みようとしても正確な情報を取得することが困難なこと、正確な情報を取得し比較情報を提供できたとしても、他社において商品内容が変更された場合、変更部分について迅速かつ適切に比較情報に反映させることが困難なこと、結果として保険業法300条1項6号に違反するおそれがあるといった、保険会社等におけるデメリットについての言及がなされた。

　一方で、比較情報の提供が促進されれば、消費者にとっては、「自らのニーズに合致した保険商品を選択するために有用であり、消費者の適正な商品選択に資する」といったメリットも述べられており、一部比較や保険料比較等に関する留意点を明確化するための監督指針改正や、比較情報の提供を促す環境整備を図るための協議会の設置等、具体的方策も示された。

c　監督指針改定

　販売勧誘検討チームの最終報告もふまえ、2007年7月、保険業法300条1項6号関係の監督指針Ⅱ-3-3-6(6)（当時の条項。現行は先述のⅡ-4-2-2(8)）が改定され、契約内容の一部に関する比較を行う場合の留意点（契約概要の活用等）や、保険料を含む比較を行う場合の留意点（顧客が保険料に過度に注目するよう誘導することの禁止等）が明確化されている。

② 損害保険業界における検討経緯と実務

a　これまでの検討経緯

　販売勧誘検討チームの最終報告もふまえ、保険会社サイドにおいても、2007年7月から2008年5月にかけて、損保協会、生命保険協会、外国損害保険協会の3協会による「みんなが主役、保険商品の比較に関する自由討論会」が4回にわたって開催され、2008年6月に実施報告書[21]として取りまとめられている。

　同報告書においては、消費者が比較を行うことができるように、比較推進

20　金融庁ホームページ参照。
21　損保協会ホームページ参照。

のための環境整備に向けた取組みを期待する一定の方向性が示された。

こうした経緯をふまえ、損保協会が提供主体となり、比較情報の提供を行うことについての検討が進められ、2009年6月に「損害保険商品の比較ガイドライン（自動車保険）」[22]が策定されるとともに、同年11月には「自動車保険商品の比較サイト」[23]も開設されている。

ただし、上記①aに記載のような損害保険会社におけるリスク認識もあり、比較情報の提供はあまり積極的には行われていない状況にある。

b　改正保険業法をふまえての今後の実務

今般の改正保険業法により導入される「代理店に対する体制整備義務」の一環として、「比較説明・推奨販売」に係る体制整備も必須となる。

これに対し、「比較説明・推奨販売」の体制整備に関する監督指針（Ⅱ－4－2－9⑸）改定時のパブリックコメント番号482において、下記の「金融庁の考え方」が示されている。

> Ⅱ－4－2－9⑸に基づく比較推奨販売に係る体制整備については、一義的には当該販売方法を用いた保険募集を行う保険募集人に対して求められるものです。
> 　従って、貴見にある比較表といった保険募集に使用する資料は、各種法令を順守する必要があるほか、業界全体で策定している自主ガイドラインも参考に作成する必要があると考えますが、各作成主体の責任において適正に作成、使用される必要があります。
> 　ただし、保険会社においても、適切な保険募集を行うよう保険募集人に対して教育・指導・管理を実施する中で、適切な比較推奨販売を行うよう求めたり、問題があれば改善策を指示することが望ましい対応と考えられます。

すなわち、比較表示は代理店の「独自業務」と考えられる項目であり（第2章5節参照）、当該比較表示の適切性についての責任は、作成主体である代理店に対して求められるのであり、保険会社による「適切な比較推奨販売を行うよう求めたり、問題があれば改善策を指示すること」はあくまでも望ましいレベルの対応であることが明示されている。

22　注21に同じ。
23　http://hikaku.sonpo.or.jp/

このように、比較表示に係る所属保険会社の監督範囲が一定明確になったことを受け、改正保険業法の施行後は、乗合代理店が独自に比較表示を含む募集文書を作成する場合には、保険会社は自社商品に係る表示部分の適切性については事前点検を行うものの、文書全体の適切性については一定の指導を行うにとどまり、あくまでも作成主体の代理店のリスク判断、自己責任のもとに作成可否が決まってくるものと考えられる。

2　高齢者等に対する保険募集時の留意点

(1)　規　　制

　監督指針Ⅱ－4－4－1－1（顧客保護を図るための留意点）には、下記の規定がある。

> (4)　高齢者に対する保険募集は、適切かつ十分な説明を行うことが重要であることにかんがみ、社内規則等に高齢者の定義を規定するとともに、高齢者や商品の特性等を勘案したうえで、きめ細やかな取組みやトラブルの未然防止・早期発見に資する取組みを含めた保険募集方法を具体的に定め、実行しているか。
> 　その際の取組みとしては、例えば、以下のような方策を行うなどの適切な取組みがなされているか。
> 　① 保険募集時に親族等の同席を求める方法。
> 　② 保険募集時に複数の募集人による保険募集を行う方法。
> 　③ 保険契約の申込みの検討に必要な時間的余裕を確保するため、複数回の保険募集機会を設ける方法。
> 　④ 保険募集を行った者以外の者が保険契約申込の受付後に高齢者へ電話等を行うことにより、高齢者の意向に沿った商品内容等であることを確認する方法。
> 　また、高齢者や商品の特性等を勘案したうえで保険募集内容の記録（録音・報告書への記録等）・保存や契約締結後に契約内容に係るフォローアップを行うといった適切な取組みがなされているか。
> 　これらの高齢者に対する保険募集に係る取組みについて、取組みの適切性等の検証等を行っているか。

(2)　損害保険業界の実務

　上記(1)の監督指針もふまえ、損保協会では、高齢者対応については、業界

ベースで総合的に対策を講じる必要があるとの認識のもと、高齢者に対するより適正な保険募集を確保するために「高齢者に対する保険募集のガイドライン」[24]を策定している。

同ガイドラインでは、年齢・商品別等に必要なきめ細かな取組み等を規定しており、これらの内容をふまえ、損害保険会社各社では、顧客や商品の特性に応じたきめ細やかな取組みを行い、高齢者に対する適正な保険募集をさらに推進していくこととされている。

なお、東京海上日動においても、70歳以上の契約者に対しては、個々の契約者の理解度・判断力に応じた丁寧な対応が必要とのルールを定めている。

また、契約者の年齢が80歳以上であり、かつ、一定の投資性と長期性を有する積立型の長期契約については、よりきめ細かな対応が必須と考え、上記(1)の監督指針に例示された方策に取り組むほか、保険募集内容の記録・保存等のルールも定めている。

3　銀行等による保険販売固有の規制

銀行等による保険販売、いわゆる「保険窓販」は、2001年4月に一部の損害保険商品の取扱いが解禁されて以降、2002年10月1日、2005年12月22日と段階的に取扱商品が拡大され、2007年12月22日以降は全保険商品の取扱いが

図表4－3－7　保険窓販の経緯

解禁時期	取扱可能な損害保険商品
2001年4月1日	住宅ローン関連の長期火災保険・債務返済支援保険、海外旅行傷害保険
2002年10月1日	年金払積立傷害保険、財形傷害保険
2005年12月22日	個人向け賠償責任保険等 積立火災保険等 積立傷害保険
2007年12月22日	保険窓販の全面解禁

24　損保協会ホームページ参照（2014年6月26日作成）。

解禁されている（図表4 - 3 - 7）。

　保険窓販については、顧客利便の向上や販売チャネル間の競争の促進といった規制緩和の観点の検討に加え、2001年4月の第一次解禁当初より保険契約者等の保護を目的とした、固有の規制である各種弊害防止措置も導入されている。

　具体的には、銀行の本業に関する非公開情報を事前に当該顧客の同意を得ることなく保険募集に利用してはならないとする規制（保険業法施行規則212条の2第2項）や、融資条件として保険加入を義務づける等、取引上の優越的地位を不当に利用した保険募集の禁止（同規則234条1項7号）、保険加入の有無が預金や融資といったほかの業務に影響を与えない旨の書面交付による説明する規制（同規則234条1項8号）など、銀行の有する豊富な情報や影響力にかんがみた規制が設けられている。

　なお、弊害防止措置については、2007年12月の全面解禁以降に行われたモニタリング結果の収集および関係者からのヒアリング等の実施をふまえて2012年4月に一部改正が行われている。このように、全面解禁後も引き続き責任ある販売態勢の整備、顧客情報の利用態勢の整備、および法令遵守態勢の整備等の徹底が求められていることに留意を要する。

第4章 その他の法令に基づく保険募集規制

第1節　個人情報等の保護

　インターネットの急速な普及等による経済・社会の情報化の進展に伴う社会的な要請を受けて2005年4月1日に個人情報の保護に関する法律（以下「個人情報保護法」という）が全面施行され、個人情報を取り扱う企業は個人情報の保護のための体制整備を求められることとなった。その後、同法の施行から10年が経過し、IT技術の大幅な進展等を受け、ビッグデータ等のデータの利活用を可能とする制度への見直し、わが国の個人情報保護法制が海外（主としてEU）と比較し脆弱であることへの対応、昨今の重篤な情報漏えい事案の発生に対する規制強化策の実施等を目的として、同法の全面的な見直しが実施され、2015年9月3日に改正法が成立した。

　また、企業や公的機関における大規模個人情報漏えいがしばしば新聞やニュース等で報道されている現状をふまえ、個人情報の適正な取得、委託先の監督、安全管理措置等の強化・徹底、個人情報保護法の遵守徹底を目的に、2014年11月に消費者庁の標準的なガイドラインが公表され、各省庁がガイドラインを改正することとなった。以上を受け、損害保険事業を所管する金融庁は、2015年7月9日に金融分野における個人情報保護に関するガイドライン（以下「金融ガイドライン」という）および金融分野における個人情報保護に関するガイドラインの安全管理措置等についての実務指針（以下「実務指針」という）を改正施行した。

　上記個人情報保護法の改正にあわせて、行政手続における特定の個人を識別するための番号の利用等に関する法律（以下「番号法」という）の改正法も同時に成立し、いわゆるマイナンバー制度[25]が2016年1月よりスタートした。マイナンバー（特定個人情報）は、番号法において、当面の間利用範囲

が限定されるとともに、個人情報保護法以上に厳格な保護措置が設けられている。

一方で、社会の個人情報やプライバシーに対する意識は以前にも増して高まっており、個人情報の保護は損害保険会社にとってもますます重要な課題となっている。また、損害保険会社が保険の契約締結から保険金の支払までに取り扱う個人情報は、契約者のみならず、被保険者、保険金受取人、保険事故の被害者など、さまざまな関係者のものが含まれている。以上の社会環境変化や、個人情報保護法、金融ガイドライン・実務指針の改正により、今後は従来以上に個人情報の適正な管理が求められるとともに、その利活用を含めた個人情報の取扱いが損害保険事業者に課題として投げかけられるようになった。

1　個人情報等の保護に関するおもな法令等

保険契約情報等の個人情報を取り扱うにあたっては、損害保険会社が遵守すべき法令等を正確に把握し、それらに沿った対策が必要である。

損害保険会社が情報の保護のために遵守すべきおもな法令等には次のものがあるが、なかには個人情報だけでなく法人に関する情報も含め広く「顧客情報」について規定しているものもあるため、注意が必要である。

(1)　個人情報保護法

個人情報保護法の立法目的は、情報資産としての個人情報の重要性にかんがみ、企業における個人情報の有用性に配慮しつつ、情報漏えい等による個人への法益侵害を防止し個人の権利利益を保護することにある（個人情報保護法1条）。2015年の改正により、「個人情報の有用性」について、個人情報の適正かつ効果的な活用が新たな産業の創出ならびに活力ある経済社会および豊かな国民生活の実現に資するものであることが追加された。

---

25 「マイナンバー制度」とは、日本に住む個人に個人番号を付与し、税・社会保障・災害対策の分野で、複数の機関が保有する個人の情報が同一人の情報であることを確認するために活用されるもので、行政を効率化し、国民の利便性を高めることを目的としている。

(2) 金融分野における個人情報保護に関するガイドライン(「金融ガイドライン」)

　金融ガイドラインは、個人情報保護法をふまえて、金融庁が所管する分野において個人情報取扱事業者[26]が個人情報の適正な取扱いの確保に関して行う活動を支援するため、金融分野における個人情報の性質および利用方法に照らして、事業者が講じるべき措置の適切かつ有効な実施を図るための指針として、2004年12月に定められた。その後複数回の改正を経て、昨今の重篤な情報漏えい事案の発生をふまえ、個人情報の適正な取得、委託先の監督、安全管理措置等の強化・徹底等を目的に2015年7月に改正施行された。金融ガイドラインは、個人情報保護法上の義務や同法の解釈を定めた規定のほか、金融分野で取り扱う個人情報の性質・利用方法に照らし、金融分野の事業者に対して個人情報の特に厳格な取扱いを求める規定が定められている。金融分野の事業者が特に厳格な措置を求められているのは、個人情報保護法に対する衆参両院の附帯決議において、金融分野では特に適正な取扱いの厳格な実施を確保する必要がある個人情報を保護するための個別法の検討が要請されたこと、政府の「個人情報の保護に関する基本方針」(2004年4月2日閣議決定)において、金融分野は個人情報を保護するための格別の措置を講じることとされているためである。

(3) 金融分野における個人情報保護に関するガイドラインにおける安全管理措置等についての実務指針(「実務指針」)

　実務指針は、金融ガイドライン10条～12条に定められている安全管理措置等をより詳細に規定したものである。2015年7月の金融ガイドラインの改正と同時に、安全管理措置の強化・徹底を目的に改正・施行された。

(4) その他損害保険会社が遵守すべき指針・ガイドライン等

① 損害保険会社に係る個人情報保護指針、損害保険会社における個人情報保護に関する安全管理措置等についての実務指針

　認定個人情報保護団体である損保協会が個人情報保護法43条(改正個人情報保護法53条)に基づき作成・公表したものである。両指針が適用され

---

[26] 「個人情報取扱事業者」とは、個人情報データベース等を事業の用に供している者をいう。

る対象事業者は、協会加盟の損害保険会社である。
② その他
　a　経済産業分野のうち信用分野における個人情報保護ガイドライン
　　　住宅ローン関連商品を取り扱っている損害保険会社においては、契約者情報の取扱いにあたって同ガイドラインを遵守する必要がある。
　b　国土交通省所管分野における個人情報保護に関するガイドライン
　　　自動車損害賠償責任保険については、国土交通省が所管しているため、同ガイドラインに従った対応も必要となる。
　c　雇用管理分野における個人情報保護に関するガイドライン
　　　企業の労働者の個人情報の適正管理について規定している。ここでいう「労働者」には、正社員のみならず、正社員になろうとしている者も含まれていることに注意が必要である。

2　保険募集における対応

(1)　利用目的の特定・制限

損害保険会社が、個人情報を取得し利用するためには、個人情報が損害保険事業においてどのような目的で利用されるかを本人が合理的に予想できるように、できる限り特定しなければならない（個人情報保護法15条）。

特定にあたっては、一般的に容易に想定できるレベルであることが必要であり、目的をできるだけ具体的に記載する必要がある。損害保険会社においては、保険の募集、契約の引受け、契約の維持・管理、保険金・満期返戻金等の支払、保険契約の履行および付帯サービスの提供、各種商品・サービス等の案内・提供等が考えられる。あらかじめ特定された利用目的以外で個人情報を利用することは一部の場合を除き禁止されている（個人情報保護法16条1項）。

(2)　適正な取得

個人情報の取得にあたり、個人情報取扱事業者は偽りその他不正な手段を用いてはならない（個人情報保護法17条）。「偽りその他不正な手段」とは、不適法または適正性を欠く方法や手続を含み、具体的な判断は、事案ごとに同法その他の法令の趣旨や社会通念に委ねられていると解されている。たと

えば、本人に対して個人情報を収集している事実を隠したり、目的を偽って取得する場合、他人が管理する情報を正当な権限なく隠し撮りする場合、十分な判断能力を有していない子供から親の個人情報を取得する場合等が該当すると解されている。また、本規定は、損害保険会社自身が違法な行為により個人情報を取得することを禁止するだけでなく、個人情報の提供を受ける相手方が違法行為により取得したことを知りながら提供を受けることについても禁止している点に注意が必要である。

従来、金融ガイドラインに「機微（センシティブ）情報」として定義され、特に慎重な取扱いが求められていた個人情報について、2015年の個人情報保護法改正で、新たに「要配慮個人情報」と定義され同法に規定されることとなった。これに伴い、個人情報保護法17条に2項が追加され、一部の例外を除き事前に本人の同意を得なければ取得してはならないと規定されたことから、同法施行以降は従来以上に注意が必要である。

(3) 取得に際しての利用目的の通知等

あらかじめその利用目的を公表している場合（会社ホームページもしくは店舗内に掲示している場合等）を除き、契約者等から個人情報を取得する場合、すみやかにその利用目的を本人に通知し、または公表しなければならない（個人情報保護法18条1項）。さらに、申込書等の書面により取得するときには、通知・公表のみでは不十分であり明示しなければならない（同条2項）。

損害保険会社においては、損害保険代理店を通じて顧客から個人情報を取得するケースが多いため、利用目的の明示の徹底にあたっては、あらかじめ申込書等の帳票に印字する等、もれなく対応できる態勢を整備しておくべきである。

損害保険代理店は、乗合代理店、副業代理店があり、複数の保険会社の商品を案内したり、本業において個人情報を利用する場合には、個人情報の取得時に、契約する保険会社の利用目的とは別に損害保険代理店独自の利用目的を明示する必要がある。

(4) 要配慮個人情報の定義

「要配慮個人情報」とは、改正個人情報保護法にて条文に「本人の人種、信条、社会的身分、病歴、犯罪経歴、犯罪により害を被った事実その他本人

に対する不当な差別、偏見その他の不利益が生じないようにその取り扱いに特に配慮を要するものとして政令で定める記述等が含まれる個人情報」と定められている。同情報については、金融ガイドラインにおいても特に慎重な取扱いが求められている。

(5) 個人情報保護法改正に伴う留意点

以上に掲げた募集における対応に加え、2015年の個人情報保護法改正の内容で、同改正法施行後に留意すべき点は以下のとおりである。詳細は政令、個人情報保護委員会規則により定められる部分があることから、その動向には十分注意する必要がある。

① 個人情報の定義の明確化（改正個人情報保護法2条）

個人情報の定義に、「個人識別符号が含まれるもの」が追加された。具体的には、「特定の個人の身体の一部の特徴を電子計算機の用に供するために変換した文字、番号、記号、その他の符号であって、当該特定の個人を識別することができるもの」等であり、政令で定めるものと定義されている。

② 外国にある第三者への提供制限（改正個人情報保護法24条）

個人データを外国にある第三者に提供する場合は、あらかじめ本人同意を得るか以下の要件を満たさなければ、同法23条（第三者提供の制限）の例外規定（オプトアウト、委託、合併等による事業継承、共同利用）による提供はできないとされている。

　a　日本と同等の水準にあると認められる個人情報保護の制度を有している国として、個人情報保護委員会規則に定める国にある第三者に提供すること。

　b　提供先の第三者が個人情報保護委員会規則で定める基準に適合する体制を整備していること。

③ 第三者提供に係る確認、記録の作成等（改正個人情報保護法25条〜26条、後述4(3)参照）

3　安全管理措置等

損害保険会社は、個人データの漏えい、滅失または毀損等を防止するために、個人情報保護法20条において、個人データの取扱全般について必要かつ

適切な措置を講じなければならない。また、同法21条では従業者に対して、同法22条では個人データを委託する場合の委託先に対する必要かつ適切な監督を求められている。

(1) **安全管理措置**（個人情報保護法20条、金融ガイドライン10条、実務指針Ⅰ）

個人情報保護法20条は「必要かつ適切な措置」を求めているが、同法には具体的内容が規定されていない。損害保険会社は、金融ガイドライン等に則して対応することが必要である。同ガイドラインでは、個人データの安全管理に係る基本方針（いわゆるプライバシーポリシーなど）・取扱規程の整備、および安全管理措置に係る実施態勢の整備等の必要かつ適切な措置を講じなければならないとされている。また、個人データの取得・利用・保管等の各段階に応じ、「組織的安全管理措置」「人的安全管理措置」「技術的安全管理措置」を含むものでなければならないとされている（金融ガイドライン10条1項）。なお、個人情報を取り扱うにあたり、講じるべき対策は数多くあるが、「漏えい、滅失又はき損等をした場合に本人が被る権利利益の侵害の大きさを考慮し、事業の性質及び個人データの取扱状況等に起因するリスクに応じ」、また「個人データを記録した媒体の性質に応じ」た安全管理措置を講じることが重要である。

a 「組織的安全管理措置」とは、個人データの安全管理措置について従業者の責任と権限を明確に定め、安全管理に関する規程等を整備・運用し、その実施状況の点検・監査を行うといったPDCAサイクル[27]を回すことができる「個人情報取扱事業者の体制整備」のことである。

2015年の実務指針の改正により、「個人データ管理責任者等の設置」として「個人データの取扱いの点検・改善等の監督を行う部署又は合議制の委員会を設置することが望ましい」との注書き等が追加された。金融ガイドライン、実務指針の改正をふまえ、個人情報取扱事業者としての体制を見直し、整備を実施していくことが必要である。

b 「人的安全管理措置」とは、従業者との個人データの非開示契約等の

---

[27] 計画（Plan）−実施（Do）−確認（Check）−見直し（Act）を継続的に実施し、業務改善を図る管理手法。

締結および従業者に対する教育・訓練等を実施し、個人データの安全管理が図られるよう従業者を指導、監督することである。

c 「技術的安全管理措置」とは、個人データおよびそれを取り扱う情報システムへのアクセス制御および情報システムの監視等の個人データの安全管理に関する技術的な措置をいう。

　実務指針の改正により、個人データへのアクセス記録および分析、個人データを取り扱う情報システムの監視および監査の強化が規定された。実務指針の改定をふまえ、従来の各種対策に加え、個人データへの不正アクセス対策、ソフトウェアに関する脆弱性対策等を実施する必要がある。

(2) **従業者の監督**（個人情報保護法21条、金融ガイドライン11条、実務指針Ⅱ）

損害保険会社は、個人データの安全管理が図られるよう、適切な内部管理体制を構築し、その従業者に対する必要かつ適切な監督を行わなければならない。ここでいう「従業者」とは、組織内にあって直接または間接に事業者の指揮監督を受けて事業の業務に従事している者をいい、雇用関係にある従業員（正社員、契約社員、嘱託社員、パート・アルバイト社員）のみならず、事業者との間に雇用関係のない取締役、執行役、理事、監査役、監事、派遣社員等も含まれることに注意が必要である。

(3) **委託先の監督**（個人情報保護法22条、金融ガイドライン12条、実務指針Ⅲ）

損害保険会社は、個人データの取扱いの全部または一部を委託する場合は、その取扱いを委託された個人データの安全管理が図られるよう、委託先に対して必要かつ適切な監督を行わなければならない。委託にあたっては、個人データを適正に取り扱っていると認められる者を選定するとともに、取扱いを委託した個人データの安全管理のための措置を委託先においても確保することが必要である。

　具体的には、実務指針5－1に掲げられた事項[28]を委託先選定の基準として定め、それに従って委託先を選定するとともに、当該基準を定期的に見直さなければならない。また、委託契約後には、損害保険会社が独自に定める

委託基準に基づき、委託先における遵守状況を定期的または随時確認し、委託先が当該基準を満たすように監督することが求められている。また、委託契約においては、実務指針5-3に掲げられる事項[29]を安全管理に関する事項として盛り込み、定期的または随時に、委託先における委託契約上の安全管理措置等の遵守状況を確認しなければならない。加えて、委託契約に盛り込む安全管理措置についても定期的に見直すことが求められている。

損害保険会社における委託の典型例は、代理店に対する保険募集業務の委託がこれに当たる。代理店業務の性質上、事務所外に個人情報を持ち出すことが多いため、車上荒しや置忘れなどによる漏えい事案に注意が必要である。

4　第三者提供の制限等

(1) 第三者提供

個人情報保護法23条は、個人情報取扱事業者は、ある一定の場合を除きあらかじめ本人の同意を得ないで個人データを第三者に提供することを禁じている。本規定は、本人が知らないうちに自身の個人情報が事業者の外に出回ることがないようにコントロールできるようにすることを目的としている。

損害保険会社は、金融ガイドライン13条1項において、第三者提供の同意を得る際には、原則として書面によることとされ、下記の3点をその書面に記載することで、本人に認識させ、同意を得ることが努力措置として求めら

---

[28] 次に掲げる事項を委託先選定の基準として定めなければならない。
　① 委託先における個人データの安全管理に係る基本方針・取扱規程等の整備
　② 委託先における個人データの安全管理に係る実施体制の整備
　③ 実績等に基づく委託先の個人データ安全管理上の信用度
　④ 委託先の経営の健全性

[29] 次に掲げる安全管理に関する事項を盛り込まなければならない。
　① 委託者の監督・監査・報告徴収に関する権限
　② 委託先における個人データの漏えい、盗用、改ざんおよび目的外利用の禁止
　③ 再委託における条件
　④ 漏えい事案等が発生した際の委託先の責任
　なお、実務指針の改正により、「金融分野における個人情報取扱事業者は、委託先において個人データを取り扱う者の氏名・役職又は部署名を、委託契約に盛り込むことが望ましい」との注書きが追加された。本改正をふまえた対応が必要である。

れている。

> ① 個人データを提供する第三者
> ② 提供を受けた第三者における利用目的
> ③ 第三者に提供される情報の内容

　損害保険会社においては、本人の代理人（親族、弁護士等）からの契約情報に関する照会があったときや、保険金の支払に際して修理工場等へ契約に関する情報を提供する場合に本人の同意を確認する必要がある。

　また、一度に大量の個人データを第三者提供する場合など、実務上個別の同意を取り付けることが困難な場合には、個人情報保護法23条2項において「オプトアウト」といわれる方法も認められている。

　オプトアウト[30]とは、本人の求めがあれば当該本人が識別される個人データの第三者への提供を停止することである。次の4項目[31]をあらかじめ本人に通知し、または本人が容易に知りうる状態に置くことで、当該個人データを第三者に提供できるようにする。

> ① 第三者への提供を利用目的とすること
> ② 第三者に提供される個人データの項目
> ③ 第三者への提供の手段または方法
> ④ 本人の求めに応じて当該本人が識別される個人データの第三者への提供を停止すること

---

[30] 改正個人情報保護法では、オプトアウトの実施にあたっては、個人情報保護委員会への届出が必要となった。手続の詳細を定める個人情報保護委員会規則を確認するとともに十分注意が必要である。

[31] 改正個人情報保護法では、4項目が5項目に変更されている点に注意が必要である。以下変更点をあげる。
　③ 第三者への提供の方法（変更）
　⑤ 本人の求めを受け付ける方法（追加）

(2) 本人の同意が不要な場合

　本人の同意の有無にかかわらず第三者提供できるのはおもに以下のとおり。なお、外国にある第三者への提供については、前述2(5)②のとおり（改正個人情報保護法24条）一部の例外を除き、本人の同意が必要であるので注意が必要である。

① 法令に基づく場合（個人情報保護法23条1項1号）

　法令に基づいて第三者提供する場合は本人の同意は必要ない。損害保険会社においては、契約状況や契約内容、保険金の支払状況について、税務署や地方公共団体等の公的機関から照会を受ける場合がある。この場合、個人情報保護法上は、根拠法令を確認したうえで顧客情報を開示すれば問題ない。

　しかし、その一方で、損害保険会社は顧客に関するよりプライバシー性の高い情報を扱っているため、契約者に対して信義則上の守秘義務を負っていると解するのが一般的である。したがって、個人情報保護法上、本人の同意なく第三者提供が可能だとしても、契約者のプライバシー保護との関係で、検討を要する場合がある。たとえば、弁護士法23条の2第2項において、弁護士会は弁護士からの申出に基づき公務所または公私の団体に照会して必要な事項の報告を求めることができると規定されており、一般的には公務所等に報告義務があると考えられている（最決平20.11.25）。しかし、弁護士会の前歴照会に区長が応じて、公権力の違法な行使に当たるとされた判例（最判昭56.4.14）にもみられるように、提供内容によっては、プライバシー権の侵害等を理由に損害賠償請求が認容されるおそれがあることから、要請に応じる際にはあらかじめ本人からの同意を得ることが望ましい。かりに同意が得られない場合に要請に応じるか否かは、その照会の理由や当該個人情報の性質等にかんがみ、個別の事案ごとに慎重に判断をする必要がある。

② 委託先への提供（個人情報保護法23条4項1号[32]）

　前述3(3)のとおり、保険募集業務を委託している代理店に対する個人データの提供がこれに当たる。損害保険会社は公表している利用目的の達成に必要な範囲内において個人データの取扱いの全部または一部を第三者に委託す

---

[32] 改正個人情報保護法23条5項1号。

ることができる。代理店が受託した個人データを利用できるのは、損害保険会社から委託を受けている業務の範囲内に限られる。なお、損害保険会社は、代理店に対して個人データを提供する際に、本人の同意を得る必要がないかわりに、損害保険会社は代理店を監督しなければならない。

契約の取扱代理店が変更となるとき、契約情報が第三者提供されることになる。この場合、変更先の代理店も同じ損害保険会社の委託先であれば、委託先が変更されただけであり、契約情報の提供にあたっては、個人情報保護法上は本人の同意を取得する義務はない。しかし、見ず知らずの代理店から契約者に突然連絡が入ると、契約者は自身の個人情報が漏えいしているのではないかといった不安を抱く可能性がある。したがって、代理店が変更となる場合は事前に契約者に案内することが望ましい。

③　共同利用（個人情報保護法23条4項3号[33]）

個人データを特定の者との間で共同して利用する場合には、共同利用をすることならびに共同して利用する個人データの項目、共同して利用する者の範囲、共同利用する目的および当該個人データの管理方法などについて責任を有する者の氏名または名称を明らかにし、あらかじめ、本人に通知または本人が容易に知りうる状態に置かなければならない。

損害保険会社は、顧客に対する商品・サービスの案内などのために企業グループ内において共同利用する以外に、損害保険事業の公共性の観点から、保険契約の締結または保険金の請求に際して行われる不正行為を排除し契約者間の公平性を維持することを目的に、引き受けた保険契約に関する情報や受け付けた保険事故に関する情報を損保協会等に登録し、交換する制度を運営している。

(3)　**個人情報保護法改正に伴う留意点**（改正個人情報保護法25条～26条）

2015年の個人情報保護法改正により、個人データを第三者に提供する場合ないしは第三者から受領する場合は、個人情報保護委員会規則の定めるところにより以下の義務が課されることになるので、その取扱いには十分注意が必要である。

---

[33]　改正個人情報保護法23条5項3号。

① 個人データを第三者に提供したときは、個人情報保護委員会規則で定めるところにより、提供の年月日、提供先の氏名等の記録を作成し、一定期間保存しなければならない。
② 個人データを第三者から受領する場合は、個人情報保護委員会規則で定めるところにより、提供者の氏名または名称・住所、その提供者が当該個人データを取得した経緯等を確認するとともに、当該確認内容および提供の年月日等の記録を作成し、一定期間保存しなければならない。

第2節　犯罪収益移転防止法

　国際社会における共通課題であるマネー・ローンダリング対策やテロ資金供与対策は、1992年7月、国際的な協力のもとに「規制薬物に係る不正行為を助長する行為等の防止を図るための麻薬及び向精神薬取締法等の特例等に関する法律」（以下「麻薬特例法」という）の施行を契機として、薬物犯罪収益に関するマネー・ローンダリング情報の届出を義務づける「疑わしい取引の届出制度」が創設された。
　その後、2000年2月には組織的な犯罪の処罰及び犯罪収益の規制等に関する法律（以下「組織的犯罪処罰法」という）により本届出制度が拡充された。
　2001年9月に発生したアメリカ同時多発テロ事件を契機として、テロ資金供与対策は国際社会における課題としての重要性が増し、2003年1月には「金融機関等による顧客等の本人確認等及び預金口座の不正な利用の防止に関する法律」（以下「本人確認法」という）が施行され、損害保険会社においても一定の取引に際して顧客の本人確認等を実施することが義務づけられた。
　近年、マネー・ローンダリングの手口が複雑かつ巧妙になり、金融機関以外の事業者がマネー・ローンダリング行為に利用されてきたことを受け、2008年3月1日に、ファイナンスリース事業者、クレジットカード事業者、宅地建物取引業者、宝石・貴金属等取扱事業者、郵便物受取サービス業者、電話受付代行業者、弁護士、司法書士、公認会計士等の法律・会計の専門家を対象事業者に加えた「犯罪による収益の移転防止に関する法律」（以下「犯

罪収益移転防止法」という）が全面施行された。

その後、2013年4月に犯罪収益移転防止法が改正され、取引時確認やハイリスク取引における再確認等が義務づけられた。なお、2014年11月には改正法が成立し、2016年10月に施行される。

1 損害保険会社における義務

損害保険会社は、犯罪収益移転防止法2条2項17号において規定される「特定事業者」として、取引時確認、取引記録の作成、疑わしい取引の届出等が義務づけられている。

2 取引時確認

① 損害保険会社の全業務のうち、犯罪収益の移転に利用されるおそれのある取引とは、以下の取引のことをいう。

　　a　積立保険契約の締結
　　b　積立保険契約の満期返戻金、解約返戻金の支払
　　c　積立保険契約の契約者変更
　　d　現金、小切手（横線小切手を除く）による取引のうち取引金額が200万円を超える取引

② 取引時確認事項は、当該取引の顧客および取引の受益者など（以下「顧客等」という）が自然人か法人かによって、確認書類や確認方法が異なる点に注意が必要である。本人確認の方法には、「対面にて本人確認書類の提示を受ける場合」と「郵送等により本人確認書類を受領する非対面の場合」の2通りがある。非対面取引の場合、本人確認書類を受領し確認するのみでは足りず、その後受領した本人確認書類に記載された本人住所宛てに取引に関係する文書を書留郵便等により転送不要郵便物として送付する必要がある（同法施行規則5条1項1号）。

a 自然人に対する取引時確認事項・確認方法・確認書類は、下表のとおり。

確認事項		確認方法	確認書類等
本人特定事項	氏名 住所 生年月日	顧客等からの本人確認書類の提示	運転免許証 パスポート 健康保険証　等[34]
取引目的		顧客等から申告を受ける	—
職業			

b 法人に対する取引時確認事項・確認方法・確認書類は、下表のとおり。

確認事項		確認方法	確認書類等
本人特定事項	名称 本店所在地	代理人等[35]から法人の本人確認書類の提示	登記事項証明書 印鑑証明書　等
取引目的		代理人等から申告を受ける	
事業の内容		代理人等から法人確認書類の提示	登記事項証明書 定款　等
実質的支配者（いる場合）		代理人等から申告を受ける	

③ 損害保険会社は、顧客等との間で、以下のようなリスクの高い取引を行う際には、取引時確認の再確認（異なる本人確認書類での確認等）を行うといった厳格な確認が必要である。また、当該取引が200万円を超える場合は、資産および収入の状況の確認も必要になる。

 a 顧客等や代理人等になりすましている疑いのある取引
 b 顧客等や代理人等が取引時確認に係る事項を偽っていた疑いのある取引
 c 特定国（イラン、北朝鮮）等に居住・所在する者との取引

---

[34] 国民年金手帳も確認書類に含まれる。
[35] 代理人等の本人特定事項については、自然人と同様の確認が必要である。

3　取引記録の作成義務

　損害保険会社は、保険契約等に関する業務（以下「特定業務」という）に係る取引を行った場合、少額の取引その他の政令で定める取引を除き、直ちに一定の方法により、顧客等の本人確認記録を検索するための事項、当該取引の期日および内容その他の事項に関する記録を作成し、当該取引等が行われた日から7年間保存しなければならない（同法7条1項）。

4　疑わしい取引の届出

　疑わしい取引の届出制度は、マネー・ローンダリングを防止するための対策の1つであり、金融機関等から犯罪収益に係る取引に関する情報を集めて捜査に役立てることを目的とする制度である。

　1992年7月に施行された麻薬特例法において金融機関等に薬物犯罪収益に関するマネー・ローンダリング情報の届出を義務づけたことから始まり、2000年2月に組織的犯罪処罰法が施行され、疑わしい取引の届出の対象が、従来の薬物犯罪収益に係る取引から200を超える重大犯罪による収益に係る取引に拡大された。

　その後、2002年7月に、テロ資金供与等の行為を犯罪化することを内容とする「公衆等脅迫目的の犯罪行為のための資金の提供等の処罰に関する法律」の施行に伴い、組織的犯罪処罰法が一部改正され、テロ資金供与等の疑いがある取引についても疑わしい取引の届出対象となった。

　2008年3月の犯罪収益移転防止法の全面施行に伴い、届出対象事業者が拡大され、2013年4月の犯罪収益移転防止法の改正を経て現在の制度となっている。

① 届出の対象

　損害保険会社は、取引時確認の結果、以下に該当する場合には、すみやかに金融庁へ届け出なければならない（同法8条1項）。

　a　特定業務において収受した財産が犯罪による収益である疑いがある場合

　b　顧客等が特定業務に関し組織的犯罪処罰法10条[36]の罪もしくは麻薬特

例法6条[37]の罪に当たる行為を行っている疑いがあると認められる場合

　具体的にどのような場合に届出が必要かを判断する際の参考として、金融庁のホームページに、疑わしい取引に該当する可能性のある取引として特に注意を払うべき取引の参考事例を例示している。個別具体的な取引が「疑わしい取引」に該当するか否かについては、顧客等の属性、取引時の状況その他損害保険会社の保有している当該取引に係る具体的な情報を総合的に勘案して損害保険会社において判断する必要がある。なお、損害保険会社は、届出を行おうとすることまたは行ったことを当該届出に関する顧客等またはその者の関係者に漏らしてはならない（犯罪収益移転防止法8条2項）。

② 届出方法

　疑わしい取引に該当する事案が判明した場合、損害保険会社は以下のいずれかの方式により金融庁へ届出を行う。ただし、金融庁は、情報管理の強化、業務の高度化・効率化のために、下記aによる届出を推奨している。具体的な手続については、金融庁ホームページに記載されている。

　　a　電子申請システムによる届出（インターネット経由）
　　b　フレキシブルディスクによる届出（書留または直接持参）
　　c　書面による届出（書留または直接持参）

第3節　金融商品取引法と保険デリバティブ

　損害保険会社は、天候リスクや地震リスク等、従来より損害保険契約で引き受けている自然災害リスクを対象指標としたデリバティブ商品（以下「保険デリバティブ」という）を販売している。保険デリバティブは、金融商品取引法（以下「金商法」という）2条22項に規定する「店頭デリバティブ」に該当する。したがって、保険デリバティブの取引、媒介、取次もしくは代

---

[36] 犯罪収益等隠匿罪。犯罪収益等の取得もしくは処分につき事実を仮装し、または犯罪収益等を隠匿した者について、犯罪収益等隠匿罪として5年以下の懲役もしくは300万円以下の罰金に処し、またはその併科する旨を定めている。

[37] 薬物犯罪収益等隠匿罪。薬物犯罪収益等の取得もしくは処分につき事実を仮装し、または薬物犯罪収益等を隠匿した者は、5年以下の懲役もしくは300万円以下の罰金に処し、またはその併科する旨を定めている。

理(以下「保険デリバティブ業務」という)を行うにあたっては、金商法および日本証券業協会の自主規則[38]の規制を受ける。以下、この節では、保険デリバティブの代表商品である天候デリバティブの概要を記載するとともに、損害保険会社が保険デリバティブ業務を行うにあたって遵守すべき各種行為規制や必要となる社内の内部管理体制について記載する。

1　天候デリバティブの概要

(1)　天候デリバティブとは

天候デリバティブは、「観測期間中に測定された気象に関する指標(気温、降水量、降雪量、台風の発生数、日照時間等)が、あらかじめ設定した条件に合致した場合に、所定の決済金を受け渡しする金融商品」である。電力・ガス会社をはじめ、農業、小売業、屋外興行施設等、気候変動によって売上高や収益が変動する企業が、リスクヘッジの手段として、天候デリバティブを活用している。世界初の天候デリバティブ取引は、1997年にアメリカでエネルギー商社が暖冬に備えて気温リスクをスワップしたものといわれている。

(2)　天候デリバティブの契約例

図表4－4－1に、屋外レジャー施設等の企業が、長雨リスク(降雨日に来客数が減る等により企業の売上高が減少するリスク)をヘッジすることを目的として行う天候デリバティブ(オプション取引)取引の一例を示す。

図表4－4－1の天候デリバティブを契約することによって、契約者である企業は、所定の契約料(オプションプレミアム)を負担することにかえて、降雨時の来客数の減少によって被る収益の減少額を天候デリバティブの決済金でカバーすることができる。

(3)　保険商品との相違点

企業の天候リスクをヘッジするための手段には、上記の天候デリバティブ以外にも異常気象保険という損害保険商品がある。異常気象保険は、契約時に損害保険会社と契約者との間であらかじめ定めた気象指標の変動の影響により、被保険者の営業が休止または阻害されたために、被保険者が支出する

---

[38] 同協会の協会員となっている損害保険会社については、金商法の規制に加えて、同協会が定めている自主規則も遵守しなければならない。

図表4－4－1　天気デリバティブの契約例

①対象指標	観測期間中において、観測点における日降水量が5㎜以上となる日の合計日数
②観測点	東京（気象庁地上気象観測データ）
③観測期間	200○年6月1日～　200○年6月30日
④ストライク値	7日
⑤単位価額	100万円
⑥支払限度額	1,000万円
⑦決済金の額	対象指標がストライク値を上回る場合に、以下の算式により算出された額を支払限度額を限度に支払う（対象指標がストライク値と等しいかこれを下回る場合は0となる）。 「（対象指標－ストライク値）×単位価額」
⑧契約料	○○万円

費用または喪失する利益の実損害額を補償する保険である。企業の天候リスクをヘッジする手段である点で、天候デリバティブと共通しているが、以下の相違点がある。

① 損害査定の要否

　異常気象保険は、気候変動により企業が実際に被った損害額を補償する保険商品であるため、保険金の支払に際しては、損害保険会社は損害査定を行う必要がある。損害保険会社は損害査定時に、企業の収益減少と気候変動との間の因果関係の有無や気候変動に起因して減少した収益の額について確認を行う。一方、天候デリバティブは、対象とする気象指標が契約時に定めた条件に合致した場合に支払う金融商品であるため、損害査定は不要である。したがって、通常のケースでは、異常気象保険よりも天候デリバティブのほうが、決済金の支払われるタイミングが早い。

② ベーシス・リスク

　異常気象保険は、実損てん補を前提とした損害保険商品であることから、一定の自己負担額分や支払限度額を設定した場合の超過額分等を除き、企業が実際に被った損害額と企業が受け取る保険金との間に差が生じない。一方

で、天候デリバティブは、気候変動により企業が実際に被った損失額にかかわらず、あらかじめ定めた額の決済金を支払うことから、企業が受け取る決済金の額と企業が実際に被った損失の額との間に乖離が生じる場合がある。これらの差はベーシス・リスクと呼ばれており、天候デリバティブ取引を行う企業は、契約に際してこのリスクを十分に認識する必要がある。天候デリバティブでベーシス・リスクが大きくなる要因には、ヘッジ対象の所在地と天候デリバティブで使用する観測点の所在地の距離が離れている場合や、天候デリバティブの対象とする気象指標とヘッジ対象との相関関係が低い場合等がある。

2　金融商品取引法の概要

　過去、わが国の投資法制は、株式や債券等の有価証券については証券取引法、金融先物取引については金融先物取引法といったように、金融商品ごとに個別の法律が定められていた。ところが、1996年から2001年にかけて行われた日本版金融ビッグバン以降、各種の規制緩和や金融工学の発達等に伴い、従来の投資法制の対象とならない金融商品や投資スキームおよびそれらを取り扱う業者が登場することとなった。このため、包括的・横断的な利用者保護ルールを整備する必要が高まり、2006年6月には、それまでの証券取引法、金融先物取引法などを一本化して「金融商品取引法」とする法律が成立し、2007年9月30日から施行された。

　損害保険会社が取り扱う保険デリバティブは、有価証券や金融先物取引に該当しないため、金商法が施行されるまでは、証券取引法や金融先物取引法等の投資法制の対象とならなかったが、金商法の施行に伴い、保険デリバティブは、新たに同法の規制の対象となった。

(1)　金商法の規制の対象となる保険デリバティブ業務の範囲

　金商法では、保険デリバティブ業務のうち、「その内容等を勘案し、投資者の保護のために支障を生ずることがないと認められる業務」として、次のいずれかに該当するものを金商法2条に定める「金融商品取引業」から除外している（金商法施行令1条の8の6第1項2号、金融商品取引法第2条に規定する定義に関する内閣府令15条）。

① 国、地方公共団体、日本銀行等が行う保険デリバティブ業務
② 次のいずれかに該当する者を相手方として行う保険デリバティブ業務
　　a　第一種金融商品取引業者、登録金融機関等のデリバティブ取引に関する専門知識および経験を有すると認められる者
　　b　資本金の額が10億円以上の株式会社

したがって、損害保険会社が、上記②に該当する者を相手方として行う保険デリバティブ業務については、金商法の規制の対象外となる。

(2) **保険デリバティブ業務が行える者**

金商法において、保険デリバティブ業務を行える者は、以下に限るとされている。

① **内閣総理大臣の登録を行った金融商品取引業者**

金商法において、保険デリバティブ業務を行う者は、金商法29条の規定により内閣総理大臣の登録を受けた者（以下「金融商品取引業者」という）でなければならないとされている。金商法では、金融商品取引業者を当該業者が取り扱うことのできる金融商品の種類に応じて「第一種金融商品取引業」「第二種金融商品取引業」「投資助言・代理業」「投資運用業」の４種類に分類しており、そのなかでも有価証券の売買等のリスク特性の高い金融商品を取り扱うことのできる第一種金融商品取引業者に対しては、以下の点で他の金融商品取引業者よりも重い規制が課されている。

　　a　資本金および純財産の額が一定額以上でなければならない。
　　b　取締役会および監査役または委員会を設置した株式会社でなければならない。
　　c　自己資本規制比率が一定値以上でなければならない。　等

金商法28条１項２号において、保険デリバティブ業務は、第一種金融商品取引業に該当するとされていることから、損害保険代理店が損害保険商品と同様に、保険デリバティブの代理業務を行うにあたっては、原則、第一種金融商品取引業者として登録することが必要となる。ただし、個人の損害保険代理店や法人の損害保険代理店の使用人等については、一部の特例措置が設けられている。当該特例措置については、下記③にて記載する。

② 内閣総理大臣の登録を行った登録金融機関

　金商法33条3項において、銀行や損害保険会社等の同法施行令1条の9に規定される金融機関は、上記①にかかわらず、金商法29条の登録を受けずに、以下の業務を行うことができるとされている（ただし、これらの業務を行うにあたっては、金商法33条の2の規定による内閣総理大臣の登録を受けなければならない）。

　　a　有価証券関連デリバティブ取引以外の市場デリバティブ取引等、店頭デリバティブ取引等または外国市場デリバティブ取引等
　　b　一定の要件を満たした有価証券の募集または私募
　　c　投資助言・代理業
　　d　有価証券等管理業務　等

　損害保険会社が行う保険デリバティブ業務は、上記aの有価証券関連デリバティブ以外の店頭デリバティブ取引等に該当するため、金商法33条の2の規定による登録を受けた金融機関（以下「登録金融機関」という）は、保険デリバティブ業務を行うことができる。

③ 損害保険代理店の使用人に係る特例措置

　金商法33条の8第2項では、金商法2条第25項第2号に掲げる「金融指標」（気象庁その他の者が発表する気象の観測の成果に係る数値）を対象指標とする店頭デリバティブ取引のうち、顧客が「あらかじめ支払った金銭の額を上回る損失を受けるおそれがないもの[39]」を「特定金融商品取引業務」と定義し、以下の者が、登録金融機関を代理してこれらの業務を行う場合に限っては、金商法29条の登録を受けなくてもよいとしている。その場合、当該代理業務を行う者（以下「みなし使用人」という）を、その者が代理する登録金融機関の使用人とみなして、金商法の規定が適用されることとなる。

---

[39] オプションタイプの天候デリバティブ取引が該当する。これらの取引では、顧客は契約時に契約料（オプションプレミアム）を損害保険会社に支払い、対象指標となる気象データがあらかじめ定めた条件に合致した場合に、所定の決済金を受け取るため、損害保険契約に近い商品特性を有する。なお、損害保険会社等が販売する地震デリバティブ取引（震度やマグニチュード等の地震に係る指標を対象指標とするデリバティブ取引）は、「金商法2条第25項第3号に掲げる金融指標を対象指標とする店頭デリバティブ取引」に該当する（金商法施行令1条の18第1項1号）ため、本特例措置の対象にはならない。

a　個人である損害保険代理店（保険業法2条21項に規定する損害保険代理店）
　　b　個人である損害保険代理店の使用人のうち、保険業法302条の規定による届出が行われている者
　　c　法人である損害保険代理店の役員または使用人のうち保険業法302条の規定による届出が行われている者
　　d　法人である損害保険代理店の代表権を有する役員
　みなし使用人は、自身が属する損害保険代理店の使用人としてではなく、その者が代理する登録金融機関の使用人として保険デリバティブの代理業務を行うことから、みなし使用人が商品の説明不足等によって顧客に損害を与えた場合には、原則として、当該みなし使用人が代理する登録金融機関が当該損害を賠償する義務を負うこととなる（金商法33条の8第3項）。

④　外務員登録
　金融商品取引業者および登録金融機関（以下「金融商品取引業者等」という）は、金商法64条において、その役員または使用人のうち、保険デリバティブ取引等の申込みの勧誘（以下「募集」という）を行う者の氏名、生年月日等につき、財務局等に備える外務員登録原簿に登録（以下「外務員登録」という）しなければならないとされている。したがって、金融商品取引業者等の役員または使用人であっても、外務員登録された者以外は、保険デリバティブの募集をいっさい行ってはならないこととなる。また、上記③のみなし使用人については、当該みなし使用人が代理する登録金融機関が、自社の従業員と同様に外務員登録手続および外務員に対する研修等を行うものとされている。なお、日本証券業協会の協会員となっている金融商品取引業者等については、同協会が定める所定の要件（証券外務員資格試験の合格等）を充足した者に限り、同協会を通じて外務員登録することとなる。

(3)　金商法の行為規制の概要
　金商法では、保険デリバティブ業務を行うにあたって、損害保険会社およびその外務員が遵守しなければならない各種の行為規制を定めている。金商法で定めている行為規制のうち、保険デリバティブ業務に関するおもなものの概要は、以下①～⑦のとおりである。損害保険会社は、当該行為規制に対

応した募集ルールを構築するとともに、各種社内規則やコンプライアンスマニュアルの整備および社内研修の定期的な実施等によって、外務員が保険デリバティブを募集する際に、これらの行為規制の遵守を徹底できるような社内管理体制を構築することが求められる。

① 標識の掲示

　金商法36条の2において、金融商品取引業者等は、営業所または事業所ごとに、公衆のみえやすい場所に、金融商品取引業等に関する内閣府令（以下「内閣府令」という）71条に定める様式の標識を掲示しなければならないとされている。なお、損害保険会社が、保険デリバティブ取引を行う営業所または事業所に掲げる標識に記載すべき項目は、内閣府令別紙様式11号において、以下の項目とされている。

　　a　金融商品取引業者等の商号または名称
　　b　加入している金融商品取引業協会の名称
　　c　金融商品取引業者等の登録番号

② 広告等の規制

　金商法37条、金商法施行令16条および内閣府令72条では、「郵便、FAX、電子メール、ビラ・パンフレットの配布等の方法によって、多数の者に対して同様の内容で行う情報の提供」を広告等と定義しており、金融商品取引業者等が広告等を実施するにあたっては、以下を遵守しなければならないとしている。

　　a　広告等には、金融商品取引業者等の商号および登録番号のほか、顧客が支払うべき手数料の額や顧客が被るおそれのある損失に関する事項等について、明瞭かつ正確に表示しなければならない。
　　b　上記aのうち、顧客が被るおそれのある損失に関する事項については、当該広告等に記載されている最も大きな文字と著しく異ならない大きさで記載しなければならない。

③ 取引態様の事前明示義務

　金商法37条の2において、金融商品取引業者等は、顧客に対して、契約の締結前に、自己が相手方となって当該取引を成立させるのか、もしくは他の金融商品取引業者の媒介、仲介、代理により当該取引を成立させるのかの別

を明らかにしなければならないとされている。

④ 契約締結前の書面交付義務

　金融商品取引業者等は、契約の締結にあたっては、あらかじめ、金商法37条の3に定める書面（以下「契約締結前書面」という）を顧客に交付しなければならないとされている。保険デリバティブの契約締結前書面は、広告等と同じく、金商法37条の3および内閣府令79条～82条ならびに93条において、記載しなければならない事項およびその記載順序ならびに記載方法が細かく定められている。以下、保険デリバティブの契約締結前書面に記載しなければならない事項の一例を記載する。

　a　金融商品取引業者等の商号および登録番号
　b　当該デリバティブ取引の概要
　c　デリバティブ取引に関する主要な用語およびその他の基礎的な事項
　d　顧客が被るおそれのある損失に関する事項
　e　その他当該デリバティブ取引の内容に関する事項であって顧客の判断に影響を及ぼすこととなる重要な事項　等

　内閣府令79条において、契約締結前書面は、日本工業規格Z8305に規定する8ポイント以上の大きさの文字および数字を用いて明瞭かつ正確に記載しなければならないとされているが、特に顧客が被る損失に関する事項や投資判断に影響を及ぼすこととなる重要な事項については、日本工業規格Z8305に規定する12ポイント以上の大きさの文字で記載しなければならないとされている。また、これらの事項については、枠内に記載することや書面の最初に平易に記載することも求められている。

　また、内閣府令117条1項において、金融商品取引業者等は、契約締結前書面を単に顧客に交付するだけではなく、顧客の金融商品に係る知識、経験、財産の状況、契約の目的等に照らして、顧客に理解されるために必要な方法および程度による説明を行わなければならないとされている。

⑤ 契約締結時の書面交付義務

　金商法37条の4において、金融商品取引業者等は、契約が成立したとき、遅滞なく、内閣府令99条等に定められた所定の事項を記載した書面（以下「契約締結時書面」という）を顧客に送付しなければならないとされている。

ただし、保険デリバティブ等の店頭デリバティブ取引が成立した場合で、契約ごとに当該取引の条件を記載した契約書を交付するときには、契約締結時書面の交付を省略してもよいとされている（内閣府令110条1項2号ホ）。

⑥ 虚偽告知、断定的判断の提供等の禁止

金商法38条1項の1号および2号において、金融商品取引業者等は、顧客に対し、虚偽のことを告げることおよび不確実な事項について断定的判断を提供することは行ってはならないとされている。

⑦ 適合性の原則

金商法40条において、金融商品取引業者等は、顧客の知識・経験・財産の状況および金融商品取引契約を締結する目的に照らして不適当な勧誘を行い投資者保護に欠けることのないようにしなければならないとされている。

(4) 特定投資家制度（プロ・アマ制度）

金商法では、多様化・複雑化する金融商品を「横断的」に規制することにより投資家保護を高める一方で、規制の柔軟化を目的として、金融商品取引業者等が、一定の要件を満たす投資に関する知識を有した機関投資家や大企業等（以下「特定投資家」という）と契約を締結する際には、一部の行為規制を免除している（金商法45条）。

金融商品取引業者等が、特定投資家と保険デリバティブを取引する際に免除される行為規制は、以下のとおりである。

・広告等の規制（金商法37条）
・取引態様の事前明示義務（金商法37条の2）
・契約締結前の書面交付義務（金商法37条の3）
・契約締結時の書面交付義務（金商法37条の4）
・適合性の原則（金商法40条）

特定投資家のうち一定の要件を満たすもの（図表4－4－2の②）および特定投資家以外の投資家（以下「一般投資家」という）のうち一定要件を満たすもの（図表4－4－2の③）については、契約の締結までに、投資家が所定の手続を行うことにより、一般投資家もしくは特定投資家への移行が可能となる。

金融商品取引業者等は、法令上、一般投資家への移行が可能な特定投資家

図表4−4−2　特定投資家と一般投資家

特定投資家		一般投資家	
①一般投資家への移行不可	②一般投資家への移行可	③特定投資家への移行可	④特定投資家への移行不可
・適格機関投資家 ・国 ・日本銀行	・地方公共団体 ・公共法人 ・上場企業 ・資本金5億円以上の株式会社	・特定投資家に該当しない法人 ・一定要件を満たす個人	・左記以外の個人
	←投資家の要望により移行可能→		

（図表4−4−2の②）に対しては、契約締結までに「一般投資家」への移行が可能である旨を告知しなければならず（金商法34条）、また、当該特定投資家が一般投資家への移行を申し出た場合には、金融商品取引業者等はこれを承諾する義務がある（同法34条の2第2項）。したがって、損害保険会社は、外務員が保険デリバティブの募集を行うにあたって、これらの告知義務や承諾義務を確実に遂行できるような募集ルールを策定する必要がある。

「特定投資家」が「一般投資家」に移行した場合、または「一般投資家」が「特定投資家」に移行した場合の移行の効力は、原則として、金融商品取引業者等が移行の承諾を行った日から1年を経過する日までとなる（金商法34条の2第3項ほか）。金融商品取引業者等は、これらの期日管理も適正に行わなければならない。

3　日本証券業協会自主規制の概要

保険デリバティブを取り扱う損害保険会社のなかには日本証券業協会の協会員となっている会社もあるが、同協会の協会員が保険デリバティブ業務を行うにあたっては、金商法の規制に加えて、同協会が定める自主規制も受けることとなる。これらの規制のうち、保険デリバティブに関連するものの概要について、以下に記載する。

(1) 協会員の投資勧誘、顧客管理等に関する規則

　日本証券業協会は、協会員が行う有価証券等の取引の勧誘、顧客管理等について、その適正化を図ることを目的として、「協会員の投資勧誘、顧客管理等に関する規則」（以下「顧客管理等に関する規則」という）を設けている。当該規則のうち、損害保険会社が保険デリバティブ業務を行うにあたって遵守すべき項目のうち、おもなものは以下のとおりである。

① 顧客カードの整備

　顧客管理の適正化を図る観点から、損害保険会社は、保険デリバティブ取引等を行う顧客について、氏名、住所・連絡先、取引目的、取引経験の有無等を記載した顧客カードを備え付けなければならないとされている（顧客管理等に関する規則5条）。

② 取引開始基準の策定

　損害保険会社は、保険デリバティブ業務を行うにあたっては、その取引開始基準を定め、当該基準に適合した顧客との間で契約を締結しなければならないとされている（顧客管理等に関する規則6条）。損害保険会社は、保険デリバティブを、従来の保険商品では引受けが困難な領域における保険代替商品として位置づけていることから、顧客の投機を目的とした引受けは通常行っておらず、顧客の契約目的がリスクの移転であることを取引開始基準の1つとしている。

③ 顧客からの確認書の徴求

　損害保険会社は、顧客と保険デリバティブの契約を初めて締結するにあたっては、当該顧客から、契約締結前書面に記載された当該取引のリスク等を理解し、顧客の判断と責任において当該取引を行う旨の確認書を取り付けなければならないとされている（顧客管理等に関する規則8条）。

(2) 内部管理責任者等に関する規則

　日本証券業協会は、協会員の内部管理態勢を強化し、適正な営業活動の遂行に資することを目的として、「協会員の内部管理責任者等に関する規則」（以下「内部管理責任者等に関する規則」という）を設けており、各協会員に対して、営業活動を行う部門（以下「営業単位」という）ごとに、金商法その他の法令諸規則等の遵守状況を管理する業務に従事する役員および従業員（営

業責任者および内部管理責任者）の配置を義務づけている。保険デリバティブ業務について、これらの者が担う責務は以下のとおりである。

① 営業責任者

営業単位の長は、所定の要件（証券外務員資格の保有等）を満たしたうえで営業責任者となり、当該営業単位における以下の責務を担う（内部管理責任者等に関する規則10条～12条）。

　a　営業単位において、保険デリバティブ業務に係る営業活動、顧客管理が適正に行われるための役員または従業員に対する指導、監督

　b　営業単位において、保険デリバティブ業務に係る営業活動、顧客管理に関し、重大な事案（不祥事等）が生じた場合の対応

② 内部管理責任者

内部管理業務に従事する責任者として、所定の要件（証券外務員資格の保有等）を満たした営業責任者以外の管理職が内部管理責任者となり、以下の責務を担う（内部管理責任者等に関する規則13条～15条）。

　a　営業単位において、保険デリバティブ業務に係る営業活動が法令諸規則等に準拠し、適正に遂行されているかどうかを監査する等の内部管理の実施

　b　営業単位において、保険デリバティブ業務に係る営業活動、顧客管理に関し、重大な事案（不祥事等）が生じた場合の対応

内部管理責任者は、営業責任者や営業部門に対する内部牽制機能が適切に発揮されていることが求められていることから、独立してその責務を遂行できる体制がとられている必要がある。

(3) 広告等の表示および景品類の提供に関する規則

日本証券業協会は、協会員が行う広告等の表示および景品類の提供に関し、その適正化を図ることによって投資者保護に資することを目的として、その表示、方法および遵守すべき事項等を定めた「広告等の表示及び景品類の提供に関する規則」（以下「広告等に関する規則」という）を設けており、各協会員に対して以下を義務づけている。

① 広告審査担当者の配置

協会員は、社内に所定の要件（証券外務員資格の保有等）を充足した広告等

の審査を行う担当者（以下「広告審査担当者」という）を配置し、広告等の実施にあたっては、必ず事前に広告審査担当者の審査を受けなければならない（広告等に関する規則5条）。

② 社内管理体制の整備

協会員は、広告等の表示の適正化を図るため、広告等の表示に係る審査体制、審査基準および保管体制に関する社内規則を制定し、これを役職員に周知し、その遵守を徹底させなければならない（広告等に関する規則6条）。

4 金融商品取引業者等検査マニュアル等

金商法の施行に伴い、2007年9月に証券取引等監視委員会は、これまでの「証券会社に係る検査マニュアル」等を廃止し、金融商品取引業者等に対する検査の基本的考え方および検査の具体的着眼点等を整理した「金融商品取引業者等検査マニュアル」を定めた。

また、金融庁監督局証券課においても、多様化している金融商品取引業者等に対する監督上の対応を適格に行うことにより健全・適切な業務運営を確保する等の目的から、従来の業態別の監督指針を見直し、「金融商品取引業者等向けの総合的な監督指針」を定めた。

保険デリバティブ業務を行う損害保険会社は、保険会社向けの総合的な監督指針に加え、「金融商品取引業者等検査マニュアル」および「金融商品取引業者等向けの総合的な監督指針」をふまえ、適切な業務運営を行わなければならない。

第4節　損害保険と独占禁止法

1　独占禁止法が問題となる事例

私的独占の禁止及び公正取引の確保に関する法律（以下「独占禁止法」という）の目的は、公正かつ自由な競争を促進し、事業者の創意を発揮させ、事業活動を盛んにし、雇用および国民実所得の水準を高め、もって一般消費者の利益を確保するとともに、国民経済の民主的で健全な発達を促進するこ

と（同法1条）である。

そして、その目的達成のために独占禁止法は、私的独占の禁止、不当な取引制限の禁止（同法3条）および不公正な取引方法の禁止（同法19条）を定めている。なお、本節の記載は損保協会の「損害保険会社の独占禁止法遵守のための指針」（第6版2014年4月発行）を参考にしている。

(1) **不当な取引制限**

独占禁止法2条6項が定める不当な取引制限（カルテル）は、同法3条で禁止されている。この不当な取引制限が損害保険において問題となるのはおもに以下のような場合である。

① 保険料率・保険募集関係

　a　保険料率に関する情報の交換

情報交換を通じて、事業者間にその事業活動を制限することについての意思の連絡（暗黙の合意を含む）が存在する場合、カルテルに該当し、独占禁止法違反となる。

そのため、競争関係にある損害保険会社の間で、現在または将来の保険料率に関する情報交換を行う場合、相互の予測が可能となり保険料率がそろう可能性があることから、事業活動を制限することについての意思の連絡（暗黙の合意を含む）が存在し、保険会社間の自由な競争を制限する行為と評価され、独占禁止法違反となるおそれがある。

　b　共同保険

1つの損害保険契約の保険者は、通常は一損害保険会社であるが、多数の損害保険会社が引受けの意思を示した場合に、各損害保険会社から提示された引受条件を保険契約者が検討したうえで、そのなかの複数の損害保険会社に対してそれぞれの引受割合を示して共同で引き受けるよう要請することがある。この共同保険を引き受ける際に、あらかじめ損害保険会社間で話し合って共同保険とすることや引受割合を決定し、同一の保険約款や料率を保険契約者に提示して引き受ける場合、カルテルに該当し、独占禁止法違反になる。

　c　再保険プール

再保険プールは、複数の損害保険会社がそれぞれのキャパシティーを出し

合ってリスクの分散と平準化を行う損害保険特有の共同機構である。再保険プールに係る共同行為については、一定の範囲内で独占禁止法の適用除外が認められているが、すべての共同行為が適用除外とされているわけではない。

　再保険プールの構成員である保険会社間で、プール対象契約の元受保険料率を取り決めることはできない。

　再保険プールに関して、所管官庁の共同行為の認可を受けた範囲内においてプール構成員である保険会社間で(i)保険約款の内容（保険料率に係るものを除く）、(ii)損害査定の方法、(iii)再保険の取引に関する相手方または数量（再保険プールへの出再割合、再保険プールからの配分割合等）、(iv)再保険料率および再保険に関する手数料（提供手数料、配分手数料等）について取り決めることは問題とはならない。

　　d　顧客、販売地域、販売商品の割当て
　損害保険会社間で顧客の割当てを行う場合には、顧客獲得競争を制限することになり、販売地域や販売商品の割当てを行う場合、市場が分割され市場における競争が減退することになるため、いずれも独占禁止法違反となるおそれがある。

　　e　入札の際の情報交換
　損害保険会社間で官公庁や民間企業が実施する入札に関する具体的な情報を交換し、競争制限の暗黙の了解または共通の意思が形成される場合、独占禁止法違反となる。なお、公の入札については、刑法の談合罪の問題も生じる。

　一般に、入札についての受注意欲や営業活動実績等、受注予定者選定につながるような情報について、事業者間で情報交換を行ったり、事業者団体が過去の入札における個々の事業者の指名回数・受注実績等に関する情報を整理して各事業者に提供することは、受注予定者を決定するための手段となるものであり、また、受注予定者に関する暗黙の了解または共通の意思の形成につながる可能性が高いことから、入札に際し、損害保険会社間で情報交換を行う場合、独占禁止法違反となるおそれがある。

② 代理店関係
　a　代理店手数料
　代理店手数料は代理店委託契約に基づいて代理店に支払う対価であり、損害保険会社間で話し合って代理店手数料率を決める場合、カルテルとして独占禁止法違反となるおそれがある。
　b　代理店乗合に関する取決め
　代理店は損害保険会社の重要な商品販路であり、どのような者に代理店を委託するかは原則として各保険会社の判断に委ねられるべきものであり、損害保険会社間で話し合って代理店乗合や代理店委託の自粛について取り決める場合、販路制限カルテルとして独占禁止法違反となるおそれがある。
③ 損害処理関係
　a　保険約款の解釈
　各損害保険会社が使用する保険約款が同一のものであったとしても、保険の有無責の判断等に関する約款解釈を損害保険会社間で話し合って統一する場合、独占禁止法違反となるおそれがある。ただし、単なる客観的な情報や意見の交換であれば問題はなく、保険会社として誤りのない約款解釈や対応を行うために、各保険会社が所持している判例や弁護士・学者の意見等の情報交換を行うことは原則として問題とはならない。
　b　査定金額に直結する事項についての取決め
　公正取引委員会は、損害保険会社が損害をいくらと査定して保険金を支払うかについては各損害保険会社に裁量の余地があるものであり、裁量の幅のなかで被保険者に有利な査定を行うことは競争の手段となりうるものであると判断している。そのため、損害保険会社間で、修理費・診療費・認定日数等の査定金額に直結する事項に関し情報交換を行う場合、独占禁止法違反となるおそれがある。
　(2)　不公正な取引方法
　独占禁止法2条9項が定める不公正な取引方法は同法19条で禁止されている。不公正な取引方法は独占禁止法に定められるほか、公正取引委員会告示により一般指定として定められている。この不公正な取引方法が損害保険において問題となるのはおもに以下のような場合である。

① 優越的地位の濫用
　a　保険加入の強制
　損害保険会社への納入業者が、その取引が停止されると事業経営上大きな支障をきたすため、他の損害保険会社の保険に加入したいにもかかわらず、当該保険会社からの保険加入の要請を受け入れざるをえない場合は、購買力を利用した不当な取引となり「優越的地位の濫用」に該当し、独占禁止法違反となるおそれがある。なお、この場合、同時に下請法の観点からも問題となることがある。
　b　親事業者による下請事業者への生産物賠償責任保険の加入の強制
　親事業者が、下請事業者の個別の事情を考慮することなく一律に親事業者の指定した特定の保険会社や特定の保険代理店の生産物賠償責任保険（以下「PL保険」という）に加入することを義務づける場合、その親事業者の行為は「優越的地位の濫用」に該当し、独占禁止法違反となるおそれがある。
　1995年の製造物責任法の施行に伴い、公正取引委員会は、親事業者が下請事業者に対し、PL保険の加入を求める際の留意事項を公表している。それによれば、親事業者が下請事業者に対しPL保険への加入を求める際に、次のような行為をする場合、「優越的地位の濫用」に該当し、独占禁止法違反となるおそれがある。

　　(a)　親事業者が、個々の下請事業者の製造する物のリスク等、下請事業者の個別の事情を考慮することなく、一律に特定のPL保険への加入を強制する。
　　(b)　親事業者が下請事業者に対して、親事業者の指定する損害保険会社のPL保険への加入を強制する。
　　(c)　親事業者が、個々の下請事業者の製造する物のリスク等、下請事業者の個別の事業を考慮することなく、一方的に一定要件を満たす下請事業者を被保険者に含むPL保険に加入し、保険料相当分として下請代金から一定額を差し引いたり支払わせたりする。

　c　親事業者による下請事業者への労働災害使用者賠償責任保険の加入の強制
　親事業者が下請事業者に対し、一般的に労働災害使用者賠償責任保険（以

下「EL保険」という)への加入を義務づけるにとどまらず、親事業者の機関代理店を通じてEL保険に加入させたり、親事業者が取引している特定の損害保険会社のEL保険に限定するような場合は、「優越的地位の濫用」に該当し、独占禁止法違反となるおそれがある。

② 抱合せ販売

取引の相手方に対し、不当に、商品または役務の供給にあわせて他の商品または役務を自己または自己の指定する事業者から購入させたり、自己または自己の指定する事業者と取引するように強制することは、「抱合せ販売」に該当し、独占禁止法違反となる。

たとえば、不動産業を営む代理店が賃貸アパートの入居希望者に対して、賃貸人が保険料を負担すべき責任部分まで、入居希望者にその部分に係る保険料を負担させる場合や、入居希望者の責任部分であっても、入居希望者が保険加入の際に保険会社を選択する自由を阻害する場合、「抱合せ販売」に該当し、独占禁止法違反となるおそれがある。

③ そ の 他

顧客等の客観的事実に関する情報の交換は、その交換にとどまる限り独占禁止法上問題とはならないが、保険会社が共同して、いわゆる「ブラック・リスト」(不良顧客等の一覧表)を作成する場合、リストアップされた顧客と取引を拒絶したり、保険金の支払額を制限する合意(暗黙の合意も含む)を生じる可能性が高いことから、独占禁止法違反となるおそれがある。

2　日本機械保険連盟に対する勧告

1996年12月に日本機械保険連盟に対して、公正取引委員会から排除勧告が行われた。勧告書の内容は以下のとおりである。

「日本機械保険連盟は、かねてから、機械保険等について、会員が引き受けに当たり適用する保険料率の維持を図るため、標準基本料率、割引率、特約料率等を決定し、会員にその内容どおりに認可申請させるとともに、内規と称する認可内容に基づいて詳細な標準基本料率、割引率、特約料率等を定めた諸規定を決定し、これらを引受けに当たって適用すべき統一基準(以下、「タリフ」という。)として設定し、会員にこれにしたがって保険料率を算定させ、また、タリフで算定できない案件及び高額案件等特定の案件については、会員に、同連盟に保険料率の

算定を依頼させ、同連盟が算定した保険料率によって保険の引受けを行わせること（求率制度）を実施することによって、会員にタリフの数値等を修正できない一定料率として適用させ、機械保険等の引受けを行わせていた。」

3 独占禁止法の適用除外

(1) 適用除外制度の変遷

　適用除外制度とは、特定の分野・条件のもとにおける事業者または事業者団体のカルテル等に対し独占禁止法の適用を除外する制度であり、独占禁止法や他の法律において、具体的に適用除外となる行為の範囲および適用除外が許容されるための要件、手続等が定められている。損害保険業においても、一定の共同行為について適用除外制度が設けられている。

　これらの制度は、1940年代後半から1960年頃までの政策課題に対応するために創設されたものが多く、経済環境の変化や消費者ニーズの多様化等への対応を阻害する要因となっている等の問題点が指摘されており、公正取引委員会は、必要最小限のものに限定する方向で1998年3月に見直しを行った。

　1998年7月に、独占禁止法適用除外法が改正され、損害保険料率算出機構（以下「損保料率機構」という）も独占禁止法適用除外の対象から除かれたが、同時に損害保険料率算出団体に関する法律（以下「料団法」という）が改正され、基準料率の算出に関して独占禁止法適用除外規定が設けられた。

(2) 損害保険に関する独占禁止法適用除外制度

損害保険に関する独占禁止法の適用除外制度は次のとおりである。

① 保険業法に基づく独占禁止法適用除外制度

　損害保険業に関しては保険業法に基づき保険約款、保険料率等が認可または届出の対象とされているとともに、これらに関する損害保険会社間の一定の共同行為について、以下の独占禁止法適用除外制度を設けることにより、独占禁止法との調整が図られている。

　　a　独占禁止法適用除外の範囲（保険業法101条）

　次の共同行為については、後述bの手続により独占禁止法適用除外となる。ただし、不公正な取引方法を用いるとき、一定の取引分野における競争を実質的に制限することにより、保険契約者もしくは被保険者の利益を不当

に害することとなるとき、または公正取引委員会が共同行為に係る認可内容の変更・取消しの処分請求の公示をした後1カ月を経過したときは適用除外とはならない。

  (a) 航空保険、原子力保険、自動車損害賠償責任保険または家計地震保険の固有の業務（保険取引業務）に関する共同行為
  (b) (a)以外の保険種目の共同再保険（再保険プール）に関する次の共同行為（危険の分散または平準化を図るため、再保険プールを結成しておかなければ保険契約者または被保険者に著しく不利益を及ぼす場合に限る）
    ア 保険約款の内容（保険料率に係るものを除く）の決定（元受け・再保）
    イ 損害査定の方法の決定（元受け・再保）
    ウ 再保険の取引に関する相手方または数量の決定
    エ 再保険料率および再保険に関する手数料の決定
  b 独占禁止法適用除外を受ける場合の手続（保険業法102条）

前述aの共同行為について適用除外を受けるためには、所管官庁の認可が必要である。さらに、所管官庁が共同行為の認可をするにあたっては、公正取引委員会の同意が必要である。

② 損害保険料率算出団体に関する法律に基づく独占禁止法適用除外制度

損保料率機構が、料団法に基づいて、自動車損害賠償責任保険および家計地震保険の基準料率を算出し、会員の利用に供する行為については、独占禁止法は適用されない。

また、損保料率機構は料団法に基づき、火災保険、傷害保険、自動車保険および介護費用保険について、参考純率（純保険料率）を算出し、会員の利用に供する行為を行っているが、この行為については独占禁止法の適用除外制度はないものの、あくまで参考であって、各社の適用料率を拘束するものではないため、通常、独占禁止法上の問題は生じない。

以上から、損害保険会社間の共同行為について独占禁止法適用除外制度が設けられているのはごく一部にすぎず、日常業務のほとんどは独占禁止法が適用される。

4　保険会社の議決権保有の制限

　保険会社は、国内の会社（金融関連会社を除く一般事業会社）の議決権をその総株主の議決権の10％を超えて保有することを禁止されている（独占禁止法11条）。ただし、認可を受けた場合や担保権の行使等により株式を取得する場合等、独占禁止法で定める一定の場合には、保険会社による金融関連会社等以外の一般事業会社の議決権保有が認められている。認可の考え方については、公正取引委員会は、「独占禁止法第11条の規定による銀行または保険会社の議決権の保有等の認可についての考え方」および「債務の株式化に係る独占禁止法第11条の規定による認可についての考え方」を公表している。従来、金融会社の業態別子会社、金融関連業務を営む会社、金融会社の固有業務に従属する業務を営む会社についても、この規定が適用されていた。しかしながら、独占禁止法の改正・施行により、2002年11月28日以降は、保険会社と一般事業会社との結びつきを規定することになり、金融関連会社に対する議決権保有については、同法11条の適用を受けなくなった一方で、同法10条2項の適用により、一定の場合には株式保有報告書の提出を必要とすることになった。

5　景品表示法の規制

　不当景品類及び不当表示防止法（以下「景品表示法」という）の目的は、商品および役務の取引に関連する不当な景品類および表示による顧客の誘引を防止するため、一般消費者による自主的かつ合理的な選択を阻害するおそれのある行為の制限および禁止について定めることにより、一般消費者の利益を保護すること（同法1条）である。

　損害保険において景品表示法の観点から検討を要すべき点として以下のようなものがある。

(1)　「取引の価額」

　懸賞の方法を用いて取引の相手方に提供する景品類や懸賞によらない方法で提供する景品類（いわゆる総付景品）については、消費者庁の告示に基づき、景品類の提供に係る「取引の価額」を基準としてその最高額が定められ

ている。保険契約においては、この「取引の価額」をどのように考えるかが問題となる。

① 保険料分割払契約の場合

保険期間が1年の保険料分割払契約においては、その「取引の価額」を年間の総額保険料とするか、分割保険料とするかが問題となる。

この点、契約者および損害保険会社ともに、通常の場合は1年間の保険期間に対応する保険料を対価と認識し保険契約を締結すると考えられること、また、損害保険契約の多くは保険期間1年の契約であるため、社会通念上も保険期間1年に対応する保険料が取引の価額と考えられる。

したがって、保険料分割払契約における「取引の価額」は、年間の総額保険料と考えられる。

② 同一保険種目で保険料が異なる場合

損害保険契約においては、たとえば自動車保険のように同一種目であっても契約ごとに保険料が異なる契約がほとんどである。そのような場合、「取引の価額」をどのように考えるかが問題となる。

その保険種目の保険料の平均単価とする考えもあるものの、この場合、当該保険種目の最低保険料を「取引の価額」と考えるべきである。

(2) 景品表示法と保険業法300条1項5号との関係

保険業法300条1項5号は、保険契約者または被保険者に対する保険料の割引、割戻しその他特別の利益の提供を禁止している。この規制は景品表示法とはその立法趣旨を異にしているため、景品表示法の規制においては問題がない場合であっても、保険業法300条1項5号の観点からは問題となることがありうる。

第 5 編

損害保険会社の運営主体

第1章 損害保険業の主体

第1節　損害保険会社、外国損害保険会社等、少額短期保険業者

　保険業とは、一定の偶然の事故によって生ずることのある損害をてん補することを約し保険料を収受する保険、人の生死に関し一定額の保険金を支払うことを約し保険料を収受する保険その他の保険で、損害保険業免許または生命保険業免許の対象となるものの引受けを行う事業とされている（保険業法2条）。

　保険業の免許は、損害保険業免許と生命保険業免許の2種類とされており、それぞれの扱うリスクや保険期間の違いから、両方の免許を同時に取得することはできず、兼業は禁止されている（保険業法3条3項、4項、5項）。もっとも、それぞれのリスクの近似性やいっそうのイノベーションの推進による国際競争力の向上のために、1996年の保険業法改正において、子会社による損害保険業と生命保険業の相互参入が可能となって以降、同一の企業グループ内で損害保険業、生命保険業の双方を営む企業が多くなっている。また、免許制に対する例外として、2005年の保険業法改正で新設された少額短期保険業者も登録により損害保険事業を営むことができるようになった。よって、現在の保険業法で損害保険事業を営むことが認められている主体は、損害保険会社、外国損害保険会社等、少額短期保険業者となる[1]。

1　厳密を期すと、1996年の保険業法改正にて、イギリスのロイズを想定し、外国の法令に基づいて設立された法人の引受メンバー（「引受社員」）が日本において保険の引受けを行う、「特定法人」という制度が創設された。このため、「特定法人」の引受社員も損害保険事業を営む主体に含まれる。

1 損害保険会社

　損害保険会社とは、保険業法3条5項の損害保険業免許を受けた保険会社である。損害保険業として、「一定の偶然の事故によって生ずることのある損害をてん補することを約し保険料を収受する保険」(保険業法2条1項)である火災保険や賠償責任保険などの引受けに加えて、医療費用保険や介護費用保険などの第三分野保険および、複合型の商品である自動車保険や海外旅行保険の引受けを行うことができる。戦後、国内の損害保険会社は約20社前後で推移し、1990年代後半から、外資による日本法人の設立や前述の子会社による損害保険業・生命保険業への相互参入の影響により増加したものの、2000年以降、各社の合併や経営統合により減少し、2016年1月現在、損害保険業免許を有する損害保険会社は30社となっている[2]。なお、アメリカやヨーロッパなどの主要国では、数百～数千の損害保険会社が存在し、世界第2位の保険大国である日本の損害保険会社は比較的規模が大きく、数が少ないという特徴がある。

　損害保険会社は株式会社または相互会社に限られ、10億円以上の資本金または基金が必要である(保険業法5条の2、同法6条、同法施行令2条)。2003年に共栄火災社が株式会社に組織変更したことにより、現在、損害保険業の免許を受けている損害保険会社はすべて株式会社であり、この点、生命保険業界とは異なる特徴である。

2 外国損害保険会社等

　外国の法令に準拠して外国において保険業を行う者が、外国保険業者とされる(保険業法2条6項)。外国保険業者のうち、保険業法185条5項の外国損害保険業免許を受けた者が外国損害保険会社等とされる(保険業法2条9項)。外国保険業者が日本の損害保険マーケットに参入しようとする場合、日本法人を設立し保険業法3条5項に基づく損害保険業免許を受ける方法、外国保険業者の支店として外国損害保険業免許を受ける方法、特定損害保険

---

[2] 金融庁ホームページ「所管金融機関の状況」参照。なお、外国損害保険会社等は21社、前述の特定法人(免許特定法人。特定損害保険業免許)は1社。

業免許を受ける3通りの方法がある。日本法人を設立し、損害保険業免許を受ける場合は、日本法人であるため、国内の損害保険会社と同一の監督や規制の対象となる。一方、支店形式にて外国損害保険業免許を受ける場合は、国内の損害保険会社とは一部異なる規制となっている。

　日本国内の契約者を保護する観点から、日本に支店などを設けない外国保険業者が、日本に住所・居所を有する人もしくは日本に所在する財産または日本国籍を有する船舶もしくは航空機に係る保険契約を締結[3]することを、原則として禁止する海外直接付保規制が規定されている（保険業法186条）。

3　少額短期保険業者

　共済事業の多様化に伴う公正な競争条件の確保や消費者トラブルの増加を背景に、明確な根拠法に基づかない任意団体（以下「無認可共済」という）について、2004年に金融庁にて本格的な検討が行われた。その結果、無認可共済に対して、契約者保護の観点から一定の規制を課す必要性があること、保険期間が短期であって、保険金が見舞金・葬儀費用・個人の通常の活動で生じる物損などのてん補程度にとどまるなど、少額短期保障に限定される場合の新たな規制の枠組みを設ける必要性があること、が報告された[4]。この報

---

[3]　保険業法施行令19条にて、再保険、国際海上運送に使用される日本国籍の船舶及びこれにより国際間で運送中の貨物並びにこれらのものから生ずる責任のいずれか又はすべてを対象とする保険契約、商業航空に使用される日本国籍の航空機及びこれにより国際間で運送中の貨物並びにこれらのものから生ずる責任のいずれか又はすべてを対象とする保険契約その他内閣府令で定める保険契約は、日本の保険契約者保護の必要性が少ないことから、例外とされている。

[4]　2004年12月14日金融審議会金融分科会第二部会報告の一部抜粋。無認可共済に対する基本的な考え方について、①構成員が真に限定されるものについては、特定の者を相手方とする共済として、従来どおり、その運営を専ら構成員の自治に委ねることで足り、規制の対象外とすべきと考えられる。上記の範囲を超える根拠法のない共済については、構成員の自治による監督のみを理由に契約者などの自己責任を問うことが適当でない領域であって、契約者の保護などの観点から一定の規制が必要である。②根拠法のない共済で新たに規制の対象となるものについては、契約者などの保護や公正な競争条件の観点からは、保険会社の提供する商品と同様の商品が提供される場合には基本的には保険業法の規制が適用されるべきである。一定の事業規模の範囲内で、保険期間が短期のものであって、保険金が見舞金、葬儀費用、個人の通常の活動で生じる物損等の填補程度に留まる等少額短期保障のみの取扱いを行う事業者については、保険業法において、事業の特性を踏まえた一定の特例を設けて対応することが考えられる、と報告されている。

告を受け、2005年の保険業法改正において、少額短期保険業者が新設された。

少額短期保険業とは、保険業のうち、保険期間が2年以内の政令で定める期間内であって、保険金額が1,000万円を超えない範囲内において政令で定める金額以下の保険のみの引受けを行う事業とされている（保険業法2条17項）。たとえば、人の死亡に関する保険の保険金額は300万円、人の傷害または疾病に関する保険の保険金額は80万円というように保険業法施行令に限度額が定められており、前述の少額短期保険業者が新設された改正の趣旨にのっとり、保険期間が短期・保険金額が少額という制限が設けられている。また、損害保険会社破綻時のセーフティーネットである損害保険契約者保護機構の対象外となっていることから、保険契約者保護の観点から資産運用などに損害保険会社よりも厳格な制限が課されている。一方、少額短期保険業の登録制や事業方法書等に定めた事項の変更時の届出制などは、損害保険会社に比べて緩やかな規制となっており、保険会社では禁止されている損害保険業と生命保険業の兼業も認められている。なお、募集行為に関する規制や各種準備金の積立に関する規定については、原則的に損害保険会社と同様となっている。

第2節　保険業法の適用除外者

保険業の定義に合致する内容の業務を行う者であっても、以下の者は保険業法に基づく規制対象から除かれる。他の法律で、保険業法と同等の規制がされている場合や、その団体等の私的自治に委ねることが契約者の保護等の観点からも適切な場合は、保険業法の適用除外とされている。

1　他の法律に特別の規定があるもの（保険業法2条1項1号）

たとえば、消費生活協同組合法や農業協同組合法などに規定されている制度共済、介護保険法や健康保険法などに規定されている公的医療保険が該当する。

2 所定の団体がその構成員等を相手方として行うもの（保険業法2条1項2号）

前述の無認可共済に対する保険業法の適用が導入された2006年の保険業法改正時に、保険業の定義から「不特定の者を相手方として」という文言が削除されたことに伴い、保険業法の適用除外となる所定の団体が、以下のとおり限定列挙されている。

(1) 地方公共団体がその住民を相手方として行うもの
(2) 一の会社等その他の事業者又はその役員若しくは使用人が構成する団体が、その役員若しくは使用人又はこれらの親族を相手方として行うもの
(3) 一の労働組合がその組合員又はその親族を相手方として行うもの
(4) 会社が同一の会社の集団に属する他の会社を相手方として行うもの
(5) 一の学校又はその学生が構成する団体が、その学生又は生徒を相手方として行うもの
(6) 一の地縁による団体が、その構成員を相手方として行うもの
(7) (1)～(6)に準ずるものとして政令で定めるもの

3 所定の人数以下の者を相手方とするもの（保険業法2条1項3号）

私的自治が十分に機能する規模として、1,000人以下の団体等を相手方とするものは、保険業法の適用除外とされている（同法施行令1条の4）。適用除外の立法趣旨を逸脱しないよう二以上の団体が同一者に業務、財産の管理委託をしている場合、二以上の団体が共同して資産運用している場合、二以上の団体に密接な関係がある場合などは、その総数でカウントされる。

4 認可特定保険業者

2005年の保険業法改正により、共済事業は原則として保険業法の規定を適用することとなった。一方、既存の団体のなかには、保険業法の規制に直ちには適合することが容易ではないものも存在するため、2010年の保険業法改正により規制の特例を設け、2005年の改正保険業法公布日に特定保険業[5]を

行っていた団体等のうち一定の要件に該当するものについては、行政庁の認可を受けることにより、「当分の間」[6]、特定保険業を行うことが可能となった。この認可を受けた者を、「認可特定保険業者」という。

5　その他

少額短期保険業者向けの監督指針では、保険業該当性について次のような解釈が示されている。ノーアクションレター（法令適用事前確認手続）においても保険業該当性の解釈に関するものが多くみられる。

(1)　一定の人的・社会的関係に基づき、慶弔見舞金等の給付を行うことが社会慣行として広く一般に認められているもので、社会通念上その給付金額が妥当なもの（10万円以下）は、保険業に該当しない。
(2)　あらかじめ事故発生にかかわらず金銭を徴収して事故発生時に役務的なサービスを提供する形態については、当該サービスを提供する約定の内容、当該サービスの提供主体・方法、従来から当該サービスが保険取引と異なるものとして認知されているか否か、保険業法の規制の趣旨等を総合的に勘案して保険業に該当するかどうかを判断する。なお、物の製造販売に付随して、その顧客に当該商品の故障時に修理等のサービスを行う場合は、保険業に該当しない。

5　「特定保険業」とは、2005年改正前の保険業法では「保険業」（不特定の者を相手方としているものに限られていた）に該当しなかったが、改正後の保険業法において「保険業」に該当することになった事業である。
6　認可特定保険業者が特定保険業を行うことができる期間については、具体的な定めはない。

第 2 章 内部管理態勢

　損害保険会社における内部統制の仕組みを規律する法令については、他の業種の会社と共通した枠組みである会社法、金融商品取引法と、保険会社固有の枠組みである保険業法がある[7]。各損害保険会社は、従来、おもに保険業法に基づく監督行政のもとでその仕組みを構築してきたが、2006年に施行された会社法において内部統制システムに関する規定が設けられ、また、2007年に全面施行された金融商品取引法においては、財務報告の適正性に係る内部統制報告書制度に関する規定が設けられたことから、各損害保険会社においてはこれらに対応することも必要となった。

　各法律の目的はそれぞれ異なる部分もあるが、具体的な体制の整備にあたっては共通する部分も多く、損害保険会社としては内部統制の法規制の全体像を把握したうえで、効率のよい仕組みを構築することが必要になる。

　そこで、最も詳細な内容を定めている保険業法を中心にこれらの法令で定められている損害保険会社の内部統制システムにつき説明する。

第1節　会　社　法

　どのような機関を設置し、それぞれにどのような機能をもたせるかに関する会社法の規整は、どのようなかたちで企業経営を監視する仕組みを設けるかとの問題、すなわちコーポレート・ガバナンスに関する法制の中心的な部分である[8]。会社法は、株主総会、取締役・取締役会、監査役・監査役会[9]、会計監査人などの「機関」を設置し、それぞれに役割を定めている。

7　これらの法令の観点からの保険会社の内部統制全般に関する考察として、中出哲「保険会社における内部統制システムの構築―会社法、金融商品取引法および保険業法の交錯と実務対応―」保険学雑誌第602号109頁（2008年）を本稿作成にあたり参考とした。

8　神田秀樹著『会社法』175頁（弘文堂、第17版、2015年）。

業務執行に関する意思決定は原則として取締役会が行い、代表取締役・業務執行取締役が業務を執行する。これに対して、取締役会を構成する各取締役は不適切な業務執行が行われないよう監督義務を負う。

　会社の所有者である株主は、株主総会を通じて基本的な事項についての決定を行う（取締役の選任または解任など）。また、一定の株式数を有する株主には株主提案権および差止請求権等の行使ならびに株主代表訴訟の提起などを認める。これらを通じて、取締役による業務執行に対する監督を行う。

　また、損害保険会社の多くが該当する監査役会設置会社を前提とすると、監査役・監査役会は取締役による業務執行を監査する権限を有し、その範囲は原則として会計監査を含む会社の業務全般について及ぶとともに、監査権限を実効的なものとするために役職員に対する調査権が認められる。さらに会計に関しては専門的知見を有する会計監査人等による監査が行われる。なお、会社法では非公開会社（全株式に譲渡制限が課されている会社）の場合には監査役会の設置は義務づけられないが、保険会社については保険業法の規定により、監査役会（監査等委員会設置会社の場合は監査等委員会、指名委員会等設置会社の場合は監査委員会）を設置しなければならない[10]。

（参考）　指名委員会等設置会社制度および監査等委員会設置会社制度
　会社法は監査役会設置会社とならぶ機関設計の選択肢として、指名委員会等設置会社制度を定めている。指名委員会等設置会社は取締役会のもとに指名・監査・報酬の3つの委員会（それぞれ社外取締役がメンバーの過半数を占める必要がある）が設置され、監督上重要な役割を果たす一方で、取締役とは別に業務執行を担う執行役が選任され（取締役の兼任も可能）、監督と執行の分離が制度的に分離されたかたちとなっている。
　また、2015年施行の改正会社法において、新たな機関設計として監査等委員会設置会社制度が創設された。これは、業務執行者に対する監督機能を強化することを目的として、3人以上の取締役からなり、かつ、その過半数を社外取締役とする監査等委員会が、監査を担うとともに、業務執行者を含む取締役の指名および報酬に関して、株主総会における意見陳述権を有するこ

9　会社法2条11号の2に定める監査等委員会設置会社である場合および会社法2条12号に定める指名委員会等設置会社である場合は監査役を設置できない（会社法327条4項）。
10　保険業法5条の2第2号。

> ととする制度であり、業務執行の決定と職務執行の監督の分離を図るいわゆるモニタリング・モデルを志向するという点で、指名委員会等設置会社と類似の機関設計である。

　これらの機関設計が有効に機能することにより、相互牽制機能を発揮しつつ効率的で適正な経営が確保されることが、株主・契約者をはじめとするステークホルダーの利益に適う経営を実現するうえで重要である。しかし、最近の企業不祥事の事例にかんがみると、業務の適正性を確保するために各企業が自社の内部管理態勢（ガバナンス）を整備する必要性は増している。そこで会社法では、取締役会設置会社であり、かつ、大会社である会社については、「取締役の職務の執行が法令及び定款に適合することを確保するための体制その他株式会社の業務並びに当該株式会社及びその子会社から成る企業集団の業務の適正を確保するために必要なものとして法務省令で定める体制の整備」[11]に関する事項について、取締役会で定めることを義務づけている。

　これは、前述のとおり会社において適正なガバナンスを確保するための体制を整備することの重要性がいっそう増していること、また、実際の訴訟においても、他の取締役や使用人等に対する監視・監督義務を含む取締役の任務懈怠につき取締役の善管注意義務違反が問題とされることも多く、監視・監督義務に関しては、健全な会社経営を行うためには会社が行う事業の規模・特性等に応じたリスク管理体制（いわゆる「内部統制システム」）を整備することが必要である旨を判示した裁判例も存在することなどの理由から、会社の業務の適正を確保するための体制（内部統制システム）の構築の基本方針を取締役会が決定することを明文で義務づけたものであるとされている[12]。

　「法務省令で定める体制」として定められている項目は以下のとおりである[13]。

11　会社法362条4項6号。
12　相澤哲編『一問一答　新・会社法』128頁（商事法務、2005年）。
13　会社法施行規則100条1項。

① 当該株式会社の取締役の職務の執行に係る情報の保存及び管理に関する体制
② 当該株式会社の損失の危険の管理に関する規程その他の体制
③ 当該株式会社の取締役の職務の執行が効率的に行われることを確保するための体制
④ 当該株式会社の使用人の職務の執行が法令及び定款に適合することを確保するための体制
⑤ 次に掲げる体制その他の当該株式会社並びにその親会社及び子会社から成る企業集団における業務の適正を確保するための体制
　イ　当該株式会社の子会社の取締役、執行役、業務を執行する社員、会社法598条1項の職務を行うべき者その他これらの者に相当する者(ハ及びニにおいて「取締役等」という。)の職務の執行に係る事項の当該株式会社への報告に関する体制
　ロ　当該株式会社の子会社の損失の危険の管理に関する規程その他の体制
　ハ　当該株式会社の子会社の取締役等の職務の執行が効率的に行われることを確保するための体制
　ニ　当該株式会社の子会社の取締役等及び使用人の職務の執行が法令及び定款に適合することを確保するための体制

また、監査役設置会社に該当する場合には、以下のとおり監査役に関する事項が追加される[14]。

⑥ 当該監査役設置会社の監査役がその職務を補助すべき使用人を置くことを求めた場合における当該使用人に関する事項
⑦ 前号(⑥)の使用人の当該監査役設置会社の取締役からの独立性に関する事項
⑧ 当該監査役設置会社の監査役の第一号(⑥)の使用人に対する指示の実効性の確保に関する事項
⑨ 次に掲げる体制その他の当該監査役設置会社の監査役への報告に関する体制
　イ　当該監査役設置会社の取締役及び会計参与並びに使用人が当該監査役設置会社の監査役に報告をするための体制
　ロ　当該監査役設置会社の子会社の取締役、会計参与、監査役、執行役、業務を執行する社員、会社法598条1項の職務を行うべき者その他これら

---

[14] 会社法施行規則100条3項。

> の者に相当する者及び使用人又はこれらの者から報告を受けた者が当該監査役設置会社の監査役に報告をするための体制
> ⑩　前号（⑨）の報告をした者が当該報告をしたことを理由として不利な取扱いを受けないことを確保するための体制
> ⑪　当該監査役設置会社の監査役の職務の執行について生ずる費用の前払又は償還の手続その他の当該職務の執行について生ずる費用又は債務の処理に係る方針に関する事項
> ⑫　その他当該監査役設置会社の監査役の監査が実効的に行われることを確保するための体制

　株式会社である損害保険会社は、資本金が10億円以上である必要があり[15]、大会社に該当するため、上記の①～⑫に関する事項を取締役会で決議している。この基本方針についての内容の概要および当該体制の運用状況の概要は、定時株主総会の際に株主に対して提供される事業報告において記載する必要があるほか[16]、多くの損害保険会社ではさらにホームページなどにも掲載しており、株主や保険契約者等のステークホルダーに対して広く開示されている。

　「役職員の職務の執行が法令及び定款に適合することを確保するための体制」として各損害保険会社が実際に定めている基本方針をみると、たとえば次のような内容が掲げられている。

> a　コンプライアンスに関する基本方針を策定すること
> b　コンプライアンス部門を設置し基本方針に基づきコンプライアンス推進体制を整備すること
> c　社外委員を含むコンプライアンス委員会を設置し、コンプライアンス推進状況についてモニタリングをすること
> d　コンプライアンスマニュアルを作成し、社内各部門に周知すること
> e　被監査部門から独立した内部監査部門を設置し、実効性のある監査を行うこと

　このように、一般に会社法に基づく内部統制システムに関する基本方針では取組みの大枠を定めているにとどまり、規程またはマニュアルをどのよう

15　保険業法6条2項。
16　会社法施行規則118条2号。

な内容で策定するか、担当部門をどの程度の規模としてどのような人材を配置するか、どのような実施要領を定めてモニタリングを行うかといった、より具体的な内容についてまで定める必要はない。

一方で、有効な内部統制の体制を構築するためには、基本方針を定めるだけでは不十分であり、基本方針に沿って実際に内部統制システムを構築し、そのシステムを実効的に機能させる必要がある。具体的にどのようなシステムを構築するかについては、取締役に裁量が認められるが、それが当該会社の事業内容や規模に照らして不十分であるような場合には、取締役の善管注意義務違反を問われる可能性がある。また、一度構築したシステムであっても、その後の実効性の検証をふまえて随時見直していくことも必要となる。

また、「取締役の職務の執行が効率的に行われることを確保するための体制」が含まれているが、これは取締役会をはじめとする各機関が適切に役割を分担するとともに必要な連携を行うことにより、職務執行の効率性を確保することを求める趣旨であると考えられる。各社の内部統制システムに関する基本方針では、この点に関連して、取締役会を定期的に開催すること、取締役会の員数を一定数以内とすること、執行役員制度を導入することおよび適切な組織・職務権限に関する規定を設けることなどを定めている。

前述のとおり、具体的な内容の策定にあたっては、損害保険事業の性質を十分にふまえたうえで、生じる可能性のあるリスクを的確に把握し、これを適切に制御することのできる内部統制システムを整備することが必要となるが、保険会社に関しては、後述する保険業法の枠組みのなかでその事業の特性をふまえた内部管理態勢等の内容が定められおり、その内容に沿った態勢整備を行うことが求められる。

第2節　金融商品取引法

金融商品取引法により、財務報告に関する内部統制の強化が図られ、上場会社には「内部統制報告書」の開示が義務づけられた。同法24条の4の4第1項は、上場会社は「当該会社の属する企業集団及び当該会社に係る財務計

算に関する書類その他の情報の適正性を確保するために必要なものとして内閣府令で定める体制」について評価した報告書を、有価証券報告書とあわせて提出しなければならないと定めており、また、経営者が行った財務報告に係る内部統制の有効性の評価結果については、財務諸表の監査を行う会計監査人の監査を受ける必要がある。

　この内部統制報告書の導入に伴い、金融庁が設置している企業会計審議会は、「財務報告に係る内部統制の評価及び監査の基準」およびその実施基準を公表し、そのなかで内部統制の基本的な枠組みを示している。

　これらによると、内部統制とは、「①業務の有効性及び効率性、②財務報告の信頼性、③事業活動に関わる法令等の遵守、④資産の保全という4つの目的が達成されていることの合理的な保証を得るために、業務に組み込まれ、組織内のすべての者によって遂行されるプロセス」と位置づけられている。

　金融商品取引法は投資家の保護を主要な目的の1つとして掲げており、内部統制報告書は上記のうち特に②の財務報告に係る内部統制について、経営者が公正な評価基準によりその有効性を自己評価し、一般に公表することを求めるものである。しかし、実施基準にも記載されているとおり、財務報告は会社の業務全体に係る財務情報を集約したものであり、業務全体と密接不可分の関係にある。

　また、同基準は内部統制の有効性を評価するにあたっての基本的な要素として、統制環境、リスクの評価と対応、統制活動、情報と伝達、モニタリング（監視活動）、IT（情報技術）への対応の6つを掲げている。

　これらのうち、特に「統制環境」は、組織の気風を決定し、組織内のすべての者の統制に対する意識に影響を与えるとともに、その他の要素の基礎をなすものとされている。統制環境に含まれる一般的な事項としては、（組織の）誠実性および倫理観、経営者の意向および姿勢、経営方針および経営戦略、取締役会および監査役の有する機能等が例示されているが、これらの項目は組織全体の内部統制の基礎をなすものであり、その影響は他の要素にも及ぶであろうことは容易に想像しうる。

　財務報告に係る内部統制の評価の方法は、連結ベースでの財務報告全体に

重要な影響を及ぼす内部統制（全社的な内部統制）の評価を行ったうえで、その結果をふまえて、業務プロセスに組み込まれ一体となって遂行される内部統制（業務プロセスに係る内部統制）を評価することとされる。

損害保険会社においては、保険料の領収、保険金の支払をはじめとするさまざまな業務プロセスが、それぞれのルールに基づいて行われていることから、各業務プロセスにおいて、統制が有効に機能し、業務が正しく行われていることが重要となる。そしてこのような評価を行い、問題が発見された場合にこれを是正していくことは、とりもなおさず法令等遵守の取組みと一致することとなる。

これらのことを考えると、金融商品取引法の求める内部統制は、直接的には財務報告の適正性に関するものではあるが、実質的には相当程度会社法上の内部統制システムと重なり合うものであるといえる。各損害保険会社の定める内部統制システムに係る基本方針においても、会社法施行規則に定められている項目と並び、財務報告の適正性・信頼性を確保するための体制についても盛り込んでいるケースが一般的である。

第3節　保険業法等

1　保険業法による監督・検査

保険業法は、「保険業の公共性にかんがみ、保険業を行う者の業務の健全かつ適切な運営及び保険募集の公正を確保することにより、保険契約者等の保護を図り、もって国民生活の安定及び国民経済の健全な発展に資すること」（同法1条）を目的として、損害保険会社の組織や業務のあり方を規律し、損害保険会社に対する監督の方法や保険募集について定めている。

損害保険会社は、保険業法および政省令を遵守しながら保険事業を運営していかなければならない。また、監督官庁である金融庁は、従来から保険会社の業務の状況につき定期的な検査（オンサイト・モニタリング）を実施するとともに、検査と検査の間も定期的・継続的に経営状況の報告などを求め、

保険会社の財務・業務の健全性、適切性に問題が生じていないか監督(オフサイト・モニタリング)を行ってきている。加えて、平成25 (2013) 事務年度からは、「リアルタイムでの金融機関、金融システムの実態把握」「業界横断的な課題の抽出、改善策の検討」および「より優れた業務運営(ベスト・プラクティス(最良慣行)の確立)」を目指し、オンサイト・モニタリングとオフサイト・モニタリングの両方を包含する「金融モニタリング」を実施している。

2　保険検査マニュアル等

　検査のチェックポイントおよび監督上の評価項目などは、それぞれ「保険会社に係る検査マニュアル」(以下「検査マニュアル」という)および「保険会社向けの総合的な監督指針」(以下「監督指針」という)において示されている。これらは法令そのものではなく、またその運用にあたっては機械的・画一的とならないよう配慮すべきであるとされている。しかし、これらはいずれも金融庁のホームページに掲載されて広く示されており、また、保険業法上「保険会社の業務若しくは財産又は保険会社及びその子会社等の財産の状況に照らして、当該保険会社の業務の健全かつ適切な運営を確保し、保険契約者等の保護を図るため必要があると認めるとき」には業務改善命令や業務停止命令などの行政処分が下されることがある(同法132条)とされていることを考えると、これらに示されている検査のチェックポイントおよび監督上の評価項目は行政処分の対象となるかどうかの判断基準ともなりうるものと考えられ、実際には保険会社はそこに示された内容を十分にふまえたかたちで業務運営を行うことが必要となる。

　そこで本節では、検査マニュアル(2015年10月版)のなかに定められている8つのカテゴリー別(「経営管理(ガバナンス)態勢」「法令等遵守態勢」「保険募集管理態勢」「顧客保護等管理態勢」「統合的リスク管理態勢」「保険引受リスク管理態勢」「資産運用リスク管理態勢」「オペレーショナル・リスク等管理態勢」)の「確認検査用チェックリスト」における(経営陣による態勢の整備・確立状況)【検証ポイント】の主要項目を俯瞰することにより、保険会社に求められる管理態勢についてみていくこととする。

3 保険検査マニュアルのカテゴリー別「確認検査用チェックリスト【検証ポイント】」の内容

(1) 経営管理(ガバナンス)態勢
【検証ポイント】
・保険会社の業務の健全かつ適切な運営および保険募集の公正を確保し、顧客の保護を図るためには、適切な経営管理(ガバナンス)のもと、当該保険会社の業務のすべてにわたる法令等遵守、適正な保険募集、顧客保護等の徹底および各種リスクの的確な管理が行われる必要がある。
・保険会社の経営管理(ガバナンス)が有効に機能するためには、適切な内部管理の観点から、各役職員および各組織が、それぞれ求められる役割と責任を果たしていなければならない。具体的には、取締役をはじめとする役員は、高い職業倫理観を涵養し、すべての職員に対して内部管理の重要性を強調・明示する風土を組織内に醸成する責任があり、代表取締役、取締役、監査役をはじめとする各役職員は、内部管理の各プロセスにおける自らの役割を理解し、プロセスに十分に関与する必要がある。
　また、取締役会、監査役会が十分に機能し、各部門・部署間の牽制や内部監査部門による内部監査等の機能が適切に発揮される態勢となっていることが重要である。
・検査官は、①代表取締役、取締役および取締役会による経営管理(ガバナンス)態勢、②内部監査態勢、③監査役による監査態勢、④外部監査態勢、⑤保険計理人による確認態勢の基本的要素がその機能を実効的に発揮しているかという観点から、当該保険会社の経営管理(ガバナンス)が全体として有効に機能しているか否か、経営陣の役割と責任が適切に果たされているかについて、各チェック項目を活用して具体的に確認する。

(2) 法令等遵守態勢
【検証ポイント】
・保険会社にとって法令等遵守態勢の整備・確立は、保険会社の業務の健全かつ適切な運営を確保するための最重要課題の1つであり、経営陣には、法令等遵守態勢の整備・確立のため、法令等遵守に係る基本方針を決定

し、組織体制の整備を行う等、保険会社の業務の全般にわたる法令等遵守態勢の整備・確立を自ら率先して行う役割と責任がある。
・検査官は、経営陣が、①方針の策定、②内部規程・組織体制の整備、③評価・改善活動をそれぞれ適切に行っているかといった観点から、法令等遵守態勢が有効に機能しているか否か、取締役会の役割と責任が適切に果たされているかを（中略）具体的に確認する。

(3) **保険募集管理態勢**

【検証ポイント】
・本チェックリストにおいて、「保険募集管理」とは、保険募集に関する法令等の遵守を確保し適正な保険募集を実現するため必要となる管理をいう。
・保険会社における保険募集管理態勢の整備・確立は、顧客の保護の観点から重要であるのみならず、保険会社の業務の健全かつ適切な運営および保険募集の公正の観点からきわめて重要であり、経営陣には、これらの態勢の整備・確立を自ら率先して行う役割と責任がある。
・保険募集人の属性は、たとえば、保険会社の営業職員、専属代理店、乗合代理店、兼業代理店等と多岐にわたるため、一律の管理態勢では不十分であることを意識して、態勢の整備・確立を行う必要がある。
・検査官は、経営陣が、①方針の策定、②内部規程・組織体制の整備、③評価・改善態勢の整備をそれぞれ適切に行っているかといった観点から、保険募集管理態勢が有効に機能しているか否か、取締役会の役割と責任が適切に果たされているかを（中略）具体的に確認する。

(4) **顧客保護等管理態勢**

【検証ポイント】
・本チェックリストにおいて、「顧客保護等」とは、以下の①から⑦をいい、「顧客保護等管理」とは、保険会社の顧客の保護および利便の向上の観点から、①から⑦を達成するため必要となる管理をいう。
　① 保険契約の成立、保険料の収入、契約内容の変更、解約、失効その他の保険契約の管理が迅速かつ適切に行われることの確保
　② 保険金、給付金および返戻金等（以下「保険金等」という）の支払（以

下「保険金等支払」という）が迅速かつ適切に行われることの確保
③　顧客からの問合せ、相談、要望、苦情および紛争（以下「相談・苦情等」という）への対処が適切に処理されることの確保
④　顧客の情報が漏えい防止の観点から適切に管理されることの確保
⑤　保険会社の業務が外部委託される場合における業務遂行の的確性を確保し、顧客情報や顧客への対応が適切に実施されることの確保
⑥　保険会社またはグループ関連会社による取引に伴い顧客の利益が不当に害されることのないよう利益相反の管理が適切に行われることの確保
⑦　その他保険会社の業務に関し顧客保護や利便の向上のために必要であると保険会社において判断した業務の管理が適切になされることの確保
・保険会社における顧客保護等管理態勢の整備・確立は、保険契約者等を含めた保険会社の業務の利用者（以下「顧客」という）の保護および利便の向上の観点から重要であるのみならず、保険会社の業務の健全性および適切性の観点からきわめて重要であり、経営陣には、これらの態勢の整備・確立を自ら率先して行う役割と責任がある。
・顧客保護等管理については、保険会社の経営陣をはじめとする各役職員が、顧客の視点から自らの業務をとらえなおし、不断に検証し改善する姿勢が重要であり、保険会社に対する公共の信頼は、このような絶えざる見直しの努力の上に成り立つものであることを十分に理解していることが重要である。
・なお、保険会社が取り扱う商品の多様性・複雑性が進んでいること、乗合代理店や銀行など保険会社からの独立性の高い保険募集人の台頭、あるいは、インターネットなど非対面の募集形態の普及といった、近年の保険市場の変化等をふまえ、検査官は、当該保険会社の規模・特性に応じた顧客保護等管理態勢が整備・確立されているか、検証する。
・本チェックリストにおいては、上記の顧客保護等管理のうち、①および②に係るものについては、当該関係の態勢の整備およびその実効的機能の確保を担当する部門が設置されることを前提とし、一方、③ないし⑦に係るものについては、それらの役割・責任は各顧客保護等の管理責任者が担うことを前提として記述する。これ以外にも組織体制のあり方はさまざまで

あり、当該保険会社が、すべての顧客保護等に関してそれぞれの担当の部門や部署を設置して管理させる方法や、営業推進部門等を含む顧客保護の必要性がある部門や部署等に担当者を配置する等の方法により管理を行っている場合もある。この場合、その業務の遂行に必要な知識と経験を有する人員を適切な規模で配置し、業務の遂行に必要な権限を与えているか等の事実を実証的に検証し分析したうえで、顧客保護等の態勢が実効的に機能しているかを確認する。
- 検査官は、経営陣が、①方針の策定、②内部規程・組織体制の整備、③評価・改善態勢の整備をそれぞれ適切に行っているかといった観点から、各顧客保護等管理に係る態勢が有効に機能しているか否か、経営陣の役割と責任が適切に果たされているかを（中略）具体的に確認する。

(5) 統合的リスク管理態勢

【検証ポイント】
- 「統合的リスク管理」とは、保険会社の直面するリスクに関して、潜在的に重要なリスクを含めて総体的にとらえ、保険会社の自己資本等と比較・対照し、さらに、保険引受けや保険料率設定などフロー面を含めた事業全体としてリスクをコントロールする、自己管理型のリスク管理を行うことをいう。保険会社の統合的リスク管理態勢は、収益目標およびそれに向けたリスク・テイクの戦略等を定めた当該保険会社の戦略目標を達成するために、有効に機能することが重要である。なお、本チェックリストにおける「統合的リスク管理」には、自己資本充実度の評価など、自己資本等の管理が含まれることに留意する。
- また、統合的リスク管理を行う前提として、①責任準備金、支払備金および配当準備金（以下「責任準備金等」という）の適切な積立て、②ソルベンシー・マージン比率の適正な算定、③法令等で求められている経営分析や区分経理等といった財務の健全性・保険計理に関する管理を適切に行う必要がある。
- 統合的リスク管理態勢を構築するにあたっては、①リスクの種類が多岐にわたっており、各リスク・カテゴリーに明確に区別してとらえきれないようなリスクも想定されること、②業務遂行に伴うリスクが金融関連のリス

ク（市場リスク・信用リスク等）ばかりでなく、それ以外のリスクも相当程度大きいこと、③保険のもつオプション性やテールリスクなど評価手法が必ずしも確立されていない事項が多いうえ、生命保険を中心に負債が超長期に及ぶことが技術的なむずかしさの一因となっていること、④リスクや自己資本等の充実度を評価するに際し、現行の保険会計に基づく場合と経済価値に基づく場合とでは大きな乖離が生じうること等、保険会社特有のリスク特性を十分にふまえる必要がある。

・また、保険会社がさらされているリスクは、それぞれが独立に存在するのではなく、相互に関連しあって保険会社に影響を及ぼしているうえ、複雑化、多様化している。保険会社は各リスク（保険引受リスク、市場リスク、信用リスク、オペレーショナル・リスク等）を個々に管理するのみならず、自らの業務の規模・特性やリスク・プロファイルをふまえ、全社的な観点からリスクを包括的に評価し、適切に管理していくことが重要である。

・国際的にも、IAIS（保険監督者国際機構）が2011年10月に採択した「保険コアプリンシプル（Insurance Core Principles；ICP）」において、保険会社およびグループが統合的リスク管理（Enterprise Risk Management；ERM）およびリスクとソルベンシーの自己評価（Own Risk and Solvency Assessment；ORSA）を実施するように監督すべきことが規定されている。

・保険会社の統合的リスク管理の標準的な枠組みはまだ確立されていないが、上記の重要性にかんがみれば、保険会社においては、業務の規模・特性に応じたリスク管理の更なる高度化に向けた不断の取組みが必要である。

・保険会社の経営陣は、保険会社全体の抱えるリスクを十分に理解したうえで、統合的リスク管理の目的・本質をふまえ、リスクの定義・認識、評価、報告および対応策の決定・実行といったリスク管理サイクルの実効性が確保されるよう、統合的リスク管理態勢の整備・確立を自ら率先して行う役割と責任がある。

・上記の点をふまえ、検査官は、統合的リスク管理態勢を検証するにあたっては、保険会社による統合的リスク管理態勢の整備・確立に向けた自発的な取組みを最大限に尊重しつつ、当該保険会社の業務の規模・特性やリス

ク・プロファイルをふまえた戦略目標の達成を確保するという統合的リスク管理の目的・本質をとらえたうえで、当該保険会社が全社的な観点からリスクを包括的に評価し、管理していくことについての取組みがなされているかについて検証する。その際、複雑または高度なリスク評価方法が、必ずしも全ての保険会社にとって適切な方法であるとは限らないことに留意する。たとえば、単一の指標・モデルのみで判断するのではなく、相互に補完するような複数の目線で実態をとらえようとする取組みもある点に留意する。また、資産・負債を経済価値に基づき評価することや、各リスクを計量化すること自体があたかも目的となっている、リスク管理にかかわるのが実質的に特定部門のみとなっている等、統合的リスク管理の目的・本質をとらえない形式的な取組みとなっていないかとの観点から検証を行う必要があることに留意する。
- 検査官は、①方針の策定、②内部規程・組織体制の整備、③評価・改善態勢の整備がそれぞれ適切に経営陣によってなされているかといった観点から、統合的リスク管理態勢が有効に機能しているか否か、経営陣の役割と責任が適切に果たされているかを（中略）具体的に確認する。

（別紙）財務の健全性・保険計理に関する管理態勢

【検証ポイント】
- 責任準備金等は、保険会社が保険契約者等へ支払う保険金等の原資となるものであり、保険会社が保険契約上の責務を確実に履行するためには適切な積立てが重要である。また、責任準備金等の積立てが適切に行われることは、正確な財務諸表を作成する前提となる。
- ソルベンシー・マージン比率は、保険会社の経営の健全性を確保するために、必要な是正措置命令を迅速かつ適切に発動することにより保険会社の経営の早期是正を促していくための客観的な基準である。このため、ソルベンシー・マージン比率は、「保険会社の資本金、基金、準備金等及び通常の予測を超える危険に相当する額の計算方法等を定める件（平成8年大蔵省告示第50号）」（以下「告示第50号」という）等に定めるところにより、正確に算定する必要がある。
- 保険会社は、将来の不利益が財務の健全性に与える影響を把握し、必要に

応じて、追加的に経営上または財務上の対応をとっていく必要がある。そのため、法令等で求められている経営分析や区分経理等を適切に行う必要がある。
- 検査官は、①方針の策定、②内部規程・組織体制の整備、③評価・改善態勢の整備がそれぞれ適切に経営陣によってなされているかといった観点から、財務の健全性・保険計理に関する管理態勢が有効に機能しているか否か、経営陣の役割と責任が適切に果たされているかを（中略）具体的に確認する。

(6) **保険引受リスク管理態勢**

【検証ポイント】
- 保険引受リスクとは、経済情勢や保険事故の発生率等が保険料設定時の予測に反して変動することにより、保険会社が損失を被るリスクをいう。
- 保険会社における保険引受リスク管理態勢の整備・確立は、保険会社の業務の健全性および適切性の観点からきわめて重要であり、経営陣には、これらの態勢の整備・確立を自ら率先して行う役割と責任がある。
- 検査官は、保険会社の戦略目標、業務の規模・特性およびリスク・プロファイルに見合った適切な保険引受リスク管理態勢が整備されているかを検証することが重要である。

 なお、保険会社が採用すべき保険引受リスク評価方法の種類や水準は、保険会社の戦略目標、業務の多様性および直面するリスクの複雑さによって決められるべきものであり、複雑または高度な保険引受リスク評価方法が、全ての保険会社にとって適切な方法であるとは限らないことに留意する。
- 検査官は、①方針の策定、②内部規程・組織体制の整備、③評価・改善態勢の整備がそれぞれ適切に経営陣によってなされているかといった観点から、保険引受リスク管理態勢が有効に機能しているか否か、経営陣の役割と責任が適切に果たされているかを（中略）具体的に確認する。

(7) **資産運用リスク管理態勢**

【検証ポイント】
- 資産運用リスクとは、保有する資産・負債（オフ・バランスを含む）の価

値が変動し、保険会社が損失を被るリスクをいう。なお、資産運用リスクは以下の3つのリスクからなる。

① 市場リスク～金利、為替、株式等のさまざまな市場のリスク・ファクターの変動により、保有する資産・負債（オフ・バランスを含む）の価値が変動し損失を被るリスク、資産・負債から生み出される収益が変動し損失を被るリスクをいう。

② 信用リスク～信用供与先の財務状況の悪化等により、資産（オフ・バランス資産を含む）の価値が減少ないし消失し、保険会社が損失を被るリスク。このうち、特に、海外向け信用供与について、与信先の属する国の外貨事情や政治・経済情勢等により保険会社が損失を被るリスクを、カントリー・リスクという。

③ 不動産投資リスク～賃貸料等の変動等を要因として不動産に係る収益が減少する、または市況の変化等を要因として不動産価格自体が減少し、保険会社が損失を被るリスク。

・保険会社の資産と投資行動は、その負債特性やリスク特性および自己資本等の経営体力に応じたものであることが必要である。特に、保険会社の運用戦略の設定における重要な要素は負債特性である。自らの将来の債務の履行が可能となるように、適切な特性（残存期間・流動性等）をもつ資産を十分確保することが重要である。

・保険会社における資産運用リスク管理態勢の整備・確立は、保険会社の業務の健全性および適切性の観点からきわめて重要であり、経営陣には、これらの態勢の整備・確立を自ら率先して行う役割と責任がある。

・検査官は、保険会社の戦略目標、業務の規模・特性およびリスク・プロファイルに見合った適切な資産運用リスク管理態勢が整備されているかを検証することが重要である。なお、保険会社が採用すべき資産運用リスク評価方法の種類や水準は、保険会社の戦略目標、業務の多様性および直面するリスクの複雑さによって決められるべきものであり、複雑または高度なリスク評価方法が、すべての保険会社にとって適切な方法であるとは限らないことに留意する。

・検査官は、①方針の策定、②内部規程・組織体制の整備、③評価・改善態

勢の整備がそれぞれ適切に経営陣によってなされているかといった観点から、資産運用リスク管理態勢が有効に機能しているか否か、経営陣の役割と責任が適切に果たされているかを（中略）具体的に確認する。

（別紙１）市場リスク管理態勢

【検証ポイント】

・市場リスクとは、金利、為替、株式等のさまざまな市場のリスク・ファクターの変動により、資産・負債（オフ・バランスを含む）の価値が変動し損失を被るリスク、資産・負債から生み出される収益が変動し損失を被るリスクをいう。なお、主な市場リスクは以下の３つのリスクからなる。

① 金利リスク〜金利変動に伴い損失を被るリスクで、資産と負債の金利または期間のミスマッチが存在しているなかで金利が変動することにより、利益が低下ないし損失を被るリスク。

② 為替リスク〜外貨建資産・負債についてネット・ベースで資産超または負債超ポジションが造成されていた場合に、為替の価格が当初予定されていた価格と相違することによって損失が発生するリスク。

③ 価格変動リスク〜有価証券等の価格の変動に伴って資産価格が減少するリスク。

・保険会社における市場リスク管理態勢の整備・確立は、保険会社の業務の健全性および適切性の観点からきわめて重要であり、経営陣には、これらの態勢の整備・確立を自ら率先して行う役割と責任がある。

・検査官は、保険会社の戦略目標、業務の規模・特性およびリスク・プロファイルに見合った適切な市場リスク管理態勢が整備されているかを検証することが重要である。

　なお、保険会社には、資産運用の対象を国債等の安全資産に限定する戦略をとるところから、主要な金融市場で有価証券の短期売買を行う、または複雑なデリバティブ取引を行うなど積極的な市場取引を経営戦略とするところまで、さまざまなものがある。市場リスク管理態勢の項目の適用にあたっては、当該保険会社の経営戦略や実際の取引態様に十分配慮して、機械的・画一的な運用とならないように留意する。

　また、保険会社が採用すべき市場リスク計測・分析方法の種類や水準

は、保険会社の戦略目標、業務の多様性および直面するリスクの複雑さによって決められるべきものであり、複雑または高度なリスク計測・分析方法が、すべての保険会社にとって適切な方法であるとは限らないことに留意する。

（中略）
・検査官は、①方針の策定、②内部規程・組織体制の整備、③評価・改善態勢の整備がそれぞれ適切に経営陣によってなされているかといった観点から、市場リスク管理態勢が有効に機能しているか否か、経営陣の役割と責任が適切に果たされているかを（中略）具体的に確認する。

（別紙2）信用リスク管理態勢
【検証ポイント】
・信用リスクとは、信用供与先の財務状況の悪化等により、資産（オフ・バランス資産を含む）の価値が減少ないし消失し、保険会社が損失を被るリスクである。このうち、特に、海外向け信用供与について、与信先の属する国の外貨事情や政治・経済情勢等により保険会社が損失を被るリスクを、カントリー・リスクという。
・保険会社における信用リスク管理態勢の整備・確立は、保険会社の業務の健全性および適切性の観点からきわめて重要であり、経営陣には、これらの態勢の整備・確立を自ら率先して行う役割と責任がある。
・検査官は、保険会社の戦略目標、業務の規模・特性およびリスク・プロファイルに見合った適切な信用リスク管理態勢が整備されているかを検証することが重要である。

　なお、保険会社が採用すべき信用リスク評価方法の種類や水準は、保険会社の戦略目標、業務の多様性および直面するリスクの複雑さによって決められるべきものであり、複雑または高度な信用リスク評価方法が、すべての保険会社にとって適切な方法であるとは限らないことに留意する。
・検査官は、①方針の策定、②内部規程・組織体制の整備、③評価・改善態勢の整備がそれぞれ適切に経営陣によってなされているかといった観点から、信用リスク管理態勢が有効に機能しているか否か、経営陣の役割と責任が適切に果たされているかを（中略）具体的に確認する。

(8) オペレーショナル・リスク等管理態勢

【検証ポイント】

・本チェックリストにおいて、「オペレーショナル・リスク等」とは、①～④をいい、「オペレーショナル・リスク等管理」とは、①～④をそれぞれ適切に管理することをいう。

　① 役職員等が正確な事務を怠る、あるいは事故・不正等を起こすことにより保険会社が損失を被るリスク（以下「事務リスク」という）。

　② コンピュータシステムのダウンまたは誤作動等、システムの不備等に伴い保険会社が損失を被るリスク、さらにコンピュータが不正に使用されることにより保険会社が損失を被るリスク（以下「システムリスク」という）。

　③ 保険会社の財務内容の悪化等による新契約の減少に伴う保険料収入の減少、大量ないし大口解約に伴う解約返戻金支出の増加、巨大災害での資金流出により資金繰りが悪化し、資金の確保に通常よりも著しく低い価格での取引を余儀なくされることにより損失を被るリスク（以下「資金繰りリスク」という）および市場の混乱等により市場において取引ができなかったり、通常よりも著しく不利な価格での取引を余儀なくされることにより損失を被るリスク（以下「市場流動性リスク」という）。なお、資金繰りリスクと市場流動性リスクをあわせて、以下「流動性リスク」という。

　④ その他保険会社が「オペレーショナル・リスク」と定義したリスク（以下「その他オペレーショナル・リスク」という）。

・保険会社におけるオペレーショナル・リスク等管理態勢の整備・確立は、保険会社の業務の健全かつ適切な運営の観点からきわめて重要であり、経営陣には、これらの態勢の整備・確立を自ら率先して行う役割と責任がある。

・検査官は、オペレーショナル・リスク等管理態勢を検証するにあたっては、保険会社の業務の規模・特性およびリスク・プロファイルに見合った適切なオペレーショナル・リスク等管理態勢が整備されているかを検証することが重要である。なお、保険会社においては、事務リスク、システム

リスク、流動性リスクの計量化については、まだ確立されたものはないため、本チェックリストで記載していないが、検査官は、保険会社がリスク管理のさらなる高度化に向けた不断の取組みを行っているかについて検証することとする。

・検査官は、システムリスク管理態勢の確認検査を行うにあたっては、個別システムの重要度（当該システムの顧客取引または経営判断への影響の大きさ）および性格（コンピュータセンターにおける中央集中型の汎用機システム、クライアントサーバーシステム等の分散系システム、ユーザー部門設置の単体システム等のそれぞれの特性を表し、それぞれに適した管理手法がある）に十分留意する必要がある。また、本チェックリストによる検証の結果、システムリスク管理態勢に問題がみられ、さらに深く業務の具体的検証をすることが必要と認められる場合には、検査官は、「金融機関等コンピュータシステムの安全対策基準・解説書」（公益財団法人金融情報システムセンター編）等に基づき行うものとする。さらに、検査官は、保険会社が保持する保護すべき情報が役職員または部外者等により、改ざん、削除又は外部に漏洩するリスクについても本チェックリストに基づき行うこととする。

・インターネットを利用したサービスの普及等に伴い顧客利便性が飛躍的に向上する一方で、サイバー攻撃の手口が巧妙化し影響も世界的規模で深刻化しており、金融機関においてはサイバーセキュリティを確保することが喫緊の課題となっている。

　また、経営陣においては、サイバー攻撃による顧客、取引先の被害を防止し、安定したサービスを提供するため、サイバーセキュリティ管理態勢を構築し、状況の変化に対応し継続的に改善していくことが求められている。

・本チェックリストにおいては、流動性リスク管理部門を資金繰りに関する内部基準等の遵守状況等のモニターを行う部門と、資金繰り管理部門を資金繰りの管理・運営を行っている部門とそれぞれ位置づけたうえで、流動性リスク管理態勢に係る検証項目を記載している。検査官は、保険会社によって流動性リスク管理部門と資金繰り管理部門の果たすべき役割と負う

べき責任の範囲が異なることに留意し、流動性リスク管理が全体として適切に機能しているかを検証する必要がある。
・検査官は、①方針の策定、②内部規程・組織体制の整備、③評価・改善態勢の整備がそれぞれ適切に経営陣によってなされているかといった観点から、オペレーショナル・リスク等管理態勢が有効に機能しているか否か、経営陣の役割と責任が適切に果たされているかを（中略）具体的に確認する。

第3章 コンプライアンス態勢

　保険業法1条では、保険業法の目的について「この法律は、保険業の公共性にかんがみ、保険業を行う者の業務の健全かつ適切な運営及び保険募集の公正を確保することにより、保険契約者等の保護を図り、もって国民生活の安定及び国民経済の健全な発展に資することを目的とする」と規定している。このことからも明らかなように、損害保険事業は、社会性・公共性がきわめて高い事業であることから、健全かつ適切な運営および保険募集の公正の確保が強く求められている。

　本章では、損害保険会社を取り巻く環境や社会からの要請が大きく変化するなかで、損害保険会社として実現すべきコンプライアンスとは何か、またコンプライアンスと金融行政とのかかわり、さらにはコンプライアンスを実現するための態勢などについて概観していくことにする。

第1節　コンプライアンスとは

1　コンプライアンスの意味

　わが国において、コンプライアンスという言葉が一般的に使われるようになったのは、金融不祥事が多発した1990年代からといわれている。もともと、「コンプライアンス（compliance）」という言葉は、「comply（＝従う）」の名詞形である。本来は「～に従うこと」「～に応じること」という意味であるが、患者が処方どおりに薬を服用できているという意味で使われていたものが転じて、アメリカのビジネス実務において「法令遵守（順守）」を表すようになったといわれている。

　現在、わが国で「コンプライアンス」という言葉を使用する場合は、「法令遵守」「法令等遵守」といった訳語が使われることが多いが、社会を騒が

せたさまざまな企業の不祥事における反省から、最近では、単に「法令」あるいは「法令等の遵守」にとどまらず、広く「社会の要請に応える（= comply）こと」という意味でとらえることが多くなっている。

また、「コンプライアンス」を、企業倫理を含んだ「インテグリティ（組織の誠実性）」という意味で使用することもある。この場合、「インテグリティ」とは「組織の価値観・価値基準に誠実であること」を意味し、
・組織が法令や規制によりその遵守を要求される受動的な強制基準に対して誠実であること
・組織自らの意思によって選択・決定した経営理念・企業倫理等の能動的な任意基準に対して誠実であること

という観点より、「コンプライアンス」と近い言葉であると考えることができる。そして、このインテグリティという言葉はアメリカなどではよく用いられている。

2　損害保険会社におけるコンプライアンス

損害保険業界は、永らく護送船団方式とも呼ばれる行政の監督と保護を受けてきたが、1990年代に入ると金融自由化の急速な進展に加えて、保険自由化の流れが加速され、損害保険会社を取り巻く環境は大きく変化してきた。

1989年4月から、高齢化、金融の自由化・国際化の進展等、保険業を取り巻く環境が大きく変化していることを受けて、保険審議会において、「保険事業の在り方及び保険関係法規の見直し」につき検討が開始された。そして、1992年6月、「新しい保険事業の在り方」と題する答申が提出され、①規制緩和・自由化の推進、②保険業の健全性の維持、③公正な事業運営の確保、を3つの柱とした保険制度改革が進められることになり、1995年6月には、半世紀ぶりの全部改正となる「保険業法」および「保険業法の施行に伴う関連法律の整備等に関する法律」が制定された。

また、保険行政のあり方も大きく変化した。これまでの当局指導型（事前指導型）から事後的に業務内容を検査する自己管理型に移行し、自己責任原則が強く打ち出され、1999年には「金融検査マニュアル」が、また2000年には「保険検査マニュアル」がそれぞれ公表[17]された。

1999年7月に、損害保険会社2社に対して、保険業法133条に基づく業務の一部停止命令が初めて出された。そしてその後も、保険募集に係る不適正な業務に対しては、保険業法133条に基づく「業務停止命令」や同法129条に基づく業務改善命令、同法128条に基づく「報告徴求命令」が出され、損害保険会社においては、この頃より、社内にコンプライアンス部を創設するなど、あらためて社内の法令等遵守態勢を再構築する会社が相次いだ。

　一方で、自由化の急速な進展は、各損害保険会社の商品開発競争に拍車をかけた。自動車保険や火災保険をはじめとする保険商品の多様化・複雑化をもたらし、その速度に保険金支払や保険募集の実務対応、システム対応といったインフラが追いつかず、付随的保険金の支払もれの問題や保険料の誤り・超過保険の問題などといった、社会(お客様)からの信頼を揺るがす問題の発生につながっていった。

　2005年11月には、「付随的な保険金の支払もれ」により損害保険会社26社に対して保険金支払にかかわる行政処分が、また2007年3月には第三分野商品の「保険金の不適切な不払い」により損害保険会社10社に対して一部業務停止等の行政処分が出されるに至り、損害保険の募集から支払に至るまでのあらゆる業務について、業務の健全かつ適切な運営の再確立が求められることとなり、コンプライアンス態勢の再整備・再構築の必要性があらためて認識された。

　その後、2013年6月に金融審議会「保険商品・サービスの提供の在り方に関するワーキング・グループ」が、保険募集チャネルの多様化や保険代理店の大型化など、保険募集をめぐる環境の変化に対応した新たな保険募集ルールの導入や保険募集人(代理店)に対する新たな規制の整備について提言した報告書をまとめ、これを受けて2014年5月に「保険募集の基本的ルールの創設」および「保険募集人の体制整備義務の導入」を柱とする保険業法改正が実施された。この保険業法改正により、適正な業務運営の確立が保険募集人(代理店)に直接に求められることになった。一方で、保険業法100条の

17　2009年10月1日現在、金融庁が開示している検査マニュアルは、「預金等受入金融機関に係る検査マニュアル(金融検査マニュアル)」「保険会社に係る検査マニュアル」「金融持株会社に係る検査マニュアル」「金融商品取引業者等検査マニュアル」である。

2の規定は残ることから、損害保険会社に対して業務の健全かつ適切な運営の確保が今後も変わらず求められることはいうまでもない。[18]

第2節　金融行政とコンプライアンス

1　保険監督の目的

　金融庁が保険監督を行う目的は、保険業の公共性にかんがみ、保険業を行う者の業務の健全かつ適切な運営および保険募集の公正を確保することにより、保険契約者等の保護を図り、もって国民生活の安定および国民経済の健全な発展に資することにある。

　わが国の保険監督システムは、いわゆる「オンサイト」と「オフサイト」の双方のモニタリング手法から構成されているが、これは、それぞれのモニタリング手法を適切に組み合わせることで、実効性の高い保険監督を実現するためである。金融庁の行政組織上は、オンサイトを検査局が、オフサイトを監督局が担当しているが、互いに適切な連携のもとに、それぞれの機能を的確に発揮することが求められている。

2　金融モニタリングの開始

　金融庁は、2007年より「ベター・レギュレーション」（金融規制の質的向上）への取組みを進めており、毎年「検査基本方針」および保険会社向けの「監督方針」を策定・公表し、検査運営の基本的な取組姿勢や重点検証項目、監督上の重点事項等を示してきた。

　2013年に金融庁検査のあり方も含めて金融行政上の課題をふまえて、新たに「金融モニタリング基本方針」が公表された。金融モニタリングは、検

18　保険業法第100条の2に「保険会社は、その業務に関し、この法律又は他の法律に別段の定めがあるものを除くほか、内閣府令で定めるところにより、その業務に係る重要な事項の顧客への説明、その業務に関して取得した顧客に関する情報の適正な取扱い、その業務を第三者に委託する場合（当該業務が第275条第3項の規定により第三者に再委託される場合を含む。）における当該業務の的確な遂行その他の健全かつ適切な運営を確保するための措置を講じなければならない」と定められている。

局・監督局が協働し、オンサイト・オフサイトのモニタリングによって、金融機関、金融システムについてより深度ある実態把握を行うことを目的としている。

(1) 従来の金融庁検査についての課題認識

個別の金融機関に対する定点的な観測であり、検査と検査の間の経済金融情勢の変化や金融機関に共通する課題に十分対応できない面があることや、法令や金融検査マニュアルで規定した基準（ミニマムスタンダード）を満たしているかについての検証が中心である一方、大手金融機関は、ミニマムスタンダードの遵守だけでは、世界に伍して戦えないし、形式的な問題点の指摘と、金融機関の指摘への対応の積重ねが「コンプラ（法令等遵守）疲れ」を生む一方で、本質的な問題解決につながらない可能性があることが課題として認識されている。

(2) 金融庁検査や金融モニタリングのあり方

金融機関・金融市場で何が起こっているかを、リアルタイムで実態把握し、潜在的なリスクへの対応を行う。重要なテーマについて業界横断的な実態の把握・分析、課題の抽出、改善策の検討を行い、行政対応につなげる。大手金融機関等については、より優れた業務運営（ベストプラクティス）に近づく観点からのモニタリングを実施する。

これらの方向性を受けて、保険会社に対して、当局が保有する既存の経営情報等に基づき、個々の保険会社のリスクの所在等について事前情報分析を行ったうえで、必要と認められる検証項目について、通常検査を含めたオンサイト・オフサイトの手法を効率的に組み合わせた金融モニタリングが実施されている。

大手損害保険会社については、オンサイト・オフサイト一体となったモニタリングチームを編成し、業界横断的な検証項目については、ベストプラクティス（最良慣行）を念頭に置き、マクロプルーデンス（金融システム全体の健全性）の観点も含めた水平的レビューが実施されている。

(3) 最近の動向

2014年には監督方針と金融モニタリング基本方針を統合し、さらに2015年には金融行政方針として、金融行政が何を目指すかを明確にするとともに、

その実現に向け、いかなる方針で金融行政を行っていくかが示されている。

金融行政方針では、金融行政に関する考え方が以下のように公表されている。

・各金融機関がより優れた業務運営（ベストプラクティス）を目指すことが、わが国金融の質の向上につながる。
・そのため、金融庁としては、以下のような対応を通じて金融機関との対話を推進し、自主改善を促す。
  ① 金融機関がとるべき行動等について、これを仔細に規定するのではなく、その趣旨・精神を示すプリンシプルの形成・共有
  ② 当該プリンシプルの理解を深めるための優良事例の公表
  ③ 金融機関の業務の状況を適切に顧客等のステークホルダーに知ってもらうためのディスクロージャーの充実の促進
    なお、法令等のルール（最低限必要とされるミニマムスタンダード）の遵守に課題のある金融機関等には監督・検査で厳正に対処。その際、問題の根本原因を検証し、改善につなげる。

第3節　コンプライアンス態勢

コンプライアンスを推進し実現していくためには、社内における態勢を整備・確立していく必要がある。ここでは、経営理念や行動規範といったその企業にとって普遍的ともいえる価値基準から、それを具体的に実践していくための基本方針、役職員に周知・徹底するためのマニュアルや研修・教育、また社内組織におけるコンプライアンス・オフィサーの配置等、コンプライアンス態勢の確立に必要な基本的な要素等について解説する（図表5－3－1）。

1　経営理念とコンプライアンス

経営理念は、企業の存在意義やその使命についての基本的価値観を、普遍的なかたちで表明したものであり、企業にとっての最上位の概念・方針とし

図表5−3−1　経営理念、行動規範の位置づけ[19]

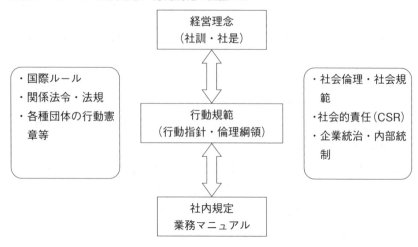

て位置づけられる。

　損害保険会社各社の経営理念をみてみると、「お客様に最大のご満足をいただける商品・サービスをお届けする」「株主の負託に応える」「社員が創造性を発揮できる自由闊達な企業風土を築く」「よき企業市民として、社会的責任を果たす」といった内容が、多くの会社で示されている。

　一方で、この経営理念の実現にあたり、コンプライアンスの徹底が、その実現の基盤となることはいうまでもない。昨今の企業不祥事をみてもわかるとおり、コンプライアンスの徹底なくして、企業の価値創造は実現できないだけでなく、経営理念の実現も不可能となってしまうからである。

　なお、近年においては、「コンプライアンスの徹底」を、企業として果たすべき社会的責任ととらえ、経営理念のなかに謳っている企業もみられるようになった。

2　コンプライアンス宣言

　コンプライアンスを徹底するためには、経営者が全役職員に対してコンプ

---

[19] 平田光弘「コンプライアンス経営とは何か」経営論集第61号119頁参照（2003年11月）。

ライアンスの徹底に向けた断固とした決意を示すことが不可欠である。コンプライアンス宣言は、全役職員がコンプライアンスの意義を理解し、コンプライアンスへのコミットメントを行うことを社内外に宣言するものであり、後述のコンプライアンス行動規範とあわせて策定されることもある。

3 コンプライアンス行動規範（行動指針、行動憲章）

行動規範（Code of Conduct）は、「倫理要綱」「行動指針」「コンプライアンス・マニュアル」「従業員ハンドブック」など、さまざまな名称・形態で制定されている。一般に、行動規範は、各企業におけるコンプライアンスの基本方針として位置づけられており、各企業にとって特に重要な行動基準・基本原則を明確にして、それを全役職員に伝達・周知すべきものとして制定されている。

そのため、行動規範は、全役職員が正確に理解し共有できるようにわかりやすい内容である必要がある。実際の策定にあたっては、会社の倫理的な価値観だけを述べるのではなく、会社の社内規定や行動基準を具体的に記述する等の工夫を行っている会社が多い。そのおもな項目は次のとおりである。
・行動規範の適用範囲
・遵守すべき法令・社会規範
・社内のコンプライアンス関係規定の概要
・コンプライアンス上の問題発生時の対応方法
・反社会的勢力への対応
・インサイダー取引の禁止
・独占禁止法への抵触行為の禁止
・セクシャルハラスメントの禁止　等

わが国においては、企業が行動規範を策定する際に参考にするものとして、図表5－3－2の日本経済団体連合会「企業行動憲章」や業界ごとに定めている行動規範や倫理綱領等がある。「企業行動憲章」は、1995年頃から金融機関や商社等で顕在化した企業不祥事により社会の企業不信が高まったことから、1996年にその内容が改定され、その後も数次にわたり改定されているもので、日本企業のコンプライアンスの取組みが本格化するきっかけの

図表5-3-2　日本経済団体連合会「企業行動憲章」抜粋（2010年9月14日）

企業は、公正な競争を通じて付加価値を創出し、雇用を生み出すなど経済社会の発展を担うとともに、広く社会にとって有用な存在でなければならない。そのため企業は、次の10原則に基づき、国の内外において、人権を尊重し、関係法令、国際ルールおよびその精神を遵守しつつ、持続可能な社会の創造に向けて、高い倫理観をもって社会的責任を果たしていく。

1　社会的に有用で安全な商品・サービスを開発、提供し、消費者・顧客の満足と信頼を獲得する。
2　公正、透明、自由な競争ならびに適正な取引を行う。また、政治、行政との健全かつ正常な関係を保つ。
3　株主はもとより、広く社会とのコミュニケーションを行い、企業情報を積極的かつ公正に開示する。また、個人情報・顧客情報をはじめとする各種情報の保護・管理を徹底する。
4　従業員の多様性、人格、個性を尊重するとともに、安全で働きやすい環境を確保し、ゆとりと豊かさを実現する。
5　環境問題への取り組みは人類共通の課題であり、企業の存在と活動に必須の要件として、主体的に行動する。
6　「良き企業市民」として、積極的に社会貢献活動を行う。
7　市民社会の秩序や安全に脅威を与える反社会的勢力および団体とは断固として対決し、関係遮断を徹底する。
8　事業活動のグローバル化に対応し、各国・地域の法律の遵守、人権を含む各種の国際規範の尊重はもとより、文化や慣習、ステークホルダーの関心に配慮した経営を行い、当該国・地域の経済社会の発展に貢献する。
9　経営トップは、本憲章の精神の実現が自らの役割であることを認識し、率先垂範の上、社内ならびにグループ企業にその徹底を図るとともに、取引先にも促す。また、社内外の声を常時把握し、実効ある社内体制を確立する。
10　本憲章に反するような事態が発生したときには、経営トップ自らが問題解決にあたる姿勢を内外に明らかにし、原因究明、再発防止に努める。また、社会への迅速かつ的確な情報の公開と説明責任を遂行し、権限と責任を明確にした上、自らを含めて厳正な処分を行う。

1つとなったものである。

4　コンプライアンス基本方針

　監督指針および保険検査マニュアルは、コンプライアンス（法令等遵守）態勢として、「法令等遵守に係る基本方針」の「策定」を求めている。この「法令等遵守に係る基本方針」に対応するものとして「コンプライアンス基本方針」を策定している企業が多い。

　コンプライアンス基本方針とは、適正な法令等遵守態勢の構築および確保に向けた取組方針および具体的な方策を示すもので、前述の「コンプライアンス宣言」や「行動規範」をより具体的な企業活動に落とし込むものとして作成するものである。

　基本方針の策定にあたっては、まず、それぞれの企業活動のなかでコンプライアンスの意味（詳細は前述第1節参照）を明確にすることが重要であり、この基本方針の策定を通して、コンプライアンスの取組みが企業の存続・発展のなかでどのような意義をもっているのかを、社内外に伝えることが基本方針の重要な目的である。

　なお監督指針や保険検査マニュアルでは、この「法令等遵守に係る基本方針」が取締役会において承認されていること、また、これを見直す場合には、リーガルチェック等を受けたうえで、取締役会で承認されることが求められている。

5　コンプライアンス・マニュアル

　コンプライアンス・マニュアルとは、「遵守すべき法令の解説、法令違反を発見した場合の対処方法等を示した、コンプライアンス実現のための具体的な手引書[20]」である。

　具体的に記載されるおもな内容としては、①経営理念や経営方針との関係、②基本方針や行動指針、③遵守基準、④コンプライアンスを推進する組織や体制、⑤遵守すべき法令等の解説、⑥法令違反を発見した場合の対処方法等があげられる。

20　コンプライアンス・オフィサー認定機構『コンプライアンス・オフィサー認定機構基本テキストⅠ』91頁（コンプライアンス・オフィサー認定機構、第1版、2006年）。

策定にあたっては、「自社が法令に違反するリスク、社会規範から逸脱するリスクを整理して、それが、表面化した場合の影響を体系的に整理・検討[21]」し、マニュアルの内容が各社のリスクに応じたものになっていることに留意する必要がある。また「法令解説書」のような分厚く、むずかしいコンプライアンス・マニュアルを策定する必要はなく、むしろ社員にとってわかりやすく、使いやすいマニュアルとすることが重要である。

また、コンプライアンス・マニュアルの存在やその内容を、全役職員に対して周知徹底させなければならない。

なお、前述の「法令等遵守に係る基本方針及び遵守基準」と同様、監督指針および保険検査マニュアルにおいて、コンプライアンス・マニュアルが、リーガルチェック等を受けたものとなっていること、取締役会の承認を受けたものとなっていることが求められている。

6 コンプライアンス・プログラム

コンプライアンス・プログラムとは、法令等を遵守するための具体的な行動計画のことであり、コンプライアンスを遵守・徹底するために、組織としてどのような行動をとるのか、どのような確認手段をとるのか、といった実施計画を指す。具体的な内容としては、①基本方針や行動基準の策定、②役職員等への研修計画、③前述の遵守基準が適正に守られているかどうかのモニタリング計画、④コンプライアンス相談窓口の設置、⑤コンプライアンス委員会の設置といったものがある。

コンプライアンスを企業に根づかせ、醸成させるためには、このコンプライアンス・プログラムの内容が具体的であり、かつ実効性のある内容であることが重要である。

なお、監督指針および保険検査マニュアルにおいては、コンプライアンス・プログラムの実際の計画に対して、その進捗状況や達成状況がフォローアップされていることやその進捗状況や達成状況が取締役および取締役会に定期的に報告されていることが求められている。

---

[21] 高巌『コンプライアンスの知識』94～96頁（日本経済新聞社、第1版、2006年）。

また、コンプライアンスの実施・推進主体は明確になっているか、定期的な進捗状況・達成状況の確認が実施されているか、コンプライアンス統括部門等によるモニタリングが適正に行われているか、取締役会への報告等が実施されているか、といった点も重要である。

7　コンプライアンス統括部門の設置

　社内のコンプライアンス体制の構築にあたっては、コンプライアンスの推進主体となる、コンプライアンス統括部門を設置する必要がある。
　その役割としては、①倫理や法令遵守に関する基本方針、行動規範、コンプライアンス・マニュアルなどの策定ならびに必要に応じた改定、②策定された実施計画の具体的な推進、③コンプライアンス活動に関連する内部諸規定の整理ならびに必要に応じた改定、などがある。
　一般的に、コンプライアンス推進部門の設置に際しては、コンプライアンス部を単体で設置する企業が多いが、法務部や総務部といった部にその機能をもたせる企業もある。
　また、損害保険会社におけるコンプライアンス統括部門については、その設置に関して営業推進部門から独立した立場に設置する必要がある。この理由は、営業推進部門からの干渉を防止し、コンプライアンス統括部門の機能を阻害しない態勢にするためである。
　損害保険会社は、損害保険代理店と委託契約を結び、お客様との損害保険の契約締結業務を保険会社の代理として委託していることから、社内のコンプライアンスだけでなく、損害保険代理店やその損害保険募集人に対してもコンプライアンスを徹底・推進することが重要である。
　監督指針および保険検査マニュアルにおいて、募集コンプライアンス統括部門は、適正な保険募集管理態勢を整備・確立するために、保険募集に関するコンプライアンスを推進する部門とされ、営業推進部門から独立した立場で、募集に関する規定などの作成ないし検証を行うことが求められている。
　なお、損害保険業界では、火災保険等の保険料誤りという問題が起きたため、この改善策として、2008年度から損保協会が中心となり、損害保険募集人の資質向上を目的とした「損害保険募集人試験（更新試験）」（詳細は前述

第4編第2章第3節2参照）が導入された。

8　コンプライアンス・オフィサー

　コンプライアンス・オフィサーとは、コンプライアンスに係る体制の整備、チェック、不祥事等の対応、研修の実施等を行い、コンプライアンスの実質的な周知徹底と問題に対する自立的な改善メカニズムを備えた内部統制を構築することを責務[22]としている者である。また、法律の知識だけではなく、実務に精通し、企業倫理やコンプライアンスに関する幅広い知識と経験、判断力を持ち合わせた専門家であることが求められる。その専門性から、コンプライアンス・オフィサーの資格認定制度が創設されるなど、企業内外で活躍するコンプライアンス・オフィサーの育成も進んでいる。

　損害保険会社においては、一定規模以上のリスクのある業務部門および営業拠点等には、必要に応じて当該部門および営業推進部門から独立した立場でコンプライアンス・オフィサーを配置することが、保険検査マニュアルにおいて求められている。コンプライアンス・オフィサーの配置は各社の実情に応じて異なるが、地域ブロックごとに配置する等全国を網羅し、かつコンプライアンス統括部門に所属させる等、保険募集に関するコンプライアンス事項を一元的に管理できる態勢にすることが望ましいといえる。

　なお、コンプライアンス・オフィサーとは別に、各業務部門および営業拠点ごとにコンプライアンス担当者を配置することが一般的となっている。具体的には、営業部支店に属しながら、当該部支店の保険募集ルールの遵守状況やコンプライアンスに係る点検や指導を実施する等の役割を担っている。

第4節　保険会社における不祥事件とは

1　保険業法と不祥事件

　コンプライアンスの意味が、法令遵守という狭い概念でなく、広く「社会

---

[22] コンプライアンス・オフィサー認定機構・前掲（注20）78頁。

の要請に応えること」という意味でとらえることが多くなっていることは前述のとおりであるが、法令違反行為が、コンプライアンス違反行為の典型事例であることはいうまでもない。

　企業活動において遵守すべき法令は、民法、商法、刑法、会社法、独禁法、個人情報保護法に対する違反行為等多岐にわたるが、損害保険会社においては、「保険業法」が非常に重要であり、保険業法に対する違反行為が、事業の根幹にかかわる重要なコンプライアンス違反行為であるということができる。

　保険業法は、「保険業の公共性にかんがみ、保険業を行う者の業務の健全かつ適切な運営及び保険募集の公正を確保することにより、保険契約者等の保護を図り、もって国民生活の安定及び国民経済の健全な発展に資すること」を目的としており（1条）、この目的に照らして問題となる行為を「不祥事件」として定め、金融庁長官または財務局長への届出を求めている（保険業法127条1項8号（届出事項）、同法施行規則85条1項17号、85条5項）。

　不祥事件としての届出は、これらの不祥事件の発生を損害保険会社が知った日から30日以内に行わなければならない（保険業法施行規則85条6項）。なお、不祥事件届出書は、社員の不祥事件の場合は金融庁、損害保険代理店の不祥事件の場合は、各財務局に対して提出し、財務局は取りまとめて金融庁に報告を行う（監督指針（2015年4月版）Ⅲ-2-15　不祥事件等に対する監督上の対応）こととなっている。

　保険業法が定める「不祥事件」とは、「保険会社、その子会社若しくは業務の委託先、保険会社、その子会社若しくは業務の委託先の役員若しくは使用人（生命保険募集人及び損害保険募集人である者を除く。）、保険会社若しくはその子会社の生命保険募集人若しくは損害保険募集人又はそれらの役員若しくは使用人が次の各号のいずれかに該当する行為を行ったことをいう。

一　保険会社の業務を遂行するに際しての詐欺、横領、背任その他の犯罪行為
二　出資の受入れ、預り金及び金利等の取締りに関する法律（昭和29年法律第195号）に違反する行為
三　法第294条第1項、第294条の2若しくは第300条第1項の規定、若しく

は法第300条の２において準用する金融商品取引法第38条第３号から第６号まで若しくは第８号若しくは第39条第１項の規定若しくは第234条の21の２第１項の規定に違反する行為又は法第307条第１項第３号に該当する行為

四　現金、手形、小切手又は有価証券その他有価物の１件当たり100万円以上の紛失（盗難に遭うこと及び過不足を生じさせることを含む。）

五　海外で発生した前各号に掲げる行為又はこれに準ずるもので、発生地の監督当局に報告したもの

六　その他保険会社の業務の健全かつ適切な運営に支障を来す行為又はそのおそれのある行為であって前各号に掲げる行為に準ずるもの」である（保険業法施行規則85条５項）。

　これらは保険業を営むうえで発生しうる不適正行為のうち、保険業法の目的に照らし、当局として、その事実が発生したことをすみやかに把握することが、監督行政上必要なものを列挙したと考えられる。

　これらのなかでは、３号と４号が特徴的である。３号で規定している保険業法300条１項は、保険の募集に関する禁止行為を定めた規定であり、保険業法307条１項３号は、保険業法違反、行政処分違反行為および保険の募集に関する著しく不適当な行為があった場合の規定である。いずれもその沿革は、1995年の保険業法改正（1996年４月施行）によって廃止された「保険募集の取締に関する法律」にある（16条（締結又は募集に関する禁止行為）、20条（違法行為に対する措置））。なお、2015年の保険業法改正（2016年５月施行）により、情報の提供（保険業法294条）、顧客の意向の把握等（保険業法294条の２）の２つが義務化され、３号に追加されている。

　また、特定保険契約（第３編脚注18・204頁参照）に関して準用している金融商品取引法38条３号から６号もしくは第８号もしくは39条１項も、金融商品の募集に関する禁止行為等の規定であり、保険業法は、契約者保護を重視する観点から、保険募集が適切に行われない状態に対し厳しい態度をとっていることがわかる。

　重要事項の説明義務違反、保険料の割引などの特別利益を提供する行為、募集人登録をせずに保険募集を行う行為などが３号の保険業法上の不祥事件

図表5－3－3　おもな不祥事件の例

種　類	具　体　例	保険業法の条項
保険料の流用・費消	保険料・解約返戻金・満期返戻金等を着服または他へ流用したとき、等	307－1－3
保険金不正請求・着服	保険金の請求・受領手続時に、虚偽の申告等により不正行為を行ったとき、保険事故発生後に締結した保険契約を保険事故前に締結したかのように偽ったとき、または上記を契約者等に教唆したとき、等	307－1－3
重要事項の説明義務違反	保険募集時に、契約者・被保険者に保険契約の内容のうち重要な事項について、虚偽の説明をしたとき、または契約者、被保険者の判断に影響を及ぼすこととなる重要事項を告げないとき、等	300－1－1
虚偽告知の勧誘・重要事項の告知妨害	契約者・被保険者に重要な事項について虚偽の説明をし虚偽の告知を勧めたとき、重要事実の告知を妨げたとき、重要事実を告知しないことを勧めたとき、等	300－1－2、3
不当な乗換契約	契約者・被保険者に、不利益な事実を告げずにすでに成立している保険契約を消滅させ新たな保険契約の申込みをさせたとき、等	300－1－4
特別利益の提供	契約者・被保険者に保険料の割引・割戻しをしたとき、その他特別の利益を提供、またはそれらを約する行為をしたとき、等	300－1－5
割引率・料率不適	①　団体扱・団体契約において、実際以上の被保険者数の割引率を適用したとき、借名や架空の者で被保険者数を水増ししたとき、等 ②　自動車保険フリート契約において、損害率を調整する等により過大な割引率を適用したとき、フリート契約対象外の車両を混入させたとき、等 ③　上記以外に、不正な手段を使って不適当な割引率・料率を適用したとき、等	300－1－5
誤解の生じる比較表示	契約者・被保険者、または不特定の者に、誤解させるおそれのある比較表示をしたとき、等	300－1－6
無登録募集	保険業法に定められた代理店登録を行わないまま、募集行為を行ったとき	275
無届募集	保険業法に定められた募集人の届出を行わないまま、役員・従業員に募集行為を行わせたとき	302
無断契約	実在する契約者等に無断でその者の名義を用いて保険契約をしたとき、もしくは契約者に無断で契約内容を変更したとき、等	307－1－3

の代表的なものである（詳細は図表5－3－3を参照）。

また、4号については、通常の損害保険会社の資産規模からいえば、100万円という金額は経営を脅かすような金額ではないが、金融機関として、顧客から支払われた保険料を適切に保管することができないようなずさんな運用は金額が小さくても許さないという法の態度が読み取れる。

このように、金融庁長官または財務局長への届出対象となる「不祥事件」は、一般用語としての「不祥事件」とは、必ずしも一致しない。すなわち、保険業法上の「不祥事件」には該当しない場合であっても、その他の法令に照らして違反となることもあれば、また、法令違反にならない場合でも、世の中が損害保険会社に通常期待する機能や役割から乖離した実務運営などが「不適切である」と評価されることもある。

以上より、コンプライアンスの取組みが、保険業法上の不祥事件を防止すればよいといった狭い視野に基づいたものにならないように留意する必要がある。

2　不祥事件が生じた場合の対応

保険業法上の不祥事件が発生した場合は、それを知った日から30日以内に金融庁長官または財務局長への届出が必要である（保険業法施行規則85条6項）ことから、この規定に反した場合は、その行為自体が保険業法上の不祥事件となる。

このため、不祥事件に該当する可能性がある不適正行為（疑義事案）を発見した場合、30日の届出期限に間に合うよう、迅速な事実調査、原因調査を行うことが必要である。なお、迅速な事実・原因調査とそれをふまえた再発防止策の実施は、法の規定があろうとなかろうと、コンプライアンス経営を行ううえでは基本的な対応であり、損害保険会社としてこうした体制を整備し、機能させていかなければならないことはいうまでもない。

具体的な対応手順は、コンプライアンス・マニュアルや不祥事件対応マニュアルといった各社の社内マニュアルや規定において定め、社内に周知しておくことが求められるが、以下のような点に留意する必要がある。

なお、監督指針においても、同様の記載がある（2015年4月版　Ⅲ－2－

15)。

〈留意すべき点〉

① 関係部門、経営陣への報告

　コンプライアンス担当部門、コンプライアンス統括部門、内部監査部門等に報告が行われること。重要な不祥事件が経営陣に対して報告がなされること。犯罪行為の場合は、警察等関係機関への通報を行うこと。

② 的確、迅速な事実調査・原因調査

　調査は、事案に関係がない者が行い、正確な事実・原因が明らかにされること。コンプライアンス担当部門、コンプライアンス統括部門、内部監査部門などが、独立した立場から、調査の指示や調査内容の確認をし、必要に応じて自ら調査を行うなどが必要。

③ 同種の事案の洗い出し

　同様の問題が、当該事案以外にも生じていないかどうかを必要に応じて確認する。

④ 再発防止策の立案と実行

　原因分析に基づいて、再発防止策を立案し実行する。その再発防止策が機能しているかどうかについてもモニタリング等により確認する。

⑤ 関係者の処分

　関係者を必要に応じて人事処分する。損害保険代理店に関しては、代理店手数料引下げ、募集停止などの処分（措置）を実施する。

⑥ 金融庁に対する不祥事件届出

　保険業法に基づく不祥事件届出を行う。添付フォーム（図表5－3－4）に基づいて金融庁長官宛てに届け出る。

　なお、最終的に届出要否を行うかどうかの判断は、事実調査、原因調査を行う過程で、故意の有無、違法性の大きさ、影響の重大性、反復性などを明らかにし、これらをふまえて、コンプライアンス統括部門が最終的な判断を行うのが通常である。また、この判断の適切性・透明性を確保するために、実務的には、事案の類型別に保険業法の趣旨に照らして、どのような場合に届出を行うかの判断基準を設け、調査によって判明した事実に基づいてそれぞれの事案の届出要否を判断する。

図表５－３－４　不祥事件届出書の雛形（監督指針　別紙様式55）

文書番号
年　月　日

金融庁長官殿

保険会社名（又は外国保険会社等名）
代表者名（又は日本における代表者名）　　印
不 祥 事 件 届 出 書

保険業法第127条第１項第８号及び保険業法施行規則第85条第１項第17号（又は保険業法第209条第９号及び保険業法施行規則第166条第１項第７号）の規定に基づき、下記のとおりお届けします。

保険会社名		事故発生支社・支部名等	
代理店名（店主名）及び委託状況	専属代理店・乗合代理店（代申会社）　＊丸で囲むこと		
事故者の役職名及び氏名（生年月日及び年齢）	（　年　月　日生　　歳）	入社年月日	年　月　日入社
法令違反の該当規定（法令に違反しない場合は理由）		届出の根拠規定（規則）	
保険会社が不祥事件の発生を知った日	年　　月　　日（　　）	発生期間	年　月　日～ 年　月　日
事故金額（うち実損見込み）	千円（　　　　　　千円）		
発覚の端緒（日付を含めて記載する）			
事故の概要			
事故の調査・解明の状況			
事後措置			
事故発生原因の分析・問題認識等			
再発防止策			
処分内容　事故者			
関係者			
備　考			

添付書類　その他参考となるべき事項を記載した書類
（注）　事故の詳細が判明しない、処分内容が決定しない等、後日、やむを得ず届出書の追完をする場合は、備考欄に当該事故について最初に届け出た日付を記載すること。

たとえば、詐欺、横領などは、全件届出を行う必要があるが、単純な計算ミスで規定より安い保険料を適用してしまった場合において、その金額が軽微な場合などは届出を行わない場合がある。こうした判断基準や個々の事案に関する届出要否判断については、保険業法の趣旨に沿ったものでなければならず、また、恣意的な判断が行われないような社内のチェック体制と、必要に応じて外部の専門家の見解も求めるといった対応が必要である。

　不祥事件は、完全になくなることが望ましいことはいうまでもない。しかし、ヒューマンエラーが原因の場合はシステム化（自動統制）により大幅な改善を図ることができるものの、コストとの関係から手動統制とせざるをえない場合もある。また一方で、故意による犯罪は、監視を強めても完全には防ぎきれないものもある。

　また、不祥事件ゼロを目標とした取組みは、行き過ぎると逆に、問題事例を隠蔽化させたり、潜在化させることにもつながりかねない。したがって、問題が潜在化せず報告される体制（含む社風）を確保しつつ、発見された問題に対して、有効な再発防止を実施し、その機能状況を確認して、問題があれば対策を修正するといった取組みを粘り強く継続していくことが重要である。

　また、これらの現状が経営陣に適時に報告がなされ、経営上の問題として検討が行われることが必要である。会社法が取締役に求めている内部統制システムの構築義務の観点からも、こうした対応が必要である。

第5節　ホットライン（内部通報制度）

1　ホットラインとは

　「ホットライン」とは、「内部通報制度または内部通報のための専用受付体制」のことを指す。

　法令違反や社会の要請に反する不適切行為を防止するために、倫理規定（行動規範）を策定し、徹底した社員研修を行うことが、企業における基本的な対応であるが、内部通報制度を設けることもまた、これらと同様に重要

な基本的対応の1つといえる。

　内部通報とは、企業内部において不適切な行為が行われていること、または、そのおそれがあることに気づいた社員などが、コンプライアンス統括部門など企業自身が設けた通報対応窓口に直接連絡することをいう。

　上司など企業における職制を通じた日常的な報告ルートによらない報告を可能とすることがポイントであり、そのための報告ルート・手段がここでいう「ホットライン」である。

2　ホットラインの必要性（内部通報制度はなぜ必要なのか）

　企業において、社内で起きている不適切な状況やそのおそれがある状態を早く把握して、適切な対応を行うことは、不祥事の防止や損害の拡大防止につながり、危機管理上も重要である。損害保険事業においては、保険契約者の信用を裏切る事態を生じさせないよう、企業自身が問題点を発見することに努め、自らこれを是正する「高い自浄作用」を有していることが必要である。

　リスクの発見と是正は本来、各現場で自律的に行われるべきであるが、上司等を通じた報告ルートしかなければ、上司自体が関与している場合、事案自体が握り潰されたり、証拠が捏造・隠滅されるおそれがある。たとえ関与がなくても、当該上司の対応が迅速でない場合、企業としてすみやかに適切な対応をとることができない。これらが、報告のバイパス・ルートである「ホットライン」が必要となる理由である。また、こうしたホットラインが機能していること自体、通報者がマスコミ等の外部に告発を行うことの抑止や不適正行為を行おうとする行動の牽制にもつながる。

3　ホットラインを機能させる

(1)　利用促進の必要性

　ホットラインが設置されていても、利用されていなければ、期待された機能を果たすことはできないので、企業は、その利用促進を図る必要がある。そのためには、「不正を暴く」といった明確な目的意識をもたない場合であっても利用しやすい仕組みとすることも1つの方法である。たとえば、

「ホットライン」という表現が、告発目的の特別な仕組みであるというニュアンスがあるため、より気軽に相談できる窓口という意味合いを込めて「ヘルプライン」といった名称を用いる場合がある。また、電話だけでなく、電子掲示板や電子メールといった複数の通報手段を用意したり、社内には通報しにくい場合を想定して社外窓口（外部の弁護士事務所等）を設けている事例もある。

社員などに対する周知徹底も重要であり、コンプライアンス研修・教育の一環と位置づけて、継続的に取り組む必要がある。

(2) **通報者の保護**

ホットラインを有効に機能させるために重要なことは、通報したことによって、通報者が不利益を被らないようにすることである。また、同様の観点から、匿名による相談ができるようにする場合もある。2006年4月「公益通報者保護法」[23]が施行され、民間企業に対して解雇等の不利益な取扱いの禁止、通報に関する相談窓口の設置、通報者等の個人情報の保護、通報者への処理状況の通知等が求められることとなり、内部通報しやすい環境が整ってきた。「通報者保護」は内部通報制度への信頼性を高めるため、ホットラインの利用促進にもつながる。

---

23 公益通報者保護法の概要
① 労働者が、不正の目的によらないで、通報対象事実が生じあるいは生じようとしていることを、労務提供先や行政機関等に通報することを「公益通報」と定義し、公益通報をしたことを理由とする公益通報者の解雇の無効等ならびに公益通報に関し事業者および行政機関がとるべき措置を定めることにより、公益通報者の保護、国民の生命、身体、財産その他の利益の保護にかかわる法令の規定の遵守を図り、もって国民生活の安定および社会経済の健全な発展に資することを目的としている（1条、2条）。
② 対象事実とは、個人の生命または身体の保護、消費者の利益の擁護、環境の保全、公正な競争の確保その他の国民の生命、身体、財産その他の利益の保護にかかわる法律（刑法、食品衛生法、証券取引法、JAS法、大気汚染防止法、廃棄物処理法、個人情報保護法等）に規定する罪の犯罪行為の事実などをいう。

第6節　コンプライアンスとお客様の声

1　社会の要請の把握の重要性

　コンプライアンスの意味が、法令遵守という狭い概念でなく、広く「社会の要請に応えること」という意味でとらえることが多くなっていることは前述のとおりであるが、「社会の要請に応えること」という観点からは、「社会の要請」をいかに的確に把握するかが重要である。
　「社会の要請」といった場合には、具体的にはだれの要請かという点が論点となりうる。損害保険会社は、通常、株式会社形態を採用しているので「株主の要請」といったとらえ方もあるが、損害保険事業に期待されている公共的な役割にかんがみるとともに、だれもが事故の加害者にも被害者にもなりうる可能性があることをふまえれば、「保険契約者」や「事故の被害者」といった「広く一般の利害関係者からの要請」を「社会の要請」としてとらえることのほうが重要である。これらさまざまな利害関係者からの声を経営に生かすことはコンプライアンスの実践そのものともいえる。

2　社会の要請は変化する

　社会の要請についての内容やレベルは、時代とともに変化することを理解する必要がある。保険事業でいえば、1998年の保険の自由化によって、自動車保険、火災保険や傷害保険が独禁法適用除外でなくなり、損害保険会社各社が商品の独自化を進めたことや、企業の経営環境として消費者保護の観点が重要性を増していることもあり、かつてよりも保険募集時における商品内容に関する重要事項の説明が重要になった。保険金についても、被保険者から請求された保険金を適切に支払うだけでなく、請求ができる保険金を、むしろ商品を提供している損害保険会社からもれなく案内することが、今日では、社会より期待されている。損害保険会社が提供する商品やサービスが、社会の要請から乖離しないようにするためには、こうした社会の要請を的確にとらえ、対応していかなければならない。

3 苦情対応からお客様の声の活用へ

　契約者や事故の被害者からの苦情は、社会の要請を知るための重要な情報の1つであり、個々の苦情に的確に対応するとともに、問題が生じた原因を分析し、こうした苦情が再び起こらないように改善につなげていくことは、保険会社の業務運営において、きわめて基本的かつ重要な事項といえる。監督指針（2015年4月版）においても、着眼点として同様の記載がある[24]。

　苦情をより前向きに受け止め、積極的に活用するには、社内に「苦情を起点とするPDCAサイクルを定着させ、機能させる」ことが必要であり、この観点からは、苦情対応マネジメントに関する国際規格である「ISO10002」[25]が参考となる。

　なお、損害保険会社各社では「苦情」という用語にかえて、「お客様の声」「お客様の声（ご不満）」といった用語を用いる企業がふえているが、これも苦情を前向きにとらえる文化を醸成するための一環である。

　損害保険会社では、お客様の声について、お客様苦情窓口（「お客様相談センター」といった名称を用いる場合がある）、およびお客様照会窓口（「カスタマーセンター」といった名称を用いる場合がある）で受け付けたものを、お客様の声の管理・活用システムに入力するだけでなく、営業部門や損害サービス部門の第一線が受け付けたものについても、当該第一線に、お客様の声の管理・活用システムに入力させることとし、本社としてこれらを一元管理・分析し、施策に生かすことにつなげる取組みが進められている。

　損害保険代理店を通じて保険を販売している損害保険会社の場合は、数多くのお客様の声が、代理店に対して寄せられているので、こうしたお客様の声を、できる限り損害保険会社が把握することも重要である。そのために

---

[24] 監督指針Ⅱ－4－3－2－2　苦情等対処に関する内部管理態勢の確立　主な着眼点より抜粋。「(5)情報共有・業務改善等　②苦情等の内容及び対処結果について（、指定ADR機関より提供された情報等も活用しつつ、）分析し、その分析結果を継続的に顧客対応・事務処理についての態勢の改善や苦情等の再発防止策・未然防止策に活用する態勢を整備しているか。」

[25] ISO（国際標準化機構）が定めた苦情対応マネジメントの国際規格。日本では、それが翻訳され、JIS規格となっている。苦情からのPDCAサイクルを回し、商品・サービス等の継続的な改善を行うための枠組みを示している。

は、代理店が、お客様の声を適切に記録し、その内容を、損害保険会社の社員との間で共有することが必要となる。また、代理店自身に関するお客様の声を、当該代理店の体制整備の構築に生かすことも求められている。

　社会の要請を的確に把握するために重要なもう1つの要素は、苦情といったお客様からもたらされる声とは別に、自ら能動的に、社会からの評価を聞きに行く取組みである。保険契約者のうち、損害保険会社に対して声を上げていただける方はごく一部であり、それ以外のお客様が何を期待し、何にご不満をもっているのかは、損害保険会社から聞きに行かなければ把握することはできない。契約直後や保険金支払直後に保険契約者や被保険者にアンケートを直接お送りし、その回答結果を分析することは、顧客満足度を上げることやマーケティングを目的として実施されることが多いが、コンプライアンス経営を実現する観点から、企業の業務運営と社会の要請の乖離を発見する取組みとしても重要である。

第7節　反社会的勢力への対応

1　損害保険業界における対応

　市民社会や経済社会の秩序と安全に脅威を与える暴力団に代表される反社会的勢力は、近年、活動を多様化させ、その手口は巧妙化している。反社会的勢力の手口が巧妙化するなか、気づかないうちに経済取引を行ってしまう可能性もあることから、従来以上に反社会的勢力との関係遮断に向けた取組みを強化していく必要がある。

　こうした社会背景をふまえ、2007年6月に警察庁が関係省庁と連携のうえ「犯罪対策閣僚会議幹事会申合せ―『企業が反社会的勢力による被害を防止するための指針について』」（以下「政府指針」という）を公表した。これを受けて、経団連は加盟企業に対して反社会的勢力との関係遮断をいっそう強化するよう促し、各企業は取組みを強化させてきた。また、1992年5月施行の「暴力団員による不当な行為の防止等に関する法律」に加え、暴力団との関係遮断および暴力団の影響力排除を目的とする「暴力団排除条例」が2011

年10月をもって全都道府県で施行された。

　損害保険業界においても、金融庁が損保協会を通じて保険会社に対して同様の取組強化を要請するとともに、「監督指針」において、反社会的勢力との関係遮断に向けた具体的な態勢強化を求めている。

　損保業界では2013年6月に、保険約款への「暴力団排除条項（以下「暴排条項」という）」の導入が決定され、2015年3月末までに損害保険約款に暴排条項を導入した。

2　反社会的勢力の範囲について

　反社会的勢力の範囲については、「政府指針」や金融庁の「監督指針」において、「暴力、威力と詐欺的手法を駆使して経済的利益を追求する集団又は個人である反社会的勢力をとらえるに際しては、暴力団、暴力団関係企業、総会屋、社会運動標ぼうゴロ、政治活動標ぼうゴロ、特殊知能暴力集団等といった属性要件に着目するとともに、暴力的な要求行為、法的な責任を超えた不当な要求といった行為要件にも着目することが重要である」と記載されている。

　損害保険業界においては、銀行、生命保険業界等の金融他業界における暴力団排除条項を参考として、反社会的勢力の範囲（属性要件）を次のとおり定めている。

(1)　暴力団
(2)　暴力団員（暴力団員でなくなった日から5年を経過しない者を含む）
(3)　暴力団準構成員
(4)　暴力団関係企業その他反社会的勢力

　また、上記の属性要件のほか、反社会的勢力に資金を提供するなど、反社会的勢力と社会的に非難されるべき関係を有している以下の場合についても、同様の取扱いとしている。

(1)　反社会的勢力に対して資金等を提供し、または便宜を供与する等の関与をしていると認められる場合
(2)　反社会的勢力を不当に利用していると認められる場合
(3)　法人である場合において、反社会的勢力が当該法人の経営を支配し、ま

たは当該法人の経営に実質的に関与していると認められる場合
(4) 反社会的勢力と社会的に非難されるべき関係を有している場合

3　反社会的勢力の排除に向けた体制整備

　反社会的勢力との関係を遮断するためには、社員等の安全確保に十分に配慮しつつ、反社会的勢力から不当要求等があった場合の対応についてあらかじめ定め、社内に周知・徹底しておくことが重要である。金融庁の「監督指針」においても「政府指針」をふまえ、以下のとおり、反社会的勢力への対応の基本原則を掲げている。
(1)　組織としての対応
　不当要求等への対応は担当者任せにすることなく組織として対応する。また、事案に応じて各担当部署や役員を含め会社全体として対応する。
(2)　外部専門機関との連携
　不当要求等には、必要に応じて警察、暴力追放運動推進センター、弁護士等の外部の専門機関と積極的に連携しながら対応する。
(3)　取引を含めたいっさいの関係遮断
　保険契約や代理店委託契約のみならず、業務委託契約、物品売買契約、不動産関連契約、融資契約、寄付金・賛助金対応などいっさいの取引を行わない。
(4)　有事における民事と刑事の法的対応
　不当要求や威圧的請求等の有事には、民事と刑事の両面から法的対応を行う。
(5)　裏取引の禁止
　不当要求等が損害保険会社の不祥事を理由とする場合であっても、事案を隠蔽するための裏取引は行わない。

第4章 保険会社の業務

第1節 総　説

　保険会社には、内閣総理大臣の免許を受けて行う保険業に加えて、保険業法や他の法律に基づく範囲内でその他の各種業務を営むことが認められている。このような制限が設けられているのは、保険契約者等の保護の観点から、保険会社を保険業に専念させる必要があること、他の事業に起因する不測のリスクが保険契約者等に波及する事態を回避する必要があることがおもな理由である。

　保険会社が行うことができる業務については、保険業法に「固有業務」「付随業務」「法定他業」としてそれぞれ具体的にその範囲が規定されている（同法97条～100条）。また、保険会社の業務範囲は銀行・証券・保険などの金融業態間の相互参入の進展や規制緩和要望などを反映し、徐々に拡大されてきている。

第2節 固有業務

(1) 保険の引受け

　保険会社は、保険業の免許の種類に従った保険の引受けを行うことができる（保険業法97条1項）。この保険の引受けは、内閣総理大臣の免許を受けた保険会社のみが行うことができる本質的な業務であることから、固有業務と呼ばれる。

　保険の引受けは、保険契約の募集から保険金の支払までの広い範囲を指し、保険会社の補償（保証）機能ともいわれる。

　ただし、保険会社もすべての保険の引受けを行うことができるわけではな

く、損害保険業・生命保険業それぞれの免許の範囲内の引受けに制限されている（損害保険・生命保険業兼営禁止の原則）。

(2) **資産運用**

保険会社にとって、顧客から収受した保険料の資産運用は必要不可欠な業務であり、資産運用業務も保険会社の固有業務と位置づけられている。特に、年金保険、積立型保険等のように長期で貯蓄性の高い保険については、資産運用の成果が大きな役割を果たす。

資産運用業務は、保険の引受けのように直接的に保険会社が行うことができる業務としては記載されず、資産運用についての制限が設けられるかたちで規定されている。

保険会社が行う資産運用については、保険料として収受した金銭その他の資産は、将来の保険金支払に充てる財源であることから、有価証券の取得その他の方法によらなければならないと一定の制限が設けられており、運用を行う際には有利なだけでなく、安全性も求められている（保険業法97条2項）。

（資産運用に関する制限や、損害保険会社の資産運用の詳細は、後述第6章参照）。

(3) **固有業務の範囲**

固有業務については、免許を受けた当該事業者のみが行うことができる排他的な業務であり、言い換えれば固有業務については、当該会社自らが行わなくてはならず、外部への委託が認められない。

このような固有業務の範囲については、保険会社には、保険引受けに係る各種方針を策定するのみならず、策定した方針に基づいた業務運営が適切に行われているかどうかについて、リスク管理を含む適切な運営管理を行うことまでが求められるため、具体的には、以下の業務が保険会社の排他的固有業務としてあげられると考えられる。

① 基礎書類の策定（商品認可取得等）
② 保険募集についての方針策定
③ 資産運用の方針策定
④ 保険会計および決算
⑤ 保険給付内容（支払保険金）決定の方針策定

⑥　保険事業全体に係る運営管理（リスク管理等）

第3節　付随業務

　保険会社は、第2節の固有業務のほか、固有業務に付随する業務を行うことができる（保険業法98条）。付随業務とは、保険会社の固有業務そのものではないが、保険会社の固有業務の遂行に伴い当然に行うことができると考えられる業務であり、その業務の質および量の面で固有業務に付随するものでなければならない。

　付随業務の内容は、金融市場の動向等を受け保険会社の業務範囲も変化する可能性があることから、保険業法では、「次に掲げる業務その他の業務を行うことができる」と記載し、具体的に業務を例示列挙するとともに、列挙した業務以外にも、「その他の業務」として弾力的な運用を可能にしている。

　保険業法が具体的に定めている付随業務は以下のとおりである。

(1)　**保険業等の業務の代理または事務の代行**（保険業法98条1項1号）

　保険会社は、自らが行う保険業に加え他の保険会社等の業務の代理または事務の代行（以下「業務代理等」という）を行うことができる[26]。本行為は、1996年の保険業法改正により、保険会社の経営資源の有効活用や、子会社方式による損害保険業・生命保険業の相互参入の実現をふまえ既存募集チャネルを活用したクロスセリングを可能にする観点から、幅広く「保険業に係る業務の代理または事務の代行」が認められることとなった経緯にある[27]。以降、2003年保険業法改正により、その対象が「金融業に係る業務の代理または事務の代行」に拡大される等、金融各業態間の相互参入の進展を反映し、徐々に拡大されてきており、現状以下の業務を行うことが認められている。なお、この場合、その内容を定めて、内閣総理大臣の認可を受けなければならない。ただし、当該保険会社の子会社その他当該保険会社と内閣府令で定

---

[26] 保険業法では、「代理」とは本人にかわって法的な意思表示を行い、その効果が本人に帰属する行為（例：自動車保険の損害査定等）とし、それ以外の単なる事実行為を本人にかわり行うことを「代行」としている。
[27] 1996年改正前は、「損害保険事業に属する取引の代理又は媒介」に限定されており、損害保険会社による共同保険や共同引受けの際の幹事会社業務等が可能となっていた。

める密接な関係を有する者に係る当該業務を行おうとするときは、あらかじめ、その旨およびその内容を内閣総理大臣に届け出ることをもって足りる（保険業法98条2項）。

① 保険業に係る事務の代行

保険会社は、他の保険会社、外国保険業者、少額短期保険業者または船主相互保険組合の次に掲げる事務の代行その他の保険業に係る事務の代行を行うことができる。

 a 保険の引受けその他の業務に係る書類等の作成及び授受等
 b 保険料の収納事務及び保険金等の支払事務
 c 保険事故その他の保険契約に係る事項の調査
 d 保険募集を行う者の教育及び管理

たとえば、dには、保険募集人に対する目標・予算の設定およびその達成状況把握や、達成のための各種施策の実施等の各種営業推進事務も含まれる。

② 保険業に係る業務の代理

保険会社は、他の保険会社、外国保険業者、少額短期保険業者または船主相互保険組合の保険契約の締結の代理（媒介を含む）、損害査定の代理、その他の保険業務に係る代理であって、他の保険会社が行うことが保険契約者の利便の増進等の観点から合理的であるものを行うことができる。

これにより、損害保険会社間、生命保険会社間、損害保険会社・生命保険会社間に加え保険会社と少額短期保険業者との間においても他社の保険の募集代理を行うことが可能となり、一般に以下の形態による募集代理が行われている。

 a 損害保険会社間、損害保険会社が生命保険会社の募集代理を行う場合

個々の損害保険会社代理店が当該損害保険会社、生命保険会社と代理店委託契約を締結する。

 b 生命保険会社間、生命保険会社が損害保険会社の商品の募集代理を行う場合

生命保険会社自体が損害保険会社の代理店になり、営業職員が損保商品を販売する。

③ 他の保険会社その他金融業を行う者の資金の貸付の代理または資金の貸付に係る事務の代行

保険会社が銀行代理店となり融資業務の仲介を行うことや、いわゆる協調融資の幹事業務も行うことができる。

④ 投資顧問業者の投資顧問業および投資一任契約に係る業務に関する書面または報告書の授受の事務の代行

保険会社が上記の業務代理等を行おうとする際には、あらかじめ金融庁長官の認可を取得する必要があり、この場合以下の要件に従い審査が行われる（保険業法施行規則51条の2）。

a 業務代理等に関する十分な知識及び経験を有する役員又は使用人の確保の状況、当該業務代理等の運営に係る体制等に照らし、当該認可の申請をした保険会社が当該業務代理等を的確、公正かつ効率的に遂行することができると認められること。

b 他の保険会社（外国保険業者を含む）の業務代理等を行う場合には、当該業務代理等が保険会社相互の公正かつ自由な競争を阻害するおそれのないものであること。

c 他の保険会社（外国保険業者を含む）、少額短期保険業者又は船主相互保険組合の業務代理等を行う場合には、当該他の保険会社、少額短期保険業者又は船主相互保険組合の業務の的確、公正かつ効率的な遂行に支障を及ぼすおそれのないものであること。

(2) **債務の保証**（保険業法98条1項2号）

損害保険会社の固有業務として保証証券業務（保険数理に基づき対価を決定する等保険に固有の方法を用いる債務の保証）を行うことが可能となっているが、これ以外にも、保険会社には資産運用に付随する業務として保証料を受けて行う債務の保証が認められている。

(3) **有価証券の引受けまたは募集**（保険業法98条1項3号、4の2号、5号）

保険会社は資産運用に付随する業務として以下の業務を行うことができる。

① 国債、地方債もしくは政府保証債（以下「国債等」という）の引受け（売出しの目的をもってするものを除く）または当該引受けに係る国債等の募集

の取扱い
② 特定目的会社が発行する特定社債等の引受け（売出しの目的をもってするものを除く）または当該引受けに係る特定社債等の募集の取扱い
③ 有価証券の私募の取扱い

(4) **金銭債権等の取得または譲渡（保険業法98条1項4号、4の3号）**

保険会社は、資産運用に付随する業務として以下の業務を行うことができる。

① 金銭債権の取得または譲渡（資産の運用のために行うものを除く）

この場合の金銭債権には、次の証書をもって表示されるものが含まれる。

 a 譲渡性預金（払戻しについて期限の定めがある預金で、譲渡禁止の特約がないもの）
 b コマーシャル・ペーパー
 c 住宅抵当証書
 d 貸付債権信託の受益権証書
 e 抵当証券
 f 商品投資受益権の受益権証書
 g 外国の法人の発行する証券又は証書で銀行業を営む者その他の金銭の貸付を業として行う者の貸付債権を信託する信託の受益権又はこれに類する権利を表示するもの
 h 金融等デリバティブ取引に係る権利を表示する証券又は証書

② 短期社債等の取得または譲渡（資産の運用のために行うものを除く）

(5) **デリバティブ取引等（保険業法98条1項6号～12号）**

保険会社には、資産運用に付随する業務として以下の業務が認められている。

① 取引所金融先物取引等（資産の運用のために行うものを除く）
② 金融先物取引の受託等
③ 金融等デリバティブ取引（資産の運用のために行うものを除く）
④ 金融等デリバティブ取引の媒介、取次又は代理
⑤ 有価証券店頭デリバティブ取引（資産の運用のために行うものを除く）
⑥ 有価証券店頭デリバティブ取引の媒介、取次又は代理

⑦　ファイナンス・リース

(6)　その他の付随業務

前述の保険業法に例示列挙された業務以外の「その他業務」については、監督指針上に例示が行われているほか、それらの業務以外の業務が付随業務に該当するかどうかの審査基準についても以下のとおり定められている（監督指針Ⅲ−2−12−1）。

① 「その他業務」として認められる付随業務

保険会社が従来から固有業務と一体となって実施することを認められてきたコンサルティング業務、ビジネスマッチング業務、事務受託についても、取引先企業に対するサービスの充実および固有業務における専門的知識等の有効活用の観点から、これらの業務を固有業務と切り離して行う場合にも、付随業務として認められるとされている。

〈その他業務の具体例〉

　　a　保険会社が取引先企業に対し株式公開等に向けたアドバイスを行い、または有価証券関連業を行う金融商品取引業者に対し株式公開等が可能な取引先企業を紹介する業務、または勧誘行為をせず、単に顧客を有価証券関連業を行う金融取引業者に対し紹介する行為

　　b　個人の財産形成に関する業務

　　c　有価証券関連業を行う金融商品取引業者等への投資信託委託関連会社または資産運用会社の紹介に係る業務

　　d　保険代理店や同一グループ内の企業等に対して行う事務委託業務のうち当該保険会社が行っている業務に関するもの

② 付随業務に該当するかどうかの判断基準

①以外の業務が付随業務に該当するかどうかを判断する基準については、以下のとおり定められている。

　　a　当該業務が固有業務および例示されている付随業務に準ずるか。

　　b　当該業務の規模が、その業務が付随する固有業務の規模に対して過大なものとなっていないか。

　　c　当該業務について、保険業と機能的な親近性やリスクの同質性が認められるか。

第4章　保険会社の業務

d　保険会社が固有業務を遂行するなかで正当に生じた余剰能力の活用に資するか。

第4節　法定他業

　保険会社は、固有業務、付随業務のほか、固有業務の遂行を妨げない限度において、保険業法や他の法律により認められた一定の業務を「法定他業」として行うことが認められている（保険業法99条）。

　保険業法においては、固有業務との親近性が付随業務ほどには認められないものの、保険会社の固有業務や付随業務と関連性があり、保険会社の知識経験や経営資源等の有効活用や顧客の利便性の観点等から適当であると考えられる以下の業務を法定他業として規定している。

　(1)　公共債のディーリング等

① 　保険会社の有価証券関連業務

　金融商品取引法では、保険会社や銀行等の金融機関には原則的に有価証券関連業務は認められていないが、一定の業務については例外的に認められており、保険業法において金融商品取引法33条2項各号に掲げる有価証券または取引について、同項各号に定める業務が法定他業として定められている。

　ただし、不特定かつ多数の者を相手方として行う場合には、金融庁長官の認可が必要となる。

② 　証券業務に付随する業務

　保険会社は、①の有価証券関連業務に加えて、これに付随する以下の業務も法定他業として行うことができる。なお、①と同様に保険会社が以下の業務を不特定かつ多数の者を相手方として行う場合には、金融庁長官の認可が必要となる。

　　a　受益証券（投資信託及び投資法人に関する法律に規定する投資信託もしくは外国投資信託の受益証券をいう）または投資証券（同法に規定する投資証券、新投資口予約権証券もしくは外国投資証券をいう）の保護預り

　　b　受益証券に係る収益金、償還金または解約金の支払に係る業務の代理

　　c　投資証券に係る金銭の分配、払戻金または残余財産の分配に係る業務

の代理
　d　投資証券の名義書換えに係る顧客の代理
　e　累積投資契約のうち、受益証券または投資証券に係るものの締結
　f　口座管理機関（社債、株式等の振替に関する法律2条4項）として行う振替業

(2) **社債等の募集または管理の受託、担保付社債に関する信託業務**

　保険会社は、固有業務の遂行を妨げない限度において以下の業務を行うことができる。なお、保険会社が以下の両業務を行う場合には、金融庁長官の認可が必要となる（保険業法99条5項）。あわせて、保険会社が①の業務に関して社債の登録を取り扱う場合には、「社債、株式等の振替に関する法律」に規定する主務大臣の指定を、②の業務を行う場合には、「担保付社債信託法」に規定する免許を受けることが必要となる。

① 地方債または社債その他の債券の募集または管理の受託
② 担保付社債信託法により行う担保付社債に関する信託業務

(3) **金融商品取引法28条6項（通則）に規定する投資助言業務**

　金融・資本市場の競争力強化を目的に、2008年6月に成立（2010年4月1日施行）した「金融商品取引法等の一部を改正する法律」によって、保険会社や銀行などの業務範囲が拡大され、有価証券の価値や金融商品の価値等の分析に基づく投資判断に関する助言を行う業務が追加された。なお、保険会社が当該業務を行う場合には、金融庁長官の認可が必要となる（保険業法99条5項）。

(4) **算定割当量の取得・譲渡契約の締結またはその媒介、取次もしくは代理を行う業務であって、内閣府令で定めるもの**

　同じく、2008年6月に成立（2010年4月1日施行）した「金融商品取引法等の一部を改正する法律」によって、算定割当量にかかわる取引、いわゆる排出権取引に関する業務も追加された。なお、保険会社が当該業務を行う場合には、金融庁長官の認可が必要となる（保険業法99条5項）。

(5) **資金移動業**

　情報通信技術の進展などに伴う消費者利便の向上やイノベーションのさらなる促進を目的に、2009年6月に成立（2010年4月1日施行）した「資金決

済に関する法律」によって、銀行法にかかわらず、金融庁長官の登録を受けた者に為替取引が認められたことから、資金移動業が追加された。なお、保険会社が当該業務を行う場合には、金融庁長官の認可が必要となる（保険業法99条5項）。

第5節　他業の制限

　保険会社は、保険業法に定められた上記の固有業務、付随業務、法定他業の各業務ならびに他の法律の規定により認められた業務以外の業務を行うことはできない（保険業法100条）。

　他の法律の規定により認められた業務の例としては、自動車損害賠償保障法の規定により政府から委託を受けて行う自動車損害賠償保障事業があげられる。

第5章 損害保険会社の会計

第1節　企業会計

　企業会計の種類は、外部報告会計としての「財務会計」と内部報告会計としての「管理会計」に区分される。

1　財務会計

　株主や債権者、保険契約者などの保険会社の外部にいる関係者のために、企業としての損益や財産の増減を正確に測定し、企業の業績や財務の状況に関する情報を提供することを目的とする会計である。提供される情報は、損益計算書や貸借対照表などの財務諸表が中心となっている。
　財務会計は、会計法令により以下の区分に分類される。

(1)　会社法会計

　会社法会計は、会社法に基づいて作成される計算書類（貸借対照表、損益計算書、株主資本等変動計算書など）を、株主や債権者などに報告をするものである。計算書類は定時株主総会の添付書類などに使われ、監査役の監査（会社法上の大会社では監査役および会計監査人の監査）を受けなければならない。会社法会計のおもな目的は、株主宛ての経営状況の報告を行うことで株主から経営を委託された取締役の受託責任の遂行状況を報告すること、および株主と債権者の利害調整機能を果たすために、配当の限度額等の報告を行うことである。

(2)　金融商品取引法会計

　金融商品取引法会計は、金融商品取引法に基づいて作成される有価証券報告書、四半期報告書などにより、投資家などに企業の財政状況、経営成績およびキャッシュフローの状況報告を行うものである。金融商品取引法に基づ

いて作成される開示書類は、「企業内容等の開示に関する内閣府令」に詳しく規定されている。金融商品取引法会計の目的は、一般投資家を保護するために適時適切に企業の経営状況の情報を提供することである。

(3) 税務会計

法人税法では、企業間の課税の公平性を維持する観点から、課税所得計算において画一的で詳細な規定を置いている。税務会計は、この法人税法に基づいて法人の課税所得を計算し、税額を算出するためのものである。

2　管理会計

保険会社の経営者や管理者などの保険会社の内部にいる関係者のために、会計情報を提供するための会計が管理会計である。

管理会計は、企業の内部での業績や経営状態を分析し、将来の経営計画の策定や戦略の立案や決定をする際の資料となるなどの機能を果たすものであり、業績評価、予算管理、経営計画などがある。管理会計は財務会計とは異なり、内部利用を目的とするものであり法的な規制や制約はない。なお、管理会計上の情報は、企業内部の将来の活動や戦略と結びつく性質のものが多く、機密情報として扱われることが多い。

第2節　損害保険会計の特色

損害保険会計の処理は、企業会計という観点からは一般企業会計となんら変わるものではないが、以下の大きな特色を有している。

1　原価の事後確定性

たとえば製造業を例にとると、製品の原価はそれを販売する時点では確定していることから、売上高から売上原価を差し引くと利益が算出できる。しかしながら、損害保険会社の場合、売上原価の基本となる保険金の支払額が売上げ時点では確定しておらず、実際に保険金の支払が完了しないとその額が確定しない。そのために、損害保険会社では「責任準備金」(将来の保険責任に備えて積み立てる準備金)や「支払備金」(未払保険金)の繰入・戻入とい

う保険会計独特の処理で利益を算出する。

2　財務諸表や勘定科目の特殊性

損害保険会計で取り扱う会計取引は、損害保険事業が他の事業にない特殊性を有していることから、貸借対照表や損益計算書の様式や勘定科目の名称もそれに沿って特殊な部分が多い。そのために、損害保険会社の貸借対照表、損益計算書の様式は、保険業法施行規則で定められた様式に基づいて作成することになる。

3　保険業法による固有の規制

損害保険は、保険事故に対して損害をてん補することにより、保険契約者の経済的な安定性を確保するものであり、公共的色彩が強く保険契約者の保護が求められることから、資産の健全性や流動性の確保、健全な会計処理が要請される。負債の部に積み立てられるべき責任準備金や支払備金などが典型的なものであるが、負債の適正な把握や準備金の適切な積立、資産の健全性の保持は、2008年頃のアメリカを発端とした世界的金融危機以前から国際的にも保険会社への規制が重要視されていた。そのために、保険業法で保険会社の会計処理および財産の利用についての特有の規定を設けており、保険業法に係る政令、内閣府令、告示、保険会社向けの総合的な監督指針によりさらに細かく規定されている。

また、前述第1節1の財務会計に「監督会計」という会計が加わる。監督会計では、監督官庁である金融庁に対して、業務報告書などを提出すること、および保険契約者に対してディスクロージャー資料などを開示することが求められる。

第3節　損害保険会社の貸借対照表・損益計算書・勘定科目

1　貸借対照表・損益計算書

　損害保険会社の貸借対照表や損益計算書は、一般の事業会社の様式とは異なる特徴を有していることは先ほど述べたとおりである。

　損害保険会社は、保険業法110条、313条の規定および同法施行規則59条の規定に基づいて、中間と期末の貸借対照表や損益計算書を金融庁長官に提出することが義務づけられているが、その様式は図表5－5－1、図表5－5－2に掲げたとおり、保険業法施行規則で定められている。なお、保険会社は、この様式を会社法および金融商品取引法の計算においても使用することとされている（会社計算規則146条、財務諸表等規則2条）。

2　勘定科目

　以下、貸借対照表の資産・負債・純資産と損益計算書の経常収益・経常費用・特別損益・当期純損益に分けて、おもなものを解説する[28]。

(1)　資産勘定
　a　現金及び預貯金

「現金」「預貯金」の内訳科目に区分処理する。

　現金には日本および外国の通貨のほか小切手、手形等いつでも通貨と引き換えられるものを含む。預貯金は、銀行等の金融機関に設定する預貯金であり国内の譲渡性預金を含む。

　b　コールローン

　金融機関向けの短期貸付であるコールローンと割引手形を処理する。

　c　買現先勘定

　債権などを一定期間経過後に一定価格で買い戻す条件で買付けを行う取引

---

[28]　勘定科目に関する以下の記述は、中川克仁著『損害保険会計と決算』34～61頁（損害保険事業総合研究所、2015年度版）を参考にした。

図表5－5－1　施行規則　別紙様式　第7号　第4

年度（　　年　　月　　日現在）貸借対照表

（損害保険株式会社）　　　　　　　　　　　　　　　　　　　　（単位：百万円）

科　　目	金　額	科　　目	金　額
（資　産　の　部）		（負　債　の　部）	
現金及び預貯金		保険契約準備金	
現　　　　　　　金		支　払　備　金	
預　　貯　　金		責　任　準　備　金	
コ ー ル ロ ー ン		短　期　社　債	
買　現　先　勘　定		社　　　　　　　債	
債券貸借取引支払保証金		新株予約権付社債	
買 入 金 銭 債 権		そ　の　他　負　債	
商　品　有　価　証　券		共　同　保　険　借	
金　銭　の　信　託		再　保　険　借	
有　価　証　券		外　国　再　保　険　借	
国　　　　　　　債		代　理　業　務　借	
地　　方　　債		売　現　先　勘　定	
社　　　　　　　債		債券貸借取引受入担保金	
株　　　　　　　式		借　　入　　金	
外　国　証　券		未　払　法　人　税　等	
その他の証券		預　　　り　　　金	
貸　　付　　金		前　受　収　益	
保　険　約　款　貸　付		未　　払　　金	
一　般　貸　付		仮　　受　　金	
有　形　固　定　資　産		先物取引受入証拠金	
土　　　　　　　地		先物取引差金勘定	
建　　　　　　　物		借　入　有　価　証　券	
リ　ー　ス　資　産		売　付　有　価　証　券	
建　設　仮　勘　定		金　融　派　生　商　品	
その他の有形固定資産		金融商品等受入担保金	
無　形　固　定　資　産		リ　ー　ス　債　務	
ソ　フ　ト　ウ　ェ　ア		資　産　除　去　債　務	
の　　れ　　ん		そ　の　他　の　負　債	
リ　ー　ス　資　産		退　職　給　付　引　当　金	
その他の無形固定資産		役員退職慰労引当金	
そ　の　他　資　産		価　格　変　動　準　備　金	
未　収　保　険　料		金融商品取引責任準備金	

代 理 店 貸		繰 延 税 金 負 債	
外 国 代 理 店 貸		再評価に係る繰延税金負債	
共 同 保 険 貸		支 払 承 諾	
再 保 険 貸		負債の部 合計	
外 国 再 保 険 貸		（純 資 産 の 部）	
代 理 業 務 貸		資 本 金	
未 収 金		新 株 式 申 込 証 拠 金	
未 収 収 益		資 本 剰 余 金	
預 託 金		資 本 準 備 金	
地 震 保 険 預 託 金		その他資本剰余金	
仮 払 金		利 益 剰 余 金	
先 物 取 引 差 入 証 拠 金		利 益 準 備 金	
先 物 取 引 差 金 勘 定		その他利益剰余金	
保 管 有 価 証 券		○ ○ 積 立 金	
金 融 派 生 商 品		繰 越 利 益 剰 余 金	
金融商品等差入担保金		自 己 株 式	△
リ ー ス 投 資 資 産		自 己 株 式 申 込 証 拠 金	
そ の 他 の 資 産		株 主 資 本 合 計	
前 払 年 金 費 用		その他有価証券評価差額金	
繰 延 税 金 資 産	△	繰 延 ヘ ッ ジ 損 益	
再評価に係る繰延税金資産		土 地 再 評 価 差 額 金	
支 払 承 諾 見 返		評価・換算差額等合計	
貸 倒 引 当 金		新 株 予 約 権	
		純資産の部 合計	
資産の部合計		負債及び純資産の部合計	

図表5－5－2　施行規則　別紙様式第7号　第5

年度 (年　月　日から / 年　月　日まで) 損益計算書

（損害保険株式会社）　　　　　　　　　　　　　　　　　　　（単位：百万円）

科　　　　目	金　　　額
経 常 収 益	
保 険 引 受 収 益	
正 味 収 入 保 険 料	
収 入 積 立 保 険 料	
積 立 保 険 料 等 運 用 益	

為　　替　　差　　益	
そ の 他 保 険 引 受 収 益	
資　産　運　用　収　益	
利 息 及 び 配 当 金 収 入	
商 品 有 価 証 券 運 用 益	
金 銭 の 信 託 運 用 益	
売 買 目 的 有 価 証 券 運 用 益	
有 価 証 券 売 却 益	
有 価 証 券 償 還 益	
金 融 派 生 商 品 収 益	
為　　替　　差　　益	
そ の 他 運 用 収 益	
積 立 保 険 料 等 運 用 益 振 替	
そ の 他 経 常 収 益	
経　常　費　用	
保　険　引　受　費　用	
正 味 支 払 保 険 金	
損　害　調　査　費	
諸 手 数 料 及 び 集 金 費	
満　期　返　戻　金	
契　約　者　配　当　金	
支 払 備 金 繰 入 額	
責 任 準 備 金 繰 入 額	
為　　替　　差　　損	
そ の 他 保 険 引 受 費 用	
資　産　運　用　費　用	
商 品 有 価 証 券 運 用 損	
金 銭 の 信 託 運 用 損	
売 買 目 的 有 価 証 券 運 用 損	
有 価 証 券 売 却 損	
有 価 証 券 評 価 損	
有 価 証 券 償 還 損	
金 融 派 生 商 品 費 用	
為　　替　　差　　損	
そ の 他 運 用 費 用	
営 業 費 及 び 一 般 管 理 費	
そ の 他 経 常 費 用	

支　払　利　息 　　貸　倒　引　当　金　繰　入　額 　　貸　倒　損　失 　　その他の経常費用	
経常利益(又は経常損失) 特　別　利　益 　　固　定　資　産　処　分　益 　　負ののれん発生益 　　保険業法第112条評価益 　　その他特別利益	
特　別　損　失 　　固　定　資　産　処　分　損 　　減　損　損　失 　　価格変動準備金繰入額 　　金融商品取引責任準備金繰入額 　　不　動　産　圧　縮　損 　　その他特別損失	
税引前当期純利益(又は税引前当期純損失) 法　人　税　及　び　住　民　税 法　人　税　等　調　整　額 法　人　税　等　合　計 当期純利益(又は当期純損失)	

の金銭債権を処理する。

　d　債券貸借取引支払保証金

現金担保付きの債券貸借取引により担保として差し入れた額を処理する。

　e　買入金銭債権

国内外で発行されたコマーシャル・ペーパー、住宅抵当証書、住宅ローン債権信託受益権証書、抵当証券などを処理する。

　f　商品有価証券

保険業法99条1項の付随業務の規定に基づく証券業務に係る顧客への販売を目的に一時的に保有する債券を処理する。

　g　金銭の信託

特定金銭信託・指定金銭信託、特定金外信託・指定金外信託を処理する。

金銭信託は、返還時に金銭で返還を受けるものであり、金外信託は債権等の現物で返還を受けるものである。

h 有価証券

会社の所有する有価証券を「国債」「地方債」「社債」「株式」「外国証券」「その他の証券」の内訳科目に区分処理する。「その他の証券」には、貸付信託受益証券や投資信託受益証券などのほか、投資事業組合への出資も含まれる。

i 貸付金

貸付債権を「保険約款貸付」「一般貸付」の内訳科目に区分経理する。

(a) 保険約款貸付

保険約款貸付は積立型保険で既払込積立保険料を担保に約款に基づく貸付を行うもので、契約者に一般的に貸し付ける契約者貸付と、分割保険料の払込みが滞った場合に自動的に分割保険料に充当する自動振替貸付がある。

(b) 一般貸付

保険約款貸付以外の貸付で、有価証券担保貸付や不動産抵当貸付、財団抵当貸付などがある。

j 有形固定資産

「土地」「建物」「建設仮勘定」「その他の有形固定資産」の内訳科目に区分経理する。建設仮勘定は、建物の設計料や手付金などの仮払金で、工事完了後、土地・建物勘定に計上されるまでの間暫定的に処理する。その他の有形固定資産は、事務用機器や社有車などの動産で、原則として耐用年数が１年以上でかつ取得価額が10万円以上のものは資産性があると判断される。

k 無形固定資産

「ソフトウェア」「のれん」「リース資産」「その他の無形固定資産」の内訳科目に区分経理する。

のれんは、合併等により他の企業を取得する場合に、取得価額が取得した企業の資産・負債に配分された純額を超過する場合に発生する。

l その他資産

(a) 未収保険料

損害保険会社が代理店を通さずに直接取引を行った契約に関する保険料の

未収債権を保険種目別に処理する。
　(b)　代理店貸・外国代理店貸
　国内外の代理店が扱った契約の保険契約について代理店（外国代理店では損害査定代理店を含む）との間で生じた保険料預け金債権および返戻金、代理店手数料などの未払債務を保険種目別に処理する。
　(c)　共同保険貸
　共同保険の幹事会社が非幹事会社のために共同保険金をかわりに支払った場合に生じる非幹事会社に対する未収債権を処理する。
　(d)　再保険貸・外国再保険貸
　国内外の保険会社との受再、出再保険取引に基づいて生じた出再保険者、再保険者に対する未収債権。通常、未収再保険料（外国未収再保険料）、未収再保険金（外国未収再保険金）、特約預け金（外国特約預け金）という内訳科目を用いて処理する。
　(e)　代理業務貸
　保険業法98条1項の規定に基づき他の保険会社の代理業務を行うにあたり発生する、契約者および委託会社などに対する未収債権・債務を処理する。
　(f)　未収金
　債権が確定しながら未収になっているもので他の勘定に分類されないものを処理する。
　(g)　未収収益
　貸付金・有価証券などの後払い利息経過分を処理する。
　(h)　預託金
　訴訟に伴う供託金や敷金・保証金などを処理する。
　(i)　地震保険預託金
　日本地震再保険会社に預託した地震保険受再保険勘定尻およびその収益を処理する。
　(j)　仮払金
　整理すべき勘定科目が未確定の支払などを確定して精算するまで暫定的に処理する。
　(k)　先物取引差入証拠金

先物取引等に係る金銭で差し入れた委託証拠金などを処理する。

(l) 先物取引差金勘定

金融先物取引および証券先物取引において清算会員および取引所との間で授受した値洗差金を処理する。

(m) 保管有価証券

借り入れている有価証券または信用取引の保証金代用で受け入れている有価証券を処理する。

(n) 金融派生商品

時価評価では、期末に残っているデリバティブ取引をすべて時価評価し、評価損益は損益計算書で損益認識させ、貸借対照表上は金融派生商品に計上する。

(o) 金融商品等差入担保金

現金を担保とする金融商品等の取引（債券貸借取引・先物取引を除く）により差し入れた担保金を処理する。

(p) リース投資資産

所有権移転外ファイナンスリース取引の貸し手となった場合に生じる資産を処理する。

(q) 保険業法113条繰延資産

保険業法113条1項前段に規定する創立費および最初の5事業年度の事業費を処理する。

(r) その他の資産

上記の各勘定に分類されない資産を処理する。

m　前払年金費用

年金資産の時価評価額が、退職給付債務に数理計算上の差異・過去勤務債務額・会計基準変更時差異の未認識分を加減した額を超過した金額。

n　繰延税金資産

税効果会計の適用により計上される法人税等の前払額に相当する金額。

o　再評価に係る繰延税金資産

事業用土地の再評価を行った場合の評価損相当額に係る税効果相当額。

p　支払承諾見返

保証債務に係る偶発債務である負債計上している「支払承諾」の対照勘定。

 q 貸倒引当金

貸付金、未収保険料などの債権の貸倒れによる損失に備えて引き当てた金額でマイナス表示する。

(2) **負債勘定**

 a 保険契約準備金

「支払備金」「責任準備金」の内訳科目に区分処理する。

 (a) 支払備金

保険業法117条に基づく未払保険金を処理するもので、「普通支払備金」(すでに保険会社に事故報告が入っているが、期末に保険金の支払が行われていない保険事故の支払に備えるもの) と、「IBNR備金」(すでに事故は発生しているが保険会社への事故報告が期末までに行われていない保険事故の支払に備えるもの) から構成される。

 (b) 責任準備金

保険業法116条に基づき、将来の保険責任に備えて積み立てる準備金を処理するもので、普通責任準備金(次年度以降に属する保険期間に対する保険料部分を積み立てるものなど)、異常危険準備金(大規模な自然災害など異常災害による大幅な保険金支払に備えて積み立てるもの)、危険準備金(将来発生が見込まれる危険に備えるもの)、払戻積立金(積立保険の満期時に契約者に返還すべき返戻金料およびその運用益を積み立てるもの)、契約者配当準備金等(契約者配当を行う場合の契約者配当準備金の額)、自動車損害賠償責任保険の責任準備金、地震保険の責任準備金に区分される。

 b 短期社債

コマーシャル・ペーパーなどの短期の資金調達を行う社債を処理する。

 c 社 債

短期社債、新株予約権付社債以外の普通社債を処理する。

 d 新株予約権付社債

株式を一定の条件で取得するための権利である新株予約権を付与された社債を処理する。

e その他負債

(a) 共同保険借

共同保険の幹事会社が非幹事会社のために共同保険料を徴収した場合に生じる非幹事会社に対する未払債務を処理する。

(b) 再保険借・外国再保険借

国内外の再保険取引に関する未払債務。通常、未払再保険料（外国未払再保険料）、未払受再保険料（外国未払受再保険料）、特約預り金（外国特約再保険料預り金、特約再保険取引で受再保険会社に支払うべき再保険料の一部を一定期間留保するもの）という内訳科目を用いて処理する。

(c) 代理業務借

他の保険会社の保険業に係る業務の代理または事務の代行により生じた未払債務を処理する。

(d) 売現先勘定

債権等を一定期間後に一定価格で買い戻す条件で売却を行う取引において、売却時点で借り入れた金額に相当する額。

(e) 債券貸借取引受入担保金

現金担保付債券貸借取引により担保として受け入れた額。

(f) 借 入 金

外部からの借入金を処理する。

(g) 未払法人税等

当期に負担すべき法人税、住民税、事業税の未納額。

(h) 預 り 金

社内預金、不動産賃貸に伴う敷金・保証金などの預り金債務を処理する。

(i) 前受収益

利息を前受けして、当期中に利息を収受しているが、利息計算期間が来期以降に及んでいるものは、その分を前受収益に処理する。

(j) 未 払 金

債務がすでに確定していながら未払いとなっているもので、他の勘定に分類されないものを処理する。

(k) 仮 受 金

整理すべき勘定科目が未確定の受入金などを確定して精算するまで暫定的に処理する。

　(l)　先物取引受入証拠金

先物取引に伴い受け入れた証拠金を処理する。

　(m)　先物取引差金勘定

金融先物取引および証券先物取引において清算会員および取引所との間で授受した値洗差金を処理する。

　(n)　借入有価証券

債券貸借取引などにより借り入れた有価証券を処理する。

　(o)　売付有価証券

債券の空売りを行った場合に、未決済になっている金額。

　(p)　金融派生商品

デリバティブ取引に係る期末の評価損およびオプションプレミアムを処理する。

　(q)　金融商品等受入担保金

現金を担保とする金融商品等の取引（債券貸借取引・先物取引を除く）により受け入れた額。

　(r)　リース債務

リース資産に見合う支払リース料相当額を負債計上し、リース料の支払に応じて減額する。

　(s)　資産除去債務

有形固定資産の将来の除去に要する費用を現在価値で割り引いた額。

　(t)　その他の負債

上記および下記の各勘定に分類されない負債を処理する。

　f　退職給付引当金

従業員の退職に備えるため、退職給付債務に数理計算上の差異・過去勤務債務額・会計基準変更時差異の未認識分を加減した額から、年金資産の時価評価額を控除した金額。

　g　役員退職慰労引当金

役員退職慰労金について、一定の要件を満たす場合に、支給見込額に基づ

く引当金を処理する。

　h　価格変動準備金

　保険業法115条の規定に基づき、株式などの価格変動による損失が生じうる資産の売買による損失補てんなどに充てるための準備金を処理する。

　i　金融取引責任準備金

　金融先物取引などを行う保険会社が、金融先物取引の受託などの行為に関して生じた事故による委託者の損失の補てんに充てるための準備金を処理する。また、証券先物取次業務などの認可を受けた保険会社が、証券先物取次の受託等の行為に関して生じた事故による委託者の損失の補てんに充てるための準備金を処理する。

　j　繰延税金負債

　税効果会計の適用により計上される法人税などの未払額に相当する金額を処理する。

　k　再評価に係る繰延税金負債

　事業用土地の再評価を行った場合の評価益相当額に係る税効果相当額。

　l　支払承諾

　保証債務の総額は、偶然に発生しうる債務であるので処理する。

(3)　純資産勘定

　a　資　本　金

　株式会社の設立または株式の発行に際して株主が払込みまたは給付した財産の額。保険業法6条により保険会社の資本金は10億円以上（少額短期保険業の場合は政令により1,000万円以上）と定められている。

　b　新株式申込証拠金

　会社法202条の規定により新株式の申込みを受ける場合に、株式申込書に添えて払い込むことを求める株式申込証拠金を処理する。

　c　資本剰余金

　「資本準備金」「その他資本剰余金」の内訳科目に区分処理する。

　資本準備金は、株主からの払込金額のうち資本金とされなかった残額が代表的なものであり積立を義務づけられた準備金である。その他資本剰余金は、資本金および資本準備金減少差益や自己株式処分差益などがあり、その

内容を示す適当な科目に細分する必要がある。
　　d　利益剰余金
「利益準備金」「その他利益剰余金」の内訳科目に区分処理する。

利益準備金は、会社の利益を財源として積み立てられた準備金で、会社法、保険業法に各種定めが置かれている。その他利益剰余金は、会社が内部留保のために積み立てる「任意積立金」と「繰越利益剰余金」に区分処理する。

　　e　自己株式
自社の株式を取得して、そのまま保管している場合には、純資産の部のマイナスとして表記する。

　　f　自己株式申込証拠金
払込期日前に受領した自己株式の処分の対価相当額を、払込期日までの間処理する。

　　g　株主資本合計
上記a～fの株主資本の合計額。

　　h　その他有価証券評価差額金
その他有価証券の時価評価により生じた評価差額から税効果相当額を控除した金額。

　　i　繰延ヘッジ損益
繰延ヘッジ損益合計から税効果相当額を控除した金額。

　　j　土地再評価差額金
事業用の土地の再評価を行った場合に、再評価差額から税効果相当額を控除した金額。

　　k　評価・換算差額等合計
上記h～jの評価差額などの合計額。

　　l　新株予約権
新株予約権株式を特定の価格で購入できる権利。

(4)　**経常収益**
　　a　保険引受収益
保険の引受けによって得られる収益。

(a) 正味収入保険料

収入保険料（元受正味保険料と受再正味保険料との合計額）から支払再保険料を控除した金額。元受正味保険料は、元受保険料から解約返戻金およびその他返戻金を控除したもの。受再正味保険料は、受再保険料から受再解約返戻金および受再その他返戻金を控除した金額を処理する。支払再保険料は、再保険料から再保険返戻金およびその他の再保険収入を控除した金額を処理する。

(b) 収入積立保険料

積立保険料から積立解約返戻金および積立その他返戻金を控除した金額。

(c) 積立保険料等運用益

積立保険、自賠責保険、地震保険に係る資産運用益相当額であり、資産運用収益から振り替えられる。

(d) 為替差益

保険取引に係る外貨建取引の為替差損益をネットで処理する。

(e) その他保険引受収益

政府の自動車損害賠償保障事業のための収入賦課金とその他の保険引受収益で上記のどれにも分類されないものを処理する。

b　資産運用収益

資産運用により得られる収益。

(a) 利息及び配当金収入

資産運用による利息、配当金収入などを処理する。

(b) 商品有価証券運用益

商品有価証券に係る損益をネット処理する。

(c) 金銭の信託運用益

金銭の信託において、ファンドごとに損益をネット処理する。

(d) 売買目的有価証券運用益

売買目的有価証券に係る損益をネット処理する。

(e) 有価証券売却益

有価証券の売却による差益を処理する。

(f) 有価証券償還益

有価証券の償還金額と帳簿価額の差益を処理する。

　(g)　金融派生商品収益

デリバティブ取引により生じる損益をネット処理する。

　(h)　為替差益

保険取引以外の事由により生じた外貨建取引に係る換算損益をネット処理する。

　(i)　その他運用収益

金地金の売却益、買入金銭債券の売却益など上記に分類されないものを処理する。

　(j)　積立保険料等運用益振替

利息および配当収入のうち、積立保険の予定利子相当額など責任準備金繰入れの原資となる運用益を保険引受収益に振り替える。

　c　その他経常収益

代理業務手数料（保険業法98条1項1号に定める他の保険会社の保険業務に関する業務の代理または事務の代行により生じた受取手数料）、委託事務手数料（政府の自動車損害賠償保障事業の委託費）、その他の経常収益を処理する。

(5)　経常費用

　a　保険引受費用

保険の引受けに伴って支出する費用を処理する。

　(a)　正味支払保険金

支払保険金（元受正味保険金と受再正味保険金との合計額）から回収再保険金を控除した金額。元受正味保険金は、元受保険に係る約款に基づく支払保険金と査定付帯費用（損害調査および保険金支払に直接付帯して支出した費用）から元受保険金戻入を控除した金額である。受再正味保険金は、受再保険金から受再保険金戻入を控除した金額を、回収再保険金は、再保険金から再保険金戻入を控除した金額を処理する。

　(b)　損害調査費

損害調査業務および保険金支払業務に関する人件費、物件費、税金を処理する。

　(c)　諸手数料及び集金費

以下のア～オの合計額から、カの額を控除した金額。

ア　代理店手数料等……代理店委託契約書などに基づいて保険会社から代理店に支払う手数料を処理する。

イ　保険仲立人手数料……保険業法2条25項に規定する保険仲立人に支払う手数料を処理する。保険仲立人は、監督指針Ⅴ－4－4（顧客との関係）により、保険契約の締結の媒介に関する手数料等の全額を保険会社に請求するものとし、顧客には請求しないことになっている。

ウ　募集費……営業職員のなかで契約社員に支払う歩合給を処理する。

エ　集金費……団体扱契約（保険契約者は団体に所属する構成員で、保険の集金を団体に委託している契約）の保険料を団体に委託し集金するときに支払う集金事務費や、保険料分割払特約において集金代行人に支払う集金手数料などを処理する。

オ　受再保険手数料……受再保険において出再保険者に支払う手数料。再保険手数料は、再保険会社から出再会社である元受会社へ再保険料の一定率の手数料支払が行われる。

カ　出再保険手数料……出再保険で再保険者から受け取る手数料を処理する。

　　（d）満期返戻金

積立型保険において、保険期間の満了に伴い保険契約者に払い戻した返戻金を処理する。

　　（e）契約者配当金

積立保険料を運用して満期返戻金を支払う積立型保険において、予定利率を上回る運用益が生じた場合に保険契約者に支払った契約者配当金を処理する。

　　（f）支払備金繰入額

支払備金の当期の繰入額の合計が、当期の戻入額の合計を上回る場合において、繰入額から戻入額を控除した金額。

　　（g）責任準備金繰入額

責任準備金の当期繰入額の合計が当期戻入額の合計を上回る場合において繰入額から戻入額を控除した金額。

(h)　為替差損

保険取引に係る外貨建取引の為替差損益をネットで処理する。

　(i)　その他保険引受費用

自賠責運用益拠出金(自賠責保険の運用益から交通事故防止等の目的で拠出する費用)、支払賦課金(自賠責保険料として保険契約者から収納した金額のうち自動車損害賠償保障事業の財源として政府へ納付する金額)、その他保険引受費用で上記に分類されないものを処理する。

　b　資産運用費用

資産運用に係る費用を処理する。

　(a)　商品有価証券運用損

商品有価証券に係る損益をネットで処理する。

　(b)　金銭の信託運用損

金銭の信託において、ファンドごとに損益をネット処理する。

　(c)　売買目的有価証券運用損

売買目的有価証券に損益をネット処理する。

　(d)　有価証券売却損

有価証券の売却による差損を処理する。

　(e)　有価証券評価損

売買目的有価証券以外の有価証券について、時価が著しく下落した場合などに取得原価と時価との差額を処理する。

　(f)　有価証券償還損

有価証券の償還金額と帳簿価額との差損を処理する。

　(g)　金融派生商品費用

デリバティブ取引により生じる損益をネット処理する。

　(h)　為替差損

保険取引以外の事由により生じた外貨建取引に係る換算損益をネット処理する。

　(i)　その他運用費用

金地金の売却損・評価損、買入金銭債権の売却損・評価損・償還損、その他の運用費用で上記に分類されないものを処理する。

c　営業費及び一般管理費

損害調査費を除く、人件費、物件費、税金、拠出金および負担金を処理する。

　d　その他経常費用

　(a)　支払利息

借入金、短期社債、社債、新株予約権付社債などに係る支払利息を処理する。

　(b)　貸倒引当金繰入額

貸倒引当金の当期繰入額が当期戻入額を上回る場合において、繰入額から戻入額を控除した金額を処理する。

　(c)　貸倒損失

貸付金、未収保険料、代理店貸などの貸倒損失を処理する。

　(d)　その他の経常費用

その他経常費用で上記に分類されないものを処理する。

(6)　**経常利益（又は経常損失）**

経常収益から経常費用を差し引いた金額。

(7)　**特別損益勘定**

　a　特別利益

　(a)　固定資産処分益

固定資産の売却などによる差益を処理する。

　(b)　負ののれん発生益

合併等で、買収価額が被買収会社の時価純資産額を下回る場合の差額（負ののれん）を発生年度に一括して収益として処理する。

　(c)　保険業法第112条評価益

保険業法112条の株式の評価の特例の規定により計上した保有株式の評価額を処理する。

　(d)　その他特別利益

上記各勘定に分類されない特別利益を処理する。

　b　特別損失

　(a)　固定資産処分損

固定資産の売却などによる差損などによる損失額を処理する。
　(b)　減損損失
固定資産の減損会計基準による固定資産の減損処理に伴う損失を処理する。
　(c)　価格変動準備金繰入額
価格変動準備金の当期繰入額が、当期戻入額を上回る場合において、繰入額から戻入額を控除した金額を処理する。
　(d)　金融商品取引責任準備金繰入額
金融商品取引法の規定に基づいて、金融商品取引の受託などに係る事故による委託者の損失の補てんに備えて積み立てる準備金の繰入額。
　(e)　不動産等圧縮損
不動産の収用などに伴う当期圧縮損を処理する。
　(f)　その他特別損失
上記各勘定に分類されない特別損失を処理する。
(8)　税引前当期純利益（又は税引前当期純損失）
経常利益と特別利益を合算したものから特別損失を差し引いて処理する。
(9)　法人税及び住民税
法人税および住民税の額。
(10)　法人税等調整額
税効果会計の適用に伴い生じる繰延税金資産と繰延税金負債の差額を期首と期末とで比較し、法人税等負担が増加する場合はプラスで、減少する場合はマイナスを表示する。
(11)　法人税等合計
法人税および住民税と法人税等調整額を合算した額。
(12)　当期純利益（又は当期純損失）
税引前当期純利益から法人税および住民税を差し引き、さらに法人税等調整額を差し引いた、税引後当期純利益を処理する。

第4節　責任準備金と支払備金

以下、損害保険事業に特有の「責任準備金」と「支払備金」に関して内容を補足する。

1　責任準備金

保険契約は、契約ごとに保険期間がまちまちであることから、期末時点で保険期間が未了の契約については、将来の保険金等の支払に充当するための準備金が必要となる。そうでなければ、正確な期間損益や財政状況を明らかにすることができない。保険業法116条では「保険会社は、毎決算期において、保険契約に基づく将来における債務の履行に備えるため、責任準備金を積み立てなければならない」とされており、損害保険会社の負債の多くを責任準備金が占めている。

責任準備金の種類は以下のとおり（保険業法施行規則70条）。
① 普通責任準備金
② 異常危険準備金
③ 危険準備金
④ 払戻積立金
⑤ 契約者配当準備金

このほか、保険種目固有の積立金として、地震保険の危険準備金、自賠責保険の義務積立金・調整準備金・運用益積立金・付加率積立金などがある。このうち、「①普通責任準備金」と「②異常危険準備金」について以下解説を加える。

(1)　普通責任準備金

地震保険・自賠責保険を除くすべての保険種目で、以下「a　初年度収支残」「b　未経過保険料」「c　保険料積立金」を計算し、初年度収支残または、未経過保険料および保険料積立金の合計額のいずれか大きいものを普通責任準備金として積み立てる。

　a　初年度収支残

初年度収支残は、当期に収入した保険料の額から、初年度契約のために支出した保険金、返戻金、支払備金および当該事業年度の事業費を控除した残高を、翌期以降の保険事故に備えて繰り越すものである。つまり、当該年度の保険料から初年度契約に係る保険金等を差し引いた残りの額が、翌年度以降の保険金等の支払原資となるという考え方による。

　初年度収支残の計算にあたり、前事業年度に危険が開始した分割払契約でも当年度に保険料が計上されるものについては、その保険料に対応した発生保険金を計算し、当年度の保険金に加える。

　また、事業費は、退職給付引当金、賞与引当金、減価償却費、諸税金を含まない事業費となる。

　b　未経過保険料

　当年度およびそれ以前に計上された保険料のうち、決算期以降の保険期間（未経過保険期間）に対応する部分の保険料である。収入保険料の月別分類を行い、さらに保険期間別に分類したうえで未経過保険料を計算する。

　未経過保険料の計算方法には、以下の方法がある。

　(a)　12分の1法

　すべての契約が毎月初日または末日に引き受けられたという仮定のもとに未経過保険料を計算する。

　(b)　24分の1法

　すべての契約が毎月の中央日に引き受けられたという仮定のもとに未経過保険料を計算する。

　(c)　2分の1法

　すべての契約が年の中央に引き受けられたという仮定のもとに未経過保険料を計算する。

　(d)　総括的計算法

　1年間の総保険料のある割合を未経過保険料とみなす。

　(e)　個別的計算法

　同一日に引き受けられた契約を集めて個別に未経過期間に対する保険料を日割計算する。

　(f)　短期料率的計算法

引受契約の未経過保険料を短期料率で計算する。

上記計算方法のうち、「(a) 12分の1法」（月末基準）がおおむね使用されており、次の計算式で計算した額を未経過保険料としている。

$$R = P \times \frac{N-M}{N}$$

P：1年契約、短期契約の場合、保険期間別の分類ごとに当該事業年度における収入保険料をその収入月別に集計した各月の収入保険料。長期契約については保険契約ごとの収入保険料

N：保険期間の月数

M：保険料Pを収入した月の翌月から当該事業年度末までの月数

RはPに対する未経過保険料であるが、M＞NのときはR＝0とする。

また、期間保険以外の船舶保険の航海保険および積荷保険は、国内航路のものについては当該事業年度末2カ月間を、外国航路ものについては当該事業年度末3カ月間の収入保険料をそれぞれ未経過保険料とする。運送保険については、年度末2カ月の収入保険料を未経過保険料とする。

　c　保険料積立金

第三分野の保険では、保険期間が長期で、被保険者の年齢が高くなるにつれてリスクが高まる保険契約（保険期間が1年超の介護保険など）があり、これらの保険契約に係る将来保険年度の保険金原資に対応する責任準備金。

(2) 異常危険準備金

大型台風や地震などによる異常災害による損害のてん補に充てるための準備金である。特に日本の損害保険の場合、巨大な自然災害により単年度で大きな支払が生じる可能性があり、異常危険準備金は保険金支払を万全にするためになくてはならない制度である。異常危険準備金の計算方法は、前事業年度末残高から、次の「(a)　控除額」の金額を控除し、「(b)　繰入額」の金額を加算して計算することになっている。

　(a)　控　除　額

保険種類群ごとに損害率を計算し、損害率が異常災害損失率（図表5－5－3参照）を超えた場合に、その超えた額（異常災害損失額）が控除額となる。ただし、グループ内の単種目ごとには、それぞれ前期末残高が限度とな

図表5－5－3　異常危険準備金の控除額・繰入額・税法上の取扱い

保険種類群	保険種類	算方書①	税法限度額②	残高率③	上限割合④	異常災害損失⑤	洗替保証率⑥
船舶・航空G	船舶、航空	3.0%	3.0%	50%	250%	80%	―
火災G	火災	3.8%(注3)	2.0%(注2)	35%	160%(注4)	50%	30%
火災G	積荷、運送、賠償責任、建設工事、動産総合、風水害	2.0%	2.0%(注2)	35%	160%(注4)	50%	30%
自動車G	自動車、傷害、船客傷害賠償責任、労働者災害補償責任、信用、保証（保証証券業務以外）、ガラス、機械、盗難、動物、費用・利益（介護費用以外）、他	3.2%	―	15%	160%	50%	―
介護費用	介護費用	3.2%	―	15%	160%	50%	―
保証業務	保証証券業務に係る保証	3.2%	―	15%	160%	50%	―
原子力	原子力	50%	50%	―	なし	正味支払保険金	―
生命再保険	生命再保険	24%(注1)	―	―	24%	100%	―

（注1）　生命再保険の繰入率は正味収保の対前年増収額に対する率。
（注2）　2013～2015年度の3年間は5.0%（ただし、年度末におけるグループの無税残高率が30%を超える年度は2.0%となる）。
（注3）　火災保険については、大規模自然災害リスクに伴う異常危険準備金の取崩額の期待値に相当する金額を下回らない額が最低限度額。
（注4）　火災保険については、再現期間70年に対応する災害が発生した場合の推定正味支払保険金を下回らない額とする。

る。原子力保険では正味保険料の全額を取り崩す。

　(b)　繰　入　額

　責任準備金の算出方法書において定める最低限度額（図表5－5－3の①）と税法で容認される限度額（算入限度額。図表5－5－3の②）のいずれか大きい額以上の額を積み立てる。

(c) 割増繰入

　金融庁長官への届出を条件に、割増繰入を行うことができる。なお、保険種類群ごとの異常危険準備金の残高率が図表5－5－3の③を下回る場合には、所定額の150%を限度として無届で積み立てることができる。ただし、残高率の算定にあたって、有税の異常危険準備金は法人税等相当額を控除した金額で計算する。

　なお、税法上の取扱いは以下のとおり。

・無税種目は、船舶・航空グループ、火災グループ、原子力。自動車グループ、介護費用、保証業務は有税のみ。繰入は税法限度額による。
・無税種目の取崩は、無税残高から優先充当する。税法上はグループの取崩が要求されるため、グループ内に前期末残高の制約により異常災害損失額を取り崩すことができない種目がある場合など、グループとしての異常災害損失額にグループの取崩が満たない場合は、グループ内で有無税の振替を行う必要がある。
・無税の積立は繰入年度ごとに管理を行い、古い年度から取り崩す。積立後10年を超えた残高があり、グループの無税積立が、洗替保証率（図表5－5－3の⑥）を超えている場合は、この両者の条件に合致する部分（積立後10年を超えた残高で、かつ洗替保証率を超えている残高）を有税に振り替える必要がある。

2　支払備金

　決算期において帳簿を締め切った場合、当該年度末までに保険事故が発生していながら未払いのものについては、負債を認識すると同時に損益を修正しなければならない。そこで保険会社は、保険業法117条に基づき毎決算期末において、次の金額を支払備金として積み立てている。

① 保険契約に基づいて支払義務が発生した保険金等（当該支払義務に係る訴訟が係属しているものを含む）のうち、保険会社が毎決算期において、まだ支出として計上していないものがある場合は、当該支払のために必要な金額
② 前条に規定するまだ支払事由の発生の報告を受けていないが保険契約に

規定する支払事由がすでに発生したと認める保険金等について、その支払のために必要なものとして金融庁長官が定める金額

①を「普通備金」と呼び、②を「IBNR（Incurred But Not Reported）備金」と呼んでいる。

(1) 普通備金

a 決算日現在で支払うべき保険金の額が確定しているが、未払いとして残っている保険金の額等

b すでに生じた保険事故により保険会社に支払義務があることは認められるが支払うべき保険金の額が未確定の保険金等の支払見込額。事故発生時点では個別保険事故の支払うべき保険金の額は算定が困難であることから、事故の態様等により平均的な支払保険金の額を備金として積み、その後保険金の見積りが可能になった時点で、個別保険事故の保険金等の支払見込額を備金として積み直す。

c 訴訟係属中のものがあればその金額

なお、再保険取引により再保険者から回収することができる金額があれば、これを控除してよい。

また、保険金の支払により保険契約者から取得した求償権または残存物については、当該求償権の行使または残存物の売却によって回収が見込まれる金額は、当該事業年度の支払備金から控除する。

(2) IBNR備金

普通備金が決算期末においてすでに保険事故報告を受けた事案に対して個別に支払額を見積り計上するものであるのに対し、IBNRは、すでに保険事故は発生しているが、決算期末時点で保険会社が保険事故報告を受けていない事案（既発生未報告事案）について、一定の方式により一括して見積もる点が異なる。

IBNR備金の算出方法および留意事項は平成10年大蔵省告示第234号2条と監督指針Ⅱ－2－1－4(19)に定められている。

　　a 保険種類ごとの引受けの区分別の単位（以下「計算単位」という）ごとに区分し、次の分類に応じて、以下の定める計算方法により計算した額とする。なお、計算単位は、保険種類ごとに国内元受契約、海外元受契

約、国内受再契約および海外受再契約の引受区分ごととする（保険金支払等の特性により合理的な理由がある場合は、計算単位をさらに細分化または通算することができる）。

(a) 保険金等の支払期間が長期間に及ぶと認められる計算単位
(b) (a)の計算単位のうち、重要性がないと認められる計算単位
(c) (a)以外の計算単位

b 上記a(a)に規定する計算単位（ロングターム区分）にあっては、支払保険金および支払備金等を基礎として、統計的な見積方法により合理的に計算した金額とする。ただし、合理的かつ妥当な理由がある場合には、一般に公正妥当と認められる会計基準および適正な保険数理に基づく他の方法により計算した金額とすることができる。

c 上記a(b)および(c)に規定する計算単位（ショートタームまたは重要性がないと認められる区分）にあたっては大蔵省告示第234号の別表の算式により計算した金額とする。ただし、一般に公正妥当と認められる会計基準に照らし、合理的かつ妥当な理由がある場合には、上記bと同様の方法により計算した金額とすることができる。

（大蔵省告示第234号　別表）
　次に掲げる算式により計算した金額とする。なお、原則として要積立額aによることとし、再保険による引受契約及び海外における元受契約において要積立額aによる算出が困難な場合に限り、要積立額bによることができることとする。
1　要積立額a
　要積立額a＝対象事業年度の前事業年度までの直近3事業年度における既発生未報告損害支払備金積立所要額の平均額×対象事業年度を含む直近3事業年度の発生損害増加率
2　要積立額b
　要積立額b＝対象事業年度を含む直近3事業年度の年間発生保険金の平均額×1／12

　備考
　この算式において次のイからホまでに掲げるものは、当該イからホまでに定めるところによる。

イ 前事業年度までの直近3事業年度における既発生未報告損害支払備金積立所要額の平均額

　前事業年度までの直近3事業年度におけるそれぞれの事業年度（以下、「当該事業年度」という。）終了の日以前に発生した保険事故について、それぞれ次の算式により計算した金額を平均した金額とする。

　当該事業年度の既発生未報告損害支払備金積立所要額＝当該事業年度の翌事業年度の支払保険金＋当該事業年度の翌事業年度の普通支払備金－当該事業年度の普通支払備金

ロ 対象事業年度を含む直近3事業年度の発生損害増加率

　対象事業年度に発生した保険事故に関し算出した発生損害額に基づき、次の算式により計算した率とする。

　(1) 対象事業年度を含む直近3事業年度の発生損害増加率＝対象事業年度を含む直近3事業年度の発生損害額の合計額÷対象事業年度の前事業年度までの直近3事業年度の発生損害額の合計額

　(2) 発生損害額＝当該事業年度の支払保険金＋当該事業年度の普通支払備金

ハ 対象事業年度を含む直近3事業年度の年間発生保険金の平均額

　各事業年度ごとに次の算式により計算した金額を平均した金額とする。

　年間発生保険金＝当該事業年度の支払保険金＋当該事業年度の普通支払備金－当該事業年度の前事業年度の普通支払備金

ニ 要積立額aの計算において、対象事業年度の前事業年度までの直近3事業年度における既発生未報告損害支払備金積立所要額の平均額がゼロを下回る場合

　当該計算単位に係る要積立額aはゼロとして計算することとする。ただし、合理的かつ妥当な理由がある場合は、ゼロとしないことができる。

ホ 要積立額bの計算において、対象事業年度を含む直近3事業年度の年間発生支払保険金の平均額がゼロを下回る場合

　当該計算単位に係る要積立額bはゼロとして計算することとする。ただし、合理的かつ妥当な理由がある場合は、ゼロとしないことができる。

第5節　保険会社の決算

1　保険会社の決算に関する法令

　株式会社については会社法の規定が適用されるが、保険会社の場合、保険

業法および施行規則に特別規定が設けられている場合には、会社法に優先してその規定が適用されることになる。損害保険会社の決算においては、再保険や自賠責保険の共同プールなど、各保険会社が金額を認識し把握するのにタイムラグが生じる特殊な事由があり、一般の事業会社に比べ、決算処理に時間を要するという特殊性がある。

保険業法の規定のなかで特にポイントとなるものは以下のとおりである。

① 株主総会の開催について、一般的に3月決算の会社は決算日から3カ月以内に株主総会を開催するが、保険会社の場合、議決権を行使する権利等については決算日から4カ月以内に株主総会を開催することが認められている（会社法124条2項、保険業法11条）。

② 保険会社は、設立後の5事業年度の事業費や設立費用を貸借対照表の資産の部に計上することができるが、その全額を償却した後でなければ、剰余金の配当などができない（保険業法17条の6、113条）。

③ 保険会社の事業年度は保険業法で、4月1日から翌年3月31日までと定めている（保険業法109条）。

④ 保険会社は、事業年度ごとに、業務および財産の状況を記載した中間業務報告書および業務報告書を作成し、金融庁長官に提出しなければならない（保険業法110条）。

⑤ 保険会社が所有する株式のうち、市場価格のあるものの時価が当該株式の取得価額を超えるときは、認可を受けて当該株式について時価で評価替えできる（保険業法112条）。

⑥ 保険会社特有の準備金（価格変動準備金、責任準備金、支払備金など）の積立を義務づけている（保険業法115条〜117条）。

2　決算の手続

決算手続は、他の一般的な企業と同様に、おおむね以下の手続を経て行われる。

・決算手続および決算日程の決定
・仮締試算表の作成
・決算整理事項の計算および整理仕訳・記帳

・帳簿の締切り
・計算書類（決算案 – 貸借対照表・損益計算書）の作成
・その他決算書類等の作成
・会計監査人（公認会計士）
・監査役による監査
・決算書類の金融庁、株主総会への提出

(1) 決算日程の作成

　決算は限られた日数のなかで迅速かつ正確に行わなければならない。そのため、経理部門・主計部門と関係部門との間で前もって十分な打合せを行い、決算日程を作成し、その日程に沿って着実に作業しなければならない。保険会社の場合、営業部門、損害部門、業務部門、財務部門など全社をあげて行うという意味合いが強い。

(2) 仮締試算表の作成

　保険会社では各月の仕訳や元帳への転記が正確に行われたことを確認するためや、経営者が経営状況を早期に把握し経営方針や業務執行に関する重要事項を決定するために、毎月末に帳簿を仮に締め切り、残高試算表・損益計算書・貸借対照表を作成する。

　つまり各事業年度の決算は、こうした月次決算の延長線上にあるというべきものであり、まず、決算整理記入を行う前に仮締めを行って残高試算表を作成し、仕訳や元帳への転記が正しく行われたかどうかを調べる。この残高試算表を作成すると同時に、未決算勘定のなかで本勘定に振り替えるべきものがないか、本支店間の取引などで未振替になっているものはないかなどを調査する。

(3) 決算整理記入

　期中においては、主として現金ベースによる損益会計、つまり収入と支出に基づいて元帳に記入がされている。しかしながら、これらの損益はその事業年度の損益として把握すべきではないものが含まれていたりするので、決算の際に修正することが前提となっている。したがって、決算の際には正確な期間損益を算出するために、これらの勘定を発生ベースに補正するが、これを決算整理記入と呼ぶ。

(4) 帳簿の締切り

決算整理が完了しその整理記入が終了すると、仕訳帳および元帳の各勘定口座を締め切る。

(5) 計算書類の作成

帳簿を締め切ったうえで、損益勘定および閉鎖残高勘定から、保険業法施行規則に定める様式に沿って貸借対照表・損益計算書等を作成する。

3　決算報告書

決算報告書は、決算の最終手続として作成し、企業を取り巻く利害関係者、監督官庁などに対して報告・開示する書類の総称である。

(1) 株主総会に提出する計算書類等[29]

　a　計算書類等の作成

取締役は毎決算期に、貸借対照表、損益計算書、株主資本等変動計算書、注記表および事業報告ならびにこれらの附属明細書を作成しなければならない（会社法435条、保険業法13条）。

　b　監査日程

会計監査人は、計算書類の全部を受領した後4週間、または附属明細書を受領した後1週間のいずれか遅い日までに、会計監査報告の内容を取締役、監査役に通知しなければならない（監査報告書の提出）。また、事業報告は事業報告を受領した後4週間、または附属明細書を受領した後1週間のいずれか遅い日までに監査報告の内容を通知しなければならない。

監査役は、その後1週間以内に取締役に監査報告の内容を通知（監査報告書を提出）する。その後、取締役会（決算承認取締役会）の決議を経て、株主総会通知を総会開催の2週間前までに発送することになる。また、計算書類、事業報告などの書類を、定時株主総会の2週間前までに本店・支店に備え置かなければならない。

　c　定時総会における計算書類等の承認

取締役は計算書類および事業報告を定時総会に提出し、計算書類について

---

[29] 本書では、会社法上の公開会社で大会社である場合について説明する。

は承認を、事業報告については報告を行う（会社法438条）。ただし、会計監査人設置会社については計算書類に関する会計監査人と監査役の監査結果に問題のなかった場合には、当該計算書類の承認は不要であり報告を行えばよい（会社法439条、保険業法13条）。

　定時総会で、計算書類についての承認、事業報告についての報告が行われると貸借対照表および損益計算書またはその要旨を公告する。なお、有価証券報告書提出会社は、別途詳細な開示が行われているため、決算公告は不要である（会社法440条、保険業法13条）。

　　d　定時総会における連結計算書類の報告

　事業年度末において大会社であった有価証券報告書提出会社は、当該事業年度の連結計算書類を作成しなければならない。連結計算書類は、会計監査人の監査を受け、取締役会の承認を必要とする。また、取締役は、連結計算書類および監査の結果について定時総会に報告しなければならない（会社法444条）。

　　e　株主等への事業報告書の送付

　定時総会が終了すると、会社は株主に、事業年度中における会社の事業の状況と定時総会の承認を得た決算書表等を掲載した事業報告書を送付する。この事業報告書は、株主に対する決算報告の意味で慣行的に送付されるものであるから、貸借対照表や損益計算書のほかに各社が内容物を工夫して作成している。

(2) 金融庁監督局に提出する計算書類等

　　a　決算状況表

　毎年事業年度終了後4カ月以内に、決算の状況を金融庁の定める様式で作成し、金融庁長官に提出する。

　　b　業務報告書

　事業年度終了後4カ月以内に、保険業法施行規則59条に定める様式で作成した、事業報告、附属明細書、株主総会に関する事項等に関する書面、貸借対照表、損益計算書、キャッシュフロー計算書、株主資本等変動計算書および保険金等の支払能力の充実の状況に関する書面を作成し、金融庁長官に提出する。また、連結業務報告書を、事業概況書と連結財務諸表とに分けて作

成し、事業年度終了後4カ月以内に金融庁長官に提出する。

また、中間期間終了後3カ月以内に連結・単体業務報告書の作成および金融庁長官への提出が必要である。中間業務報告書は、中間事業報告、中間貸借対照表、中間損益計算書、中間キャッシュフロー計算書、中間株主資本等変動計算書および保険金等の支払能力の充実の状況に関する書面である。また中間連結業務報告書は、中間事業概況書、中間連結財務諸表に分けて作成する（保険業法110条）。

　d　保険業法による四半期報告制度

保険会社は四半期ごとに、保険業法111条6項に規定する事項のうち特に重要なものの開示に努めることになっている（保険業法施行規則59条の7）。

(3)　関東財務局に提出する有価証券報告書等

　a　有価証券報告書

証券取引所に上場している会社などは、事業年度終了後3カ月以内に有価証券報告書を作成し、公認会計士または監査法人の監査証明を受けたうえで関東財務局長に提出する。

　b　半期報告書

有価証券報告書を提出する会社のうち四半期報告書提出会社以外の会社は、上半期終了後3カ月以内に「半期報告書」を作成し関東財務局長に提出する。

　c　四半期報告書

上場会社である有価証券報告書提出会社は、第1四半期、第2四半期、第3四半期については、「四半期報告書」を関東財務局に提出する必要がある。保険会社の場合、四半期報告書の提出期限は四半期報告書記載事項のほか、金融商品取引法の施行規則で定める事項を記載して60日以内の提出が定められている。

上記のほかにも、東京証券取引所における上場企業への開示ルールや、金融商品取引法に基づく内部統制報告制度に基づく確認書の義務化などのルールが定められている。

第6章 損害保険会社における資産運用

第1節 損害保険会社における資産運用の位置づけ

　損害保険は、個人や企業を取り巻くさまざまな危険に対する補償を提供することを通じ、国民生活の安定と国民経済の健全な発展を支える基礎となるものであり、その事業は不特定多数の保険契約者から保険料を収受し、保険事故が生じた場合に保険金の支払を行うものであるから、この基本的な業務の過程において大量の資金が損害保険会社に滞留・蓄積されることになる。また、保険契約者の貯蓄ニーズや年金ニーズに対応した積立型保険や年金保険など保険期間が長期にわたるものについては、契約者に対し、あらかじめ定めた給付金等を支払う必要がある。こうしたことから、損害保険会社における資産運用は、保険業を適切かつ円滑に営むうえで不可欠かつ重要な業務であり、保険業法97条において「保険の引受け」と並び「資産の運用」を固有業務として規定している。

第2節 損害保険会社における資産運用の状況

　本書は「損害保険会社の法務と実務」を主眼としたものであるが、本章の本題である資産運用に係る法務の概説に入る前に、損害保険会社の資産運用状況について簡単に触れておきたい。

　損保協会がホームページ上で公開している統計[30]をもとに、損害保険会社の運用資産推移を図表5－6－1に示した。2015年3月末時点の損害保険会社の総資産合計額は31.0兆円、運用資産は28.4兆円（総資産に対する割合は

---

[30] （一社）日本損害保険協会「損害保険会社の概況」http://www.sonpo.or.jp/archive/statistics/gaikyou/ （2016年1月29日）

図表５－６－１　損害保険会社の運用資産推移

項　　目	2005年3月末 金額（億円）	2005年3月末 構成比（％）	2010年3月末 金額（億円）	2010年3月末 構成比（％）	2015年3月末 金額（億円）	2015年3月末 構成比（％）
預貯金・コールローン等	14,825	4.5	14,963	4.8	14,222	4.6
買入金銭債権	6,347	2.0	12,952	4.1	4,453	1.4
金銭の信託	2,323	0.7	1,130	0.3	1,353	0.4
有価証券	236,578	72.7	222,321	70.6	235,523	76.1
（国債）	(46,092)	(14.2)	(49,560)	(15.7)	(64,809)	(20.9)
（地方債）	(8,236)	(2.5)	(6,104)	(1.9)	(3,192)	(1.0)
（社債）	(39,537)	(12.1)	(38,093)	(12.1)	(24,075)	(7.8)
（株式）	(91,002)	(28.0)	(74,527)	(23.7)	(82,164)	(26.5)
（外国証券）	(44,963)	(13.8)	(49,639)	(15.8)	(58,968)	(19.1)
（その他の証券）	(6,747)	(2.1)	(4,398)	(1.4)	(2,315)	(0.8)
貸付金	28,539	8.8	23,738	7.5	18,624	6.0
土地・建物	12,559	3.9	10,984	3.5	9,836	3.2
（運用資産計）	(301,172)	(92.6)	(286,090)	(90.8)	(284,011)	(91.7)
その他の資産	24,189	7.4	28,866	9.2	25,594	8.3
資産合計	325,361	100.0	314,956	100.0	309,605	100.0

91.6％）であるが、（一社）生命保険協会が公表している資料[31]によると、生命保険会社の総資産合計額は367.3兆円、運用資産は361.1兆円（総資産に対する割合は98.2％）である。ここからは、損害保険事業と生命保険事業の資産規模の違いをうかがい知ることができるとともに、損害保険会社においては、代理店扱契約における損害保険会社の国内代理店に対する未精算債権である「代理店貸」や内外の損害保険会社との再保険取引から生じる未収受再保険料等の「再保険貸」といった非運用資産が一定割合を占めているため、総資産に対する運用資産の割合が生命保険会社に比べて小さくなっていることがわかる。

31　（一社）生命保険協会「生命保険事業概況」http://www.seiho.or.jp/data/statistics/summary/（2016年1月29日）

もとより、損害保険会社の資産運用は流動性、安全性、収益性、公共性の観点をふまえながら多様な手段によって行われているが、ここでは図表 5 － 6 － 1 から読み取れる特徴をいくつかあげておく。

　第一に、損害保険会社として果たすべき保険金の支払等のために、預貯金（普通預金や定期預金、譲渡性預金等）やコールローン等による短期間で低リスクな運用が一定程度行われていることである。

　第二に、総資産のおよそ 7 割を占める有価証券のうち公社債の占める割合が大きい一方で、株式の割合は減少している。これは、公社債での運用は、流動性確保の観点や、積立型保険や長期性の保険契約に係る負債対応を目的として、その役割が大きくなっているからであり、株式については、損害保険会社を取り巻く環境変化や資産運用に対するリスク認識の高まり等により、残高が減少傾向にあるものと考えられる。

　第三に、貸付金の総資産に占める構成比率が、減少し続けていることである。これは主として資産運用の多様化に伴うところが大きいものと考えられる。

　第四に、不動産についても減少がみられることである。これは、1990年代後半からの保険の自由化以後、保有不動産の効率化が図られてきたことが大きいものと考えられる。

第 3 節　資産運用に係る制限

　先述のように、損害保険会社の資産運用は保険契約者に対する将来の保険金の支払の財源を安全かつ有利に確保することが求められる。このため、保険業法では損害保険会社における財務健全性確保の観点から、損害保険会社の資産運用業務に一定の制限を設けている。

　なお、たとえば、貸付業務を行う際に貸金業法や利息制限法を遵守する必要があるように、個々の資産運用業務を行っていくうえでは各々遵守すべき法令等の制限があることはいうまでもない。

1 資産運用に係る事前規制

(1) 資産運用方法の制限

保険業法97条2項は、「保険会社は、保険料として収受した金銭その他の資産の運用を行うには、有価証券の取得その他の内閣府令で定める方法によらなければならない」として、資産運用方法を列挙し、これを制限している。具体的には以下のとおりである。

① 有価証券（金融商品取引法2条1項に規定する有価証券、同条2項の規定により有価証券とみなされるもの）の取得
② 不動産の取得
③ 金銭債権の取得
④ 短期社債等（保険業法98条6項に規定する短期社債等をいう）の取得
⑤ 金地金の取得
⑥ 金銭の貸付（コールローンを含む）
⑦ 有価証券の貸付
⑧ 組合契約（民法667条1項）または匿名組合契約（商法535条）に係る出資
⑨ 預金または貯金
⑩ 金銭、金銭債権、有価証券または不動産等の信託
⑪ 有価証券関連デリバティブ取引（金融商品取引法28条8項6号（定義）に規定する有価証券関連デリバティブ取引をいう）
⑫ 金融商品取引法2条20項（定義）に規定するデリバティブ取引（上記⑪に掲げるものに該当するものを除く）
⑬ 保険業法98条1項8号に規定する金融等デリバティブ取引
⑭ 先物外国為替取引
⑮ 上記①～⑭に掲げる方法に準ずる方法

なお、保険業法97条が定める固有業務としての資産運用業務のほか、保険会社が当該固有業務を行うことに伴って生じる業務、あるいは当該固有業務との機能的な親近性やリスクの同質性の観点から行うことができるものを「付随業務」として認めているほか、「法定他業」を限定的に認めている。具体的なものの概略は以下のとおりである。

【付随業務（例示列挙方式をとっている）】
① 他の保険会社その他金融業を行う者の業務の代理または事務の代行
② 債務の保証
③ 国債、地方債、政府保証債の引受け、募集の取扱い
④ 金銭債権の取得または譲渡（資産の運用のために行うものを除く）
⑤ 特定目的会社が発行する特定社債等の引受け、募集の取扱い
⑥ 短期社債等の取得または譲渡（資産の運用のために行うものを除く）
⑦ 有価証券の私募の取扱い
⑧ デリバティブ取引（資産の運用のために行うもの等を除く）
⑨ デリバティブ取引（資産の運用のために行うもの等を除く）の媒介、取次または代理
⑩ 金融等デリバティブ取引（資産の運用のために行うもの等を除く）
⑪ 金融等デリバティブ取引の媒介、取次または代理
⑫ 有価証券関連店頭デリバティブ取引（資産の運用のために行うものを除く）
⑬ 有価証券関連店頭デリバティブ取引の媒介、取次または代理
⑭ ファイナンス・リース

【法定他業（限定列挙方式をとっている）】
① 公共債のディーリング業務
② 地方債または社債その他の債券の募集または管理の受託
③ 担保付社債信託法により行う担保付社債に関する信託業務
④ 金融商品取引法28条6項（通則）に規定する投資助言業務
⑤ 算定割当量を取得し、もしくは譲渡することを内容とする契約の締結またはその媒介、取次もしくは代理を行う業務（内閣府令で定めるもの）
⑥ 資金決算に関する法律2条2項に規定する資金移動業
（注）生命保険会社に対しては、上記に掲げたものとは別途、法定他業として保険金信託業務を行うことが認められている。

　以上のとおり、保険業法が認めている資産運用の方法ならびにこれに関連する業務は多岐にわたっており、また、順次その拡大も図られている。

(2) 特定先に対する与信集中防止規制（いわゆる同一人与信規制）
　保険会社の健全性を確保するだけでなく、特定の先に対する与信の集中を

防止する観点から、保険業法97条の2第2項において保険会社の同一人（当該同一人と内閣府令で定める特殊の関係のある者を含む）に対する資産の運用は、一定の限度額を超えてはならないとの制限を設けている。当該規制は「同一人与信規制」（あるいは大口信用供与規制）と呼ばれており、これをまとめると図表5－6－2のとおりとなる。

ここで、受信側である同一人に含まれる「特殊の関係のある者」とは以下の者である。

① 同一人自身が会社である場合における次に掲げる者
　a　同一人自身の子会社
　b　当該同一人自身を子会社とする会社

図表5－6－2　同一人与信規制（保険業法第97条の2第2項・第3項、規則第48条の3）

	資産	同一人自身			同一人（グループ）		
		合同勘定	積立勘定	会社総資産（告示228号）	合同勘定	積立勘定	会社総資産（告示228号）
		（規則48条の3）			（規則48条の3）		
イ	社債・株式	合計で10%	合計で10%	（規定なし）	合計で10%	合計で10%	（規定なし）
ロ	貸付金・貸付有価証券（注1）						
ハ	預金（除く普通・当座）						
ニ	債務の保証						
ホ	（デリバティブ与信（注2））						
ロ＋ニ	貸付金＋債務の保証	合計で3%	（規定なし）	合計で3%	合計で3%	（規定なし）	合計で3%

（注1）　ただし現金担保の貸付有価証券の担保相当額は除く。
（注2）　当分の間、適用しない（規則附則（平成10年11月24日総理府・大蔵省令第45号）第2条）。
（注3）　比率は同一人自身に対するものとまったく同じ。
（注4）　与信元の保険会社側についても、グループ合計での同一人（グループ）に対する与信額の規制がある。

c　bに掲げる会社の子会社（当該同一人自身およびaまたはbに掲げる会社に該当するものを除く）
　　d　会社以外の者であって、当該同一人自身の総株主等の議決権の100分の50を超える議決権を保有するもの
　　e　会社以外の者であって、当該同一人自身を子会社とする会社の総株主等の議決権の100分の50を超える議決権を保有するもの
　　f　dまたはeに掲げる者がその総株主等の議決権の100分の50を超える議決権を保有する会社（当該同一人自身およびbに掲げる会社に該当するものを除く）および当該会社の子会社
　　g　当該同一人自身またはa、b、cもしくはfに掲げる会社およびdまたはeに掲げる者がその総株主等の議決権の100分の50を超える議決権を保有する他の会社（a、b、cまたはfに掲げる会社に該当するものを除く）
②　同一人自身が会社以外の者である場合における次に掲げる者
　　a　当該同一人自身がその総株主等の議決権の100分の50を超える議決権を保有する会社（以下「同一人支配会社」という）
　　b　当該同一人自身およびその一もしくは二以上の同一人支配会社または当該同一人自身の一もしくは二以上の同一人支配会社がその総株主等の議決権の100分の50を超える議決権を保有する他の会社（aに掲げる会社に該当するものを除く）

　なお、これらの規制には保険業法施行規則50条等にて一定の猶予規定が設けられている。具体的には、時価変動等の自らの意思に基づかない理由によって、結果的にこれらの規制に反してしまうことを想定し、そうした場合において直ちに法令違反とするのではなく、これら規制の趣旨に沿ってその資産の運用方法や運用額を漸次改めることを保険会社に求めている。

(3) その他の制限

　保険会社の財務の健全性確保を目的とした規制ではないが、資産運用業務を行っていくうえで遵守・留意すべきものとして、重要なものについても触れておきたい。

① 議決権保有割合規制

　保険会社による国内の一般事業会社に対する事業支配の集中を排除し、公正かつ自由な競争を促進するとともに、保険契約者等の保護の観点から他の事業リスクの集積を防止する目的で、保険業法107条は、「保険会社またはその子会社は、合算して、国内の一般事業会社の基準議決権数（当該国内の会社の総株主等の議決権に100分の10を乗じて得た議決権の数をいう）を超える議決権を取得し、または保有してはならない」と規定している。

　当該規制は、金融機関の議決権保有規制を定めた独占禁止法11条をベースにしたものであるが、独占禁止法は銀行や保険会社単体に係る規制であるのに対し、保険業法ではその子会社等も含めたグループでの議決権保有を規律している。一方で、保険業法は一定の事由によって国内の会社の議決権につき基準議決権数を超えて取得、または保有することとなる場合に規制の適用除外を設けている。規制の適用除外となる事由は、たとえば以下のようなものである（詳細は保険業法施行規則58条の2）。

　a　保険会社またはその子会社の担保権の実行による株式または持分の取得

　b　保険会社またはその子会社の代物弁済の受領による株式または持分の取得

　c　保険会社またはその子会社の、その取引先である会社との間の合理的な経営改善のための計画に基づく株式または持分の取得（当該保険会社またはその子会社に対する当該会社の債務を消滅させるために行うものであって、当該株式または持分の取得によって相当の期間内に当該会社の経営の状況が改善されることが見込まれるものに限る）

　d　保険会社またはその子会社が所有する議決権を行使することができない株式または持分に係る議決権の取得（当該保険会社またはその子会社の意思によらない事象の発生により取得するものに限る）

　e　保険会社またはその子会社が株式を所有する会社の株式の転換（当該保険会社またはその子会社の請求による場合を除く）

　ただし、上記の適用除外事由によって基準議決権数を超える取得・保有に該当することとなった場合においても、金融庁長官の承認を受けた場合を除

き、その取得または保有することとなった日から1年を超えて、これを保有してはならない。

② **大量保有報告制度（大量保有に係る開示規制）**

金融商品取引法27条の23に規定され、一般に「金商法5％ルール」と呼ばれているものであり、株価に影響を及ぼしやすい大量保有の情報を公開させて、市場の公正性・透明性を高めるとともに投資家のいっそうの保護を図る目的をもって設けられているものである。その概略は以下のとおり。

a 大量保有報告書および変更報告の提出が必要となる場合

保有する上場有価証券等について以下に該当した場合には、該当日から5日以内に報告書を提出者の住所地を管轄する財務局長または財務支局長（金融商品取引法194条の7にて内閣総理大臣が委任している金融庁長官から委任されている）に提出しなければならない。

(a) 新たに保有株式割合が5％を超えた場合

(b) すでに5％を超えて保有しているもので、保有株式割合に1％以上の変動があった場合

(c) 大量保有報告書に記載すべき重要な事項の変更（共同保有者の変更等）があった場合

なお、金融機関等については、業務として上場有価証券等の売買を反復継続して行っていることから、事務負担の軽減を図る目的で報告期限を緩和した特例報告が認められている。具体的には、金融機関等があらかじめ届け出た毎月2回以上の基準日までの状況を翌5日以内に報告すればよいとされている。ただし、保有割合が10％を超えた場合には、報告書提出の特例は認められていない。

b 大量保有報告書の提出義務者（保有者）

大量保有報告制度の提出義務者は以下のとおりである。

(a) 自己または他人の名義による株券等を保有する者（その他これに準ずる者として政令で定める者を含む）

(b) 売買その他の契約に基づき株券等の引渡請求権を有する者

(c) 金銭の信託契約等によって株券の発行会社の株主として議決権を行使することができる権限を有する者または当該議決権の行使について

指図を行うことができる権限を有する者であって、当該会社の事業活動を支配する目的を有する者
　(d)　投資一任契約その他の契約または法律の規定に基づき、株券等に投資をするのに必要な権限を有する者

　c　共同保有者の範囲

「金商法5％ルール」を遵守するに際して、保有者は共同保有者、みなし共同保有者の保有株券等を合算するものとされている。

このうち、共同保有者とは、共同して株券を取得し、譲渡し、議決権の行使等を行うことを合意している者であり、みなし共同保有者とは、会社の議決権の50％を超える資本関係のある親子会社や兄弟会社等が、該当する。

　d　罰　　則

大量保有報告書および変更報告書の不提出等については罰則規定が設けられている。たとえば、報告書の不提出について、個人の場合は懲役5年以下の懲役もしくは500万円以下の罰金、またはこれらの併科であり、法人の場合は5億円以下の罰金となっている。

③　インサイダー取引規制

会社の内部者情報に接する立場にある会社の役職員等が、会社の重要な内部情報を知りながら当該情報が公表される前に会社の株式等を売買する取引を行うと、一般投資家との間に著しく不公平な状況が生じ、その結果、金融商品市場の公正性・健全性が損なわれるおそれがあることから、こうした内部者取引（インサイダー取引）は、取引行為者が実際に利益を得たかどうかを問わず、金融商品取引法166条において禁止されている。

保険会社が資産運用業務を遂行していく過程においては、株価に重大な影響を与える重要な会社情報の伝達を受けることがあり、十分な留意のもとで、これを遵守していくことが求められる。

ここで、インサイダー取引規制とは「会社関係者または会社関係者から伝達を受けた情報受領者が、上場会社等に係る業務等に関する重要事実を知り、その重要事実の公表がなされる前に、当該上場会社等の特定有価証券等に係る売買等をしてはならない」ことをいい、これについて補足すれば以下のとおりである。

a　会社関係者、情報受領者

「会社関係者」には、上場会社等の役員・代理人、使用人等、上場会社等の帳簿閲覧請求権等を有する者、上場会社等に対して法令に基づく権限を有する者、上場会社等との契約を締結している者または契約交渉中の者などが該当し、重要事実を知った会社関係者が会社関係者でなくなった後1年以内の者（元会社関係者）についても規制の対象とされている。さらに、これら会社関係者や元会社関係者から、職務上重要事実の伝達を受けた者や当該伝達を受けた者が所属する法人の他の役員等については、いわゆる「情報受領者」として規制の対象になる。

b　上場会社等に係る業務等に関する重要事実

「業務等に関する重要事実」とは、投資者の投資判断に重要な影響を与える可能性のある事実であり、「決定事実」「発生事実」「決算情報」「包括条項（バスケット条項）」に分類され、金融商品取引法166条2項各号に多岐にわたって列挙されている。

金融商品取引法166条2項1号に規定する「決定事実」とは、当該上場会社等の業務執行を決定する機関が、株式引受者の募集、自己株式の取得、株式分割、合併、新製品や新技術の企業化、業務提携などを行うことを決定したこと、あるいは当該決定に係る事項を行わないことを決定したことが該当する。同項2号に規定する「発生事実」とは、当該上場会社等に、災害に起因する損害または業務遂行の過程で生じた損害、主要株主の異動、免許の取消しや事業停止等の行政処分、主要取引先等の取引の停止などの事実が発生したことが該当する。同項3号に規定する「決算情報」とは、売上高、経常利益、純利益等について、公表された直近の予想値に比較して当該上場会社等が新たに算出した予想値または当事業年度の決算において差異が生じたことが該当する。同項4号に規定する「包括条項（バスケット条項）」では、前3号に掲げる事実を除き、当該上場会社等の運営、業務または財産に関する重要な事実であって投資者の投資判断に著しい影響を及ぼすものとされている。また、これらに加え、同項5号～8号では上場会社等の子会社の重要事実が規定されている。

なお、本規制の適用にあたっては、たとえば「発生事実」における災害に

起因する損害または業務遂行の過程で生じた損害については、「損害の額が最近事業年度末日の純資産額の３％未満」であれば重要事実とならないなど、内閣府令において定められた一定の基準に該当するものが適用となる。

　c　公　　表

インサイダー取引の禁止が解除されるトリガーとなる「公表」は、当該上場会社等または当該上場会社等の子会社により多数の者の知りうる状態に置く措置として政令で定める措置がとられたこと、あるいは当該上場会社等もしくは当該上場会社等の子会社が提出した金融商品取引法25条１項に規定する書類にこれらの事項が記載されている場合において、当該書類が同項の規定により公衆の縦覧に供されたことをいう。

具体的には、①上場会社等の代表取締役等が、重要事実を２つ以上の法令で定める報道機関に対して公開し、かつ、12時間の周知期間が経過したこと（「12時間ルール」と呼ばれる）、②上場会社等が金融商品取引所に対して重要事実を通知し、当該金融商品取引所において公衆縦覧に供されること、③重要事実に係る事項が記載された有価証券届出書等について電磁的方法により公衆縦覧に供されることとなっている。

　d　特定有価証券等

特定有価証券等は、広く上場会社等の発行する有価証券が該当する。具体的には、株券、社債券、優先出資証券のほか、当該上場会社等の有価証券に係るオプションを表示する有価証券（関連有価証券という）も該当する。なお、規制対象において有価証券自体の上場・非上場は問わない。

　e　売買等

規制の対象となる売買等とは、当該上場会社等の特定有価証券等に係る売買その他の有償の譲渡もしくは譲受けまたはデリバティブ取引である。

　f　罰　　則

インサイダー取引規制違反に対しては罰則が設けられており、個人に対しては５年以下の懲役もしくは500万円以下の罰金、またはこれらの併科であり、法人の従業員が法人の業務または財産に関してインサイダー取引を行った場合は当該行為者個人だけでなく、法人に対しても５億円以下の罰金が科せられる。また、インサイダー取引により得た財産（利益ではないことに留

意）は没収または追徴される。
④ 保険会社における利益相反防止規制（利益相反防止体制構築義務）

　保険業法100条の2において自社またはグループ会社による取引に伴って顧客の利益が不当に害されることがないよう、適正な情報の管理と内部管理体制を整備するよう義務づけられており、整備すべき体制として保険業法施行規則53条の14において以下のとおり具体的に定められている。

・対象取引を適切な方法により特定するための体制の整備
・次に掲げる方法その他の方法により当該顧客の保護を適正に確保するための体制の整備
・対象取引を行う部門と当該顧客との取引を行う部門を分離する方法
・対象取引または当該顧客との取引の条件または方法を変更する方法
・対象取引または当該顧客との取引を中止する方法
・対象取引に伴い、当該顧客の利益が不当に害されるおそれがあることについて、当該顧客に適切に開示する方法
・以上に掲げる措置の実施の方針の策定およびその概要の適切な方法による公表
・その他記録の保存

　また、「監督指針」においては顧客の利益の保護のための体制整備として以下の点についての着眼点が示されている。

・利益相反のおそれがある取引の特定等・利益相反管理の方法
・利益相反管理態勢等・利益相反管理方針の策定およびその概要の公表

　以上をふまえ、保険会社各社においては、たとえば社内体制の整備とともに利益相反取引等の管理方針を策定し、公表しているところである。

2　資産運用に係る事後監督

　ここまでは、保険業法や金融商品取引法等による資産運用業務に係る事前規制を概観してきたが、事業者の自由な活動を確保しつつ保険会社の財務の健全性の確保を図っていく観点からは、事前規制を必要最小限にとどめたうえで、日々の監督を通じて保険会社の実態を把握し、問題があれば早期に対処することが望ましい。こうした観点から、金融庁は各種監督手法を構築し

てきており、おもな改正は図表5－6－3のとおりである。このうち、本書では保険会社の支払余力を示し、保険監督上の早期是正措置の発動基準ともなっているソルベンシー・マージン基準を取り上げる。

(1) ソルベンシー・マージン比率規制

損害保険会社は、保険金支払や積立保険の満期返戻金の支払に備えて各種準備金などを積み立てているが、ソルベンシー・マージン比率はこうした保険会社が通常予測するリスクを超えて発生するリスクに対し、どの程度の支払余力を有しているかを表した指標であり、1996年の保険業法改正時に導入された後、これまでも必要な見直しが行われてきている。

〈ソルベンシー・マージン比率の算式〉

$$\text{ソルベンシー・マージン比率（\%）} = \frac{\text{資本金・基金および所定の準備金等の額}}{\text{通常の予測を超える危険に対応する額} \times 1/2} \times 100$$

分子となるソルベンシー・マージン総額には、価格変動準備金、危険準備金、異常危険準備金、一般貸倒引当金、その他有価証券の評価差額の90％、土地の含み損益の85％、税効果相当額等が含まれる。一方、分母となるリスクは、損害保険会社の場合、一般保険リスク等のほか、資産運用リスクとして、価格変動等リスク（保有する有価証券その他の資産の通常の予測を超える価格変動等により発生しうるリスク）、信用リスク（保有する有価証券その他の資産について、取引の相手方の債務不履行その他の理由により発生しうるリスク）、子会社等リスク（子会社等への投資その他の理由により発生しうるリスク）、デリバティブ取引リスク（先物取引、オプション取引、スワップ取引等により発生するリスク）、信用スプレッドリスク（金融商品取引法2条21項5号の取引（同号イに係るもの）もしくは同条22項6号の（同号イに係るもの）またはこれらに類似する取引において、通常の予測を超える価格の変動その他の理由により発生しうるリスク）等が該当し、各社とも全体のリスク量のなかで資産運用リスクが一定の割合を占めている。

なお、図表5－6－3にあるとおり1999年の保険業法改正以後、当該指標は金融庁による早期是正措置制度の発動基準にもなっており、当該指標が200％を下回った場合には、支払余力に危険な兆候があると判断され金融庁は当該保険会社に対し、早期に経営の健全性の回復を図る命令を発動するこ

とができる（図表5－6－4）。

図表5－6－3　保険会社の財務の健全性確保に資する監督手法の近年のおもな改正等

時期	監督手法に関するおもな改正
1999年度	早期是正措置制度の導入 ソルベンシー・マージン基準の見直し
2000年度	保険検査マニュアルの導入 将来収支分析制度の拡充（事業継続基準の確認） ソルベンシー・マージン基準の見直し
2001年度	オフサイト・モニタリングの開始
2003年度	早期警戒制度の導入
2004年度	中間業務報告書の導入
2005年度	第三分野の責任準備金ルールの整備
2006年度	ソルベンシー・マージン基準の見直し
2007年度	「ソルベンシー・マージン比率の算出基準等について」
2008年度	平成20事務年度保険会社等向け監督方針
2009年度	「保険会社向けの総合的な監督指針」の一部改正 平成21事務年度保険会社等向け監督方針
2010年度	ソルベンシー・マージン比率の見直し 経済価値ベースのソルベンシー規則の導入に係るフィールドテストの実施について 保険業法施行規則の一部を改正する内閣府令（連結ソルベンシー・マージン比率導入）
2011年度	経済価値ベースのソルベンシー規則の導入に係るフィールドテストの結果について
2013年度	保険会社向けの総合的な監督指針および保険検査マニュアル等の一部改正
2015年度	平成27事務年度金融行政方針

（2007年12月5日金融庁　金融審議会第二部会第43会合資料および金融庁資料をもとに作成）

(2) オフサイト・モニタリング制度

　金融機関を取り巻くリスクが多様化・複雑化するなか、金融機関の経営の健全性の状況を継続的・定量的に把握する重要性が高まっていることから、金融機関に対して定期的・継続的に経営に関する報告を求める等により、金融機関の業務の状況を常に詳細に把握するとともに、金融機関から徴求した各種の情報の蓄積および分析を迅速かつ効率的に行い、経営の健全性および業務の適切性の確保等に向けた金融機関の自主的な取組みを早期に促しているとの趣旨から、オフサイト・モニタリング制度が設けられており、資産運用については市場リスク、信用リスク等についての報告が求められる。

3　その他

　その他、本書では触れないが、今日、損害保険会社における資産運用リスク管理の重要性がいっそう増しているなか、損害保険会社が適切な資産運用業務を行い、適切な資産運用リスク管理を行っていくうえで参照すべきものとして、「監督指針」に盛り込まれた資産運用リスク管理態勢等の整備に係る着眼点や「保険検査マニュアル」にある資産運用リスク管理態勢チェックリストがあげられる。損害保険会社は、こうした趣旨や内容について十分に理解し、継続して自社の状況を検証し、必要に応じ自主的な改善を実施し、財務の健全性と業務の適切性等の確保に努めていくことが重要である。

図表５−６−４　早期是正措置制度

保険金等の支払能力の充実の状況に係る区分	ソルベンシー・マージン比率	措置（命令）
非対象区分	200％以上	—
第一区分	100％以上200％未満	経営の健全性を確保するための改善計画の提出・実行
第二区分	0％以上100％未満	保険金支払能力を充実させる計画の提出・実行など
第三区分	0％未満	期限付きの業務停止（全部または一部の業務）

第7章 関連会社

第1節 定　義

　保険会社は、とりわけ1996年の保険業法改正による子会社方式での損害保険業・生命保険業の相互参入や1998年の保険業法改正による子会社方式での金融他業態への相互参入が認められて以降、保険契約者への多様なサービスの提供やいっそうの事業拡大の観点から、その事業領域を拡大してきている。その結果、現在では各保険会社とも子会社などの関連会社を多数抱える企業集団を形成している。

　「子会社」とは、会社がその総株主などの議決権の100分の50を超える議決権を保有する他の会社をいう（図表５－７－１）。また、会社や当該会社の他の子会社と合わせて、同じく100分の50を超える議決権を保有する他の会社は、当該会社の子会社とみなされる（保険業法２条12項）。

　料率の自由化など他国と比肩しうる自由で公正な金融システムを目的として、1998年に改正された金融システム改革法によって、財務諸表等規則の概念が持ち込まれ、親法人等、子法人等、関連法人等、子会社等という考え方が保険業法に導入された。

図表５－７－１　関連会社の定義

基　準	定　義		
50％超〜100％	子会社	子法人等	子会社等
実質支配			
20％以上〜50％	―	関連法人等	
重要な影響			

「親法人等」とは、他の法人等の財務および営業または事業の方針を決定する機関を支配している法人等をいう（同法施行令13条の2第3項）。「子法人等」とは、親法人等によりその意思決定機関を支配されている他の法人等をいう（同項）。「関連法人等」とは、法人等の出資、取締役その他これに準ずる役職への当該法人等の役員もしくは使用人である者もしくはこれらであった者の就任、融資、債務の保証もしくは担保の提供、技術の提供または営業上もしくは事業場の取引等を通じて、財務および営業または事業の方針の決定に対して重要な影響を与えることができる他の法人等をいう（同法施行令13条の5の2第4項）。なお、子法人等と関連法人等を合わせて子会社等という。

第2節　子会社の範囲

保険会社が子会社とすることができる子会社の範囲について、保険会社の他業禁止の観点から、本業である保険業務と関連する業務など、一定の範囲に限られている。1996年の子会社方式による損害保険業・生命保険業の相互参入、1998年の金融システム改革法に伴う証券専門会社や外国会社の追加、2006年の少額短期保険業者の創設に伴う追加など、規制緩和の進展に伴い、保険会社の事業領域の拡大とともに子会社対象会社も拡大してきた。具体的な子会社対象会社は下記のとおり（保険業法106条）。
・生命保険会社
・損害保険会社
・少額短期保険業者
・銀行・長期信用銀行
・資金移動専門会社
・証券専門会社
・証券仲介専門会社
・信託専門会社
・保険業を行う外国の会社
・銀行業を営む外国の会社

・有価証券関連業を行う外国の会社
・信託業を行う外国の会社
・従属業務をもっぱら営む会社
・金融関連業務をもっぱら営む会社
・新規事業分野開拓会社
・持株会社

　保険持株会社も子会社対象会社の規制や業務範囲の規制を受けるが、金融庁長官の承認を得れば、当該規制にかかわらず一般の事業会社を営む会社を子会社にすることができる。もっとも銀行を子会社とした場合は、銀行法が優先適用されるため、事業会社を子会社とすることはできない。

第3節　主たる規制

(1)　議決権の取得制限

　保険会社（含む子会社）は、基準議決権数として定める10％を超えて、国内会社の議決権を保有してはならない（保険業法107条）。なお、子会社対象会社は対象外となっているが、金融庁長官の認可もしくは許可が必要になる。

(2)　収入依存度規制

　従属業務とは、主として当該保険会社、またはその子会社などの行う業務のために行う業務であり、役職員の福利厚生、物品の購入または管理、印刷や広告宣伝などがある。これらの業務は保険業に従属するものであるが、本来は保険業と異なる一般事業であることから、従属業務子会社については、主として当該保険会社またはその子会社の営む業務のためにその業務を営んでいるものに限定されている。

　従来は、当該保険会社とその子会社からの合計収入額が、総収入額の50％を下回ってはいけないという条件が付されていたが、保険会社が保有する事業リスクを子会社に委託したとしても、保険会社が新たな事業リスクを負うことはなく、保険会社の兼業禁止の趣旨を逸脱するものではないことから、損害保険業界からの規制緩和要望により、現在では保険会社グループ間で従

属業務子会社を共同利用することや、他社との共同利用も認められるようになった。具体的には、一の保険会社グループの従属業務を営む場合には、当該保険会社グループの会社からの収入があり、かつ、その合計収入額が総収入額の50％以上であることとされている。また、複数の保険会社グループの従属業務を営む場合には、各保険会社グループの会社からの収入があり、その合計収入額が総収入額の90％以上とされている。

　子会社による生命保険業への参入や事業の効率化・多様化によって、現在では、多くの保険会社がグループ内にさまざまな子会社や兄弟会社をもつ企業集団を形成していることから考えると、収入依存度規制の緩和には一定の効果があったと考えられる。今後、保険会社はさらに事業領域を拡大し、競争力を向上させるために、グループ全体の業務を見直し、保険契約者の利益に資する業務効率化に継続して取り組んでいく必要がある。そうした各社の取組みと並行して、従属業務子会社の業務範囲や規制について、今日的な視点からの検討を行い、いっそうの規制緩和が進むことが望まれる。

第4節　海外支店・関連会社に対する規制

　東京海上グループは、2015年3月末時点で世界37の国・地域、469都市にネットワークを展開しており、各地に海外支店や関連会社を有している。現地ではそれぞれの国の規制や文化に応じて、海外に支店を設ける支店営業方式、海外の代理店と代理店委託契約を結ぶ元受代理店営業方式、出資や社員派遣を行い現地法人を設立する現地法人営業方式、現地保険会社が引き受けた契約の再保険を引き受けるフロンティング営業方式などの方法で事業を行っている。また、現地の保険引受けにあたっては、原則として当該国に所在する物件、個人または法人は当該国で認可を受けた保険会社以外に保険の付保をしてはいけないという海外付保規制を各国ともほぼ例外なく設けている。被害者救済や外資規制の観点から、日本においても保険業法186条で同様の規制を行っている。海外展開にあたっては、こうした各国の規制や慣習の違いのほか、アンダーライティングや引受キャパシティの問題など、海外固有の問題を解決する必要がある。

第5節 現　　状

　以上の規制のなかで、保険持株会社または保険会社は、業務効率化と業務拡大の観点から多数の関連会社からなる保険グループを形成している。契約者への質の高いサービスや付加価値を提供するため、保険グループ各社が相

図表5－7－2　東京海上グループ（2015年7月1日現在）

東京海上日動
日新火災
イーデザイン損保
東京海上ミレア少額短期
東京海上ウエスト少額短期

Tokio Marine North America, Inc.
Philadelphia Consolidated Holding Corp.
Tokio Marine Management, Inc.
Delphi Financial Group, Inc.
Tokio Marine Kiln Group Limited
Tokio Marine Middle East Limited
Tokio Marine Seguradora S.A.
Tokio Marine Asia Pte. Lte.
東京海上日動火災保険（中国）有限公司
Tokio Millennium Re AG
等

東京海上日動あんしん生命
等

　　国内損害
　　保険事業

　国内生命　　　　　海外保険
　保険事業　　　　　　事業
　　　　　お客様

　　　　金融事業　　一般事業

[投資顧問業・投資信託業]
東京海上アセットマネジメント
[不動産投資顧問業]
東京海上不動産投資顧問
[プライベート・エクイティ・ファンド事業]
東京海上キャピタル
[メザニン・ファンド事業]
東京海上メザニン
等

[リスクコンサルティング事業]
東京海上日動リスクコンサルティング
[総合人材サービス事業]
東京海上日動キャリアサービス
[ファシリティマネジメント事業]
東京海上日動ファシリティーズ
[トータルヘルスケアコンサルティング事業]
東京海上日動メディカルサービス
[シルバー事業]
東京海上日動サミュエル
東京海上日動ベターライフサービス
[アシスタンス事業]
東京海上アシスタンス
[保険代理業]
東京海上日動あんしんコンサルティング
等

互に連携し、グループ力の総合力を発揮することが期待されている。図表5－7－2で東京海上グループの事業領域とおもなグループ会社を参考までに紹介する[32]。

---

[32] 『東京海上日動の現状2015』10項（2015）。

第8章 破綻法制

第1節 保険契約者保護の意義

　契約は契約自由の原則に基づき、私人間において成立する法律行為であり、保険契約も保険契約者と保険会社の間で私的に成立する契約の1つである。一方、保険契約には売買契約などの典型的な契約と比べて、以下のような特徴がある。すなわち保険契約は、人々が生活を営むうえでのさまざまな危険に対して補償を提供する機能があり、現代社会においては広く国民生活の基盤になっていること、通常の保険契約者にとって、保険会社の経営状況を把握することが困難であることである。よって、保険会社が破綻した場合に、契約自由の原則に基づき契約者に債務者としての自己責任を問うことはむずかしい。

　保険会社が破綻した際に、保険契約を維持し破綻保険会社のスムーズな破綻手続を行うことで、保険契約者等の保護を図り、保険事業に対する信頼性を維持する仕組みが求められる。

第2節 損害保険契約者保護機構

　保険業法では、保険業の免許の種類に応じて定められているが、本節では損害保険契約者保護機構を中心に説明する（便宜上、広く保険契約者保護機構について述べる場合は「機構」とする）。

1　目　的

　機構の目的は「破綻保険会社に係る保険契約の移転等における資金援助、継承保険会社の経営管理、保険契約の引受け、補償対象保険金の支払に係る

資金援助及び保険金請求等の買取りを行う等により、保険契約者の保護を図り、もって保険業に対する信頼性を維持すること」(保険業法259条)である。

2　組　　織

　機構は保険業法に基づき、内閣総理大臣および財務大臣の認可を受けて設立される法人であり、保険業法に係る免許の種類ごとに、その免許を受けた保険会社を会員として設立される(保険業法261条、262条、265条の8)。

　1998年12月、免許の種類に応じて損害保険契約者保護機構、生命保険契約者保護機構がそれぞれ設立されている。

3　経　　緯

　1996年の保険業法改正に合わせて、保険契約者保護基金の制度が損保協会と生命保険協会により設立された。しかし、同制度は、救済保険会社への資金援助を行い、保険契約の継続を図ることで破綻保険会社の契約者を保護することが目的だったため、救済保険会社が存在しない場合には機能しないなどの問題点が指摘された。

　そこで1998年、救済保険会社が存在しない場合にも保険契約の継承や引受けを行うことができる組織として、現在の損害保険契約者保護機構が設置された。

　さらに2006年、損害保険契約の特性をふまえ、さらなる契約者保護に資する制度とするために、保険金支払を一定期間、全額補償する内容への変更、保険契約者属性に応じた補償対象契約の見直しなどが実施された。

4　会　　員

(1) 会員資格・加入義務

　機構の会員は保険会社に限られるため、少額短期保険業者や各共済組合は機構の制度対象外となる。損害保険会社は、同じ種類の免許を受ける保険会社を会員とする機構の1つに加入しなければならないため、国内で損害保険事業を行う保険会社は、機構の会員になることが義務づけられている(保険業法265条の2、265条の3)。強制加入を義務づけることで、保険契約者の保

護および損害保険業界全体の信頼維持に資すると考えられている。

(2) 脱　　退

会員は免許の取消しまたは失効の場合以外には、内閣総理大臣および財務大臣の承認を受けて他の機構の会員となる場合を除き、機構を脱退できない（同法265条の4）。

5　設　　立

機構を設立するには、10以上の保険会社が発起人になる必要がある。発起人は定款および事業契約書を作成した後、会員になろうとする者を募り、2週間前までに会議の日時および場所を公告して、創立総会を開かなければならない。

発起人は創立総会終了後、遅滞なく、名称、事務所の所在地、役員および会員の氏名または名称を記載した認可申請書に定款、事業計画書その他内閣府令・財務省令で定める事項を記載した書類を添付して、内閣総理大臣および財務大臣に提出して、設立の認可申請をしなければならない。

内閣総理大臣および財務大臣は、機構の設立の認可申請があった場合には、基準に適合するか審査し、適合していると認めるときは設立の認可をしなければならないとされている（保険業法265条の7、265条の8、265条の9）。

6　管　　理

(1) 役　　員

機構には、役員として理事長1人、理事2人および監事1人以上が設置され、機構の業務は定款に別の定めがあるものを除き、理事長および理事の過半数をもって決定される。理事長は機構を代表し、理事は理事長の定めるところにより、機構を代表し、事故や欠員など理事長が不在の場合にその職務を代理する。監事は機構の業務および経理の状況について監査し、結果を総会に報告するほか、必要がある場合は理事長または内閣総理大臣および財務大臣に意見を提出することができる（保険業法265条の13、265条の14）。

役員の任期は2年以内の定款で定める期間とされており、役員は総会において選任および解任される。監事は理事長、理事、運営委員会の委員、評価

審査会の委員または機構の職員を兼ねることが禁止されており、機構と理事長または理事との利益が相反する事項については、定款で定めるところにより、監事が機構を代表することとなる（保険業法265条の15、265条の17、265条の18）。

(2) **運営委員会**

機構には、理事長の諮問に応じて機構の業務の運営に関する重大事項について審議する運営委員会が設置される。委員会の委員は、機構の業務についての学識経験者のうちから、金融庁長官および財務大臣の認可を受けて、理事長が任命する（保険業法265条の19）。

(3) **評価審査会**

機構には、後述する資金援助などその権限に属する事項を処理するほか、理事長の諮問に応じて、破綻保険会社の財産の評価に関して審議する評価審査会が設置される。同審査会の委員は、保険または財産の評価についての学識経験者などから、金融庁長官および財務大臣の認可を受けて、理事長が任命する（保険業法265条の20）。

7　総　　会

理事長は定款で定めるところにより、各事業年度ごとに通常総会を1回招集し、必要があれば臨時総会を招集できる。なお、①定款の変更、②予算及び資金計画の決定又は変更、③業務規程の作成又は変更、④決算、⑤解散、⑥その他定款で定める事項は総会の決議を経なければならない（保険業法265条の23、265条の25）。

総会では、総会員の2分の1以上の出席、かつ、出席者の過半数で決し、同数の場合は、議長が決する。ただし、①定款の変更、③業務規程の作成又は変更、⑤解散については、出席者の3分の2以上の多数で決する（保険業法265条の26）。

なお、現在の損害保険契約者保護機構では、各会員の負担金割合を考慮して議決権が配分されている。

8 業　　務

(1) 機構の業務

機構は目的を達成するために、以下の①〜⑨の業務を行うことができる。また、③〜⑦の業務遂行を妨げない限度において⑩〜⑬の業務も行うことができる（保険業法265条の28）。

① 保険業の継続が困難となった保険会社等に係る保険管理人又は保険管理人代理の業務
② 会員からの負担金の収納及び管理
③ 破綻保険会社に係る保険契約の移転等、保険契約の継承、保険契約の再継承及び保険契約の再移転における資金援助
④ 継承保険会社の経営管理その他保険契約の継承に係る業務
⑤ 破綻保険会社に係る保険契約の引受け並びに当該保険契約の引受けに係る保険契約の管理及び処分
⑥ 補償対象保険金の支払に係る資金援助
⑦ 保険金請求権等の買取り
⑧ 更生特例法の規定による保険契約者表の提出その他の業務
⑨ 上記①〜⑧の業務に附帯する業務
⑩ その会員に対する資金の貸付け
⑪ 破綻保険会社の保険契約者等に対する資金の貸付け
⑫ 清算保険会社の資産の買取り
⑬ 上記⑩〜⑫の業務に附帯する業務

(2) 業務の委託

機構は、保険料の収受その他内閣府令・財務省令で定める業務と、その他あらかじめ金融庁長官および財務大臣の許可を受けた場合を除き、保険会社その他の者に業務を委託することはできない（保険業法265条の29）。

9 負　担　金

(1) 保険契約者保護基金

機構は、資金援助等の業務実施に要する費用として、保険契約者保護基金

を設けることができる(保険業法265条の32)。

(2) 負担金の納付

会員は、機構の事業年度ごとに保険契約者保護基金に充てるために、定款で定めるところにより、負担金を納付しなければならない。事業年度末における残高が、将来の資金援助などの業務に要する費用に照らして十分な額として定款で定めた額に達している場合は、次年度からの納付は必要ない。現在の損害保険契約者保護機構の定款では、将来の業務に要する十分な必要予想額は、500億円と規定されている(保険業法265条の33)。なお、生命保険契約者保護機構では4,000億円と規定されている。

資金の拠出方法について、保険会社の破綻前に負担金を納付する事前拠出方式と破綻後に必要額を徴収する事後拠出方式が考えられる。事前拠出は、破綻保険会社も含めて、負担金を納付するため公平性があり、事前に資金を積み立てることができるため安全性にもメリットがある。一方、事後拠出では、平時において負担金を納付する必要がなく、資金運用の観点からメリットがあると考えられている。それぞれ一長一短があり、どちらの拠出方法が優れているかを判断することは容易ではないが、契約者保護基金の目的や制度趣旨から検討すべきであろう。なお、諸外国では、事前拠出・事後拠出ともに各国の実情に応じて採用されている。

(3) 負担金の額

会員が納付すべき負担金の額は、①直前の事業年度におけるすべての保険契約に係る収入保険料に負担料率を乗じた額と②直前の事業年度末におけるすべての保険契約に係る責任準備金、支払備金および社員配当準備金の合計に負担料率を乗じた額の合計額とされている。なお、現在の損害保険契約者保護機構の定款では、各事業年度に各会員が納付すべき合計額は50億円を超えないものとされ、資金援助などの業務に必要な予想額に十分な額は、前述のとおり、500億円とされている。

負担金率については、機構の資金援助などの業務に必要な予想額に対して、長期的に機構の財政が均衡するものであること、かつ、特定の会員に対して差別的取扱いとならないものである必要がある。ただし、各会員の経営の健全性に応じたものは除かれる(保険業法265条の34)。

この点について、各社の健全性を高め、損害保険業界全体の信頼性を向上させるインセンティブとするために、会員ごとの健全性によって負担金額に差を設ける制度とすることも検討することができる。単に有事の際のセーフティーネットとして資金を拠出するのではなく、会員各社が業務の健全性を意識して経営することで、業界全体の健全性を押し上げる仕組みとして活用することができれば、有用であると考えられる。

10　資金援助など

(1)　資金援助
　破綻保険会社の業務停止がされる場合であっても、補償対象契約の保険金支払を行う業務は対象外とされており、保険契約者は一定の条件で引き続き補償が受けられることになる。このような場合に、他の債権者を害することなく、保険金支払業務を確実に行えるよう機構は資金援助を行うことができる（保険業法266条）。

(2)　保険契約の承継
　保険会社が破綻した際に救済保険会社などが現れる見込みがない場合や契約移転を行うことが困難な場合、破綻保険会社は機構に対して、機構が子会社として継承保険会社を設立し、保険契約の移転などを受けることを申し込むことができる。保険契約の継承を申し込む場合、資金援助と異なり、破綻保険会社はあらかじめ内閣総理大臣の適格性の認定を受けなければならない。必要があると認められる場合、機構は内閣総理大臣に対して破綻保険会社と合併などに係る協議をすべき相手方を指定し、協議に応じるよう勧告する措置をとることができるため、破綻保険会社が内閣総理大臣の適格性の認定を受けることを求めている（保険業法267条、270条、270条の3の2）。
　なお、継承保険会社は緊急的な措置であり、最終的な保険引受け先となる保険会社もしくは保険持株会社を探し、再継承を目指すことになる。

(3)　保険契約の引受け
　救済保険会社が現れる見込みがない場合や契約移転を行うことが困難な場合、保険契約の継承のほかに、機構が自ら契約移転を引き受けてもらうこと、つまり保険契約の引受けを申し込むことができる。申込みを受けた機構

は、内閣総理大臣に対して、他の保険会社などを指定して破綻保険会社と合併などの協議に応じるよう勧告をすることはできるが、引受けをしない決定をすることはできない（保険業法270条の4）。

なお、保険契約の継承と同様に機構による保険契約引受けは、あくまで緊急的な措置であり、再移転を目指すことになる。

(4) 保険金請求権などの買取り

原則として、内閣総理大臣の処分により業務が停止した場合でも補償対象保険金の支払業務は停止対象外となっている。しかし、倒産手続が開始され、支払業務が禁止された場合などに、機構は当該補償対象契約に係る保険金請求権などを買い取ることができる。買取額は、補償対象保険金その他の給付金の額に内閣府令・財務省令で定める率を乗じた額とされており、補償対象保険金と同額となっている（保険業法270条の6の8）。

第3節　過去の破綻事例と破綻処理

(1) 第一火災海上社

2000年5月、第一火災海上社は、不良債権や有価証券評価損の増大で債務超過に陥り、損害保険会社の戦後初の事実上の破産となった。同社は保険料の一部を一定の利回りで運用し、満期返戻金として保険契約者へ支払う積立型商品を主力商品としており、運用環境の悪化が経営を圧迫した。結果的に契約の移転先会社が見つからず、2001年4月、損害保険契約者保護機構に契約が移転されることになった。同機構からの資金拠出が行われ、多くの損害保険契約の保険金や満期返戻金が減額されることとなった。

(2) 大成火災海上社

大成火災海上社は、アメリカの同時多発テロを機に、再保険において巨額の保険金支払を余儀なくされた結果、損失がふくらみ破綻し2001年11月に東京地方裁判所に更生特例法（詳しくは後述第4節。図表5－8－1参照）に基づく更生手続の申立てを行った。前述の第一火災海上社の例に続き、損害保険会社の戦後2件目の破綻となった。同社は、1950年に設立され、2001年3月末時点で総資産4,114億円、正味収入保険料887億円、当期純利益11億円、

図表5－8－1　大成火災海上社の更生手続フロー

```
金融庁への申出
更生手続の申立て  →  更生手続開始の申立て

債権届出機関に関する意見聴取     →  弁済禁止命令
保全処分                            財産処分禁止命令
保全管理人選任                      借財禁止命令
                                    禁止事項の個別的
                                    解除

更生手続開始決定
管財人選任

第1回関係人集会

債権の届出

更生債権・更生担保件の確定

管財人から裁判所へ更生計画案の提出

裁判所から金融庁へ意見聴取
更生債権者に更生計画案要旨を送付

第2回関係人集会(計画案の審理)  →  一般債権の削減
                                    責任準備金の削減
第3回関係人集会(計画案の決議)      予定利率の引下げ
                                    子会社化
裁判所による更生計画認可            受け皿会社等への
                                    契約移転
```

ソルベンシー・マージン比率815.2％であった。

　当時、すでに2002年4月に安田火災海上社および日産火災海上社（現：損保ジャパン日本興亜社）と合併する予定であったため、協議の結果、保険契約は合併会社へ吸収されるかたちで移転された。個人商品の保険金については、損害保険契約者保護機構の資金援助および合併会社により全額保護された一方、企業商品については、損害保険契約者保護機構の補償対象外であっ

たため、保険金の減額がなされた。

第 4 節　更生特例法

　保険会社の破綻処理については、保険業法においても一定の規定がされているが、保険契約者の権利は契約移転の際に条件変更を行うことができる一方、一般債権者の権利は条件変更ができないという不平等の問題などをきっかけに、行政手続的な破綻処理とは別の更生手続的な破綻法制の整備の必要性が認識された。1999年12月に金融審議会第二部会保険の基本問題に関するワーキング・グループが公表した「保険会社のリスク管理と倒産法制の整理─中間とりまとめ」を受けて、「金融機関等の更生手続の特例等に関する法律（以下「更生特例法」という）」が2000年6月に施行された。更生特例法では、保険業法上の破綻手続と異なり、事業継続を目的として裁判所の監督のもとで手続が進められる。破綻保険会社や金融庁の申請を受けた裁判所が、破綻保険会社の財産の調査などを行う管財人を選任し、管財人が作成した更生計画を裁判所が認可する。同法の施行後に破綻した保険会社は、保険業法による破綻手続ではなく、いずれも同法による更生手続が選択されており、今後も保険会社の破綻処理の中心は更生手続となると考えられる。

■ 事項索引 ■

【英字】
D&O 保険 …………………… 174
IBNR 備金 …………………… 598
PDCA サイクル …………… 472, 557

【あ】
アジャスター ………………… 333
安全管理措置 ………………… 471
アンダーライティング ……… 6

【い】
意向確認義務 ………………… 450
意向確認書面 ………………… 450
意向把握義務 ………………… 432
慰謝料 ………………………… 339
異常危険準備金 ………… 582, 595
委託型募集人 ………………… 417
一部保険 ……………………… 349
一括払制度 …………………… 38
逸失利益 ……………………… 338
医療保険 ……………………… 104
因果関係特則 …………… 274, 391
インサイダー取引 …………… 615

【う】
請負業者賠償責任保険 ……… 166
運行供用者 …………………… 55
運転者 ………………………… 55

【え】
営業責任者 …………………… 494

【お】
大口信用供与規制 …………… 611
オフサイト・モニタリング … 520, 621

オプトアウト ………………… 475
親法人等 ……………………… 622
オンサイト・モニタリング … 519

【か】
海外 PL 保険 ………………… 171
海外旅行保険 ………………… 111
外国損害保険会社等 ………… 507
解除権行使 ……………… 269, 316
外務員登録 …………………… 488
加害者請求 …………………… 58
価額協定保険 ………………… 255
火災 …………………………… 65
火災保険（家計向け） ……… 59
火災保険（事業者向け） …… 113
過失相殺 ………………… 340, 343
家族傷害保険 ………………… 103
片面的強行規定 ……………… 214
片面的強行規定の適用除外 … 28, 216
貨物保険 ……………………… 181
間接損害 ……………………… 341
鑑定人 ………………………… 333
がん保険 ……………………… 106
勧誘方針 ……………………… 431
管理会計 ……………………… 572
関連法人等 …………………… 622

【き】
機械保険 ……………………… 29
企業費用・利益総合保険 …… 137
議決権保有の制限 …………… 503
議決権保有割合規制 ………… 613
危険 …………………………… 261
危険の減少 …………………… 318
危険の増加 …………………… 306

基準料率 ……………………… 5
機微情報 …………………… 470
急激、偶然、外来（の事故） … 93, 324
求償権 ……………………… 329
給付・反対給付の原則 ………… 3
共同プール ………………… 55
共同保険 …………………… 7
共同利用 …………………… 477
業務の代理 ………………… 563

【く】
偶然の事故 ………………… 323
クーリング・オフ ………… 283, 373

【け】
継続契約 …………………… 293
慶弔見舞金制度 …………… 203
景品表示法 ………………… 503
契約概要 …………………… 441
契約の更新 ………………… 290
決算 ………………………… 600
原因調査 …………………… 331
原価の事後確定性 ………… 4, 572
兼業代理店 ………………… 403
建築年割引 ………………… 80
現物給付 ………………… 73, 201, 351

【こ】
興行中止保険 ……………… 31
工事保険 …………………… 29
更新契約 ………………… 281, 427
更生特例法 ………………… 637
構造級別 …………………… 62
交通事故傷害保険 ………… 103
公保険 …………………… 10, 203
高齢者等に対する保険募集 …… 463
コーポレート・ガバナンス …… 512
子会社 ……………………… 622

子会社等 …………………… 622
顧客保護 …………………… 522
告知義務 …………………… 264
告知義務違反解除による保険者免
　責 ………………………… 273
告知義務違反による解除 ……… 266
告知義務者 ………………… 265
告知更正 …………………… 266
告知事項 ………………… 264, 267
告知受領権 ………………… 430
個人情報等の保護 ………… 466
個人賠償責任保険 ………… 85
こども総合保険 …………… 110
子法人等 …………………… 622
固有業務 …………………… 561
コンプライアンス ………… 534, 539
コンプライアンス・オフィサー … 546
コンプライアンス・プログラム … 544
コンプライアンス・マニュアル
　…………………………… 543, 550
コンプライアンス基本方針 …… 543
コンプライアンス行動規範 …… 541
コンプライアンス統括部門 …… 545

【さ】
再取得価額 ………………… 64
再保険 ……………………… 7
再保険プール ……………… 8
財務会計 …………………… 571
債務不履行解除 …………… 373
差額説 ……………………… 365
先取特権 ………………… 161, 354
参考純率 …………………… 5
残存物代位 ……………… 49, 251, 363

【し】
時価 ………………………… 64
事業分野調整 ……………… 87

事項索引　639

資金援助	634	信用保険	23, 187
試験制度	419	信頼関係破壊の法理	385
自己契約規制	421		
事故通知義務違反	328	**【せ】**	
資産運用	606	請求権代位	49, 252, 364
地震危険担保特約	145	生産物賠償責任保険	168
地震保険	74	精神的損害	339
地震保険に関する法律	15, 75	政府の自動車損害賠償保障事業	
地震保険料控除制度	81		15, 54, 570
施設賠償責任保険	164	セーフティーネット	634
自損事故保険	41	責任準備金	582, 593
示談交渉サービス	38, 39, 72	責任保険	23, 30
質問応答義務	265	積極的損害	337
自動更新	291	専業代理店	403
自動車損害賠償保障法	15, 52	センシティブ情報	470
自動車保険	32	専属代理店	402
自賠責保険	32, 52	全損終了	369
支払基準	337, 340	船舶保険	177
支払備金	366, 582, 597	全部保険	350
事務の代行	563		
車両入替	298	**【そ】**	
車両保険	47	争訟費用	154
収支相等の原則	3	相当因果関係	95, 97, 99
重大事由解除	382	遡及保険	237
収入依存度規制	624	ソルベンシー・マージン	526, 619
重要事項説明	432	損害調査	332
受託者賠償責任保険	173	損害賠償請求ベース（クレームメイドベイシス）	172, 237
純保険料	202		
傷害疾病損害保険契約	212	損害保険会社	506
傷害疾病定額保険契約	212	損害保険契約者保護機構	509, 629
少額短期保険業者	508	損害保険代理店	280, 402
消極的損害	338	損害保険料率算出機構	5, 501
証券化	8		
情報提供義務	437	**【た】**	
情報の非対称性	185, 217, 220	第一分野	20
所得補償保険	108	第三者提供	474
新旧交換控除	255, 349	第三分野	19, 86
人身傷害保険	45	耐震診断割引	81

耐震等級割引 ･････････････････ 80
対人賠償額 ･･････････････････ 337
対人賠償責任保険 ･･････････････ 37
大数の法則 ･･････････････････ 3, 229
第二分野 ･･････････････････････ 19
対物賠償額 ･･････････････････ 340
対物賠償責任保険 ･･････････････ 39
タイミング・リスク ･････････ 262
対面募集 ･････････････････････ 427
代理申請制度 ････････････････ 416
代理店委託契約 ･･････････････ 410
代理店手数料 ･････････････ 411, 498
代理店に対する体制整備義務 ･････ 422
大量保有報告制度 ･･････････････ 614
抱合せ販売 ･････････････････････ 500
他業の制限 ･････････････････････ 570
他人のためにする保険契約 ･･････ 241
他人の保険契約 ･････････････ 213
他保険契約の告知 ･･････････ 265, 276
団体契約 ･･････････････････････ 429

【ち】

注意喚起情報 ･････････････････ 441
中心極限定理 ･････････････････ 229
超過保険 ･･････････････ 248, 257, 349
調査協力義務 ･････････････････ 330
（超過）重複保険 ･･･････････ 250, 359
直接請求権 ･･･････････････････ 353

【つ】

追加保険料の支払義務 ･･････････ 317
通知義務 ････････････････････ 307
通知義務違反 ･･･････････････ 314

【て】

適合性（の）原則 ･･････････ 450, 491
テレマティクス ････････････････ 36
天候デリバティブ ･･･････････ 483

店舗休業保険 ･･････････････ 30, 134
店舗総合保険 ･･･････････････ 123
てん補損害額 ･･･････････････ 256
電話募集 ･････････････････････ 449

【と】

同一人与信規制 ･････････････ 610
搭乗者傷害保険 ･･････････････ 40
登録制度 ･････････････････････ 414
独占禁止法の適用除外 ･･････ 501
特定契約規制 ･･･････････････ 421
特定早期解約 ････････････････ 284
特定投資家制度 ･････････････ 491
特別利益の提供 ･････････ 459, 549
特約自由方式 ･･･････････ 28, 234
独立責任額全額主義 ･････････ 360
独立責任額全額方式 ･････････ 250
届出 ････････････････････････ 234
取引記録 ････････････････････ 481

【な】

内部管理責任者 ････････････ 493
内部統制システム ･････････ 514
内部統制報告書 ････････････ 517

【に】

任意解除（解約） ･･････ 373, 378, 396
認可申請 ････････････････････ 233
認可特定保険業者 ･･････････ 510

【の】

ノーロス・ノープロフィットの原
　則 ････････････････････････ 54
乗合代理店 ･････････････････ 402
ノンフリート契約 ･･････････ 51

【は】

賠償責任保険（事業者向け） ･･････ 148

事項索引　641

犯罪収益移転防止法 …………… 478
反社会的勢力 …………………… 558

【ひ】
被害者請求 ………………………… 58
比較説明・推奨販売 …………… 423
比較表示 ………………… 460, 549
非対面募集 ……………………… 427
被保険者 ………………………… 352
被保険者同意 ………… 284, 372, 381
被保険者の解除請求（離脱）
　………………… 285, 300, 373, 380
被保険利益 ……………… 243, 247
評価 ………………………………… 63
評価済保険 ……………………… 254
標準約款 ………………………… 194
比例てん補 ……………………… 254

【ふ】
ファミリー交通傷害保険 ……… 104
付加保険料 ……………………… 202
副業代理店 ……………………… 403
附合契約 ………………………… 227
不公正な取引方法 ……………… 498
不祥事件 ………………… 546, 550
付随業務 ………………… 563, 610
普通火災保険 …………………… 116
普通傷害保険 …………………… 92
不当な取引制限 ………………… 496
ブラック・リスト ……………… 500
フリート契約 …………………… 51

【へ】
ベター・レギュレーション …… 537

【ほ】
法定他業 ………………… 568, 610
保険価額 ………………………… 253

保険価額の減少 ………………… 299
保険価額の増加 ………………… 300
保険期間 ………………… 278, 326
保険給付の履行期 ……………… 355
保険業該当性 …………………… 511
保険金受取人の死亡 …………… 306
保険金受取人の変更 …………… 305
保険金額 ………………………… 253
保険金請求権の消滅時効 ……… 358
保険契約者保護基金 …………… 632
保険契約の承継 ………………… 634
保険者の解除権 ………………… 374
保険証券 ………………………… 288
保険デリバティブ ……………… 482
保険仲立人 ……………………… 402
保険の団体性 …………………… 229
保険の目的物の譲渡 …………… 296
保険引受リスク ………………… 261
保険募集 ………………… 405, 496
保険募集人指導事業 …………… 423
保険窓販 ………………………… 464
保険料 …………………………… 279
保険料支払方式 ………………… 455
保険料専用口座 ………………… 456
保険料の減額請求権 …………… 318
保険料の返還 …………………… 392
保険料領収 ……………………… 452
募集関連行為 …………………… 405
募集関連行為従事者 …………… 406
募集人の届出制度 ……………… 414
募集文書 ………………………… 448
保証（証券） …………… 23, 190
保証保険 ………………… 23, 190
ホットライン …………………… 553
保有者 …………………………… 56
本人確認 ………………………… 479

【ま】
マイナンバー制度 …………… 466
マネー・ローンダリング ……… 478, 481
満期管理 ……………………… 290, 457

【み】
みなし到達 …………………… 270, 302

【む】
無事故戻し …………………… 110
無登録募集 …………………… 408, 417, 549
無届募集 ……………………… 408, 417, 549
無保険車傷害保険 …………… 43

【め】
メリット・デメリット料率 ……… 52
免震建築物割引 ……………… 81

【も】
物保険 ………………………… 22

【や】
約定保険価額 ………………… 254, 255
家賃担保特約保険 …………… 132

モラル・リスク ………………… 6, 334, 384

【ゆ】
優越的地位の濫用 …………… 499
郵送募集 ……………………… 449

【よ】
要配慮個人情報 ……………… 470

【り】
利益保険 ……………………… 129
リコール保険 …………………… 31
リスク区分 …………………… 202
リスク細分化 ………………… 52
利得禁止原則 ………………… 249
料率クラス …………………… 51

損害保険の法務と実務【第2版】

平成28年7月15日　第1刷発行
（平成22年7月9日　初版発行）

　　　　編著者　東京海上日動火災保険株式会社
　　　　発行者　小　田　　　徹
　　　　印刷所　図書印刷株式会社

〒160-8520　東京都新宿区南元町19
発　行　所　一般社団法人 金融財政事情研究会
　　　　　　編集部　TEL 03（3355）2251　FAX 03（3357）7416
販　　　売　株式会社きんざい
　　　　　　販売受付　TEL 03（3358）2891　FAX 03（3358）0037
　　　　　　URL http://www.kinzai.jp/

・本書の内容の一部あるいは全部を無断で複写・複製・転訳載すること、および磁気または光記録媒体、コンピュータネットワーク上等へ入力することは、法律で認められた場合を除き、著作者および出版社の権利の侵害となります。
・落丁・乱丁本はお取替えいたします。定価はカバーに表示してあります。

ISBN978-4-322-12879-6